Titel der Originalausgabe:
Contre-Prêches. Chroniques

Lektorat: Beate Thill

Rohrbacherstraße 18
D-69115 Heidelberg
www.wunderhorn.de

Satz: Cyan, Heidelberg
Umschlag: Ingrid Sauer, Cyan, Heidelberg
Umschlagabbildungen aus:
Occident vist des d'Orient.Barcelona 2005:
Raschid ad-Din, *Jâmi' at-Tawârîkh*
(Die Summe der Chroniken), 1314
Vorn: Mohammed empfängt die Erscheinung des Engels Gabriel
Hinten: Mariä Verkündigung
ISBN: 978-3-88423-288-0

Abdelwahab Meddeb

Zwischen Europa und Islam

115 Gegenpredigten

(März 2003 – Januar 2006)

Aus dem Französischen übersetzt
von Rainer G. Schmidt

Wunderhorn

Für Amina

Vorbemerkung

Das vorliegende Buch wurde durch meine Kommentare im Rundfunk angeregt, die Radio Méditerrannée Internationale – Médi I – seit März 2003 wöchentlich von Tanger ausgestrahlt hat. Ich danke Pierre Casalta, dem Gründer und Direktor dieser Rundfunkanstalt, daß er mir die Gelegenheit geboten hat, mich an die frankophonen Hörer im Maghreb und am südlichen Rand des Mittelmeeres zu wenden. Ohne sein Angebot wäre dieses Buch nicht erschienen.

1
Eröffnung

Wir beziehen uns in diesem Buch vor allem auf Ausdrucksformen des Islams, die nicht die Norm, sondern die Abweichung darstellen, auf Werke, die für uns heute aufgrund ihrer Kühnheit bedeutsam sind, weil sie, in Auflehnung gegen gestutzte Hecken, die Äste aus der Umfriedung haben herauswachsen lassen oder weil sich ihre Vorsprünge, ihre hervorragenden Einfälle, den allzu glatten und geschliffenen, allzu höflichen Oberflächen widersetzen. Diese Durchbrüche, diese Geistesblitze, diese unerhörten Abweichungen sind kostbar, sie dürfen nicht ausgelichtet, glattgehobelt oder abgeschwächt werden, denn im Nachdenken über sie sammeln wir, was der Kultur des Islams Geltung verleiht.

Das gilt auch für die Abbildung auf dem Umschlag dieses Buches. Sie zeigt die erste Malerei in der Geschichte, die den Propheten darstellt, eine Eröffnungsszene des Islams, in welcher der Prophet Mohammed zum ersten Mal die Erscheinung des Engels Gabriel empfängt, der ihm das Wort Gottes diktiert. Dieses Bild folgt dem Bericht in *Die Summe der Chroniken (Jâmi' at-Tawârîkh)*, einer 1302 von dem konvertierten Juden Raschid ad-Din Fadlullah Tabib geschriebenen Universalgeschichte. Sie war von Sultan Ghazan, dem ersten Mongolenfürst, der sich für den Islam entscheiden sollte, in Auftrag gegeben worden. Nachdem der Fürst den Sunnismus gewählt hatte, wurde Raschid ad-Din sein Wesir, doch übte er

---

Vorbemerkung des Übersetzers:
Die kursiv gesetzten arabischen Wörter wurden in der Umschrift des Originals belassen, zum einen, um ein Element des Fremden zu bewahren, zum anderen, weil die diakritischen Zeichen als Hinweise zur Aussprache nützlich sind. Für alle anderen, nicht kursiv gesetzten arabischen Namen und Begriffe wurden die im Deutschen gängigen Umschriften gewählt. Es wird *nicht* »Scharia« oder »Dschihad« geschrieben, da die Begriffe in dieser Form bereits völlig von der fundamentalistischen Ideologie vereinnahmt sind.
Zitate sind, falls nicht anders angegeben, nach dem französischen Original übersetzt. Die Übersetzungen der Koranpassagen stützen sich auf zwei deutsche Ausgaben: Adel Theodor Khoury: DER KORAN, 3. durchgesehene Auflage, Gütersloh 2001 (Kürzel: **K.**); DER KORAN; nach der Übertragung von Ludwig Ullmann neu bearbeitet und erläutert von L.W. Winter, München 1959 (Kürzel: **U.**).
Die Bezeichnungen »mohammedanisch/Mohammedaner« werden im historischen Kontext, insbesondere im unmittelbaren Umfeld von Mohammed verwendet, »muslimisch/Muslim« erscheinen hingegen im neuzeitlichen Zusammenhang.

das gleiche Amt auch unter dessen Sohn Oljeitu aus, der sich für den Schiismus entschied. Der Historiker führte so unter dem Sohn das unter dem Vater begonnene Werk fort. All dies geschah in Täbris, Hauptstadt der Ilkhaniden-Dynastie, die nach Verlockungen durch Buddhismus und Christentum den mohammedanischen Glauben annahm. Raschid ad-Din war derart rege und angesehen in dem Staatswesen, daß ein prächtiges Viertel in der fürstlichen Hauptstadt nach ihm benannt wurde (*al-Rashîdiyya*).

In der auf dem Umschlag abgebildeten Buchmalerei folgt die Darstellung des Propheten so nah wie möglich dem überlieferten Bericht, den *Die Summe* von Raschid ad-Din aufgreift. Dieser war von einer Chronik angeregt, die gegen Ende des 9. Jahrhunderts von Tabari (839 – 923) auf Arabisch verfaßt, und im 11. Jahrhundert, 1060, von Mohamed Balami ins Persische übernommen worden war. Hier nun die Passage nach der französischen Übersetzung von Hermann Zotenberg (aus dem 19. Jahrhundert): »Gabriel kam vom Himmel herab und begegnete Mohammed auf dem Berg Hira. Er zeigte sich ihm und sprach zu ihm: ›Gegrüßt seist du, Mohammed, Apostel Gottes!‹ Mohammed war entsetzt. Er erhob sich und dachte, er sei verrückt geworden. Er wandte sich dem Gipfel zu, um sich zu töten, indem er sich von der Höhe des Berges stürzte. Gabriel nahm ihn zwischen seine beiden Fittiche, so daß jener weder vor noch zurück konnte. Dann sprach er zu ihm: ›O Mohammed, fürchte nichts, denn du bist Prophet Gottes und ich bin Gabriel, der Engel Gottes.‹ Mohammed blieb unbeweglich zwischen den beiden Fittichen. Dann sprach Gabriel zu ihm: ›O Mohammed, lies!‹ Mohammed sprach: ›Wie sollte ich lesen, ich, der ich nicht lesen kann?‹ Gabriel sprach: ›Lies, im Namen deines Herrn, der alles geschaffen hat und der den Menschen aus geronnenem Blut schuf. Lies: Dein Herr ist der Edelmütigste; er hat durch das Schreibrohr die Schrift gelehrt; er hat die Menschen das gelehrt, was sie nicht wußten.‹« Dies sind die ersten Verse des Korans, die Mohammed in dieser Eröffnungsszene diktiert wurden (Koran 96, 1 – 5, nach U.).

Die Szene begründet den islamischen Mythos und findet hier einen derart gelungenen bildlichen Ausdruck, daß er geeignet wäre, diesen Mythos durch seine Überzeugungskraft unsterblich zu machen. Die gemalte Szene entspricht dem zweiten Abschnitt der Erzählung, wenn der Engel dem völlig verwirrten, von Bestürzung und Zweifeln gepackten Mohammed keine Ausflucht läßt. Der Prophet glaubt an eine Vorspiegelung der Phantasie, eine Halluzination, er will ihr entrinnen, indem er sich von der Höhe des Berges stürzt; der Engel fängt ihn wieder auf und hält ihn »zwischen seinen beiden Fittichen« fest, »so daß er weder vor noch zurück kann.« Unter dem Einfluß des Engels gerät Mohammed in einen Zustand tiefen Sinnierens, ist ganz in seine Gedanken versunken, verwirrt durch das, was er hört, gespannt auf die göttliche Botschaft, die gewiß seiner inneren Stimme entspricht. Da er gezwungen ist, anzunehmen, was er empfängt, nimmt der Prophet dann offenkundig die Haltung des Philosophen ein und wird bereit, mit seinem ganzen Wesen das Wissen der Schriften in sich aufzunehmen, obwohl er als Analphabet unwissend ist. Nachdem er den Zweifel überwunden hat, nimmt er jungfräulich (des Lesens unkundig), das übermittelte Wort in sich auf.

Diese erste bildliche Darstellung des Propheten am Beginn seiner Sendung taucht also in einer Zeit auf, als ein Fremder zu einem bestehenden Glauben gelangt, dessen Geschichte schon fast sieben Jahrhunderte währt. Denn das ungewöhnliche Bild wurde von einem Fürsten in Auftrag gegeben, der sich gerade zum Islam bekehrte, nachdem er zunächst den Schamanismus seiner Vorfahren praktiziert und später durch Prediger mit zwei Glaubensrichtungen des Bildes, dem Buddhismus und dem Christentum, Bekanntschaft gemacht hat. Die Umsetzung ins Bild ist gewiß von dem mächtigen Wesir Raschid ad-Din überwacht worden, ein weiterer frisch Konvertierter, der aber nicht aus dem Schamanismus sondern aus dem Judentum stammt. Aus einer Religion also, deren Gesetz sich durch das Verbot der Darstellung auszeichnet. Dieses Verbot tritt als kategorischer Imperativ im Dekalog auf: »Du sollst dir kein Bildnis machen …«

Der Übertritt eines Juden zum Islam hätte dieses Gebot bestätigen müssen, Raschid ad-Din hätte sich mithin der islamischen Bilderfeindlichkeit oder Ikonophobie zuwenden können. Wenn er nun, wie wir annehmen, zur Verfechtung des heiligen Bildes beigetragen hat, kann dies sogar als Anzeichen seiner Trennung, seines Bruchs mit seinem ursprünglichen Glauben betrachtet werden. Es legt außerdem nahe, daß sich der Islam eher von der christlichen Nachbarschaft anregen läßt als von dem jüdischen Umfeld, dem Raschid ansonsten treu zu bleiben vermag. Davon zeugt die Art und Weise, mit der er auf Arabisch von seinen früheren Mitgläubigen berichtet, den *Beni Isrâ'îl*, die in seiner *Summe* zweifach illustriert werden, zum einen aus der Perspektive des Korans, aber auch, indem er unmittelbar aus biblischen und rabbinischen Quellen schöpft. Als Überläufer von einem Glauben zu einem anderen, von einer Gemeinschaft zu einer anderen, wird Raschid ad-Din ein Fremder, der einer übernommenen Kultur Neues bringt. In dem Zwischenraum, der seine ursprüngliche Kultur von seiner übernommenen Kultur trennt, erweist er ihr eine untreue Treue und bringt damit das Gebäude der Traditionen und Kulturen ins Wanken, die beschränkt sind in ihren Grenzen, eingesperrt in Gesetze und Verbote, die über die Unversehrtheit ihres Kanons wachen.

Der Übergang von einem Glauben zum anderen bringt dem Subjekt die Befreiung von Zwängen und öffnet ihm die Augen für das, was sich bei den anderen entspinnt. Für den Bewohner Zentralasiens bieten sich Zeichen des Christentums, des Buddhismus, des Mazdaismus, des Manichäismus, des Schamanismus und der chinesischen Kultur dem neugierigen Blick an und befreien ihn von den Vorurteilen gegen das Bild.

Täbris, die Hauptstadt unter der Dynastie der Ilkhaniden, war erfüllt von dieser Atmosphäre kultureller Vielfalt. Das kosmopolitische Klima prägte auch die königliche Malereiwerkstatt. So konnte die Handschrift des Raschd ad-Din aus ihr hervorgehen und um 1312 von einen Maler namens Luhrasp illuminiert werden. Die verbliebenen Fragmente sind heute in der Universitätsbibliothek von Edinburgh und in der Sammlung der Nur Foundations zu finden, die in London von Nasser D. Khalili gegründet wurde. Die gesamte Handschrift wurde von Sheila Blair wiederhergestellt (*A Compendium of Chronicles, Rashîd ad-Dîns Illustrated History of the World*, London, Oxford, 1995).

Die kulturübergreifende Ästhetik ist in der Malerei auf dem Buchumschlag deutlich erkennbar. Das Kompositionsschema übernimmt die Anordnung der byzantinischen Verkündigungen: der Engel links, der Prophet rechts, anstatt und an der Stelle der Jungfrau. Der Raum zwischen den beiden Figuren wird von einer Felsmasse eingenommen, die eine Trennung markiert, ein wenig dadurch abgeschwächt, daß die Felsen leicht zurückgenommen sind, was das Auftreten der Leere deutlicher macht. Der Engel trägt eine seldschukische Krone und die mit seinen Armen verwachsenen Flügel kommen aus der Tradition des Ostchristentums. Das Gesamtbild ist auch chinesisch geprägt, dies zeigt sich an der welligen Form der Felsen und an der Verwendung natürlicher Farben, einer Kombination von Blau, Grün und Gold in matten Tönen, die von einem zu Sepia tendierenden Rot dominiert werden. Die Szene wirkt wie eine Ton-in-Ton-Malerei. und es entsteht der Eindruck einer Quasi-Monochromie, welche das Zeichnerische gegenüber den Möglichkeiten der Palette vorzieht.

Die Verkündigung auf der Rückseite des Buches zeigt eine noch stärker hybride Ästhetik. Wir treffen dort wieder auf eine byzantinische Komposition und auf eine chinesische Farbgebung und Zeichnung. Der Wille zum Hybriden zeigt sich nicht nur im Stil, sondern auch in der Ikonographie, bei der indische und koranische Einflüsse miteinander verbunden sind. Die Darstellung des Engels folgt der Auslegung im Koran (3, 47 und 19, 16 – 21), welche die Episode der Verkündigung so übernimmt, wie sie im Lukasevangelium (26 – 35) erzählt wird. Indem der Koran den Gruß *Ave gratia plena Dominus tecum* unterdrückt, verstärkt er gleichsam die Verwirrung, die bei Maria durch das Eindringen und den Gruß des Engels ausgelöst wird, wenn er sagt: »Wir sandten ihr Unseren Geist, der sich ihr in dem *Ebenbild (semblance)* eines schöngebildeten Mannes zeigte …« (19, 17, nach K.). Daher ist der Engel ohne Flügel und Heiligenschein gezeichnet, wie ein schöner Mann, dessen Erscheinung die Aufregung Marias verstärkt. »Sie sprach: ›Ich nehme zum Barmherzigen meine Zuflucht aus Furcht vor Dir; so Du gottesfürchtig wärest!‹ Er sprach: ›Ich bin nur der Gesandte Deines Herrn und bin gekommen, um dir einen lauteren Knaben zu geben.‹« (19, 18 – 19; nach U.). Das Gespräch zwischen Maria und dem Engel ist in einem Gebirgsdekor angesiedelt, in der Mitte ergießt eine Quelle ihr Wasser ins Innere einer Grotte. Die Kegelform des Berges und die ovale Öffnung der Grotte erinnern an indische Tempel, deren Architektur die Schöpfung des Universums und die Wiedergeburt des Jüngers im Innern einer Grotte symbolisiert, einer Art Uterus, eingerollt in den kosmischen Berg. Um die Anwesenheit der Quelle zu rechtfertigen, wird das Wasser in die Erzählung eingebaut und wir sehen Maria einen Krug tragen. Die Beziehung Marias zum Wasser wird durch die exegetische Tradition für den ersten Vers erläutert. Sie leitet diese Sequenz mit den folgenden Worten ein: »Erwähne auch in dem Buch Maria, als sie sich von den Ihren zu einem Ort im Osten zurückzog und einen Vorhang anbrachte, um sich von ihnen abzusondern, dann sandten Wir ihr Unseren Geist …« (Koran 19, 16 – 17, K.). Seit dem *Tafsîr* (*Kommentar zum Koran*) des Tabari gegen Ende des 9. Jahrhunderts nehmen die Exegeten an, daß Maria sich von den Ihren zurückgezogen hat, um sich nach ihrer Periode den Reinigungen zu unterziehen; sobald sie gereinigt war, zeigte sich ihr der Engel »in dem *Ebenbild* eines schöngebildeten Mannes.« Diese Deutung wird durch die Quelle und den Krug beglaubigt. Der Bezug zur indischen Symbolik wird an die koranischen Schriften angelehnt, und zwar im Text selbst wie auch in der Auslegung.

Hält man diese beiden Szenen nebeneinander, unterstützt die Aussagekraft der Darstellungen, was ich in *Face à l'islam* (Textuel, 2004) die »Marienhaltung« Mohammeds genannt habe. Denn vor dem Engel Gabriel nimmt der Prophet die gleiche Haltung ein wie Maria, sie steht derselben Figur gegenüber. Beide empfangen das Wort durch denselben Überbringer. Die Analogie wirkt auf der Ebene der Dramaturgie wie der Symbolik. Mohammed ist, genau wie Maria, durch die Erscheinung des Engels verwirrt; doch bei Maria erhält die Verwirrung eine leicht andere Tönung und berührt die erotische Verführung. Die Analogie ist auch symbolisch: Wenn bei Maria in der Mutterschaft das Wort in ihrem Leib zu Fleisch wird, so verkörpert es sich für Mohammed in einem Buch (daher das erste Wort der Offenbarung: »Lies …«). Das Wort wird von beiden Gestalten in einem jungfräulichen Zustand aufgenommen: Maria empfängt es, ohne den fleischlichen Akt gekannt zu haben, und Mohammed wird die Schriften überbringen und weitergeben, ohne lesen und schreiben zu können. In den beiden Religionen beobachten wir zwei unterschiedliche Abbildungen des gleichen Mythos der Inkarnation. Das Buch ist das islamische Äquivalent für den christlichen Leib. Indem die Werkstatt von Täbris das Bildnis des Propheten gestaltet, deckt sie die verborgene Analogie zwischen den beiden Eröffnungsszenen auf, welche die Grundlage des Islams und des Christentums bilden. Es bedarf der Frische und der Klarsicht eines im kosmopolitischen Milieu wirkenden Fremden, um eine solche Analogie in derartiger Klarheit augenfällig zu machen. Er wendet dabei eine Ästhetik und eine Poetik des Hybriden an und versteht die Elemente zu kombinieren, die er dem Zwischenraum entnimmt, wo sich Zeichen an die Sohlen derer heften, welche die Grenzen überschreiten.

Es stellt sich zudem die Frage, ob die Ikonologen von Täbris nicht Ibn Arabi (1165 – 1240) gelesen haben. Denn eben im Zusammenhang der hier zitierten Stoffe der Schrift rechtfertigt Ibn Arabi die Verwendung der Ikone bei Christen und Mohammedanern. Die Christen dürfen das Bild verwenden, da ihre Religion mit einem *tamaththul* begonnen hat. Wir haben dieses arabische Wort (nach Jacques Berque) im Vers der Verkündigung mit *semblance (Ähnlichkeit, Ebenbild)* übersetzt: »Wir sandten ihr Unseren Geist, der sich ihr in dem *Ebenbild* eines schöngebildeten Mannes zeigte« (Koran 19, 17; nach U.). *Tamaththul* mit *semblance (Ähnlichkeit, Ebenbild)* zu übersetzen ist vollkommen angemessen; dieses Wort hat schließlich (im Französischen) bis zur klassischen Epoche »Bild« bedeutet. Die Verwandlung vom Engel zum Menschen leitet sich von einem Vorgang her, der die Theatralität der Darstellung hervorruft und sich in der Ikone vollendet. Ibn Arabi sagt uns auch, daß für den Mohammedaner die religiöse Übung mit Hilfe des Bildes nicht ausgeschlossen ist. Er rechtfertigt dies, indem er sich auf die Tradition des guten Verhaltens (*Hadîth al-Ihsân*) bezieht. Wiederum ist der Engel Gabriel der Protagonist, der Mohammed fragt: »Was ist das gute Verhalten?« Und der Prophet antwortet: »Das ist, Gott zu verehren *als ob* du Ihn sähest ...« Ibn Arabi unterstreicht den Zusammenhang der heiligen Schriften und verdeutlicht, daß sich die Rechtfertigung des Bildes im Christentum wie auch im Islam durch die Vermittlung der gleichen Gestalt, des Erzengels Gabriel, zeigt. Es wäre aber auch möglich, daß zwischen den beiden Szenen eine Ähnlichkeit im Unähnlichen waltet. Während für die Christen das Bild im Modus der *semblance (Ähnlichkeit, Ebenbild)* erscheint, der dieses verwirklicht und in der gegenständlichen Welt manifestiert, wird es für die Mohammedaner im Modus des *semblant (Anscheins)*, des *als ob*, erprobt, so daß es in dem Abstand und die Zurückgezogenheit des geistigen Raumes, der inneren Bühne, angesiedelt wird. Durch die bildliche Darstellung Mohammeds in Analogie zu Maria haben die Ikonologen von Täbris die Struktur der *semblance (Ähnlichkeit, Ebenbild)* über die des *semblant (Anscheins)* gelegt, und damit eine wahrnehmbare Illustration für etwas gegeben, was eigentlich im Innern bleiben müßte. Doch hat diese Vorgehensweise keine Ähnlichkeit hergestellt, die das Unähnliche verschwinden ließe, denn es wird am Unterschied zwischen Leib und Buch offenkundig.

Zu solch bedeutungsvollen Verflechtungen führen uns also die hervorragenden Einfälle, die mit ihrem Profil von der Norm abweichen. Sie entspringen der Verschiebung hin zum Kosmopolitischen, in dem das Fremde Souveränität erlangt, wenn es die Ästhetik des Zwischenbereichs beherrscht. All diese vielfältigen Linien, die sich in dem Raum, aus dem diese Ikone stammt, gekreuzt und ineinander verschlungen haben, kündigen sie nicht schon unsere gegenwärtige Situation an?

Muß noch deutlicher gesagt werden, daß der Islam die Arbeit einer Anamnese braucht und daß diese an die genannten geistigen Ausbrüche und Einfälle erinnern und sie wieder verbreiten muß? Diese hervorragenden Leistungen des Geistes werden von der breiten Masse der Gläubigen erbittert abgelehnt und geleugnet, aufgrund einer Indoktrination durch überangepaßte Gelehrte und blutgierige Aktivisten, nur damit sie einem Dogma treu bleiben, das durch von der Zensur diktierte Verbote eingeengt ist. So fehlen der Sensibilität und dem *Ethos* des Islams die scharfsinnigen und anspruchsvollen Leistungen, welche die Wagemutigen seiner eigenen Tradition hervorgebracht haben. Eine der Aufgaben dieser *Gegenpredigten* ist es, diese Arbeit der Anamnese in Gang zu bringen, indem sie diese unter den Schutz einer Ikone stellt, die den Propheten mit Tressen und Turban verherrlicht, eine Gestalt voller Intensität, die unsere »Pflicht zur Erinnerung« segnen würde, wenn sie durch ein Wunder wieder unter uns weilte. Ohne Zweifel ist dies ein kritischer und entschieden moderner Weg, der dem Islam Intelligenz und Geltung zurückgeben und ihm dabei helfen wird, sich an der »Umwandlung der Werte«, die im globalen Rahmen gefordert ist, zu beteiligen. Doch wahrscheinlich werden die heutigen Vertreter des Islams in dem Bild, das wir wieder im Umlauf bringen, eine Gotteslästerung sehen. Sie werden es dem Leichtsinn eines Milieus von Neulingen zuschreiben und es einer *bid'a* gleichsetzen, einer »verdammenswürdigen Neuerung«. Dieser Begriff war schon immer die Waffe der theologischen Abschottung. Die Tempelwächter haben ihn gebraucht und so oft mißbraucht, daß sie ihre Religion entleert und in ein dummes und häßliches Gebilde verwandelt haben.

2
Vom Orient und Okzident

Wir, die im Maghreb Geborenen, stammen zugleich aus dem Okzident und dem Orient. »Maghreb« bezeichnet in der arabischen Sprache den Westen. Der historischen Zugrichtung dieser Sprache folgend, gehören wir dem Okzident des Orients an. Das Wort wurde in einem geographischen Sinn verwendet, die Bezeichnung verweist aber auch auf eine Form der Identität. So hat sich ein Mann wie Ibn Arabi (1165 – 1240), ein in Murcia gebürtiger Sufi, bei seiner Ankunft im Orient wie ein »Maghrebiner« verhalten: Seine *Risâlat al-Qods* (»Epistel der Heiligkeit«) hat er geschrieben, um die abendländischen Meister, die er persönlich kannte, seinen morgenländischen Kollegen vorzustellen, die nichts von ihrer Existenz wußten. Als zwei Jahrhunderte später, gegen Ende des 14. Jahrhunderts, Ibn Chaldun (1332 – 1406) nach Kairo kam, wurde er ebenfalls als »Maghrebiner« angesehen.

Das Wort »Maghreb« wird auch in der Allegorie des Sohrawardi (1155 – 1191) verwendet, der gegen Ende des 12. Jahrhunderts, die Geschichte der »abendländischen Verbannung« erzählt, *al-ghurba al-gharbia* (siehe Übersetzung und Erläuterung dieser Erzählung in meinem Buch *Exil occidental*, Albin Michel, 2005). Der Maghreb wird später von der platonischen Vision in Anspruch genommen: als Abendhimmel, der die Sonne verschluckt und die Finsternis herstellt. Er wird dem Gefängnis des Körpers gleichgesetzt, dem Symbol der Höhle, in der die Schatten herrschen, im Gegensatz zum Orient, dem Morgenhimmel, der Levante, wo das Tageslicht geboren wird, Ort, wo die Seele an ihren Ursprung zurückkehrt und wo die Ideen glänzen. Die platonische Vision findet eine Entsprechung im dualistischen Symbolismus von Finsternis und Licht aus der persischen Metaphysik mit ihrem zoroastrischen und manichäischen Erbe. Auf diese Weise faßte ein islamischer Denker das Wort »Maghreb« auf; er vermochte in seinem Text den abendländischen (griechischen) und den morgenländischen (mazedonischen) Bezug in einem Gewebe miteinander zu verflechten, das in der Tiefe von der Erinnerung an den Koran geprägt war.

Das Gedächtnis des Maghreb ist auch stark nach dem Okzident ausgerichtet, da er in der Geschichte Teil des römischen Reichs und des Christentums war. Der hl. Augustinus (354 – 430), einer der maßgeblichen Kirchenlehrer der katholischen Kirche, ist Maghrebiner. Jeder heutige Maghrebiner hat daher das Recht, ihn ebenso wie Ibn Arabi oder Ibn Chaldun als Ahnherrn anzunehmen. Wir stammen also nach der Linie unserer geistigen Väter, durch die ganze Geschichte hindurch, zugleich aus dem Okzident und aus dem Orient. Unsere abendländische Seite hat sich infolge des kolonialen Erbes gefestigt; man sollte dies positiv bewerten und die Verletzung überwinden, die durch diesen Geschichtsabschnitt zugefügt wurde. Die Annahme der französischen Sprache hat uns einen besseren Zugang zur Moderne verschafft, die europäischen, abendländischen Ursprungs ist. Diese Sprache ist, zusammen mit dem Arabischen und der Berbersprache in der Basis verwurzelt, die unsere doppelte geistige Abstammung, die morgenländische und die abendländische, stützt. Durch eine Verschränkung dieser doppelten Abstammung ist es möglich, die Zivilisationskrise zu überwinden, die in den durch den islamischen Glauben geprägten Gebieten herrscht.

Wir sehen uns herausgefordert durch den Vorstoß der Islamisten, der Fundamentalisten, die unsere abendländische Seite kappen und nur noch unseren islamischen Ursprung anerkennen wollen. Wenn sie unsere historische und ontologische Teilhabe am Okzident verleugnen, manövrieren sie sich unwissentlich in eine Sackgasse, denn sie erweisen sich als Opfer einer unbewußten Verwestlichung. Sie tun so, als wüßten sie nicht, daß die Verwestlichung nicht zu vermeiden ist, sobald man an den Aktivitäten der Zeit teilhat. Doch liegt das nicht auf der Hand? Sobald wir die doppelte Abstammung akzeptieren, befruchtet sie unsere Gegenwart und entwickelt sich an der Schnittstelle unserer unterschiedlichen Vermächtnisse, wird durch einen bewußten und absichtsvollen Schritt vorangebracht. An diesem Kreuzungspunkt wachsen unsere Möglichkeiten. Der Maghreb kann durch seine doppelte Grenzgemeinschaft, im Westen des Orients, im Süden Europas, der Gefahr der Randlage entrinnen, indem er an seine doppelte Abstammung erinnert. Aber die Fundamentalisten glauben sich dadurch von dieser Gefahr zu befreien, daß sie unseren Okzidentalismus und die angestammten Formen des Islams verschleudern und uns an den Islam der wahhabitischen Zensoren anpassen. Dieser will mit Hilfe einer Vereinheitlichung der Religionsausübung und einer Ideologie des militanten Kampfes eine Identität wiederherstellen, die mit dem Kult des Einen und Reinen verknüpft ist.

Der Mensch mit der doppelten Abstammung weiß, daß dieses Verlangen nach dem Einen und Reinen ein verheerendes und zerstörerisches Phantasma ist. Er weiß, daß die Teilhabe an der Welt sich nur in der Dialektik des Einen und des Vielfältigen konkretisiert, daß sie sich nur in der Verquickung und der Kreuzung vielfacher Dimensionen gibt. Um unsere Teilhabe an der Welt zu einem guten Ende zu bringen, sollten wir die Chance ergreifen, die uns die Geschichte bietet, den Frauen und Männern aus dem Maghreb, die wir zugleich aus dem Orient und dem Okzident stammen und zugleich antik wie modern sind.

Hat Delacroix, als er 1832 Marokko besuchte, nicht anstelle des erwarteten Orients eine lebendige Antike entdeckt? Wir sollten diese Altertümlichkeit oder zumindest, was davon übrig ist, wachhalten. Denn wir können nur hinzugewinnen, wenn wir sie pflegen, als sei sie ein Vorrecht. Ich möchte am Schluß diese kurze – vom Atem der Freiheit getragene – Vorrede durch einige Verse Ibn Arabis erhellen:

Da er den Blitz im Osten gewahrte
wandte er sich gen Osten
wenn er ihn im Westen gesehen hätte
hätte er gen Westen geblickt
Meine Leidenschaft gilt dem glänzenden Licht
nicht dem Staub der Länder.

3
Die Falkenbeize

Die Kunst der Falkenbeize ist ein Beispiel dafür, was Europa mit dem Islam verbindet. Viele Darstellungen bestätigen meinen intuitiven Eindruck, daß es diese Bande gibt. Nun hat Daniela Boccassini, eine italienische Historikerin, die sich mit der Formen- und Zeichensprache befaßt, dazu ein überzeugendes Dossier vorgelegt. Es verfolgt die Spuren, welche diese Praktik in den Künsten und in der Literatur, sowohl im weltlichen wie im mystischen Bereich, im Orient wie im Okzident, hinterlassen hat. Die Falkenjagd war das Vorrecht der Fürsten. Und die höfische Kultur, von deren Überresten die Paläste erfüllt sind, überschreitet ohne weiteres die Grenzen. Die von ihr hervorgebrachten Bilder sind international.

Bevor wir zu den Bildern kommen, möchte ich die Wörter in Erinnerung rufen, mit denen diese Kunst in der arabischen Sprache wie im Lateinischen oder in den Volkssprachen Europas benannt wurde. Viele der Abhandlungen über die Falknerei, die in Technik und Geist stark verwandt sind, wurden im Auftrag von Sultanen und Kalifen wie von Monarchen Europas geschrieben. Diese Nähe zwischen Orient und Okzident verdankt sich den gemeinsamen Quellen dieser Literatur, die zu der Zeit der Verlagerung des Kaiserreichs von Rom nach Byzanz, zu Beginn des 4. Jahrhunderts, entsteht. In der Folge hat die Wanderungsbewegung dieser Wissenschaft und Kunst (die sich auf eine Technik stützt, deren Ausübung Vergnügen bereitet) durch die Vermittlung der Germanen Europa erreicht und, gegen Ende des 8. Jahrhundert, den Islam, und zwar durch die Übersetzung eines griechischen Leitfadens der Vogelbeize ins Arabische. Die Anleitung war in ein von al-Ghitrif ibn Qudama (Ende des 8. Jahrhunderts) verfaßtes Buch aufgenommen worden, das auch von den schriftlichen und mündlichen türkischen, persischen und arabischen Überlieferungen beeinflußt war (dieses Buch liegt in der Übersetzung von François Viré und Detlef Möller unter dem Titel *Traité des oiseau de vol* vor; Verlag Jacques Languet, Nogent-le-Roi, 2002).

Dies ist die Grundlage; sie sollte mit der Zeit eine Erweiterung erfahren, um schließlich zu der schönen Abhandlung mit dem Titel *De la Chasse* [Über die Jagd] zu führen, die von Ibn Mangli (1326 – 1377) im mamelukischen Kairo des 14. Jahrhunderts geschrieben wurde (dieses Buch wurde ebenfalls von François Viré übersetzt und ist im Verlag Actes Sud unter den arabischen Klassikern der Sammlung »Sindbad« erhältlich). Was mir davon im Sinn bleibt – wie von der Abhandlung, die der Stauferkaiser Friedrich II. ein Jahrhundert früher im südlichen Italien geschrieben hat – ist die gründliche Kenntnis der Tierpsychologie, die sich bei der Dressur des Tieres erweist, wenn es von seiner ersten Natur getrennt und ihm eine zweite Natur anerzogen wird, die dem Wunsch des Besitzers unterworfen ist. Auf diese Weise wird es dazu gebracht, sich vom Fleisch, nach dem der natürliche Instinkt giert, abzuwenden und seine Beute dem Menschen zum Genuß zu überlassen.

Diese geduldige Übung, die derart viele Kenntnisse erfordert, findet sich in den Handbüchern des Orients und des Okzidents wieder und hat die Gattungsgrenzen überschritten, um ihren Widerhall in literarischen Texten zu finden, wie es die Episode der Dressur des Hundes in *Tristan und Isolde* (die französische Fassung *Tristan et Iseut* stammt von Béroul) illustriert: Husdent ist es gelungen, zu seinem Herrn Tristan zurückzufinden, der sich mit Isolde im Wald von Morois versteckt hat. Nun muß das Tier dazu gebracht werden, nicht Laut zu geben, sein natürliches Bellen als Zeichen der Freude zu unterdrücken, wenn es geschickt über die Beute herfällt und sie gekonnt mit seinen Zähnen und Klauen bezwingt, denn solche Geräusche drohen die verborgene Anwesenheit der Liebenden zu verraten. Um zu vermeiden, daß das frevelhafte Paar in seinem Schlupfwinkel entdeckt wird, dressiert Tristan Husdent zu einem stummen Jagdhund. In diesem Abschnitt ist der aus der Einbildungskraft des Dichters geschaffene Text von dem technischen Leitfaden inspiriert.

Ein weiteres, diesmal arabisches Beispiel, bestätigt, daß der Code der Jagd in der Kultur kursiert: Um die Leidenschaft des Liebenden lebendig werden zu lassen, beschwört Ibn Arabi (1165 – 1240) ein »Herz, das beim Knarren der Tragsänfte fliegt« herauf (Gedicht 43, Vers 7 von *L'interprète des désirs* [Der Deuter der Wünsche]), und diesem fliegenden Herz, sagt der Dichter in seinem Kommentar, gelingt es nicht, sich aufzuschwingen, gleich dem Falken, der bemerkt, daß er mit der Stange verbunden ist. Mit diesen literarischen Anklängen nähern wir uns dem Ende des 12. Jahrhunderts und den folgenden Jahrzehnten, im Raum zwischen der Bretagne und Spanien.

Doch kehren wir zunächst ins 10. Jahrhundert zurück und erleben das Aufkommen und die Entfaltung der Ikonographie, mit der die Kunst der Falknerei illustriert wird, die zum Zyklus der Vergnügungen im Leben der Fürsten gehört. Um zum Ursprung dieser Bildkunst zu gelangen, müßten wir auf die Mosaiken der späten Antike (Ende des 5. Jahrhunderts) und den sassanidischen Medaillen (6. Jahrhundert) zurückgehen. Und um schließlich ihren neuen Aufschwung zu beobachten, müßten wir uns ins Córdoba der Omayyaden und Kalifen begeben, zu den dort gefertigten Pyxiden, diesen Behältnissen aus geschnitztem Elfenbein. Ich werde mich aber damit begnügen, das eine Exemplar zu beschreiben, das im Louvre aufbewahrt wird und dessen Inschrift uns offenbart, daß es im 10. Jahrhundert im Auftrag von Mughira, dem Bruder des Kalifen al-Hakam II., gefertigt worden ist. Darauf sind insbesondere Jagdszenen zu Pferde und mit einem Falken zu entdecken, daneben Bankettszenen, bei denen die am Tisch Sitzenden zusammen Wein trinken oder Musik hören, während die Blicke vom Tanz gefesselt sind. Die gleiche Ikonographie findet sich im 11. Jahrhundert im Kairo der Fatimiden und im 12. Jahrhundert im Sizilien der Normannen wieder, insbesondere in den vielfältigen Szenen, welche die Kassettendecken der Capella Palatina in Palermo schmücken. Damit wird die Darstellung des Profanen ins Innere des Gotteshauses eingeführt, den Ort des Gebets und der kultischen Zeremonien.

Die Präsenz der Falknerei ist eines der Elemente, an denen sich die Verflechtungen von Orient und Okzident ablesen lassen. Sie bestätigt die Ähnlichkeit im Unähnlichen, die auch im Vergleich eines Gedichts arabischer Sprache mit den verschiedenen romanischen Traditionen der höfischen Dichtung in Erscheinung tritt. Diese Dichtung zirkuliert zwischen der Provence und Sizilien, mit Umwegen nach Aquitanien, in den Languedoc, nach Katalonien, in die Toskana oder in die Basilikata. Als letztes Beispiel dieser befruchtenden Wirkung der Falknerei sei das Viertel der Falkner in Granada erwähnt, das seinen arabischen Namen al-Bayazine bewahrt hat und dessen hängende Gärten gegenüber der Umwallung, den Türmen und den Ziegeldächern der Alhambra liegen, und dem Blick ein so schönes Gegenüber bieten. Dieser Name belebt in uns den Traum, Habichte und Falken fliegen zu lassen, die wieder und wieder ihre Kreise am blauen Himmel ziehen, bevor sie sich im irisierenden Glanz der verschneiten Kämme der Sierra Nevada zerstreuen.

4
Amour fou

Ein weiterer Ort der Verflechtung zwischen Orient und Okzident. Uns fällt es zu, da wir zugleich aus Orient und Okzident stammen, die Geltung dieses Ortes zu erweisen. Nicht zuletzt trägt er, durch die Wahrheit der Geschichte, dazu bei, daß wir diesen Kreuzungspunkt zwischen Orient und Okzident wählen und dort leben. Der *amour fou* ist ein Geschenk, das uns in einem glücklichen Augenblick und Zusammenhang in einer ansonsten gewalttätigen und tragischen Geschichte gemacht wurde. Wenn dieser Ort für unser Menschsein so bedeutsam ist, dann, weil er wie kein anderer die

Bedingungslosigkeit der Liebe zum Ausdruck bringt. Dank seiner wissen wir, daß die Araber der Welt geschenkt haben, was als *amour fou* bezeichnet wird, die Liebesleidenschaft, die zum Tode führt, den Liebeswahn, an dem man stirbt.

Den Griechen beinahe unbekannt, von den Lateinern kaum erwähnt (Ovid greift in *Die Metamorphosen*, IV, 55 – 169, die babylonische Geschichte von Pyranus und Thisbe auf), entsteht dieser literarische Mythos gegen Ende des 7. Jahrhunderts in Arabien, und zwar mit *Majnûn Layla* [Madschnun Leila] dem »Verrückten Leilas«; diese Liebe wurde von dem Mann besungen, der sie im Feuer des Herzens und des Körpers gelebt hatte, von Qeis, genannt Madschnun, der Verrückte (gestorben um 684)[1]. Die Liebe ist im Unmöglichen angesiedelt, wird durch einen Verstoß gegen das Gesetz gestiftet: das unüberwindliche Hindernis verwandelt sich in den Grund für die Liebe. Eine Liebe, die so blind ist, daß der Liebende nicht mehr die von ihm geliebte Gestalt erkennt. Leila ist zu Herzen gegangen, ihr Bild bewohnt den geistigen Raum, ihre Möglichkeit verschleiert ihre Wirklichkeit: die Ikone ersetzt die leibliche Person. Der Liebeswahnsinn verleibt sich den anderen so sehr ein, daß die Liebe sich zur Liebe der Liebe verwandelt. Dieser Liebeswahnsinn macht die Gesetze der Gesellschaft und der Ehe zunichte. Er löst die liebende Person von der Gesellschaft ab, bringt sie in die Vereinsamung und tauscht die Weltlichkeit gegen die Wildnis. Der Liebende verwandelt sich in ein Wesen, das der Wüste und all den wilden Tieren preisgegeben ist, die diese bevölkern und die in seinem verwilderten Wesen einen Artgenossen erkennen.

Der Liebeswahnsinn macht das Fleisch null und nichtig, eröffnet dem Platonismus wieder einen Weg, läßt die manichäische Reinheit wiederaufleben. Denn er erinnert uns daran, daß Qeis im Mythos in Raum und Zeit nicht weit entfernt ist von den Banu Udhra. Es handelt sich bei ihnen um einen Stamm platonisch Liebender, welche die jungfräuliche Liebe preisen und sich verzehren, weil sie nicht anders zum Objekt ihrer Liebe gelangen können als durch den Gesang und das Gedicht, und sie rühmen darin eine wohlweislich in der Unerreichbarkeit gehaltene Dame.

1) Auf Deutsch ist die Geschichte von Leila und Madschnun in der Fassung des persischen Dichters Nizami (12. Jahrhundert) erschienen (Manesse 1963).

Diese Überlieferung erfuhr so starke Verbreitung, daß sie sich zu einem besonderen *hadîth* formte, zu einem dem Mythos durchaus angemessenen prophetischen Spruch. Auch hier wird der Verdienst des Liebenden heraufbeschworen, der in seiner Liebe keusch bleibt, um zu leiden, bis er daran stirbt, und damit den Ruhm des Märtyrers erlangt. Diese Konstellation sollte, neben ihren Dichtern, auch ihre Theoretiker finden. So schrieb im Bagdad des 9. Jahrhunderts Ibn Dawud sein *Kitâb az-zahrâ',* »Buch der Venus«. Ich entnehme ihm den einer Frau zugeschriebenen poetischen Spruch, der das Herz des Liebenden mit Feuerstein vergleicht: Es genüge, daß sich ein anderes Herz daran reibt, damit der Funke emporschlägt, der die trockene Wiese entzündet. Und Ibn Hazm schuf im 11. Jahrhundert in Spanien sein *Halsband der Taube,* worin die Konkubine, als Sklavin juristische Unperson – das mohammedanische Recht übernimmt hier eine Bestimmung des römischen Rechts –, ihre Souveränität und ihre Freiheit in der Liebesbeziehung erlangt.

Das Thema ist vom Ende des 7. bis zum Anfang des 11. Jahrhunderts von Arabien bis Bagdad und Spanien in Umlauf, also innerhalb der arabischen Sphäre, bevor es an den europäischen Raum übermittelt wird und zum Zeitpunkt der katharischen Häresie im Languedoc, in der Provence, in Aquitanien auftaucht. Der Ketzerglaube wurde übrigens durch die manichäische Erinnerung angeregt und von der Stimme der Troubadours getragen, die in der Kunst wetteiferten, die höfischen Regeln zu beachten. Diese Rhetorik wandte sich in Richtung Norden und vermischte sich mit der Tradition des bretonischen Romans, der keltischen Inspiration, um sich in dem anderen großen Mythos des 12. Jahrhunderts zu entfalten, dem von Tristan und Isolde. Dies ist ein *amour fou*, bei dem die Liebenden ihr Verantwortungsbewußtsein verlieren und der sie einem magischen Schicksal unterwirft, sobald sie den Liebestrank zu sich genommen haben. Sie treiben auf den Magneten der Leidenschaft zu, den *amour fou*, der körperlich im Ehebruch vollzogen wird, bevor die Liebenden sich durch Trennung und Enthaltsamkeit wieder reinwaschen. Aber sie werden unwiderstehlich hingezogen zum Stelldichein mit dem Tod, worin sich das Schicksal von Qeis und Leila wiederverkörpert. Nach der Fassung Gottfried von Straßburgs währt ihre Verbindung *post mortem* fort durch die Pflanzen, die in ihren Gräbern Wurzel schlagen, um zu wachsen, sich wieder zu verbinden, in unvergänglicher Vereinigung. Sie bilden so das Zeichen einer Leidenschaft, die dem Sinn entspricht, den Ibn Arabi dem Wort *'ishq* verleiht; in diesem Wort, das im Arabischen die Leidenschaft ausdrückt, spürt der Theosoph die phonetische Nähe zu *'ashaq* auf, eine Art Efeu, eine wuchernde Pflanze wie das Geißblatt, das den Haselnußstrauch bedeckt. Die pflanzliche Metapher der Leidenschaft wächst und umhüllt schließlich die inneren Organe, wie zwei nahezu gleichzeitig, in Arabisch und Deutsch, verfaßte Texte vom Beginn des 13. Jahrhunderts behaupten.

Der *amour fou* erfährt weitere abendländische Verkörperungen wie Romeo und Julia, später bei Goethe Werther und Lotte oder bei Hölderlin Hyperion und Diotima, und selbst im 20. Jahrhundert bei den Surrealisten, vor allem bei Louis Aragon, der in *Le Fou d'Elsa* den Mythos von Madschnun und Leila aktualisiert. Dies ist das ungewöhnliche abendländische Schicksal eines Mythos, der gegen Ende des 7. Jahrhunderts von den Arabern entwickelt wurde und der bis in heutige Zeit, in der Glut der Dichtung, im Raum zwischen Körper und Wahn, seinen Weg durch die europäischen Sprachen gebahnt hat.

5
Es ist Krieg

Es ist Krieg im Irak. Nach der Auffassung Kants von einem universell geltenden ewigen Friedens konnte der erste Golfkrieg rechtlich und moralisch noch gerechtfertigt werden, denn der Diktator von Bagdad hatte gegen eine seiner grundlegenden Regeln verstoßen, die für den universellen Frieden gelten: die Grenzen eines bestehenden Staates nicht zu verletzen. Aber gibt es Gründe für den jetzigen Krieg, der auf den Ufern von Euphrat und Tigris Feuer sät?

Die von der amerikanischen Macht vorgebrachten Gründe betonen nachdrücklich die Befreiung des irakischen Volkes von dem Joch, das ihm sein Diktator auferlegt; und es wird die Verwirklichung eines demokratischen Modells vorgeschlagen, das die Region retten soll und womöglich die Oberhand behält über die regionale Kultur, die offenbar mit diesem Programm nicht vereinbar ist oder zumindest seiner Planung entgegensteht. Forscht man nun gründlicher nach, so wird man von der Angst gepackt, daß die angeführten Gründe nur ein Alibi darstellen, um ein weniger redliches Vorhaben zu verbergen. Ohne weit zurückzugreifen und Texte des einen oder anderen Neokonservativen nochmals zu lesen, dessen Ideen unter der Präsidentschaft von Mr. Bush jr. im Zentrum des amerikanischen Staates stehen, ohne in den Dokumenten zu blättern, die seit den 1970iger Jahren aus diesem Einflußbereich hervorgehen, begnügen wir uns damit, einen Blick auf den 90 Seiten starken Bericht zu werfen, der im September 2000 veröffentlicht wurde – das heißt vor dem Machtantritt von Bush jr. im Weißen Haus. Dieses Dokument ist namentlich von Lewis Libby mitunterzeichnet, dem Assistenten des Vize-Präsidenten Dick Cheney, und von Paul Wolfowitz, Assistent des Staatssekretärs im Verteidungsministerium, Donald Rumsfeld. Es ist für das neokonservative Thinktank Project for the New American Century (PNAC) geschrieben und trägt den Titel *Rebuilding America's Defences: Strategies, Forces and Resources for an New Century* (»Wiederaufbau des amerikanischen Verteidigungssystems: Strategien, Kräfte und Ressourcen für ein Neues Zeitalter«). Diese Betrachtung optiert für das Handeln, um die amerikanische Hegemonie »so lang wie möglich in der Zukunft« zu erhalten. Damit dieses strategische Ziel erreicht werden kann, müssen die Bedingungen für eine »globalen *Pax americana*« geschaffen werden. Daher ist es auch nötig, »bei den fortgeschrittenen Industrienationen jeden Anspruch zu vereiteln, in Konkurrenz zu unserer *leadership* zu treten oder sogar im regionalen oder globalen Maßstab eine bedeutendere Rolle spielen zu wollen.«

Zur Erreichung eines solchen Ziels wird empfohlen, in den Irak einzufallen, um sich die unangefochtene Herrschaft über die Region zu sichern – womit die Erdölpolitik stärker berücksichtigt und die regionale Vormachtstellung Israels gefestigt wird. Die Verwirklichung eines solchen Projekts ist eine Voraussetzung für die Weltherrschaft. Denn in den kommenden Jahrzehnten werden die Vereinigten Staaten gefordert sein, eine nachhaltigere Rolle zu spielen, um die regionale Sicherheit im Golfgebiet zu gewährleisten. »Der noch ungelöste Konflikt mit dem Irak liefert außerdem eine unmittelbare Rechtfertigung. Die Notwendigkeit einer starken Anwesenheit amerikanischer Truppen im Golfgebiet reicht über die Zeit hinaus, in der sich das Schicksal des Regimes von Saddam vollzieht.«

Die Lektüre eines solchen Dokuments klärt uns über die wahren Gründe des amerikanischen Krieges auf. Man wird zuerst feststellen, daß der 11. September nicht der Grund dafür war, daß dieser Krieges in Gang gesetzt wurde. Er hat ihn nur beschleunigt. Man wird als nächstes feststellen, daß der amerikanische Staat von seinem früheren pragmatischen Handeln zum ideologischen übergegangen ist. Das heißt, er sucht alles so einzurichten, daß die Wirklichkeit sich an die vorher festgelegte Sichtweise anpaßt. Das amerikanische Handeln ist weit davon entfernt, improvisiert zu sein. Es ist vielmehr von einem Konzept durchdrungen und will die Wirklichkeit seinen *a prioris* unterwerfen. Die amerikanischen Theoretiker des Neo-Konservatismus sind durch die Schüler von Leo Strauss geprägt worden – eines der großen Meister der politischen Philosophie, dessen Quellen bei Platon, Aristoteles, Farabi usw. zu finden sind. Ein weiterer Vordenker ist Reinhold Niebuhr: in *Moral Man and Immoral Society* (1932) hatte er über den europäischen Totalitarismus der 1920iger und 1930iger Jahre nachgedacht, um schließlich den naiven Pazifismus abzulehnen und zum politischen Handeln im Namen eines *christlichen Absolutismus* aufzurufen.

Indem die Vereinigten Staaten die Befreiung eines Volkes von einer abscheulichen Diktatur und den Anbruch der Demokratie im Irak geltend machen, hüllen sie den hegemonialen Grund in das Gewand einer moralischen Pflicht. Das ist genau der Mechanismus des kolonialistischen Diskurses, den Jules Ferry gegen Ende des 19. Jahrhunderts in seiner Antwort auf die Angriffe von Clemenceau und der Radikalen auf die Kolonialpolitik mustergültig veranschaulicht (dieser Diskurs wird von Tzvetan Todorov in seinem Buch *Nous et les autres*, Seuil, 1989, S. 290 – 292, untersucht). Jules Ferry gibt sich den Anschein zu glauben, daß »die Pflicht des Zivilisierens ein Recht der Intervention nach sich zieht«: »Die höheren Rassen haben ein Recht gegenüber den niederen Rassen [...], weil es eine Pflicht für sie gibt. Sie haben die Pflicht, die niederen Rassen zu zivilisieren.«

Von nun an ist es klar, daß der amerikanische Krieg im Irak – wie unerhört auch seine Erschütterung und sein Schrecken sein mögen – auf einen bereits vernommenen Diskurs verweist. Er führt eine Unterdrückung ein, die uns wieder auf die Kolonialzeit zurückwirft. Zu solch einer Referenz ist der amerikanische Staat jedoch weder berufen noch von seinem Wesen her bestimmt, denn seine Vorherrschaft seit 1945 hat den Prozeß der Entkolonialisierung und des Zusammenbruchs der Kolonialreiche beschleunigt. Thomas Friedmann, einer der Kommentatoren der *New York Times*, selbst Konservativer und Befürworter des gegenwärtigen Kriegs, ist sich dieses Rückschritts bewußt. Er ist beunruhigt darüber, wie er dem Wesen des amerikanischen Staates Abbruch tut, und er erinnert dabei in einem seiner jüngsten Artikel an eine Anekdote, die wie eine Lehrfabel wirkt. Als Franklin Roosevelt 1944 nach seiner Rückkehr von Jalta den Wunsch äußerte, während seines Aufenthaltes im Mittleren Osten Ibn Saud zu treffen, stellte dieser zwei Fragen bezüglich seines Gastes, – der ihm als ein Mann vorgestellt wurde, »der das mächtigste Land der Welt führt«: »1. Glaubt er an Gott? 2. Besitzt er Kolonien?«

6
Der Mythos von Bagdad

In Prousts *Die wiedergefundene Zeit* drängt sich der Krieg von 14/18 fortwährend ins Innere der Fiktion; als Ereignis und zugleich als Anlaß zu Diskussionen, die zwischen den Verfechtern des Kriegs und des Friedens geführt werden, über die Gewalt, die Geschichte, den ausschließenden Patriotismus und die Liebe zum Fremden. Die Debatten schweifen auch nach Mesopotamien ab, das damals der Schauplatz militärischer Auseinandersetzungen war. Doch für Proust ist dies einer der Orte, an dem die Zeit stockt. Ist nicht in den Truppenbewegungen der Engländer an den Ufern des Euphrat und Tigris, in ihrem Hin- und Herströmen, ihren Angriffen und ihren Ausweichmanövern eine Ähnlichkeit mit dem »Hinaufmarsch«, der *Anabasis*, der antiken griechischen Heere bei ihrem von Xenophon beschriebenen Rückzug zu sehen?

In einem Exkurs ihres Buches über Fotografie *Regarding the Pain of Others* (New York, 2002, S. 67; *Das Leiden anderer betrachten;* Frankfurt/M. 2005) erinnert Susan Sontag an die Fortdauer militärischer Experimente auf dem Kriegsschauplatz Mesopotamien. Sie sieht in diesem Raum eine eigensinnige Geschichte am Werk, die sich ständig wiederholt. Als ob die Stätten eine Erinnerung wachhielten, die sie dazu bringt, immer wieder die gleichen Prüfungen zu erleiden, bis zu ihrer Zerstörung. Die amerikanische

Autorin glaubt, daß der Irak im Krieg von 2003, wie schon 1914, ein technologisches Experimentierfeld darstellt, auf dem Waffen und Kampfmethoden ausgewechselt werden. Sie erinnert an einen englischen Piloten, der 3000 Meter hoch am Himmel darüber in Entzücken gerät, daß sich bevölkerte Ortschaften in Staubhaufen verwandeln. Denn im Irak wurde mit den ersten Luftbombardements städtischer Gebiete experimentiert. Etwa dreißig Jahre später wird derselbe englische Offizier, der nun General ist, den Plan für die völlige Zerstörung Dresdens aufstellen. Proust, der die Episode des britischen Krieges in Mesopotamien in Erinnerung ruft, betont, daß die Namen der in das Geschick der irakischen Städte verwickelten englischen Generäle, jenseits von Zerstörung und Krieg, schnell vergessen sein werden, während Bagdad und Basra auf immer im Gedächtnis bleiben, solange diese Städte in der Phantasie lebendig sind, wenn sie durch *Tausendundeine Nacht* reist. So fährt Sindbad der Seefahrer einmal stromaufwärts bis zum Bagdad des Harun al-Raschid, um dort seine Wohnstatt zu bauen und, ein andermal, nachdem er von einer seiner anstrengendsten und gefährlichsten Reisen nach Basra zurückgekehrt ist, um dort Ruhe und Sinnenlust zu genießen. Und wenn er der Ruhe müde ist, welche die Megalopole und ihr Luxusleben bieten, und vom Wunsch nach Abenteuer gepackt wird, findet er sich wieder in Basra ein, um seine Schiffe zu beladen und nach unbekannten Ländern in See zu stechen.

Wie die Namen der englischen Generäle, die ich dem Vergessen anheimgebe, werde ich die Namen der amerikanischen Generäle nicht nennen, die im Augenblick ihre Experimente mit neuen Waffen anstellen. Diese Experimente werden durch das Wort »Krieg« nur unzulänglich bezeichnet. Ich werde sie nicht nennen, damit sie um so schneller in dem Vergessen, das sie erwartet, verschwinden. Bagdad, Kharj, Basra, Kufa, Najaf, Kerbala, Wasit, Madain, Mossul, Samarra: jeder dieser Namen ist reich an Vorstellungen für den Leser, der mit der arabischen Literatur eng vertraut ist, der das gewaltige *Kitâb al-Aghânî (Das Buch der Lieder)* von Abu Faraj al-Isfahani (897 – 967) kennt, der in den *Fihirist (Das Repertorium)* von Ibn Nadim geschaut hat oder in den *Muruj adh-Dhahab (Die goldenen Wiesen,* 956) von Masudi (alles Autoren des 10. Jahrhunderts) geblättert hat. Diese Städtenamen rufen eine ganze Schar von Kalifen zusammen, dazu Poeten, Sufis, Maler, Architekten, Gelehrte, Miniaturisten, Bildhauer, Automatenbauer, Goldschmiede, Astronomen, Geometer, Algebristen, Grammatiker, Schöpfer inspirierter oder ausschweifender Werke, Mitspieler in schulmeisterlichen Disputen und dogmatischen Kontroversen, namhafte Philosophen, Ärzte, Übersetzer, Kalligraphen, Sängerinnen, Musiker, Kochkünstler, Dandys, die eine Kleidermode nach der anderen tragen, Kokette und Kokotten mit wechselnder Frisur, die sich in den literarischen Salons tummeln und die zu Wortgefechten und sokratischen Geburten Anlaß geben. Ein so dichtes Gedächtnis gehört zu der von Proust erwähnten gestockten Zeit und weist auf die ewige Dauer Mesopotamiens hin, die vor den Arabern schon von vielen anderen genährt wurde, verweist auf mehr als fünf Jahrtausende menschlicher Anwesenheit und Schöpfung. Dieses Gedächtnis wird, mittels der neusten Technologie, mit den schwersten Zerstörungen konfroniert. Wie ist es zu diesem tödlichen Konflikt zwischen dem unvordenklich Alten und dem Neuen gekommen? Ein Konflikt, bei dem durch die Technik der Mensch und das Werkzeug, das ihn zu vernichten trachtet, auf Abstand zueinander gebracht werden. Es ist, als ob sich die Speerspitze der Technik von dem notwendigen Gespräch mit den Toten (das Blanchot forderte) so weit befreit fände, daß sie ihre Experimentierbühne auf dem Schauplatz aller Ursprünge sucht.

In diesem Theater der Ursprünge, das Proust durch die unvergängliche Universalität von *Tausendundeine Nacht* feiert, lauert jedoch ebenfalls das Vergessen, das Vergessen und der Widerruf, denn viele der Kräfte aus diesem Ursprungsraum verweigern heute die Identifikation mit den arabischen Erzählungen, manche haben sie sogar dem Scheiterhaufen des Inquisitors zugedacht. Wir leben in einer höchst besorgniserregenden Welt, in welcher der Amerikaner, wenn er denn der neue Mensch ist, gegen sein demokratisches Gewissen handelt und mit seinen Erfindungen auf den schutzlos ausgesetzten Körpern spielt, in einer Welt, wo die zum Islam gekommenen, in die Antike zurückreichenden Völker von einem Gedächtnisverlust befallen sind, der sie daran hindert, Treuhänder des auf ihrem Territorium vergrabenen Altertums zu sein. Sie haben aber auch nicht die Phase der Erfindungen erreicht, die sie zu Zeitgenossen und fähig machte, sich gegen die Attacken der Technik zur Wehr zu setzen. Dies ist der Sinn, den ein aufmerksames Auge den blutigen Bildern abgewinnen kann, die aus der Wüste und aus den Städten des Zweistromlandes zu uns gelangen.

7
Die Einmischung

Ähnlich wie Hegel die Rolle der Invasion Napoleons für die Modernisierung des deutschen Staates bewertete, bin ich der Überzeugung, daß der Islam äußeren Druck, vielleicht sogar gewalttätigen und kriegerischen, nötig hat, um sich zu reformieren und sich von Grund auf an sein Zeitalter anzupassen. Hegel hat es verstanden, den nationalistischen und patriotischen Blick zu überwinden, den etwa Kleist hatte, als er Preußen aufforderte, sich gegen Napoleon aufzulehnen und den von Fremden eingenommenen Boden des Vaterlandes zu verteidigen. Im Gegensatz zu dem preußischen Schriftsteller glaubte der deutsche Philosoph, daß die Kanonen Napoleons die neuen Ideen des modernen Staates verbreiten würden, den Europa brauchte. Desgleichen glauben die Historiker, daß der von Bonaparte ganz am Ende des 18. Jahrhunderts unternommene Ägyptenfeldzug den Elektroschock darstellte, den der eingedöste Orient brauchte, um zur Wahrheit der Zeit und zu den technischen und politischen Umbrüchen zu erwachen, die im Begriffe waren, den Zustand der Welt grundlegend zu verändern. Ein solcher Feldzug hat, über seine kolonialen und imperialistischen Prämissen hinaus, Ägypten und der Region Aufschluß über die verhängnisvolle Kluft gegeben, die sich auftat und die Europa und den Islam voneinander trennte. Der Region wurde damit die Rangordnung zwischen einem nach Hegemonie strebenden Mächtigen und einem zum Erdulden bestimmten Schwachen aufgezwungen.

Die Ereignisse des 11. September haben aufs neue und zugleich auf spektakuläre Weise die Probleme bestätigt, vor denen der Islam steht, und zugleich die Notwendigkeit, ihnen zu begegnen. Der Islam wird zu einer Frage, bei deren Lösung alle gefordert sind. Diese Aufgabe muß auch den abendländischen, den amerikanischen Menschen angehen. Um sie zu bewältigen, muß der Islam als Schicksalsfrage, die jeden betrifft, ernst genommen werden; man muß mit ihm paktieren, nicht nur, um ihn vom Islamismus abzutrennen, sondern auch, um ihn gegen diesen zu mobilisieren. In diesem allgemeinen Krieg gegen den Islamismus könnte die abendländisch-islamische Solidarität neu gedacht werden.

Aus dieser Perspektive ist auch äußerer Druck und ein Krieg des Westens gegen den Islam vorstellbar. Damit dieser aber an Wirksamkeit gewinnt, muß zuvor eine Politik geführt werden, die das Vertrauen zwischen Okzident und Islam wiederherstellt. Denn ein Vertrauen wird erst dann verinnerlicht und nach außen weitergegeben, wenn Gerechtigkeit waltet, als Zeichen, das dem politischen und militärischen Handeln seinen moralischen Horizont weist. Auf dem Gebiet des israelisch-palästinensischen Konflikts nun hätte man dieses moralische Pfand einsetzen und einlösen können. Einzig das Eingreifen eines Dritten hätte in der Tragödie zwischen zwei konkurrierenden Legitimitäten entscheiden können. Doch der Vermittler, der am besten dazu geeignet wäre, die Lösung zweier lebensfähiger und gesicherter Staaten durchzusetzen, ist niemand anderes als die Vereinigten Staaten.

Denn der 11. September ist auch der Katalysator gewesen, der den Triumph der Partei von Sharon bis ins Weiße Haus getragen hat, und dies sogar im Fahrwasser der von den Phantasten des Neo-Konservatismus gebastelten Ideologie. Wie weit ist es bekannt, daß der Sachverständige des amerikanischen Präsidenten für das Dossier des Mittleren Ostens niemand anderes ist als Elliot Abrams, derselbe, der Netanjahu in seiner Zeit als Premierminister dabei beriet und dirigierte, wie er den Prozeß von Oslo durchkreuzen konnte, der damals zum Credo der demokratischen Administration geworden war? Es sind die radikalsten Anhänger des Likud, die Zugang zum Weißen Haus haben. Und wie könnte man in dem Krieg, den die Anglo-Amerikaner in diesem Augenblick im Irak führen, irgendein positives Ergebnis für die Zukunft erkennen?

Kein Unterpfand ist gegeben, kein Zeichen gesetzt worden, das den Gedanken aufkommen ließe, das Ziel dieses Krieges sei die Befreiung des irakischen Volkes von der Diktatur, unter der es leidet, und der Anbruch der Demokratie. Wir haben in einem früheren Text gezeigt, wie dieses Heraufbeschwören der Demokratie nur eine Maske ist, hinter der sich die wahren Absichten der Neokonservativen verbergen, die in verschiedenen Dokumenten früherer Jahre zum Ausdruck kamen. In Wirklichkeit sehen wir einer voreingenommenen, zwanghaften, durch ihre Ideologie und durch die Wiederbelebung des religiösen Bezugsystems verblendeten Kraft bei ihrem Handeln zu. Anstelle einer Gewalt, die eine neue Idee, etwa der Demokratie, bringen soll, welche die Staaten und Völker der Region brauchen, erfahren wir eine Form von Gewalt, welche die schlimmsten Reaktionen des Islams wiederbeleben wird. Es ist, als ob die Arroganz und der Dünkel der neokonservativen Fundamentalisten dazu bestimmt wären, durch Waffengewalt den verhängnisvollsten Terror des islamischen Fundamentalismus zu schüren. Der jetzige Krieg ist nicht mit dem napoleonischen vergleichbar, den Hegel bewunderte. Ganz bestimmt spaltet er den Islam nicht, indem er ihn zwingt, seine Phantasmen zu bekämpfen. Ich fürchte, daß er ihn dazu bringt, sich in einem hysterischen Abwehrreflex zusammenzuschließen, der die schlimmsten Mißverständnisse weiter aufrechterhalten wird.

8
Der Sturz des Diktators

Der Sturz eines Diktators kann uns nur freuen. Doch was überrascht, ist die Leichtigkeit, mit der sein System zerbrach, während dieser Diktator, als er an der Macht war, das Land mit Schrecken überzog und nicht absetzbar schien. Alles lief wie geölt, und er fand unzählige eifrige Handlanger, um seinen Einfluß aufrechtzuerhalten. Die letzten Bilder, die uns erreichten, Bilder von herabgerissenen, umgestürzten, verbrannten, zerschlissenen, zerfetzten, beschmutzten, malträtierten, mit Füßen getretenen und bespuckten Bildnissen, verleiben die Gestalt Saddams der Liste abgesetzter Diktatoren ein, deren Leichnam oder Bild geschändet wurde, wie etwa Mussolini und Ceaucescu. Solche Spektakel ähneln einem Ritual mit versöhnlichen Wirkungen. Die Handlung erinnert an den Sturz und die Zerstörung von Götzen, an einen symbolischen Akt, mit dem die Bilder, denen ein Kult geweiht war, oder die einen Gegenstand der Verehrung bildeten, in Aschenhaufen verwandelt werden.

Ich bin stets von der offenkundigen Zerbrechlichkeit fasziniert, welche die Tyrannei des Einen im Moment seiner Absetzung aufweist, während dieser Eine am Abend zuvor noch in einen geheimnisvollen Zauber gehüllt schien, der sein Bild und seinen Körper sakralisierte. Jenseits der Minderheit, die nie von ihrem Glauben abgewichen war – eine Minderheit, in die sich die fanatisierten Verteidiger und die unnachgiebigen Gegner des Diktators teilen –, nahmen die meisten derjenigen, die heute die Bilder des Diktators verhöhnen, gestern an seiner kultischen Verehrung teil.

In diesem seltsamen Einverständnis der Menge mit dem Kult des Einen, mit der Unterwerfung unter seine Herrschaft, liegt ein Geheimnis des Menschlichen. Die Wirksamkeit einer Diktatur beruht ebenso auf dem Schrecken, den sie errichtet, als auch auf der Zustimmung der Massen, darauf, was La Boétie die »freiwillige Knechtschaft« nennt. Diese menschliche Neigung hat den Freund von Montaigne dazu gebracht, seine Abhandlung zu schreiben, deren These unbestreitbar ist: Die Tyrannei eines Einzelnen kann nicht ohne die Zustimmung der Mehrheit siegreich sein. La Boétie fordert die Völker auf, die Vorherrschaft des Einen abzulehnen. Dieser Wunsch verleitete einige dazu, dem *Traité de la servitude volontaire* [»Von der freiwilligen Knechtschaft«, Frankfurt/M. 1980; Europäische Verlagsanstalt] einen neuen Titel zu geben: *Le contr'Un* [»Das Wider Einen«], der mit dem Originaltitel des Werks konkurrierte und ihn ablöste; Montaigne hatte dies in seine *Essais* aufzunehmen gedacht, doch er entschied sich dann anders und setzte an die Stelle die Gedichte des Freundes.

Ein richtiges politisches Bewußtsein sollte uns vor solchen Neigungen schützen und uns in jedem Moment zur Wachsamkeit anspornen, damit wir ihnen nicht erliegen. Gewiß, die politische Herrschaft bedarf der Verkörperung. Selbst in den am tiefsten verwurzelten Demokratien, der amerikanischen und der französischen, ist dieses Bedürfnis nach Verkörperung offensichtlich. In den Republiken und Demokratien mit einem Präsidialsystem (bei dem die Exekutive nicht oder nur in abgeschwächter Form vom Parlament an einen Kanzler oder Premierminister delegiert wird) oder dort, wo die Exekutive durch einen einzelnen verkörpert wird, bleiben die Spuren, die Nachwirkungen der Sakralisierung des politischen Körpers mächtig. Bei Völkern, wo die Verkörperung des Politischen im Hintergrund oder in der Schwebe bleibt, besteht die Gefahr, daß sich ein Zustand der »Verwaisung« einstellt. Wenn die Stelle des Oberhaupts vakant bleibt, verlangt die Stimme der Menge, stillschweigend oder lauthals, daß sie wieder besetzt wird. Ganz offensichtlich wird der Irak diese Zeit der Vakanz erleben und seine Volksmasse wird versucht sein, die Erneuerung des sakralisierten Einen zu verlangen. Man muß hoffen, daß die Bewohner Mesopotamiens bei dieser Suche nach der Gestalt des Einen die Demokratie an die Stelle der Tyrannei zu setzen vermögen.

Der Unterschied zwischen den beiden politischen Systemen ist offenkundig, das ist seit langer Zeit bekannt. Wir finden ihn bereits in einer Tragödie des 5. Jahrhunderts vor unserer Zeitrechnung, in *Die Perser* von Aischylos. Dem Athener Tragödiendichter zufolge hat sich der Tyrann für seine Handlungen nicht vor seinen Untertanen zu verantworten, es wird ihm keine Rechenschaft abverlangt, wenn er die Gemeinschaft, für die er verantwortlich ist, ins Unheil führt. Dagegen muß in der Demokratie derjenige, der die Politik verkörpert, für seine Handlungen vor seinen Wählern einstehen. Im Traum der Atossa, der Frau von Darius und der Mutter von Xerxes, finden wir die allegorische Veranschaulichung eines anderen Wesensmerkmals, das die Tyrannei von der Demokratie unterscheidet. Die eine wird durch die Einwilligung der Masse gefördert, sich der ausschließlichen Herrschaft des Einen zu unterwerfen (an diesem Punkt begegnet La Boétie dem Gespenst von Aischylos). Die andere muß die vom Volk geforderte Freiheit bewahren, da dieses Volk die Knechtschaft nicht annimmt, die man ihm auferlegen möchte, um seine Bewegungen einzuschränken, und dies auch durch Auflehnung kundtut.

Das Volk des Irak hat nicht die Initiative zu solchen umstürzlerischen Taten ergriffen. Wird die massive fremde Einmischung, die Intervention durch einen Dritten, die demokratische Wachsamkeit anstacheln? Oder wird man das Land von der Diktatur zur Anarchie und zum Bürgerkrieg abgleiten sehen, damit es sich schließlich nach der Ordnung und dem Frieden zurücksehnt, welche die Diktatur ihr auferlegt hatte?

Der Irak ist ein Extremfall. Er gehört dem Raum des Islams, der arabischen Welt an, deren Regimes in ihrer scheinbaren Geschlossenheit die verschiedenen, leicht abgestuften Ausformungen des Despotismus veranschaulichen. Die gegenwärtige Lage der Dinge fordert uns auf, über die gewöhnlichen Diktaturen nachzudenken, die in solchen Breiten offenbar das übliche Los sind. Ist es nicht an der Zeit, eine Pädagogik in Gang zu bringen, die diesen Völkern helfen wird, den Mut zum zivilen Ungehorsam zu zeigen? Das wäre eine grundlegende Übung, um sie von der freiwilligen Knechtschaft zu befreien, dieser zweiten Natur, ohne die keine Tyrannei von Dauer ist.

9
Die Abschließung

Drei Bemerkungen, zur Erinnerung und Ermahnung:

1. Eine Religion, die sich als die höchste bezeichnet, als Trägerin der endgültigen göttlichen Botschaft, als Siegelbewahrerin prophetischer Eingebung, die das rekapituliert und berichtigt, was ihr voran geht, eine solche Religion, die buchstäblich »ergriffen« ist, erklärt jede Frage, jeden Zweifel für ungültig, begründet eine absolute, unbestreitbare Wahrheit. Sie etabliert sich von vornherein als »abschließend« und beraubt den menschlichen Geist des Sinns für die Suche, die Nachforschung, die Verblüffung, das Abenteuer. Sie errichtet die Wahrheit einer unbestreitbaren Einmaligkeit. Die politische Organisation braucht nur das gleiche Prinzip auf ihr eigenes Feld zu übertragen, damit der Raum des Politischen ebenfalls durch diese Wahrheit unbestreitbarer Einmaligkeit beherrscht wird. Auf ein solches Skelett reduziert, wirkt der Islam, religiös und politisch, wie eine entleerte, unfruchtbare Perspektive, die nichts vom »Fleisch« der Fragen wissen will, die einen belagernden und aggressiven »Monologismus« begründet, taub für jeden Dialog und abgeschnitten von den Voraussetzungen, die eine Verbindung zwischen Personen und Völkern, Subjekten und Nationen eröffnen.

2. Dieses Syndrom – ebenso wie die im Laufe der Geschichte verzeichneten Konflikte – bringt die anti-westliche Haltung hervor. Doch schließen wir die Augen und stellen wir uns den Islam und die arabische Welt ohne all die westlichen Erfindungen vor, ganz einfach im täglichen Leben: keine Elektrizität, kein Gas, keine Uhren, keine Brillen, keine Autos, Flugzeuge, Telefone, Computer; es bliebe nichts, um unser heutiges Alltagsleben zu gewährleisten, wenn wir uns weiterhin weigern würden, den westlichen Beitrag anzuerkennen, der unser Leben behaglich macht. Allein wegen der Verödung des Alltäglichen, die niemand bereit wäre zu akzeptieren, wird die anti-westliche Gesinnung unzweideutig auf ihre fehlende Berechtigung verwiesen.

3. Stellen wir uns jetzt ein anderes Szenario vor. Nehmen wir ein Treffen von Vertretern verschiedener Zivilisationen an: von Europäern, Amerikanern, Japanern, Chinesen, Indern, Afrikanern, muslimischen Arabern. Jeder würde gefragt werden, was seine Zivilisation zu Gegenwart und Zukunft der Menschheit beitragen

könnte. Was könnte der muslimische Araber anbieten? Nichts, außer vielleicht die Erinnerung des Sufismus, als Voraussetzung für die Infragestellung, für die Unschlüssigkeit des Menschen, der, während er sein Wissen anhäuft, dennoch das Rätsel weiterhin wachhält, das gleichsam an den Rand des Abgrundes zum Nicht-Wissen geheftet ist.

Diese drei Wahrheiten erläutern unsere wenig glanzvolle Gegenwart. Wenn die im Rahmen des islamischen Glaubens eingesperrten Araber sich nicht auf eine neue Sichtweise einstellen, kann man mit gutem Grund annehmen, daß sie dazu ausersehen sind, sich zu den großen toten Zivilisationen zu gesellen; sie werden neben den Sumerern, den alten Ägyptern, den alten Griechen Platz finden ... Solche Worte sind weit davon entfernt, originell zu sein. Zahlreiche Araber auf der ganzen Welt wiederholen sie für sich in ihren Selbstgesprächen und in ihren Diskussionen im engsten Kreis. Andere verkünden sie öffentlich. Adonis hat unlängst auf die drei Beobachtungen, die ich soeben vorgebracht habe, in arabischer Sprache vor einem Publikum von tausend Personen verwiesen, und zwar in der Bibliothek Assad in Damaskus, im Schatten des Präsidentenpalastes, der die Stadt als Symbol des Einen beherrscht, dargestellt durch die Porträts des Vaters und des Sohns, der ihm gefolgt ist – und dies im Rahmen einer Republik! Beim Hören dieser Worte hat keiner unter den aufmerksamen Zuhörern einen Ton gesagt.

Aber was tun, sobald solche Wahrheiten unverblümt ausgesprochen, sobald sie in aller Schärfe und Deutlichkeit verbreitet wurden? Viele von uns haben Lösungen für diese Lage vorgeschlagen. Ich will hier nicht daran erinnern, sondern will mich damit begnügen jetzt klarzustellen, daß diese Ideen inzwischen ins Bewußtsein eingedrungen sind und sich dort entfalten, daß ihre Verinnerlichung dem Sein eine neue Richtung gibt. Auch die durch den Islam geprägten arabischen Frauen und Männer erfahren das tragische Gefühl für das Leben, die Konfrontation mit dem Abgrund des Nichts, welcher der Abgrund der Menschen auf der Suche nach Identität ist. Die arabischen Frauen und Männer sollten, aufgrund der objektiven Lage, für die sie die Geschichte vorgesehen hat, zu Nacheiferern von Kierkegaard werden – einem dänischen Christen des 19. Jahrhunderts –, der das Christentum wie eine Krankheit lebte, zu Nacheiferern von Kafka, der in *Die Verwandlung* die Strategie des

Verschwindens spielt, um den uneinnehmbaren Wesenskern zu bewahren, zu Nacheiferern eines Unamuno, des spanischen Philosophen des 20. Jahrhunderts, der sich damit befaßt, das Spaniertum zu entafrikanisieren. Der Araber sollte es wagen, so lange die Frageliste offenzuhalten, bis er bereit ist, den Islam als Krankheit zu leben, bereit, eine ebenso eitle wie ausufernde Körperfülle bis zur Wespentaille einzuschnüren, bereit, sein Arabertum zu entislamisieren. Vielleicht beginnen dann die Riegel aufzuspringen und die Türen sich einen Spalt zu öffnen.

10
Das Los einer Metapher

Alle sind sich darin einig, daß der Islam krank ist. Wie diese Krankheit diagnostizieren? Ich habe es auf meine Weise getan – weltlich, kritisch, in Anwendung der abendländischen Methode, die aus der Aufklärung hervorgegangen ist. Dies ist das Thema meines Buches *La Maladie de l'islam* [»Die Krankheit des Islam«], das bei Seuil 2002 erschien [auf deutsch im selben Jahr bei Wunderhorn] und dessen arabische Übersetzung bei den Éditions Toubkal in Casablanca (für den Maghreb) und bei den Éditions Dar an-Nahâr in Beirut (für den Maschrik) veröffentlicht wurde. Dieses Buch erscheint im Arabischen unter einem vorsichtigeren und bestimmteren Titel: *Awhâm al-Islâm as-Siyâsî*, »Die Schimären des politischen Islams.«

Ich werde nicht auf den Inhalt dieses Buches zurückkommen. Ich führe es einfach an, um festzustellen, daß ich die Diagnose, die es hinsichtlich der Krankheit des Islams stellt, in dem wiederfinde, was aus der Feder eines Glaubensmannes stammt und in einer arabischsprachigen Londoner Tageszeitung, *Asharq al-Awsat,* in der gestrigen Nummer, vom Freitag, dem 13. Juni, erschienen ist. Dieser Artikel aus der Feder des Scheich Hasan al-Saffar (sein Porträt zeigt ihn mit Bart und Turban), hat den Titel: »Wie sollen wir dem religiösen Fanatismus entgegentreten?« Zunächst übernimmt der Scheich die Metapher der Krankheit (*ad-dâ wa'l-maradh*), um das Unbehagen zu bezeichnen, in welcher sich der gegenwärtige Islam befindet. Dann diagnostiziert er diese Krankheit anhand der Neigung zum Fanatismus. Schließlich stellt er fest, daß der Fanatismus schon sehr früh im Islam in Erscheinung trat, und zwar mit der ersten Sekte, den Charidschiten, und daß das Phänomen, immer wenn es im Laufe der Geschichte auftrat, stets zunichte gemacht, jedesmal an den Rand gedrängt wurde. Er stellt aber auch fest, daß die Ausbreitung des Fanatismus, seine Heftigkeit und Vehemenz, seine tödliche Ausschließlichkeit, die unser Zeitgeschehen in Blut tränkt, heute eine Intensität angenommen hat, die in der Vergangenheit wahrscheinlich nie erreicht worden ist.

Wer von Krankheit spricht, muß auch Heilmittel erwähnen. Es gibt eine ganze Sammlung von Arzneien, und man muß sie alle einsetzen, zugleich, simultan, oder jede einzeln, jede auf dem Gebiet ihrer spezifischen Wirksamkeit. Daß das Wort vom religiösen Standort aus ergriffen wurde, von dem des Scheichs Hasan al-Saffar, ist von hohem Wert, vor allem wenn seine Stellungnahme mit der übereinstimmt, die ich vom weltlichen Gesichtspunkt aus formuliert hatte und die in den intellektuellen arabischen Kreisen in Paris und den europäischen und amerikanischen Diasporas kritisiert wurde. Von nationalistischem Juckreiz befallen, waren sie nicht in der Lage, ein offenes Wort zu verarbeiten, das die Metapher der Krankheit gebrauchte. Verdächtige Metapher in den Augen dieser Intellektuellen, die zwar auch weltlich sind, doch unter dem Zwang des Bemühens um Identität und nationale Zugehörigkeit stehen, Bemühen, das ihren Argwohn hinsichtlich des Westens nährt, obwohl sie doch im Schoß westlicher Wohnanlagen leben. Muß man sie, diese empfindlichen und zaghaften Intellektuellen, darauf aufmerksam machen, daß die Thesen meines Buches, seit ihrer Übersetzung ins Arabische, mit Gelassenheit und Sachkunde von einem religionsübergreifenden Kreis in Beirut diskutiert wurden, der gläubige Laien ebenso umfaßte wie Glaubensmänner, Schiiten, Sunniten, maronitische Katholiken, Griechen, Armenier, Orthodoxe?

Doch in der Tat gewinnt die Metapher der Krankheit an Legitimität, wenn sie von einer traditionellen, Bart und Turban tragenden religiösen Autorität untermauert wird, die bei ihrer Suche nach einem Heilmittel auf die Schrift verweist, auf die Koranverse, die zur Toleranz ermahnen, zur Akzeptanz der Vielfalt von Glaubensrichtungen, zur Weigerung, den Zwang im Innern der Religion zu verankern. Der Kampf gegen die Krankheit besteht auch darin, die auf Katastrophen erpichten Deutungen zeitgenössischer fundamentalistischer Pseudo-Exegeten anzuprangern, die Bestimmungen aus dem Koran erfinden oder Verfügungen und Möglichkeiten verschärfen, welche die Tradition gemildert hatte.

So gibt es durchgängig das Verfahren, einen späteren Koranvers geltend zu machen, um die in einem früheren Vers enthaltenen entgegengesetzten Ratschläge aufzuheben. Dies gilt etwa für den sogenannten Vers »vom Schwert« (Koran IX, 5): Das *âjat as-sayf*, fordert die Muslime auf, bis zum Tod der »Götzendiener« (U.) zu kämpfen und sie nur zu verschonen, wenn sie sich bekehren. In der vorher erwähnten Zeitschrift *Asharq al-Awsat* prangerte am 31. Mai ein anderer Scheich ebenfalls die Deutung dieses Verses durch die Fundamentalisten an. Denn, folgte man ihnen, würden nicht weniger als hundert andere Verse außer Kraft gesetzt, die toleranter, offener, sanfter sind und der »evangelischen« Seite des Koran entsprechen. Es sind Verse, die weder aufgreifen noch verschärfen, was schon die Bibel den »Krieg des Herrn« nannte. Eine fundamentalistische Lektüre dieser Art zerstört das eigene Symbol der Verehrung, denn sie fordert dazu auf, ganze Seiten des Korans zu verleugnen. Ich erinnere auch an die Kritik der *shuyûkh*, der Kleriker. Sie ist notwendig als Barriere gegen den »wilden« Zugang zum Wort, den sich die halbgebildeten, nihilistischen Agitatoren anmaßen. In ihrer Enttäuschung und ihrem Groll finden sie auf diese Weise einen Hebel, um das Wort des Koran zu manipulieren.

Aber unsere Rolle ist es, andere, nicht traditionelle Formen der Kritik zu vertiefen. Jeder soll in seinem Bereich die kritische Arbeit bis zu den äußersten, durch die modernen Methoden eröffneten Konsequenzen führen. Indem sich kritische Werke häufen – linguistische, semiologische, historische, philologische, anthropologische –, die den Korantext in den Mittelpunkt stellen, wird sich die Idee der Reform herauskristallisieren, deren Auswirkungen auf die Wirklichkeit unausweichlich sind. Gewiß hat die Krankheit, deren Symptome wir abhorchen, ebenso viel innere Gründe – die wir soeben angeführt haben – wie äußere, die in den Schnittpunkten zwischen Islam und Okzident aufzuspüren sind. Wir werden sie mehrmals in diesem Werk erwähnen.

11
Drei Symptome

Die islamischen Subjekte sind nachlässig oder leiden an Gedächtnisschwund. Ich wage dies zu behaupten, denn die kritische Grundlage für den Ausweg aus der gegenwärtigen Sackgasse ist seit mehr als einem Jahrhundert von ihren eigenen Leuten geschaffen worden. Doch sie tun so, als vergäßen sie das Vorhandensein dieser substantiellen Worte, deren Ballung einen wirksamen Ausgangspunkt hätte bilden können. Manche von ihnen ziehen es vor, aus Verzagtheit oder Feigheit keine Kenntnis von diesen Schriften zu nehmen. Andere, Böswillige, prangern sie an oder veranlassen, daß sie zerstört werden, daß diese Bücher verschwinden, die es gewagt haben, die gordischen Knoten zu zerschlagen, deren Fortdauer die Blockierung aufrechterhält. Diese Haltung ist die bösartigste. Sie schürt die Flammen eines Terrors, der die kritischen Möglichkeiten und den hermeneutischen Antrieb lähmt. Angesichts dieser allgemein verbreiteten Amnesie und Nachlässigkeit spielen wir den Störenfried und erinnern daran, daß es zumindest drei Bücher in arabischer Sprache gibt, geschrieben von frommen Muslimen, deren Aufrichtigkeit sie nicht daran gehindert hat, sich mit Fragen auseinanderzusetzen, deren Lösungen bis zum heutigen Tag immer nur aufgeschoben werden.

Ich werde mit der kurzen, 1898 von Qasim Amin verfaßten Abhandlung über *Die Befreiung der Frau* (*Tahrîr al-Mar'a*) beginnen, der zwei Jahre später eine ergänzende Broschüre mit dem Titel *Die neue Frau (al-Mar'a al-Jadîda)* folgte. Der 1905 gestorbene Amin, ein ägyptischer Essayist und an der Universität al-Azhar ausgebildeter, modern eingestellter Gelehrter, Schüler des Theologen Muhammad Abduh, verschärft in dieser Schrift die Haltung seines Lehrers und führt sie zur äußersten Konsequenz. Er stellt fest, daß die den Frauen entgegengebrachte Daseinsverweigerung das entlarvende Anzeichen für die Krise des Islams, für seine Unbeweglichkeit, für seine Unfruchtbarkeit ist. Er beobachtet ferner, daß der Schleier das Zeichen dieses Anzeichens ist, das Symbol der Ungleichheit schlechthin, der Unterdrückung der Frauen, ihres Freiheitsentzugs, ihrer Verdrängung aus dem gesellschaftlichen Bereich, ihrer Nicht-Teilhabe am wirtschaftlichen Leben, ihrer Abwesenheit auf schöpferischem Gebiet. Er wagt es, zum Buchstaben koranischer Vorschriften zurückzukehren, um ihnen Sinn abzugewinnen und eine philologische Deutung einzuleiten, die dem traditionellen Konsens entgegengesetzt ist, um schließlich eine Rechtfertigung der Entschleierung eben in den Versen zu finden, welche wohl die Grundlage für den Schleier und den Ausschluß der Frauen gebildet haben (Koran Sure 24, Vers 30 –31; Sure 33; Vers 53 und 59). Qasim Amin glaubt, daß der Akt der Entschleierung einzig und allein große symbolische Folgen für die Befreiung weiblicher Subjekte haben kann. Er erinnert des weiteren daran, daß der Mann, der die Frau in seinem Haus unterdrückt, seinerseits bei seinem Verkehr im Gemeinwesen durch den Fürsten unterdrückt wird. Die Unterdrückung der Frau in der privaten Umfriedung wiederholt die politische Unterdrückung, welcher das männliche Subjekt draußen ausgesetzt ist.

Das zweite Buch hat der Scheich Ali Abd ar-Raziq (er wurde gleichfalls an der theologischen Universität al-Azhar ausgebildet) den Grundlagen der Macht im Islam gewidmet (*Uçûl al-Hukm fî'l-Islâm*). Diese 1925 erschienene Studie, in deren Mittelpunkt das Kalifat und der Staat stehen, wurde direkt nach der vom türkischen Diktator Mustafa Kemal durchgeführten Abschaffung des Kalifats geschrieben. In diesem Essay tritt Abd ar-Raziq einem zweiten islamischen Tabu, einem weiteren Mythos, einer langlebigen Schimäre entgegen: der behaupteten Wesensgleichheit des Politischen und des Religiösen. Indem er sich auf die historischen Tatsachen stützt (und nicht auf ihre idealisierte Darstellung), erbringt er den Beweis, daß die politische Macht im Islam sich ganz selbstverständlich an staatliche und imperiale Strukturen angepaßt hat. Sie hatte ihre Wirksamkeit schätzen gelernt, als sie schon früh bei Eroberungen alter Zivilisationen auf sie gestoßen war, wobei ihr anfangs deren Organisationsformen sehr wenig oder gar nicht bekannt waren. Abd ar-Raziq zeigt, in welchem Maße die Vorstellung des Kalifats jeglicher Rechtfertigung oder Berechtigung durch die Schrift entbehrt, in welchem Maße sie ein leeres Gehäuse bildete, das insbesondere mit griechischen und persischen, byzantinischen und sassanidischen Anleihen gefüllt war.

Mit Hilfe dieser geschichtlichen und philologischen Feststellungen kommt der Essayist aus Kairo zu dem Schluß, daß es keine essentielle Besonderheit der Machtausübung im Namen des Islams gibt. Er schließt weiter, daß das islamische Subjekt seine Augen für die menschliche Entwicklung öffnen müsse; die historischen Fortschritte müßten an das politische Instrumentarium angeglichen werden, denn dies seien Fortschritte, von denen man sich anregen lassen solle, um sie den eigenen Erbe anzupassen. Durch die Übernahme der von den Europäern und den Amerikanern entwickelten modernen Demokratie werde es möglich sein, sagt Abd ar-Raziq, sich von dem überkommenen Despotismus zu befreien, der selbst ein Erbe früherer, der römischen, persischen, asiatischen Epochen, ist. Es verwundert, daß diese zweite Unterweisung in ihrer Klarheit und Einfachheit von dem islamischen Gemeinverstand immer noch nicht aufgenommen wurde.

Das dritte Buch schließlich, das ich anführen möchte, geht den Dingen auf den Grund, denn es konzentriert sich auf das religiöse Gefühl in seiner metaphysischen, spirituellen, ethischen Tiefe. Es handelt sich um das von dem sudanesischen Scheich Mahmud Muhammad Taha geschriebene und 1981 erschienene Werk *Die zweite Botschaft (ar-Risâla ath-Thâniya)*. Es ist anzumerken, daß das arabische Wort im Titel (*Risâla*) einen religiösen Sinn hat, und zwar den der geoffenbarten Botschaft, die durch den *rasûl*, den Boten, den Apostel, der auch der *nabi'*, der »Prophet« ist, übermittelt wird. Der Ausdruck *rasûl*, der überdies mit »Gesandter« übersetzt wird, erlangt eine wesentliche Bedeutsamkeit dadurch, daß er in der *shahada*, dem »Glaubensbekenntnis«, wieder anzutreffen ist. Es ist einer der fünf Säulen des Islams und gewiß die wichtigste, denn das Bekenntnis auszusprechen, zeigt die Bekehrung des Menschen und seinen Eintritt in die Gemeinschaft der Gläubigen: »Kein Gott außer Gott, und Mohammed ist der *rasûl* Gottes.« Das Buch von Taha trennt auf eine radikale Weise zwischen dem lebendigen – noch gültigen – und dem vergänglichen – veralteten – Teil des Korans. Die mekkanischen Offenbarungen, die auf die metaphysische, ethische, eschatologische Dimension (kurzum den »Ölberg«-Aspekt) hinweisen, vermögen es noch, die Seelen zu nähren und zu bilden, während die stärker rechtliche, politische, militärische medinische Inspiration den durch die Umstände bedingten Teil darstellt, der mit der Gesinnung einer längst vergangenen und durch die menschliche Entwicklung überschrittenen Epoche verbunden ist. Diese Unterscheidung macht die Rechtfertigungen von Sklaverei, Polygamie, von Schleier, von unterschiedlichem Erbrecht bei den Geschlechtern, vom Verbot der Adoption, des Weines hinfällig. Es wäre das *Aus* für das Wiedervergeltungsrecht ebenso wie für die *hudûd*, diese körperlichen Züchtigungen, die den Körperstrafen gleichgestellt sind (die beim Dieb das Abhacken der Hand, bei der Ehebrecherin die Steinigung verlangen usw.); es wäre das *Aus* für den *jihâd*, den heiligen Krieg, für die *jizya*, eine erniedrigende Steuer, die den Angehörigen einer Minderheit, den *dhimmi* oder »Schutzbefohlenen«, in einem niedrigeren Status hält. Und er verlangt, daß diese altertümlichen Gesetze durch die Errungenschaften des *habeas corpus* ersetzt werden, und zwar bevor sie an die Fortschritte des abendländischen positiven Rechts angeglichen werden.

Kurz gesagt, der Verfasser kehrt ein Verfahren der traditionellen Exegese einfach um, und setzt das in Kraft, was dort abgesetzt wird. Wie wir gesehen haben, löst das traditionelle Verfahren die Widersprüche des Korans dadurch, daß sie den späteren medinischen Versen die Macht verleiht, die früheren mekkanischen zu entkräften. Denn die mekkanischen Verse sind sanfter und weniger ausschließlich, da sie noch nicht in einer Machtposition eingegeben worden waren. Durch die Wirkung dieser Umkehrung werden bei Mahmud Muhammad Taha jedoch die Bestimmungen der Schrift, die für die polemischen Forderungen der Fundamentalisten symbolische Bedeutung haben, in dem veralteten Teil des Korans angesiedelt. Wo die Fundamentalisten also mit dem Verfahren des Außerkraftsetzens die Aussage verschärfen und systematisieren, dekonstruiert er dieses Verfahren, indem er es umkehrt. Hier ein Beispiel zur Veranschaulichung dieser beiden entgegengesetzten Methoden. Die Fundamentalisten sind der Ansicht, daß der Vers, welcher behauptet: »Es gibt keinen Zwang in der Religion« (Koran 2, 256; K.) durch einen anderen Vers außer Kraft gesetzt wird, der zur Bekämpfung der Ungläubigen auffordert (wobei zu den letzteren Monotheisten wie Heiden gezählt werden): »Kämpft gegen diejenigen, die nicht an Gott und nicht an den Jüngsten Tag glauben und nicht verbieten, was Gott und sein Gesandter verboten haben, und nicht der Religion der Wahrheit angehören – von denen, denen das Buch zugekommen ist, bis sie von dem, was ihre Hand besitzt, Tribut (*jizya*) entrichten als Erniedrigte« (9, 29; K.). Da dieser Vers keine Unterscheidung zwischen Monotheisten und Götzendienern trifft, hebt er angeblich alle vorherigen Bestimmungen auf, die eine Haltung der Duldung und Toleranz gegenüber Anhängern anderer Religionen – Polytheisten, Christen, Juden, Sabäern, Zoroastriern – gestatten. In der Logik von Taha hat der frühere und tolerante Vers (2, 256) Bestand für ihn und setzt den späteren und militanten Vers (9, 29) außer Kraft. Er wird damit auf seinen medinischen Kontext und in seine historisch sedimentierte politische Situation zurückverwiesen, und als durch Umstände bedingt, längst überholt eingestuft.

Solche Umkehrungen vermögen nichts Geringeres, als zur Unterscheidung zwischen dem allgemeinen Grundsatz und der durch die Umstände bedingten Vorschrift beizutragen, auf daß der Islam durch die Tilgung seiner veralteten Teile gerettet werde. Es scheint mir nützlich, die Botschaft von Mahmud Muhammad Taha weiterzugeben und ihn zu rehabilitieren. Er war ein religiöser, im Sufismus gebildeter Mann, daneben ein unbequemer politischer Gegner. Um sich seiner zu entledigen, bezeichnete die offizielle Herrschaft seine theologischen Positionen als »häretisch«. Er wurde von der politischen Macht, die mit der Muslimbruderschaft verbündet war, exkommuniziert, des Abfalls vom Glauben angeklagt und zum Galgen geführt. Er erwies sich vor seinen Richtern als mutig und würdig, sprach ihnen jegliche Autorität bezüglich der Exkommunikation ab – wegen des Fehlens der Institution Kirche im Islam –, auch jegliche Berechtigung für seine Gefangennahme – wegen des Fehlens demokratische Instanzen – wie auch jegliche rechtliche Grundlage für seinen Prozeß und seine Verurteilung ab, da die Richter nicht unabhängig seien. So scharfsichtig war dieser Mann, daß er sich gegen die Usurpation des Wortes »Bruder« durch die Muslimbruderschaft wehrte, indem er das gleiche Wort im Namen seiner Partei, »Die republikanischen Brüder«, verwendete.

Ich habe an diese drei Bücher erinnert, um zu zeigen, wie sehr unsere Zeitgenossen unter Gedächtnisschwund leiden. Die kritische Grundlagenarbeit ist fast ein ganzes Jahrhundert lang in arabischer Sprache geleistet worden, in vielen Stimmen, die sich ergänzten, und zwar von guten Muslimen, Meistern ihres Fachs und ihrer Tradition. Es liegt an uns, ihre Überlegungen noch zu verfeinern, zu vertiefen, anzureichern, zu verschärfen, uns auf sie zu berufen, sie praktisch anzuwenden und mit der Tatkraft von Überlebenden gegen den Rückschritt und die Barbarei der Fundamentalisten zu kämpfen, welche die Allgemeinheit täuschen, und die sich, indem sie ihre Litaneien bis zum Überdruß wiederholen, anheischig machen, der Gegenwart die Regeln und Vorschriften einer anderen Zeit aufzuerlegen; sie beanspruchen, ihnen einen Status unbestrittener Wahrheit zu geben, zum Unglück des Islams, dessen Rückkehr zur Zivilisation sie verzögern und dessen Ausscheiden aus der Geschichte sie beschleunigen.

12
Trumscheit

Die barbarischen Taten vom 16. Mai 2003, die den Boden von Casablanca mit Blut befleckten, haben mich beinahe von dem Thema abgebracht, das ich für meinen Kommentar gewählt hatte. Nach einer Phase des Zweifels habe ich mich wieder gefaßt und gedacht, daß es, angesichts der Nihilisten, die den Tod säen, indem sie sich selbst den Tod geben, besser wäre, mit einer Lebenstat zu antworten. Ich möchte das Lebensprinzip wieder bekräftigen, das auf der flüchtigen Kurve, die jedes unserer Geschicke durchläuft, Ausblikke in die Ewigkeit einfängt. Der Wachzustand, der verlangt, nach diesen Punkten der Ewigkeit Ausschau zu halten, sie sich vorzustellen, ihre Gegenwart hervorzurufen und sie zu ergreifen, um sie zu genießen, dieser Wachzustand gewährt euch das Vorrecht, das Leben als ein Kunstwerk zu führen, in dem Ehrgefühl und dem Stolz, die mit der Sorge um sich einhergehen.

Dieses Ziel wird durch Epiphanien erreicht, ein Begriff, den die Sufis mit dem Wort *tajalliyyât* bezeichnen. Es ist ein Verfahren, das zur Erkundung der Spuren und Zeichen des Unsichtbaren führt, die sich auf den Facetten der Seinszustände zeigen. Diese Epiphanien haben für uns nichts Göttliches, aber ihr Glanz verleiht den Dingen und Wesen, die uns begegnen, einen Nimbus; so daß sie sich uns in den gewöhnlichen Stunden zeigen, die sich durch unsere Tage ziehen. Dasselbe Wort religiösen Ursprungs wird von Joyce verwendet, um die Visionen zu bezeichnen, die er aus dem Alltäglichen schöpft, und um sie seinen Lesern vor Augen zu führen. Dabei schreibt er seinen, von ihrer Unterschiedlichkeit getragenen Figuren sein eigenes Erleben zu. Das Phänomen wird auch mehrfach von Proust geschildert, ohne daß er das Wort gebraucht. Ich denke daran, wie bei diesen beiden Schriftstellern der Geschmack eines Hörnchens beschrieben wird, welche Wirkung es einerseits im *Ulys-*

ses hat, wenn der frühstückende Bloom bei den Windungen seines Geschmacks verweilt, die zur mäandrierenden Form des Romans passen, und andererseits wie in *Die wiedergefundene Zeit* Madame Verdurin das Hörnchen als Schlüssel für verborgene Wahrheiten nimmt, wenn sie seinen Geschmack und seine Substanz wiederentdeckt, nachdem sie es wegen der Kriegsrationierungen lange entbehren mußte.

An den Stätten, die ich in diesen letzten Wochen überall auf der Welt besucht habe und die ich mir in meiner inneren Bühne zu eigen gemacht habe, möchte ich einige Epiphanien anführen, Epiphanien, die meinen Körper, mein Herz und meinen Geist in Bewegung und Freude versetzten. Ich möchte in Worten davon sprechen, die an der Physiologie der Sinnesempfindung und des Gefühls festhalten. Etwa eine Siesta am Rande des Wassers in Tyrus, an der antiken Stätte: durch den Schatten einer aufgerichteten Säule vor der Sonne geschützt, vor dem Wind durch das Hindernis einer anderen, liegenden, Säule abgeschirmt, lag ich im Gras ausgestreckt, worin Blütenknospen eingewoben waren, in einer frühlingshaften Natur, aufgeheitert durch die jüngste Geburt der Venus. Dann die Weinprobe, bei der sich das Blut des Gottes mit dem Blut des Dichters mengt; auf dem Weinberg, der das Schloss von Kefraya umgibt, gesäumt von den Hängen über dem Bekaa-Tal, in einer Höhe von fast achthundert Metern, an einem unbeständigen Tag, wo von einer Stunde auf die andere die Jahreszeit wechselte, zusammen mit der raschen Bewegung der Wolken, die sich über den Himmel ausbreiteten, ihn bedeckten, das himmlische Wasser dorthin brachten, wo die Wolken barsten, verdichtete Dämpfe, die sich im Laufe eines Gesprächs zerstreuten und unserem Blick das Himmelsblau zurückgaben, während der Gaumen, jedesmal wenn der Wein die Mundhöhle streifte, dessen Samtigkeit und Körper aufspürte, eine Erinnerung an rote Früchte, deren Würze er auf dem Untergrund frischer Haselnuß entfaltete. Welch ein einzigartiges Glück, am südlichen Rand des Mittelmeeres einem Getränk zu begegnen, das nach den Regeln der Kunst hergestellt wurde, einer Kunst, die den Boden Libanons der antiken Überlieferung zurückgab. Es war eine Widmung an Dionysos, die uns der Barbarei heutiger Zeiten weit entrückt und dieser Landschaft die Spuren des uralten Gedächtnisses entreißt, von dem auch in Baalbek, am anderen Ende desselben Tals, der gewaltige, Bacchus geweihte Tempel Zeugnis gibt.

Oder jüngst in Brüssel, wo ich wieder auf den *Sturz des Ikarus* von Breughel gestoßen bin, dieses aus der Vereinigung von Einbildungskraft und Geist hervorgebrachte Wunder, das dem Auge ein Meer darbietet, das sich smaragden tönt, um den gestürzten Körper als winzige Einzelheit aufzunehmen, Körper, dessen Beine, unmittelbar bevor sie verschlungen werden, inmitten verfliegender Gischtspritzer zappeln, während der Planet weiter kreist, der Schäfer weiter seine Tiere hütet, der Bauer weiterhin sein Ackern in die Erde einschreibt ... Nichts verwirrt die Ordnung der Welt, und das Ereignis des Sturzes geht unbemerkt vorüber, es wird nicht einmal von den möglichen Zeugen, ganz in der Nähe, registriert.

Einige Schritte weiter in der Stadt haben mich zum Musikinstrumentenmuseum geführt; es befindet sich in einem Gebäude, das im Jugendstil der alten Warenhäuser des traditionellen Englands gestaltet ist und eine der schönsten um 1900 errichteten Bauten der Stadt darstellt. Welche Überraschung: in einem der Säle erhebt sich vor meinen Augen ein Trumscheit (*tromba marina*), um 1660 in Tournai hergestellt, ein Instrument mit einer einzigen Saite, das so groß ist wie ein Mensch und so schmal wie eine afrikanische Plastik, die man auf den Kopf gestellt hat. Der Klang des Instruments gleicht dem einer Trompete, es wurde verwendet, um in den Nonnenklöstern die Stunden des Gebets anzuzeigen (daher im Deutschen auch Nonnengeige). Welch ein Glück, dieses Instrument gesehen zu haben, dem Apollinaire sein einzeiliges Gedicht gewidmet hat – so dicht, so erfinderisch durch die Genauigkeit seiner Suggestion und seines metaphorischen Aufbaus, obwohl es sich in Wirklichkeit mit einer Beschreibung dieses Instrument begnügt: in einem Satz in Form eines Alexandriners, dessen Halbvers durch eine Zäsur gekennzeichnet ist, die den Atem und das Auge ruhen läßt in der Verehrung der Symmetrie, Vers, der sich unter dem Titel »Chantre« (Sänger) dekliniert:

Et l'unique cordeau des trompettes marines
(Und die einzige Saite der Trumscheite)

13
Haß auf den Schleier

Ich mag den Schleier nicht. Er stellt für mich das Zeichen der weiblichen Erniedrigung und der Kränkung dar, die den Frauen zugefügt wird. Den jungen Mädchen, die sagen, sie verschleiern sich aus freien Stücken, entgegne ich, daß sie unter Einfluß stehen. Dadurch, daß sie sich verschleiern, glauben sie, an der höchsten Gewalt einer Identität teilzuhaben. Und sie fordern, daß ihre Unterschiedlichkeit respektiert wird. Während sie sich in Wirklichkeit dem geringeren juristischen Status unterwerfen, den das koranische Recht ihrem Geschlecht einräumt.

Es ist nicht das erstemal, daß wir uns einem Zustand freiwilliger Knechtschaft gegenüber sehen; ich habe bereits die berühmte Abhandlung von La Boétie, dem Freund von Montaigne, erwähnt, der uns zeigt, daß keine Unterdrückung ohne die Zustimmung der sie erduldenden Männer oder Frauen ausgeübt werden kann. Der Autor des 16. Jahrhunderts sprach vor allem über die politische Tyrannei. Die Psychoanalytiker führen dieses Buch oft an und verwenden es zur Erklärung der unbewußten Unterwerfung, die jemand, gleich ob Mann oder eine Frau, annimmt und darunter leidet.

Diesen jungen Mädchen, die sich verschleiern, werde ich zunächst sagen, daß ihre Geste rückschrittlich ist. Muß man sie daran erinnern, daß es in der Geschichte des Islams einen Prozeß der »Entschleierung« gegeben hat, der bereits Ende des 19. Jahrhunderts eingesetzt hat? Wir haben schon die von dem Ägypter Qasim Amin (1898) verfaßte Streitschrift zitiert, die den Schleier als ein Zeichen der Erniedrigung betrachtet und die Frauen ermutigt, sich vom Kopftuch abzuwenden, das sie zur Weltabgeschiedenheit verurteilt. Seine Botschaft wurde vernommen. Es entstand eine feministische Bewegung mit Wortführerinnen wie Huda Sharawi. Sie initiierte und leitete 1926 in Kairo eine Demonstration von Frauen, bei der alle in einer theatralischen Geste öffentlich ihren Schleier ablegten. Ich selbst entstamme einer Familie von Theologen und wurde in meiner Kindheit in den 1950iger Jahren in Tunis Zeuge der Entschleierung der Frauen, die zu meinem traditionellen und konservativen gesellschaftlichen Umfeld gehörten.

Eine solche Entwicklung schien mir danach nicht umkehrbar. Groß war meine Überraschung, als ich die Rückkehr des Schleiers in Paris erlebte, der Stadt der Aufklärung und aller Freiheiten. Erinnern Sie sich an die Kopftuch-Affäre, die während der 1980iger Jahre die Gymnasien erschütterte? Was ist denn da passiert? Warum tauchte der Schleier in Europa, in Ländern wieder auf, wo die Frauen über gleiche Rechte verfügen? Muß man in diesem Phänomen das Scheitern der weltweiten Modernität erblicken?

Was wir heute erleben, ist bloß das Ergebnis eines politischen Handelns, das seinen Horizont gewechselt hat. Von einem Zeitalter, in dem die Rechtsgelehrten den Islam zu modernisieren suchten, ist man zu einer Zeit übergegangen, in der Ideologen die Islamisierung der Modernität fordern. Ein Plan ist durch einen anderen ersetzt worden. Und so hat sich der gesamte Islam innerhalb von dreißig Jahren umgewandelt. Die Frage des Schleiers kann nur in diesem Kontext verstanden werden.

Im übrigen spiegelt der Bedeutungswandel des Schleiers selbst diese Metamorphose wider. Es liegen Welten zwischen dem traditionellen Schleier und dem, was ich den »ideologischen« Schleier nenne. Die Traditionen in islamischen Ländern waren ebenso vielfältig wie die Völker, die diesem Glauben anhingen. Ein Teil der früheren Kulturen und Bräuche wirkte weiter und zeigte örtliche Besonderheiten, die sich dem Glauben der Gemeinschaft zuordnen ließen. Mit den fundamentalistischen Predigten, die durch die neuen Fernsehsender übertragen werden, wandelt sich die Tradition jedoch zur Kampfideologie und die kleinen Unterschiede werden nach und nach von der gleichmacherischen Verkündigung geschluckt, so wie ein größerer Planet Trabanten schluckt.

Der Schleier von heute, der von Djakarta bis Paris identisch ist, macht die Frauen häßlich, steif, streng, unfreundlich, militant, einförmig und nimmt ihnen ihre Einzigartigkeit. Er gleicht sie christlichen Klosterfrauen an, die ihr Leben einer Abgeschiedenheit geweiht haben, die sie vom Begehren ausschließt. Der eng um den Kopf geschlungene Schleier, darunter das lange schwarze oder braune Kleid, macht sie zu Nonnen – was ein starkes Stück ist für Leute, die in Europa ein Bild vom Islam vermitteln wollen, das den Zölibat und den Rückzug ins Kloster widerlegt! In seiner heutigen Form ist der Schleier mit einer Art »Nihilismus« des Körpers behaftet, dessen Strenge kaum zum Genius des Islams gehört.

Der traditionelle Schleier, in seinen vielfältigen Äußerungsformen, entspricht hingegen dem Geist von *Tausendundeiner Nacht*.

Wie ich mich erinnere, schmückten sich die Frauen von Tunis mit einem weiten, aus Seide und Leinen gewebten Stück Stoff, worin sich das makellose Weiß mit dem gebrochenen Weiß abwechselt, Ton in Ton, eine geringfügige Zweifarbigkeit in der Aufeinanderfolge schmaler Bänder, die durch ein Nichts Luxus suggerierten. Und die Frauen spielten mit einer solchen Weite des Stoffs, der sie vom Kopf bis zu den Knöcheln bedeckte, sie brachten einmal ihre strahlenden Gesichter zum Vorschein, bevor sie diese verschwinden ließen, ließen Strähnen ihres Haars darunter hervorschauen, bevor sie die Stirn freilegten. Bald überließen sie die Umrisse ihrer Figur den Faltenwürfen des Gewands, das in der prallen Sonne schimmerte, bald zogen sie den Stoff straffer, um ihre Formen zu zeigen und sie dem Beben zu übergeben, welches das Rascheln des Stoffs begleitete.

Damals, als es nicht möglich war, der religiösen Vorschrift zu entrinnen, haben es die Frauen und ihre Gruppierungen verstanden, sich mit den göttlichen Geboten zu arrangieren, indem sie diese an eine Ästhetik und Poetik anpaßten, die auf einer Dramatisierung des Geheimnisses beruhte, eines Geheimnisses, das die Enthüllung »verlangt«, indem es den verborgenen Körper inszeniert, der den Wunsch nach seiner Entblößung wachhält.

Und jetzt leben wir in einer Gesellschaft, wo alles erlaubt ist, und da sehen wir uns von fanatisierten Frauen umgeben, die sich Zwänge auferlegen, welche die Hölle in der Alltagsbanalität heimisch machen, und dies im Namen eines Glaubens, von dem sie nur das Altertümliche und die zufällige Form beibehalten, während sie die Schönheiten der Tradition vergessen und die Versprechungen der Modernität verraten.

14
Entschleierung

Der Islam hat sich dadurch als Zivilisation durchgesetzt, daß er vielfache Strategien anwandte, um die Vorherrschaft des koranischen Worts zu mildern und um dessen abschottende und einschränkende Wirkung abzuschwächen. Unter den schöpferischen und erfinderischen Menschen, die sich dennoch von früheren Traditionen, denen der Islam auf den Wegen der Eroberung begegnet war, leiten ließen, gibt es solche, die den Buchstaben dieses Worts umgangen haben. Andere haben es im Sinne der Perspektive gedeutet, die sie sich gesetzt hatten. Wiederum andere haben es sich einverleibt und es dabei mit einer Unschuldsmiene zerstört. Es gibt auch diejenigen, die sich der Offenbarung gestellt haben, die ihr jede Macht abgesprochen haben, um den Preis der Gotteslästerung und der Trennung von der im Wortfetischismus versammelten Gemeinschaft. Zu dieser letzten Kategorie zählen wir den materialistischen Arzt des 10. Jahrhunderts, Razi – der eher an die Wohltaten der Wissenschaft glaubte als an die Nichtigkeit des geoffenbarten Worts, gleich ob es in der Bibel, den Evangelien oder im Koran steht. Andere übten aktiv die Überschreitung, wie etwa die bacchischen Sänger: einerlei ob sie profan oder heilig waren, haben sie den Wein besungen oder dessen Lobpreis angestimmt und hoben damit das im Wort des Korans verkündete Verbot auf. Es gibt schließlich solche wie die Sufis, die mit dem Wort spielen, es so nehmen, wie es sich zeigt, die seinem Klang Aufmerksamkeit schenken, die seine mannigfachen Erscheinungsfelder miteinander konfrontieren und kühne Annäherungen zwischen ihnen schaffen.

Ein Beispiel soll genügen, um dieses Spiel zu illustrieren. Ibn Arabi verbindet zwei Sequenzen des Koran miteinander, die dasselbe Satzglied verwenden: *kashf as-sâq* (das Bein freimachen, die Wade entblößen). Er erinnert damit an die Königin von Saba – wie sie in der Sure der *Ameise* (der 27. in Vers 44) in Erscheinung tritt –, wenn die Hohe Dame, die aus dem Jemen nach Jerusalem kommt und von ihrem Gastgeber, dem prophetischen König Salomon, eingeladen wird, in seinen Palast einzutreten, den kristallenen Vorplatz für eine Wasserfläche hält: Sie hebt also ihr Kleid und entblößt ihre Wade, um den Stoff nicht naß zu machen; doch diese theatralische Geste führt zu einer Entblößung, die eine erotische Empfindung hervorruft. In dem Kommentar, den Ibn Arabi zu dem fünften Vers seines *Tarjumân al-Ashwâq* (*Der Deuter des Wunsches*, geschrieben um 1212) gibt, wird diese erotische Geste der Königin heraufbeschworen. Der Dichter verbindet diese Entblößung mit einer anderen, die »am Tag, an dem das Bein entblößt wird« in Erscheinung tritt, ein weiterer Bezug auf den Koran, auf die Sure über das *Schreibrohr*, der 68., im Vers 42. Ihr Kontext ist eschatologisch: Die Gefahr ist am Tag der Apokalypse so groß, daß jeder in dem ausbrechenden Entsetzen vor Schreck dem drohenden Unheil zu entrinnen sucht und dabei derart überstürzt rennt, daß die Waden entblößt werden. Indem er so die Verwendung derselben Wörter zur Schilderung entgegengesetzter Umstände aufzeigt, legt Ibn Arabi nahe, daß der erotische und der apokalyptische Fall die Enthüllung gemein haben und daß beide Beispiele für den *kashf* sind, ein Begriff, der die Enthüllung von Geheimnissen bezeichnet.

Durch dieses Ineinanderschieben der Szenen entdecken wir eine Form der Freiheit, bei der die Kühnheit der Auslegung alle sich bietenden Möglichkeiten ergreift, wie die Homophonie, die Wiederholung identischer Ausdrücke, um Analogien zwischen den offenbar sehr weit voneinander entfernten Bereichen (wie der Eschatologie und der Erotik) nahezulegen. Diese poetischen Vorgehensweisen überschreiten das Wort, während sie doch dort, wo es sich kundtut, seine Anwesenheit achten. Es ist also das Wort selbst, welches das Fernliegende annähert und das Feld einer freien Deutung eröffnet, die Sexus und Metaphysik in den Zusammenhalt bringt, der durch die Entschleierung des Verborgenen angeregt wird.

Diese Deutung zerstört die Einmaligkeit des Sinns, welche die Dogmatiker der Buchstäblichkeit fordern. Diese Kühnheiten bilden für uns eine Lehre, die uns berechtigt, Kinder unseres Jahrhunderts zu sein, dessen Freiheit zu genießen und dabei weiterhin um die Traditionen zu wissen, selbst wenn sie überschritten werden.

Wir sind also in der Lage, eine andere Strategie anzuwenden, um das Wort aus seinem Horizont der Eindeutigkeit zu lösen. In der Überschreitung, die wir uns vornehmen, behandeln wir dieses Wort als eine Spur, die unsere Einbildungskraft befruchtet. Dichter, Maler, Drehbuchautoren, Meister aller Künste seien eingeladen, von dieser Überschreitung und dieser Spur ausgehend schöpferisch zu wirken. Die Künstler können für sich die doppelte (erotische und eschatologische) Koranstelle in Anspruch nehmen, die wir gerade erwähnt haben, um gemäß der Ästhetik und Poetik des Anscheins und der täuschenden Ähnlichkeit schöpferisch tätig zu werden, getragen von dem *als ob*, dem *ka'anna*, das zweimal in dem Koranabschnitt vorkommt, deren Hauptperson die Königin von Saba ist (Sure der *Ameise*, 27, 22 – 44). Das Wort wird von der Königin zuerst vor Salomons Thron ausgesprochen, der auf sein Geheiß von seinen Dschinnin weggerückt und unkenntlich gemacht wurde: »Es ist, *als ob* er da wäre«, ruft sie bei seinem Anblick aus (siehe Vers 42); dann findet der Leser dasselbe Wort wieder, wenn die Königin es durch ihr Tun veranschaulicht, indem sie ihr Kleid vor dem Kristallboden hebt, der ihr erschienen ist, *als ob* er Wasser wäre (siehe Vers 44). Eine theatralische Geste, die mit der Verwirrung, der wilden Flucht, dem Rette-sich-wer-Kann der apokalyptischen Überstürzung zu verbinden ist, um die erotische Theatralik wieder auf das Gebot der Stunde auszurichten. Als ob zu enthüllen wäre, daß die das Sexuelle anbahnende Entblößung dazu bestimmt ist, die letzten Dinge zu aktualisieren, und damit deren Kommen hinauszuzögern. Diese Überfrachtung dramatisiert den Eros zur Intensität der Erwartung und des Jüngsten Gerichts hin. So weit könnte also dieser theatralische Anfang führen, der durch seinen Inhalt zugleich spricht und verschweigt. Er entspringt dem vertrauten Wort, ist Quelle unserer Inspiration und hinterläßt zum Beispiel als Gedicht Spuren, wie in dieser Szene der Überschreitung, die kosmische Dimensionen hat und uns zu handeln ermuntert, damit wir am zeitgenössischen Abenteuer der Formen teilhaben, während wir zugleich das Gespräch mit dem Vermächtnis der Tradition wachhalten.

15
Über das Recht der Frauen

Eine gute Nachricht erreicht uns aus Marokko, eine königliche Reform räumt den Frauen einen höheren rechtlichen Status ein. In Gesellschaften wie denen des Maghreb und des Maschrik, die durch das Brauchtum, die Konvention, den Triumph des ererbten Gesetzes, den Konservatismus geprägt sind, zeigen zwei Kriterien den Freiraum der Individuen an: Die Beziehung zu den Frauen und die Behandlung ethnischer, religiöser und sprachlicher Minderheiten, insbesondere der Juden. Dies sind zwei Anhaltspunkte, nach denen sich der Einzelne als freidenkend oder angepaßt einstufen läßt, auch innerhalb gesellschaftlicher Gruppierungen, die in ihrem traditionellen Gesetz erstarrt sind. Die ersten mißachten mit ihrer Lebensweise den Buchstaben des Gesetzes und gewähren den Frauen und den paar übriggebliebenen Juden Achtung und Gleichheit. Die zweiten suchen ihre Stütze weiterhin in dem archaischen Gesetz, sind damit zufrieden, daß die Frauen einer niederen, geringeren Stellung verhaftet sind, setzen die Juden (und viele andere Minderheiten) herab, halten sie im Status von *dhimmi*, »Schutzbefohlenen«, die marginalisiert und erniedrigt bleiben. Aber wenn sie selbst Angehörige einer Minderheit wären, würden die Freidenkenden tatsächlich qualitativ andere Verhältnisse schaffen und Frauen wie Juden die Ehre und die Souveränität von Menschen gewähren. Denn sehr oft in der Geschichte der Gesellschaften und der Rechtssysteme gingen die tatsächlichen Verhältnisse der Korrektur durch den Buchstaben des Gesetzes voraus. Danach erst kommt die Zeit, wo das Recht mit den Gegebenheiten übereinstimmt.

Das ist gerade in Marokko geschehen. Hier war der Grundsatz der Bürgerrechte die treibende Kraft für die Korrektur des Rechts. Wie wurde dieser neue Buchstabe des Gesetzes geschrieben? Der Wiederaufnahme des Gesetzes und seiner Umwandlung lag eine List zugrunde, der Gesetzgeber hat bezüglich des Rechtssubjekts eine Finte angewandt. Ich erinnere mich an eine Diskussion, die ich vor fünfzehn Jahren mit einem marokkanischen Juristen führte; ich zeigte ihm auf, in welch unterschiedlicher Weise der tunesische Gesetzgeber und der marokkanische Gesetzgeber die List einsetzen. Der Tunesier wendet sie an, um den Bezug zur *sharî'a* zu umgehen und das Rechtssystem in Richtung des positiven Rechts umzuwandeln; der Marokkaner bemüht sich, die Heiligkeit der *sharî'a*, des als göttlich aufgefaßten Gesetzes, in seiner Rechtsprechung zu bewahren, die objektiv vom Geist, wenn nicht gar vom Buchstaben des positiven Rechts geprägt ist. Nun hat der marokkanische Gesetzgeber durch seine letzte Tat den Gebrauch der List in dem Sinne modifiziert, der für das tunesische Recht richtungsweisend ist. Die Reform ist durch und durch vom modernen Recht geprägt, ist humaner und europäischer Herkunft, während man sich bei der Durchführung des Unternehmens methodisch auf die islamische Referenz beruft: Hier ist in der Tat der Rückgriff auf eine solche Autorität zur Rechtfertigung des Wandels in der Gesetzgebung hilfreich. So nähern sich die marokkanischen Frauen in ihrem rechtlichen Status dem an, den die tunesischen Frauen schon seit einigen Jahrzehnten genießen. Die Unterschiedlichkeit der beiden Rechtssysteme ist im Verschwinden begriffen.

Ich erinnere mich daran, daß diese Unterschiedlichkeit in voller Deutlichkeit zutage trat, wenn sich in Rechtsfällen Mißverständnisse zwischen den Parteien einnisteten. So erinnere ich mich an einen Marokkaner, der vor einem tunesischen Gericht glaubte, die

Verstoßung nach der *sharī'a* anwenden zu können, also kurzen Prozeß zu machen, wenn man das sagen darf, und sich von seiner tunesischen Frau zu trennen. Doch für das tunesische Gesetz ist das Recht auf Scheidung maßgeblich, und das Urteil hängt von der Schuld ab, die der einen oder der anderen Partei zugesprochen wird. Im vorliegenden Fall fällte der tunesische Richter seinen Urteilsspruch zugunsten der Klägerin ohne Berufungsmöglichkeit. Der Marokkaner sah sich vor Verpflichtungen gestellt, die für ihn völlig unverständlich waren, wie das der Mutter zugesprochene Sorgerecht für die Kinder samt der daraus folgenden Unterhaltszahlung und dem Nießbrauch des Hauses, das der Frau zugesprochen wurde...

Der neue rechtliche Vorstoß Marokkos muß begrüßt werden, ohne daß man sein Ungenügen außer acht läßt. Denn die Gleichheit zwischen den beiden Geschlechtern ist bei weitem noch nicht erreicht, und das gilt auch für den tunesischen Gesetzgeber. Wir werden Gleichheit erst erreichen, wenn man an das doppelte Tabu der Schrift zu rühren wagt, das die Ungleichheit der Erbschaft festschreibt (die Frau erbt dem Mann gegenüber die Hälfte) und das im Falle einer Ehe mit einem nicht muslimischen Fremden der Frau nicht das zugesteht, was dem Mann zugestanden wird. Erbrecht und Eherecht werden für uns das Kriterium für den Wandel des Rechts sein, das bis jetzt unter dem Einfluß der patriarchalischen und phallokratischen Herrschaft steht. Dieser Wandel muß in Richtung einer Gleichstellung als Bürger gehen, die weder die religiöse Identität noch die ethnische Zugehörigkeit, noch den Geschlechtsunterschied berücksichtigt, um zu bestimmen, was dem Rechtssubjekt zusteht.

16
Karnevalesk

Hier möchte ich erzählen, was mich das muslimische Opferfest lehrt. Es ist wenig bekannt, daß die kanonische Feier des Opfers von Abraham in den marokkanischen Bergen, im Hohen Atlas, in einer Art Karneval um eine dramatisierte Gestalt fortlebt, die auf Arabisch Boujeloud und auf Berberisch Bilmaun heißt und die man den »Mann im Schaffell« nennen könnte. Ein schönes Buch erzählt von diesem Ritus: *La Victime et ses Masques* (»Das Opfer und seine Masken«); es stammt von dem marokkanischen Anthropologen Abdellah Hammoudi und ist schon vor mehr als einem Jahrzehnt bei den Éditions du Seuil in Paris erschienen. Der Verfasser referiert und analysiert die wesentlichen Bestandteile einer Untersuchung, die in den Dörfern im Bereich von Imlil durchgeführt wurde, einem Siedlungsgebiet in mehr als 1800 Metern Höhe südlich von Marrakesch, am Fuße des Toubkal.

Es geht hier um Grenzüberschreitung in einer Dramatisierung, die auf die eigentliche Opferung folgt und die zwei Tage dauert. Der Mann, in das Fell des geopferten Tieres gekleidet, ist mit einer Heiligkeit versehen, die allgemein respektierte Grenzen verwischt. Insbesondere ist der Unterschied zwischen öffentlichem und privatem Raum aufgehoben, und diese Aufhebung dehnt sich auch vorübergehend auf das Gesetz aus, das die Trennung der Geschlechter bestimmt. Die theatralische Form richtet das Schauspiel auf eine größere Freiheit aus und lädt es mit Erotik auf. Durch die symbolische und imaginäre Darstellung kanalisiert sie die Energie der Fortpflanzung und die mit ihr einhergehenden Überschreitungen. Der archaische Ritus stellt einen heidnischen Rest dar, eine antike Spur im Rahmen des islamischen Glaubens. Diese Art von Praktiken wird im Raum des bodenständigen, an lokalen Verschiedenheiten reichen Islams am Leben gehalten, der sich gegen das Gerüst des kanonischen Islams stemmt, welchem er eine einheitliche, im gesamten Gebiet des Islams erkennbare Struktur anbietet. Diese Dualität, diese Dialektik von Identität und Unterschied, diese Spannung zwischen dem Volkstümlichen und dem Gelehrten, zwischen dem Brauchtum und dem Gesetz verleiht der Zivilisation und den Kulturen des Islams ihre Dichte. In ihr ist auch der Unterschied zwischen dem Bereich der ethnologischen und der historischen Forschung wirksam.

Diese Dialektik betrifft nicht allein den Islam. Wir finden sie auf christlichem, insbesondere katholischem, Gebiet wieder. Einzig durch die Aussagekraft seiner Bilder, dank der Strukturierung des Sinns durch die Montage, ruft Eisenstein sie in einigen seiner Filmsequenzen hervor. Etwa in der rhythmischen Abfolge der Aufnahmen in *¡Que viva Mexico!* In diesem Film zeigt der Regisseur, wie das Christentum in Mexiko die Spur, die Überreste der ihm vorausgehenden indianischen Kultur in sich trägt.

Doch das Eigentümliche dieser Spuren, dieser Überreste ist, daß sie unter der Wirkung der geschichtlichen Entwicklung, welche die Welt vereinheitlicht, verwischt werden, bis sie verschwinden. Ein solches Verschwinden hat in Europa stattgefunden, wo der Geist des Karnevalesken, der durch Rabelais so wunderbar in Worten, durch Breughel in Bildern eingefangen wurde, verblaßt oder, schlimmer, zur Folklore erstarrt. Nichts mehr kündet von den überschwenglichen flämischen Kirmesfesten, deren Ausgelassenheit der Pinsel von Rubens im Flug erfaßte. Und Pier Paolo Pasolini selbst prangerte an, was er den »anthropologischen Tod« nannte, der unter seinen Augen unzählige Riten im Mosaik der Länder, die Italien bilden, dahinraffte.

Das Überleben des Archaischen ist kostbar, denn es hält die Ästhetik der Maßlosigkeit lebendig, der Verausgabung als Ergänzung des Seins, die das Geschenk zirkulieren läßt. In diesem Kontext produziert die Überschreitung eine Theatralik des Exzesses. Sie hat zahlreiche große Dichter und Künstler fasziniert, die den Bruch der Moderne betrieben. Mehrere Experimente des 20. Jahrhunderts haben den Schnittpunkt von Ethnologie und Kreativität gewählt. Dieser Vorstoß hat jenen Künsten zur geistigen Anerkennung verholfen, die man als »primitiv« bezeichnete und die man von nun an »arts premiers« nennt, um sie mit einem Wort zu ehren, das neutraler sein möchte, ohne den herabsetzenden Beigeschmack. Diesem Ziel verschrieb sich ausdrücklich die Zeitschrift *Documents*, die in den 1920iger Jahren von Georges Bataille ins Leben gerufen wurde und an der sich Alberto Giacometti beteiligte. Im Umfeld ähnlicher Fragen konstatiert Antonin Artaud in seinen mexikanischen Schriften die Notwendigkeit, zwischen Wissen und Kultur zu unterscheiden. Er traf tatsächlich in den 1930iger Jahren in Mexiko eine Situation an, die uns mit derjenigen des Maghreb in den letzten zwei Jahrzehnten vergleichbar erscheint. Das gilt ebenfalls für Spanien in den Jahren 1930 – 1950, wie es von José Bergamín in seiner *Décadence de l'analphabetisme* (»Niedergang des Analphabetismus«) beschrieben wird.

Die allgemeine Verbreitung von Wissen wird in der Trennung von der angestammten Kultur vollzogen. Die wirklich Kreativen wären die Darsteller des Bilmaun, die den Mann im Schaffell begleiten und nicht die Geschäftsführer, Ärzte, Juristen und andere Akademiker, die im Dünkel, aber auch im Exil ihres Fachwissens eingeschlossen sind.

Die Kreativen sind Menschen, die nicht die archaische Bühne im Stich lassen, auf der das Geheimnis gelebt wird, das jedem Werk seinen Nimbus verleihen sollte. Eine Kultur wird dann deutlich an Fruchtbarkeit zunehmen, wenn eine Verbindung zwischen dem Theater des Mannes im Schaffell und den Gestalten zustande kommt, die das objektive und positive Wissen aufgenommen haben. Ein Lichtfunken wird dann unsere Nächte erhellen, wenn sich der Karneval des Bilmaun zur Theorie und Praxis irgendeiner Bühne begibt, die dem »Theater der Grausamkeit« nacheifert, das Antonin Artaud anhand unzähliger Bezüge zum Archaischen entwickelt hat.

Statt dieser gegenseitigen Befruchtung erleben wir, daß Bilmaun als unerträglicher Archaismus, als Zeichen unserer »historischen Rückständigkeit« angeprangert wird. Hierin erkenne ich eine seltsame, gegen Bilmaun gerichtete Solidarität zwischen Fundamentalisten, Wahhabiten, Reformern, Modernisten und Nichtreligiösen, alle sind sie Opfer eines vereinfachenden Urteils, das den »anthropologischen Tod« begünstigt. Mit ihm werden wir um einen ästhetischen Teil beschnitten, dessen Zeitgenossen zu sein wir noch die Möglichkeit hatten.

17
Moderne Emirate

Ein Anzeichen des Unbehagens an der Zivilisation, das unsere Gegenden und ihre Bewohner befällt, ist das Fehlen der Demokratie oder zumindest ihr Versagen. Gehen wir von einer einfachen Feststellung aus, die von einer trostlosen Wahrheit kündet. Nirgendwo in der arabischen Welt haben wir den freiwilligen Rücktritt eines Politikers erlebt, der die höchste Macht, die der Exekutive, verkörperte. Nirgendwo haben wir einem Machtwechsel beigewohnt, der angenommen, abgestimmt und ausgehandelt wurde. Noch weniger einem Wechsel des Regimes, der aus der eindeutigen Wahrheit ausgezählter Stimmen hervorging, die sich in Wahlurnen befanden, welche durchschaubar waren und einzig mit dem Votum verantwortlicher und engagierter Bürger gefüllt. Ich würde mich gern von jemandem, der mehr weiß als ich, widerlegen lassen. Man nenne mir wenigstens einen Fall, wie unbedeutend er auch sei, der meinem Auge und meinem Gedächtnis entgangen wäre!

Wir wollen nicht Äpfel mit Birnen vergleichen, deshalb lassen wir die alten Länder beiseite, die von Staatswesen regiert werden, die in ihrem Fundament, wenn nicht gar in ihrem Ursprung, auf das demokratische Prinzip zurückgehen. Von diesen Ländern sind wir noch sehr weit entfernt. Aber mehrere Länder der sogenannten Dritten Welt, der unterentwickelten oder auf dem Weg der Entwicklung befindlichen Länder, in Asien, Afrika oder Lateinamerika, haben unsere Situation erlebt. Für uns Maghrebiner liegt das schlagende Beispiel – wegen seiner Nähe – jenseits der Sahara und heißt Senegal.

Da war zunächst die Geste von Senghor, seine Entscheidung, die Macht niederzulegen, auf ihre Ausübung in einem Rückzug zu verzichten, der anscheinend das letzte Glück seines Lebens war. Sie werden mir sagen, daß er eine riesengroße Ausrede hatte, nämlich die Sublimierung im Prozeß des Schreibens und die kompensatorischen Freuden, die dieser verschafft. Gewiß, aber solch ein Vorzug tut der Schönheit und der Vorbildlichkeit dieser Geste keinen Abbruch. Bei uns im Maghreb besteht kein Zweifel daran, daß Bourguiba, dieser großer Staatsmann, Modernist und Visionär, seinen Abgang versäumt hat und daß er sogar den rechtlichen, republikanischen und demokratischen Grundsatz verdreht und dem Geist des Rechts durch die verfassungsmäßige Verfügung widersprochen hat, die seine Präsidentschaft auf Lebenszeit festlegte. Die Geste von Senghor, die an die pädagogische Aufgabe des Staates gemahnt, hat eine glückliche Folge gehabt, indem sie dem Senegal half, auf dem Weg der Demokratie fortzuschreiten. Sein Nachfolger an der Spitze der Exekutive war in der Tat ein neuer Mann, und sein Name wurde durch den Spruch der Urnen bestätigt.

Fragen wir uns jetzt nach den Gründen für diesen unannehmbaren Mangel an Demokratie, der für uns ein Unglück darstellt, da er die Entwicklung unserer Gesellschaften behindert. Wer hat eine Erklärung dafür, daß wir immer noch Wahlen haben, deren einziges Anliegen es ist, die winzige Abweichung zu berechnen, die an den hundert Prozent der absoluten Mehrheit nagt? Was agiert hinter diesem Wunsch nach Verewigung, der zur Abänderung von Verfassungen führt, damit die Ausübung einer zu Ende gelangten Macht verlängert werden kann? Wer bringt die Republiken dazu, den Sinn ihres Namens zu verdrehen, wenn sie die Erblichkeit und das dynastische Prinzip einführen, wenn sie die Durchführung von Wahlen zur Farce machen? Diese verführerische Idee, die einen Anschlag auf den Sinn der Wortes »Demokratie« darstellt, sei, heißt es, Bourguiba für eine kurze Zeit durch den Kopf gegangen. Es hätte nicht viel gefehlt und sie wäre verwirklicht worden. Aber zum Beispiel ist sie von nun an Wirklichkeit in Syrien. In Ägypten wird sie gerade fabriziert. Und die gleiche Idee geht in der Sippe um, welche die Macht in Libyen bekleidet.

Das dynastische Prinzip liegt nun einmal in der Natur monarchischer Institutionen, die den anderen Weg darstellen, den die arabischen Machthaber einschlagen. Wenn dieses Prinzip die Republiken infiziert, zwingt uns dies, die Augen dafür zu öffnen, was sie miteinander verbindet, jenseits der Namen, die sie sich geben. Wir können feststellen: Wie auch immer der arabisch-muslimische Staat benannt wird, er leitet sich stets aus der regionalen Tradition des *Emirats* ab; sie ist in der betagten Geschichte des Islams schon im 9. Jahrhundert in Erscheinung getreten, und zwar in dem Augenblick, als sich im Innern des Kalifenreiches autonome Provinzen herausbildeten. Diese haben dann die militärische Macht an sich gerissen, als sie erkannten, daß sie über eine ausreichende Stärke verfügten, um ihren Willen durchzusetzen und um den Graben zwischen der vollendeten Tatsache und der Legitimität zuzuschütten. Es fällt auf, daß es kein Zufall war, wenn alle als republikanisch bezeichneten arabischen Staaten entweder aus der militärischen Macht entstanden sind oder blutige Staatsstreiche und Waffengewalt erleben mußten. In unseren Ländern, gleich wie der Staat genannt wird, sind wir mit dem konfrontiert, was der Schriftsteller und frühere tunesische Minister Mahmoud al-Messadi »moderne Emirate« genannt hat.

18
Überschreiten

Wie könnten sie anders leben als in Unzufriedenheit, die Menschen, die einer alten Kultur entstammen und denen die Jetztzeit jämmerlich vorkommt, verglichen mit der von ihrem Altertum vererbten Pracht? In der islamischen Gegenwart halten Konvention und Zensur die Geister im Zaum, während das Jahrhundert den kühnsten Freiheiten offensteht, der großen Abenteuerlust und dem Schaffensdrang, der Erforschung des Neuen, seiner Verwirklichung durch die Entdeckung unerhörter Formen, die zur Erweiterung des Lebensgefühls beitragen. Manche von uns islamischen Zeitgenossen sind durch eine lähmende Altertümelei geprägt; sie sind einem grundlegenden Moralismus unterworfen, der die Augen für die Zeit nur öffnet, um marktgängige Fertigprodukte auszuwählen; sie schenken dem Teil, der offenbar nicht von Belang ist und der dennoch der gesamten Gesellschaft seinen Atem gibt, keine Aufmerksamkeit.

Dieses zur nutzlosen Verausgabung bestimmte Supplement, dieser über die Körper und Seelen hinausgehende und der Verschwendung geweihte Teil, den Georges Bataille den »verfemten Teil« nannte, all dies fällt unter den Tisch. Doch in diesen Teil dringt poetische Energie, deren Wahrheit sich nicht aufgrund der Anwendung von Gesetzen, der Übereinstimmung mit den Regeln der Frömmelei entfaltet, sondern eher durch das Übermaß und die Überschreitung. Mehr noch, diese Neigung zur Überschreitung und zum Übermaß verstärkt sich noch, wenn die Gesellschaft, der man angehört, durch Verbote eingeengt ist, die jeden Schritt, jede Geste, jede Bewegung der Frauen und Männer, die sie bilden, überwachen. Der Zwang, der die Individuen dieser Gesellschaften behindert, erweist sich als unerträglich, nicht nur aufgrund seines Widerspruchs zu der Freiheit, die andere Menschen anderswo genießen, sondern auch wegen des Gegensatzes, der zwischen der Gegenwart dieser Gesellschaften und ihrer Vergangenheit besteht, die wohl kühner war und die manchmal vor mehr als tausend Jahren so viele freie und herausfordernde Stimmen hatte.

Etwa den Dichter Abu Nuwas, der meines Wissens vor dem Jahr 800 in Bagdad geboren wurde. Als Lebemann, »permissiv« (*ibâh'î*) genannt, besang er den Wein und die unerlaubten, manchmal hetero-, aber meist homosexuellen Liebesverhältnisse. Als Dichter drückte er die Wahrheit seines Erlebens mit mathematischer Strenge aus und in einer thematischen Kohärenz, die er für seine Tradition erfand, in welcher die Ode rhapsodisch ist. Lauschen wir zunächst diesem Gedicht:

Stelle den Krug hin und öffne das Buch
Trinke dreimal und rezitiere
So mischt das Gute ins Böse sich

Und wie Gott vergibt
Gewinne den der weiß
Daß dieses jenes ausgelöscht hat.

Spielen wir den Deuter dieser Verse, die sich in drei Sequenzen entfalten. Die erste schafft die Anordnung: Die Szene ist ein Tisch, auf den der Dichter oder irgendein anderer Gast einen Krug mit Wein stellt und daneben ein Buch legt, kein anderes als den *maçhaf*, den Kodex des heiligen Koran. Von dieser ersten Geste an wird in den zum Stilleben versammelten Dingen eine kühne Gemeinschaft zwischen Wein und Koran gezeigt, ohne daß eines von ihnen ausdrücklich genannt wird. Dabei ist nicht nur das Heilige mit dem Profanen verbunden, sondern auch mit dem, was im Heiligen das Verbot aussendet und genau das berührt, was vom Profanen zur Schau gestellt wird. Die zweite belebt die in der ersten Sequenz eingeführten Dinge durch eine Handlung wieder, die dem Imperativ gehorcht, welcher dem Wort von vornherein seine ordnende Form verleiht. Jetzt tritt die Person in Aktion, ergreift den Krug, gießt den Wein in den Becher, bemächtigt sich seiner und trinkt dreimal; gleich danach nimmt sie das heilige Buch und liest einen Vers. Auf den ersten Blick verdoppelt diese Szene die Sünde; sie überschreitet nicht nur das Verbot des Weintrinkens, sondern sie verbindet auch das heilige Buch mit dem Unerlaubten, das sie zum Ausdruck bringt, als ob sie Vergnügen daran fände, es zu besudeln.

Mit der dritten Sequenz nehmen wir an der durch die Handlung hervorgerufenen Auflösung teil. Der Dichter sagt in der Tat: »So mischt das Gute ins Böse sich.« Der muslimische Mensch weiß, daß er ein Verbot übertritt, wenn er Wein trinkt, weiß, daß dies das Böse ist; aber er weiß auch, daß die Lektüre des Koranverses das Gute darstellt. Das Böse des Weins und das Gute des Verses vermischen sich im Körper; der Trank und der Klang der Worte passieren die Lippen, den Gaumen, die Zunge, den Rachen, sie durchqueren das gleiche System, die gleichen Organe, welche auch Organe der Stimme und des Geschmacks sind. Aber das Zusammenspiel der beiden Wirkungen findet in einer zeitlichen Staffelung statt und in entgegengesetzter Richtung: Der Mensch beginnt zu trinken und wenn er trinkt, gelangt der Trank vom Äußeren ins Innere, von den Lippen zum Magen; längs dieser Bahn wird das Böse hinuntergeschluckt, es schreibt sich in den Mund ein, der dessen Spur bewahrt. In einem zweiten Zeitabschnitt leiht derselbe Mensch dem Vers seine Stimme und rezitiert ihn, und der Klang der Worte durchläuft dieselbe Bahn in umgekehrter Richtung: Der Atem der Stimme geht vom Inneren zum Äußeren; auf diesem Weg passieren die wohltätigen Wogen des Verses wieder die Spuren des durch den Wein eingeschriebenen Bösen, nicht nur, um sie auszulöschen, sondern auch, um dessen verschwindende Atome aus dem Körper zu vertreiben, in die Luft, worin sich der Atem der rezitierenden Stimme verliert. So entdeckt man am Schluß, daß das, was man für die Verbindung von Überschreitung und Besudelung hielt, in Wirklichkeit nur die Verknüpfung des Bösen mit seinem Antidot ist, des Bösen mit seinem Heilmittel.

Diese letzte Gedankenverbindung findet sich in einem anderen bacchischen Gedicht wieder, in dem Abu Nuwas den Gesprächspartner, der ihn mit Vorwürfen überhäuft, bittet: »Heile mich durch das, was das Böse ist« (*wa dâwinî bi'l-atî kânat hiya ad-dâ'û*). Es ist, als kündige der Dichter aus Bagdad gleichermaßen Rousseau und Hölderlin an mit dem »remède dans le mal« [Rettenden in der Gefahr][1], welches annimmt, daß das Rettende mit der Größe der Gefahr wächst. Infolgedessen wird die Ausübung des Bösen ausgetrieben; der Dichter hat eine ebenso unmittelbare wie unwiderlegbare Prophylaxe entdeckt.

Darin bestünde der Luxus und die Gefahr für den, der das Verbot überschreitet und zudem seinen Bruch des Verbotes gutheißt, indem er einer Ökonomie anhängt, die den Gläubigen an einen vergebenden Gott zu glauben auffordert. Unser Dichter, der auf tragische Weise spöttisch ist, gibt nichts auf, nimmt alle Risiken auf sich, setzt auf alle Karten und gewinnt an allen Tischen, wobei er wohl weiß, daß sein Sieg nur vorläufig sein kann. Im übrigen liegt das endgültige Seelenheil nicht in seiner Absicht.

Seht, wie die Freiheit des Dichters zu Werke geht, wie sie sich mit List und Unerbittlichkeit der Zensur entzieht, wie sie die Sätze eines Glaubens umstürzt, um in ihm die Wahrheit des Dionysos einzuschreiben, jenen verfemten Teil, den er im Verbot selbst wiederherstellt. Vielleicht erwartet die Religion mit ihrem Gebot, den Wein zu meiden, genau dies von ihren Sektierern. In den Falten

---

1) Titel eines Buches von Jean Starobinksi, der sich an der französischen Fassung der berühmten Passage des Hölderin-Gedichtes *Patmos* anlehnt.

dieses Imperativs könnte sich eine List verbergen, um die Intelligenz herauszufordern und die Heiligkeit des Geistes zu beweisen. Diese Herausforderung und dieser Beweis sind von Abu Nuwas in wunderbarer Weise hervorgehoben worden. Solche Kühnheiten waren bei den Bewohnern Bagdads im 9. Jahrhundert viel üblicher als bei manchen unserer muslimischen Zeitgenossen, die wir in der gleichen Weltgegend antreffen, wo sie ein archaisches und für ihre Mitgläubigen unmenschliches Gesetz durchsetzen wollen.

Sie sollten über ihre eigene verheerende Lage nachdenken. Sind sie nicht schwach, verglichen mit den schöpferisch Tätigen jüngst vergangener Jahrhunderte, die ihre Freiheit in ihren Gesellschaften nutzten, die sich vom Primat der Religion befreiten und aus der Ära der Verzauberung heraustraten? Erscheinen sie nicht als töricht im Vergleich mit ihren Vorfahren, die vor mehr als tausend Jahren lebten, aber unvergleichlich kühner, unehrerbietiger, spielerischer, heiliger, tragischer in ihrem Umgang mit dem Verstand und den Sinnen waren, anders gesagt menschlicher – allzu menschlich?

19
Drei Täuschungen

Es kennzeichnet den Menschen, daß er sowohl am Identischen als auch am Unterschiedlichen teilhat. Angesichts dieser Wahrheit preisen die einen die Identität der Kulturen und bestehen die anderen auf den trennenden Unterschieden. Und es herrscht Krieg zwischen denjenigen, die im Gleichen zu sammeln suchen und denjenigen, die trennen und die den anderen nur als unauflösbare Größe betrachten.

Die Beziehung zwischen Europa und dem Islam ist ganz besonders durch diese Problematik geprägt. Zwei Thesen stehen einander gegenüber: die eine beharrt auf dem, was identisch zwischen dem Islam und den jüdisch-christlichen Grundlagen Europas ist, und die andere versteift sich darauf, nur unauflösbare Unterschiede zu sehen. Diese letzte Position wird soeben durch die Veröffentlichung eines kleinen postumen Essays veranschaulicht, den der protestantische Theologe Jacques Ellul verfaßt hat. Er besteht darin derart auf den Unterschieden, daß er sie sogar in dem sammelnden Gleichen wahrnimmt. In dieser diskriminierenden Absicht arbeitet

Ellul heraus, was er die drei Grundlagen einer Täuschung nennt. Angeblich besteht die Täuschung darin, daß Islam und Judentum/ Christentum als Spielarten einer geteilten Wahrheit, nämlich des Monotheismus, unter einem Dach versammelt werden könnten. Die drei Grundlagen dieser Täuschung sind, immer noch nach Ellul, Gott, Abraham und das Buch. Der Autor befindet tatsächlich, daß es sich nicht um den gleichen Gott, nicht um den gleichen Abraham und nicht um das gleiche Buch handelt.

Gegen jede Evidenz schöpft Jacques Ellul (dessen Vorstellungen durch den Verfasser seines Vorworts, Alain Besançon, noch zugespitzt werden) zunächst in den Ressourcen seiner Einbildungskraft, um auf die Idee zu kommen, daß im Islam die Annäherung an den Gott Israels durch den Götzendienst des Einen gestört wäre, der das monotheistische Prinzip aufheben und den Zugang zu der Vorstellung vom Vater versperren würde. Der Einzige Gott, unergründlich, unsichtbar für die Mohammedaner, würde hier eine unüberwindliche Trennwand bilden. Dann, um den Ausdruck »abrahmitische Religionen« jedes Sinns zu entleeren, besteht Ellul auf den Unterschieden der Figuren, die in den heiligen Büchern hier Abraham, dort Ibrahim heißen. Der Unterschied sei der, daß man in ihnen zwei Personen zu sehen habe, die einander ausschließen, die nicht miteinander zu versöhnen seien und aus diesem Grund zwei verschiedene Namen tragen, Abraham und Ibrahim. Überdies werde dieser im Koran zum »Mohammedaner« erklärt, ein Attribut, das, immer noch laut Ellul, die Geschichte aufhebe. Er tut so, als wisse er nicht, daß der in diesem Kontext verwendete koranische Begriff eine berechtigte religiöse Nuancierung anbieten soll, indem er das religiöse Empfinden von Abraham/Ibrahim am Horizont eines Glaubens ansiedelt, der durch die Entdeckung vergeistigt wird, daß die Unterwerfung des menschlichen Relativen unter das göttliche Absolute, das die Idee des Einen verkörpert, »natürlich« ist. Dieses ist der Sinn von »Mohammedaner« in dem Kontext, in welchem der Patriarch im Koran in Szene gesetzt wird. Das Wort »Mohammedaner«, das ihm in diesem Kontext zugeschrieben wird, definiert nicht den der Religion Mohammeds getreuen Mohammedaner, selbst wenn die Ähnlichkeit des Worts suggeriert, daß dieser Gläubige, in seiner Zugehörigkeit zu dem Glauben, der zum höchsten erklärt wurde, zu dieser ersten Empfindung zurückkehrt, die den Patriarchen bewegt hatte.

Die neue Religion hebt nicht die Geschichte auf, aber sie meint die Krönung einer falschen Entwicklung zu sein, deren Wahrheit sie wiederherstellt und die sie vollendet, indem sie ihre ursprüngliche Gründung bekräftigt. Es gibt keine Aufhebung der Geschichte in dieser Rückkehr, die eine psychologische Wahrheit wiederherstellt, wie etwa in der psychoanalytischen Kur. Sie öffnet tatsächlich den Weg für einen Wiederaufstieg zu den Quellen, um die Geschichte der Offenbarung zu rekapitulieren und sich mit dem Fassen des Ursprungs neu zu errichten.

Man möge mich verstehen: ich möchte hier nicht zu einem Plädoyer *pro domo* schreiten und mich in einen eifrigen Verteidiger des Islams verwandeln, dem ich entstamme. Ich stelle einfach fest, daß die durch die mohammedanische Entwicklung angebotene Gestaltung weniger grob ist als ihre Gegner annehmen, und daß sie nicht weniger operativ ist als das Schema der Überschreitung des Gesetzes durch die Liebe, zu der das Christentum auffordert. Wenn es ein Verfahren der Negation gibt, so hat es das Christentum durchgeführt, als es das früher vorhandene Judentum für ungültig erklärte, da es der Ansicht ist, dessen historisches Resultat darzustellen. Und wir kennen die unheilvollen Wirkungen dieser Nichtigkeitserklärung in der Geschichte, angefangen mit der Beschuldigung des Gottesmordes, welche die Voraussetzung dafür schuf, daß das jüdische Volk dem Antisemitismus ausgesetzt war: Dies waren Anfänge, die unentwegt weitergeführt wurden und im Genozid enden sollten.

In seiner Blindheit hält Ellul die Verwirrung hinsichtlich dieses als mohammedanisch bezeichneten Abrahams aufrecht, um ihn auf definitive und unwiderrufliche Weise vom biblischen Abram/Abraham zu unterscheiden. Diese Unterscheidung verschafft ihm die Vollmacht, den Ausdruck »abrahmitische Religionen« für ungerechtfertigt zu erklären.

Schließlich ist Ellul der Ansicht, daß die Struktur der Offenbarungsbücher ebenso wie ihre Entstehung so unterschiedlich, so weit voneinander entfernt seien, daß der koranische Ausdruck »Leute des Buchs« keine Bedeutung habe. Er hält ihn für ganz einfach lächerlich und einzig dazu bestimmt, Christen und Juden zu Minderheiten zu erniedrigen, die durch die islamische Herrschaft beschützt werden. Um welches Buch handelt es sich denn? fragt Ellul spöttisch.

Unser Polemiker verspottet in seinem Wahn den Begriff des »Buchs« solchermaßen, daß er so weit geht zu behaupten, *Mein Kampf* sei auch ein Buch und die Vernichtungsideologie, die es hervorgebracht habe, stütze sich ebenfalls auf dieses Buch. In dieser Behauptung kommt der Wille zum Ausdruck, den Islam am barbarischen Horizont des Nazismus anzusiedeln, was nun unverkennbar eine Abscheulichkeit ist, da damit der Islam implizit als eine Religion der Auslöschung bezeichnet wird. Das ist nun ganz bestimmt böswillig, denn indem er zu verstehen gibt, der Islam sei auslöschend, versucht Jacques Ellul ihn mit der Sünde zu belasten, die historisch den Seinen zukommt. Muß man ihn daran erinnern, daß die einzige Auslöschung, die fast bis zu ihrem Ende vorausgeplant und ausgeführt wurde, an den Juden verübt wurde, die den Schrecken der »Endlösung« auf angestammtem christlichen Boden erfahren mußten, ein Boden, der bewußt und unbewußt durch die Nichtigkeitserklärung gegenüber den Juden bereitet wurde, deren Voraussetzung der unmittelbar aus dem Christentum hervorgegangene historische Prozeß war? Die intoleranten Äußerungen des protestantischen Theologen können nur zum Krieg führen. Ellul will sich von der Barbarei entlasten, die von den Seinen mit wissenschaftlichen Methoden durchgeführt wurde, um sie den anderen zuzuschreiben, die durch die Vorstellungswelt und die Symbolik des Islams geprägt wurden und die er so auf unabänderliche, endgültige Weise im Unmenschlichen und im Ungeheuerlichen ansiedelt.

Mit solchen Analysen verschanzen sich Jacques Ellul und Alain Besançon in den Schützengräben, die eine Frontlinie gegen die Islamisten bilden, gegen ihre Theoretiker wie Sayyid Qutb oder Mawdudi, und gegen Bin Ladin, der ihre Theorie im Mord zur Anwendung bringt. Doch dieser Starrsinn der Unversöhnlichen treibt die Kriege der Religionen, der Kulturen, der Zivilisationen an. Solche Thesen bestätigen die Äußerungen der Islamisten, die gewisse archaische Bestimmungen ihrer eigenen Tradition verschärfen, indem sie auf der Unversöhnlichkeit bestehen, die sich mit dem Flitter des Arguments schmückt, um den anderen zu unterwerfen oder zu vernichten. Ellul/Besançon auf der einen, Sayyid Qutb/Mawdudi auf der anderen Seite etablieren eine unerbittliche und tödliche Konfrontation. Dieser unheilvollen Konfrontation begegne ich mit einer vernünftigen Ansicht; es ist nämlich möglich, in der Verschiedenheit der geschichtlichen Entwicklung der Menschen die Ähnlichkeit im Unähnlichen zu bewahrheiten. Und diese Wahrheit ist in der Gegenüberstellung von Islam und jüdisch-christlichem Europa noch stärker wirksam. Diese Wahrheit historisch zu lehren, sie begrifflich und theologisch zu begründen, kann nur die Anerkennung der islamisch-jüdisch-christlichen Grundlagen Europas (neben den griechisch-lateinischen) fördern.

Am Anfang Europas stehen gewiß Athen und Jerusalem (und nicht Athen *oder* Jerusalem), aber es gibt auch Rom, Bagdad und Córdoba. Dies ist unsere gelassene, versöhnlich gestimmte, selbstbewußte Entgegnung auf jene, die Haß säen mit ihren kriegerischen Aufrufen im Namen einer Unauflösbarkeit der Geschichte, der Berichte, der Zeichen, der Motive, der Gestalten und Begriffe. Meine eigene Orientierung bringt ausdrücklich die islamische Welt in ihrer Identität und ihrer Verschiedenheit ins Spiel, und zwar auf einer Linie, die Spinoza bereits in seinem *Tractatus theologico-politicus* vorgeschlagen hat: Er ruft darin zu einer minimalen Übereinstimmung auf, nicht nur zwischen Monotheisten, sondern auch darüber hinaus zwischen allen Gläubigen. Mir scheint, daß der Konkordanzvertrag, zu dem der Philosoph aus Amsterdam auffordert, aktuell bleibt angesichts der geistigen Wandlungen unserer Zeit, die das Zusammenleben unter Aufrechterhaltung des Verschiedenen und der Differenz erheischt: »Die ausdrücklichen Lehrsätze des allgemeinen Glaubens [...] müssen alle nach der ursprünglichen Bejahung trachten [...]: es gibt ein höchstes Wesen, das die Gerechtigkeit und die Barmherzigkeit liebt, welchem alle, um gerettet zu werden, zu Gehorsam verpflichtet sind und dem sie Verehrung erweisen müssen – die in der Ausübung der Gerechtigkeit und der Liebe zum Nächsten besteht ... Was das Wissen angeht, was dieser Gott an sich sei oder ob er ein Einwurf der wirklichen Welt sei, so ist es von geringer Bedeutung, ob er Feuer, Geist, Licht, Gedanke usw. ist. Die genaue Wirklichkeit seines Wesens hat nichts mit dem Glauben zu tun. [...] Ich gehe noch weiter: jeder [...] ist verpflichtet, die Lehrsätze des allgemeinen Glaubens an seine eigene Denkungsart anzupassen.«[1] Diese vernünftige Antwort Spinozas, die den Krieg der Religionen ablehnt, findet bei Ibn Arabi ihre Entsprechung, in

1) Übersetzt nach der französischen Fassung; vgl. Spinoza *Opera*, 1. Bd., Darmstadt 1979, Sn. 437ff; vgl. Gegenpredigt 97).

einer schon im 13. Jahrhundert zum Ausdruck gelangten islamischen Frühzeit, und zwar mit dem elften Gedicht der bereits zitierten Sammlung *Tarjumân al-Ashwâq (Deuter der Wünsche):*

Mein Herz kann jede Gestalt annehmen
Es ist Gazellenwiese Kloster für Mönche
Tempel der Götzendiener Kaaba des Pilgers
Tafeln der Tora Kodex des Koran
Meine Religion ist die der Liebe die ihr zustrebt
Die Liebe ist meine Religion und mein Glauben.

Wir werden später (in Gegenpredigt 97) zu diesem schon von Ibn Arabi im 13. Jahrhundert besuchten Ort Spinozas zurückkehren. Dort werden wir ein gastfreundliches Haus erbauen, mit einer einladenden Tafel für alle Gäste, welches auch immer ihr Glaube oder ihr Unglauben sei, fernab, sehr weit entfernt von Ellul, von Besançon, von Sayyid Qutb, von Mawdudi.

20
Über das Heterogene

In einer 1933 verfaßten Notiz, die unter dem Titel »Aspect religieux du fascisme« (Religiöser Aspekt des Faschismus) eingeordnet wurde, beginnt Georges Bataille mit folgender Bemerkung: »Das in der Person des Führers verkörperte Vaterland spielt also die gleiche Rolle wie der in der Person Mohammeds oder des Kalifen verkörperte Allah für den Islam. Diese offenkundige und bestätigte Seite des Faschismus ist in dem Sinne sein bestimmendes Element, als daß die im Innern der Milizen in militärischer Form ausgeübte Anziehungskraft nicht das spontane Ergebnis des Umgangs mit den Waffen ist, sondern ausschließlich die Wirkung der *heterogenen* Bedeutung des Führers, der mit dem Vaterland und implizit mit der göttlichen Natur identifiziert wird.« Das hier verwendete Schlüsselwort ist das Wort »*heterogen*«. Wenn sich die Demokratie auf das Homogene stützt, so greift der Faschismus zu dem Begriff des Heterogenen und dem, was dieses Konzept umfaßt.

In einer Demokratie gleicht der Kandidat dem, der in der Wahl für ihn stimmt. Der zukünftige Verantwortliche, der die Macht im

Namen des Gesetzes ausüben wird, stellt sich dem Bürger, der ihn als Ähnlichen wählt, als ein Wesen vor, das mit ihm an der gleichen menschlichen Natur, am gleichen Rechtsstatut teilhat, das durch die bürgerliche Gleichheit definiert ist. Ein Bürger wählt einen anderen Bürger, dessen Aufgabe es sein wird, ihn zu vertreten. Im Gegensatz dazu nähert die faschistische Machtstruktur das Oberhaupt als Personifizierung des Vaterlandes, dem Unähnlichen, dem Heterogenen an, einer radikalen Andersartigkeit, dem Ganz-Anderen, das heißt Gott. Die Metapher der göttlichen Natur verleiht dieser Figur ihre Macht, verklärt sie als geheiligtes Bild, das die Unfehlbarkeit darstellt. Der Einzelne braucht nicht mehr selbst und für sich selbst zu denken, das die Macht verkörpernde Bildnis denkt und handelt für ihn. Dieses Bildnis wird als einziges agieren in einer zu einem gehorsamen Ganzen verwandelten Gesellschaft, die es sich zur Pflicht macht, diesen Einen zu ertragen, der für alle denkt und handelt. Jeder braucht nur ohne Widerrede seine Befehle auszuführen.

Mit dieser Notiz steuert Georges Bataille seine Überlegungen zu den politischen Erscheinungen bei, die Europa in den Jahren 1920-30 erfährt. Er versucht den Mechanismus zu begreifen, der Gestalten wie Mussolini und Hitler hervorgebracht hat, gegen die auch die damalige französische Wirklichkeit nicht immun war. In diesem Zusammenhang denkt Bataille jedoch an die durch den Islam gebotene politische Struktur, als ob er darin den Kult des faschistischen Oberhaupts vorangekündigt sähe. Schauen wir uns die Bemerkungen von Bataille etwas näher an. Geben wir als erstes die Vorstellung von der »Verkörperung« auf, von der Georges Bataille sehr wohl weiß, daß sie für den Islam nicht kennzeichnend ist; räumen wir ein, daß der Verfasser das Wort »verkörpern« als metaphorische Anleihe verwendet, einfach um auf die absolute und unbestrittene Macht hinzuweisen, die heiligen Ursprungs ist, die durch den Propheten, dann durch den Kalifen als dessen Nachfolger, im Namen Gottes ausgeübt wurde. Die Ausübung einer am göttlichen Gesetz ausgerichteten Politik siedelt den, der sie ausübt, im Heterogenen an, jenem, das aus ihm einen Ganz-Anderen nach dem Bilde Gottes macht.

Was die Frage des Kalifats betrifft, so hat Ibn Chaldun in der *Muqaddima* (»Die Prolegomena«, aus dem letzten Viertel des 14. Jahrhunderts) über sie nachgedacht. Darin trifft der Verfasser drei Unterscheidungen. Zunächst bezieht er sich auf die »natürliche

Macht« (*almulk at'-t'abî'î*), die durch die Notwendigkeit beeinflußt ist, den Instinkt und das Verlangen des Individuums zu beherrschen, um die Gruppe zu schützen; diese setzt er von der »politischen Macht« ab, die im Namen der Vernunft regiert, um an den Segnungen teilzuhaben und die Ungunst abzuweisen, und schließlich gelangt er zum »Kalifat«, das seine Macht unter dem Banner der *sharî'a* ausübt, dem göttlichen Gesetz, um die weltlichen und jenseitigen Interessen zu sichern. Dank seiner ungeheuren Vorrechte nimmt der Kalif, der in seinem Körper das Weltliche und das Geistige verbindet, *de facto* den Ort des Heterogenen, des Ganz-Anderen, ein.

Aber das weitere Nachsinnen Ibn Chalduns über die Gestalt des Kalifen mildert diese Schlußfolgerung ab. Zuerst widerlegt unser Historiker den Anspruch, eine solche Gestalt mit dem »allgemeinen Kalifat« zu beauftragen, denn laut Koran sind alle Menschen damit betraut: »Ich setze einen Kalifen auf Erden ein.« (2, 30) »Er macht aus euch Kalifen auf Erden.« (6, 165) Entsprechend dieser beiden Suren ist jeder Mensch Kalif, Stellvertreter Gottes auf Erden. Ibn Chaldun erinnert daran, daß der erste Kalif Abu Bakr, als er »Kalif Gottes« genannt wurde, diesen Titel zurückwies und sprach: »Ich bin nicht der Kalif Gottes, sondern der Kalif des Apostels von Gott.« Hier sei auch verdeutlicht, daß der Prophet selbst auf seiner schwachen und fehlbaren Menschennatur bestand.

Trotz dieser Erinnerung, die letztlich die Gestalt des Propheten und des Kalifen in einer vollständig menschlichen Homogenität ansiedelt, ist die Verbindung zwischen demjenigen, der die Macht verkörpert, und Gott im Islam in eindeutiger Weise gedacht worden. Wir finden sie in derselben *Muqaddima* deutlich formuliert: »... die Politik verlangt, daß die Macht durch einen einzigen ausgeübt wird. Wenn sie unter mehreren geteilt würde, zöge das den Untergang der Gesamtheit nach sich.« »Wenn es im Himmel und auf Erden Gottheiten außer Gott gäbe, würden sie vernichtet werden.« (Koran 21, 22) Die Koranstelle stützt Ibn Chaldun, wenn er die Solidarität zwischen Monarchie und Monotheismus feststellt: Die Gestalt des Monarchen wird im stillen als Entsprechung Gottes angesehen, denn die Einmaligkeit wäre ebenso für die Harmonie der menschlichen Gesellschaften notwendig wie für den Kosmos.

Diese Gleichwertigkeit führt in die Gestalt des Monarchen eine heterogene Analogie ein. Seine Gestalt wurde nicht lange durch den Kalifen dargestellt. Ibn Chaldun erinnert daran, wie sehr die historischen Ereignisse das Amt zugrunde richteten und dem Kalifen die weltliche Macht nahmen, so daß er nur noch »Segen« spenden durfte. Seitdem nahm das Heterogene Zuflucht zu der Gestalt des Sultans und des Emirs, den Nachfolgern des Kalifen in der tatsächlichen Machtausübung. Doch kannte Bataille den Islam nicht zur Genüge, um sich mit solchen Einzelheiten abzugeben. Stellen wir einfach fest, daß seine Bemerkung in ihrer Allgemeinheit zutreffend bleibt. Wir werden sehen, wie sich weiterhin mit ihr operieren läßt, wenn man die gegenwärtige Wirklichkeit des Islams in ihrem Licht erfaßt.

In anderen Notizheften erwähnt Bataille auch, worin die Vergöttlichung des Oberhaupts im faschistischen Kontext dem königlichen Machtgefüge verpflichtet ist, wie es sich in Europa etabliert hat. Die Gestalt des Königs in dieser Tradition geht ebenso aus einem Heterogenen hervor, das sie von der Homogenität der menschlichen Gattung trennt. Selbstverständlich lebt die göttliche Natur des Königs in seiner Person mit der menschlichen Natur zusammen. Genau das analysiert Ernst Kantorowicz in *Die zwei Körper des Königs*, wo er daran erinnert, daß der Monarch, als belebtes Gesetz, die doppelte Seite der Gerechtigkeit, der menschlichen und der göttlichen, widerspiegelt, die aus ihm den Stellvertreter Gottes auf Erden als *persona mixta* macht, die aus dem Recht selber geboren wurde.

Derselbe Kantorowicz erinnert in seiner Monographie über Friedrich II. daran, daß dieser die abendländische »Monarchie« aus dem Orient mitgebracht hat. Die Heiligung des Amtes wurde »durch den orientalischen Despotismus« überhöht, »der den Machtinhaber, die Person des Souveräns, in Gestalt des *homo Dei*, des Gottessohnes, heilig und sogar göttlich, in Erscheinung treten ließ.« Während seines Aufenthaltes im Heiligen Land anläßlich seines friedlichen Kreuzzuges (1229) hatte Friedrich II. den Niedergang des Kalifenamtes mit eigenen Augen erlebt: es war seiner militärisch-politischen Macht beraubt, einzig auf seine geistige Autorität beschränkt und somit in die Nähe der Macht des Papsts gerückt. Der Kalif war sogar, aufgrund seiner prophetischen Abkunft, ein Papst mit größerer Legitimation, dazu war er folgsamer, da er nicht zu behaupten vermochte, *vero imperator*, »wirklicher Kaiser« zu sein wie die Päpste Gregor IX. (1145 – 1241) oder Innocent III. (1160 – 1216), denen Friedrich in Italien die Stirn bieten mußte.

Einhundertfünzig Jahre später wird diese Analogie durch Ibn Chaldun bestätigt werden, der feststellt, daß der Kalif, der sein Zeitgenosse war, Sproß der Abbasiden, dem in Kairo von den Mameluken Unterschlupf gewährt wurde, eine ebenso symbolische Macht hatte wie der Stellvertreter Christi in Rom. Aber, um auf Friedrich II. zurückzukommen, so ist daran zu erinnern, daß er vom autokratischen, auf Willkür fußenden Geist der Sultane beeindruckt war, für die Menschenleben nur Stoff waren, an dem ihr Wille ausgeübt wurde. Dieser verlangte blinden Gehorsam, der ihnen eine grenzenlose Macht und einen Charakter verlieh, der für ihren Auftrag verhängnisvoll wurde. Es ist sogar möglich, daß Friedrich II. diesen autokratischen Geist in Sizilien und Süditalien so fest verwurzelt hat, daß gleichsam eine Spur und ein Nachhall davon noch in der Omertà zu finden ist, dem Schweigen, das im Herzen der Mafia über die Macht des Paten wacht. Sie wäre damit nichts anderes als eine Übernahme der Regeln, die im orientalischen Machtmechanismus bestimmend waren, wenn auf den vom Fürsten ausgegebenen Befehl *(al-amr)* automatisch der blinde Gehorsam des Untertanen *(at'-t'â'a)* folgt.

So ist schon früher die Vermutung geäußert worden, daß sich die Omertà von arabischen Wörtern ableitet, welche im Islam die Machtausübung des Fürsten bezeichnen, auf die widerspruchslos der Gehorsam folgt (*al-amr wa't'-t'â'a*). Von diesen Fürsten sagt Ibn Arabi, sie seien der Schatten Gottes auf Erden. Ich entdeckte die Allgemeingültigkeit dieser Metapher, als ich sie auf einer Inschrift wiederfand, die das Kranzgesims über der Eingangspforte zum Mexuar der Alhambra schmückt. Dort steht geschrieben, daß der Fürst, der diesen Palast in Auftrag gegeben hat, seine Untertanen mit »seinem Schatten« bedeckt. Sie genießen den Schatten des Fürsten, der nichts anderes ist als der Schatten Gottes; oder aber sie unterstehen dem Schutz des Schattens des Schattens.

Dennoch erweist sich die Vergöttlichung der Gestalt des Oberhauptes als furchtbarer, wenn mit dem modernen Staat die Macht die Form des totalen Staates annimmt, des hegemonialen, uneingeschränkten Parteistaates. In der früheren monarchischen Struktur, auf christlichem wie auf islamischem Boden, wirkte die geheiligte Gestalt, welche die Macht verkörpert, durch das Räderwerk eines Minimalstaates und nicht etwa eines Staates, der auf die gesamten Bereiche menschlicher Tätigkeit Zwang ausübt. Im modernen totalen Staat erweitert zudem die Leistung und die Beherrschung der Technik die Bewußtseinskontrolle bis zum Äußersten. Kein Untertan entrinnt dieser geheiligten Macht, die durch die göttliche Heiligkeit des Ganz-Anderen, des Heterogenen, verliehen ist. Mit seinem Bezug auf den Islam verwendet Bataille eine Metapher aus der Archäologie, die den religiösen Mechanismus des Faschismus, der sich in einem säkularisierten und profanen europäischen Kontext zeigt, verständlich machen soll, welcher bereits durch die Tradition des modernen Staates geprägt ist. Diese Tradition verschwindet im Faschismus nicht, sondern hält sich in einer Dualität, die der Macht des Staates eine heterogene Macht hinzufügt. Durch diese Einverleibung des Heterogenen in den Staat unterscheidet sich der Faschismus von der Demokratie, die sich ihrerseits zahllose »unpersönliche Elemente« einverleibt, »die ausschließlich der Homogenität entspringen«, Anpassung und gegenseitige Abstimmung obsiegen dort über den Zwang.

Auf die islamische Wirklichkeit übertragen, veranlaßt uns Batailles Bemerkung, an etwas zu erinnern, was in diesem Buch (vgl. Gegenpredigt 17) schon gesagt wurde: Alle gegenwärtige Macht im Bereich des Islams und der arabischen Welt hat als einen Rest die Gestalt des Heterogenen in sich. Dieses wurde im Kalifat, im Sultanat und Emirat vom vorausgehenden byzantinisch-romanischen und persischen Despotismus übernommen. In der fortbestehenden Gestalt wird das Heterogene vom Minimal-Staat auf den totalen Staat der Gegenwart übertragen, der die Mittel der Technik auskostet und von Regimes geführt wird, in denen die Staatsgewalt militarisierten Parteien zukommt. Diese übertragen ihre Macht lebenslang einem Oberhaupt und führen so Parteistaaten herbei, die jegliche politische und intellektuelle Tätigkeit, außer der eigenen, unterdrücken.

Im Nachhall dieser Spuren entdecken wir in der Gestalt des Oberhauptes eine Art Paten und in der von ihm verkörperten Struktur eine Ähnlichkeit mit der Mafia. Sie stützt die Vorstellung vom Schurkenstaat, dessen Modell im übrigen die faschistischen Staaten waren. Schon Bertolt Brecht hat das erkannt, als er in seinem Stück *Arturo Ui* Hitler und seine Anhänger als Mafiabande darstellte, die tötet und erpreßt.

Aber diese Erinnerung wird möglicherweise durch die strahlende Wiederkehr der Figur des Heterogenen schlechthin, die Figur des Fundamentalisten, überdeckt. Dieser erreicht eine nie gekannte Macht, falls er sie ergreift, da er mit seiner Theorie des *hakamiyya* die Vorstellung von Souveränität buchstäblich Gott allein zuweist. Denn er interpretiert in dieser unerhörten Weise den Koranvers, der verlangt, daß »die Macht Gott gehört« (22, 56). Ibn Chaldun zitierte diesen Vers und verwendete ihn in seinem traditionellen Sinn, um auf das Rätsel der Geschichte und der Politik und die Rolle hinzuweisen, die dabei die Vorsehung spielt: »Die Macht kommt von Gott und Er behält sie dem vor, der ihm gefällt [...] ›die Macht gehört Gott‹. Er verleiht sie denen, die er unter seinen Dienern haben will.«

Diese »Laune« der Vorsehung steht der Problematik der Gnade näher als den Ansprüchen der Fundamentalisten. Mit ihrer voreingenommenen Lektüre des koranischen Worts bereiten sie das Kommen des absoluten Faschismus vor, der den homogenen Menschen völlig aus der politischen Ausübung ausschließt. Ihre Herrschaft wird in der absoluten Heterogenität eingerichtet werden, die zugleich die Zuflucht zu dem Ganz-Anderen als Metapher abschafft und die Vermittlung durch den Stellvertreter beseitigt. Das Oberhaupt würde nicht mehr durch Bevollmächtigung die Stelle Gottes einnehmen, Gott selbst würde für sie zur Instanz der Herrschaft und der Politik werden. Jeder Ausweg, jede Möglichkeit der Anpassung, der gegenseitigen Abstimmung, der Verhandlung, welche die Zwangsausübung der Macht mildern könnten, wären abgeschafft. Angesichts des Absoluten wird, im Fall der Unstimmigkeit, die Auslöschung an die Stelle des Kompromisses treten. Wird die Bemerkung von Georges Bataille dem Islam zurückgegeben, von dem sie herrührt, so hilft sie uns folglich zu entdecken, daß der Fundamentalismus sich als der radikalste Faschismus erweist, der jemals vom menschlichen Geist ersonnen wurde. Wenn die fundamentalistische Alternative das Heterogene religiösen Ursprungs in den politischen Bereich eingreifen ließe, würde sie die arabischen Länder von der Erinnerung an den autokratischen und schurkischen Staat zur Errichtung eines faschistischen Staates in seiner vollendeten Form führen.

21
Alpenrosen

Wenn ich zu den Epiphanien zurückkehre, die ich in diesen letzten Wochen während meines Reisens von einer Küste des Mittelmeers zur anderen erlebt habe, befällt mich ein Gefühl der Allgegenwart und beunruhigt mich fast, denn ich weiß, daß die gleichzeitige Anwesenheit an vielerlei Orten ein Traum der Macht, der Allwissenheit ist. Der Mensch, dem diese Gabe nicht verliehen ist, mißt sie dem Ganz-Anderen bei, das er in die Rolle des Absoluten einsetzt, des Meisters dessen, wozu er sich selbst unfähig fühlt. Aber dennoch: ein ausgiebiges und unaufhörliches Umherirren macht einen zum Bewohner des Nicht-Ortes, des Landes Nirgendwo oder, wie Sohrawardi, ein Sufi des 12. Jahrhunderts, es ausdrückt, des »Landes Ohne-Wo« (*bilâd Bilâ Ayn*). Zwei- oder dreimal, nach einem plötzlichen Erwachen dem Schlaf entrissen oder bei einem Wachtraum, hatte ich die Gewißheit, daß die Vorstellung des Ortes sich entzogen hatte, als ob der Boden sich davongemacht hätte, als ob die Schwerkraft nicht mehr ihre Gesetze auferlegte; mein Körper schwebte, er war gleichsam im Zustand der Levitation. Halb jubelnd, halb beunruhigt, gewahrt man dieses Erleben nur für einen kurzen Zeitraum, doch nimmt es im Geist eine andere Dauer ein, die nicht von dieser Welt ist.

In diesen letzten Wochen folgten die Epiphanien einander dicht auf dicht. Sie bestürmten mich in Beirut, im Stadtzentrum, das nach der Katastrophe des Krieges wiederaufgebaut und restauriert worden ist, als ich im Restaurant Posta frische *linguini* kostete, mit Kräutern und Meeresfrüchten in Olivenöl gebraten, begleitet von einem dichten, herben, adstringierenden Rotwein, einem Château Musar, und dabei im Schutz eines Sonnenschirms auf der Holzplattform saß, mit Blick auf die gewaltige Grube mit den Ausgrabungen der römischen Überreste. In Brüssel boten sie sich mir, als ich mich in *Der Sturz der rebellischen Engel* versenkte, denen Breughel mannsgroße Schmetterlingsflügel anfügt und so, allein durch die Änderung des Maßstabs, das Anmutige zum Befremdlichen wandelt. In Madrid begleiteten sie mich, als ich endlich zu den restaurierten Fresken Zugang erhielt, die Goya am Ende des 18. Jahrhunderts auf die Mauern und Kuppeln von San Antonio de la Florida gemalt hatte. Sie schenkten unserem erstaunten Blick Engel in

Gestalt junger, fleischiger, verführerischer Mädchen, glückliche Metamorphose jener als asexuell angesehenen Wesen in begehrende und begehrenswerte Geschöpfe aus Fleisch und Blut, als sollten sie den an hierorts gefeierten Heiligen ehren, den Beschützer junger heiratsfähiger Mädchen. Und in Deraa, im Harrah zwischen Syrien und Jordanien, wurden meine Augen durch eine schwarze omayyadische Moschee geblendet, erbaut aus dem Basalt der Gegend, der seine Steine den römischen, dann den arabischen Monumenten angeboten hat, die byzantinischen Bauwerke nicht zu vergessen. Da diese Moschee den Ruinen eines römischen Theaters gegenüberliegt, tauschen die Silhouetten der Monumente, die sich in ihrer glänzenden Schwärze gegenüberstehen, den Glanz ihrer Reflexe aus, um sich ineinander zu spiegeln.

Im Schuf, dem Land der Drusen, der einzigen erhaltenen Zone eines durch den Städtebau verwüsteten Libanon, halten wir in Deir al-Qamar, übernachten in Beit ed-Dine, in dem Palast, der im 19. Jahrhundert von Chihab erbaut wurde. Er gewinnt dank der Erhabenheit seines weißen Steins, der gewaltigen Ausdehnung seiner Säle und der Weite seiner Wasserläufe, das stattliche Aussehen eines Bauwerks der Renaissance. Am nächsten Tag überqueren wir das Gebirge, das eine Höhe von 1800 Metern erreicht und kahl vor uns auftaucht, umrahmt von einer blühenden Wiese, bevor wir an einer der zwei Parzellen mit Zedern vorbeikommen, die das Land zählt, und schließlich, nach dem jähen, schwindelerregenden Abstieg ins Bekaa-Tal die Weinberge von Kefraya erreichen. Sie bieten das Bild eines ganz neuen Landes, dem sehr schnell ein anderes folgt, das durch die Nähe von Zigeunerzelten und die Durchquerung palästinensischer Lager am Rande des schiitischen Gebietes bestimmt wird.

Nach dieser Gegend, wo sich auf derart engem Raum so viele Landschaften aneinanderreihen, setzte ich nun, an diesem Julianfang, zum Sturm auf die Alpen an und befinde mich auf der schweizerischen Seite, auf den Höhen, die Loèche-les-Bains umgeben, 2400 Meter hoch inmitten blühender Wiesen, die vom Morgentau tropfen. Die violetten Glockenblumen klingen an die blauen Glockenblumen der Hochwiesen des Schuf an, die wir vor einigen Tagen durchwanderten. Das Gesicht wird durch die Frische der Luft angeregt, in der Wanderfalken kreisen und pechschwarzes Luftgetier von Taubengröße und mit einem Elfenbeinschnabel. Ein Wanderer sagte mir, daß sie auf Deutsch *Bergdohlen* hießen, im Dialekt von Loèche/Leukerbad werden sie *tschaabe* genannt, schwarze Gestalten, die sich auf die in den schattigen Mulden verbliebenen Schneereste setzen, eine Art Weiß, worin sich das Auge beim Nahen des Geblöks badet, Geblök, unterstrichen durch das Geläut der Glöckchen und überragt von der Stimme des Schäfers. Aus der Entfernung gibt sein Brennspiegel Zeichen, mal schwach, mal stärker, je nachdem, ob er auf den Bergkämmen erscheint oder in den Taleinschnitten verschwindet. Ich saß auf dem graugrünen Stein, der aus dem Gras emportaucht, es ist von Margeriten getüpfelt, die im Gegensatz zu ihrem gelben Herzen, Sonne inmitten der Blume, violette Blütenblätter haben; ferner gibt es, unter weißen, rosa, malvenfarbenen, tiefblauen Blumen, diese *Alpenrosen*, welche das Auge einer Gazelle erfreuen würden, die ich aus der Kahlheit Arabiens zu der Überfülle von hier gebracht hätte, in die Gesellschaft von Schmetterlingen und Libellen, dieser bunten Punkte, in Bewegung auf grünem Grund, der mit dem schimmernden Weiß auf zwei himmelstürmenden Zacken kontrastiert, weißen Feuersteinen, die sich am reinen Azur reiben, gut über 4000 Meter hoch, zwischen dem Weißhorn, dessen Spitze auf entschwindende Wolken weist, und der Dent Blanche, deren makelloser Glanz am Ansatz ihres verborgenen Hangs von schwarzen Furchen unterbrochen wird.

So habe ich mich als Mann von überall und nirgendwo gefühlt, als Mann von allen Orten, die den Ort aufheben. Vom Beginn seiner *Recherche* an, und immer nur im Innern seines Universums, beschwört Proust zwischen Combray, Balbec, Paris und später auch in Venedig, diese Unbeständigkeit des Ortes herauf, während er in seinem Zaubersessel sitzt, welcher der Poetik des Wunderbaren gelebte Wirklichkeit und objektiven Grund verleiht. Seine Poetik hat aus seiner frühen und gründlichen Lektüre *Tausendundeiner Nacht* geschöpft, aus den arabischen Märchen, die schon mit ihren Dschinnin und anderen Efriten und dem Vogel Rokh die Aufhebung der Entfernungen imaginiert haben, die zur Allgegenwart vorbereiten, zur Unbeständigkeit des Ortes, in der sich die Poetik des Wunderbaren an die Erfahrung der Epiphanien anschließt.

So viele Möglichkeitswelten sind imaginiert worden, die nun in unserem technischen Zeitalter für uns gelebte Wirklichkeit sind, da Flugzeug, Telefon, Internet, der Körper, die Schrift, das Bild und die Stimme sich mit hoher Geschwindigkeit bewegen und den Sinn der Allgegenwart unterstreichen, den wir jetzt in der wahrnehmbaren Wirklichkeit leben. Ich sage mir: dieser poetische Zustand muß in Politik verwandelt werden. Meinen kosmopolitischen Glauben gründe ich im übrigen auf diese gelebte Poetik. Ein solches Erleben würde die Möglichkeit einer künftigen Kantischen Friedenspolitik beschleunigen, falls man wirklich die Schrecken des Krieges abmildern und den Zusammenprall der Identitäten dämpfen will, der die Feinde auf den Plan ruft. Die Dichter der Epiphanie bringen die technischen Mittel der Epoche in der Poetik des Wunderbaren zum Fruchten, und kämpfen zugleich wie militante Aktivisten für den Weltfrieden. Denn sie heben die Grenzen auf, sie bemessen ihr Gebiet in den Ausdehnungen, die sich ihrem Blick in den Lüften bieten und die ihre Füße in allen Kontinenten abschreiten. Sie tragen auf ihre Weise zum Anbruch des Friedens bei. Viele im heutigen Europa fühlen sich diesem Vorhaben nahe. Habermas gemahnt soeben für die Philosophie daran. Ich bekräftige es meinerseits aufgrund meiner maghrebinischen Ursprünge und der Dichtung.

22
Aristokraten des Geschmacks

Ich habe gerade am »Theater der Ideen« im Rahmen des Festivals von Avignon teilgenommen. In dieser ganz und gar dem Ansturm des Schauspiels ergebenen Stadt habe ich entdeckt, daß die »Aristokraten des Geschmacks«, von denen Mallarmé spricht, durch die Stadt ziehen und das Volk in Bewegung setzen. Ich weiß, daß dem Begriff der Aristokratie kein besseres Los zuteil werden kann als das, welches das Wort von seinen genealogischen Zwängen, seiner Unterwerfung unter das Gesetz des Blutes, von seinen gesellschaftlichen Kriterien befreit. Wer auch immer die Vornehmheit des Geistes und des Seins besitzt, ist Aristokrat, ohne sich auf irgendeine Hierarchie zu beziehen, die auf Ererbtem oder Erworbenem, anders gesagt: auf Geld und Blut, begründet ist. Ein armer Schlucker kann Aristokrat sein. Dies hat übrigens Delacroix bei seinem Aufenthalt in Tanger und während seiner Durchquerung des Nordens von Marokko bis nach Meknes fasziniert.

Es sind Aristokraten des Geschmacks, die das Festival von Avignon besuchen. Die Stadt gewinnt daraus ihr Bienenstocksummen, das sich zwischen den Programmen der *In-* und der *Off*-Szene aufteilt. In unzähligen Vorstellungen entfalten die Texte und die körperliche Leistung zwischen Dichtung und Theater ihren Glanz. Eindrucksvoll ist, daß die historischen Räume mit einer Sprache ausgestattet werden, deren aktuelle Fracht unsere Aristokraten des Geschmacks beschäftigt. Wie viele Höfe von Palästen, Patios von Patrizierhäusern, Klosterkreuzgänge, Kapellen, Kirchen, Gärten ... die in Bühnen verwandelt sind oder in Stätten, wo man sich sammelt, dem Wort lauscht, das die Seele erhebt und das Imaginäre den Möglichkeiten öffnet, durch das Wort und den Gedanken das Geschick der Welt zu ändern!

Diese Wiederausstattung historischer Stätten, sakraler oder weltlicher, offenbart den Zustand einer Gesellschaft, die intensiv erfahren hat, was Max Weber die »Entzauberung der Welt« nennt, das heißt das Ende, die Überschreitung des Religiösen als wesentliche Strukturierung des Seins. Aber eben durch die Kunstwerke, die Kultur ist es möglich, eine entzauberte Welt aufs neue zu verzaubern.

Der Text, das Schreiben und Sagen, um zu leben, nachzudenken, zu empfinden ... ersetzt die Predigt. Die Bühne, die unter den Schritten des Schauspielers oder des Vortragenden knarrt, vertritt den Chor der Kirche, wo der Priester zugange ist. Und diese heitere Übereinstimmung der vielen Aristokraten des Geschmacks mit der Gewalt der Geschichte, die in den vorgeführten Dramen und Erzählungen enthüllt wird, spielt zugleich die Rolle einer kathartischen Entladung, setzt aber auch das kritische Denken in Gang und gegebenenfalls Konkretisierungen, zu denen dieses Denken einlädt. So fanden in allen Darbietungen, denen ich beigewohnt habe, auf die eine oder andere Weise die ernsten Ereignisse unseres Zeitgeschehens Eingang: die Golfkriege, der 11. September, die Zerstörung der Buddhas von Bamyian, Afghanistan, der Angriffskrieg oder das Recht auf Einmischung, die Frage der Minderheiten und der Migration, die Spannung zwischen Legalität und Legitimität, die verborgenen und offensichtlichen Ursachen der politisch-theologisch-militärischen Handlungen, die über die Zukunft einer Nation, einer Region, wenn nicht gar der Welt entscheiden.

Diese großen Themen waren auch in der Diskussion gegenwärtig, an der ich mit dem Philosophen Marie-José Mondzain und dem iranischen Schriftsteller Reza Beharini teilnahm. Beharini ist aserischer Abstammung, wurde in Täbris geboren und lebt und unterrichtet heute in Kanada, nachdem er die doppelte Unterdrückung durch den Schah und durch die Mullahs erduldet hat. Wir haben uns beim Thema der Schnittpunkte zwischen Orient und Okzident wiedergefunden, um aufzuzeigen, daß es angesichts der Fanatiker, die sich im Zusammenstoß der Ideologien und im Krieg der Waffen gegenüberstehen, noch einen anderen Weg geben kann, der seit jeher der Weg wechselseitiger Befruchtungen gewesen ist. Während dieser Tagung vor einem einfachen, aus Aristokraten des Geschmacks bestehendem Publikum, haben wir in einem fort die Fäden zu dem Banner verwoben, das die Zeichen zeigt, welche zur Sammlung rufen, in einem Aufruf zur Ähnlichkeit im Unähnlichen, der Islam und Europa, Orient und Okzident wieder vereint.

23
Die arabische Seite Sevillas

Was bewegt mich jedesmal, wenn ich in Sevilla bin? Zunächst werde ich unwiderstehlich vom Gefühl des Verlusts bestürmt. Diese Stadt ist für mich die schönste arabische Stadt, aber seit der Mitte des 13. Jahrhunderts ist sie nicht mehr arabisch. In ihrem gegenwärtigen Zustand stellt sie eine arabische Vollendung dar, die nirgendwo sonst im Bereich der arabischen Welt bewahrt wurde. Ich denke an ihren arabischen Namen, *Ishbîliya*. Ich denke an ihr Labyrinth, das dem Spaziergänger das Gefühl des Verlustes verschafft, ohne daß er je sich je verlieren muß; daher die spielerische Fähigkeit, die dem Flaneur die Energie des Gedichts eingibt.

Ich denke an die sauberen Straßen der Stadt und ihre blumengeschmückten Patios. An das Vergnügen, das sie dem Spaziergänger bereitet, ohne ihn zu überfallen, wie dies die Medinas von Aleppo bis Fes tun, mit ihrem Schmutz, ihrer Fäulnis, ihren üblen Gerüchen, ihre Trümmern, ihren verfallenen Gemäuern, ihrem Elend, ihrem mißhandelten Erbe, durch die Aderlässe, welche die Logik des Labyrinths stören, durch die Preisgabe der Zeugen glanzvoller Zeiten, die in schäbige Unterkünfte für arme Schlucker verwandelt werden, für Neuankömmlinge der Landflucht, für arme, sich selbst überlassene Teufel. Ich denke auch an die aus Sevilla stammenden Familien, die gezwungen waren, auszuwandern und Tunis, meine Geburtsstadt, als Stätte neuer Verwurzelung zu wählen.

Diese Wanderungsbewegung geschah in drei Wellen. Schon bei der Eroberung der Stadt durch die Katholiken im Jahre 1248 zog der Vorfahre von Ibn Chaldun nach Tunis. Dann, zwei Generationen später, erlebte die Stadt die Geburt des großen Historikers in einem Anwesen, das archäologische Hypothesen, ermutigt durch den touristischen Opportunismus, im Viertel der Andalusier ansiedelten. Als Ibn Chaldun hier, in Sevilla, als Gesandter weilte, rief er seine sevillanischen Ursprünge gegenüber Peter dem Grausamen in Erinnerung: sie waren glanzvoll genug, daß eine der großen Esplanaden der Stadt seinen Namen erhielt.

Von diesen Ortsveränderungen zeugen weitere, aus ethnischen Ausdrücken gebildete Familiennamen, die ausdrücklich auf die Stadt verweisen: so die *Ishbîli*, die sich wohl in Tunis im Gefolge der zweiten Welle niederließen. Sie folgte auf die Verbannung der letzten Mohammedaner Spaniens, die aufgrund des königlichen Ediktes von 1609 zur Auswanderung gezwungen waren – diese wurden Morisken genannt, zur Unterscheidung von den Mauren, ein Wort, das die früheren und souveränen muslimischen Bewohner von al-Andalus bezeichnet. Die Morisken sind den Mohammedanern gleichzusetzen, die nach dem Sturz der letzten islamischen Macht der Beni Ahmar in Spanien geblieben waren. Ihr Sitz war in Granada und ihr letzter König, *El Rey Chico*, Boabdil, kapitulierte am 2. Januar 1492, indem er die Schlüssel seiner Hauptstadt an Ferdinand und Isabella übergab. Die Morisken stellen ein Kapitel in der Geschichte der Unterdrückung durch die Inquisition dar, die 1499 unter der Leitung von Ximines de Cisneros stand. Im *Don Quichotte* beschwört Cervantes in der Fiktion das Unglück dieser Verbannung, dieser Vertreibung herauf. In der Erzählung, die das zweite Buch seines Romans unterbricht, verdeutlicht er an der Geschichte von Ricotte die Tragödie des Morisken. Sein Handeln war bestimmt von der Liebe zu dem Land, ein Gefühl, das die christliche Herrschaft nicht verstand – das sie, selbst im Falle der Bekehrung, für kryptomohammedanisch hielt –, während es die islamische Instanz nicht schaffte, über die Abtrünnigkeit ihrer Anhänger nachzudenken. Ein Moriske war nicht glaubwürdig, wenn er als erstes seine Anhänglichkeit an die Erde von al-Andalus bekräftigte und dadurch einen spanischen Patriotismus zeigte, der für sie ohne das Kriterium des ethnischen Beweises nicht zu begreifen war. Es wurde über das religiöse gesetzt, denn die Spanier errichteten die Kategorie des

»neuen Christen«, der dem »alten Christen« und dem »Gebirgler« entgegengesetzt wurde. Dessen Idealtypus war der Galizier, der die »Reinheit des Blutes« zu bewahren wußte und nicht durch den jüdisch-arabischen Umgang angesteckt worden war – damit infizierte man sich viel leichter in den Städten und in einer Umgebung, die nicht durch unüberwindbare Hindernisse geschützt war.

Aber wenn ich in Sevilla umherspaziere, möchte ich mich nicht in der durch den Verlust hervorgerufenen Nostalgie einrichten. Es hieße, an das Stereotyp anzuknüpfen, das am Selbstverständnis des Islams und seiner Lebensfähigkeit nagt. Ich möchte nicht weiter in der offenen Wunde im spanischen Unterbewußtsein rühren, die sich darin zeigt, daß der Spanier das offenkundige Vorhandensein arabischer Spuren in den Denkmälern dieser Stadt, in ihren Gärten, ihrem Städtebau, ihren Häusern, ihren Tischsitten, ihrer Neigung zum Feiern, in der Bewegung der Körper und auch in der Sprache weder sieht noch benennt. Ich möchte eher meine Anwesenheit an den Ufern des Guadalquivir genießen und am Glück teilhaben, das Sevilla schenkt. Die Vermischung von Islam und Europa erinnert mich an seine Ursprünge, denn über die mudejarische Ästhetik hinaus vermählen sich hier Barockkunst und almohadische Kunst. Sie stellt eines ihrer Gründungswerke zur Schau, die Giralda; jede ihrer Seiten schafft eine Illusion von Symmetrie, welcher sehr schnell durch einen Dekor aus mannigfachen Einzelheiten widersprochen wird, durch ein Spiel von Formen, deren Auszackungen und Vorsprünge wir auf den Türmen von San Pedro, Santa Catalina, San Marco, San Lorenzo wiederfinden. Auf diese Weise entsteht eine hybride Ästhetik, die zwischen Minarett und Campanile oszilliert. Verzierung durch ein nur wenig erhabenes Relief, auch auf der durchbrochenen Fassade gegenwärtig, die von dem almohadischen Palast bleibt; sie ist im Patio del Yeso zu sehen, rechts vom Eingang, der zum Kernstück des Alcázar führt. Bereits manieristische, sogar barocke Formen, dank eines Spiels der Verschiebung und Montage, das ihre Dynamik lenkt. Ihr vollständiges Gelingen ist bei San Pedro zu erkennen, in der Seitenkapelle rechts vom Chor, im Raum der mudejarischen Architektur. Er wird durch geometrische und florale Arabesken in emaillierten Mosaiken und Keramiken aufgelockert; und dies unter dem Baldachin einer arabischen Rippenkuppel und einer Apsis, die ein Ensemble barocker Skulpturen beherbergt, Statuen, die mit Samt, Taft und Gold geschmückte Heiligengestalten darstellen ..., ein Schauspiel, das seine Einheit aus dem Zusammenprall der Gegensätze erschafft; ein entsprechendes Verfahren sieht man in den Gärten, auf den Straßen und Plätzen verwirklicht, wo sich das glühende Gleichgewicht zwischen den verschiedenen, miteinander vermengten Beiträgen in den Formen verzehrt, die ihren Ursprung vergessen haben und die eine Ästhetik des Hybriden und des Zwischenbereichs erproben. In ihr teilt sich die menschliche Zerbrechlichkeit mit, die so stark durch eine gemeinsame Vergangenheit geprägt ist. Über den Krieg, die Gewalt, die Siege und Niederlagen hinaus, hat diese Vergangenheit unserer Gegenwart und unserer Zukunft Verflechtungen vererbt, die uns immer noch bewegen und von denen die Monumente, die Worte, die Wohlgerüche und die Düfte zeugen, die im Netz der Stadt kursieren. Sie ist die Hauptstadt eines imaginären Landes, das ich bewohne und wo ich das Leben, in dem ich bin, Tag für Tag lebe, auf die Gefahr hin, die Stätten zu verwandeln, die meinen Schatten aufnehmen.

24
Der Alcázar

Der Alcázar von Sevilla gehört zu den Werken der Baukunst, an denen sich Geschichte ablesen läßt. Er bildet ein schönes Beispiel dafür, wie ambivalent und komplex die Verbindung zwischen Islam und Christentum ist. Er veranschaulicht die Ästhetik der mudejarischen Kunst, die den Diskurs der islamischen Architektur an eine christliche Bestimmung anpaßt. Diese Kunst weist darauf hin, daß die mohammedanischen Handwerker und Künstler ihr Können der katholischen Macht zur Verfügung gestellt haben, und zwar sowohl für das Bauwerk des Fürsten als auch für die Errichtung des Gotteshauses.

Augenscheinlich ist der Alcázar ein Palast, der in der Mitte des 14. Jahrhunderts für den christlichen Fürsten Don Pedro erbaut wurde und der offenbar die letzten Entwicklungen nachahmte, welche die hispano-maurische Kunst im Palast der Beni Ahmar in Granada, der berühmten Alhambra, erfuhr.

Er ist auf dem Gebiet erbaut, wo sich die Paläste der mohammedanischen Fürsten erhoben hatten. Übrigens stammt der sehr schöne Garten namens *Crucero*, in der Verlängerung des Palastes von Don Pedro, aus dem 12. Jahrhundert. Er ist dort an die Stelle eines anderen aus dem 11. Jahrhundert getreten, der zu dem berühmten, von al-Mutamid erbauten Palast gehörte, dem »gesegneten Palast«, *al-Qaçr al-Mubârak*. Die Anordnung dieses Gartens wurde übernommen und dem zentralen Patio des Palastes von Don Pedro angepaßt, wie die gerade laufenden archäologischen Ausgrabungen gezeigt haben. Etwa mit seitlichen Säulenhallen und erhöhten Alleen, die um die Bassins ein Kreuz beschreiben; diese liegen tiefer, um die mit Orangenbäumen bepflanzten Parterres zu schützen und dem Spaziergänger die Möglichkeit zu geben, sich auf der Höhe des Laubs zu bewegen. Bei einem Palast, der ganz dem Vorbild aus Granada unterworfen ist, könnte diese Angleichung auf ein Zugeständnis an die Tradition Sevillas hinweisen.

Auf dem Areal des Alcázar befindet sich ein weiterer früherer Überrest, der – eine Seltenheit – von der almohadischen Hofarchitektur Zeugnis gibt. Es ist der Patio del Yeso mit seiner dreiteiligen, in Stuckdekor gestalteten Fassade, welche die gebrochenen Vielpaßbögen in einer aus einem Rautengeflecht bestehenden Wand fortsetzt. Diese bildet ein Hochrelief und ein durchbrochenes Gewebe, *shebka* oder *Transenna* genannt, ein Netz in Stuckstickerei, das anderswo auf Blindmauern aus Ziegelstein angebracht ist, insbesondere in den schmückenden Motiven an Minaretten..

Dieser Dekor bildet die dritte und letzte Etappe eines Formenspiels, das mit der Moschee von Córdoba eröffnet wurde, als im 10. Jahrhundert der omayyadische Kalif al-Hakam II. ihre Erweiterung anordnete. Den Höhepunkt erreicht sie in der Überschneidung von Vielpaßbögen, die, in zwei Farben, rötlich braun und elfenbeinfarben, die Capilla de Villaviscosa umgeben. Die gleiche Überschneidung wird sich ein Jahrhundert später in der Ziegelsteinarkatur des nördlichen Säulengangs wiederfinden, der zum Kastell Aljafería in Saragossa gehörte – in dieser Wiederholung wird der durchbrochene Stil erweitert. Die Entwicklung einer gleichen Struktur zu drei verschiedenen Zeiten gemahnt uns daran, daß die hispano-maurische Architektur in treuer Bewahrung erfinderisch ist.

Im Alcázar empfing Don Pedro Ibn Chaldun als Gesandten des Fürsten Beni Ahmar aus der nasridischen Dynastie, die bis 1492 in Granada herrschte. Von diesem Empfang wird uns von Ibn Chaldun selbst in seiner Autobiographie berichtet. Er reiste also von

Granada nach Sevilla, vom mohammedanischen Fürsten zum katholischen Fürsten, und blieb doch im gleichen Typ von Gebäude, wo die Patios ineinander übergehen, wo Schatten und Licht auf den gleichen Wänden auf gestaltetem Stuck spielen, in der Genauigkeit und dem geometrischen Überfluß eines pflanzlichen Wucherns, mit Arabesken, die eine Fülle anbieten, welche sich bis zum Taumel im Leeren auflöst.

Die Herrlichkeit des arabischen Buchstabens steht im Dienst des katholischen Königs. Wir entziffern in Sevilla die gleichen Lobpreisungen wie in Granada: *al-hamdu li'llâh* (»Lob Gottes«), *al-'izzu li'llâh* (»Ruhm Gottes«), *al-mulku li'llâh* (»das Königreich ist Gottes«); wir lesen auch die berühmte nasridische Devise, welche die Wände der Alhambra endlos übersät: *Lâ ghâliba illâ'llâh* (»Kein Sieger außer Gott«), wie um das Tun der Menschen und ihre kriegerischen Auseinandersetzungen zu relativieren, wie um die Vorsehung bei der Gewährung von Sieg oder Niederlage mit Macht auszustatten: Auch eine Methode, den freien Willen der Menschen durch das ihn begrenzende Absolute einzuschränken.

Eine weitere Inschrift zeigt, daß die Handwerker, die den Dekor ausgeführt haben, aus Toledo stammen, das heißt aus einer Stadt, die seit fast drei Jahrhunderten unter katholischer Herrschaft steht. Dieses lange Eintauchen ins katholische Umfeld hat die Handwerker nicht ihres islamischen Gedächtnisses beraubt, das in der Lobrede an den Auftraggeber in Erscheinung tritt. Sie zögern in der Tat nicht, auf den Namen des christlichen Fürsten ihre islamischen Segenswünsche zu häufen: »Durch Befehl Unseres Herrn des Sultans zu einem hohen Rang erhoben, Don Pedro, König von Kastilien und León, möge Gott seine Glückseligkeit fortwähren lassen.«

Und unsere Handwerker haben sogar den Mut, in den zentralen Patio die Sure 112 einzutragen, die des *ikhlâç*, des »aufrichtigen Glaubens«(K.), die wir auch in dem ersten, uns überkommenen Überrest prachtvoller Kalligraphie wiederfinden, auf der Bandleiste mit Mosaiken am Felsendom in Jerusalem. Diese Sure kann übrigens als Polemik hinsichtlich des Christentums und seines Dogmas der Menschwerdung Gottes betrachtet werden, und zwar durch ihr Beharren auf der göttlichen Einheit: »Sprich: Er ist Gott, der Einzige Gott, der Undurchdringliche Gott, Er hat nicht erzeugt und er ist nicht erzeugt worden und niemand ist ihm ebenbürtig.« (K.) Als ob die Anwesenheit dieser Buchstaben die Absicht der Handwerker anzeigte, das Werk glaubensmäßig zu unterzeichnen und den Zierbuchstaben seiner ursprünglichen koranischen Matrix zu unterwerfen, auf die Gefahr hin, vom Horizont der Glaubensdoktrin ihres Fürsten und Auftraggebers abzuweichen.

Ich gehe auf diese Details ein, um daran zu erinnern, wie der christliche Fürst, im Bewußtsein der Größe des Feindes, nicht zögert, dessen Habitus zu übernehmen, ihn sich anzueignen, die Bequemlichkeit und den Luxus, den er bietet, zu genießen, wobei er die Gefahr der Glaubensumkehr in dem Anwesen akzeptiert, das seine Person und seinen Staat schützt. Da er den Ort der Größe erkannt hat, nimmt er ihn an und paßt sich ihm an, selbst wenn es der Ort des unwiderruflichen Feindes ist, der sich nicht als besiegt bekennt, nicht einmal durch das Werk von Untertanen, die dem Treueid einer anderen geistigen Macht unterworfen sind.

Dieses Bewußtsein für die Anleihe fehlt oftmals dem modernen Muslim des 19. und des 20. Jahrhunderts, wenn er für seinen eigenen Bedarf die sinnvolle technische Erfindung, die den abendländischen Durchbruch darstellt, übernehmen und sich aneignen muß. Ungeachtet der selbstbezogenen Begeisterung seiner Urheber, entgleitet jeder technische Fortschritt denen, die ihn entwickelt haben. Wer ihn übernimmt, eignet ihn sich an. Durch diese Handlung nimmt er dem Erfinder sein Besitzrecht. Ich bin jedoch der Ansicht, daß diese Wiederaneignung ein Lob auf den Erfinder anregen sollte. Das wäre die mindeste Höflichkeit. Aber dieses offenkundige Zeichen der Souveränität und des Anstands fehlt heute oftmals auf unserer Seite. Anhand des Alcázar von Sevilla erteilt uns wieder einmal ein mittelalterliches Beispiel eine Lektion, über die wir nachdenken sollten.

25
Die Schicksalsprüfung der Juden

Schon bei seinen Anfängen, in Medina, sah sich der Islam dem hart geprüften Judentum gegenüber. Angesichts der neuen Religion, die sich auf ihre Abstammung beruft, angesichts einer Gemeinschaft, die sich soeben neu bildet, stehen die Juden vor der Alternative zwischen Zustimmung und Verweigerung, zwischen Bekehrung und Widerstand. Der Anti-Judaismus des Islams hat zu dem Massaker an den Juden in Medina geführt, das unter der Leitung des Propheten selbst stattfand. An diesen anfänglichen Anti-Judaismus muß erinnert werden, um ihn von dem Antisemitismus zu unterscheiden, der in diesen letzten Jahrzehnten auf islamischem Boden heimisch wurde.

Der traditionelle Anti-Judaismus stellte die Juden denen gleich, die den göttlichen Zorn auf sich geladen haben, weil sie Gott nicht gehorchten und weil sie die Schriften, die er ihren Propheten offenbart hatte, verfälschten. Die Verbannung und der Verlust der Souveränität stellten die göttliche Strafe für diese Verfehlungen dar.

Dagegen gründet der Antisemitismus auf der Vorstellung einer Verschwörung, welche die Juden angezettelt hätten, um zur Weltherrschaft zu gelangen. Diese Wahnvorstellung hat *Die Protokolle der Weisen von Zion* angeregt, deren arabische Übersetzung heutzutage weit verbreitet ist. Der Kampf gegen diesen neuen Antisemitismus muß mit einer Pädagogik vorgehen, die mit diesen Erinnerungen und dieser Unterscheidung beginnt. Sie muß den Islam auffordern, den überkommenen Streit durch Anerkennung seiner biblischen Schuld aus der Welt zu schaffen und sich an die Anforderungen unserer Zeit anzupassen, indem er die theologische und historische Legitimität des Judentums einräumt. Denn es dauert von sich aus fort und braucht die vom Islam vorgeschlagene Berichtigung nicht ernst zu nehmen. Dem heutigen Verständnis liegt der Respekt vor der menschlichen Andersheit und Vielfalt zugrunde und es schafft die objektiven Bedingungen einer Anerkennung, welche den Anti-Judaismus der Ursprünge auflöst – der vielleicht notwendig war, um eine neue religiöse Entwicklung zu festigen, die in der Ähnlichkeit des Unähnlichen entstand. Denn immer die kleinen Unterschiede sind tödlich (wie Freud in *Der Mann Moses* schrieb).

Aber man muß auch daran erinnern, daß der Anti-Judaismus in der islamischen Tradition durch den Umgang mit den doppelt geschwächten Juden ausgeübt wurde: durch die Verbannung, die sie von der Souveränität ausschloß, und durch den geringeren rechtlichen Status, den der Islam den von ihm als die »Leute des Buchs« bezeichneten Minderheiten einräumte. Während der heutige Antisemitismus Juden gegenüber ausgeübt wird, die in Israel eine Souveränität wiedergefunden haben, zum Preis einer nahezu völligen Verödung von Städten, die arabischen und islamischen Ursprungs sind. Dieser Antisemitismus hat einen abwesenden Juden zum Gegenstand, der nicht mehr bekannt ist, dessen unvordenkliche Anwesenheit vergessen ist. Es handelt sich um den Haß auf einen Phantasie-Juden; dieser Haß wird durch die Fernsehbilder geschürt, die eine mächtige und grausame Soldateska zeigen, welche unbewaffnete Brüder gewissenlos tötet, denen nichts bleibt als Steine zu werfen.

Aus diesem Grund muß der Kampf gegen den Antisemitismus, wie er sich heute im Islam kundtut, eine Anamnese vornehmen und die Erinnerung an das jüdisch-arabische Zusammenleben erneuern, ohne die Ereignisse zu verheimlichen, die den Anfang des Islams begleitet haben. Da islamische Menschen in die heutigen antisemitischen Demonstrationen in Frankreich und anderswo verwikkelt sind, sollte die Pädagogik, um gegen diese Erscheinungen zu kämpfen, auf das ganze islamische Bezugssystem ausgeweitet werden, damit sie wirksamer wird. Vielleicht müßte man den Lehrstoff dieser Pädagogik dadurch anreichern, daß man an die glücklichen Momente, die des jüdischen Gelingens, in der Geschichte des Islams erinnert.

In diesem Sinne wäre eine Anekdote ins Gedächtnis zu rufen, die Ignaz Goldziher in *Le Dogme et la Loi en Islam* [»Muhammedanische Studien«] erwähnt. Sie ist uns aus den Anfängen des Islams überkommen und veranschaulicht die rasche Wiederherstellung des Respektes und der Gerechtigkeit dem Juden gegenüber. Der zweite Kalif Umar erfährt, daß ein Jude seinen Besitz verloren hat, indem man sein Haus zerstörte, um an der Stelle eine Moschee zu bauen. Der Kalif befiehlt die Zerstörung der Moschee und die Wiedereinsetzung des Juden in seine Rechte als Eigentümer. Bis zum 20. Jahrhundert wurde Besuchern von Basra dieses »Haus des Juden« gezeigt. Ob diese Anekdote einer Legende oder einer historischen Tatsache entspricht, ist einerlei: das Wesentliche ist, daß sie die Form und den Sinn einer Verteidigungsschrift hat, welche die Jahrhunderte überdauerte und daß sie der Pädagogik des Kampfes gegen das Vergessen dienen kann.

Zu diesem Thema wäre es nützlich, auch an das arabisch-jüdische Zusammenleben in al-Andalus zu erinnern. Was diese Zeit betrifft, so stützen wir uns vornehmlich auf das Zeugnis von Ibn Arabi, des 1164 in Murcia geborenen und 1240 in Damaskus verstorbenen Universalgenies. Dank einer Klangähnlichkeit verbindet er das Wort »Jude« (*yahûdî*) mit *hudan*, was die »gute Anleitung«, ja sogar »Führung« bedeutet. So wird der Jude mit dem frommen Menschen in Verbindung gebracht, der nicht vom rechten Weg abweicht; er wird mit dem Schlüsselwort verknüpft, das der Koran mehrfach benützt, um das sittliche Streben zu kennzeichnen, wie in dem Ausdruck *hudan li'l-muttaqîn*. Er steht direkt am Anfang des Buches, direkt nach dem Incipit der »Eröffnung« (»Richtschnur für die Frommen«, Koran, 2, 2; U.). Diese Deutung ist im übrigen geeignet, den ursprünglichen Anti-Judaismus abzumildern und das ihn begründende Argument (das des Ungehorsams und der Abweichung) für ungültig zu erklären.

Ich möchte ebenso an eine Anekdote erinnern, die derselbe Ibn Arabi erzählt und die auf schönste Weise das jüdisch-islamische Zusammenleben veranschaulicht. Sie handelt von dem Pilger, der auf dem Landweg von Kairouan nach Mekka gereist ist, und zwar auf Rat seines jüdischen Nachbarn, der ihm für seine Reise empfohlen hat, sich vom Meer zu entfernen und die Wüsten zu durchqueren ... Dabei stützte er sich auf zwei Koranverse, die der Erde den Vorrang beim göttlichen Schutz und der göttlichen Führung geben (»Wer errettet euch aus der Finsternis des Landes und des Meeres?«, Koran, 6, 63, U.; »Wer leitet [*yadîkum*] euch in Finsternis auf den Pfaden der Erde und des Meeres?«; 27, 63; U.). Ibn Arabi setzt einen Juden in Szene, der den Koran aus dem Gedächtnis zitiert und sich zu dessen ausgezeichnetem Kommentator macht. Dies bedeutet, daß der Jude implizit die heilige Entstehung des Buches rechtfertigt, das dem Propheten des Islams geoffenbart wurde, und daß auf dieses eine Auslegung nach Art des *Midrasch* für den gläubigen Mohammedaner anwendet, dessen Glaube in diesem Buch verwurzelt ist. Man könnte hinzufügen, daß der zweite angeführte Vers das Wort *hadâ* (leiten) gebraucht, die Anleitung, Führung, die Ibn Arabi, wie wir soeben gesehen haben, mit der Etymologie von *yahûdî* verknüpft, dem arabischen Wort, das den Juden bezeichnet.

Erinnern wir uns auch daran, daß zahlreiche jüdische Meisterwerke des Mittelalters in arabischer Sprache geschrieben wurden, wobei Begriffe und Fachausdrücke Verwendung fanden, die in dieser Sprache in einem Raum erarbeitet wurden, der nie vom koranischen Horizont abgewichen ist. Ich denke an die Abhandlung über Rhetorik von Moses Ben Ezra (*Kitâb al-Muhâzara wa'l-Mudhâkara*), in welcher der Verfasser die Schriftleistung der Bibel durch

Vorstellungen und Begriffe erklärt, die von den arabischen Theoretikern erfunden wurden. In seinen eigenen Gedichten vermengt derselbe Ben Ezra das Hebräische und das Arabische nach dem Muster einer Prosodie und einer Metrik, die alle Volksgruppen gemeinsam haben und die manchmal als Lied und Gesang gedacht sind und weltlich wie religiös sein können.

Ich möchte außerdem die theologische Fiktion des Yehuda Halevi erwähnen, der in *Le Livre du Kuzari* die »mißachtete Religion«, sprich: das Judentum, in der Sprache des Korans verteidigt. Nachdem er das Christentum und den Islam kurz dargestellt hat, kritisiert er deren philosophische Technik, wobei er gegen sie auf den Sinn der Schrift setzt, die er durch beständige Rückgriffe auf den Kommentar vertieft. Der regelmäßige Umgang mit dem Buch und der von ihm angeregten Hermeneutik werden zu einer Seinsberechtigung, die den Horizont der ethischen Entwicklung absteckt.

Ich rufe mir auch die mystischen Akzente von Ibn Paqada in *Die Pflichten des Herzens* in Erinnerung, ebenfalls in arabischer Sprache geschrieben, die im Einklang mit den Abhandlungen des Sufismus steht. Sufis und spirituelle Juden verbanden ähnliche geistige Übungen mit der Meditation über das Buch, das ihrem jeweiligen Glauben zugrunde liegt.

Wir sollten keinesfalls das Hauptwerk des Maimonides vergessen, den *Führer der Unschlüssigen* (*Dalâlat al-Hâ'irîn*), der mit einer langen mathematischen und logischen Darlegung der göttlichen Einheit beginnt, die ebenso das Judentum wie den Islam betrifft. Beide sind gleichermaßen auf die Idee des unsichtbaren Einen Gottes ausgerichtet. Die theologische Problematik ist derart ähnlich, daß ein mohammedanischer Theologe die ersten hundert Seiten des *Führers* aufgegriffen hat, um sie zu kommentieren, wie es ihm gut erschien, das heißt indem er die biblischen Belege durch Verweise auf den Koran ersetzte ...

Warum nicht in dieser Reihe auf das zwar nicht auf Arabisch geschriebene Zeugnis eines weiteren spanischen Juden, Benjamin von Tudela, hinweisen, der während seiner Rundreise und seinen Aufenthalten in vielen Städten des Mittelmeeres die elende Lage der Juden in Rom und den Glanz ihrer Glaubensgenossen in Bagdad konstatiert? Muß daran erinnert werden, daß dieser Reisebericht ins Arabische übersetzt und 1946 von einem irakischen Juden veröffentlicht wurde? Dieser Vorgang veranschaulicht die Fruchtbarkeit des jüdisch-arabischen Zusammenlebens, das bis in die Mitte des 20. Jahrhunderts fortdauern sollte, bevor es einen unausweichlichen Niedergang erfuhr, als in den 1950iger Jahren die Juden in Massen das Land verließen, besonders wegen der Gründung des Staates Israel, dessen Existenz die Leidenschaften anstachelt.

Desgleichen wäre es nützlich, daran zu erinnern, daß die unzähligen aus Spanien (im Jahre 1492) vertriebenen Juden bei der Hohen Pforte und in anderen islamischen Gebieten, insbesondere im Maghreb, freundlichste Aufnahme fanden.

Es sei ebenfalls daran erinnert, daß ganz in unserer Nähe der Bey der Regentschaft von Tunis – trotz seiner schwachen Autorität unter der Herrschaft des Protektorats – ebenso wie der Sultan von Marokko, ihre jüdischen Untertanen dadurch beschützten, daß sie die dringlichen Bitten der Vichy-Regierung nach deren Deportation nicht erfüllten.

Es ist von größter Bedeutung, die Erinnerung an diese positiven Tatsachen wachzuhalten, ohne sie zu beschönigen oder zu mystifizieren. Das Erwähnte soll daran gemahnen, daß die Feindseligkeit zwischen den beiden »Gemeinschaften« nicht schicksalsgegeben ist. Es sei allerdings noch darauf hingewiesen, daß diese positiven Rückblicke Juden betreffen, die als *dhimmi* eingestuft wurden und somit einen niedrigen und erniedrigenden Status hatten, der in heutiger Zeit unannehmbar geworden ist. Er ist durch den Vollbesitz gleicher Bürgerrechte in den modernen Staaten und durch die Rückkehr der Juden zur Souveränität durch die Wiederherstellung Israels überholt. Yehuda Halevi hatte sich schon im 12. Jahrhundert einen jüdischen Staat gewünscht, wenn er in seinen Gedichten gegen die Ausschließung Zions von den politisch-militärischen Vorrechten protestierte. Christen und Mohammedaner hingegen kamen in den von ihnen regierten Fürstentümern und Königreichen in den Genuß dieser Vorrechte. Heinrich Heine hat den Wunsch und die Betrübnis des mittelalterlichen Dichters in dem Langgedicht wieder erstehen lassen, das er ihm gewidmet hat und das er in seine Sammlung *Romanzero* aufnahm.

Man muß zugeben: Die Beziehungen zwischen Juden und Arabern haben sich verschlechtert, als die Wiedererlangung der jüdischen Souveränität mit der Einnahme eines arabischen Gebietes gleichgesetzt wurde. Dieses Grundproblem muß durch eine Gewichtung der Fragen gelöst werden: Die Araber müssen den Scharfblick und den Mut aufbringen, der Frage der Souveränität den Vorrang zu geben und die des Landraubs zu verschieben, wenn nicht gar auszusetzen. Dazu müssen sie, gemeinsam mit der gegnerischen Seite, technische Lösungen finden, welche die Rückkehr zur Souveränität nicht wieder in Frage stellen. Man müßte den Muslimen gegenüber auf der Tatsache bestehen, daß die Anerkennung der Juden mit der Teillösung, die den Status des Schutzbefohlenen gemäß islamischem Recht einführt, wohl kaum befriedigend vollzogen ist, denn dieses ist heute veraltet. Die Anerkennung der Juden durch die arabische Welt und den Islam hat sich gegenüber souveränen, nicht zweitrangigen Subjekten zu erweisen. Die politischen und die militärischen Fragen, die durch die Rückkehr der Juden zur Souveränität und durch die Gründung des Staates Israel aufgeworfen wurden, müssen unter Berücksichtigung dieser vorhergehenden Anerkennung behandelt werden. Sie verlangt eine Mobilisierung der Energien auf theologischem, ethischem, historischem, politischem Gebiet, ohne daß der durch diese Souveränität herbeigeführte Landraub Palästinas verschleiert wird. Diese schmerzliche Tragik wird diesmal die Frage der Konfrontation des Judentums mit der Schicksalsprüfung der Palästinenser offenlassen, die durch das doppelte arabische und islamische Bezugssystem überfrachtet ist.

26
Der Islam und das Meer

Der Hauptgrund für den Niedergang des Islams, für sein historisches Scheitern, ist in der Tatsache zu sehen, daß er nie die Meere zu beherrschen und infolgedessen Amerika nicht zu entdecken vermochte. Den wichtigsten Wandel, den die Welt erfahren hat, geschah im 16. Jahrhundert, mit der Verschiebung von der Landherrschaft zur Seeherrschaft. Ein schönes Buch des deutschen Rechtsphilosophen Carl Schmitt berichtet davon, der allzu häufig nur wegen seines Antisemitismus bekannt ist. In *Land und Meer* verwandelt er sich in einen Märchenerzähler, der seiner Tochter Anima von dem Abenteuer der Menschen quer über Land und Meer berichtet, vom Kampf zwischen dem Ungeheuer des Landes, Behemoth, und dem mächtigen Wal, Leviathan, Namen, die dem Buch Hiob (Kap. 40 und 41) entliehen sind. Schmitt stützt sich auf seinen Landsmann Ernst Kapp, einen Hegelschüler, der die Geschichte mit dem anheben sieht, was er als »potamische« Kultur des Orients bezeichnet, eine Kultur der Flüsse, welche die Wüsten durchqueren, im vorliegenden Fall die Wüsten zwischen Euphrat und Tigris sowie auf beiden Ufern des Nils. Der »potamischen« folgt die »thalassische« Ära, die Kultur der Binnen- und Nebenmeere im Mittelmeerraum, vertreten durch die griechische und römische Antike und das islamisch-christliche Mittelalter. Mit der Entdekkung Amerikas und den Reisen um die Welt gelangen wir ins letzte Stadium, der ozeanischen Kultur, die von den angelsächsischen Völkern repräsentiert wird.

Solange sich der Bereich der Herrschaft auf das Land und die Binnenmeere erstreckte (wo es möglich ist, die Küsten unter Kontrolle zu behalten), war der Islam wettbewerbsfähig. Er konnte die Tradition der großen Verbindungsstraßen aufrechterhalten und erweitern. Das Kennzeichnende an dem, was Carl Schmitt den »*nomos* der Erde« nennt, ist die Vorstellung der Grenze und des Eigentums. Die Kriege betreffen demnach die Überschreitung und die Verteidigung von Grenzen, die ganz und gar bestimmbar sind, selbst wenn sie nicht durch Grenzsteine abgesteckt und markiert wären. Das Meer unterscheidet sich dadurch, daß es juristisch niemandem gehört. Es ist frei zugänglich und seine Eroberung ist die eines verfügbaren Raumes. Mit den Etappen seiner Eroberung wird die abendländische Vorherrschaft bekräftigt: In der Hochzeit Venedigs mit dem Meer (15. Jahrhundert), im Triumph Hollands über die Meere (17. Jahrhundert) und vor allem im unaufhaltsamen Aufstieg Englands durch die Schaffung seines Seereiches und die Zerstörung der Unbesiegbaren Spanischen Armada (1588). Die endgültige Niederlage des Islams gegenüber Europa wird ihren symbolischen Ausdruck in einer Seeschlacht finden, der von Lepanto (1581), in der das Bündnis der Heiligen Liga (Spanien, Heiliger Stuhl, Venedig) die osmanische Flotte schlug.

Ein weiteres Buch erinnert an die Beziehungen des Islams zum Meer; es wurde von Xavier de Planhol 2000 unter dem Titel *l'Islam et la Mer* [»Der Islam und das Meer«] bei Perrin veröffentlicht, und trägt den Untertitel *La mosquée et le matelot (VIIe – XXe siècle)* [»Die Moschee und der Matrose« (7. – 20. Jahrhundert)]. Ein umfangreiches Werk, das auf der Grundlage einer fundierten anthropologischen, historischen und geographischen Untersuchung die

Schwäche der Beziehung des Islams zum Meer nachweist; eine Schwäche, die den Ursprung seines historischen Scheiterns darstellt. Merkwürdigerweise erwähnt de Planhol überhaupt nicht das Buch von Carl Schmitt, obwohl die Untersuchung und die Analyse des Geographen und Historikers die Thesen und das Denken des Rechtsphilosophen ganz und gar bestätigen.

Die muslimische Gesellschaft hängt allzu sehr an Konventionen, wenn es darum geht, ihre Außenseiter und Abenteurer zu würdigen, die bei der Schaffung des englischen Seereichs und seines amerikanischen Nachfolgers entscheidend mitwirkten, die Piraten nämlich, die zu Helden dieses Reiches wurden. Selbstverständlich hat auch der Islam das Kapern gekannt, Salé und Chellah waren auf diesem Gebiet aktiv. Doch de Planhol erinnert daran, daß die meisten der großen Piraten konvertierte Christen waren, die in Europa Renegaten genannt wurden. Bartolomé Benassar hat ihnen ein schönes Buch: *Les Chrétiens d'Allah* [»Die Christen Allahs«] (erschienen 1989 bei Parrin) gewidmet.

Eine Spur dieser Meeresphobie des Islams – die ihn sehr teuer zu stehen kam –, bemerken wir schon im Koran, da an den acht Stellen, wo die Wörter Land und Meer miteinander verbunden sind, das Land durchgängig als erstes genannt wird (was, wie man gesehen hat, dazu führt, daß Ibn Arabi für die Ortsveränderung der Menschen das Reisen zu Lande vorgezogen hat). Und man braucht bloß die Augen für unsere heutige Wirklichkeit zu öffnen, um noch die Spuren dieser Abwendung vom Meer wahrzunehmen. Marokko zum Beispiel hat eindrucksvolle Küsten zum Mittelmeer und zum Atlantik – damit ist auch schon alles über seine Beziehung zum Meer gesagt ... Bis vor kurzem hat das Land seine Gewässer an spanische Fischer verpachtet, denn es hatte nicht einmal eine entwickelte Fischfangindustrie. Und wieviel Marokkaner zählt man bei den Transatlantikfahrten oder den Regatten? Abgesehen von einer zaghaften touristischen Mimikry sehe ich bei Marokkaner und Marokkanerin keine souveräne Beziehung zum Meer. In dieser immer noch aktuellen anthropologischen Tatsache bemerken wir den Überrest der fehlenden Zustimmung der Muslime zum Ruf des Meeres, Quelle somit des historischen Scheiterns ihrer Gemeinschaft.

27
Kritiken und Versprechungen

In einem seiner jüngsten Kommentare in der *New York Times* drückt Thomas Friedmann seine Verwunderung darüber aus, daß in der arabischen Welt eine Debatte über die Fragen ausbleibt, die durch die Lage im Irak nach dem amerikanischen Krieg und dem Sturz des Diktators aufgeworfen werden. Er wundert sich, daß dort die Aufdeckung von Katastrophen, welche die Tyrannei des Baath-Systems verursacht hat, keine Erwähnung findet, insbesondere die wiederholten Funde von Massengräbern mit Dutzenden, Hunderten, in manchen Fällen Tausenden von Opfern, die als Oppositionelle oder mutmaßliche Aufständische, aus politischen Gründen also, aber auch aus ethnischen oder religiösen Gründen, abgeschlachtet wurden. Er wundert sich, daß der Generalsekretär der arabischen Liga, der Ägypter Amr Moussa, in ihrem Namen die Ansicht äußerte, er hätte es vorgezogen, die fünfundzwanzig Mitglieder der Versammlung, die an der Exekutive teilnehmen und die politische Zukunft des Landes vorbereiten, wären frei gewählt und nicht durch den amerikanischen Statthalter bestimmt worden. Eine treffende Bemerkung, eine an sich gerechte Idee, so der Hinweis des Kommentators aus New York. Sie hätte das Siegel der Glaubwürdigkeit erhalten, wenn die Stimme, die sie aussprach, ebenso vorsorgend und fordernd angesichts der rein formellen Wahlen gewesen wäre, wie sie quasi in der Gesamtheit der arabischen Länder stattfinden.

In diesem arabischen Schweigen, in der Formulierung dieser Halbwahrheiten zeigt sich die Angst davor, daß die öffentliche Meinung ohne Federlesens die Fragen anpackt, die sich diesen Gesellschaften und ihren Regimes stellen. Worauf sollten wir heute den Nachdruck legen? Auf die Angriffe gegen die Amerikaner, die von den einen als die Verzweiflungsakte der Anhänger eines besiegten Regimes betrachtet werden, von anderen als die Heldentaten eines Widerstands, der nach dem Verschwinden von Saddam an Dichte und Heftigkeit zunehmen wird? Um so mehr als viele Angehörige anderer Staaten im Wissen handeln könnten, daß ihre Heldentaten und das eingegangene Risiko dem verblichenen System nicht mehr zum Vorteil gereichen.

Ich meinerseits harre der Dinge, die da kommen, wie man sagt. Ich möchte dem von der Sicherheitsberaterin des Weißen Hauses,

Condolezza Rice, geäußerten Wunsch gern glauben, wenn sie in einem Kommentar der *Washington Post* schwungvoll ihre Überzeugung von der strategischen Notwendigkeit kundtut, den Ländern des Nahen Ostens die Errungenschaften der Demokratie und des Liberalismus zu bringen. Ich bestätige sie darin, wenn ich in einer Konferenz vor einem Publikum aus afro-amerikanischen Bürgern erfahre, daß sie die kulturalistische These widerlegt – die der Ansicht ist, die arabische Welt sei mit der Demokratie nicht vereinbar. Sie lehnt dieses Vorurteil ab, indem sie aus ihrer eigenen Biographie schöpft und sich dessen erinnert, was über die angeborene Unfähigkeit der Schwarzen zur Intellektualität gesagt wurde, ein Gerücht, das während ihrer Kindheit in Alabama zu Zeiten der Rassentrennung verbreitet wurde. Um zum Irak zurückzukehren und diesen amerikanischen Kritiken und Versprechungen den Ansatz einer Antwort zu geben, möchte ich drei offenkundige Wahrheiten feststellen.

Zunächst ist die Versammlung der fünfundzwanzig Landesvertreter aufgrund objektiver Kriterien ausgewählt worden, die sie zu der repräsentativsten Instanz der Gesellschaft in der Geschichte des modernen Irak (das heißt seit 1945) macht. Die ethnische, religiöse, politische, soziologische, anthropologische, berufliche, wirtschaftliche Vielfalt war in einem Verhältnis berücksichtigt worden, die von den im Irak Gebliebenen und den Ausgewanderten »durchdacht« wurde. Das einzige, was ich dieser Zusammensetzung zum Vorwurf machen würde, ist die geringe Vertretung des weiblichen Geschlechts, drei Frauen auf fünfundzwanzig Mitglieder. Aber was für Frauen! Mit ihrem wunderbar kämpferischen und kompetenten Auftreten haben sie sich sogar bei den traditionell frauenfeindlichen Geistlichen und bei den Phallokraten, die das Patriarchat der Stämme vertreten, Gehör und Respekt verschafft.

Außerdem wurden zwei Probleme in Betracht gezogen, die von arabischen Nationalisten unter den Teppich gekehrt werden, da sie vom sunnitischen Ausschließlichkeitsdenken geprägt sind. Zum einen wird die schiitische Mehrheit die treibende Kraft des neuen Irak und seine demokratische Hoffnung sein, einerlei ob es sich nun um Laien oder Angehörige der religiösen Hierarchie handelt. Zum anderen wird die ethnische Minderheit durch die Kurden in Erscheinung treten, was ihrer weitgehenden Verheimlichung durch die Araber ein Ende setzen wird. Wenn der einen oder der anderen dieser Feststellungen Erfolg beschieden wäre, und zwar durch die erwünschte Konförderation und die künftige zentrale Exekutivmacht, wäre ein großer Schritt zur Berücksichtigung der sozialen Vielfalt, der Vielfalt der Glaubensrichtungen, Sprachen, Kulturen, der Ethnien erreicht worden.

Schließlich hält seit dem 9. April, als der Diktator gestürzt wurde, die höchste schiitische Autorität, der Ayatollah Sistani an dem Grundsatz der Trennung von Religion und Politik fest. Diese aus Najaf verbreitete Position erhält soeben eine starke Unterstützung von der in Ghom beheimateten theologischen Tradition, und zwar aus dem Mund des Enkels von Khomeini, Hussain. Er gehört zu den schiitischen Theologen, die das Scheitern der islamischen Revolution im Iran konstatiert haben, eine Feststellung, die sie dazu gebracht hat, den Begriff des *wilayât al-faqîh*, der »Herrschaft der Geistlichkeit«,abzubauen, ein von Khomeini geprägter Ausdruck, der seine politische Machtergreifung theologisch untermauern sollte. Hussain möchte den *faqîh* auf die Rolle des Rates reduzieren, auf seine *madrasa* (den Ort des Studiums) und in die Moschee zurückverlegen und ihn damit von seiner politischen Aufgabe befreien. Laut dieser Kritiker aus dem Iran hat die Verknüpfung von Politik und Religion dazu beigetragen, beide Instanzen zugrunde zu richten, denn diese Verbindungen hätten einerseits das Religiöse auf die Anwendung des Gesetzes reduziert und es von seiner wesentlichen Aufgabe abgebracht, nämlich die Frage nach der Seligkeit zu stellen und die Empfindung des Glaubens auf etwas Inneres und dem Gewissen Zugehöriges zurückzuführen. Diese gleichen Verbindungen hätten andererseits die Politik von notwendigen technischen Erwägungen entbunden, die Fachwissen erfordern, das nichts mit theologischen Spekulationen zu tun hat.

In dieser kritischen Situation sieht sich der Islam soeben, in Wort und in Tat, der gleichen historischen Problematik gegenüber, die Spinoza nach den Religionskriegen veranlaßt hat, seinen *Tractatus theologico-politicus* zu schreiben. Alle diese Betrachtungen zeigen, daß der Irak sich in ein brodelndes Laboratorium verwandelt. Was daraus hervorgehen wird, könnte für die Gesamtheit des Islams und der arabischen Welt nützlich sein. Man muß anerkennen, daß diese Dynamik der in der Diktatur erstarrten Situation ein Ende gesetzt hat. Wer kann leugnen, daß die Erschütterungen, denen wir beiwohnen, eine der Folgen der amerikanisch-englischen Militärintervention sind? Es ist ein Akt, Fortsetzung folgt.

28
Trotz allem das Bild

Des öfteren erinnere ich an die Bedeutung der Kultur in Gesellschaften, die noch durch den Primat des Religiösen geprägt sind. Sie mäßigt die Tyrannei des Buchstabens, ihr gelingt es sogar, sie zu neutralisieren, nicht indem sie ihn aufhebt, sondern an den Rand drängt. Der Mensch kann, um in diese Richtung zu wirken, die Möglichkeit der Überschreitung wählen und etwas tun, was sich nicht den angeblich göttlichen oder prophetischen Geboten fügt. Daß es in der islamischen Kultur auch Malerei gibt, illustriert sehr gut die Abschwächung einer religiösen Vorschrift und deren Übergriff auf die Betätigung des Geistes und des Herzens, die Schönheit und Talent hervorbringt.

Sehr oft führen Gelehrte die *hadîths* an, die das Bild geißeln und seine Herstellung und Anwendung verdammen. Wenn man das Kapitel über die Bilder in der mohammedanischen Textvergleichung (Ende 8. bis Anfang 9. Jahrhundert) betrachtet, deren *Çahîh* (»Wahrhaftige Summe«) den Sunniten als eine der traditionellen Textvergleichungen von höchstem kanonischen Wert gilt, stellt man jenseits der Legenden fest, daß der Prophet des Islams das Bild in ähnlicher Weise ansah wie Platon im *Staat*. Den Malern wird die Praktik der *Mimesis* vorgeworfen, der Nachahmung der Wirklichkeit, ihrer Darstellung, die ein Übergriff auf die Wahrheit sei und damit die Lüge nähre. Andererseits werde das mimetische Tun des Malers, wie geschickt es auch sei, stets durch den Mangel eingeschränkt, die Wahrheit des zur Darstellung bestimmten Sujets werde sich ihm immer entziehen.

Diese platonische Deutung des *hadîth* wird im Kommentar von Nawawi (aus dem 12. Jahrhundert) unterstrichen. Er bekräftigt sie nicht ausdrücklich, doch verrät ihn seine Analyse, insbesondere wenn er den Begriff *muhâkât* gebraucht, der auf die *Mimesis* der Griechen verweist. In der Legende rät der Prophet von der bildnerischen Tätigkeit ab: Wer Figuren schaffe, lasse sich auf eine trostlose und nichtige Nachahmung Gottes ein und diese Kühnheit würde ihnen am Tag des Jüngsten Gerichts vorgeworfen werden. Sie würden dann vor die Herausforderung gestellt: »Versucht zu beleben, was ihr geschaffen habt!« – und sie wären dazu nicht fähig.

In der Folge entzweite ein Streit die Rechtsgelehrten, was von der Malerei noch zu retten sei. Einige empfahlen, nur Unbelebtes zu malen; diese Vorschrift sollte zu dem Programm von Mosaiken führen, welche die Wände des Felsendoms in Jerusalem (Ende des 7. Jahrhunderts) oder die hohen Mauern des Hofes beleben, des gewaltigen Raumes, welcher der Omayyadenmoschee in Damaskus (Anfang des 8. Jahrhunderts) Luft verschafft. Im letzten Fall sind die byzantinischen Entwürfe ihrer Figuren und Tierdarstellungen beraubt worden worden, und durch diese Tilgung belebter Wesen sind Pflanzenwuchs und Architektur, die ihnen als Zierde dienten, zum eigentlichen Sujet der Mosaiken geworden. Ein Werk der Schönheit, dadurch verwirklicht, daß der Hintergrund in den Vordergrund rückt, ohne daß sich etwas dazwischen schöbe.

Doch eigentlich war die Malerei im Islam schon zu Beginn rege gewesen, und zwar in der ganzen Fülle ihrer Möglichkeiten. Sie war politisch, wie es die Fresken von Qusair Amra (8. Jahrhundert) in der jordanischen Wüste bezeugen, wo die fremden Monarchen (»Könige der Welt«) als der Herrschaft des Kalifen untergeordnet dargestellt werden. Die Malerei war auch erotisch, wie es an der gleichen Stätte zu sehen ist, in einem Hammam, den gewaltige nackte Frauenleiber beleben. Sie war auch religiös, was weniger bekannt ist, denn zahlreiche Erzählungen, Stoffe, Themen der Bibel und der Evangelien – die im Koran aufgegriffen wurden – boten den Stoff für die Malerei. Wenn wir das bereits recht alte Buch von T. W. Arnold (zur islamischen Malerei aus den 1930iger Jahren) durchblättern und uns immer wieder die islamischen Bilder anschauen, fühlen wir uns bald zu Hause bei der Erschaffung Adams, der Sintflut Noahs, dem Opfer Abrahams, bei Jonas, der vom Wal verschlungen wird, bei Salomon, der die Königin von Saba empfängt, bei Hiob, der geduldig seine Prüfungen erträgt. Daß so viele alttestamentarische Themen ihren Niederschlag im Koran gefunden haben, schließt dennoch die Episoden der Evangelien nicht aus. Wir dürfen den in einen vollkommenen jungen Mann verwandelten Engel Gabriel bewundern, der Maria die Verkündigung bringt (vgl. Gegenpredigt 1); auf diese Maria stoßen wir wieder als Protagonistin der Geburt Christi, die sich in den Ängsten und Wehen des Gebärens an eine Palme klammert; die beiden Szenen sind so gemalt, wie der Koran sie übernommen und beschrieben hat.

Es ist sogar eine bis in ihre kleinsten Einzelheiten von Schemata Christi beeinflußte mohammedanische Ikonographie entstanden, vor allem in den aus Täbris stammenden Miniaturen des 14. Jahrhunderts, welche die *Chronik* des Raschid ad-Din (siehe im weiteren Gegenpredigt 1) illustrieren. Wir sehen die Geburt des Propheten, seine Initiation durch den Mönch Bahira, seine Auswanderung von Mekka nach Medina in Begleitung von Abu Bakr, sehen, wie er den Koran vom Engel Gabriel entgegennimmt, wobei er das Wort in einer Haltung empfängt, die der Marias im Augenblick der Verkündigung ähnelt (wie es auf dem Umschlag dieses Buches zu sehen ist). Dennoch muß man daran erinnern, daß diese Art von Malerei nicht zur öffentlichen Verbreitung bestimmt war. Sie gehörte in die Bibliothek der Fürsten und bildete einen Bestandteil der Palastkultur.

Aber im demokratischen Zeitalter der Ausstellungen und der Vervielfältigung ist die Verbreitung dieser Bilder in einem viel größeren Maßstab möglich. In einer ganz frühen Periode unseres Zeitalters fielen Matisse diese islamischen Buchmalereien ins Auge (bei der Ausstellung islamischer Kunst 1910 in München). Er ließ sich von ihnen bei seiner Komposition und Farbgebung anregen, indem er seine Farben flach, ohne Plastizität auftrug. Fast ein Jahrhundert nach Matisse ist die Lage günstig, um dieses malerische Vermächtnis bei den islamischen Völkern zu verbreiten, um die Menschen des Islams daran zu erinnern, daß die von ihren Vorfahren geschaffene Zivilisation sich nicht nur im Gehorsam des *hadîth* und des Koran gebildet hat. Sie hat sich auch dadurch entwickelt, daß sie den Buchstaben umgangen, ihn sogar überschritten hat. Die Verbreitung dieser Bilder könnte zur Befreiung der muslimischen Massen beitragen, die ignoranten Schulmeistern unterworfen sind, welche ihre fundamentalistischen Botschaften in Unkenntnis der im Gedächtnis ihrer Zivilisation niedergelegten Schönheiten verbreiten.

Es sei denn, sie lehnten dieses Erbe wissentlich ab, sähen in ihm einen Angriff auf ihr Gesetz und forderten, im Fahrwasser der Wahhabiten, eine Rückkehr zur Reinheit des Buchstabens. Der Begründer dieser Richtung, Ibn Abd al-Wahhab, hat in der Tat in seinem *Buch der Einmaligkeit (Kitâb at-Tawhîd)* ein Kapitel dem Bild gewidmet. Wohlgemerkt im 18. Jahrhundert, führt er gewisse *hadîths* an, die das Bild geißeln, insbesondere den *hadîth,* der betont, daß ein Haus, das Bilder beherbergt, von den Engeln verlassen wird. Dazu führt er eine Neuerung ein, wenn er in militanter und angriffslustiger Manier den Schluß zieht: »Sobald ihr einem Bild gegenübersteht, müßt ihr es zerstören (*t'amsuhâ*)«. Als die

Taliban die Buddhastatuen von Bamian vernichteten, taten sie also nichts anderes, als einer wahhabitischen Anordnung zu folgen und Dynamit an diese direkt in die Felswand gehauenen Monumentalfiguren zu legen. Sie hatten in einer Gegend unversehrt überdauert, die immerhin seit fast vierzehn Jahrhunderten der islamischen Herrschaft unterstand. Ein Zeichen, wenn es das gibt, für die wahhabitischen Neuerungen und für ihren jüngsten weltweiten Einfluß.

Wenn es sich so verhält, dann ist der Vorschlag, den wir den Anhängern des Islams unterbreiten, denkbar einfach: Entweder sucht ihr Anschluß an den heutigen Stand der Zivilisation, wobei ihr die Kühnheiten eurer eigenen Tradition übernehmt, welche die menschliche Kultur bereichert hat. In diesem Fall müßt ihr den Akt der Überschreitung zulassen, der Schönheiten und kostbare Kunstwerke hervorbringt. Oder ihr unterwerft euch den Vorschriften der Puristen, was euch zwingen wird, die Überreste eures eigenen Erbes zu zerstören und euch auf das Klima einer verwüsteten Welt einzustellen. Wenn ihr die zweite Lösung wählt, haben wir die Pflicht und das Recht, zu verhindern, daß ihr die Schönheiten zerstört, die eure eigene Zivilisation geschaffen hat. Wir werden zu ihren Verteidigern und Hütern und erwarten eine aufgeklärtere Zeit, um euch dann in deren Genuß zu bringen. Zuletzt sei euch gesagt, daß eure Zustimmung zur Radikalität des Buchstabens die Religion wieder ins Zentrum stellt und die kulturelle Leistung außer Kraft setzt, den Teil, der sie mäßigt und menschlich macht.

29
Der Krieg der Bilder

Wir befinden uns mitten im Krieg der Bilder. Auf die bühnenwirksame Darstellung der irakischen Opfer, die den Phantasien ihrer amerikanischen Henker ausgesetzt waren, antwortete die Inszenierung der Enthauptung eines jungen Amerikaners, der von den Islamisten entführt worden war. Und die ganze Welt ist Zuschauer. Aufgrund dieser Dichte und Gleichzeitigkeit wandelt sich der Status des Bildes.

Die Frage des Bildes hat im Zentrum des Problems der Darstellung gestanden. Die Überlegungen zahlreicher Traditionen zu dieser Frage bewegten sich im Spannungsfeld von Sichtbarem und

Unsichtbarem. Die Debatte schwankt stets zwischen der Liebe zum Bild und dem Haß darauf, zwischen seiner Verwirklichung und seiner Verheimlichung. Daher stellt sie sich als philosophische und theologische Frage, bevor sie zu einer politischen Frage wird. Im *Taoteking* sagt Laotse: »Das vollkommene Bild ist ohne Umrisse«, das heißt: es ist nicht darstellbar, das heißt im weiteren, daß jedes Bild *mit* Umrissen nicht vollkommen ist, folglich durch einen Mangel begrenzt. Dies ist der grundlegende Mangel der *Mimesis*, des Bildes, das auf der Nachahmung des Wirklichen beruht, welche Platon im *Staat* angeprangert hat. Das Bild lügt, sagt uns der Philosoph aus Athen und er führt das Beispiel des Malers an, der einen Schuster in seiner Werkstatt malt, wo doch aus einer solchen (gemalten) Werkstatt keine Schuhe kommen werden und der Maler zudem die Kunst der Herstellung von Schuhen nicht beherrscht.

»Du sollst dir kein Bildnis machen«, sagt die Bibel im zweiten der Zehn Gebote. Dieser Imperativ steht am Anfang der Bilderstürmerei und des Verbotes in der jüdischen Tradition, Bilder zu schaffen. In *Der Mann Moses* meint Freud, daß die wahre Erfindung der Hebräer auf diesem Darstellungsverbot beruhe, das in einer Welt, deren Kulturen auf einem Kult der Bilder gründen, unerhört sei. Nach mehreren Jahrhunderten des Zögerns entscheidet sich die christliche Tradition, bilderliebend zu sein und sie wird das Exerzitium des Bildes dadurch retten, daß sie zwischen Idol und Ikone unterscheidet. Das Darstellungsverbot betrifft allein die Idolatrie, den Götzendienst; es wird erlassen, damit das Christentum sich vom Heidentum und seinen Kulten abgrenzen kann. Aber da sich für die Christen Gott in einem Leib inkarniert hat, halten sie es für legitim, einen menschlichen Körper darzustellen und sich dabei der *Mimesis* zu bedienen. Das Bild soll die Herabkunft des Göttlichen in die menschliche Gestalt bezeugen. Die Ikone soll die Anwesenheit Gottes im Menschen feiern. Durch diese Vorgehensweise vereinnahmt das Christentum die antiken Stile und Methoden der Bildherstellung und verbindet seinen Kult mit der Aufwertung der künstlerischen Energie.

Der Prophet des Islams sagt: »Ein Haus, das Bilder beherbergt, wird nicht von den Engeln besucht«. Er prophezeit darüber hinaus den Malern und Bildhauern eine Prüfung am Jüngsten Tag, die sie mit ihrem Unvermögen konfrontiert, den ihrer Schöpfung innewohnenden Mangel zu beheben: Sie werden unfähig sein, ihren Geschöpfen Atem einzuhauchen und Bewegung zu verleihen. Es scheint, daß diese Vorstellungen das mosaische Verbot und den platonischen Mangel miteinander verbinden. Dennoch haben diese Bestimmungen die islamische Kultur nicht daran gehindert, eine große Fülle von Bildern zu schaffen. Viele dieser monumentalen Werke sind verschwunden. Aber es gibt unzählige Bilder, die in Büchern Schutz gefunden haben. Selbst die religiöse Ikonographie, die vom Koran oder der *Sira* des Propheten inspiriert ist, gelangt umfänglich zur Darstellung.

Vor zwei Tagen habe ich in einem reich illustrierten Buch geblättert, das den *Qisas al-Anbiyâ* (»Berichten der Propheten«) Zentralasiens (15. Jahrhundert) gewidmet ist. Ich war vor allem von der Darstellung des Brudermordes ergriffen: Kain trägt die sterbliche Hülle von Abel, dessen Stirn durchbohrt und blutverschmiert ist. Diese Handlung setzt den Mittelteil der Tragödie in Szene, zwischen der Zeit des Mordes (angezeigt durch die tödliche Wunde) und der Zeit der ersten Bestattung der Menschheit, angedeutet durch die Raben, von denen es heißt, der Lebendige begrabe den Toten (sie sind in einer Ecke der Buchmalerei dargestellt). Aber die soziale Wirkung von Bildern ist im Islam anders; sie werden der Einsamkeit von Büchern und Bibliotheken anheimgegeben. Der islamische Mensch ist nicht gegen das Bild, er ist nur vorsichtig, was seine Verbreitung betrifft. Das Bild kann nur an sich existieren, es kann kein gesellschaftlich geteiltes Ereignis darstellen, außer in genau abgesteckten Grenzen. Über diese doppelte Perspektive denkt Ibn Arabi nach. Er vereinnahmt die christliche Bilderliebe, wenn er den Begriff der geistigen Ikone entwickelt, deren Verbreitung er jedoch untersagt: Jeder Betende möge das Bild des verehrten Gottes herstellen, aber dieses Bild möge in seinem geistigen Atelier bleiben, auf daß es in seinem inneren Tempel erstrahle, nicht aber auf die Wände der Stadt gebannt werde.

Im 20. Jahrhundert hat diese Spannung des Bildes zwischen dem, was es zeigt und was es verheimlicht, den Formenwandel des Kanons und die Wiederentdeckung der abstrakten Kunst hervorgerufen. Dieser Wandel wie auch die Abstraktion verdanken sich gleichermaßen der Entstehung der Fotografie und des Films; es sind neue Medien, die eine optimale *Mimesis* garantieren und die Kunst des Bildes den Händen der Menschen entreißen, um sie der Vermittlung der Maschine anzubieten. Hier kommt der von Walter

Benjamin entwickelte Begriff der Reproduzierbarkeit hinzu, welche die visuellen Künste und ihr Vermögen verwandeln sollte. Diese Gegebenheiten weiten die Möglichkeiten des Bildes aus und vergrößern seinen Verbreitungsbereich. Die jüngsten technischen Entwicklungen haben diesen Wandel verstärkt. Fernsehen, Satelliten, Internet, Digitalkameras und Apparate aller Art machen für jedermann die Verdopplung der Wirklichkeit und ihre unverzügliche Verbreitung verfügbar. Von nun an verblaßt die Macht der Staaten oder jeglicher symbolischen Herrschaft über die Bilder. In dieser Umgebung finden wir uns gleichfalls als Zuschauer eines neuen Krieges wieder – des Kriegs der Bilder.

Angesichts der ungefilterten Flut von Darstellungen, die eine sadistische Kränkung und einen barbarischen Rückschritt illustrieren, bleiben wir stets von der Angst vor der Ikone beherrscht und von der Geschichte dieser Angst, die zwischen dem Verbotenen und dem Erlaubten, zwischen dem Leeren und dem Vollen, dem Mangel und dem Exzeß gespannt ist. Unendliche Geschichte der Bilder, fortwährend wiedererneuert und dennoch von antiken Fragen bewohnt.

30
Der Ursprung der Welt

Es hat im Islam moderne Menschen gegeben, höchst aktive und auch höchst exaltierte, und dies seit Beginn der Verwestlichung im 19. Jahrhundert – einer bewußten und systematischen Verwestlichung, die in dem Moment entstand, als es einem gewissen politischen, theologischen oder einfach nur individuellen Bewußtsein dämmerte, daß die Kultur die islamischen Länder verlassen hatte, um in Europa ihre letzte Umwandlung, ihre letzte Ausformung zu erleben. Viele Muslime haben damals ohne großes Kopfzerbrechen beschlossen, sich diesem neuen Zeitalter anzuschließen und sich die Grundsätze und Methoden anzueignen, die zur Verwirklichung einer materiellen Zivilisation geführt haben. Mit ihr verändert sich das Kontinuum von Raum und Zeit, das Ferne wird angenähert, die Geschwindigkeit beherrschbar und Bewegungen und Ortsveränderungen über gewaltige Räume zwischen den Kontinenten werden erleichtert.

Die Verwestlichung einzelner Menschen hatte in der Türkei unter den Osmanen ein Ausmaß erreicht, das unbedingt erwähnenswert ist. Um zu zeigen, wie weit dies gehen konnte, führe ich lediglich eine angesehene türkische Persönlichkeit an, Khalil Bey, der ägyptisch-osmanischer Herkunft war. Dieser Mann spielte in der Geschichte der Malerei dadurch eine Rolle, weil er in Paris als Auftraggeber eines berühmten Bildes auftrat, das Courbet zu einem von unserem Türken bestimmten Thema malte – die Rede ist von dem Gemälde *Der Ursprung der Welt.* Es zeigt eher den Ursprung des Menschen, zurückgeführt auf die Materialität der organischen, biologischen Geburt durch den realistischen Anblick der Vulva: Großaufnahme des weiblichen Geschlechts, Ort der Wollust, aus dem die Menschenkinder ans Licht kommen, um die Welt mit ihrer Sanftheit, ihrer Gewalt, ihrem Glück, ihrem Unglück, ihren Stunden des Ruhms oder des Verlusts zu bevölkern. Eine Welt, um deren Grausamkeit jeder weiß. Ein Muslim steht am Ursprung eines abendländischen Werks der modernen Malerei, die den Umsturz des Sujets einleitet: mit diesem Bild übernimmt der muslimische Auftraggeber die Tradition des Aktgemäldes, wie sie in der Geschichte der visuellen Künste Europas in Erscheinung tritt und wie sie mit dem mythologischen Sujet des gräko-romanischen Heidentums oder der biblischen Erzählungen verbunden ist.

Aber diese Tradition wird hier vom Sujet des Glaubens abgebracht und dem offenkundigsten Materialismus zugeführt: *Der Ursprung der Welt* beruft sich nicht mehr auf den Mythos von Adam und Eva, tritt aus dem Bereich der Schöpfung heraus und hält ausschließlich an der biologischen Wahrheit fest, die über die Aufforderung zu Begehren und Sinnenlust hinaus, in ihrer brutalen Materialität die Grundlage der Evolutionstheorie bildet. Ihre künftigen Entwürfe wurden ebenso von dem muslimischen Auftraggeber wie vom Maler, dem abendländischen Künstler, vorweggenommen. Aus dieser materiellen Wahrheit wird die Spiritualität des Werkes geboren, Spiritualität einzig aufgrund ihres Strahlens im Raum der Malerei, im vorliegenden Fall eine Art symbolisches und imaginäres Kondensat, das den Hinweis auf den Phallus und sein Bündnis mit der Andersheit der Vagina anregt, die hier in Gestalt einer neuartigen Ikone überhöht wird.

Es muß nicht eigens betont werden, daß Khalil Bey dieses Bild dadurch heilig hielt, daß er es hinter einem grünen Vorhang verbarg und es damit auf die gleiche Weise behandelte, wie seine Mitgläubigen den Koran, das heilige Buch, das in den Häusern unter dem Schutz eines mit grünem Tuch verdeckten Möbels aufbewahrt wurde, wie Antoine Galland es schon im 17. Jahrhundert für Istanbul bezeugt, und zwar in einer Anmerkung zu seinen *Paroles remarquables ... des Orienteaux* (»Bemerkenswerte Worte ... der Orientalen«). Die Vorhänge aufziehen, welche die Farbe des Islams tragen, um seinen privilegierten Gästen die geheiligte Votze zu enthüllen. Eine recht weltliche Zeremonie, die ein vollständig an die Pariser Libertinage angepaßter Khalil Bey pflegt, wobei er als Muslim im Auge behält, daß in seiner Religion die körperliche Liebe im Namen des Herrn ausgeübt wird. Übrigens wird zwei Jahrzehnte nach 1866 – dem Entstehungsdatum von *Der Ursprung der Welt* – dem gleichen Pariser Milieu die Übersetzung des *Jardin parfumé* (»Der wohlriechende Garten«) enthüllt, eine erotologische Abhandlung, die gegen Ende des 16. Jahrhunderts von einem südtunesischen Imam, dem Scheich Nafzawi, geschrieben wurde. In diesem Werk wird ebenfalls das weibliche Geschlecht in seiner lustspendenden Wirklichkeit und anhand der Vielzahl seiner Namen und anderer Metaphern gepriesen, die es verklären und ehren.

Durch die Kraft seines Motivs wird dieses Bild, das dem Begehren eines Muslims entsprungen ist, ein Los erfahren, das seiner Kühnheit würdig ist. Tatsächlich gehörte es einmal Jacques Lacan, dem Mann, der die Freudlektüre vertiefte und eine Renaissance der Psychoanalyse anregte, die im Unbewußten die Unendlichkeit des Rätsels aufzunehmen vermochte, um sie ihrer wissenschaftsgläubigen oder spiritualistischen Verkürzung zu entreißen. Das Bild befand sich in der Praxis des Psychoanalytikers und wurde durch ein anderes Werk, von André Masson, verdeckt, das die Großaufnahme der Vagina aufgriff, aber durch die Wellenlinien der Zeichnung verwandelte und verwischte. Masson stand ebenso wie Lacan mit dem Surrealismus in Verbindung (es sei an die Rolle erinnert, welche die Psychoanalyse in dieser Bewegung der Künstler und Dichter gespielt hat) und auch mit Georges Bataille, dem Mann, der als Atheist das Heilige (*le saint*) und das Geheiligte (*le sacré*) feierte und damit die Energie der Religiosität außerhalb jeder religiösen Form des Glaubens wachhielt.

Ich sähe gern eine andere, zeitgenössische, maghrebinische Antwort auf diesen *Ursprung der Welt* in Erscheinung treten, damit das Motiv des Auftrags an seinen Ursprung zurückkehrt, damit eine islamische Hand ein Sujet belehnt, das von einem islamischen Begehren aus zur Malerei gelangt ist. So würde sich der Kreis schließen. Ich denke an Maler wie Fouad Bellamine, einen »spirituellen Materialisten«, einen figurativen Abstrakten, einen Künstler der Übermalung und des Lückenhaften. Zunächst malt er eine Figur, läßt sie dann unter dichten Farbschichten verschwinden, die diese augenscheinlich der Ästhetik des Mauerhaften angleichen. Durch diese Verwischung wird das Motiv also verschleiert oder dank der durchdachten Aufrechterhaltung des Bruchstückhaften abgeschwächt. Bellamine kratzt an der Ganzheitlichkeit und gleicht die Malerei der poetischen Methode von Mallarmé an, einem Verfahren andauernder Überdeckung und Neuorientierung, das dem Bild ein unsichtbares Gedächtnis verleiht und im stillen arbeitet, um ihm eine energetische Wirkung und das Rätsel des Eros hinzuzufügen. Ich verlange also von Bellamine eine Antwort auf Courbet und Masson, um daran zu erinnern, daß der Blick des Malers islamischen Ursprungs stets in der Lage ist, modern und auf der Höhe des abendländischen Anliegens zu sein, gerade dadurch, daß er der sexuellen Ethik seines orientalischen Ursprungs in untreuer Treue folgt.

31
Für Casablanca

Unser Privileg ist es, die doppelte Spannung zu leben, welche die Welt beherrscht, die Spannung zwischen dem Alten und dem Modernen, zwischen Orient und Okzident. Als moderne Menschen sind wir zu allen Abenteuern bereit, als freie Frauen und Männer sind wir auf der Suche nach neuen Formen. Doch nie werden wir das Gespräch mit den Toten einstellen, das uns das Alte zumindest als Spur eingibt, die unweigerlich auf dem Grund unserer selbst wirksam wird. Wir pflegen diese lebendige Spur vor allem durch unsere häufigen Besuche der historischen Zeugnisse in unseren Städten. In diesem Geist versuche ich auch in diesem Buch das Bewußtsein für das Erbe zu wecken, damit wir an der unendlichen Aufgabe teilhaben, unser Sein durch die Erinnerung an das Vergangene und dessen Bewahrung wiederherzustellen. Ich nehme Casablanca in diese tätige Erinnerung auf.

Diese Stadt ist in ihrer Formgebung durch Phasen des 20. Jahrhunderts geprägt, die bereits als alt gelten. Sie hat in der Tat an formalen Erfindungen partizipiert, die sich in die Geschichte der Architektur und des Städtebaus eingeschrieben haben. In diesem Bereich war Casablanca eine Hochburg des Experiments. Die Formen, die dort entwickelt wurden, trugen zu dem künstlerischen und literarischen Mythos bei, den die Stadt hervorgebracht hat: Er wird vor allem von dem Film illustriert, der ihren Namen als Titel trägt: Ingrid Bergmann und Humphrey Bogart sind in dem Film von Michael Curtiz die Protagonisten einer unterbrochenen, aber nie erloschenen Liebe. Sie ist im zentralen Geschehen des Jahrhunderts, zwischen Kollaboration und Widerstand angesiedelt, die in einen kolonialen Kontext verlagert wurden.

Casablanca ist eine Stadt, deren Werke in den Architekturzeitschriften von 1930 bis 1960 gefeiert wurden. Eigentlich war ich seit den 1970iger Jahren häufiger in Marokko, aber in den beiden letzten Jahrzehnten meiner regelmäßigen Besuche in diesem Land vernachlässigte ich Casablanca, mied es, umging es. Ich zog der Stadt die mittelalterliche Atmosphäre vor, das labyrinthische Netz, den Gang im Irrgarten, wenn ich in Fes oder Marrakesch auf der Suche nach Epiphanien war. Meine Entdeckung Casablancas geht auf den Anfang der 1990iger Jahre zurück; zu diesem Zeitpunkt habe ich das Klischee überprüft, bei der Stadt handle es sich um eine abweisende Neugründung, die man sich ohne Vergangenheit und zugleich von sklavischer Modernität vorstellt. Ich habe dann eine sehr schöne, erfinderische, schöpferische Stadt entdeckt, die alt genug ist, um eine Vergangenheit auszubilden, die in der Geschichte des 20. Jahrhunderts einen klassischen Status erlangt hat. Einmal habe ich einem Aufenthalt in New York einen Halt in Casablanca folgen lassen. Sogleich sind mir Ähnlichkeiten ins Auge gesprungen: Beide Städte weisen gleichermaßen ganze Straßenzüge der »modernen Altertümlichkeit« auf, dieser Begriff wurde von Gertrude Stein eingeführt, um die Zeitrhythmen zu bestimmen, die Amerika von Europa unterscheiden. Trotz der unterschiedlichen Größe finden unzählige städtebauliche Sequenzen in der einen wie in der anderen Stadt, diesseits und jenseits des Atlantiks, ihre Entsprechung. Beide sind durch den Wetteifer der 1930iger Jahre geprägt, als die Stilrichtung Art déco entwickelt wurde; in ihm spielt das *Ornament* eine maßgebliche Rolle, dessen Auftreten sich, zumindest teilweise, der islamischen Ästhetik verdankt, die Oleg Grabar in diesem Konzept verwurzelt.

Doch hat man in Casablanca unzählige dieser Wunder aus jener Zeit vernachlässigt und gleichsam verkommen lassen. Ich alarmierte meine Freunde, aus der Stadt und von außerhalb. Wie beunruhigend war diese Ahnungslosigkeit, diese Gleichgültigkeit angesichts der Schätze, welche die Bewohner von Casablanca täglich vor Augen haben, ohne ihren Wert zu erkennen oder ihre Schönheit aufzunehmen! Wie viele Passagen und Plätze gibt es, kunstvoll gestaltete Winkel, Fluchtlinien, Mauerecken, Lettern auf Schildern, in wunderbarer Weise nach den Kriterien des Art déco entworfen und verwirklicht, nun werden sie vernachlässigt und der Verwitterung und dem Verfall preisgegeben! In den Eingängen, an Treppen und Türen, so viele künstlerische Gestaltungen, in denen Form und Farbe harmonieren, welche die meisterliche Behandlung von Stein, Eisen, Keramik und Stuck verbinden! Eine ganze Reihe gelungener Architekturen, angefangen mit dem Gebäude des IMCAM, das 1928 von Albert Greslin am Kreisel Lyautey gebaut wurde, bis zu dem Liberté-Gebäude, das Morandi in den 1950iger Jahren als ein Manifest der Baukunst errichtete. Franzosen, Schweizer, Italiener, Polen und Architekten aus Casablanca haben zur Schaffung eines internationalen Stils beigetragen.

Casablanca ist nicht nur eine französische Stadt der Kolonialzeit, sondern auch ein Ergebnis der Mischung. Internationale und regionale Talente kommen hier zusammen. Das Stadtbild ist Ergebnis einer Arbeit, bei der die technischen Kompetenzen Europas auf die Fähigkeiten marokkanischer Handwerker abgestimmt sind – Ingenieure, Architekten, Dekorateure, Landschaftsgestalter haben sich mit Maurermeistern, Mosaiklegern und anderen Keramikhandwerkern zusammengetan. Das Ornament verdankt der Könnerschaft der italienischen Hand (welche gleichfalls die Fassaden und Säle New Yorks verzierte) ebenso viel wie der phantasievollen Genauigkeit der marokkanischen Handwerkstradition. Die schöpferische Energie des französischen oder schweizerischen Architekten, des italienischen Dekorateurs verbindet sich mit der Fertigkeit des *m'allim,* des einheimischen Handwerkers, Maurers, Schreiners, Fliesenlegers, Bildhauers, Stuckgraveurs, Gärtners zu einer gemeinsamen Verwirklichung. So wurde die Stadt am Schnittpunkt regionaler Gegebenheiten und europäischer Theorien geformt. Der koloniale Kontext mitsamt seinen Ungerechtigkeiten, Dummheiten, falschen Hierarchien soll hier nicht verschleiert werden. Dennoch zeigt das Abenteuer der Form hier seinen Vorstoß, seine Überschreitung.

So gehört Casablanca zum Gedächtnis und zur Identität eines Marokko, das ebenso orientalisch wie abendländisch, antik wie modern ist. Casablanca hat Marokko die Dynamik des Experiments geschenkt, hat das Land für die Gründung eines neuen Geistes geöffnet, der sich über die ganze Welt verbreiten sollte. Diese Stadt ist Teil eines Gedächtnisses geworden, das Regionalität mit Polyphonie und Internationalität in Einklang bringt. Sie zeigt eine schöpferische Teilnahme am Erfindungsreichtum der Moderne – die in der Mitte des Jahrhunderts als klassisch gewürdigt werden sollte. Da diese Erfahrung in die marokkanische Wirklichkeit eingeschrieben wurde, konnte sie die Überwindung der Kolonialinteressen vollenden, was den Pariser Kritiker Léandre Vaillant 1929 voll Verärgerung zu der Aussage veranlaßte: »Was dem Maß und dem Boden von Paris nicht gestattet ist, ist der Maßlosigkeit und dem Felsen von Casablanca gestattet.« Die neuen urbanen Formen, die diese Stadt herzeigte, vermochten tatsächlich die Metropole in den Schatten zu stellen.

Heute hat Marokko die Aufgabe, das würdige Erbe dieses Ortes anzutreten, an dem die französische Energie freigesetzt wurde. An der Atlantikküste hat man, mit namhaften Neuerern von Prost bis Écochard, in großem Stil experimentiert. Mit dem Buch *Casablanca* von Jean-Louis Cohen und Monique Eleb (1998 bei Hazan erschienen), wurde der Stadt eine Monographie geschenkt, die sie zeigt und ehrt. Ich wünsche mir, daß ihre Bewohner und ihre Verwaltung ein ausreichend geschärftes Bewußtsein haben, um eine Politik zu betreiben, die dieses Erbe bewahrt und, mehr noch, den Geist verbreitet, der seinen Werten zugrunde liegt.

32
Die Gefangennahme des Diktators

Wir stehen unter dem Schock der Bilder, die uns von der Ergreifung Saddams berichten. Persönlich war ich glücklich darüber, daß diese Schreckensgestalt mißhandelt und daß ihre Bestialität vergolten wurde. Viele schöne Seelen haben den Amerikanern die Mißhandlung ihres Gefangenen vorgeworfen. Einige haben den Status des Kriegsgefangenen geltend gemacht und die Notwendigkeit einer Vermittlung durch das Rote Kreuz. Ich halte diese Behandlung pädagogisch nützlich für die arabischen Massen, die den Diktator weiterhin verehren; man mußte seine Absetzung, seinen Niedergang zeigen, mußte ihn in seinem Erdloch eingegraben sehen, mußte sehen, wie er aus seiner Höhle gezerrt wurde, ohne daß er das geringste Zeichen von Widerstand zeigte, wie er, mit offenem Mund, einer ärztlichen Untersuchung durch einen amerikanischen Soldaten unterzogen wurde, eine Geste, die mich an die Art und Weise erinnert hat, wie Alter und Gesundheitszustand des Hammels für das Opferfest geprüft werden.[1]

Jemand in diesem Zustand zu sehen, der zuvor paradierte, mannhaft den Kadi, den Paten, den General, den Scharfmacher spielte, zu sehen, wie der Macho, das Oberhaupt eines Schurkenstaates, in ein fügsames Opfer verwandelt wurde, kann nur zum Bankrott eines Mythos beitragen, der über den Fall von Saddam hinausreicht. Dies müßte jeden Diktator treffen, der sein Bild vergöttern läßt, der sich selbst in ein unberührbares Tabu verwandelt, das metaphorisch die heterogene Stelle Gottes einnimmt. Die Absetzung eines solchen Bildes und seine Ersetzung durch ein anderes, das Bild der Unterwerfung unter Gefängniswärter, eine Unterwerfung, die jeder Auflehnung entbehrt und jeden Protests, zeigt, daß wir es mit einem falschen Gott zu tun haben und daß die Ersetzung des Bildes nicht einem Gottesmord gleichkommt. Sie gibt ganz einfach einer Gestalt, die behauptete, unberührbar und göttlich zu sein, ihre hinfällige, absetzbare Menschlichkeit zurück, die Gewalt- und Herrschaftsbeziehungen unterworfen ist ... und die ihr nicht mehr günstig sind.

Diese Ersetzung gehört zum Krieg der Bilder. Dies kann also einer Figur und einem Namen widerfahren, die weiterhin die Gemüter prägen, weiterhin mit einer positiven Persönlichkeit in Verbindung gebracht werden, welche im Rahmen der arabischen Welt ein nationales Ziel darstellt. Als ein Bildnis, das von den Mas-

---

1) Es liegt in der Logik dieses Bildes, daß die Hinrichtung Saddam Husseins am ersten Tag des islamischen Opferfestes stattfand (30.12. 2006). Hussein selbst sprach davon, daß er sich opfere. (Anm. d. Übers.)

sen und selbst von gewissen vorgeblichen Intellektuellen verklärt wird.

Beginnen wir mit Vertretern der breiten Masse. Eine Dame von sechsundsechzig, Marokkanerin, ein wenig »altmodisch«, aber dennoch weltoffen, sagt, sie sei schockiert. Sie erkennt ihren Helden nicht wieder; sie glaubt nicht, daß er es hätte hinnehmen können, auf eine solche Weise behandelt zu werden – ohne sich zu wehren. Daher nimmt sie an, daß Saddam unter Drogen gesetzt wurde, eine Hypothese, die eine ihrer Töchter aufgreift und die offenbar dem Tenor der arabischen Medien entspricht, die diese endlos wiederkäuen. Für sie ist es ein hinreichender Grund, die Informationen aus westlichen Quellen in Zweifel zu ziehen, die sie nicht losgelöst von Propagandazielen betrachten können. Sie wollen nichts von den Zwängen und Pflichten der Medien gegenüber der Wahrheit wissen, die in der Demokratie die Meinungsfreiheit nutzen und das Ereignis im Sinne einer wünschenswerten Objektivität verbreiten.

Ich denke auch an die Diskussion, die ich mit einem Pariser Taxifahrer hatte, einem Landsmann, der, in Trotz und Traurigkeit versunken, durch die Gefangennahme Saddams sehr betroffen war. »Wie können Sie sich mit einem Mörder identifizieren, einem Mann, der Verwandte, Weggefährten abgeschlachtet hat, der ein Volk vergast hat, das er eigentlich hätte vertreten sollen, dessen Unterdrükkung über alle Gruppen hereinbrach, die nicht zu seinem Stamm gehörten, die in dem sunnitische Dreieck fremd waren, das in dem riesigen, ethnisch wie religiös vielfältigen Irak nur die kleine Ecke einer Minderheit bildet? Warum seine Gunst einem Menschen schenken, der sein Volk in mörderische Kriege verwickelt hat, der den Tod von Hunderttausenden im Iran verursacht hat? Wie konnten Sie ihm folgen, wenn er sich aufs Roß des Mythos setzt? Hat er nicht Kadesia erneuern wollen, die Schlacht, bei der die Araber dem Perserreich ein Ende gesetzt haben, indem sie seine letzte Dynastie, die Sassaniden, niederwarfen? Wollte er sich nicht mit Saladin gleichsetzen, der die Entwicklung einleitete, die der Anwesenheit der Kreuzfahrer im Heiligen Land ein Ende setzte? Hat er sich nicht auf gänzlich mythische Ereignisse und Gestalten bezogen, um den Iran, um Israel anzugreifen? Hat er nicht den Weltfrieden gestört, indem er in Kuweit einmarschierte und die Existenz eines bereits bestehenden Landes leugnete? Wie einen Mann lieben, dessen militärische Unternehmungen gescheitert sind, der seinem Volk das Unglück des Krieges und der Niederlage bescherte, der es ins Elend stürzte, das er sich selbst wie auch den Seinen ersparte, seinen Verwandten, denen, die ihn umgeben, und dem Kreis von Vertrauten, der ihn beschützt?« Als es mir nicht gelang, den Fahrer durch diese Lawine von Argumenten zu überzeugen, begriff ich, daß ich es mit einem kranken, tauben und blinden Mann zu tun hatte, dessen Urteil durch ein mythisches, aus der Niederlage genährtes Denken verdunkelt war, so daß er keinen klaren Gedanken fassen konnte.

An diesem Morgen, in diesem Taxi sprach ich mit einer Gestalt, die verkörpert, was im biblische Gleichnis gegeißelt wird: »Sie haben Augen zu sehen, aber sehen nicht, sie haben Ohren zu hören, aber hören nicht.« Ich werde hinzufügen: »Sie haben Hirne, aber denken nicht, Zungen im Mund, aber sprechen nicht.« Sie werden die Botschaft wiederholen, welche die Stimme der Autorität sie gelehrt hat, mit einem Reflex des Nachplapperns, des stockenden Nachbetens, das die Wirklichkeit ohne Unterlaß angreift und widerlegt.

Am selben Tag habe ich in *Asharq al-Awsat* einen Artikel von Ahmad Madini gelesen, dem Generalsekretär des Bündnisses marokkanischer Schriftsteller. Er prangert darin die Gefangennahme Saddams an und die unwürdige Behandlung, die ihm widerfahren sei. Indem er in ihm einen der Anführer der arabischen Sache erkennt, entwirft er ein lobendes Porträt von ihm, das sich auf ein Gespräch stützt, das Saddam ihm 1991 nach der Niederlage von Kuweit gewährt hatte. Er führt die heterogene Gestalt des Tyrannen auf die allgemeine Situation des Menschen zurück. Zweifelsohne um sich zu entlasten, erinnert Madini daran, daß er gegenüber seinem Gesprächspartner auf der Respektierung der Demokratie und der Verpflichtung zur Pluralität bestanden habe. In der Absicht, das Bild von Saddam zu retten, berichtet der Autor, dieser habe dem Grundsatz nicht widersprochen, nur die Anwendung vertagt: »Das ist nicht der richtige Augenblick, wir sind noch nicht in der demokratischen Phase angekommen.« Man muß schon Naivität mit Zynismus vereinen, um diese sowohl beschwichtigende wie auch konventionelle und stereotype Antwort, bei der die Frage in der Versenkung verschwindet, glaubwürdig erscheinen zu lassen. Nachdem ich den Artikel gelesen hatte, sagte ich mir, daß die Krankheit, welche die vermeintlich Gebildeten befallen hat, viel schwerwiegender war als ich dachte, derart, daß ich mich ihnen fern, sehr fern fühle.

Abgesehen von der Verletzung internationaler Konventionen hat mir Saddams Behandlung durch die Amerikaner eine unermeßliche Befriedigung verschafft, während sie die Mißbilligung, wenn nicht gar den Abscheu anderer Araber erregte. Doch was man auch sagen mag, die Bilder wurden verbreitet und sie entweihen Geheiligtes: Sie tasten die Straffreiheit von Diktatoren an, sie erschüttern die Würde angeblich unbestrittener Führer, sie unterziehen die schützende Gestalt des Vaters, der als Bandenoberhaupt eingesetzt wurde, einer vernichtenden Kritik. Sie knicken den im Namen des Einen strammstehenden Phallus. Ihre pädagogische Dimension wird schließlich die Jünger der freiwilligen Knechtschaft aufwecken, wird denen die Augen öffnen, die nicht sehen wollen, wird das Wachs schmelzen, das die Ohren derer verstopft, die nicht hören wollen, wird die Zungen derer lösen, denen es nicht gelingt, als Einzelne zu sprechen.

33
Christi Geburt

»Schönes Fest, frohe Weihnachten«, das sollte der Muslim dem Christen wünschen, dem er begegnet, mit dem er die Staatsbürgerschaft und Nationalität teilt, gleich ob er Gastgeber oder Gast ist. Daß der Muslim dieses christliche Fest feiert, gehört nicht nur zur Höflichkeit, zur Achtung vor dem anderen, zur Verehrung der Andersheit. Dieser christliche Ritus hat auch seinen Platz mitten im Islam.

Daher hat der Muslim, über die Wünsche hinaus, die er vorbringt, um das Fest des anderen zu ehren, das Recht, sich dieses Fest zu eigen zu machen. Über die Hochachtung und die ethische Übereinkunft hinaus, die ihn auffordern, dem Christen seine Wünsche auszusprechen, kann der Islam diese Feier theologisch zu der seinen machen. Das Ereignis, das sie preist, wird in der Tat durch die koranischen Schriften beglaubigt. Die *Geburt Christi* gehört schließlich zu den christlichen und marianischen Szenen in der nach Maria benannten Sure. Sie steht hier neben der *Verkündigung* und *Mariä Opferung* (vgl. Koran 19, 16 – 34). Es heißt, daß Maria das

Kind unter einer Palme gebar: und so wird in der koranischen Ikonographie, die sich den Passagen des Evangeliums widmet, die Geburt Christi dargestellt. Die Szene wird vor allem auf ilkhanidischen, timuridischen, osmanischen, safawidischen und mogolischen Malereien abgebildet; sie tritt relativ spät auf, und zwar vom Beginn des 14. Jahrhunderts bis zur Mitte des 18. Jahrhunderts, und ist von Kleinasien über den Iran und seine afghanische Fortsetzung bis zum Norden des indischen Subkontinents verbreitet.

Die Feier Christi tritt ebenfalls im Sufismus in Erscheinung. Eine sehr aktive Rolle spielt sie bei Ibn Arabi, der sogar die Symbolik der Dreifaltigkeit aufgreift (was im Islam sehr selten ist). Ibn Arabi übernimmt sogar das ethische Attribut des Christentums: der *naçrani,* der Christ, ist derjenige, in dem die *nuçra*, die Nächstenliebe, erstrahlt. Ibn Arabi spürt diesen Sinn in dem Namen selbst auf, mit dem die Christen auf Arabisch bezeichnet werden, die *naçrani* oder Anhänger des Nazareners, ein Substantiv, das er aus der trinitarischen Wortwurzel *n. ç. r.* hervorgehen läßt. Aus ihr wird ein weiterer allgemein gebräuchlicher Name abgeleitet, *nuçra*, der auf die Nächstenliebe und –hilfe verweist.

Daß der Muslim die *Geburt Christi* als Vorspiel zum Jahresbeginn gemäß Julianischem Kalender feiert, ist von hohem Wert. Diese Feier erinnert den islamischen Menschen daran, daß seine Tradition zwei Zeitsysteme kombiniert, da er die Berechnungen des Sonnenkalenders und des Mondkalenders miteinander verknüpft. Die dem Verlauf der Jahreszeiten entsprechende Mondzeit stellt die heilige Zeit dar: sie läßt die liturgischen Feiern gemäß aufeinanderfolgender Dekaden wandern. So ist der heilige Monat des Ramadan jedes Jahr um etwa ein Dutzend Tage versetzt, eine Verschiebung, die ihn in einer Periode von dreiunddreißig Jahren den Zyklus der zwölf Sonnenmonate durchlaufen läßt. Daher wird die Dauer jedes Fastentags (vom Morgengrauen bis zum Sonnenuntergang) durch die Stellung der Erde zu dem Himmelskörper bestimmt, der uns erhellt.

Dagegen entspricht die Sonnenzeit der funktionellen Zeit, nach der die Arbeiten und Tage eingeteilt sind, entsprechend der Umdrehung der Himmelssphären und der Abfolge von Kälte und Hitze, von Feuchtigkeit und Trockenheit. Kurzum, es ist die Zeit, die das Leben der Gesellschaft und des sie umfassenden Staatswesens organisiert. Dies galt vor allem in den Epochen, in denen die landwirtschaftlichen Tätigkeiten im Mittelpunkt des menschlichen Daseins standen. Diese in der Starrheit ihrer Zyklen bewegliche Zeit wird an bestimmten Punkten vom Heiligen, von der Heiligung aufgesucht, und dies gilt auch für die Geburt Christi. Diese Aufteilung veranschaulicht ein sehr schönes Buch, der sogenannte *Kalender von Córdoba* (10. Jahrhundert); er wurde im Auftrag des Kalifen von zwei Künstlern verfaßt, von einem Muslim und einem Christen. Dieses Werk entfaltet in einem schönen Arabisch, das noch dem Profanen zugänglich ist, die Organisation der landwirtschaftlichen Tätigkeiten, den Zustand und die Veränderungen der Natur, die dank der Beobachtung von Bewegung und Ruhe von Vögeln und Vierbeinern ermittelt werden. Sie werden in drei Klassen eingeteilt: wandernde Tiere, wie Zugvögel, standorttreue und solche, die den Futterplatz wechseln. Die Beobachtung erstreckt sich auch auf die Pflege der Pflanzen in der Abfolge von Saat, Blütezeit, der Ernte von Obst und Feldfrüchten, der Weinlese, des Kelterns von Wein und Öl; es erinnert an die Zeiten der Jagd und der Fortpflanzung, vermittelt die Sorge um das Gleichgewicht zwischen Erprobung, Nutzung und Verbesserung der Pflanzen, ohne den Aderlaß durch den Staat zu vergessen, der sich darin äußert, daß eine Armee zum Eintreiben der Steuern in Bewegung gesetzt wird (im Augenblick der großen Ernten, von Ende Juni an). Und auf diesem Sonnenlauf der Organisation des Lebens werden von Zeit zu Zeit die christlichen Feste angezeigt – die, wenn sie schon nicht von allen gefeiert werden, zumindest Einfluß auf den Rhythmus des Gemeinwesens nehmen, etwa Pfingsten oder das Johannisfest oder eben Weihnachten. Möge der *Kalender von Córdoba*, niedergeschrieben am Beginn des Jahres Tausend, für uns das glückliche Vorzeichen sein, um dem islamischen Menschen zu helfen, an eine noch gültige vergangene Zeit anzuknüpfen, die ihn davon überzeugt, daß er als Mensch von heute die Liebe zum anderen leben kann, die er in sich trägt. Und mögen die Feier des Weihnachtsfestes und des Neujahrstages für ihn, in souveräner Weise und in vollem Bewußtsein, die offenkundigen Zeichen der Feier des Anderen in sich und für sich sein.

34
Verrückte Identität

Das soeben verflossene Jahr (2003) ist reich an Ereignissen, die uns im höchsten Grade betreffen und ein Licht auf unsere Gegenwart und unsere Zukunft werfen. Ich weiß nicht, welchem Ereignis der Vorrang zu geben ist. Ich sollte vielleicht keines auswählen und sie alle im Hinblick auf den einzig bedeutsamen Horizont erfassen. Es ist die Krankheit, welche die Gemeinschaft befällt, in der ich geboren wurde, eine Gemeinschaft, die zum Islam, zur arabischen Welt, zum Maghreb gehört. Wenn ich weiterhin an diese Krankheit erinnere, so deshalb, weil ich nicht aufgehört habe, nach einem Heilmittel zu suchen. Ich sehe kein wirksameres als die Arbeit an sich selbst, die von den Trugbildern und Hirngespinsten befreit, in denen sich der Sterbenskranke gefällt.

Die größte Illusion war der Arabismus. Das Jahr 2003 hat uns davon geheilt, mit dem Ende des Iraks der Baath-Partei und dem Sturz seines Diktators, dem Bild seiner Gefangennahme, das ihm jeglichen Heroismus nahm, ein »reales« Bild, welches das fabrizierte Bild – das »Phantasma« – seiner Attribute beraubte. Mögen die Nachzügler, die immer noch die Realität bestreiten, die das Phantasma zerstört, schließlich das Idol ihres Trugbilds dem Friedhof der Nichtigkeiten übergeben. Dies ist mein Wunsch! Anläßlich dieses Endes des Arabismus möchte ich daran erinnern, daß es ihm nie gelungen ist, wie erhofft, den Faschismus zu verwirklichen. Er ist stets auf die fehlende Bereitschaft der arabischen Völker gestoßen, sieht man von der scheinbaren Hysterie der Massen ab. Als hätte die Menschlichkeit der Araber sie daran gehindert, im Gleichschritt hinter dem Anführer und der Partei herzulaufen. Diese Menschlichkeit vermochte sich auch nicht nach der von der Baath-Partei geschaffenen Ideologie eines totalen Staates mit übernationalem, panarabischem Auftrag zu richten. Der arabische Faschismus mußte seine Versuche der Eroberung, des Imperialismus, des Rassismus auf den Kontext regionaler Diktaturen begrenzen, die selbst im Augenblick ihrer Vorherrschaft in diesem begrenzten Raum keinen vollständigen Erfolg erlebt haben. Das Positive am Arabismus liegt in seinem Scheitern, das den Arabern ein triumphales und dennoch unheilvolles faschistisches Experiment erspart hat.

Doch war das Ende dieser Illusion, angezeigt durch das Ende

einer Diktatur, nicht das Werk der in erster Linie Betroffenen, der Iraker und der Araber. Es ist durch eine ausländische Intervention herbeigeführt worden. Kann dies das Heilmittel sein? Über die Bedeutung dieses amerikanischen Krieges hinaus, stellt sich für uns die Frage nach dem Recht der Einmischung, damit wir wissen, ob dieses Recht an der Erarbeitung eines Heilungsplans mitwirken kann. Da ihm die gesetzliche Grundlage fehlt, müssen wir zunächst über seine Berechtigung und seine Folgen nachdenken. Führt dieses Recht auf Einmischung zum Guten, zur Heilung? Stellt die Einmischung das geringere Übel dar? Kann der Fremde an die Stelle des Einheimischen treten, um dessen Heilung zu gewährleisten? Oder darf er lediglich das unterstützende Mittel beschaffen, das den in Gang gesetzten Heilungsprozeß beschleunigt? Wie läßt sich vermeiden, daß die ausländische Intervention zur Besatzung wird? Daß sich die Verbrecher, die diese Intervention aus dem Weg räumen wollte, in Widerstandskämpfer verwandeln? Daß die terroristischen Attentate nicht zum Partisanenkrieg werden? Anstelle des erhofften Heilmittels droht uns dann die Gefahr der Verschärfung der Krankheit. Dies sind die Fragen, die durch die Lage im Irak und durch unsere unablässige Suche nach dem Heilmittel für die arabische Krankheit aufgeworfen werden.

Aber die erwähnte Krankheit betrifft auch einen weiteren strukturierenden Bestandteil der Gemeinschaft, den Islam. Einige seiner Anhänger berufen sich auf seinen weltweiten Auftrag, um anhand seiner Gebote eine Ideologie des Kampfes zu schmieden. Sie wollen die Idee des Heiligen Krieges im Blick auf die Durchsetzung eines totalen Staates aktualisieren. In diesem Vorhaben ist die zweite faschistische Versuchung erkennbar, die auf das Scheitern des Arabismus folgt. Die Islamisten nähren in der Tat ihre Illusionen, indem sie eine polemische Identität zu errichten suchen, eine Front der Ablehnung, die von archaischen Rechtsbestimmungen – angeblich göttlichen Ursprungs – ausgeht. Sie wollen nicht sehen, daß diese Vorschriften durch die Vorstöße des positiven Rechts ungültig gemacht wurden, dessen notwendige Transzendenz in einer theoretisch und praktisch fundierten Entscheidung der menschlichen Vernunft liegt.

Die Attentate von Bali, Riad, Casablanca, Istanbul sind dieser Krankheit zuzuschreiben. Sie klammert sich an ein Bezugssystem, dessen Rückständigkeit sich in allem zeigt, was sich gegen Frauen und Minderheiten wendet, die sich beide ihrerseits an die Metapher und das Symptom der Krankheit angleichen. Doch ist zu hoffen, daß nochmals die Menschlichkeit die Ausbreitung des Giftes zu verhindern weiß. Manchmal kann der Wille zu einer vernünftigen Politik diese Menschlichkeit, die den Faschismus vereitelt, anregen helfen, er kann der Ausgangspunkt für den Weg aus der Krankheit sein. Die Entscheidung des marokkanischen Staates, den rechtlichen Status der Frauen zu modernisieren, um ihnen mehr Eigenständigkeit einzuräumen, stellt den Beginn einer Antwort dar, die den Heilungsprozeß zu beschleunigen vermag.

Gegen die beiden Krankheiten des nationalistischen Ausschließlichkeitsdenkens (Arabismus) und des religiösen Fanatismus (Islamismus), treten vor unseren Augen und Ohren die ethnischen, sprachlichen und religiösen Minderheiten auf, die ebenfalls den totalisierenden Plänen in die Parade fahren, wenn sie an die reichhaltige und eigensinnige Realität der betroffenen Länder erinnern. Es ist infolgedessen mehr denn je von Kurden und Schiiten die Rede, nach den Berbern, den Maronniten, den Kopten, den Juden, – ja, den Juden, obwohl nur wenige geblieben sind, aber das Gedächtnis der arabischen Juden wird in der Diaspora und selbst in Israel gepflegt. So viele Lebensäußerungen existieren in einem vielgestaltigen Ganzen, und zeigen mit ihren unveränderlichen Eigenheiten auf, daß Reinheit und Einheitlichkeit nur eine Illusion sind.

Wenn wir irgendwann einmal von all diesen Illusionen befreit, von diesen Krankheiten geheilt sind, werden wir dann endlich schätzen lernen, daß der Druck der Gegenwart die Länder des Maghreb zwingen müßte, sich zu einer organischen, funktionellen, pragmatischen Einheit zusammenzuschließen, die den Dialog mit dem nahen Europa und dem fernen Amerika erleichtern und gleichsam zu einer der regulierenden Kräfte für die Aufrechterhaltung des »ewigen Friedens« wird? Den betroffenen Staaten und Institutionen fehlt es an Reife, an politischer Technik, an echter Legitimität. Es fehlt ihnen an dem Scharfblick, der die Illusionen zerstört und zu einer angemessenen Dosierung des Heilmittels führt.

Gewiß wird die Gestalt, die ich mit meinen Wünschen herbeirufe, vielleicht in dem Jahr, das soeben beginnt, noch virtuell bleiben. Aber es ist eine Virtualität, die nicht der Welt der Nichtigkeiten und Hirngespinste angehört. Sie sollte für die betroffenen Völker ein Versprechen sein.

35
Muslime Frankreichs

Es ist schockierend, wie sich manche Muslime Frankreichs gebärden. Gewiß lassen sich »natürliche« nicht leicht von Handlungsweisen trennen, die aus dem unheilvollen Wirken von Aufrührern und Agitatoren erwachsen. Ich denke insbesondere an die Demonstration, die am Samstag, dem 17. Januar 2004, in Paris stattgefunden hat und die einige Tausende verschleierter Mädchen zusammenscharte, die von zumeist bärtigen Männern angeführt und umrahmt wurden. Schleier und Bärte, offen gezeigt mitten in der Stadt der Aufklärung, als wollte man dort das Zeitalter der Verfinsterung anbrechen lassen! Ein schockierendes Schauspiel für ein Land, das seinen Gesellschaftsvertrag schuf, indem es aus der Vorherrschaft des Göttlichen und der Kirche heraustrat, indem es ein bürgerliches System gegen den Primat der Religion errichtete.

Das ist der offenkundige Widerspruch zwischen Leuten, die sich in erster Linie auf ein göttliches Gesetz berufen, und dem Land, das sie aufnimmt und dessen Identität auf einem Recht fußt, das von der menschlichen Vernunft hergestellt wurde. Ein alter marokkanischer Emigrant, ein guter und frommer Moslem, drückte mir gegenüber seine Empörung über diese aggressive Demonstration aus, die seiner Ansicht nach den Bund der Gastfreundschaft entehrte, der die Pflichten zwischen zwei Polen aufteilt: Der Gastgeber muß dem Gast, ohne zu wissen, wer dieser ist, seine Tore ohne Bedingung öffnen; und der Kommende und Eintretende muß den Kodex und das Gesetz akzeptieren, das der Gastgeber eingeführt hat. Aber offenbar wird dieses heilige und ritterliche Gesetz der Gastfreundschaft von den Agitatoren und ihren Anhängern nicht geteilt. Sie erinnern mich an eine Gruppe, die ihnen in puncto Entehrung ebenbürtig sind: die »petits blancs« der Kolonialzeit, die durch ihre gewalttätige Herrschaft die Gesetze und Eigenheiten der Länder verschwinden ließen, die sie erobert hatten und verwalteten.

Am Ende werden die unverhohlenen Ausdrucksformen des Islams in Frankreich, der von einem diffusen Fundamentalismus geprägt ist, die Demokratie auf eine Bewährungsprobe stellen. Man muß in der Tat darauf gefaßt sein, daß die fremdenfeindlichen Kräfte Frankreichs an Stärke zunehmen und sich weiter mobilisieren. Die durch die Islamisten und die fremdenfeindlichen Kräfte erzeugte erhöhte Spannung wird den Testfall für die Demokratie in Frankreich darstellen. Über die ethische Bedeutung hinaus, welche die Frage nach dem Fremden, seinem Kommen und seiner Aufnahme mit sich bringt, durchlebt der Islam in Frankreich gerade seinen politischen Reifungsprozeß und sieht demokratischen Prüfungen entgegen.

36
Die Hölle

Wir sollten den Bildern aus dem Irak, von denen unsere Augen voll sind, einige Lehren abgewinnen. Vor allem sollten wir über die Bilder, die uns aus dem Gefängnis von Abu Ghraib erreicht haben, nachsinnen.

Die erste Frage: Wie war es möglich, daß solche Bilder verbreitet wurden und durch die Netze der politischen und militärischen Kontrolle schlüpften. Denn selbst wenn die amerikanische Hierarchie wirklich entschlossen gewesen wäre, im demokratischen Rahmen zu handeln, hätte sie sich für die Einführung der Zensur von Bildern entschieden. Die Erfahrung in Vietnam hat sie gelehrt, daß es nicht nur einen Krieg der Waffen, sondern auch der Bilder gibt. Die Ausstrahlung von Filmsequenzen über das Massaker an Zivilisten und über die Vernichtung von Dörfern samt ihren Einwohnern hat mehr zu der Niederlage der Vereinigten Staaten beigetragen als die militärischen Aktionen des Vietcong oder der von General Giap befehligten Armee.

Solche Bilder bewegen sich im Imaginären; sie regen die auf der Realität beruhenden Fiktionen an, um eine ebenso kollektive wie persönliche Gewissensprüfung zu veranlassen. Dies ist eine der Aufgaben der Kunst. *Apocalypse Now* (1979), der Film von Francis Ford Coppola, hat sozusagen im Stil der Momentaufnahme die Frage nach der Schuld einer Nation gestellt, wobei er Massaker nach Art der in Vietnam durchgeführten inszenierte. Diese rasche Reaktion wurde übrigens als eine Stärke der amerikanischen Demokratie angesehen. Sie ist es um so mehr, wenn man sich an einen anderen Film aus den gleichen Jahren erinnert, der sich ebenfalls mit dem Schrecken des Vietnamkrieges befaßte, den Film *Reise ans Ende der Hölle* (1978) von Michael Cimino. Das Werk macht sich gewissermaßen zum Zeitgenossen des Ereignisses, um es aufgrund eines nachgestellten, fiktiven Erlebens zu visualisieren; es ermöglicht, durch Verdichtung, Umstellung und Überlagerung die Wahrheit wahrzunehmen, die im Handeln der Menschen ihren Niederschlag findet: ihre Teilnahme an der Grausamkeit und der Gewalt der Geschichte.

Diese Raschheit der Kritik ist beeindruckend, wenn man sie mit dem Versagen des französischen Spielfilms angesichts der Fragen vergleicht, die durch den Algerienkrieg aufgeworfen wurden, einem Krieg, der im nationalen Bewußtsein vergleichsweise im Dunkel bleibt. Trotz *Le Petit Soldat* von Jean-Luc Godard, trotz *Muriel* von Alain Resnais ist der Algerienkrieg weiterhin schwach vertreten. Die Realität durch die Fiktion nachstellen und darüber nachdenken: diese Arbeit ist nicht in dem erforderlichen Maße durchgeführt worden.

Aber auch die amerikanische Demokratie hat sich gewandelt. Sie will inzwischen beweisen, daß sie über eine ausreichende Technologie verfügt, um die Wahrnehmung des Krieges zu verändern, indem sie ihn auf den Gebrauch intelligenter Waffen reduziert, die nur auf ausgewählte Ziele gerichtet sind und damit die Vernichtung des Feindes in Grenzen halten und den eigenen Soldaten den Tod ersparen kann. Dieses Szenario wurde beim ersten Golfkrieg (Januar – Februar 1991) erprobt, wo wir in Begriffe wie »chirurgische Schläge« und andere beschwichtigenden Ausdrücke eingeweiht wurden, die dazu neigten, den wirklichen Krieg einem virtuellen Spiel anzunähern. Obwohl irakische Zivilisten und Soldaten zu Tode kamen, steckte diese Botschaft sogar die Rede eines Philosophen wie Jean Baudrillard an, der meinte, der Irakkrieg habe nicht stattgefunden – und zwar genau in dem Augenblick, als er Zerstörung und Tod aussäte. Nun, dieses wenig kritische Urteil wußte offenbar nichts von der Strategie des Bildes, der die amerikanische Armee folgte.

Dieser Armee ist es wieder gelungen, die Bilder während der ersten Phase des zweiten Irakkrieges zu manipulieren, solange sich, drei Wochen lang, zwischen März und April 2003, zwei Armeen bekriegten, die in ihrem Machtverhältnis sehr weit voneinander entfernt waren – bis der amerikanische Präsident das Ende der Feindseligkeiten erklärte. Diese Erklärung unterbrach in der Tat einen gewissen Typus von Kämpfen, die im Januar 1991 eingeleitet worden waren. Aber Bush wußte nicht oder wollte nicht wissen, daß mit dem Ende dieser der Kontrolle der Bilder unterworfenen Form des Kriegs, eine andere begann, jene, welche die »Front« vermeidet, aber auch die Kontrolle über die Bilder beeinträchtigt – was uns auf das »vietnamesische Syndrom« zurückwirft.

Die Bilder, die aus dem Gefängnis von Abu Ghraib zu uns gelangt sind, veranschaulichen die neue Form des Konfliktes. Dieser findet nicht mehr zwischen zwei Armeen statt, sondern zwischen Aufrührern und einer zur Polizei umgewandelten Armee. Sie hat Mühe, inmitten eines Volkes, das ihr in hohem Maße fremd bleibt, zwischen Freund und Feind zu unterscheiden. In ihren Augen machen die terroristischen Taten von einigen alle Iraker verdächtig. Überdies führt die Dauer der Besatzung notwendigerweise zu einer Lockerung oder zur Unmöglichkeit der Überwachung, die vorher die systematische Kontrolle der Bilder erleichterte. Die Bilder aus dem Gefängnis von Abu Ghraib sind von Soldaten aufgenommen worden, die aus dem Volk kamen, zu Besatzern wurden und auf ihr individuelles Scheitern zurückgeworfen wurden. Sie zeugen von der Bestialität des Menschen, auch wenn er von der demokratischen Freiheit und der amerikanischen Erziehung geprägt ist. Dadurch, daß man sich in der Besatzung eingerichtet hatte, wurde zudem die Militäroperation, bei der diese Soldaten zum Einsatz kamen, ihres Ausnahmecharakters enthoben, die mit der Ausnahme verbundene Wachsamkeit war ebenfalls verflogen.

Diese Bilder konnten verbreitet werden, weil man sie spontan als Aufnahmen von Individuen aus dem gewöhnlichen Leben erkannte. Sie zirkulierten im Netz, weil sie als banal erkannt wurden: die Banalität des Menschen, in der Grausamkeit, die der Starke am Schwachen verübt, hier obendrein hinter verschlossenen Türen, was die Inszenierung eines Phantasmas begünstigt. Der mächtige Müßiggänger erniedrigt den Ohnmächtigen, der um so schwächer ist als er in den Augen des Starken eine ethnische, sprachliche, religiöse Andersheit vertritt. Diese Andersheit ist um so verachtenswerter, als sie einer radikalen und archaischen Fremdheit angehört, so daß dieser Schwache auf der menschlichen Stufenleiter ganz unten angesiedelt wird, in einer gleichsam natürlichen Minderwertigkeit.

Die Macht spürt instinktiv die Phantasmen der Herrschaft auf, die sich insbesondere in der sexuellen Erniedrigung zeigen. Es überrascht nicht, daß die Foto-Kompositionen aus Abu Ghraib an zahlreiche Sequenzen erinnern, die Pasolini filmte und montierte, als er Sades *120 Tage von Sodom* auf die Republik von Salo übertrug. Sie war die letzte Zuflucht Italiens unter Mussolini, das die Schrecken eines dem Untergang geweihten totalitären Staates erlebte. Diese Analogie überrascht nicht. Pasolini wußte, daß seine Bearbeitung de Sades nicht auf die Anprangerung faschistischer Greuel zielte, die in der Untergangsphase noch schlimmer wurden. Er wußte, daß das von ihm Gezeigte zur Banalität des Bösen gehört, die das demokratisch geprägte Subjekt keineswegs verschont. Wir haben hier eine psychologische Struktur des Menschen, die der Faschismus wieder aufleben läßt, um dieses Subjekt zu zersetzen, jenseits von Gut und Böse.

37
Über die Alhambra

Die Alhambra verwirklicht die Vorstellung des Palastes im kosmischen Sinn, ohne die menschliche Dimension zu unterschlagen oder zu überschreiten, um das Absolute der Macht zu bezeichnen und zu symbolisieren. Wie es Oleg Grabar in seiner Monographie gezeigt hat, veranschaulicht das Ensemble in Granada – jenseits seiner besonderen Formen – eine Auffassung von Macht und Staat, die sehr früh in der Antike mit dem Königreich in Kreta begann. Die königliche Macht hatte dort die Aufgabe, durch das sie verkörpernde Bauwerk das globale Ausmaß zu symbolisieren, das sie eigentlich darstellen will. Der Palast ist so, als Symbol des Universums, von einer Kultur zur anderen übergegangen, wobei er die Gestalt wechselte, ohne den Sinn der Metapher zu wechseln. Daher besteht weiterhin eine Beziehung zwischen dem Bauwerk und der Sprache der Sterne auf seinen Wänden.

Diese Anordnung ist im Palastensemble von Knossos, das aus der Zeit um 1700 vor unserer Zeitrechnung stammt, ebenso sichtbar wie in der rhythmischen Abfolge der Sternbilder in Versailles, die ja auf das Bildnis des Sonnenkönigs ausgerichtet sind, Mittelpunkt des Universums und des Staates, verkörpert in der Person Ludwigs XIV. Die Alhambra geht von dieser Symbolik aus: wenn in der hölzernen Pyramidenkuppel im Thronsaal, dem Empfangsraum der Gesandtschaften, die Gravur der Himmelssphären als abstrakte und geometrische Darstellung aufgenommen ist. Auf dem kalligraphischen Dekor anklingende Gedichte bekräftigen durch den Buchstaben das, was die abstrakten Formen als Sternenwirklichkeit andeuten, wie sie im 14. Jahrhundert wahrgenommen und theoretisch begriffen wurde. So wird durch die Gestalt des Königs der Palast zum Symbol von zwei Welten, der Erde und des Himmels.

Doch nimmt dieser Verweis auf die universelle Harmonie oft monumentale, unmenschliche Formen an, als bezeichnete sie eine Macht, die ihre erdrückende Übermacht zeigen will. In der abendländischen Tradition führt dieses Streben zur Schaffung eines Raums, der sich nicht mehr auf den Besucher bezieht. Die Gewalt der Macht schließt die Menschheit, die wir darstellen, aus dem Raum aus. Wir können diese Monumente von fern bewundern, ohne uns mit ihrem Auftraggeber zu identifizieren. Das in der unmittelbaren Nachbarschaft der Alhambra von Karl V. gebaute Schloß veranschaulicht ganz und gar diesen Monumentalismus, der die Transparenz verwirft und ein steinernes Hindernis aufrichtet, um den Untertanen den Zugang zur Nutzung zu versperren. Während einige Schritte entfernt, auf dem gleichen Hügel, die islamische Tradition, so wie sie in der Alhambra in Erscheinung tritt, das kosmische Prinzip ehrt und dennoch menschlich bleibt. Der Palast soll der Widerschein des Universums sein, wobei er jedoch einen Umfang bewahrt, der das Verlangen weckt und der Lust entgegenkommt; der Raum ist eine Verlockung für die Sinne. Diese Bestimmung wird durch die Kalligraphie bekräftigt, die zu einem *ghibt'a muttaçila* einlädt, einem fortwährenden Wohlbefinden und Vergnügen, zu einer dauerhaften Befriedigung der Sinne. Die Sinnlichkeit der Formen, paraphiert durch den kalligraphischen Wunsch immerwährenden Glücks, hilft dem Besucher, sich den Raum anzueignen: Er träumt, darüber zu verfügen und darin zu leben, sich durch die Musik des Wassers verführen zu lassen, das von intimen Bekenntnissen flüstert, während es in Wellen aus dem Nabel sprudelt, in dem es pulsiert, sich dann über die Rinnen verteilt oder in spiegelnden Flächen aufgeht, in denen die Bögen und Stuckfassaden sich abbilden. Wie im Rausch geht der Besucher durch das Spiel von Licht und Schatten, ihr bewegter Gegensatz verwandelt den Raum in Musik.

In der Alhambra wird das Spiel bis zur äußersten Illusion getrieben. Am Ende glaubt man, die Wände selbst seien ins Licht gehauen. Der durchbrochene Stuck, das Schimmern der Keramik verstärken diesen Eindruck – als ob zarter Stoff in Formen gebannt worden wäre. Die Illusion wird noch erhöht, wenn das ins Feste verwandelte Ätherische in Fließendes übergeht. Es ist, als ob alle Reiche sich verquickten, um sich in der Retorte der Formen zu verwandeln und eine kosmische Verschmelzung zu erlangen, die den Körper und die Sinne in eine Welt entführt, in der Wasser, Luft und Erde sich in der Dichte eines einzigen Ganzen zusammenfinden, gespannt darauf, das Feuer zu zähmen, wenn sich die Sonne dem Zenit nähert. Der Blick schwankt, und die Architektur macht es möglich, daß der Geist in den mystischen Zustand des *fanâ'* versetzt wird, in eine poetische und ontologische Auslöschung, die den Einzelnen an die Ufer des Todes führt, bevor sie ihn in den Gefilden der Lebensrückkehr erneuert.

Die Alhambra wendet sich also von dem die absolute Macht verkörpernden Monumentalismus ab, um den Besuchern die Möglichkeit zu geben, in sich die poetischen Fähigkeiten, die Teilhabe am Abenteuer des Seins, zu beleben. Dieses monumentale Ensemble hat der uralten kosmischen Symbolik ihre Menschlichkeit bewahrt; es bietet dem Besucher Verwandlungen an, die ihn bessern.

Und doch kennt diese ästhetische Wirkung sehr wohl die Heimsuchung des Blutes. Der Raum, den wir betreten, ist eine Hochburg der Grausamkeit gewesen. Die ästhetische Schönheit kann die politische Gewalt nicht verjagen. Ist die eine ohne die andere möglich? Gewiß ist die Schönheit nicht moralisch. Die Schönheit der Alhambra zu genießen, verpflichtet nicht, das Theater der Grausamkeit zu verbergen, das sie beherbergte. Aus der umfangreichen Chronik, die Ibn al-Chatib, ein Wesir und versierter Schreiber aus dem 14. Jahrhundert, Granada gewidmet hat, möchte ich an eine einzige Episode erinnern. Einer der nasridischen Sultane bekam von einer gegen ihn angezettelten Verschwörung Wind; einer seiner Vettern, der den Thron anstrebte, hatte sie organisiert. Er lud den Verdächtigten zu einem Festmahl; und sobald sich dieser niedergelassen hatte, befahl der Fürst den Wachen, ihn in Anwesenheit der Höflinge zu ergreifen, und ließ ihn ohne Brot und Wasser in einen der Türme sperren. In den ersten Tagen heulte der Eingekerkerte vor Hunger und Durst; die Bewohner und die Besucher des königlichen Anwesens waren durch seine Schreie erschüttert, die im Laufe der Zeit sich immer mehr verstärkten. Dann hörten sie, wie sie schwächer wurden, dann wiederum lauter, bevor sie ganz nachließen, wieder aufkamen, dann unmerklich leiser wurden bis zum Ächzen, Murmeln, Seufzen, zum Schweigen schließlich, das kein Atemzug mehr unterbrach.

Während ich über den Marmor der Säulengänge schreite, die den Löwenhof begrenzen, im Schatten der schlanken, blendend weißen Säulen, gewiegt durch die Spiegelungen der Stalaktitenkuppeln auf den Wasserflächen, sucht mich die Inszenierung dieser Stimme bis zu ihrem langsamen Verlöschen heim und ermahnt mich, die Zwiespältigkeit zu leben, worin sich Schönheit mit Grausamkeit mischt. Wo sich die Entzückungen mit den Unterdrückungen und der Lebensgefahr vereinbaren, damit sich das Theater der Zivilisation, jenseits von Gut und Böse, unaufhörlich belebe.

38
Die Politik des Gedichts

Politik und Gedicht gehören zusammen. Das Gedicht ist der Motor des Seins. Und das Gedicht ist politisch. Es ist nicht politisch in dem Sinne, den man diesem Wort zur Zeit des politischen Engagements gab. Ich würde sogar sagen: die politische Dimension des Gedichts wird durch die sogenannte engagierte Dichtung nicht am besten vertreten, wenn sie begeistert für eine Sache eintritt, wie es bei den Gedichten des Türken Nazim Hikmet und des Palästinensers Mahmud Darwish der Fall ist. Falls diese Dichter sich als groß erweisen, dann durch etwas, das in ihren Gedichten den Dienst an ihrem Volk übersteigt. Dieser bedeutet für den einen die Anerkennung einer geleugneten, ausgelöschten, außer Kraft gesetzten, versperrten Identität für sein palästinensisches Volk, für den anderen weniger Elend und Ungerechtigkeit für die Türkei. Hikmet und Darwish werden Größe erlangen, wenn es ihrer Dichtung gelingt, über das Eintreten für ihre Sache hinauszugehen, wenn sie ihre eigene Form findet, wenn sie sich einen eigenen Standort in der Sprache schafft, wenn sie sich im Gedächtnis der Wörter bewegt und die Sprachschichten wiederbelebt, die durch so viele andere überdeckt sind, die ihr Gemurmel erstickten. Es sind Sprachschichten, die von den feinsten Ohren, die am meisten nach dem Unerhörten suchen, nicht mehr empfangen werden, die an die Ränder des Unvordenklichen führen, das den Wunsch nährt und die Erwartung verstärkt.

Majakowski hat nicht deshalb weiterhin Größe, weil er bei der Oktoberrevolution mitwirkte, sondern weil er Initiator der poetischen Revolution war, die durch die Erfindung einer neuen Form die Bestimmung der Wörter umgewälzt hat. Der Schwung des politischen Ereignisses hat ihm die im Gedicht kristallisierte Erfindung erschlossen, und als Revolutionär des Gedichts projiziert er sich als Spiegel der politischen Revolution. Mit ihm ist das Politische im Gedicht begründet, der Umsturz der Institutionen begünstigt die Revolution der Formen. Die von ihm erfundene Form verankert sich als Ursache des Gedichts, durch die ein neuer Sinn strahlt, und das Gedicht kehrt, durch seinen poetischen Status, zur Entschlüsselung der politischen Interpretation zurück.

Eigentlich ist die Dichtung immer politisch, wie die Philosophie, wie die Theologie, wie die Geste, die zur Bildhauerei oder zur Malerei Anstoß gibt. Diese Beobachtung bewahrheitet sich sogar in dem, was vom Politischen am weitesten entfernt scheint. Ich möchte sogar sagen, je ferner das Gedicht dem Politischen liegt, um so mehr nähert es sich ihm an. Diese Nähe des Fernen führt in die Urpolitik ein, die erreicht wird, wenn der Dichter die Verbindung mit dem Ereignis unterbricht. Die Urpolitik rührt an die Essenz des Seins als Sein, das durch die Politik eingerichtet ist. Die Urpolitik bringt zunächst die Sprache ins Spiel, als eine Ausübung, die unaufhörlich das Gespräch, die Beziehung zwischen Sender und Empfänger, die Spannung zwischen Monolog und Dialog aktualisiert, als das, was den Komplex der Andersheit belebt, beglaubigt, erprobt, wieder erneuert, in der Beziehung des Selbst zum Anderen, im Übergang von eins zu zwei, der die Weiterführung zu einem Dritten in sich schließt, wo das Gerade vom Ungeraden abgelöst wird, wodurch sich das Band knüpft, das zur Gründung des Gemeinwesens führt und zur Aufgabe, es zu regieren.

In diesem Umfeld hat Giambattista Vico die Verbindung zwischen der Geburt des Gedichts und dem Ursprung des Rechts gedacht; in dieser Verbindung verankert sich die menschliche Gemeinschaft als politische. Das Gedicht ist der Augenblick, der auf den Wegen unserer Irrfahrten eingefangen wurde und der jedesmal zu dieser Grundlage zurückkehrt. In seinem Auftauchen, in seiner Erscheinung bestätigt sich der ursprüngliche Vertrag, der noch der Gefahr des Dunkeln ausgesetzte Urgrund, vom schwierigen Durchgang zeugend, der das Hinaustreten aus sich versperrt, bevor man in der freien Luft atmen und sich beim Abschreiten der Agora austauschen kann. Als *Kristall* des Augenblicks erscheint das Gedicht an einem Ort, wird es durch den Augenblick und den Ort seines Erscheinens geprägt, eine Epiphanie des Einzelnen, die auf der Bühne der Agora den anderen übermittelt wird. Aber im Augenblick seines Erscheinens ist es weiterhin von den Ablagerungen im Geist beherrscht, die durch andere Augenblicke hervorgebracht wurden, verbunden mit anderen Orten, anderen Äußerungsformen dieses Aus-sich-heraus-Gehens, das dann die Agora betritt. Und diese Zusammenballung von Orten und Augenblicken bekräftigt die Urpolitik des Gedichts.

Werden diese Rudimente für Sie in dem folgenden Gedicht spürbar sein, das durch den Besuch von Agadir und den Aufenthalt in seiner Umgebung bestimmt ist, der in der zweiten Dekade dieses Frühlings 2004 einige Tage währte? Erkennen Sie die Urpolitik in diesen Worten, die in Bewegung sind, die bereits durch ihre Vergangenheit leben und die ein Werden in sich tragen?

IRRFAHRT

Aufbrechen mit sonst nichts vielleicht als unter der Achsel
das Buch wozu denn wenn seine Worte auf dem Grund
des Herzens wohnen außer du stopfst die Gedächtnislücken
durch das Aufschlagen fadengebundener Hefte
du wirst dich nicht mit Statuen überladen
selbst wenn sie aus einem Marmor wären dessen Schatten
das Gold der Ikonen kreuzt über die verletzende Ecke hinaus
du wirst deine Säulen bei jedem Halt wiedererzeugen
indem du den Ort deiner Aufnahme durch die auf deinem Weg
zwischen den Flußkieseln gesammelten Steine verschließt
oder indem du in den Hochebenen der Wüste gräbst
wirst du das Bild erfinden können das der Thuja
der Arganie die Gestalt eines Kirschbaums gibt dessen Blüten
an den Wimpern hängen bleiben bevor sie über die Köpfe
hinweg davonfliegen um sich den Wolken anzuschließen
Trugbild in dem Moment wo die Flocken von einer Gegend
zur anderen treibend die Stirnseite der Insel queren vom Nebel
aus Osten den Wogen zugeführt die aus dem Horizont kommen
den sich die Nacht anlegt um die Schäume zu umsäumen

worin die Stacheligen baden bevor sie branden
Armee zotteliger Schwächlinge die Lanzen schwingen
deren Spitze die Haut durchbohrt schwarze Flecken
Siebgeflecht das eine stille Sonne versengt
ohne Aufsehen wird der gesalzene gebräunte Körper
der Macht des Eros überlassen der den Schrei herbeiführt
kreuzend die Stimme die zur Mittagspflicht ruft
Gesang aus einer nicht sichtbaren Ortschaft gedrungen
und den Klang der Glöckchen am Hals von Ziegen
streifend die der Patriarch mit den Falten seiner Tunika
umrahmt seine Triefaugen spiegeln sich wieder
verschleiert durch die Konkurrenz der Himmel
der Hirte schwenkt seine an den Stab gehakten Arme
hinter dem Nacken getragen auf dem Kamm der Schultern
Geste die in eine sehr frühe Zeit entführt
Spuren einer Sprache deren Laute ich kosten
müßte wenn ich den Riß wieder vernähen wollte
von wo der Garten der Nacktheit für immer verlassen wurde

39
Über die Berbersprache

Die Frage der Sprachen und ihre Vielzahl stellt ein großes Problem im Raum der arabischen Welt dar, wo die Sprache des Korans offizielles Vorrecht genießt. Gewiß, die arabische Sprache entfernt sich in der Realität zwangsläufig von dem Gebrauch, der aus dem koranischen Grundstoff und aus der von ihm eingeflößten Heiligkeit schöpft. Es gibt in der Tat eine moderne arabische Schriftliteratur, die von der höchst positiven Wirkung der *nahdha* geprägt wird – der Reformbewegung des 19. Jahrhunderts –, die für sich in Anspruch nimmt, die Sprache modernisiert zu haben. Diese Modernisierung wurde seit der Mitte des 19. Jahrhunderts dank der Tätigkeit arabischer Schriftsteller christlichen Ursprungs erreicht. Diese waren ihrerseits durch eine Neu-Übersetzung der Bibel in ein vereinfachtes Arabisch geprägt, das sich mit Absicht vom Arabisch des Korans entfernte.

Eine andere Seite tritt im literarischen und journalistischen Schreiben zutage: die Beweglichkeit des Dialekts und seine Verbreitung in der Schrift. Aus diesem Grund kann man den mesopotamischen Schriftsteller leicht erkennen und ihn von dem syrisch-libanesichen Schriftsteller oder dem aus Kairo unterscheiden oder auch von einem anderen, dessen Idiom die Stimme dieser oder jener Gegend des Maghreb übermittelt. Wir haben ein vielgestaltiges Schriftarabisch, das für die Geschmeidigkeit und Formbarkeit der gesprochenen Sprache, wie sehr sie auch von Land zu Land variiert, zugänglich bleibt. Diese Verschiedenheit ist gegenwärtig weiterhin festzustellen, trotz der vereinheitlichenden Wirkung der Mediendiskurse. Sie vergrößert sich durch die Anwesenheit von Fremdsprachen, die bei der Elite sehr gebräuchlich sind. Dies sind vor allem Französisch und Englisch und, in geringerem Maße, Spanisch und Italienisch.

Doch lassen wir diesen Aspekt beiseite, um unsere Aufmerksamkeit auf die sogenannten Minderheitensprachen zu richten, die nicht im geringsten anerkannt sind. Neben dem Kurdischen gilt das in der arabischen Welt für die Berbersprache, die offenbar noch am meisten in Gebrauch ist. Fast 60% der Sprecher befinden sich im Westen, in Marokko, während der Gebrauch abnimmt, je weiter man nach Osten gelangt, bis zum letzten lebendigen Anzeichen der Berbersprache in den Oasen von Siwa in Ägypten, westlich des Nils, etwa 20 Kilometer Luftlinie von der libyschen Grenze entfernt. Ich erinnere mich an die Rührung, die ein Lehrer in Siwa zeigte, als ich ihm das zweisprachige Wörterbuch Arabisch/Tamaschek schenkte, eine dreibändige Ausgabe der königlichen Akademie von Marokko, in der die berberischen Wörter ins Arabische transkribiert sind. Er machte sich einen Spaß daraus, seine gesprochene Sprache mit diesem Berberisch zu vergleichen, das von weither zu ihm kam, vom anderen Ende des Kontinents. Er jubelte, wenn er dieselben Wörter fand, und nahm jene mit Überraschung auf, die anders waren. Er war entzückt über die Vorstellung, daß das Gebiet seiner Sprache viel größer war als der stille Winkel der Oasen von Siwa, denn er glaubte, daß die Gemeinschaft, der er angehörte, sich nur eines begrenzten Raums erfreute, daß sie nur ein Relikt war, ein Sonderfall in der arabischen Unermeßlichkeit. Und jetzt weitete sich sein Horizont bis zum Atlantik und zu den Ausläufern des Atlas!

Als ich vor zwei Wochen Agadir besuchte, stellte ich fest, daß das Volk der Berber sehr stolz war auf eine erste Anerkennung seiner Sprache, in den Sendungen der offiziellen Medien wie auch durch den Unterricht in der Grundschule. Ich selbst habe das Lehrbuch für diesen Unterricht erworben. Ich vermag nicht über seine pädagogischen Qualitäten zu urteilen, aber ich möchte zwei Punkte hervorheben. Zum einen die Wahl der Schrift *tifanagh*, und zum anderen die Tatsache, daß man drei verschiedene Lehrbücher hergestellt hat, um den unterschiedlichen Sprachgebrauch in den drei geolinguistischen Bereichen des marokkanischen Berbergebiets festzuhalten: Rif, Atlas und Sous (der sich im Tafraout und Anti-Atlas fortsetzt). Es scheint mir, daß diese beiden Entscheidungen weit davon entfernt sind, verbindend zu wirken und pädagogisch nützlich zu sein. Die Wahl des *tifanagh*, wie lobenswert sie auch ist, scheint mir ein zusätzliches Hindernis zu schaffen; überdies zeigt sich ihre Künstlichkeit an einer fehlenden Formbarkeit, an einer gewissen Starrheit. Die Wahl von arabischen oder lateinischen Buchstaben hätte das Feld dieser Sprache erweitern können, geradewegs bis nach Siwa. Wenn es nicht ohne Künstlichkeit geht, dann hätte ich mir im übrigen auch die Möglichkeit vorstellen können, daß die Experten sich für ein mittleres, aus den drei großen regionalen Varianten abgeleitetes Idiom entschieden hätten, um die Legitimität dieser Sprache zu begründen und ihr in der Zukunft eine nationale und sogar grenzüberschreitende Verbreitung zu sichern.

Damit die Berbersprache sich der Würde erfreuen kann, die ihr zustehen sollte, müßte sie in zwei unterschiedlichen Arten bearbeitet werden. Dadurch könnte die pädagogische Entscheidung, sie an der Schule zu unterrichten, nur unterstrichen werden. Wir erwarten einerseits das Werk eines Anthropologen mit dem Inventar, der Sammlung des mündlichen Gedächtnisses aus der Dichtung, aus Erzählungen, Fabeln, Sprichwörtern in Berbersprache. Wir erwarten andererseits ein großes zeitgenössisches literarisches Werk, welches das Ursprungsepos wiederherstellen, die Sagen weiterentwikkeln und den Roman konstruieren und dekonstruieren wird. Der toskanische Dialekt hat sich, dank Dante, in einem ganzen Land als Schriftsprache durchgesetzt, das Persische verdankt dies Firdausi, das Türkische hat sich als moderne Sprache durch die Verbindung zwischen einem zeitgenössischen Dichter, Nazim Hikmet, und einer volkstümlichen und anspruchsvollen Dichtung gefestigt, die mit Yunus Emre bis ins 13. Jahrhundert zurückreicht. Das Kastilianische hat seine allgemeine Verbreitung mit dem Werk von Cervantes gesichert. Über die Anthologie des literarischen Erbes und das grundlegende moderne Werk hinaus, stellen wir uns auch Übersetzungen vor, um diese künftigen Schöpfungen in den Sprachen mit großer Reichweite zu verbreiten, in erster Linie im Arabischen, Französischen und Spanischen ... Durch ihre Vermittlung wird die Bersprache in der marokkanischen, maghrebinischen, arabischen, mediterranen, afrikanischen Welt Resonanz finden. Dies sind die Bedingungen dafür, diese Sprache im Bewußtsein und den Vorstellungswelten zu verwurzeln. Berber, eine weitere Abstrengung!

40
Marrakesch retten

Marrakesch ist in Gefahr. Marrakesch muß gerettet werden. Oder was davon übrig ist. Diese Stadt ist eine wunderbare Zauberin. Schon allein für sich kann sie betören. Ich habe sie über die Jahre häufig besucht. Ich war ihr treu. Zu jeder Jahreszeit habe ich ihr verstohlene Besuche abgestattet. Ich liebte sie in jedem Klima, in den eisigen Winternächten – in der trockenen Kälte bewahrt der Himmel ein Stück vom Blau des Tages und empfängt Sterne, die diamanten glänzen – in den Hundstagen, die einen zwingen, sich im Schatten zu langen Siestas zusammenzufinden, wenn sich die Lustschreie der Katzen und Menschen kreuzen, im Gebrodel einer Stille, die trotz der Hitze eines kosmischen Brandes nie an die Hölle erinnert. Die ganze Stadt verschafft Linderung, sogar in ihren Extremen, die anderswo unerträglich wären. Eine verehrenswerte Stadt, wegen der über vielerlei Mausoleen verstreuten Heiligkeit, die eine heilige Kartographie bilden: Diese verdoppelt die Abfolge der topographischen Abschnitte in einer anderen Logik

Zwei Beispiele für die Gegenwart solcher Menschen in der Stadt, die ihre Nähe zum Absoluten bezeugen. An einer Stelle ihres Labyrinthes ist Ibn al-Arif beerdigt, der zu den von Ibn Arabi eingesetzten Meistern zählt. Der aus Almeria stammende Sufi hat die *Mahâsin al-Majâlis* (»Wohltaten geistiger Gespräche«) zu Beginn des 12. Jahrhunderts verfaßt. Ich zitiere daraus die berühmte Metapher für die Hingabe dessen, der auf dem Weg des Nicht-Handelns wandelt. Damit er sich in vollem Vertrauen dem Absoluten hingibt, wird vom Schüler verlangt, »wie ein Toter unter den Händen des

Wäschers« zu sein. Diese Metapher hatte so große Verbreitung, daß sie die Grenzen des Islams überschritt und in die Christenheit gelangte, wo Ignatius von Loyola sie dann am Ende des 16. Jahrhunderts paraphrasiert und anreichert (»wie ein Stock in den Händen des Greises«), um daraus einen wesentlichen Ratschlag für den Jesuitenorden zu machen, den er gerade gründete.

Ich füge eine Anekdote über Ibn Abbas Sebti hinzu, den Schutzheiligen der Stadt; er lebte ebenfalls im 12. Jahrhundert und war Zeitgenosse von Averroës. Als man Averroës von dem Grundsatz der Mildtätigkeit berichtete, die der Sufi zu seiner Regel machte – niemals behielt er die zahlreichen und verschiedenartigen Gaben, die er bekam, in Besitz, sondern er verteilte sie wieder im Augenblick ihres Empfangs –, erklärte Avoroës: »Er erinnert mich an einen Philosophen der Antike [vielleicht Plotin], der denkt, daß das Sein der Wirkung der Gabe unterzogen wird« – im Arabischen eine Formel mit einer schönen Alliteration zwischen *wujûd* (das Sein) und *jûd* (die Gabe).

Diese Stadt birgt die fruchtbare Erinnerung, sie knistert bis in ihre Atome vor Spiritualität. Hier sei noch die formale, architektonische Schönheit genannt, nach dem Vorbild der Motive und Figuren, die in der Kutubiya gegen Ende des 12. Jahrhunderts vom almohadischen Architekten Abdallah ibn Bashu erfunden wurden. Sie entfalten zwischen Vielpaßbögen und Transenna-Füllungen (*shebka*) eine Spitzenstickerei aus Stein, verarbeitet auf rot flimmerndem Material, von Spuren durchzogen, die zwischen Blau und ins Schwärzliche gekipptem Grün liegen. Diese Formen werden in der Stadt und außerhalb vielfach zitiert und verbreiten ihre Wirkung im muslimischen Abendland zwischen Sevilla und Tunis. Diese Stadt birgt damit ein grundlegendes, inspirierendes Denkmal, das auf einem gewaltigen geographischen Areal übernommen wurde.

Neben diesen Schönheiten aus Stuck und Stein erwähne ich noch das Reich der Gärten, innerhalb der Mauern (etwa hinter der Einfriedung der Mamunia) wie auch *extra muros*: die Menara und der Agdal verbinden in Wasserflächen, Vergnügungspavillons und Bäumen, die Schatten und Früchte spenden, die Aufgabe der Ernährung und die Annehmlichkeit des Wassers. Geschützt vor der despotischen Sonne empfängt das Laubwerk den Wind, bewegt sich in seinem Hauch, singt eine Musik, welche die Zweige tanzen und die ausgedehnten Wasserflächen erbeben läßt ... Diese Formen machen den unsichtbaren Atem sichtbar, der sie mit musikalischen und choreographischen Wellenbewegungen durchquert und belebt. Das Grün im Klima der Hundstage verweist auf die Beherrschung des Wassers, auf die Methode, es fernab in den von der Schneeschmelze gespeisten Sturzbächen und Quellen einzufangen. Seine Beförderung ist dank eines Netzes unterirdischer Kanäle, der *khattarât*, gewährleistet, das sogar noch erhalten ist und der Nachlässigkeit und Trägheit der Zeitgenossen standhält.

Das Stadtgebiet erstreckt sich über den Fuß eines Gebirges, wo sich die Überfülle von Sonne mit reichlich Wasser paart, so daß es viele Pflanzen beherbergen und ihnen optimale Entfaltungsmöglichkeiten bieten kann. Diese Gunst hat die Gründung der modernen Stadt Gueliz angeregt, wo zum erstenmal in den 1920iger Jahren das Konzept der Gartenstadt verwirklicht wurde.

Dieses ganze Erbe ist angetastet worden, es wird unter unseren gekränkten Augen soeben zerstört. Der Palmenhain ist bereits der Immobilienspekulation zum Opfer gefallen – dabei war er durch ein Bebauungsverbot aus dem Jahre 1929 geschützt. Die Überwinterungsgärten werden fortschreitend jeden Monat durch den Beton der Hotels angenagt und ihnen ausgeliefert. Gueliz ist der Häßlichkeit trauriger und dummer Mietgebäude preisgegeben, die anstelle der einfachen und bezaubernden Einzelhäuser errichtet wurden. Offenbar hat jetzt auch noch eine großbürgerliche Siedlung die Umgebung der Menara und des Agdal entweiht. Ein Alarmruf ergeht auf Veranlassung des in Marrakesch lebenden Historikers Mohammed al-Faiz, dessen Bücher und Forschungen uns den mittelalterlichen Erfindungsreichtum kennen und lieben gelehrt haben; dieser steht am Anfang des Aufstiegs dieser Stadt und läuft nun Gefahr, für immer ausgelöscht zu werden. Wird die politische Autorität ein einziges Mal ein gutes Gehör haben, um die Botschaft zu vernehmen und der Zerstörung Einhalt zu gebieten?

41
Irakische Lektionen

Anhand von Bemerkungen und Beobachtungen, die durch die gegenwärtigen Erscheinungen hervorgerufen wurden, möchte ich einige Lehren aus den Ereignissen im Irak ziehen.

Kehren wir zunächst zu der Aufdeckung der sadistischen Zeremonien zurück, die hinter den verschlossenen Türen eines Kerkers aufgeführt wurden. Sein Name, Abu Ghraib, was man mit »Vater des Fremden« übersetzen könnte, schien wie geschaffen, um das Repertoire der Schande zu erweitern, die in der Anwesenheit eines unterdrückerischen Fremden im eigenen Haus liegt. Es sei daran erinnert, daß diese Mißhandlungen sexuelle Phantasmen verwirklichen oder nähren, die um den Antagonismus von Herr und Sklave kreisen, vom Starken und Schwachen, von Henker und Opfer, von Kerkermeister und Eingekerkertem. Diese Kategorien verweisen auf ein intersubjektives Kräfteverhältnis, das von technischen, religiösen und nationalen Erwägungen überfrachtet ist, welche das politische Kräfteverhältnis bestätigen, das die gegenwärtige Weltlage bestimmt: Diese räumt dem jüdisch-christlichen Teil der Menschheit Vorherrschaft und Macht ein und verbannt den Teil der Menschheit, der islamischer Abstammung ist, in Ausschließung und Unterwerfung.

Kurzum, es handelt sich um Bilder, die den Stand der Dinge bestätigen, so wie er sich aus der Sicht der Dritten Welt und der islamischen Völker darstellt. Aber diese in den Zellen und Korridoren von Abu Ghraib aufgenommenen Bilder widerlegen auch die Vorstellung, die das amerikanische Volk von sich selbst hat, nämlich einer Gemeinschaft, welche die Güte des Guten verkörpert und die Bösartigkeit des Bösen auf den Feind schiebt. Diese Bilder haben unsere Vorstellung von der Lage im Irak verändert, wohl mehr, als es die Kriegsereignisse taten, die aus der amerikanischen Armee eine Besatzungsarmee machten. Die Bilder von Abu Ghraib haben tatsächlich einen amerikanischen Meinungsumschwung in die Wege geleitet: Aus 78% der Amerikaner, die für den Krieg waren, und 70%, welche die Irakpolitik von Bush unterstützten, wurden weniger als 50% bei der ersten Frage, bzw. 40% bei der zweiten. Dieser jähe Rückgang um 30 Prozentpunkte gibt einen Einblick in das Ausmaß der Ablehnung, die das amerikanische Volk den von seinem Staat im Zweistromland durchgeführten Operationen entgegenbringt. Die offizielle Reaktion rechtfertigt jedoch beharrlich eine offenkundig verfehlte Politik. Sie verniedlicht die Ausschreitungen von Abu Ghraib, schreibt sie einer verschwindend geringen Zahl pathologischer Fälle zu und weigert sich, in ihnen eine Verletzung kollektiver Werte zu sehen. Hier tut sich ein seltsamer transatlantischer Graben auf zwischen dem Volk und denen, die es im demokratischen Raum vertreten sollten.

Ein noch größerer Abgrund von geradezu astronomischer Dimension zeigt sich in der arabischen Welt zwischen dem durch das Ereignis hervorgerufenen Skandal, der in den unabhängigen und oppositionellen Medien sein Echo findet, und dem beredten Schweigen der offiziellen Persönlichkeiten, welche die Staaten verkörpern und die sich in deren Namen äußern. Die Diskrepanz zwischen Volk und Staat ist in der Tat groß im arabischen Raum, der ja ohnehin schlimmsten Despotien oder, im besten Fall, ihren bleibenden Auswirkungen ausgesetzt ist. Dies ist die erste Lehre, die ich ziehe.

Die zweite, von der ich schon in einer anderen Gegenpredigt (Nr. 36) gesprochen habe, betrifft den Irrtum, der die amerikanischen Truppen dazu verleitet hat, die Rolle einer Besatzungsarmee zu spielen. Ohne Bewußtsein, ohne Gespür, durch Nachlässigkeit oder indem sie sich in die Umstände fügten, sind die Truppen auf die schiefe Ebene geraten, die sich ihnen bot, wie ein Stein, der ins Tal purzelt. Es ist jedoch das Los einer Besatzungsarmee, den Krieg politisch zu verlieren, selbst wenn sie ihn militärisch gewinnen würde. Denn eine Armee ist nicht ersonnen worden, damit sie die Rolle des Polizisten ausübt; mehr noch, es gibt schreckliche Bilder von geschändeten Häusern, eingeschlagenen Türen, ermordeten Zivilisten. Solche Bilder untergraben die Idee des Guten, die das Volk verinnerlicht hat, es muß nun erleben, daß seine Kinder sich in Agenten des Bösen verwandeln.

Die dritte Lehre, die ich ziehe, berührt die demokratische Frage. Der Anbruch der Demokratie war das erklärte Ziel dieses Kriegs, um ihm abermals eine Zweckbestimmtheit im Dienst des Guten und der Vervollkommnung der Welt zu geben. Nun ist dieses Eingreifen ebenso wirkungslos wie zuvor die Zustimmung zur Lage der Dinge. Die damals praktizierte Politik sah so aus – und sie besteht auch weiterhin –, daß die Demokratien mit Diktatoren verhandeln, sie sogar mit Bündnissen und gemeinsamen Interessenverträgen legitimieren, und dabei alle Grundsätze und ihre symbolische Bedeutung außer acht lassen. Gerade diese Politik schafft den Humus, auf dem die Giftpflanzen des Extremismus, des Terrorismus, des Islamismus gedeihen. Sie hüllen sich in das heldenhafte Mäntelchen des Oppositionellen, der die Willkür des Staates in Frage stellt. Nachdem sie von der Gleichgültigkeit, welche die Grundsätze erstarren läßt, zum Recht des Handelns übergegangen ist, wurde die größte Demokratie der Welt von ihrem größten Fehler eingeholt. Von einer militärischen Intervention, deren Bilder an koloniale Eroberungen erinnern, die der amerikanischen Tradition unbekannt sind, und die von dem allgemeinen Bewußtsein mit einer längst vergangenen Epoche verbunden werden.

Ein weiterer Aspekt dieser unbeholfenen Rückkehr zu den großen Grundsätzen betrifft die Neuorientierung der Beziehungen, welche die amerikanischen Autoritäten mit ihren arabischen Verbündeten unterhalten, wenn sie diese ermahnen, sich selbst und ihr politisches System zu reformieren. Diesen Ermahnungen wird nicht Folge geleistet werden, wie es mit tragischem Hohn aus einer Erklärung hervorgeht, die der jüngste Arabische Gipfel in Tunis (2004) veröffentlichte. Diese Erklärung lehnt es ab, sich äußerem Druck zu fügen. Aber selbst wenn er es wollte, durch welch ein Wunder sollte sich ein Diktator in einen Demokraten verwandeln? Die Demokratie ist nicht die Entscheidung eines einzelnen, sie ist ein Prozeß, der eine Gemeinschaft auf Grundlage ihrer Kultur einbezieht. Noch einmal: Die Politiker irren sich in ihrem Zeitbegriff. Sie verwechseln die unmittelbare Wirklichkeit mit einem Engagement auf Dauer, dessen Wirkungen nicht sofort spürbar sind. Diese Verwechslung schafft im Bewußtsein nur noch weitere Verwirrung, verdunkelt, anstatt anzuleiten und zu erhellen. Sie verstärkt nur das Unglück der Völker, anstatt es zu vertreiben.

42
Über das Zusammenleben

In der Zeit des Mittelalters bestand, vor allem in Spanien, eine Koexistenz zwischen den verschiedenen Gruppierungen, die im übrigen bis auf den heutigen Tag nicht aufgehört haben, feindliche Gefühle gegeneinander zu hegen. Die Situation von damals verdient Lob, trotz der extremen Gewalt, die unvermeidlich ausgeübt wurde. Die Gewalt ist ein menschlicher Wesenszug und stellt, jedenfalls in meinen Augen, die treibende Kraft der Geschichte dar. Es ist ratsam, im Gedächtnis zu behalten, daß es trotz der Gewalttätigkeiten und Neigungen zur Intoleranz, die fortwährend zum Ausdruck kamen, ein Zusammenleben gegeben hat.

Dieses Zusammenleben wurde von einem Spanien beherbergt, das aus den Fäden dreier Kulturen gewoben war: dem berberisch-arabischen Islam, dem Christentum und dem Judentum. Diese Koexistenz erweist sich als noch beispielhafter, wenn man daran denkt, daß sie mitsamt einem System theozentrischen Denkens, das auf der Ausschließlichkeit der Glaubensrichtungen beruhte, Jahrhunderte überdauerte. Alle drei beteiligten Religionen hatten die Gewißheit, daß ihre die wahre sei, und verwiesen die anderen in den Status von Ungläubigen. Und es ist genau der Staus des *dhimmi*, dieses vom Islam erfundenen »Schutzbefohlenen«, der den Einsatz rettet. Die islamische Macht erkannte den Juden und den Christen an, wenn auch in der Ungleichheit, der Unterlegenheit, der Erniedrigung.

Und diese Minimalbestimmungen, die das Überleben des unterdrückten Anderen sichern, vermögen einer Minderheit ein rühmliches Geschick zu eröffnen; das beste Beispiel dafür ist der Erfolg des granadischen Juden Ibn Nagrila. Im 11. Jahrhundert war er unter der Herrschaft des berberischen Emirs Ziride Großwesir und Oberbefehlshaber der Streitkräfte. Er war auch ein hervorragender Dichter in arabischer und hebräischer Sprache. Die angesehene Stellung, die er erlangt hatte, führte nicht dazu, daß er seine jüdischen Verbindungen vergaß, im Gegenteil: er gebrauchte seine Macht, um die Seinen besser zu beschützen und um ihre Stellung und ihr Ansehen zu verteidigen.

Weniger bekannt ist, daß dieser rechtliche Status des *dhimmi* in der Folge von der katholischen Herrschaft angewandt wurde, als sie etliche mohammedanische Gebiete zurückeroberte. Er wurde sogar später in das kanonische Recht aufgenommen, und zwar in der Mitte des 13. Jahrhunderts, als Alfons X., genannt der Weise, in Sevilla an die Macht gelangte. Diese Stadt war 1248 der katholischen Monarchie übergeben worden. Der mohammedanische Untertan konnte dann seinerseits den Status der Minderheit erfahren, den er, in der Zeit seiner Oberhoheit, den Christen und den Juden eingeräumt hatte. Die herrlichen Miniaturen, welche die *cantigas* von Alfons illustrieren, bezeugen die Fortdauer dieser Wechselwirkung zwischen den drei Kulturen, die unter der islamischen Herrschaft begonnen und unter der Ägide der christlichen Macht fortgesetzt wurde.

Ein weiteres Kunstwerk zeugt von dem Beitrag der mohammedanischen Handwerker und Künstler im Dienste des katholischen

Monarchen Don Pedro, wieder in Sevilla, in der zweiten Hälfte des 14. Jahrhunderts. Denn sie sind es, die den Alcázar erbauten: wir haben schon gesehen, daß seine Mauern an die Alhambra erinnern. Beide Paläste sind mit kunstvollen Stuckarbeiten geschmückt, die einen geometrischen und floralen Dekor mit arabischen Buchstaben verquicken. Das Repertoire der Inschriften auf den kalligraphischen Bandleisten zeigt, daß die mohammedanischen Künstler ihren christlichen Schutzherrn, den Auftraggeber des Bauwerks, in arabischer Sprache feierten. Mehr noch: sie stimmten ihre Lobgesänge anhand der Hymnen, Formeln, Gebete und Schriftzitate an, die ihrem eigenen Glauben entsprangen (vgl. Gegenpredigt 24). So richten sie mohammedanische Segenswünsche an ihren katholischen Fürsten, dem sie den Sultanstitel zubilligen. In ihrem Innersten glaubten mohammedanische Handwerker und christliche Auftraggeber wahrscheinlich, daß die Energie der Segnung, der Gnade und der Seligkeit, jenseits dogmatischer Unterschiede, aus einer gleichen göttlichen Quelle hervorging, welche der Unterschied des Glaubensbekenntnisses, des Gesetzes, des Ritus, des Gottesdienstes weder versperren noch fassen konnte.

Zweifelsohne hatten sie verinnerlicht, was Ibn Arabi schon im 13. Jahrhundert theoretisch entwickelt hatte und was später Philosophen wie Spinoza und Kant zuspitzen sollten (der eine stand am Beginn der Aufklärung, der andere an ihrem Ende): Alle erkennen an, daß es, jenseits der besonderen Ausformungen, nur eine einzige Religion gibt. Diese Wahrheit also übermittelt uns ein katholisches Monument des 14. Jahrhunderts, das mohammedanische Künstler geschaffen haben. Laut einer der Inschriften gehörten sie einer Werkstatt von Baumeistern und Dekorgestaltern an, die aus Toledo kamen. Toledo war 1082 von den Christen zurückerobert worden, hatte aber drei Jahrhunderte später immer noch eine arabische Präsenz, eine Minderheit von Muslimen, die sich zu den arabisierten Christen gesellten, den berühmten »Mozarabern«. Toledo erlebte ebenfalls den Bau einer Synagoge, des Transito, gleichzeitig mit dem Alcázar von Sevilla (Mitte des 14. Jahrhunderts). Die Synagoge wird im gleichen spanisch-maurischen Stil als ein Tempel errichtet, der insbesondere durch seinen kalligraphischen Schmuck ein Nebeneinander von arabischer und hebräischer Schrift zeigt. Anhand seiner Inschriften erkennt man, daß hier eine ähnliche Botschaft übermittelt wird, und aus ihr läßt sich auf die religiöse Gleichwertigkeit schließen, die bereits den geistigen Horizont für den Palast von Sevilla gebildet hatte.

Diese Beispiele verdienen es, daß man heute an sie gemahnt, damit sie den Menschen helfen, die sich von Fanatismus und Ausschließlichkeitsdenken hinreißen lassen. Sie mögen darin Stoff finden, um ihre Seelen umzubilden, um das Trennende vom Vereinenden zu unterscheiden, nicht um die unterscheidenden Besonderheiten auszulöschen, sondern um in der dialektischen Perspektive von Identität und Differenz, von Ähnlichem und Unähnlichem, die Unversöhnlichkeit zu bewältigen.

43
Das Verbrechen von Madrid

Eine weiterer gräßlicher Terrorakt, der von Islamisten begangen wurde. Die zerfetzten Körper von Madrid (11. März 2005) gehen auf das Konto ihrer Barbarei. Das Dokument, das die Verantwortung dafür al-Qaida zuweist und das bei der Londoner Tageszeitung *al-Qods al-ʿArabî* eingegangen war, beruft sich auf einen historischen Streit, mit dem die Islamisten Spanien belasten, wahrscheinlich im Verweis auf die mittelalterliche *Reconquista* und auf die historische und militärische Niederlage, die dem Islam auf der iberischen Halbinsel durch die katholischen Truppen zugefügt wurde. In dem auf einer anachronistischen Logik gründenden Wahnsinn der Islamisten darf kein Gebiet, das einmal vom Islam erobert wurde, jemals diesen Herrschaftsbereich wieder verlassen.

Nun ist es aber eine historische Wahrheit, daß das spanische Volk den Islam nicht wollte, daß es beharrlich gekämpft hat, um sich seiner zu entledigen und seine volle christliche Identität wieder zu erreichen, auch auf die Gefahr des Fanatismus und der Ausschließung hin, welche die Inquisition praktizierte. Keine Rechtsverordnung aus längst verflossenen Zeiten könnte diese historische Wahrheit widerlegen. Die fundamentalistischen Mörder versuchen, auf solche Verordnungen zu verweisen, ohne auf das geltende internationale Recht Rücksicht zu nehmen, das die Beziehungen zwischen den bestehenden Nationen und den Staatswesen, die sie repräsentieren, regelt. Archaische Regeln herbeizuzitieren, ungeachtet der Wahrheit und der historischen Fakten, führt nur dazu, den Raum der Barbarei zu erweitern.

Die Forderungen, die diesen Diskursen zugrunde liegen, leiden an Argumentationen, die ebenso blind und begrenzt wie unwirksam sind. Die Urheber dieser im Namen des Islams begangenen Abscheulichkeiten müssen wissen, daß ihr Kampf von vornherein verloren ist. Sie müssen wissen, daß sie keine Chance haben, Europa oder Amerika zu destabilisieren, daß ihr Verbrechen vom 11. September dem Islam bereits das Unglück der Kriege in Afghanistan und im Irak beschert hat. Sie müssen wissen, daß ihre Ausgrabung der Kreuzzüge als Vorwand für die Kriegserklärung keinerlei Rechtfertigung für ihre Barbarei liefert, daß diese Beschwörungen das Scheitern der Gruppierung verraten, der sie angehören.

Ihre Rückorientierung auf den Heiligen Krieg ist eigentlich unglaublich, berücksichtigt man die traditionelle Theorie und Praxis des *jihâd*. Auch in diesem Bereich wird Christen wie Juden ein besonderer Wert und Status eingeräumt, während diese Islamisten sie wie unbeugsame Feinde verunglimpfen, die zu unterwerfen oder zu töten sind. Damit vergessen sie den Teil der Wahrheit und Gesetzmäßigkeit, der diesen Gruppen in der Rechtstradition und der theologischen Wirklichkeit bei der Teilnahme am Gemeinwesen zugebilligt wurde.

Mit dieser Beobachtung sehe ich mich plötzlich, gegen meinen Willen, erneut einer verhexten Welt ausgesetzt, welche diese verdammten Islamisten einführen wollen, indem sie die Bürger Europas und Amerikas auf – ihre eigenen – religiösen Kategorien zurückwerfen, die durch das kritische und fundierte Denken einer jenseits der Gotteshäuser gestalteten historischen Wirklichkeit zumindest abgeschafft wurden. Aber wie werden die Fundamentalisten angesichts der zunehmenden Bedeutung von China und Indien agieren, deren Bevölkerungen der Kategorie der Heiden zuzuordnen sind und denen die Tradition des *jihâd* keinen Ausweg zwischen der Bekehrung und der Klinge läßt?

Der Zugang zur Macht für die Zivilisationen Indiens und Chinas wird die Schriftgläubigkeit der Fundamentalisten noch lächerlicher, noch unwirksamer machen. Sie wird sie auf ihre unheilvolle Schwäche zurückwerfen, die sie dazu treibt, Taten von äußerster Feigheit zu begehen. Nicht abendländische und nicht monotheistische Gemeinschaften sind im Begriff, die Herausforderung der Zivilisation anzunehmen. Währenddessen bleibt der Islam von dieser Herausforderung ausgeschlossen, ebenso wie Afrika, jedoch aus anderen Gründen: Afrika ist durch die Korruption und durch das Elend ebenso gelähmt wie durch den Mangel an symbolischen und historischen Bezügen, während der Islam durch die Vergeudung seiner Energien unbeweglich geworden ist. Diese Vergeudung verdankt sich der Nichtigkeit des islamistischen Vorhabens und einer wachsenden Ungewißheit, ausgelöst durch schlecht gestellte Fragen, die wiederum irrige, trügerische, unangemessene Antworten nach sich ziehen. Wer unter den Aufrührern, die im Namen des Islams wirken, fragt sich, wie man sein eigener Herr sein kann, ohne dem anderen am Zeug flicken und ihn dadurch bedrücken zu müssen, daß man ihm die Verantwortung für die eigene Unfähigkeit zuweist? Wer unter ihnen wird das Scheitern der Verbindung von Islam und Zivilisation seiner eigenen Inkompetenz zuschreiben?

Es geht nicht darum, sich mit der Frage abzumühen: wie kann man modern sein, ohne sich zu verraten? Die Treue zu sich selbst verwandelt sich in eine manisch-depressive Krankheit, wenn sie beschließt, Rechtsverordnungen wiederzubeleben, die durch die Geschichte und durch den Willen der Völker vernichtet wurden – dies gilt auch für den Austritt Spaniens aus dem islamischen Reich. Wichtiger wäre die Frage, wie man sich selbst treu bleiben kann, wenn man in den sich öffnenden Raum einzutreten wagt, um sich auf dem großen Schauplatz der Welt zu bewegen.

Da wir die Mischung schätzen, welche die Teilnahme an diesem gemeinsamen Schauplatz mit sich bringt, da wir mit einer gleichen Liebe Traditionen lieben, die das Diverse pflegen, kann sich die einzige Frage, die des Nachdenkens wert ist, nicht auf die Bewahrung von Identitäten beschränken. Dies betrifft eher die Aporie, die sich aus der Teilnahme an dem gemeinsamen Schauspiel ergibt, welche dennoch von der Sorge um die Bewahrung der Traditionen bewegt wird. Wie kann man sich in der Meisterung dieser unmöglichen Dialektik selbst bewahren? Dies ist die Herausforderung der Gegenwart und der Zukunft, dies ist der Einsatz, der zu erbringen ist. Alles andere sind Eitelkeiten und Hirngespinste. Der anachronistische Wunsch der Fundamentalisten wird durch die konkrete Wahrheit dieser Perspektive aufgehoben. Er nährt einzig und allein eine Illusion, wenn er den Weg der Gewalt einschlägt. Der kommunistische Totalitarismus hat achtzig Jahre gewährt und ist schließlich verschwunden. Der fundamentalistische Totalitarismus ist gleichermaßen dazu bestimmt, sich zu erschöpfen und zu verlöschen.

Wenn man seinen Beginn 1979 mit der Machtergreifung von Khomeini ansetzt, hat er jedoch bereits mehr als ein Vierteljahrhundert gedauert. Wie lange wird diese Illusion noch gedeihen? In welchen neuen barbarischen Taten wird sie sich kundtun? Wir müssen vielleicht noch zwei weitere Jahrzehnte lang die Untaten und Belästigungen dieser Barbarei über uns ergehen lassen. Ihr Ende ist unausweichlich, aber es wird den Islam ausgeblutet und schwach zurücklassen. Er wird Mühe haben, wieder aufrechten Gang und die Energie zu erlangen, welche die Beine zum Beschreiten schroffer und steiler Wege befähigt, dies, um sich den Fragen der Zeit zu stellen, zwischen Treue und Verrat, Veränderung und Bewahrung, in der Bewegung andauernden Wandels und künftiger Umbrüche, in einem aporetischen Erleben, das zwischen dem Abenteuer des Neuen und der Pflege des Alten schwankt, durch Ausgrabung des letzteren, durch seine Wiederherstellung und Dekonstruktion, kurzum, damit es als Spur in die Leichtigkeit eines Wesen gelangt, das am Rand der Bergkämme wandelt, die den Blick auf weite, noch nicht erkundete Gegenden freigeben.

44
Einen Bruch vollziehen

Die Haltung, die manche arabischen Intellektuellen nach den Attentaten von Madrid einnehmen, hat mich betrübt und beunruhigt. Etliche von ihnen versichern mir, daß die Toten vom Bahnhof Atocha die Toten von Bagdad rächen würden; diese seien allesamt ebenso unschuldig und mittellos, Bombenopfer der Amerikaner, die ihre spanischen Verbündeten unterstützen würden. Solche Worte habe ich auch in Paris bei herausragenden Intellektuellen vernommen, die in hochangesehenen Institutionen Karriere gemacht haben. Diese Billigung legitimiert die im Namen der mörderischen Ideologie von al-Qaida begangenen barbarischen Taten. Viele sehen darin eine Art Rache; sie lindere den Druck der unzähligen Ungerechtigkeiten, welche die Vorherrschaft und der Zwang der westlichen Welt hervorbringe. So sieht man, wie die Dritte-Welt-Bewegung und die extreme Linke objektiv in die gleiche Richtung gehen wie der radikalste Islamismus.

Meine Antwort auf diese Gesprächspartner bringt lediglich die Unmöglichkeit zum Ausdruck, das Blutbad von Madrid überhaupt als ein achtenswertes Symbol anzusehen. Deshalb schlage ich diesen Intellektuellen vor, an sich selbst zu arbeiten, sobald das Samenkorn des Ressentiments in ihren Herzen zu keimen anfängt. Es muß in der Tat herausgerissen werden, damit es nicht wächst und seinen unheilvollen Schatten werfen kann, denn dieses Korn wird am Ende der Entwicklung zu einer Giftpflanze geworden sein, welche Leiber dieser Klugen zerfrißt, nur wenn sie mit dem Finger ihren giftigen Saft berühren oder vielleicht gar schon beim Einatmen ihrer Dünste.

Am Ende dieser barbarischen Taten steht ein totalitärer Staat. Seine erste Handlung wird sein, die Anhänger der Dritte-Welt-Bewegung und die zurückgebliebenen und blinden Linken, die ewig über ihrem historischen Scheitern brüten, zu eliminieren. Die Zustimmung zu jenen Taten seitens überspannter Intellektueller und Meisterdenker zeigt an, wie sehr das Ressentiment blind macht. Für dieses Engagement sind bei gebildeten Menschen oftmals Ideologie und Verstimmung für das Urteil ausschlaggebend. Ich habe alte Menschen befragt, einfache Leute, die dem traditionellen Islam angehören und die nicht von den Ideologien des Kampfes verseucht sind, die nicht gebildet sind. Alle von mir Befragten haben bestätigt, daß das Blutbad von Madrid bei ihnen Abscheu ausgelöst hat. Angefangen beim unwissenden Analphabeten (der in manchen Gebieten noch nicht von der Dekadenz befallen ist, welche José Bergamín anprangert) lautet ihre Rede, daß sie nicht begreifen, wie ein solches Verbrechen im Namen des Islams begangen werden konnte. Sie verweisen bei der Gelegenheit auf die Tugenden, mit denen sie groß geworden sind: Die Beständigkeit (*aç-çabr*), die Zustimmung (*ar-ridhâ'*), das Vertrauen und die Überantwortung des Selbst an das Absolute (*at-tawakkul*) – so viele Grundsätze, die zu einer Haltung der Demut führen, welche weder mit einer Kapitulation noch einer Unterwerfung gegenüber dem Schicksal vergleichbar ist. Ich möchte ein für alle Mal die Qualität dieser Tugenden von dem trennen, was als der muslimische »Fatalismus« bezeichnet wurde. Eine vermutete Apathie, welche die Deportierten veranlaßt hat, diejenigen unter ihnen »Muselmanen« zu nennen, die sich in den Konzentrationslagern sang- und klanglos ins Sterben fügten. Primo Levi berichtet davon. Und Giorgio Agamben zieht daraus überstürzte und unbesonnene Schlüsse. Die genannten Tugenden bieten vielmehr ein aufgeklärtes Unterscheidungsvermögen an, das sich nicht nur vom Machtwillen lenken läßt und das zwischen dem Bereich des Handelns und des Nicht-Handelns zu trennen weiß. Darin besteht die Ethik des Islams: Sie ist im Sufismus stark vertreten, trifft sich mit der taoistischen Seinslehre und ist wirksam genug, die notwendige Gewalt auszuüben, wie sie etwa durch Ungerechtigkeit hervorgerufen wird; und sie erliegt dabei nicht der Opferbereitschaft des ressentimentgeladenen Menschen.

Würde man in den intellektuellen Milieus diese Prinzipien anwenden, erreichte man einen Seelenfrieden, der zum Weltfrieden beitragen könnte. Dieser Beitrag zum Weltfrieden schlösse die Zustimmung zu kosmopolitischen Entscheidungen ein, im Hinblick auf einen geistigen Umbruch, dessen Urheber wie auch Nutznießer wir wären. Ein solches Ansinnen betrifft ebenso die Staatswesen wie die Gesellschaften und die Individuen.

Jede mit dem Islam verbundene Gemeinschaft sollte im Zusammenhang der Ereignisse von Madrid ihr Entsetzen über eine solche Tat zum Ausdruck bringen, sie sollte den Ausschluß der Leute aus ihren Reihen fordern, die diese Tat begangen haben und sich in einer Trauergemeinschaft für die Opfer dieser Tat zusammenschließen. In diesen Extremen wird spürbar, daß die gemeinschaftliche Solidarität überschritten ist und daß der Bruch des Bündnisses mit den Glaubensgenossen notwendig wird. Jeder von uns ist aufgefordert, durch sein Engagement dem *hadîth* zu widersprechen, das verlangt, daß man seinem Bruder im gemeinsamen Glauben zu Hilfe kommt, gleich ob er Henker oder Opfer ist (*unçur akhâka zhâlimân aw mazhlûman*). Einem solchen Gebot zu widersprechen ist der Beweis des Bruchs mit dem traditionellen Gemeinschaftspakt und das Zeichen des Eintritts in den kosmopolitischen Horizont, der die überkommenen Unterschiede zunichte macht.

Die Teilnahme von Rabat und Tanger an der Trauer von Madrid ist in dieser Perspektive zu verzeichnen. Die offizielle muslimische Anwesenheit in der Kathedrale von Rabat bei der Messe für die Opfer des Anschlags von Madrid war ein staatsmännischer Akt. Diese Geste entspricht der pädagogischen Aufgabe des Staats, das Nationalbewußtsein in die Richtung des Kosmopolitischen zu bewegen. Die Kundgebung von Tanger vor dem spanischen Konsulat zeigt ihrerseits den Willen der Zivilgesellschaft, die Barbarei zu brandmarken, die einige ihrer Mitglieder verdorben hat, und feierlich die Solidarität mit ihnen aufzukündigen.

Muß ich bekennen, daß diese Gesten – wie schätzenswert sie auch sind – mir ungenügend erscheinen angesichts der massiven, ausgesprochenen oder unausgesprochenen Zustimmung zur Barbarei? Ich hätte mir Kundgebungen mit mehr Teilnehmern gewünscht, in anderen Städten des Islams, um die verbrecherischen Bombenleger von Madrid ohne Vorbehalt zu verurteilen. Und die Staaten – vor allem diejenigen des Maghreb – hätten ihre körperliche und moralische Nähe mit den Opfern von Madrid besser ausdrücken vermocht, wenn sie die Entscheidungen der Europäischen Gemeinschaft übernommen hätten, die eine dreitägige Trauer und öffentliche Feierlichkeiten mit einer Schweigeminute verfügt hatten. Dabei wurden die Anwesenden dazu aufgefordert, ihre Gedanken auf die in Madrid Ausgelöschten zu konzentrieren, ohne daß sie sich der spezifischen Gesten und Worte bedienten, welche die Religionsgemeinschaften verfügen und von denen die Ungläubigen sich abwenden.

45
Über Tunis

Ich habe gestern Tunis zu Fuß durchquert. Ich habe noch einmal die Strecke von *Talismano* zurückgelegt. In diesem Roman, den ich nun vor fast dreißig Jahren geschrieben habe und der meinem Schulweg folgte, den ich im Alter von sechs bis zwölf Jahren viermal täglich ging, um das Elternhaus in al Omrane, im Nebengebäude des berühmten Collège Sadiki neben der Kasba, entweder zu verlassen oder um mich dort wieder einzufinden. Der Weg ist drei oder vier Kilometer lang und führt von dem Viertel mit Einfamilienhäusern, das an den Hügel mit dem Park von Belvédère grenzt, zu einem anderen Hügel, auf dem sich die Ministerien erheben, führt dabei durch die Medina und ihre doppelte Ringmauer, welche die Vorstädte und das großartige Zentrum abgrenzt. Dann habe ich den Weg durch die Souks eingeschlagen, um wieder auf die von den Franzosen erbaute moderne Stadt zu treffen. So habe ich die verschiedenen Etagen der Stadt durchquert, die für ihre verschiedenen historischen Schichten stehen.

Was mich verblüfft hat, ist der Unterschied zwischen Tunis und den anderen arabischen Städten, die ich in den letzten Monaten besucht habe und deren Bilder in meinem Gedächtnis lebendig blieben. Der Gegensatz zwischen Tunis und Städten wie Kairo, Damaskus, Aleppo, Beirut, Tanger ist offenkundig ... Das äußere Erscheinungsbild legt nahe, daß sich in Tunis die Gesellschaft auf homogene Weise verändert hat. Das Volk, das in ihr lebt, ist gewiß arm, aber es ist eine diskrete Armut, die es in die Lage versetzt, im landläufigen Kleinbürgertum heimisch zu werden.

Aber am aufschlußreichsten ist die Beziehung zum Islam. Es handelt sich hier um eine islamische Stadt, die offenbar nicht von der Krankheit des diffusen Fundamentalismus befallen ist, der sich allenthalben am Schleier der Frauen und an den Beziehungen zwischen den Geschlechtern zeigt. Gewiß gibt es den Schleier in Tunis, doch dies in einem verschwindend geringen Ausmaß, weit entfernt von dem massiven Auftreten, das die anderen Städte verseucht. Und wie viele junge, elegante, neckische, körperlich erblühte, selbständige Mädchen, die zur Abendstunde umherflanieren und -stolzieren, während über der von Feigenbäumen gesäumten Hauptstraße die Stare ihre geometrischen Figuren am Himmel ziehen und wieder auflösen und mit geschmeidigen Kurven spielen, die der Elastizität der Ellipse entliehen sind. Barocke Vögel, die blitzschnell sich spinnende und wieder zerfasernde Spitzenmuster weben und den Himmel bevölkern, der uns mit seinem schon ins Schwarz übergehenden Blau beherrscht, in der Nähe einer Jugend, bei der sich die Geschlechter mischen, bestimmt nicht so wie in einer Stadt an der Nordküste des Mittelmeeres, aber in einer Art Zwischenbereich liegend, der Tunis von ihren arabischen und muslimischen Schwestern unterscheidet und gewiß zu einer Nachahmung der europäischen Kultur und Umgangsformen führen wird.

Dieses Erscheinungsbild von Tunis ist kein Zufallsprodukt. Es entspringt einem politischen Willen und einem seit fünfzig Jahren währenden kontrollierten Prozeß. Am Anfang dieser Umwandlung steht die Schule mit ihrem Ernst, ihren Lehrplänen, eine Schule, die ein auf der Vernunft und der Geschichte fußendes Wissen übermittelt, eine gemischte Schule vor allem, die ein Brauchtum auflöst, das auf der Trennung der Geschlechter und dem Ausschluß der Frauen beruht. Wie sich die Frauen in den Städten bewegen, daraus läßt sich am sichersten auf die Gesundheit der Gesellschaften schließen, bezogen auf die Krankheit, die im Namen des Islams verbreitetet wird. Wenn man in Tunis in dieser Atmosphäre der Freundschaft zwischen den Geschlechtern umherspaziert, sagt man sich, daß die Lösung einfach ist, daß das Heilmittel für die Krankheit greifbar ist, daß es kein Geheimnis und kein Rätsel darstellt, für die der Wahrsager und Zauberer bemüht werden müßte. Man sagt sich auch, daß diese Krankheit nicht unheilbar ist. Aber man fragt sich auch, warum das tunesische Beispiel nicht bekannter ist, warum es keine Empfehlung darstellt, warum es sich nicht zum Vorbild erhebt. Es ist sicher, daß das demokratische Defizit nicht zur Entstehung eines solchen Vorbildes beiträgt. Aber wir müssen dennoch darüber nachdenken, wie wir den autoritären Staat in solch homöopathischen Dosen verabreichen können, daß er als aufgeklärtes Mittel für Gesellschaften dient, die ein »dunkles« Bewußtsein geerbt haben.

Eine weitere Sache ist gewiß: die tunesische Errungenschaft ist weit davon entfernt, eine erhebende Perspektive zu sein, sie ist bloß eine Voraussetzung. Aber diese Voraussetzung fehlt in den anderen Ländern an der Südküste des Mittelmeers. Wir fordern sie ein und hören dennoch nicht auf, daran zu erinnern, daß wir stets den modernen Menschen im Blick haben, der vom historischen Umbruch, der in unserer Welt vorgeht, eingenommen ist. Wir sollten auch niemals den anthropologischen Tod aus dem Blick verlieren, der die symbolischen und imaginären Systeme der Gesellschaften befällt, denen der materielle Wandel gelungen ist. Die Wege des Fortschritts sind von Friedhöfen gesäumt. Daher sollten wir nie mit den Bemühungen für die Umwandlung unserer Werte geizen, ohne aber den Dialog mit unseren Toten zu verlieren. Leider sehe ich für diesen doppelten Anspruch kein Vorzeichen, weder in Tunis und erst recht nicht anderswo in gleichen Breiten.

46
In der Maestranza

Gestern, am 23. April 2004, habe ich in der Maestranza meine erste Corrida gesehen. Bevor ich auf den Zuschauerrängen Platz nahm, hatte ich den Kopf voller Bilder von diesem Schauspiel. Zuerst dachte ich an Ibn al-Chatib, den Wesir und Verfasser vieler Bücher, der im Dienst der nasridischen Sultane der letzten arabischen Dynastie Spaniens stand. In einer der Schriften, die er Granada widmete, erwähnte dieser Minister des 14. Jahrhunderts in einem Abschnitt das Schauspiel eines Kampfes zwischen Reiter und »Rinderkopf« (*baqar*), zu dem das Volk herbeiströmte. Das war eine Anspielung auf eine vermutlich althergebrachte Form der Corrida, die im arabischen Andalusien ausgeübt wurde, aber vielleicht auf einen früheren iberischen Brauch zurückging.

Ferner bewahre ich die Lektüre eines Buches lebhaft in Erinnerung, das ich als Heranwachsender las; es handelt sich um Hemingways Roman *Tod am Nachmittag*. In seinem Zentrum stehen die erwähnte Zeremonie und die Riten, die sie gestalten und umgeben. Ich denke auch noch an das peinliche Plagiat, welches der Reportageroman darstellte, zu dem sich der ägyptische Schriftsteller Yusuf Idriss ganz ungestraft erdreistete, ein Buch, das, wenn ich mich nicht täusche, unter dem Titel *Des taureaux et des hommes* [»Stiere und Männer«; »Rijâlun wa thîrân«] erschienen ist.

Nicht zu vergessen die bildlichen Darstellungen, die beweisen, wie sehr die Corrida die Maler des 20. Jahrhunderts in den Bann geschlagen hat, Spanier und andere, Surrealisten und Kubisten, angefangen mit Picasso über André Masson bis zu Miró. Nicht zu vergessen die durch die Tauromachie bei den Dichtern hervorgerufenen Metaphern, zwischen Liebe und Krieg, Tanz und Tod, auch mit dem Anklang an den Mythos des Minotaurus, wie bei Federico García Lorca, Michel Leiris, Georges Bataille oder Louis Aragon zu sehen ist. Ich dachte auch an die Assoziationen mit dem Tanz und der Musik, die José Bergamín in *La Solitude sonore du torero* herstellt, wenn er die spanische Seite dieser Kunst mit einer Nietzescheschen Tragik überlagert. Zu diesem »Hort« von Ideen und Bildern, die meine Vorstellung erfüllten, kamen Fernseh- oder Filmsequenzen, Phantasien, im Laufe der Zeit gierig aufgeschnappt und aufmerksam an der Mattscheibe gesammelt.

Für mich hat die gestrige Erfahrung einer Art Inkarnation entsprochen, einer durch die Gesamtheit der Sinne im Körper gelebten Erfahrung, nachdem der Geist durch Wort und Bild damit vertraut gemacht worden war. Dieser Übergang von der Bühne der Vorstellung zur Bühne der Realität ist mit einer Emotion beladen, die sich nicht auf die Bewahrheitung einer Abstraktion beschränkt. Er ist durchaus vergleichbar mit der Erfahrung Christi. Daher ist es kein Zufall, wenn ich mich ausdrücklich auf den Begriff der »Inkarnation« beziehe, der dem Bildnis Gottes die greifbare Gestalt des Menschen verleiht. Mit dieser Umwandlung des Bildes in körperliche Wirklichkeit finden wir uns in einen umschlossenen Raum eingesenkt, in dem sich die Schauspiele eines beherrschten, vergesellschafteten Exzesses aneinanderreihen, durch welche die Gemeinschaft bebt und sich, in der Einsamkeit des Einzelnen, die nicht die Gemeinschaft mit der Gruppe ausschließt, wieder herstellt. Letztere hat das Gemeinwesen verlassen, ihm den Rücken gekehrt, um sich in der Umwallung der Arena einzuschließen und sich dem Konklave auszuliefern, das für die Zeit einer Corrida die Seele der Stadt umschließt.

Das Übermaß, Zeichen des Dionysischen, summt im Hinzutreten von Sonne, Rauch, Sand, Blut, Atem, Speichel, Gold, Blutrot, Schweiß, Insekten und vielen Atomen, wimmelnd in den verblüffenden Augenblicken der Stille, wenn der Torero einzig dem Stier zugewandt ist. Diese Augenblicke in Sevilla veranschaulichen aufs beste, was Bergamín »die geschwiegene Musik« nennt und »die klangvolle Einsamkeit«, denn das Publikum dieser Stadt steht im Ruf, höflich und ritterlich zu sein und selbst in seinen Begeisterungsbekundungen Zurückhaltung und Feingefühl zu zeigen.

Am Anfang ist man überrascht, wenn der ungestüme Stier, strotzend von Energie und Wut, die Arena betritt. Sein Eindringen ruft unwiderstehlich das Bild des Minotaurus herbei. Danach ist man Zeuge des menschlichen Scharfsinns, der diese blinde Kraft zähmt. Diese Fertigkeit kommt in der Quadrierung des leeren Raums zum Ausdruck: Die Beherrschung des Spielfeldes ist die Vorbedingung für den Ablauf der grundlegenden Strategie, die den Gebrauch der Waffen wirksam macht. Das Tier wird zunächst abgeschätzt, gereizt, verwirrt, indem ihm der Köder des Tuchs angeboten wird, was es veranlaßt, seine Hörner in das schützende Holz des *burladero* zu bohren, jener Brüstung, welche den Gang umgibt, der die Arena von den Zuschauerrängen trennt. Nachdem dann die beiden *Picadores* eingetreten sind und an den entgegengesetzten Enden Aufstellung genommen haben, wird das Tier in Richtung des Erfahrensten dirigiert, in die Reichweite seiner Lanze und ihrer Spitze geführt. Er durchbohrt die Haut des Tieres, schraubt ihm die mit zwei seitlichen Zacken verstärkte Stahlspitze, welche die klaffende Wunde zermalmt, ins Fleisch; er wiederholt diesen Vorgang zwei-, dreimal, vermehrt die Wunden, vertieft sie, weitet sie aus. Blutstrahlen schießen aus den Wunden und durchtränken das schwarze oder kastanienbraune Fell des Tieres. Es greift, zugleich geschwächt und erregt, das Pferd an, dessen Flanken durch eine dichte Daunenpolsterung geschützt sind.

Nach dem Abgang der Reiter treten andere Läufer dreimalig dem Stier zu Fuß entgegen, sie hechten nach seinem Rücken und pflanzen die *Bandilleras* zwischen seine Schultern, Handlungen, die ihm weitere Wunden zufügen, noch mehr Blut zur Schau stellen, den Stier noch mehr aufbringen. Nachdem er durch den berittenen Picador provoziert und geschwächt wurde, dann durch die Banderilleros, die direkt auf dem Boden tänzelten, wird er in der Leere der Arena dem Torero gegenüber stehengelassen, dieser dünnen und zarten Silhouette, von Gold und lila Satin schimmernd, ein präziser Tänzer, der seine Schritte zu einer »geschwiegenen Musik« setzt, der, zwischen Seiltänzer und Traumtänzer, in der »klangvollen Stille« voranschreitet, der mit Umsicht und Vorsicht auf den knappen, beweglichen Raum des Todes zugeht, ein Raum, der soeben, nach dem Verlassen eines aufgewühlten Arenabodens, geöffnet wird. Es ist die jungfräuliche Seite, ein unbeschriebenes Blatt, von Spuren gezeichnet, die dort das Netz eines unsichtbaren Labyrinths hinterlassen, Raum aus Sand, der nun einzig dem Walten des Toreros überlassen bleibt. Er schätzt die Nähe des Stiers ab, trotzt ihr und streift seine Fleischmasse, schickt die Lockung seiner Passagen in seine Richtung, unterwirft ihn der Arbeit der *Muleta*, wobei er Stöße mit den Hörnern auslöst, welche die Leere durchfurchen und eine Fülle suchen, die sich entzieht.

Obwohl das Tier geschwächt ist, fehlt es ihm nicht an Wut, und der Torero kommt ihm so nah wie möglich und stellt es durch seine Finten auf die Probe. Um es zu seinem Spiel, zwischen Berechnung und Intuition, zu verlocken, dringt er mit seinem Geist in es ein, setzt sich in dem Pochen seiner Halsschlagader fest, um die Konfrontation auszudehnen, in einem vollendet eleganten und genauen Feingefühl, mit der Wut, die aus dem Wunsch schöpft, zu überleben. Denn das Tier bleibt in seiner ohnmächtigen Macht bedrohlich; in der Verzweiflung seiner Blindheit bietet es den Blicken den doppelten Rhythmus seiner Flanken, die sich, wie ein kosmischer Blasebalg, immer wieder aufblähen und zusammenziehen, in abwechselnden Kontraktionen und Dehnungen, und eine Energie konzentrieren, die erstirbt, ein Überleben, das von den Lungen zu den Lenden und dem in Abständen Schleim und Urin absonderndem

Geschlecht fließt, ein Geschlecht, aufgehängt an dem Gewicht der Hoden und des Sackes, worin sich das Lebensprinzip zusammenfassen läßt; dieses verliert sich im unweigerlichen Abgleiten in die Langsamkeit, die Erschlaffung, die Leblosigkeit.

Um schließlich zur Tötung zu kommen, zu ihrem Scheitern, wenn der Degen des Matadors auf den Knochen stößt, an irgendeinem Wirbel bricht, oder zu ihrem Erfolg schon beim ersten Stoß, Zeichen der Unfehlbarkeit, wenn die dünne Klinge des Meisters ganz in die Tiefe der Innereien vordringt, um das Herz zu durchbohren. Nach dieser tödlichen Geste möchte sich das Tier aufrecht halten, vermag es aber nicht und verliert den Boden unter den Füßen, bricht zusammen, strampelt, verkrampft sich, erstarrt, wenn das Kleinhirn von dem Messerstoß getroffen wird. Dann verbünden sich die Zuschauer zu der gleichen Geste: Alle Anwesenden ziehen mit einem gemeinsamen Schwung das Taschentuch heraus und schwenken es, als ob die weißen Flügel eines Taubenschwarms zu schlagen anhöben, um von der Loge, die bei der Zeremonie den Vorsitz führt, die Bewilligung des Lohns für den Torero zu fordern: zwei Ohren oder ein Schwanz mehr auf seiner Preisträgerliste. Währenddessen wird die Masse von sechshundert Kilo Fleisch fortgeschafft, lebloser Körper, von vier aufgeschirrten Maultieren geschleppt, die unter Peitschenknallen und mit Trompetentönen voranschreiten und die Kampfspuren mit einer Schleifspur überlagern, bevor die Rechen und die Gießkannen diese auslöschen und einen unversehrten Sand für den folgenden Kampf zurücklassen.

Dies ist das ganze Schauspiel einer Corrida, das einem das Herz ergreift und den Magen zusammenkrampft, Metapher der Grausamkeit, welche die Spiele und Gewalttätigkeiten von Liebe und Tod einführen. Es geschieht in einer Inszenierung, welche die menschliche Intelligenz der tierischen Rohheit gegenüberstellt, die auf den Instinkt beschränkt ist. Ein theatralisches Geschehen, das derart viele andere Künste anregt (Dichtung, Mystik, Tanz, Musik, Malerei) und Wert besitzt, weil es in einer streng kodierten Kunst der Freiheit Raum gibt. Es schließt das Risiko nicht aus; zwischen der Gewißheit des Todes, die das Tier erlangt, und der Möglichkeit des Opfers, die das Schicksal des Menschen beenden könnte, der seine Tanzschritte an der Grenze des Todes der Herausforderung der Wut gegenüberstellt. So wird nach der Erfahrung des Blutes die Zeit des verwundeten Überlebens kunstvoll gefaßt, so wird durch eine spielerische Verschiebung die Passionsgeschichte aktualisiert, die es versäumt, den Menschen mit ihren Stigmata zu zeichnen, nachdem er das Tier berührt hat, und zwar unter einer noch strahlenden Sonne, während der Tag sich neigt.

47
Der Prozeß des Diktators

Der Prozeß von Saddam Hussein fängt schlecht an. Ich fürchte, daß man mit diesem Ablauf eine traumhafte Gelegenheit versäumt. Sie würde an Wirksamkeit verlieren, wenn sie nicht eine Rechtslektion darstellen würde. Aber damit diese Lektion angenommen wird, müßte sich der Prozeß nach einem juristischen Schauspiel richten, das eine pädagogische Aufgabe erfüllt. So würde der Staat einer seiner Pflichten nachkommen, nämlich das Bewußtsein vom despotischen Staat zum demokratischen Staat hinzuführen, der auf dem Recht als Transzendenz, als höchstem Bezugspunkt beruht. Der Prozeß sollte eine Maschinerie enthalten, die durch eine zeremonielle Szenenfolge eine feierliche Bühnenwirkung entfaltet, welche ihre eigene Zeitstruktur, Dramaturgie und Rollenverteilung besitzt. Diese Szenographie ist in der westlichen Bildproduktion sehr präsent, in der Fiktion des Films, vor allem des amerikanischen, wie auch im Fernsehen und in Reportagen über echte Prozesse. Genau diese Inszenierung ist der arabischen Ikonographie fremd und hat ebensowenig Einfluß auf islamisch geprägte Mentalitäten, die immer zugleich der Macht des Einen und der freiwilligen Knechtschaft der Menge unterworfen sind, als Bedingung für die Ausübung dieser Art von Macht.

Die theatralische Seite des Rechts inszeniert die Kontroverse, den logischen Status der Wahrheit, der auf der Rhetorik der Überzeugung und der Kunst der Schlußfolgerung beruht. Sie führt zu der Notwendigkeit der Untersuchung, zur Einführung des Beweises, zum Gebrauch des kritischen Geistes, zur haargenauen Analyse und zum resümierenden und synthetischen Urteil. Selbst wenn die Wahrheit, wie im Fall der Verbrechen von Saddam, offenkundig ist, muß sie durch ein Ermittlungsverfahren bekräftigt werden. Das angelsächsische Recht besteht auf einer Anfangsbedingung: der Unschuldsvermutung, in deren Genuß der Angeklagte kommt, selbst wenn er sämtliche Verbrechen auf sich geladen hätte. Diese Bedingung muß auch auf Saddam angewandt werden, dessen bösartiger Charakter offenkundig ist. Es ist an eine weitere grundlegende Notwendigkeit zu erinnern, nämlich die Einrichtung eines Streitgesprächs zwischen Anklage und Verteidigung. Diese dialogische Dimension stellt die theatralische Seite des Rechts dar, die durch die Teilnahme von Zeugen ausgebaut wird. In Bezug auf Saddam wären zusätzlich zwei Begriffe anzuführen, die in der arabischen Sprache leider keinen Niederschlag gefunden haben; ihre Neuartigkeit entspricht der Universalität des demokratischen Zeitalters, in dem die nationalen Rechtsinstanzen überwunden werden. Es handelt sich an erster Stelle um den Begriff des »Kriegsverbrechens« (der zumindest auf den Krieg gegen den Iran 1981 und auf die Invasion von Kuweit 1990 anwendbar ist), an zweiter Stelle um den Begriff des »Verbrechens gegen die Menschlichkeit« (das fünftausend vergaste Kurden in Halabja betrifft, Tausende von toten Schiiten bei dem Aufstand von 1991, sowie die zahlreichen Totenäcker, die seit dem Sommer 2003 entdeckt wurden und die Tausende von Verschwundenen enthalten). Es sind Verbrechen gegen die Menschlichkeit, die in einem Fall wegen des ethnischen Unterschiedes, im anderen wegen des religiösen Unterschiedes begangen wurden. Man müßte diese Gelegenheit ergreifen, um eine Reihe von Lektionen zu verbreiten, die das irakische Volk über die Funktion des Rechts, seinen Status und seiner Ethik aufklären.

Die erste Sitzung, die am Donnerstag, dem 20. Oktober 2005, von al-Dschazira in voller Länge ausgestrahlt wurde, bietet keinen Anlaß zu Hoffnung. Zuerst, warum muß Saddam vor einem nationalen Gericht abgeurteilt werden? Das war in Nürnberg nicht der Fall und ist es auch nicht in unseren Tagen bei Milosevic, nicht bei den Urhebern des ruandischen Völkermordes oder des Massakers von Sierra Leone. Ein übernationales Tribunal scheint uns für Saddam zwingend geboten, da Iran und Kuweit ein Wörtchen bei der Anklage mitzureden haben. Über ihre Anwesenheit im Irak hinaus könnten Kurden und Schiiten, da ihr Henker daniederliegt, Anspruch auf Übernationalität erheben, denn ihre Gemeinschaft überschreitet die Grenzen des Iraks und ihre Anklageschriften können aus dem Ausland kommen. Ferner scheinen die Richter die Klage auf eine rein strafrechtliche Dimension zu begrenzen, während die politische Dimension nicht verhehlt werden dürfte, vor allem in der Anfangsphase des Prozesses. Letzterer müßte das Konzept der Diktatur, des Parteienstaats, des totalitären Staats selbst ans Licht bringen, mitsamt der despotischen Tradition, die der Verehrung des Oberhauptes größeren Nachdruck verleiht. Er müßte, dem Muster einer Rechtsunterweisung folgend, die Katastrophe einer politischen Maschinerie zeigen, welche die rechtliche Schlichtung, die den transzendentalen Bezugspunkt des modernen Staates bildet, in vollständigem Dunkel hält.

Ich möchte hinzufügen, daß die Sitzung, der wir beigewohnt haben, theatralisch armselig, wenn nicht gar grobschlächtig war: Weder der Raum, noch die Bühne, noch das Mobiliar, noch das Beiwerk waren mit der feierlichen Schlichtheit entworfen worden, die zu der Gerichtsatmosphäre paßt und die ihr ihre Ideosynkrasie, ihre Einmaligkeit verleiht, so daß sie unmöglich mit einem anderen Ort zu verwechseln ist. Gar nicht zu reden vom Fehlen von Anwälten zur Unterstützung des Angeklagten, der, trotz seiner Pflichtvergessenheit, ein Recht auf dieses technische Rechtsmittel hat: das Fehlen, das Verhehlen der Verteidigung verankert einen juristischen Formfehler, der für einen pädagogischen Auftrag des Tribunals schädlich ist.

Schließlich hat die Art und Weise, wie die Sitzung gefilmt wurde, das Erscheinen des Angeklagten vor Gericht aufs Äußerste banalisiert. Es bekam sogar eine komische, wenn nicht gar burleske Färbung durch die Großaufnahme der herabhängenden Socken des Diktators und seiner ausgetretenen Schuhe, im Wechsel mit wiederholten Panoramaaufnahmen, die über den vorgewölbten Bauch eines der Wärter hinweg schwenkten. Diese Nachlässigkeiten sind kennzeichnend für einen Mangel an Gespür für das, was in diesem Prozeß didaktisch auf dem Spiel steht. Ich fürchte, daß die Hast, mit der diese Sitzung in Szene gesetzt wurde, die Tragödie zur Farce macht.

48
Die Politik der Künste

Ein wesentliches Kriterium, um den Zustand von Völkern und Staaten einschätzen zu können, ist die Frage nach der Rolle der Darstellung. Wenn sie versagt oder fehlt, entsteht Dürftigkeit und Leere, ein Zustand, der bis zum Schlimmsten getrieben werden kann, wenn dieses gähnende Loch durch den Rückgriff auf Ursprungsmythen kompensiert und überdeckt wird. In erster Linie ist es die Kunst, welche die Energie der Darstellung übermittelt. Durch die von ihr hervorgebrachten Werke wirkt die Ökonomie des Symbolischen und des Imaginären in ihrem Zusammenspiel mit der Wirklichkeit. Und das wiederholte Ausbalancieren zwischen diesen drei Ordnungen – dem Symbolischen, dem Imaginären, der Wirklichkeit – trägt zur Strukturierung des Subjekts bei. Die Störung tritt ein, wenn die gelebte Wirklichkeit des Subjekts nicht ins Symbolische und Imaginäre, das heißt in die Darstellung, anders gesagt in die Kunst, zurückwirkt.

Der Mangel an Darstellung, das Versagen der Kunst führen dazu, daß die von uns gelebte Wirklichkeit unverständlich, unleserlich, unentzifferbar wird. Der Fundamentalismus dringt durch diese Schwachstelle ein, um die Lücken des Bewußtseins zu schließen und seine Einheitlichkeit wiederherzustellen, die er auf der Reinheit und Exklusivität des Ursprungs begründet. Aber diese Lösung ist keine echte. Ihre Zukunft ist die Aufrechterhaltung des Fanatismus, das heißt der Verblendung, welche die Wahrnehmung der Wirklichkeit, wie sie sich darstellt, verhindert. Die Kur zu Befreiung des Subjektes muß hingegen das Bewußtsein gemäß einer imaginären Einheit wiederherstellen, welche die Unreinheit und Heterogenität der Wirklichkeit berücksichtigt, in die dieses Subjekt eingetaucht ist.

Man begreift dann die Bedeutung des Künstlers und seines Einflusses auf die Gemeinschaft, mit der er verbunden ist, nicht in der Verschmelzung mit ihr, sondern in kritischer Distanz. Er ist es, der die möglichen Gebilde dieser imaginären Einheit anbietet, die ihre Fundamente in der Unreinheit des Wirklichen legt. Mehr noch als die Persönlichkeit des Künstlers unterstützt der Zugang zum Raum der Künste das Subjekt in seine Heranbildung, anhand von vorläufigen Gewißheiten, die es erwirbt, in dem es häufiger die Schauplätze der Darstellung aufsucht. Doch dafür, daß sich die Kunst, als Regulativ der Ökonomie der Darstellung, der Wirklichkeit unterwirft, ist die Wahl des Mediums entscheidend. Hier liegt die Rolle der Fotografie und des Videos begründet, nämlich die Wirklichkeit zum Ausdruck zu bringen, ihre symbolische Essenz freizusetzen und sie auf die Bühne des Imaginären zu verlagern. Denn wenn es sich auch um anscheinend einfache Techniken handelt, so werden sie doch zunehmend komplexer im Kontext dessen, was in der Gegenwartskunst »Installation« oder »Performance« genannt wird. Sie sind flüchtige Inszenierungen, die nur für die Dauer ihrer Ausführung dem Auge Nahrung geben sollen.

Wenn wir auf diese Medien und das ihnen zugebilligte Vorrecht hinweisen, sind wir dennoch weit von der Vorstellung entfernt, sie würden die Aussagekraft der Darstellung durch das Gedicht, den Roman, den Essay, den Film, die Malerei, die Musik, das Theater, den Tanz aufheben. Diese jahrhundertealten, ja jahrtausendealten Medien sind in ständiger Bewegung und müssen sich dem Kontinuum von Zeit und Raum anpassen, das unter dem Einfluß von Fotografie und Video neu gestaltet wird. Man muß sie also in den Entwurf der symbolischen und imaginären Kombinatorik einbeziehen, deren Eigenart von unserer Beziehung zur Wirklichkeit und unserem Zusammenspiel mit der Gemeinschaft abhängt, an die man sich richtet. Es ist auch daran zu erinnern, daß diese Medien, gestützt durch Installation und Performance, sich an gewisse archaische Formen annähern, die aus dem Raum der volkstümlichen Darstellung hervorgegangen sind, deren Bühne die Agora war. Wir denken also insbesondere an die Darbietungen der Gruppen, die den Platz Dschama al Fna in Marrakesch beleben.

Die fehlende Anerkennung, welche die frühere Generation maghrebinischer Künstler erfuhr, beruhte auf ihrer Unstimmigkeit in der Wahl und der Beherrschung ihrer Mittel. Diese Unstimmigkeit hinderte sie daran, ihre Arbeit an den regionalen Darstellungsformen zu orientieren oder ließ sie zu einem *Ersatz* greifen, einem schwachen Abguß von Formen der westlichen Moderne. Ihre Werke zeugten einerseits vom Verlust der Kriterien, welche die traditionelle Fertigkeit bestimmten. Wenn sie andererseits den Westen imitierten, waren sie immer mindestens eine Etappe im Rückstand, verglichen mit der extremen Geschwindigkeit, in der sich zeitgenössische Formen und Gestaltungsweisen wandeln. Sie wußten nicht, daß sie Anschluß an die Hypermoderne bekommen konnten, indem sie sich wieder mit ihrem archaischen Erbe verbanden!

In der Klemme zwischen Ersatz und Verlust, haben die Künstler der früheren Generation eine Art offizielle, akademische Kunst begründet, in der die Darstellung der Wirklichkeit kaum angemessen standhielt. Kurzum, der wirtschaftlichen Unterentwicklung entsprach die unterentwickelte Darstellung in den Künsten. Ohne

Zweifel hat dieser doppelte Mangel dazu beigetragen, daß man zum Fundamentalismus als Allheilmittel griff.

Durch Foto und Video schafft die neue Generation soeben eine veränderte Lage. Gerade dadurch, daß sie sich mit ihrem archaischen, volkstümlichen Kulturerbe verbindet, nimmt sie ebenbürtig an der internationalen Kunst teil, wobei sie die Darstellung mit Phantasiegestalten und symbolischen Bedeutungen anreichert, die ebenso aus der Unreinheit der Realität und der Heterogenität der Erinnerung schöpfen wie aus der Vertiefung des Ursprungs. Eine Ausstellung bezeugt dies: *Africa Remix*, im Kunstmuseum Düsseldorf. Sie wurde von Jean-Hubert Martin konzipiert, dem früheren Direktor des Museums für Moderne Kunst im Centre Pompidou, dann Direktor des Museums für afrikanische und ozeanische Kunst an der Porte Dorée, nahe dem Bois de Vincennes, in Paris. Zuvor hatte Jean-Hubert Martin eine Ausstellung mit dem Titel *Les Magiciens de la Terre* (»Die Zauberer der Erde«) zusammengestellt, die das Feld der internationalen Kunst dadurch erweitern half, daß sie den Erfindern von Formen im anthropologischen Raum der Stammeskunst mit vollem Recht Künstlerstatus zubilligte.

Anstatt die sogenannten »primitiven« Künste (oder »arts premiers«) als Inspirationsquellen für den abendländischen Meister zu betrachten, der auf der Suche nach formaler Umwälzung ist, muß bedacht werden, daß der abendländische Künstler ein Zeitgenosse des Erfinders ist, der in den Steppen Afrikas, auf den Inseln Ozeaniens, in den Bergen Tibets, auf den Hochebenen Abessiniens oder sogar auf den Gletschern der Antarkis schöpferisch tätig ist. Die Ausstellung in Düsseldorf versammelt etwa achtzig afrikanische Künstler, darunter gut fünfzehn Maghrebiner. Um zu ihrer Darstellung der Wirklichkeit zu gelangen, arbeiten viele von ihnen mit Foto und Video. Fast alle sind Auswanderer, leben außerhalb ihres Geburtslandes und pendeln zwischen ihrem Gastland und ihrer Ursprungsland. Ihre Werke verändern die allgemeine Vorstellung, indem sie die beiden Inspirationsquellen verquicken. In einer gemeinsamen Sprache präsentieren sie eine einzigartige Darstellung. Die politischen, gesellschaftlichen, ökonomischen, metaphysischen Fäden, die das Gewebe ihrer Realität bilden, erlangen in ihren Werken die Würde einer Fragestellung, die jeden Menschen betrifft.

Diese Ausstellung geht 2005 nach London und Paris und 2006 nach Tokio. Es ist nicht vorgesehen, sie in Afrika zu präsentieren.

Warum sie nicht zum Beispiel in Tanger zeigen, an diesem Ort, wo die beiden Kontinente sich nicht aus dem Blick verlieren und die lebendige Bühne für die Tragödie bilden, die Afrika und Europa, Norden und Süden, miteinander verbindet? Um so mehr als dieses Thema in *Africa Remix* behandelt wird, in den Darstellungen, die eines der gegenwärtigen Probleme anzeigen. Der Wunsch nach Europa im Herzen der Afrikaner, welche sich an die Überquerung der Meere machen und Gefahr laufen, ihre Körper in den tiefen Wassern einer Meerenge zu opfern, auf deren Oberfläche die Delphine tanzen, die sich in ihrem Überschwang nicht um die auf den Fluten treibenden Leichen scheren.

Vielleicht könnte dieses Drama durch die Darstellung beschworen werden? Die Kunst sollte sich seiner annehmen, es zu ihrem Thema machen, damit es im Netz der Bilder und Zeichen zirkuliert, um den Zuschauern eine der Tragödien unserer Zeit zu zeigen. Dies versucht ein Künstler aus Tanger, Yto Barrada, dessen Fotos an den Wänden des Kunstmuseums Düsseldorf den Blick auf sich ziehen: Seine in Rückansicht gesehenen anonymen Personen, die zur Überfahrt verlockt sind, verschwinden in dem Traum, der von dem anderen Ufer erweckt wird. Der Zuschauer erblickt mit ihnen das, was er nicht sehen kann, er kann sich nur die Wellen vorstellen, in denen sich die Wasser des Mittelmeeres und des Atlantiks vermischen, und steht unweit der Strömungen, welche die Oberfläche des Rheins bewegen.

49
Die drei Schwestern

Ich habe eine große Liebe zu drei Schwestern, die in der stolzen Höhe ihrer Schönheit erstrahlen und deren Ruf zwischen zwei Kontinenten, Europa und Afrika, widerhallt. Die Macht ihrer Gegenwart, der Glanz ihrer Erscheinung machen sie zu Metonymien für die Stadt, die sich ihres Schattens erfreut. Die älteste von ihnen, die Kutubiya, steht als ein Detail für Marrakesch, die Giralda bildet das Emblem für Sevilla, und der Turm der Hasan-Moschee, deren Unfertigkeit ihrer Pracht keinen Abbruch tut, ist schließlich das Monument, welches Rabat symbolisiert.

Alle drei verweisen auf die beiden letzten Jahrzehnte des 12. Jahrhunderts und auf die ruhmreiche Regentschaft ihres almohadischen

Auftraggebers, Yakub al-Mansur, ebenfalls Gesprächspartner von Ibn Tufail und von Averroës, dem Monarchen, der das Wachstum des griechischen Samens im arabischen Wort gefördert hat.

Es ist wichtig, an den Namen des Ingenieurs und Baumeisters zu erinnern, der hinter diesen Minaretten steht, der sie entwarf und ihre Verwirklichung leitete. Es handelt sich um Abdallah ibn Bashu, dessen Name unter den großen Schöpfern neuer Formen Anerkennung verdient.

Ihm gebührt in der Tat der Status des Ingenieurs; dies haben Bohrungen erwiesen, durch welche die Fundamente der Katubiya erkennbar wurden. Diese Ergebnisse fanden bei der Giralda Bestätigung. Vor diesen archäologischen Entdeckungen glaubte man, daß diese Türme eine flächige Verankerung im Boden hatten. Man war der festen Überzeugung, daß sie auf Fundamenten errichtet worden waren, die sich seitlich verbreitern. Nun findet man heraus, daß die stolzen Schönen ihre 70 und mehr Meter auf spitz zulaufende Fundamente stützen. Die praktische Vorstellung, die Ibn Bashu zur Wahl dieses Systems veranlaßte, ist wahrscheinlich der Nagel, der Spieß oder Hering, an dem die Schnüre des Zeltes befestigt werden und das den wütendsten Orkanen standhält. Diese kühne Entscheidung resultiert wohl aus der praktischen Beobachtung, die der mittelalterliche Ingenieur anstellte, um für die Stabilität des gewichtigen Volumens zu sorgen, das sich in die Lüfte erhebt. Diese Beobachtung hat sich bei der modernen Berechnung von Hochbauten bestätigt, denn dieser Typ von Fundament wird zur Abfederung von Erdstößen verwendet. Die spitze Einsenkung des aufstrebenden Baus sorgt für ausreichende Flexibilität und vergrößert die Standfestigkeit, indem sie die seismischen Erschütterungen abschwächt.

Als Architekt hat Ibn Bashu einen neuen Dekor entwickelt, welcher der kalifischen Tradition Córdobas (10. Jahrhundert) Respekt zollt. Diese begründete einen ornamentalen Stil, der das Volumen und die Gliederung des Raums festlegt, wie es in der Arkatur der Bögen und dem Netzwerk der Transenna zum Ausdruck kommt und sich im Vielpaßprofil fortsetzt, das diese Bögen manchmal zeigen. So entsteht ein durchbrochenes Gewebe, das auf das Monumentale und den Stein etwas von der Stickerei überträgt, die mit ihren Fäden die Stoffe für Kleider und Hemden belebt. Aus diesem Grund wurde ein Begriff aus der Stickerei übernommen, *shebka*, das Netz, um diese Maschen zu bezeichnen, die beim Baumaterial angewendet wurden. Das Wort *shebka* ist im Kastilianischen noch zur Bezeichnung für jene Art von Dekor gebräuchlich, die gegen Ende des 12. Jahrhunderts zwischen Marrakesch und Sevilla entwickelt wurde und die bis zu der almohadischen Moschee der Kasbah von Tunis eine große Verbreitung finden sollte. Von dort aus setzte sich dieses Motiv in ganz Ifriqiyya durch (arabische Adaption des römischen Afrika, eine Provinz, die das heutige Tunesien und den Osten von Algerien umfaßte). Die *shebka* sollte auch dauerhaft in den mudejarischen Monumenten Spaniens verwendet werden, und man kann sie ebenfalls in den Klöstern und Kirchen des 14. bis 16. Jahrhunderts finden.

Ich habe auch auf der Südseite des Hasanturmes in Rabat gleichsam den Werdegang des almohadischen Kapitells aufgespürt. Es tritt deutlich in der Reihe der Kapitelle von Säulchen zutage, welche die Fensteröffnungen rahmen; hier wird eine Dynamik der Abstraktion veranschaulicht, die mehrere Etappen durchläuft: Das Akanthusblatt des korinthischen Kapitells wird einer geometrischen Schematisierung unterworfen, die zur Biegsamkeit des gewundenen Bandes führt. Diese Erfindung folgt der Absicht, die Darstellung des Pflanzenmotivs in eine geometrische Möglichkeit umzuwandeln, die um so besser die musikalische Bestimmung des Ornaments annimmt, deren Biegsamkeit die Melodie übermittelt.

Ich möchte auch an eine weitere, den drei Schwestern gemeinsame Besonderheit erinnern. Der sehr aktive Rhythmus der Asymmetrie, der ihnen die Musikalität verleiht, macht sie leichter und trägt dazu bei, sie dem Boden zu entreißen, in dem sie wurzeln, um ihnen, trotz ihrer Masse, jene luftige, himmlische Gestalt zu geben, die nach Höhe strebt. Die Fensteröffnungen liegen von einer Fassade zur anderen nicht mehr auf gleicher Höhe und haben nicht mehr das gleiche Erscheinungsbild; sie kombinieren und variieren die Möglichkeiten der Verflechtung und der rhythmischen Verbindung in der Zahl der Öffnungen, die mal einzeln, mal doppelt, mal dreifach auftreten; als ob diese Variation sich dem Unendlichen öffnen würde, das die Kombinatorik enthält; als ob sich dort eine Gelegenheit böte, in der stilistischen Einheit das Repertoire der Formenvariation offenbar zu machen.

Und wenn die Stockwerke sich nicht in gleicher Höhe präsentieren, so einfach deshalb, weil die Fassade den zwischen den Wänden des senkrechten Prismas liegenden Aufgang aufgreift, dessen Breite zwischen 1,50 und 2 Metern variiert, jeweils entsprechend der unterschiedlichen Höhe der drei Schwestern. So wird das rechtwinklige Profil der Türme auf den Umhüllungen durch die schraubenförmig gekrümmten Geflechte dubliert, als würde diese Verzierung die pflanzliche Biegsamkeit eines Efeus darstellen, der sich an die Wand klammert und in die Höhe klimmt. Ibn Bashu hat durch diese paradoxale Wirkung zeigen wollen, wie das Prisma, das er als Form für seine Türme gewählt hat, durch die andere mögliche Form verdoppelt wird, die das Minarett annehmen kann. Es ist die Form der mesopotamischen Zikkurate, wie sie noch in den beiden Moscheen von Samarra sichtbar ist. Dort schmiegt sich die steigende Rampe von außen an die konische Form des Bauwerks und wird durch diese Offenlegung zum Element, das die Höhe gliedert und die Illusion des Steigens verstärkt, und zwar durch die Dynamik, die Erhöhung mit Verjüngung verbindet. Diese Suggestion einer sich rhythmisch nach oben schraubenden Bewegung verleiht der Masse des Prismas einen aufsteigenden Schwung und trägt dazu bei, die Illusion der Höhe zu beleben und zu verstärken.

Die Symbolik des Aufstiegs wird auch im Innern dieser drei Minarette bestätigt; wenn man sie ersteigt, werden einem Haltepunkte unter sechs Kuppeln angeboten, welche die Etappen des Aufstiegs in die Himmel symbolisieren, bevor man dann auf dem Rundweg am Sockel der Laterne (die bei dem unvollendet gebliebenen Hasanturm fehlt) auf der siebten Stufe unter freiem Himmel ankommt. Es ist offensichtlich, daß die Steigung dieser drei Minarette die Erfahrung des *Mi'râj* symbolisiert, die Himmelfahrt des Propheten und seinen Besuch der sieben Himmel, ein spiritueller Topos, der von den Sufis und den Theosophen gepflegt wird, zum Beispiel von Ibn Arabi, (der uns drei *mi'râj* hinterlassen hat) und der Zeitgenosse und Landsmann von Ibn Bashu war.

Ist es ein Zufall, daß sechzig Jahre nach Erbauung der Giralda, gleichsam als Echo dieser Symbolik, ebenfalls in Sevilla *Das Buch der Leiter* übersetzt wurde? Die 1264 von dem jüdischen Übersetzer Abraham Alfakim und seinem christlichen Kollegen Bonaventura von Siena auf Anregung des gelehrten Königs Alfons X. (des Weisen) durchgeführte dreisprachige Übersetzung (Lateinisch, Französisch, Kastilianisch) machte Europa mit der Himmelfahrt Mohammeds bekannt und inspirierte Dante, der den Aufbau, die Dramaturgie wie bestimmte glückselige und höllische Visionen in *Die Göttliche Komödie* übertrug.

Jedes dieser Denkmäler bewahrt seine Eigentümlichkeit in der offenkundigen symbolischen und stilistischen Einheit, die ihnen gemeinsam ist. Wieder setzt sich die musikalische Metapher durch; sie führt die Improvisation ein, die Anregung zur Interpretation und zur Ausführung innerhalb vorher festgelegter Schemata.

Und die Unterschiedlichkeit der Materialien unterstreicht die Eigentümlichkeit jeder der drei Schwestern. Die Kutubiya ist aus einem Stein von schwankender Farbgebung erbaut: das vorherrschende Kupferrot wird von grünem und blauem Schimmer durchbrochen. Wohingegen der Stein des Hasanturms einen fahlgelben Ockerton trägt, der an ein Löwenfell erinnert. Und die Giralda läßt ihren Besatz aus Ziegelsteinen unmittelbar auf gewaltige römische Steine folgen, die für ihre Fundamente und ihren Scheinsockel verwendet wurden.

Diese grundlegenden Denkmäler kommen den Architekten unserer heutigen Minarette nicht in den Sinn. Wie ist es möglich, daß man die Lehren nicht behalten hat, die aus Rabat, Marrakesch, Sevilla zu ziehen sind, um in Casablanca die monumentale Moschee Hassan II. zu bauen? Weder im Rhythmus, noch in der Wahl der Materialien, noch im Ornament, noch in der Technik, noch in der Fertigstellung sind die Feinheiten zu bemerken, die jenen Schätzen eigen sind. In diesem neuen Minarett, das den Himmel zu erobern trachtet, erkennen wir bloß die mechanische, undynamische Anwendung einer faulen Nachahmung. Augen haben und nicht sehen, das scheint die Devise zu sein, welche die Architekten und die Auftraggeber von heute lähmt. Diese Form der Blindheit trägt auch zu der Krise unserer Zivilisation bei.

50
Über das Fest

Ich erfahre von einer religiösen Kampagne, die in Marokko gegen die Festivals geführt wurde, um die Gläubigen von ihnen abzubringen. Die Stimmen von Politikern und Predigern haben sich verbunden, um im Namen des Islams diese festlichen Kundgebungen zu geißeln. An der Stimme von Predigern, darunter die offizielle des

Imams der Großen Moschee Hassans II. in Casablanca – seine Stimme wurde sogar im Fernsehen übertragen, war in ganz Marokko bei der Freitagspredigt zu hören –, an Stimmen wie dieser erkennen wir die Neigung mancher Glaubensmänner, eine utopische, imaginäre, unmenschliche Reinheit zu verbreiten. Und diese Neigung ist nicht nur dem Islam eigen. Eine solche Ablehnung des Festlichen im Namen der Reinheit finden wir gleichfalls bei einer Vielzahl evangelikaler Prediger in Amerika wieder, die einer der protestantischen Sekten angehören, welche jenseits des Atlantik mit ihrer Buchstabengläubigkeit und ihrem Fanatismus Erfolg haben. Ihre Stimme versucht Schuldgefühle zu erwecken und die Menschen zu belasten, wenn diese ihre Freiheit gebrauchen, um für Momente in Exzessen und in Maßlosigkeit an der Macht des Absoluten teilzuhaben. Jede Gemeinschaft verweist diese an den Rand, um das Verlangen und den Energieüberschuß in den Individuen und den Gruppen, denen diese angehören, zu regulieren. Eine solche Verausgabung, eine solche Entladung des Überschusses macht das Prinzip des Festes aus. Davon sind die heutigen Festivals bloß ein Abklatsch, denn sie sind außerhalb der religiösen Welt durch die Entwicklung zu den Institutionen und Strukturen des modernen Staates entstanden.

Im übrigen sollten unsere Prediger logischerweise auch das traditionelle Fest geißeln, wie es in Marokko in Form des *moussem* in Erscheinung tritt. Es ist eine Feier des heiligen Fürsprechers, die mit Votivtafeln und der Opferzeremonie, wie auch mit der Verteilung einer Gabe begangen wird – eine Ökonomie, die uns in das anthropologische Schauspiel eines archaischen Zustands zurückführt, in die ursprünglichen Strukturen der menschlichen Gemeinschaft. In der Entwicklung der Menschheit verschwinden sie niemals, sondern passen sich an die durch den materiellen Fortschritt veränderten Lebensbedingungen und den gestiegenen Komfort an.

Diese Strukturen im Namen der Vorherrschaft des Religiösen zu entwerten, stellt einen Eingriff in die Grundlagen des religiösen Geistes selber dar, welcher Träger der Heiligkeit und des Heiligen ist. In der Ökonomie der Maßlosigkeit und durch die außergewöhnliche Ausstattung der Bühne der »Verschwendung« wird die Heiligkeit ebenso wie das Heilige bekräftigt. Was ist die Heiligkeit, das *walaya*, anderes als das Erreichen von Nähe und Freundschaft mit dem göttlichen Absoluten, als Entzückung durch Ekstase oder Trance? Was ist das Heilige denn sonst als die Durchquerung des reservierten Gebietes, das diese Nähe erschließt, stets am Rand oder an der Grenze des Raums, wo das Gespenst des Verbotenen umgeht?

Das Heilige und das Geheiligte erscheinen und vollziehen sich im Augenblick des Bruchs mit der gewöhnlichen Zeit, der durch die Ausnahme des Festes hergestellt wird; in ihm spielt sich die Umwertung der Werte ab, breitet sich die Esplanade der Freizügigkeit aus, wird die Aufhebung, die vorübergehende Aussetzung des Verbotenen verwirklicht.

Im Rahmen des Festivals haben wir es mit zivilisierten Teilnehmern zu tun, die weit entfernt vom Naturzustand sind. Sie leben diese Neigungen nur auf eine schwache, unterbewußte, wenn nicht gar unbewußte Weise aus. Aber in diesem Band verliert sich der Faden des archaischen Gewebes nie, er wirkt in den Gemütern auf heitere oder gespannte Weise, je nach der inneren Verfassung und dem jeweiligen Charakter der Beteiligten. Zu einem solchen Bruch mit dem Archaischen laden uns unsere Prediger ein. Sie wissen nicht, wie unverschämt sie sind und realisieren nicht, daß sie durch ihren Aufruf die Stimmen der derart notwendigen und kanalisierenden *Katharsis* blockieren. Wir kennen sie seit Aristoteles und den ersten Theoretikern, welche die Tragödie der dionysischen *hybris* unterstellten.

Diese Prediger werde ich daran erinnern, daß ihre Oberhirtenrolle der Autorität des Fürsten unterworfen sein muß. Und der Fürst hat die Aufgabe, so zu handeln, daß er die Macht des Oberhirten einschränkt und ihn daran erinnert, daß er mit solchen Predigten die Ökonomie des Menschlichen beschädigt, das die Zeit des Karnevals oder vergleichbarer Feste zur Kanalisierung des persönlichen und gesellschaftlichen Lebens der Subjekte braucht.

Die Politiker, die Ideologen, die eben diese Festivals und den Zugang zum Fest geißeln und dies im Namen des Islams tun, fügen der religiösen Reinheit noch die Utopie einer politischen Reinheit, eine Ideologie des Kampfes, hinzu. Wir wissen, zu welchen totalitären Perversionen diese puristischen Absichten und diese reinigenden Aktionen führen. Wir wissen es seit Sparta und des vom ihm gepriesenen Ideals des strengen und rigorosen Kämpfers. Wir wissen, zu welcher Katastrophe ein solches Ideal führen kann. Man braucht nur an Pol Pot und seine Massaker zu denken – ein spartanischer Geist, getragen von Halbgebildeten, die nichts als frauen-

und menschenfeindliche Frustrierte sind. Unsere Islamisten kann man mit diesen apokalyptischen Kämpfern in Verbindung bringen und ihre Taten mit den revolutionären Umwälzungen, die das Unmenschliche etabliert haben, indem sie die zur Verausgabung bestimmte Energie auf den Kampf und den Krieg ausrichteten.

Die traditionellen *moussems* sollen weiterleben und die modernen Festivals gedeihen, damit das Menschliche Schauplätze findet, auf denen der Gemeinschaftspakt bekräftigt und erneuert wird, der den Menschen darauf vorbereitet, sich zum Absoluten und seiner Nähe zu erheben! Durch das Fest erlangen Geist wie Körper teilweise Heiligung. Wenn sie dieses Grundprinzip kennen, es in sich aufnehmen, werden unsere Prediger und Ideologen an Ernst, an Dichte, an Tiefe gewinnen und dazu übergehen, ihre unleugbar leichtfertigen Aufrufe zu dem aufzugeben, was sie für die Tugend halten und was nichts weiter ist als eine Art der Amputation, der Verstümmelung des Seins.

51
Das Königreich Chasar

Die Geschichte der Wikinger ist im Zusammenhang mit dem Islam reich an Ereignissen. Am bekanntesten ist immer noch die sizilianische Episode der aus Skandinavien stammenden Normannen. Es ist eine normannische Dynastie, die im 12. Jahrhundert in Palermo den katholischen Staat wiederhergestellt hat, nachdem dort drei Jahrhunderte lang islamische Macht ausgeübt worden war. Nachdem diese Könige des Nordens mohammedanische Gebiete im Süden erobert hatten, vermochten sie eine multikulturelle, polyglotte Zivilisation zu schaffen, von der die archäologischen Überreste zeugen. Es gibt insbesondere Grabstelen mit lateinischen, griechischen, hebräischen, arabischen Inschriften und Daten, die der katholischen, orthodoxen, jüdischen und der islamischen Zeitrechnung (Hegira) folgen. Der Dekor und die Baukunst haben desgleichen eine schöne Synthese zwischen den gotischen, byzantinischen, fatimidischen Erfindungen geschaffen, wie es der Klosterkomplex von Montreale oder die Capella Palatina von Palermo zeigen. Der Krönungsmantel von Roger II., der im Kunsthistorischen Museum von Wien aufbewahrt wird, trägt auf seinem Banner eine doppelte Inschrift in

Latein und in Arabisch mit dem Namen des mohammedanischen Künstlers, der ihn für seinen christlichen Fürsten anfertigte.

Dieser Einfall einer Dynastie aus dem Norden Europas in den südlichen Raum des Mittelmeeres hat ein Gemeinwesen geschaffen, das auf der Verquickung und Überschneidung unterschiedlicher Traditionen beruht, die in ihrer Substanz völlig unbestritten sind. Wir erkennen in diesem historischen Abschnitt einen kostbaren Moment, der unsere Zeit ankündigt. In ihm formte sich eine Zivilisation und ein Raum für jene, die eine Poetik des Durchgangs und des Heterogenen priesen. Die *Geographie* des Al Idrisi, *Nuzhat al Mushtâq* (»Fahrt des Unersättlichen«, um 1157), *Das Buch Rogers* genannt, verdeutlicht wahrscheinlich am besten diese Kultur der Verquickung. Ein arabischer Gelehrter schrieb damit in seiner Sprache das ausführlichste geographische Handbuch seiner Epoche und widmete es einem Auftraggeber, der kein anderer war als ein neu eingetroffener christlicher Fürst, ein Einwanderer in das von ihm regierte Land.

Aber die Geschichte der Wikinger in Verbindung mit dem Islam hat nicht mit dieser Episode begonnen. Die Geschichtsschreibung berichtet auch von den verheerenden Überfällen dieser ungebärdigen Seeleute auf die Atlantik- und Mittelmeerküsten von al-Andalus, die den Kalifen von Córdoba gegen Ende des 9. Jahrhunderts veranlaßten, eine Kriegsflotte zum Schutz seiner Seeküsten zu schaffen.

Die Kontakte der Wikinger mit dem Islam, die in Raub und Handel bestanden, beschränkten sich nicht nur auf den abendländischen Bereich. Diese Seefahrer stießen tatsächlich in die Gebiete Zentralasiens und des Kaukasus vor, indem sie die Ostsee überquerten und von Sankt Petersburg aus die Wolga bis zu ihrer Mündung im Kaspischen Meer hinabfuhren. 80 000 islamische Münzen, die an 621 Stätten in Skandinavien, vor allem auf der Insel Gotland in der Ostsee, gefunden wurden, zeugen von der Dichte dieser Kontakte. Bis 970 war das islamische Münzgeld das Hauptzahlungsmittel der Wikinger. Im Sommer 2002 war im historischen Museum von Stockholm dem Schatz von Spillings eine Ausstellung gewidmet. Es handelt sich um den phantastischsten Wikingerschatz, der je gefunden wurde: 65 Kilogramm Münzen, Hals- und Armbänder aus Silber wurden 1999 von dem Archäologen Jonas Ström im Bauernhof von Spillings auf der Insel Gotland ausgegraben. Zu diesem Schatz zählen insbesondere 14 295 islamische Münzen aus dem Mittleren Orient, dem Kaukasus und Zentralasien. Sie wurden vom Orientalisten und Numismatiker Gert Rispling erforscht, der vier Münzen mit der *shahada*, dem Glaubensbekenntnis, aufspürte: »Kein Gott außer Gott, Mohammed ist der Prophet Gottes«; daran schließt sich »Moses, Prophet Gottes« (*Mûsa rasûl Allâh*) an. Die Erwähnung von Moses als Gesandter Gottes stellt keine Verletzung des islamischen Glaubens dar, erkannte doch der Islam die mosaische Botschaft an. Moses selbst ist eine der Figuren, die im Koran am häufigsten auftauchen. Er wird, neben Mohammed, zusammen mit Abraham und Jesus als einer der drei Hauptpropheten betrachtet. Außerdem gewährt ihm die Überlieferung einen bedeutungsvollen Beinamen: *Mûsa kalîm Allâh*, »Moses, Gesprächspartner Gottes«, ein Ausdruck, der die Worte anerkennt, welche zwischen dem hebräischen Propheten und dem Ganz-Anderen gewechselt wurden. Was überrascht, ist der Ort, der Moses inmitten des islamischen Glaubensbekenntnisses selbst eingeräumt wird, denn er nimmt so den gleichen Rang ein wie der Prophet des Islams.

Und da entdeckt Gert Rispling das fehlende Glied in der Kette, welches durch eine identische Münze in der Größe eines Zwei-Euro-Stücks das Rätsel erhellt; sie wird im Schatz unter Nummer 14 geführt und trägt auf der Vorderseite die ausdrückliche Erwähnung des Landes der Chasaren (*Arzh al-Khizr*), ein Hinweis auf das Reich, das etwa 650 entsteht und etwas mehr als drei Jahrhunderte später verschwindet. Es sind Türken, die durch die Russen des Königreichs von Kiew besiegt werden. Ihr König Bulan und mehrere ihrer Anführer bekehrten sich um 740 zum Judentum, um dem doppelten Druck, dem christlich-russischen wie dem arabisch-islamischen, zu entgehen. Dieses Reich war die Drehscheibe des Handels zwischen den Wikingern und Bagdad, mit Itil, der chasarischen Hauptstadt, wo die Münzen geprägt wurden, vor allem dieser Golddinar aus dem Jahr 830. Es handelt sich um eine nachgemachte Münze, wie der schwedische Orientalist ausführt, der glaubt, daß diese Fälschung verwendet wurde, um Vorteil aus dem guten finanziellen Ruf Bagdads zu ziehen. Oder es handelt sich vielleicht sogar um eine Münze aus Bagdad, deren Kopfseite abgenutzt war und der, wie üblich, ein neues Motiv anstelle des unkenntlichen aufgeprägt wurde. Diese grobe Manipulation konnte nur in nördlicher Richtung oder in Rußland Abnehmer finden, wo einzig das Gold- oder Silbergewicht zählte. Diese fünf Münzen wurden 830 in derselben Werkstatt geprägt. »Auf solchen Münzen Moses hinzuzufügen, das konnte nur ein Jude ersonnen und ausgeführt haben ... vielleicht zu seinem Vergnügen. Einer, der jedenfalls zu dieser Zeit lesen konnte, noch dazu Arabisch?«

Diese Münze ist der einzige archäologische Beweis für die Verbindung des Königreichs Chasar mit dem Judentum. Man hielt diesen jüdischen Staat für mythisch. Ich erinnere jedoch daran, daß der jüdische Staat Chasar in dem Buch über den Streit zwischen den beiden Razis erwähnt wird, zwischen dem Arzt und dem ismaelitischen Prediger, einem Buch aus dem beginnenden 10. Jahrhundert. Die beiden bestätigen die historische Realität der apologetischen Fiktion, die erst danach, 1140, von dem in Tudela geborenen spanischen Juden Yehuda Halevi geschaffen wurde, der sein *Buch von Kazari (kitâb ar-radd wa'd-dalîl fi'd-dîn dhalîl,* »Gegenrede und Argument zugunsten der verachteten Religion«) auf Arabisch geschrieben hat. Es zeigt den König von Chasar, der sich für das Judentum entscheidet. Nachdem er einem Priester, einem Imam und einem Philosophen gelauscht hat, ist es das Wort des Rabbiners, das in sein Herz dringt und seinen Verstand erobert (wir haben dieses Buch schon in Gegenpredigt 25 erwähnt). Die Fiktion hat also eine historische Grundlage, man hat nun ihren archäologischen und literarischen Beweis. Das Ende des Reichs und die Verstreuung seiner Untertanen gegen Ende des 10. Jahrhunderts stünde am Anfang der Gemeinschaft der aschkenasischen Juden. Aber abgesehen von jeder historischen Betrachtung verfügen wir mit unserer Chasar-Münze, die arabische Schrift im eckigen kufischen Stil des 9. Jahrhunderts trägt, über ein Emblem, das im monotheistischen Glaubensbekenntnis die Namen von Moses und Mohammed verbindet und die wechselseitige Anerkennung zwischen Mohammedanern und Juden heraufbeschwört, die einander treu waren, außer in Zwischenfällen, wo die Gewalt entzweit.

52
Aus Tanger

Seit fast eineinhalb Jahren wende ich mich jede Woche mit Worten an Sie, die sich nicht scheuen, auf die eine oder andere Weise die Zivilisationskrise unserer Gesellschaften zu verdeutlichen. Meine

Worte erbitten Ihr Gehör jeweils von dem Ort aus, an dem ich mich gerade befinde; oft ist es Paris, mein Wohnort, aber es sind auch andere Städte, von Tokio bis Santiago de Chile, von Rio de Janeiro bis Montreal, von Damaskus bis Beirut oder Tunis, meine Geburtsstadt, oder nicht so weit von hier, Turin, Sevilla oder Barcelona, je nach dem, wohin mich meine Reisen als Angehöriger des überstaatlichen Stammes der Dichter führen. Ihre Irrfahrten bilden ein Netz, das die Weite unserer Welt überzieht. Diesmal spreche ich aus Tanger zu Ihnen, direkt aus den Studios von Médi 1. Es ergab sich, daß ich in diesem Jahr dreimal meinen Kommentar von hier aus vortragen konnte, im Anschluß an Aufenthalte, die sich der Gastfreundschaft dieses Rundfunksenders verdanken. So habe ich mich an das Schauspiel des Lichts gewöhnt, das die Stadt einhüllt und das am Anfang der Blendung stand, welche die Malerei von Delacroix bis Matisse, und nebenbei auch von Marquet, verwandelte.

Durch meine wiederholten Besuche und nach einigen Wochen in Tanger bis in die unmittelbare Gegenwart, habe ich meine Liebe zu der Stadt vertieft. Genau in diesem Moment genieße ich ihre besondere Lage als Pforte Afrikas, als kosmisches Fenster, wo das Auge den körperlichen Kontakt mit Europa behält. Wie Algier ist Tanger eine Stadt, die niemals die Verbindung mit den beiden Blaus verliert, dem des Himmels und dem des Meers, in ihrem europäischen Zentrum, auf ihren Plätzen und Boulevards, ebenso wie in ihrer historischen Mitte, *intra-muros*, unterteilt durch ein schiefwinkliges Labyrinth, das sich, mit seinem Gewirr von Treppen und steilen Gäßchen, in den Hang frißt. Bisweilen streife ich ziellos in diesem Irrgarten umher und kehre zu Gedanken zurück, die der Gang in den Medinas aufkommen läßt, wobei ich Gefahr laufe, mich in meinem Nachsinnen zu verlieren. Oft in Gesellschaft von zwei Namen, die der Welt von dieser Stätte geschenkt wurden: des Reisenden Ibn Battuta (14. Jahrhundert) und von Muhammad ibn Tawit at-Tanji, einem Gelehrten der Tradition, der in Fes und Kairo ausgebildet wurde, sich zwischen den Universitäten von al-Karaouine und al-Azhar bewegte und eine der letzten Leuchten regionaler Gelehrsamkeit war (er wirkte während der 1950iger Jahre und die Erinnerung an ihn ist mit der Originalausgabe der *Autobiographie* von Ibn Chaldun verbunden). Bei meinen Bummeleien begleitet mich der Schatten dieser beiden glanzvollen Gestalten, die bis auf unsere Tage im Gedächtnis der Stadt lebendig bleiben.

Kaum habe ich in der Dämmerungsstunde den Meschwar erreicht, bin ich unwiderstehlich vom abendlichen Funkeln angezogen, das den Meereshorizont weitet, und ich zwänge mich durch die Gitterstäbe, damit ich dem Meer und Europa gegenüberstehe, oberhalb der Steilküste, die zum Strand von Bouknadel führt, in der Verlängerung des alten Sultanspalastes, der in ein Museum umgewandelt wurde. Dort werde ich vom schlechten Geruch und der Verwandlung der Steilküste in eine Müllkippe überrascht. Meine Überraschung wächst noch, als ich Bulldozer, Kräne und andere Baumaschinen entdecke, die sich auf einer riesigen Baustelle betätigen. Dort ist schon Abraum aufgehäuft worden, um dem Meer einige tausend Quadratmeter Land abzugewinnen. Der Polder ist von dreizackigen, hintereinander gestaffelten Betonklötzen umgeben, die den umschlossenen, dem Wasser abgerungenen Raum festigen und als Wellenbrecher dienen. Dieser Dekor erinnert an die Landschaft flußabwärts von Rosette an der Nilmündung, wo Klötze gleicher Machart als Barriere dienen, um dem unausweichlichen Vormarsch des Meers ins Delta zu wehren – eine Folge der neuen Wasserführung nach dem Bau des Staudamms von Assuan, der die Atemzüge des Flusses verändert hat.

Der Überrest des Erbes von Tanger wird doppelt beeinträchtigt, durch mangelnden Bürgersinn und durch die von den technischen Neuerungen verursachte Blindheit. Der mangelnde Bürgersinn ist Teil unserer Zivilisationskrise; die Pädagogik des öffentlichen Wohls und die Einführung des historischen Bewußtseins könnte hier Abhilfe schaffen. Diese Arbeit fällt dem Staat und den aus der bürgerlichen Gesellschaft hervorgehenden Initiativen zu. Dagegen rührt die Aggression der Technik von einer administrativen und politischen Entscheidung her, der unverzüglich Einhalt geboten werden muß. Ich habe gehört, daß an der fraglichen Baustelle eine Kläranlage errichtet wird. Zwar kommt der Bau solcher Anlagen in marokkanischen Städten nur allzu spät. Er ist dringend geboten und steht außer Frage, so sehr entspricht er der hygienischen und ökologischen Notwendigkeit. Doch welche Verirrung, dafür ein Gelände an dem einzigen prachtvollen, geschichtsträchtigen Platz der Stadt zu wählen, einer Stätte, die diese Landschaft stiftet, indem sie Oben und Unten verbindet, indem sie einen Spalt der Nähe zwischen den Kontinenten bildet! Das Gegenbeispiel ist eine Stadt wie Marseille. Dort liegt die Kläranlage unter der Erde, ist von außen nicht zu erkennen und auf ihrer Abdeckung erstreckt sich ein Spielplatz!

Was die Stelle hier in der Stadt betrifft, so hat man mir gesagt, die Wälle, die sie krönen, seien klassifiziert, sie hätten den Status eines Geschichtdenkmals. Solche rechtlichen Bestimmungen verlangen unbedingten Schutz. Ich weiß im übrigen, daß besonnene und verantwortungsbewußte Proteste gegen diesen Verstoß und gegen diese Vernachlässigung an die Öffentlichkeit gelangt sind. Ich schließe mich diesen Protesten an und hoffe, diesen Ort davor zu bewahren, daß sein Anblick verschandelt und daß er gewiß auch der Lärmbelästigung ausgesetzt wird. Die Potentiale dieses Orts müssen für eine künftige Planung und Restaurierung erhalten werden, falls jemals eine neue Einstellung zum Wohnen in unseren Medinas aufkommt, damit sie eine ähnliche Wandlung erleben wie historische Städte in Italien, mit ihrem *centro storico*. Dort passen sich die Annehmlichkeiten des modernen Lebens an die ererbten Formen der Vergangenheit an, so daß die unbekümmert in der Gegenwart lebenden Menschen in der Vergangenheit verwurzelt sind, aus der sie kommen. Nur so kann die Vielfalt der Zeiten in unserer Welt bewahrt werden. Hoffen wir, daß unsere Stimme gehört wird, daß diese Baustelle an einen unauffälligeren Ort verlegt wird, wo der Frevel an der Geschichte und an der Zukunft geringer ist.

53
Frei über seinen Körper verfügen

Die Erfahrung der türkischen Schauspielerin Sibel Kekilli zählt zu einer ganzen Reihe von historischen Ereignissen, die für die Befreiung der Frauen im Islam bedeutsam sind. Ihr Extremfall zwingt uns, die Frage der Freiheit im Licht des Aufsehens zu betrachten, das ihre Nacktheit erregte. Sibel Kekilli ist eine junge Schauspielerin von dreiundzwanzig Jahren, sie wurde in Deutschland als Kind türkischer Eltern geboren und hatte einen jähen Erfolg mit der Hauptrolle in einem Film, der von einem ebenfalls in Deutschland aufgewachsenen Türken gedreht wurde, Fatih Akin. Dieses Werk vertrat Deutschland offiziell beim letzten Festival von Berlin und gewann dort den Goldenen Bären (2004). Durch die höchste Auszeichnung dieser Veranstaltung ist somit der Name und der Körper von Sibel Kekilli in den Mittelpunkt gestellt worden. Sie konnte ihre gläubige, muslimische, vom üblichen Konservatismus geprägte Familie durch diese Weihe veranlassen, ihren Beruf zu akzeptieren.

Diese Akzeptanz verdankt sich wahrscheinlich dem Ruhm, den dieser Beruf ausstrahlt, denn er schreibt den ausländischen Namen in das Gebiet der neuen Sprache ein, lindert das Gefühl des Exils und verstärkt die Bindung des Migranten an die Gemeinschaft, die ihn aufnahm und annahm. Soweit nährt diese ganze Geschichte das Idyll des Erfolgs und seiner angenehmen Begleiterscheinungen. Aber unterdessen hat die Sensationspresse nach gründlicher Recherche unwiderlegbar enthüllt, daß unser Aschenputtel Sibel Kekilli sechs Monate lang als Pornodarstellerin tätig war. Die Betroffene äußerte nach dieser Enthüllung, sie habe innerhalb eines Jahres Ruhm und Niedergang erlebt. Nachdem ihre Schattenseite ins Rampenlicht gestellt und ihre verheimlichte Tätigkeit publik gemacht worden war, haben die Familie, der Vater und die Schwester, mit der Fee Sibel gebrochen, da sie sich zur Hexe, zum Teufelsweib gewandelt hatte. Das Laster des Sex, seine Zurschaustellung ziehen in jedem Fall den Namen in den Schmutz. Das ist zuviel für Leute, die der Moral und der Tugend des Islams treu sein wollen.

Nach dem Schock der Enthüllung hat sich die Schauspielerin wieder gefangen. Sie sagt, sie stehe zu ihrem Handeln, auch wenn sie zugibt, daß sie sich unaufhörlich befragt, was eigentlich dahintersteht, während sie das Geld als scheinbares Motiv anführt. Das ist oft der Fall, wenn sich ein Mensch auf das schwierige Gelände des Verbots, auf das Durchbrechen des Tabus einläßt. Sibel wahrt in dieser Geschichte dadurch ihre Integrität, daß sie nichts anderes als ihren eigenen Körper einsetzt und weder den Körper noch das Wohl eines anderen antastet. Allein aufgrund dieser Tatsache erweist sich Sibel als tadellos. Jenseits des Abscheus und der Faszination, die der Eintritt in den Raum der Pornographie auslöst, sehen wir uns im Fall von Sibel vor den Grundsatz gestellt, der bekräftigt, daß uns kein Zwang daran hindern kann, nach unserem Gusto über unseren Körper zu verfügen. Hier geht es um die Freiheit des Körpers, die auch in die Prostitution führen kann. Das durch diese Freiheit eröffnete Abenteuer verdient es, außerhalb ökonomischer und sozialer Erwägungen ermessen zu werden, außerhalb der Manipulation durch Dritte.

Der Name, Sibel Kekilli, kommt aus dem Islam zu uns. Er ist von der Türkei nach Deutschland gewandert (ein solcher Wechsel setzt den Menschen allen möglichen Turbulenzen aus, angefangen von der Identitätsstörung bis zur Verlockung zum Gesetzesverstoß). Ihr Name trägt dazu bei, um den Preis des Bruchs mit der Ursprungsgemeinschaft, deren Herdenhaftigkeit ins Wanken zu bringen, indem er bekräftigt, daß jede Frau, jeder Mann letztendlich das Recht hat, nach freier Willensentscheidung über den eigenen Körper zu verfügen. Das wäre eine der Erscheinungsformen des *habeas corpus*, eine Folge der Selbstaneignung des Körpers, die auch der Gefahr von Pornographie oder Prostitution ausgesetzt ist. Das ist der Preis der Freiheit, an die der Islam sich anpassen muß, und zwar jenseits von Laster und Tugend, jenseits von Gut und Böse. Und es ist nicht ohne Bedeutung, daß eine Frau die Protagonistin einer derart lehrreichen Neuigkeit ist.

54
Über den 11. September

Wie an diesem 11. September 2004 nicht an die Attentate von New York, Washington und Pennsylvania denken, die vor drei Jahren etwa 3000 Menschen töteten und die eine Bruchstelle bildeten, von der aus sich die Geschichte neu orientierte? Mit dieser Tat, inszeniert für eine Welt, die der Gesellschaft des Spektakels unterworfen ist, hat sich der Islam als die Frage der Zeit eingeführt. Denn in seinem Namen ist dieses spektakuläre Verbrechen als Schauspiel dargeboten worden, durch den beißenden Qualm und den Berg von Schutt, die es hinterlassen hat.

An diesem unheilvollen Jahrestag sehen wir uns einer Vielzahl quälender Fragen ausgesetzt. Stellt dieses Massaker, an dessen Anfang ein Opfer steht, den Islam in seinem Wesen dar oder bildet es eine Abweichung, einen Krankheitsanfall, das Anzeichen einer Krise, einer Verstörung, eines Unbehagens, einer Regellosigkeit? Ist diese Religion an sich gewalttätig und dazu bestimmt, durch Zwang und Krieg zu bekehren? Verherrlicht sie das Opfer und die Selbsthingabe, um ihren Glauben zu verbreiten und ihren Einflußbereich zu vergrößern? Haben diejenigen, die getötet haben, indem sie sich den Tod gaben, in einem Akt irrer, ungetrösteter Verzweiflung gehandelt, die unweigerlich an ein Trauma denken läßt, das ihr Dasein überschattet. Etwa ein Trauma angesichts der Verachtung oder der Verleugnung des herrschsüchtigen Anderen, der seiner Pflicht der Anerkennung gleichgültig gegenübersteht? Muß diese extreme, wütende, blinde, von Grund auf mörderische Gewalt in die lange Geschichte eingeschrieben werden, die Islam und Christentum im Widerstreit sah, ein Christentum, das durch die Konzepte von Europa, dann vom Okzident abgelöst wurde?

War der 11. September ein Glied in der Kette, die bei Eroberungen begann, die im Namen des Islams auf christlichem Gebiet durchgeführt wurden, eine Vorherrschaft, die dann kippen sollte, wobei die durch den heiligen Krieg (den *jihâd*) angestachelte Energie auf die Kreuzzüge überging, auf den Geist der *Reconquista*; auf das Verlangen nach Macht, dessen Schauplatz das Mittelmeer war, wo es Geiselnahmen gab, wo Kriegsbeute gemacht wurde, wo Personen von einem zum anderen Ufer, von einem zum anderen Glauben befördert wurden, wo Menschen durch erzwungene oder freiwillige Bekehrungen umgewandelt wurden, bevor sie zum kolonialen Unternehmen überschwenkten, dessen Herrschaft sich im wesentlichen aus weitaus profaneren, ausgesprochen materiellen Beweggründen ergibt, mit Hilfe des Eingreifens staatlicher Mächte, von Soldaten und Beamten, denen in einer zweiten Welle ein religiöses Personal folgt, das eifrig seinen eigenen Glauben verbreitet und den Glauben und den Kult der Völker zum Verschwinden bringt, die durch die neue Militärmacht unterworfen wurden, eine Militärmacht, die selbst im Dienst derer steht, die diese Randgebiete ausbeuten, um die Metropole zu bereichern?

Wird das Ereignis des 11. September die Rache für alle Enttäuschungen, für alle Mängel darstellen? Soll es eine weltweite Angst schüren, welche die angegriffene Seite dazu zwingt, sich des Rechts zu entledigen, um einen autoritäreren Weg einzuschlagen? Hat der 11. September den weltweiten Gegensatz zwischen Obskurantismus und Aufklärung, zwischen Fanatismus und politischer Umsicht gewaltsam geweckt?

Das erste Wort, das von dem angegriffenen Amerika kam, lautete: »Gegen den *jihâd*, den Kreuzzug.« Man muß darin ein Anzeichen der Regression sehen, trotz der Richtigstellung der politischen Rede durch denjenigen, der die Exekutive der Vereinigten Staaten innehat. Die Richtigstellung formuliert dann eine Antwort, die an einer anderen politischen Perspektive ausgerichtet ist, die zwischen der Wahrheit des Islams und seinen Abweichungen unterscheiden kann. Es ist kaum von Bedeutung, ob eine solche Unterscheidung der Wirklichkeit entspricht oder nicht: Sie ist notwendig, damit Amerika seinen Schutz gewährleistet und die fanatische und finstere Versuchung vermeidet, die in der Anwort auf den Angriff des 11. Septembers herumgeistert: die spektakuläre Inszenierung von nichts anderem als einer Kriegserklärung.

Die fanatische Versuchung ist an der Ausbreitung der sogenannten »amerikanischen Religion« abzulesen, deren obskurantistische Buchstabengläubigkeit sogar der koranischen Buchstabengläubigkeit von Leuten gleichkommt, welche die verbrecherischen Zerstörungen des 11. Septembers ausgeheckt und in die Tat umgesetzt haben. Es genügt mir, auf die Charta von Chicago aus dem Jahre 2003 zu verweisen, in der die Glaubensartikel der Evangelikalen versammelt sind. Diese Gruppe hat in Amerika mehr als vierzig Millionen Gläubige und weitet ihren Einfluß auf die ganze Welt aus, dank eines Systems der Evangelisation, das über wirksame Finanz- und Kommunikationsmittel verfügt. Zu ihren Sektenmitgliedern zählt sie den gegenwärtigen Präsidenten und zahlreiche seiner Berater, maßgebliche Kräfte der sogenannten neokonservativen Strömung. Bei dieser Charta, die auf einer zwischen Glauben und »Verneinung« wechselnden Dichotomie aufgebaut ist (jeder Artikel koppelt zwei Verben aneinander: *we believe*, »wir glauben«; *we deny*, »wie bestreiten«), erinnere ich mich nur an einen der Glaubensartikel, wo ausdrücklich gesagt wird, die Anhänger der Evangelikalen glaubten, daß das, was in der Genesis steht – Gott habe die Welt in sechs Tagen erschaffen – wirklich und dem Buchstaben der Bibel gemäß stattgefunden habe; und sie bestreiten, daß eine solche Geschichte eine Allegorie oder eine metaphorische Erzählung darstelle.

Ist eine solche Buchstabengläubigkeit etwa weniger verrückt als die eines Islams, der behauptet, daß der Buchstabe des Korans das von Gott selbst geäußerte Wort verkörpere, um einen einzigen, unwiderlegbaren, ewig wirksamen Sinn zu bezeichnen, der jede Form des Zögerns und der für die Sprache eigentümlichen Schwäche und jede Möglichkeit des sinnverwirrenden Schwankens ausräume? Zwischen diesen beiden Richtungen der Buchstabengläubigkeit sind wir dazu verurteilt, in diese dunkle Zone eines Krieges der Religionen zu treiben, der den Hintergrund des 11. September und der auf ihn folgenden Antwort bildet. Wir hoffen einfach, daß ein Ruck durch das amerikanische Volk geht, damit der Freiheitsinstinkt wiederbelebt wird, der es leitet und der es nicht im Stich läßt, selbst wenn die Religion die Finger im Spiel hat – Tocqueville hatte dies bereits betont. Im Abendland würde die Aufklärung so ihren Glanz zurückbekommen und der Orient würde sich, durch Ansteckung, von der Dunkelheit befreien, die ihn unaufhörlich umhüllt.

55
Eine geeinte Welt

Die Vorstellung, daß wir in einer geeinten Welt leben, ist während der Revolution von 1848 aufgekommen. Gewiß, sie ist in einer auf Europa begrenzten Welt gedacht und daher in ethnozentrischen Worten formuliert worden, welche die Wirklichkeit des Krieges und der technischen Entwicklung einbezogen, deren Risiken und Möglichkeiten damals die Mächte des Alten Kontinents betrafen. Der Krieg spaltet die Welt, die Technik eint sie. Während der Krieg die Spaltung aufrechterhielt, erlangte man im Blick auf das technische Handeln die Vorstellung von einer künftigen geeinten Welt. Die Ausweitung des Eisenbahnnetzes war in der Tat der konkrete Anfang dieser Einigung. Mit diesem Transportmittel ist der Wandel des Verhältnisses von Raum und Zeit in Richtung einer Beschleunigung, einer Annäherung des Fernen, in Gang gekommen.

Was ist also zu sagen zu unserer heutigen Welt, die von der Eisenbahn zum Auto übergegangen ist und zu unterschiedlichen Arten von Flugzeugen, angefangen mit der Propellermaschine bis zum Überschallflugzeug, ja sogar zur Rakete, die in den Weltraum geschossen wird und den Zeitbegriff umstürzte? Was ist zu sagen zur Geschwindigkeit, die sich der Kommunikationsmittel bemächtigte, vom Telegraphen bis zum Telefon und Internet, die den Abstand zwischen Sendung und Empfang verkürzen und eine nahezu totale Augenblicklichkeit herbeiführen, wodurch der winzige Zeitbruchteil zwischen den beiden Polen des Nachrichtenweges gleichsam rein theoretisch wird?

So ist die 1848 in einem Frühstadium der Technik vorgebrachte Idee durch die Geschichte bestätigt worden. Der Wunsch nach Vereinigung ist erhört worden, und wir leben heute geradezu in einer geeinten Welt. Diese *One World* wurde, wie 1848 angekündigt, aufgrund der unaufhaltsamen Entwicklung der Technik bewerkstelligt. Nur, daß diese einheitliche Welt nicht mehr Europa allein betrifft, sondern den Planeten in seiner Gesamtheit. Hebt aber die Tatsache der Teilhabe an ein und derselben Welt die Freund-Feind-Kategorie und ihre unmittelbare Folge auf: die politische Entzweiung, deren Fortsetzung der Krieg ist? Zwischen der vereinenden Technik und dem trennenden Krieg sind die Vorstellungen und Erkenntnisse von 1848 in den folgenden eineinhalb Jahrhunderten wirksam geworden. Wir haben schon in ein und derselben Welt gelebt, die jedoch durch die Spaltung in zwei Blöcke geteilt war. Der Kalte Krieg hat die Beschränkung des Weltbegriffs auf Europa endgültig aufgehoben, nachdem seine Ansprüche, ganz allein die Welt zu sein, in der ersten Hälfte des 20. Jahrhunderts durch zwei grausame Kriege zunichte gemacht wurden.

Nach dem Ende der UdSSR und dem Verschwinden des Eisernen Vorhangs hat sich die Zweipoligkeit von selber aufgelöst, wodurch es noch deutlicher wird, daß wir in einer einzigen Welt leben. Francis Fukuyama ist sogar so weit gegangen, zu denken, diese Einheit habe der Menschheit geholfen, das Stadium des von Hegel vorausgeahnten »Endes der Geschichte« zu erreichen. Das Ende der Geschichte tritt mit der Auflösung des Widerspruchs ein, der ihre treibende Kraft ist und insbesondere in der durch den Krieg bewirkten Spaltung zum Ausdruck kommt. Umgekehrt ist Samuel Huntington der Ansicht, daß es nicht so weit kommen wird und daß die Vorstellungen von Freund und Feind wirksam bleiben werden. Er meint, daß das Argument von Frieden und Krieg wiederum neues Anschauungsmaterial finden wird, und zwar mit der Wiederkehr von Kulturen, die nicht anders können, als sich aufgrund ihrer spezifischen Züge zu bekämpfen.

Schon während des Kalten Kriegs träumte Mao Tsetung in einem Gedicht von einer einzigen Welt, die nur unter der Bedingung der Teilung durchführbar wäre, damit jede der drei Kulturen, die er für Konkurrenten hielt, jeweils ihren Teil bekäme:

Kann ich nicht, an den Himmel gelehnt, mein Schwert zücken,
Um dich in drei Stücke zu zerteilen!
Ich werde einen davon Europa geben, einen Amerika,

Und ich werde einen für China aufheben!
Welt in Frieden ...

Die Einheit kann sich nicht ohne die Anerkennung der Teilung stabilisieren. Selbst wenn die Einheit der Welt durch die Teilung gewährleistet wäre, könnte dann die Vorherrschaft des Stärksten unterschlagen werden? Können die drei von Mao erwähnten Gruppierungen in gelassener Koexistenz leben oder zumindest in einem Wettstreit, der mit der Möglichkeit gegenseitiger Ergänzung spielt? Oder ist die Teilung zwischen den drei Gruppierungen in einem Ungleichgewicht zu denken, das die Vorherrschaft der einen über die beiden anderen bedeutet? Logischerweise sollten sie sogar nacheinander ihre Hegemonie über die Welt ausüben: gestern Europa, heute Amerika, morgen China. Es ist vielleicht kein Zufall, wenn uns durch die jetzige amerikanische Vorherrschaft die beiden entgegengesetzten Theorien von Fukuyama und von Huntington zugekommen sind, die beide gleichermaßen von der Vergangenheit und Zukunft des unbewußten Kreislaufs der Hegemonie beherrscht sind.

Wie würden angesichts dieser Entwicklung, bei der eine Hegemonialmacht eine andere ersetzt und an den Rand drängt, ohne sie zu beseitigen, wie würden jedoch die anderen, ausgeschlossenen, nicht einmal ansatzweise erwähnten Gruppierungen reagieren – ich denke an Indien, an Japan, an die Islamische Welt (obzwar diese stark gespalten ist), an Afrika ... –, denn es gibt schon mindestens sieben (und nicht drei) Gruppierungen, denen ein jeweils unterschiedlich starker Zusammenprall vorhergesagt wird, und dieser Zusammenprall würde die Einheit der Welt stören.

Die Bestätigung eines solchen Zusammenpralls, wenn nicht gar seine Ankündigung, haben manche im 11. September gesehen. Dieses Ereignis hat im Namen des Islams die Begriffe Feindseligkeit, Feind, Krieg wieder zu Ehren gebracht ... Ich erwähnte bereits, daß der Islam selbst stark gespalten ist: in Kulturkreise (den arabischen, türkischen, persischen, indischen und, allerjüngst, den afrikanischen) und zusätzlich in verbohrte Nationalstaaten. Man braucht nur die innere Uneinigkeit des arabischen Bundes zu sehen, der zerstückelt bleibt, obwohl er von einer sehr großen Zahl gemeinsamer Kriterien bestimmt wird, wie gemeinsame Sprache, Religion, Geschichte, geographischer Zusammenhang. Im übrigen bestätigt die arabische Spaltung die Allgemeingültigkeit der Staatstheorie, die Ernest Renan anhand seiner Beobachtung der europäischen Wirklichkeit gegen Ende des 19. Jahrhunderts erarbeitet hatte und in einem Vortrag am 11. März 1882 in der Sorbonne vorstellte (*Was ist eine Nation?*): Alle diese Gemeinsamkeiten, die sprachlichen, religiösen, historischen, geographischen, reichen nicht aus, um ein nationales Gebilde zu schaffen, wenn der Wunsch nach Gemeinsamkeit und der politische Wille, der ihn verwirklicht, fehlen.

Mit welchem Islam muß man den 11. September als Tat und Vorzeichen für den Kampf der Kulturen verbinden? Wäre das ein Islam, der von der Wiederherstellung einer utopischen Gemeinschaft träumt, die in allen Territorien des wirklichen Islams neue Anhänger gewänne, um ihre Spaltungen zu beheben, um sie mit einer unsichtbaren Armee ohne Uniform auszugleichen, in der Erscheinungsform einer Partisanenarmee, die Carl Schmitt konzipiert hat? Er hatte sie im Spanien des Jahres 1808 praktisch in Erscheinung treten sehen, als dessen Volk gegen die napoleonische Invasion aufbegehrte, und ihr Auftreten einige Jahre später in Preußen, angesichts desselben Napoleon, war der Anfang seiner Theoriebildung. Schmitt fand die Partisanenarmee, zwar pervertiert, bei Gambetta in seinem Krieg gegen Deutschland 1871 wieder. Er hätte sie bei Lenin, Stalin, Mao, in den Reihen der Résistance im besetzten Frankreich, bei Ho Chi Min, in Algerien, bei Che in Lateinamerika, dann in Palästina wiederentdeckt ... Man müßte weiter auf dieser Spur bleiben, müßte sehen, wohin der Hase läuft, um zu wissen, ob man die Spießgesellen des 11. Septembers zu den Verbrechern oder den Partisanen zählen kann.

Der Unterschied ist riesig. Es soll damit keineswegs das Verbrechen gerechtfertigt werden, sondern man soll begreifen, wer in einer geeinten Welt der Feind ist, um ihn besser bekämpfen zu können. Eigentlich sind die Islamisten, als leibhaftige Feinde, die wirklichen Erfinder der Theorie des Kampfs der Kulturen oder zumindest eines unversöhnlichen Antagonismus zwischen Islam und Okzident. Diese Einschätzung wird in ihren Schriften seit Sayyid Qutb (1906 – 1963) ausdrücklich formuliert.

Ich meinerseits denke nicht, daß der 11. September einen Zusammenprall zwischen Kulturen ankündigt, der die Welt zerreißt; er stellt in meinen Augen eher eine Feindseligkeit gegenüber einer geeinten Welt dar. Wir haben es mit einem Akt des Bürgerkriegs zu tun, eine Vorstellung, die es schon innerhalb des Islams gibt und deren Macht in seinen Spaltungen aufscheint. In Wirklichkeit wird die Welt *One World* bleiben. Aber damit ihre Einheit währen kann, darf die Verschiedenheit nicht aus ihr entfernt werden. Wir, die wir mit dem Sufismus vertraut sind, wissen, zu welcher subtilen Wahrheit die unaufhörliche Dialektik des Einen und des Vielen einlädt. Ihre paradoxale Logik, die zur Einheit der Gegensätze führt und die von der Metaphysik gedacht wurde, könnte hier vorgeschlagen werden, um in die Welt, in der wir leben, mehr Licht zu bringen.

56
Zwischen Islam und Europa

Ein in der *Herald Tribune* vom 21. September 2005 erschienener Leitartikel lenkt die Aufmerksamkeit darauf, in welcher Weise der Islam in Europa von den bekanntesten Intellektuellen der Vereinigten Staaten wahrgenommen wird. Drei von ihnen, die aktivsten bei der Orientierung und Modifizierung der amerikanischen Politik, haben sich in dieser Frage zu Wort gemeldet. Es sind drei der Namen auf einer Liste von etwa vierzig akademischen und intellektuellen Persönlichkeiten, auf deren Initiative in Amerika das Manifest über den »gerechten Krieg« erschien. Das war im Herbst 2001, nach dem 11. September und in dem Augenblick, als die Macht der Taliban in Afghanistan durch den Krieg gebrochen wurde – eine erste Antwort auf die absolute Aggression, der die Vereinigten Staaten ausgesetzt waren, die nun selbst ein Ziel gewählt hatten, dem sie eine ebenso absolute Feindseligkeit entgegenbrachten.

Das Konzept des »gerechten Krieges« ist auf dem Boden der christlichen Tradition entstanden und wurde im 4. Jahrhundert von Augustinus entwickelt, um die Christen, die der Religion der Liebe anhängen, aufzufordern, sich den Truppen des heidnischen Kaiserreichs anzuschließen, um die von den barbarischen Invasionen bestürmte Kultur zu verteidigen. An diesen anfänglichen Bezug haben die Verfasser des amerikanischen Manifestes zwar erinnert, haben aber die Erneuerung dieses Konzeptes durch Thomas von Aquin im 8. Jahrhundert verschwiegen. Vielleicht weil dieser den Feind einzig mit dem Mohammedaner gleichsetzte, was allzu sehr an die Kreuzzüge erinnert hätte, zu denen man auf Abstand gehen mußte. Dieses Wort hatte Präsident Bush am Tag nach dem 11.

September spontan gebraucht, gerade deshalb mußte man es in der Versenkung verschwinden lassen und in guter politischer Logik zwischen Islam und Islamismus unterscheiden, zwischen der Religion von mehr als einer Milliarde Gläubigen und den aufrührerischen Abweichlern einer aktiven, revolutionären, terroristischen Minderheit.

In diesem Manifest war eine christliche Genese am Werk, eine Erinnerung, welche die historische Feindschaft zwischen Islam und Christenheit einfach wachrufen mußte. Dieselbe Genealogie findet sich in der Behandlung der islamischen Anwesenheit in Europa durch Fukuyama, Huntington, Bernard Lewis wieder: das sind die drei Namen, auf die sich der Leitartikel der *Herald Tribune* konzentriert.

Fukuyama besteht darauf, daß die islamische Anwesenheit eine Gefahr darstelle, welche die christlichen Fundamente der europäischen Identität zu entwerten drohe. Der Mann ist dadurch berühmt geworden, daß er nach dem Fall der Mauer von Berlin und nach dem Zusammenbruch der zweigeteilten Welt, die der Ausgangspunkt des Kalten Krieges war, den Hegelschen Begriff des »Endes der Geschichte« wiederbelebt hat. Ein »Ende der Geschichte« würde mit der amerikanischen Theorie von der Einheit der Welt, der *One World*, übereinstimmen, die zum erstenmal 1941 in einer Rede vom amerikanischen Außenminister, Henry L. Stimson, vorgebracht wurde. Diese Theorie entfernt sich jedoch von der eher pluralistischen philosophischen Tradition Amerikas, in der sich etwa das Denken von William James bewegte. Eine Theorie, die im Einklang mit der Vorstellung vom Ende der Geschichte stünde, impliziert eine einzige Macht, welche die Gesamtheit der Welt verwaltet und beherrscht. Doch bezog sich das Hegelsche Ende der Geschichte nicht auf die materielle Einheit der Welt, sondern auf die Einheit des sie belebenden Geistes. Diese Idee wird von Fukuyama aufgegriffen, der, aus Japan stammend, ebenfalls Stellung gegen das moralische Risiko bezogen hat, das die Welt einginge, wenn sich ihre Vereinigung unter der Vormacht Chinas vollziehen würde: dann wäre der christliche Bezug nicht hergestellt, der für ihn den sichersten ethischen Garanten bildet. Im Zusammenhang mit seiner Bejahung des christlichen Geistes äußert er die Besorgnis, Europa könnte Gefahr laufen, durch die wachsende islamische Anwesenheit seine christliche Identität zu verlieren.

Huntington nun ist durch den *clash of civilisations* (wörtlich: »Zusammenprall der Kulturen«) berühmt geworden, ein *Zusammenprall*, für den er praktische Gründe zu finden sucht. In seiner theoretischen Annäherung an den Islam in Europa, zieht er die Parallele zu der hispanischen Bedrohung der Vereinigten Staaten. Diese kann eine Gefahr für die amerikanische Identität darstellen, die auf dem dominanten weißen, angelsächsischen, protestantischen Element, dem berühmten WASP, begründet ist: Er sieht in den Hispaniern katholische Lateinamerikaner, geprägt vom Geist der Dritten Welt, die nicht eingegliedert werden können, die sich durch ihre Sprache widersetzen, die das Spanische durchsetzen und dem Primat der englischen Sprache Abbruch tun könnten. Analog dazu sieht er die gleiche Gefahr einer Nichteingliederung von Muslimen und einer nachteiligen Bevölkerungsentwicklung für die Mehrheit christlicher Abstammung in Europa. Er ruft dazu auf, diese schicksalshafte Entwicklung nicht zuzulassen und ihr entgegenzuwirken.

Der Islamwissenschaftler Bernard Lewis bestätigt als Islamexperte diese Diagnose, wobei er daran erinnert, daß sich Europa zweimal gegen den Islam zusammengeschlossen hat, als es im Westen die arabische Angriffswelle (7. bis 12. Jahrhundert), dann im Osten die türkische Welle (15. bis 17. Jahrhundert) zurückgeworfen hat. Aber wieder branden diese Wogen auf Europa: der Druck des Maghreb wirkt sich auf Italien, Frankreich, Spanien aus und derjenige der Türkei auf Deutschland. Doch stellt sich eine Frage: Ist der Orientalist Bernard Lewis nicht dafür bekannt, daß er zu den Forschern zählt, die ihren Forschungsgegenstand hassen? Er wurde schon von Edward Said bezichtigt, »islamophob« zu sein. Er bleibt sich weiter treu. Er wurde übrigens als Islamkenner von den Neokonservativen engagiert, die ihm eine Unterredung mit Bush verschafften, damit er diesen von der Notwendigkeit und der Pflicht überzeuge, den Krieg im Irak zu führen. Derselbe Bernard Lewis ist der Ansicht, daß die amerikanische Unterstützung des türkischen Beitritts zur europäischen Union eine unverantwortliche Naivität darstelle. Von der Höhe seines historischen Wissens über die Türkei – deren hervorragender Spezialist er in der Tat ist – äußert er seine kategorischen Urteile.

Was ist von diesem amerikanischen Alarm zu halten, der die Zukunft Europas vom Islam bedroht sieht? Diesem Alarmruf kann ich nur den Geist der Aufklärung entgegenhalten, welcher das einzige anwendbare Allheilmittel bietet: die Überwindung. Dieser Geist selbst hat sich in der Überwindung seines christlichen Ursprungs gebildet. Ich sehe keinen anderen Geist, der in Lage ist, Männer und Frauen verschiedener Herkunft aufzunehmen, als Menschen, die gewillt sind, sich zu begegnen und zusammenzuleben. Dazu muß jeder sein Selbst überwinden und zugleich an gemeinsamen Werten teilhaben, ohne daß die eigene Herkunft aufgegeben wird. Sie wird auf einer anderen Ebene bewahrt, um so die Einheit der Welt zu leben, indem ihre Verschiedenheit wachgehalten wird. Die amerikanischen Kritiken erwähnen diese Möglichkeit nicht, denn sie gründen auf der Hypothese eines islamischen Menschen, den man nicht eingliedern kann, der unfähig ist, sein eigenes göttliches Gesetz zu überschreiten und an das Recht anzupassen, das die menschliche Vernunft geschaffen hat. Hingegen wird sich wahrscheinlich sowohl für den Islam als auch für Europa in dieser Spannung zwischen der Überwindung seiner Herkunft und der Verweigerung der Eingliederung die Probe auf die Demokratie und auf die Allgemeingültigkeit der Aufklärung abspielen.

57
Über den Exzeß

In ihrem Kampf gegen die Terroristen von al-Qaida während der letzten beiden Jahre und als Reaktion auf die Attentate, die diese Leute vor allem gegen Fremde verübten, die sich auf der arabischen Halbinsel niedergelassen hatten, verwenden die saudischen Offiziellen, gleich ob Politiker oder Theologen, oft den Begriff *ghulw*, der sich mit »Exzeß«, »Extremismus« übersetzen läßt. Das Wort leitet sich von der Wurzel *ghalâ* ab, was »die Grenzen überschreiten, über das gewöhnliche Ziel, das rechte Maß hinausgehen« bedeutet. Daraus entwickelte sich ein ökonomischer Sinn, und wenn von einer Ware die Rede ist, bedeutet das Wort: »verteuern, im Wert steigen, den Preis erhöhen«. Das Übermaß findet auch in der Botanik Anwendung, denn dasselbe Verb *ghalâ* wird gebraucht, wenn eine Pflanze so stark wächst, daß sie sich einrollt; und das Substantiv *ghulw* bezeichnet die äußerste Anstrengung, die Übertreibung, das Hyperbolische, den Exzeß oder die Handlung, die über das Ziel, die Grenzen hinausschießt. Das Wort verweist auch auf die Leidenschaft, auf das Ungestüm der Jugendzeit, die in ihrer Maßlosigkeit die von der Klugheit geforderten Vorsichtsmaßnahmen mißachtet.

Diese Wortwurzel taucht im Koran an vielen Stellen auf. Ich werde nur an zwei Fälle erinnern, die in unserem Zusammenhang nützlich sein können. Zweimal verwendet der Koran dieses Wort, wenn er sich an die »Leute des Buches« wendet, die aus mohammedanischer Sicht den Irrtum begehen, die Deutung ihrer Religion »zu übertreiben«. So heißt es im Vers 77 der Sure 5 (K.): »Sprich: o ihr Leute des Buches, übertreibt nicht in eurer Religion über die Wahrheit hinaus ...«; und an die Christen gerichtet wird im Vers 171 der Sure 4 gesagt: »O ihr Leute des Buches, übertreibt nicht in eurer Religion und sagt über Gott nur die Wahrheit«, das heißt: Ihr Christen, das Übermaß verleitet euch zu dem Glauben, Christus sei der Sohn Gottes, während er nur der Sohn Marias ist, der dadurch empfangen wurde, daß sich der Heilige Geist in ihr verströmt hat. Daher wird, laut Koran, die Inkarnation als Ergebnis eines *ghulw* betrachtet, einer übertriebenen, maßlosen, extremen Auslegung. Von da an schreibt der Koran dem *ghulw* das zu, was er für die Abweichungen des Christentums und des Judentums gegenüber der wahren Religion hält, die er seinerseits wiederherstellen will. Dies ist die koranische Veranschaulichung des Exzesses, der Maßlosigkeit, des Extremismus in der Auslegung: sie tragen zur Preisgabe der Genauigkeit und des rechten Weges bei und führen zum Irrtum.

Nach Einschätzung der theologisch-politischen Autoritäten Saudi-Arabiens läuft die von Bin Ladin und seinen terroristischen Schülern durchgeführte Lektüre des Korans, verglichen mit dem Maßstab des offiziellen Islams, genau auf eine exzessive, maßlose, extremistische Lektüre hinaus, die von der schlechten Energie des *ghulw* geleitet ist und unweigerlich zu einem aus dem Irrtum geborenen Tun führt, zu einem abweichenden, tadelnswerten Handeln. Dies um so mehr, als diese Lektüre die romantischen Neigungen anlockt, welche die Leidenschaft und das Ungestüm der Jugend nähren, wobei es sich von selbst versteht, daß die meisten dieser Terroristen jung sind. In einer unlängst gehaltenen Rede hat Kronprinz Emir Abdallah, der tatsächliche Lenker des saudischen Staates, wiederum den Begriff des *ghulw* gebraucht und daraus die treibende Kraft seiner Argumentation gemacht. Er wandte sich dabei an die Prediger der Nationalgarde, den bewaffneten Arm des saudischen Staates in diesem Krieg gegen die Terroristen, aus dem jener im Moment als Sieger hervorgegangen ist. Vermeidet den Extremismus, den Exzeß, das Übermaß, kurzum vermeidet den *ghulw* und wählt den Weg der »goldenen Mitte«, der *wasat'iyya*; bemüht euch niemals im Sinne der persönlichen Auslegung, des *ijtihâd*.

Darauf lief die Rede des Prinzen hinaus. Wie man bemerkt haben wird, hat der Herrscher des wahhabitischen Staats den Begriff *ghulw* von zwei Vorstellungen umrahmt. Zunächst hat er ihn im Zusammenhang mit seinem Gegenteil, seinem Gegenmittel gesehen, der *wasat'iyya*: Um gegen den Exzeß zu argumentieren, appelliert er logischerweise für das Maß; gegen den Extremismus beschwört er die goldene Mitte herauf. Damit sind wir bei der Logik des sokratischen »nicht zuviel« und bei der aristotelischen Ermahnung zur Klugheit, die für die gängige oder technische Ausübung der Vernunft ebenso geeignet ist wie für die Kontrolle des politischen Feldes. Dann dehnt der Prinz seine Moralpredigt auf das Verbot des *itjihâd* aus, der unaufhörlichen Bemühung, die das Feld des Hermeneutischen offenläßt und die zur theologischen und rechtswissenschaftlichen Tradition des Islams zu dem Zeitpunkt gehörte, als sie noch lebendig war.

Einmal angenommen, der *ghulw* sei tatsächlich die Wurzel des Übels; gibt es denn, um diese Neigung zum Exzeß zu bekämpfen, eine andere Möglichkeit als den Streit der Deutungen gerade wieder in Gang zu setzen? Aber an dieser Schlußfolgerung hat der saudische Staat kein Interesse. Er glaubt, den Krieg gegen die Anhänger des Bin Ladin dadurch gewinnen zu können, daß er die Position der »goldenen Mitte« gegenüber der radikalen Interpretation der Dschihadisten bevorzugt. Es liegt auf der Hand, daß eine solche Strategie ungenügend und kurzsichtig ist. Der Krieg findet nicht zwischen Übermaß und Klugheit statt. Er findet zwischen der wortwörtlichen Auslegung auf der einen Seite statt, die den *ijtihâd* ablehnt, da er die öffentliche Verbreitung persönlicher Meinungen verbietet, und der Freiheit auf der anderen Seite, welche die Bedeutung schwanken läßt und die Rede auf ihre Hinfälligkeit verweist. In der Anstrengung der Interpretation können der Exzeß, die Maßlosigkeit, das Wort sogar von dem Sinn befreien, der es einschränkt. Um die Radikalen besiegen zu können, muß man die vorderste Linie der Freiheit neu beleben und aktualisieren und dem Wort seine hermeneutische Würde wiedergeben, indem man es den modernen Techniken der Lektüre, den philologischen und genealogischen

Methoden, ihren dekonstruktivistischen und archäologischen Weiterführungen öffnet. Es gibt heute viele Verfahren, die sich der »Geistesblitze« der Tradition bemächtigen würden, um die Vielfalt der Lesarten und Deutungen, zu welcher das Wort des Korans einlädt, in scharfe Konkurrenz zueinander zu bringen.

Ich habe einmal Bin Ladin als den »Wahhabiten des Wahhabiten« bezeichnet. Er kann als Buchstabengläubiger der Meinung sein, der offizielle Wahhabit verrate das Wort. Genügt die *wasat'iyya*, die goldene Mitte, um das Wort zu zähmen und den wilden Sinn aus ihm zu entfernen, der ihm die Kraft des *ghulw*, des Extremistischen, verleiht? Nein, dieser Teufelskreis, dieses in sich geschlossene System, kann nur durch die Bresche aufgebrochen werden, welche die Freiheit der Hermeneutik schlägt. Aus ihr folgt die weite Öffnung auf beiden Türflügeln des *ijtihâd*, als die einzige Methode, die Bastion des Wortes neu zu bestürmen und seine Bedeutung in der Vielfalt oder in der »Explosion« des Sinns zu aktualisieren.

58
Ein Fall von Wahnsinn

Ich komme nicht von dem Gedanken los, daß die inszenierte Abschlachtung von Geiseln im Irak ein Akt des Wahnsinns ist, und zwar im technischen, klinischen Sinn des Begriffs, der im übrigen die gewöhnliche Bedeutung des Wortes bekräftigt. Wahnsinn wird als die Ausführung von Handlungen in der Wirklichkeit definiert, die im Symbolischen und in der Vorstellungskraft beheimatet sind. Die inszenierte Abschlachtung von Menschen, die als Geiseln genommen wurden, lehnt sich an die Dramaturgie der Schächtung des Tiers an, die eine Schuld des Menschen gegenüber seinem Gott bedeutet. Diese Handlung wird im islamischen Glauben in jedem Jahr anläßlich des Opferfestes feierlich vollzogen, im Gedenken an die Handlung Abrahams. Sie knüpft gleichsam an die Ursprungsgestalt an, die nach dem Mythos den Monotheismus begründet. Diese Handlung wird in der Tat als ein Gehorsamstest gegenüber dem Absoluten betrachtet. Es ist kein Zufall, wenn dieser den Traum bemüht: Der Befehl, den Abraham durch die Stimme des Einzigen erhält, offenbart sich auf der Bühne des Traums. Diese Bühne verdoppelt die Wirklichkeit und schöpft aus ihr seine Stoffe. Die Erinnerung an den Ursprungstraum zeigt auf, daß es in dieser Szene um das Symbolische und das Imaginäre geht. In der Zustimmung zu der Opferung des Sohnes erprobt Gottvater das Prinzip des Gehorsams gegenüber dem Anderen.

Averroës sieht in dieser Bedeutung einen tragischen Zustand. In seinem Kommentar zur *Poetik* des Aristoteles kommt ihm an der Stelle das Beispiel Abrahams, der den Sohn opfert, in den Sinn, wenn der Autor daran erinnert, daß sich das tragische Gefühl verstärkt, sobald »die Gewalt im Innern der Verwandtschaftsverhältnisse auftaucht«. Während Aristoteles Ödipus anführt, der seinen Vater tötet, beschwört Averroës Abraham herauf, der den Sohn opfert. Im Fall von Abraham löst sich das tragische Gefühl durch einen Vorgang des Austauschs auf. Durch das Eingreifen des Engels tritt der Widder an die Stelle des Sohnes, nachdem die Hand Abrahams rechtzeitig in der Geste aufgehalten wurde, welche die Kehle des Sohnes, des ebenfalls einwilligenden Opfers, durchschneiden sollte. Doch bewahrt diese Szene ihre Tragik, obwohl das Prinzip des Gehorsams durch beide Protagonisten bestärkt wird, die ihre jeweilige Rolle als Henker und Opfer annehmen.

Unzählige Darstellungen, orientalische wie abendländische, islamische wie christliche, sind von dieser Szene inspiriert worden, die ein berühmtes ikonographisches Schema hervorgebracht hat. Das Motiv wurde zum Thema eines Skulpturenwettstreits um 1420 in Florenz: Der Sieger durfte die zur Vorderseite des Doms Santa Maria dei Fiori blickende Paradiestür des Baptisteriums mit Bronzereliefs ausschmücken. Das Kunstereignis wurde von den Historikern daraufhin als Anfang einer Revolution der Formen betrachtet, die während der ersten Generation der Renaissance die visuellen Künste in Europa erfaßte. Es sei daran erinnert, daß der Sieger des Wettbewerbs der Bildhauer und Goldschmied Ghiberti war. In seiner Ausarbeitung einer auf der Theorie der Proportionen begründeten Ästhetik ließ er sich von dem arabischen Physiker und Optiker al-Hasan (11. Jahrhundert) inspirieren. Für diesen liegt schon im Prozeß der Erfassung eine ästhetische Absicht, die es ermöglichen soll, zwischen dem Schönen und dem Häßlichen zu unterscheiden, wobei das Kriterium der Schönheit die Beziehung, die Verbindung ist, die den Proportionen zugrunde liegt.

Dieser Rückblick zeigt, daß das Opfer auf der Vertauschung aufbaut und sich auf einer Bühne entfaltet, auf der sich beide Traditionen, die biblische und die koranische, begegnet sind; sie teilen die Bedeutung und die Technik des Opfers, unabhängig von der Auslegung ihrer Schriften. Gewiß ist dieses Opfer aus anthropologischer Sicht im Islam stärker gegenwärtig, eben wegen seiner jährlichen Inszenierung, der es als Ritus wachhält. Doch künstlerisch ist es in der abendländischen Tradition dank seiner Wiederholung in der Darstellung, im Gemälde oder in der Skulptur, wirksamer. Im Islam wird dieses Opfer auf der Bühne der Realität als eine symbolische und imaginäre Handlung inszeniert, während das Opfer im Okzident als symbolische Geste auf den Raum des anderen Schauplatzes beschränkt bleibt, der von den visuellen Künsten eingenommen wird, wo das Wirkliche verdoppelt und der Traumszene verwandt ist. Im Islam greift das Symbolische in den Bereich der Wirklichkeit ein. In der abendländischen Tradition verläßt das Symbolische nicht den Raum des Symbolischen, es wird in der Darstellung als Darstellung behandelt. Das Imaginäre bleibt in der Welt der Möglichkeit und der Illusion, welche die Inszenierung des Bildes herbeiführt.

Das Symbolische inmitten des Wirklichen zu feiern, das Tier also wirklich zu opfern, den Ritus wirklich vergossenen Blutes zu inszenieren, diese Konkretisierung kann möglicherweise die Voraussetzung dafür bieten, daß der Unterschied zwischen der Wirklichkeit und dem Symbolischen aufgehoben wird. Auf einen Schlag wird dann die ursprüngliche Vertauschung rückgängig gemacht, welche die Menschheit vom Menschenopfer schied, indem sie den Sohn durch das Tier ersetzte. Jedenfalls erleben wir bei den Islamisten eine obszöne Regression: der Mensch tritt wieder an die Stelle des Tiers. Die Vertauschung wird aufgehoben, der Unterschied existiert nicht mehr, das Symbolische und das Imaginäre werden im Wirklichen verwirklicht, nicht als solche, sondern indem sie selbst im Wirklichen aufgehen. Dieses Vorgehen entspricht der Definition des Wahnsinns im klinischen Sinne. Der Wahnsinn nimmt noch zu, wenn diese Verbrecher und ihre Nacheiferer sich an Diskussionen auf den fundamentalistischen Websites beteiligen. Manche ihrer »Fans« beglückwünschen hier die Henker der »Ungläubigen« und wollen dann in juristischen Erörterungen erfahren, ob die Bedingungen des Schächtens den gesetzlichen Bestimmungen entsprochen haben (geschärftes Messer, Schnitt durch die Halsschlagader, um das Leiden des Opfers zu lindern usw.). All diese technischen Erwägungen beziehen sich laut Tradition nur auf das Tieropfer, damit die Schlachtung *halâl*, rechtmäßig, ist. Aber dieser Diskurs wird nun auf das wieder menschlich gewordene Opfer angewandt! Wir haben es also mit der Verallgemeinerung einer vor-abrahmitischen, »heidnischen« Handlung zu tun, die in eine längst vergangene Zeit zurückreicht.

Die Regression ist hier vollkommen, sie berührt alle Bereiche des Seins, sie befällt Leute, die vermeintlich im Namen des Einzigen Gottes handeln, wenn sie ihren wahnsinnigen heiligen Krieg führen. Das sind Verrückte, Barbaren, Heiden, die stolz auf ihre regressive Handlung sind und das Bild benutzen, um die Tötung des Feindes zu inszenieren, vor allem wenn er Amerikaner oder Westler ist. Sie töten, sie schneiden die Kehle durch, um ein Bild des Terrors zu erzeugen.

Denn der Krieg, den wir erleben, ist ebenso ein Krieg der Bilder, dies sei hier noch einmal wiederholt. Aber es handelt sich um ein Bild, das ganz anders beschaffen ist, als das in der Ikonographie der europäischen Tradition gültige, bei dem die abrahmitische Geste sublimiert wird. Dieses Bild lädt das Symbolische und Imaginäre nicht ein, auf einer »anderen Bühne« gezeigt zu werden, einer Bühne, die von der Wirklichkeit unterschieden ist und die sich in der Malerei, der Skulptur und im Kino darstellt. Das unerträgliche Bild der menschlichen Schächtungen, das die Fundamentalisten verbreiten, zeigt einen wirklichen Tod, der uns nicht das Todesröcheln der Opfer erspart, das sich von dem Todesröcheln des Tiers unterscheidet, denn durch den menschlichen Schrei geistert noch das artikulierte Wort, das den Menschen vom Tier unterscheidet. Die visuelle und akustische Inszenierung dieser Verbrechen übermittelt den Schrecken einer Kriegssituation, in welcher der fundamentalistische Feind nicht einmal mehr weiß, daß er in den Wahnsinn abgeglitten ist.

59
Fasten

Jetzt, im Monat Ramadan, bietet sich die Gelegenheit, eine moderne Auffassung dieser religiösen Praktik in einer Perspektive vorzustellen, die den Glauben als verinnerlichten, individuellen Ritus denkt. Sie könnte für eine Gemeinschaft gelten, die durch die geistigen Umbrüche geprägt ist, wie sie für unsere Epoche bestimmend sind und auch auf das politische Zusammenleben einwirken. Wir werden sehen, wie die Situation so gestaltet werden könnte, daß sie zugleich für die Gegebenheiten der Tradition und für die Bedingungen unseres Jahrhunderts befriedigend wäre.

Ich wähle einen spirituellen Zugang zum Monat Ramadan und der Erfahrung des Fastens. Meine Interpretation gründet auf den Schriften des andalusischen Sufis Ibn Arabi, der uns aus der Ferne seines 8. Jahrhunderts weiterhin unterweist und erbaut. Dem Sufi zufolge unterwirft sich der Fastende der Macht des göttlichen Namens *al-fât'ir*; dieses Wort, leitet sich aus der Wurzel *f.t' .r*, ab, dessen erste Bedeutung »zerspalten, brechen« ist. Wird *fât'ir* auf Gott angewandt, bedeutet es »Schöpfer«, was andeutet, daß sein Schöpfungsakt einen Bruch darstellt, eine Geste, die das Nichts zerspaltet, auf daß aus ihm die Welt hervorgehe. Wird das Wort auf die Menschen angewandt, bedeutet es »derjenige, der das Fasten bricht«. Indem man Essen zu sich nimmt, zerspaltet man die Zeit und lebt eine Trennung zwischen heiliger Zeit und profaner Zeit.

Aber diese Trennung findet im Innern einer Zeit statt, die selbst schon heilig ist. Denn wenn man sich ins Fasten begibt, lädt man sich ein, bei Gott zu Gast zu sein, man dringt in eine andere Zeit ein, eine qualitative Zeit, bei der die Ergänzung der Quantität eine Qualität verleiht, die dem Monat Ramadan einen besonderen Status gibt. Dieser umfaßt *laylatu'l-qadr,* die »Nacht des Geschicks«, in welcher der Koran geoffenbart wurde. Daher ist er »besser als tausend Monate« (Koran 97, 3; K.). Die Nacht verschafft in der Tat dem Monat Ramadan eine Ergänzung in der Ergänzung. Nun bringt die der Quantität hinzugefügte Quantität die Qualität hervor, die in einer Verdichtung zum Ausdruck kommt, welche den Übergang der profanen Zeit zur heiligen Zeit anzeigt.

Überdies verknüpft Ibn Arabi die Ökonomie des mohammedanischen Fastens mit einigen Elementen, die der Islam von der Tradition der Bibel und der Evangelien bewahrt hat. Er erinnert uns zunächst daran, daß der königliche Prophet David einen Tag fastete und am nächsten Tag aß: So schenkte er einen Tag Gott und einen Tag sich selbst. Da er aber feststellte, daß dieser Teilung die Gefahr innewohnte, ein Gleichgewicht zwischen Gott und sich herzustellen, beschloß er, zwei Tage zu fasten, um am dritten zu essen, und schuf so in seiner Ausübung ein Ungleichgewicht, das Gott zugute kam.

Dann führt Ibn Arabi das Fasten Marias an. Wie um die davidische Genealogie Jesu zu bestätigen, entschied sich Maria für die gleiche Art des Fastens wie David und weihte Gott zwei Tage, sich und der Welt einen. Sie bewertete das zweitätige Fasten aber als das eines Tages; so machte sie ihren ontologischen Mangel als Frau wett und erlangte dadurch Vollkommenheit, daß sie sich mit dem Mann gleichstellte – die koranische Hierarchie räumt der Frau nur die Hälfte des männlichen Anteils ein. Als Mann des 8. Jahrhunderts glaubte Ibn Arabi an diese Hierarchie, aber für uns ist sie, in Anbetracht der Entwicklung der Welt, hinfällig, überholt durch das Prinzip der Gleichheit zwischen den Geschlechtern und den Gattungen, und dies von Natur aus und *de jure*.

Schließlich kommt Ibn Arabi zur Gestalt Jesu und zu seiner Art des Fastens, das die gesamte Zeit einnahm, da er die Nacht über stehend wachte. Sein Erscheinen in der Welt brachte den Tag mit der Wirklichkeit des Wortes *Dahr* in Verbindung, das sich mit »vollständige Zeit« übersetzen läßt, und die Nacht mit dem göttlichen Namen *Qayyûm*. Im Koran (2, 255) wird Jesus nach dem berühmten Thronvers *âyat al-Kursî* als jener verdeutlicht, den »nicht Schlaf noch Schlummer« überkommt. Jacques Berque übersetzt *Qayyûm* mit »der höchste Wirkende«, Régis Blachère mit »der Fortwährende«, der Dichter Jean Grosjean schlägt »der Erhaltende« vor. Dabei ist zu bedenken, daß das arabische Wort auch das Stehen und das Wachsein heraufbeschwört, »das sich dem Schlaf widersetzt«, und dazu auffordert, in der Nacht, während das gemeine Volk schläft, die Tätigkeit des Tages fortzusetzen. Aufgrund dieser Beharrlichkeit im Fasten und im Wachen – beides göttliche Attribute – ist Jesus, wie uns Ibn Arabi sagt, von seinen Jüngern für die Inkarnation Gottes, für Gott selbst gehalten worden. Er war es dank dieser göttlichen Dimension, die durch die Enthaltsamkeit am Tag und das Wachen in der Nacht erworben wurde.

Das sind die Verweise und heiligen Bereiche, auf deren Grundlage ein Geistlicher des Islams über das Fasten nachdachte. Behalten wir die Teilung im Sinn, die das Fasten zwischen der heiligen Zeit und der gewöhnlichen Zeit vornimmt; und merken wir uns, daß die islamische Ausübung nicht als besondere angesehen wird, sondern als eine, die, wegen ihres Aufbaus, an eine den Juden und

Christen bekannte Praktik angeglichen ist. Das Fasten vergöttlicht das Menschliche, dieser Umstand verdient ebenfalls, wieder zur Geltung gebracht zu werden. Es sollte in einer Religion bestimmend bleiben, die von innen angenommen wird und uns vom gesellschaftlichen Ramadan abbringt, der unter dem Zwang des theologisch-politischen Despotismus steht. Denn er zeitigt einen unerträglichen inquisitorischen Druck, gleichsam als Überbleibsel der mittelalterlichen *hisba*, jener Sittenpolizei, die nicht in den Institutionen anwesend ist, wohl aber in den Geistern. Sie empfahl im Innern der islamischen Stadt die Selbstzensur und die Überwachung des Nachbarn, indem sie die Losung ausgab: »Empfehlung des Guten und Verfolgung des Bösen« (*al-Amr bi'l-ma'rûf wa'n-nahyu 'alâ'l-munkir*: Dieser Ausdruck wandelt zum Substantiv um, was als Verb achtmal und unter verschiedenen Aspekten im Koran auftritt: Koran 1, 3, 104, 110, 114; 7, 157; 9, 71, 112; 22, 41; 31, 17)

Dieser Imperativ benennt den Unterschied zwischen dem Schicklichen und Tadelnswerten in der Orthopraxie, das heißt im gesellschaftlichen Erscheinungsbild der kultischen Ausübung. Er macht aus der Konformität mit dem Kult das Symbol der Moral, er schafft in der Gemeinschaft den polizeilichen Verdacht, er verletzt die individuelle Freiheit, er untersagt das Essen während der Fastenzeit, und führt zu einem Gemeinwesen, das unter dem Zwang der Mehrheit steht. Jedoch im Kontext eines reformierten islamischen Gemeinwesens, das sich an der Freiheit der Konfession als demokratische Bedingung orientiert, sollte jedoch der Fastende mit dem zusammenleben können, der ißt, und zwar in einer heiteren Agora, befreit vom erzwungenen und konformistischen Fasten. Hier könnte man die Bedeutung des spirituellen Fastens und seine historische Tiefe wiederfinden, die den Muslim daran gemahnt, daß der jüdische und christliche Bezug zu seinem Erbe gehört.

So wäre der islamische Mensch vielleicht in der Lage, den Polizisten zu vertreiben, der in seinem Kopf sitzt. Es hat ihn von der *hisba* geerbt, deren Wirkung er verinnerlicht hat, obwohl sie als Einrichtung längst vergangen ist. Angesichts der Fundamentalisten, welche die *hisba* wieder als Institution einführen wollen, fordere ich jeden Muslim auf, in sich das Beste der Tradition wachzuhalten und mit den Tugenden unseres Jahrhunderts zu verknüpfen. Das Fasten, das Individuelles ins Göttliche einbringt, sollte mit dem Grundsatz der freien Wahl verbunden sein – so daß ihr fast in Freudengeheul ausbrechen würdet, wenn ihr eure Städte sogar in der Fastenzeit der sichtbaren Gegenwart des Essens geöffnet seht.

60
Inquisition

In dem jüngsten Buch von Gilles Kepel *Fitna, guerre au cœur de l'islam* (Gallimard 2004), verfremdet der Autor beiläufig die berühmte islamische Formel: »die Empfehlung des Guten und die Verfolgung des Bösen«, um sie auf das Konto der amerikanischen Neokonservativen gehen zu lassen. Gewiß werden wir dann die Formel im Kontext des islamischen Fundamentalismus, der sie zum Emblem seines Aktivismus macht, wiederfinden. Wir wissen, daß die Islamisten diese Formel von der mittelalterlichen *hisba* übernommen haben, dieser Institution, die in der islamischen Stadt eine Art Sittenpolizei bildete und die wir schon in der vorigen Gegenpredigt erwähnt haben. Diese *hisba* – stützt man sich auf den Wortsinn, kann sie als Instanz begriffen werden, vor der das Subjekt erscheinen muß, um Rechenschaft über seine Handlungen abzulegen – ist vor allem im muslimischen Okzident, in al-Andalus, maßvoll angewandt worden. Dies bezeugen Handbücher der *hisba*, die auf uns gekommen sind, insbesondere das Buch, das der *Muhtasib* von Sevilla, Ibn Abdun, im 11. Jahrhundert verfaßte. Die *hisba* sollte dort nur noch eine Polizei des Marktes, des Basars sein, zuständig für den Handel und die Hersteller von Gütern und Kunstgegenständen. Sie überwachte folglich die Gewichte und Maße, die Preise, die Qualität der Ausführung. Dennoch konzentriert sich diese eingeschränkte Anwendung auf das Herz des Gemeinwesens, die *qaysariyya*, den Basar, den Souk, dessen Bedeutung das Symbolische wohl über die Herstellung und den Austausch materieller Güter hinaus strukturierte, wie es die von Clifford Geertz durch die Erforschung der marokkanischen Stadt Sefrou entwickelte Theorie vorschlägt.

Die gleiche *hisba* aber wird durch den gefürchteten hanbalitischen Theologen Ibn Taymiyya (Ende des 13. Jahrhunderts) mit Gewalt wiederbelebt. Er verlieh dem religiösen Grundsatz dadurch Kraft, daß er ihn im Primat des Wortes verankerte und zugleich seine strengste Respektierung verlangte, und zwar durch die Überwachung der Körper und der Seelen im Namen des Glaubens, um die Gefahren zu bannen, denen sich der Islam gegenüber sah. Seine Anhänger waren durch die doppelte Aggression von Kreuzfahrern und Mongolen traumatisiert, die soeben nach der Plünderung von Bagdad (1258) das Kalifat zerstört hatten. Ibn Taymiyya macht aus der »Empfehlung des Guten« und aus der »Verfolgung des Bösen« die treibende Kraft einer Seelenüberwachung, mit dem Ziel, die Religionsausübung wiederzubeleben und ein frommes Gemeinwesen durchzusetzen. Es soll vollständig durch die Moral konditioniert sein und die Bestimmungen der *sharî'a* sind in ihrer barbarischsten Form strikt anzuwenden, etwa mit Körperstrafen, die bei Diebstahl, Ehebruch, Meineid usw. verhängt werden. Dieser treibenden Kraft fügt Taymiyya eine weitere hinzu, die eine weitere berühmte Formel aufgreift. Sie erscheint im Koran an vielen Stellen mit den Worten: *al-walâ' wal'-barâ',* »die Treue und der Bruch« oder »der Treueid und die Mißbilligung«: Dies bedeutet Treue zu seinem eigenen Glauben, seiner eigenen Gemeinschaft, Bruch mit dem, der nicht den eigenen Glauben teilt, und dessen Mißbilligung. Diese doppelte Empfehlung soll ein nüchternes, strenges, mobilisiertes, reines und fremdenfeindliches Gemeinwesen wiederherstellen, das mit allem anderen bricht und fanatisch, militant, kriegerisch, opferbereit ist, um das Gesetz Gottes mit dem Schwert durchzusetzen, drinnen wie draußen, *urbi* et *orbi*.

Diese Sicht Ibn Taymiyyas ist im 18. Jahrhundert bei Ibn Abd al-Wahhab wiederzufinden, dem Begründer des Wahhabismus, der hundertfünfzig Jahre später die maßgebliche Ideologie Saudi-Arabiens sein sollte. Das Lehrbuch des unbeugsamen Sittenlehrers Ibn Taymiyya wird von den heutigen Fundamentalisten und Terroristen im Unterricht weitergegeben und vergöttert, gleich welcher Glaubensrichtung sie angehören. Die beiden Grundsätze darin werden von ihnen verbreitet, um ihre Rekruten anzuspornen, sowie ihren Aussichten und ihrem Versprechen die ganze Welt zu Füßen zu legen. Aber da die Wirklichkeit sich einem solchen Programm widersetzt, nähren die beiden Formeln, die seiner Ausbreitung Vorschub leisten, eine unheilvolle Utopie.

Diese beiden Embleme – die Empfehlung des Guten, die Verfolgung des Bösen, zunächst die Treue, dann die Mißbilligung – haben die Orientalisten fasziniert. Einige haben unlängst darin eine Besonderheit des Islams gesehen; ihre radikale und absolute Lektüre identifiziert den Islam mit dem Islamismus. Diese Interpretation geht auf amerikanische Forscher zurück, die vorwiegend in Princeton, New Jersey, lehren, an einer der angesehensten Universitäten des Landes, und sie verdient es, von der Ausschließlichkeit befreit zu werden, die sie empfiehlt. Denn im Anschluß an Gilles Kepel muß man sich klarmachen, daß sich solche Slogans in der Ideologie und der Praxis der Neokonservativen wiederfinden und daß ihre Wirkung sich sogar in der Rede des amerikanischen Präsidenten niederschlägt, wenn er, nachdem er die Kreuzzüge als Antwort auf den Angriff des 11. Septembers heraufbeschworen hat, die Formel »Achse des Bösen« verwendet. Sie liegt dem Krieg zugrunde, der im Irak geführt wird, um »das Böse zu verjagen«, das durch den Diktator und den Terror verkörpert wird, und um »das Gute zu empfehlen«, das durch die Demokratie und die Notwendigkeit ihrer weltweiten Verbreitung vertreten wird. Dies sei die Bedingung für ihr Überleben an den Orten, wo es sie schon gibt. Das ist zumindest die Theorie von Leo Strauss, der die Ideologie der Neokonservativen unterstützte.

So bieten in diesem Krieg des Guten gegen das Böse die islamischen Fundamentalisten und die amerikanischen Neokonservativen ähnliche Konstruktionen an. Sie schmücken einfach nur die gleichen Wörter nicht mit dem gleichen Sinn. Trotz der unterschiedlichen Abstammung der beiden Lager, die in ihrem Gegensatz auf der Bühne der Welt gefangen sind, verblüfft die Teilhabe an einer gleichen geometrischen Konstruktion. Eine weitere Gemeinsamkeit zwischen diesen Todfeinden liegt darin, daß beide von einer Ideologie des Kampfes angetrieben werden, die, trotz der entgegengesetzten Erscheinungsbilder, von einem aufständischen Linksextremismus herrührt. Die meisten neokonservativen Ideologen sind in ihrer Jugend mit dem Trotzkismus in Berührung gekommen. Die islamischen Fundamentalisten bedienen sich des Terrors mit den Worten und im Geist der Besessenen von Dostojewski oder der Roten Brigaden, wobei sie die Vorstellung haben, daß die Hervorbringung von Schreckensbildern die Aufgabe hat, die Massen mitzureißen und zwischen ihnen und der kämpfenden Avantgarde Verbindungen herzustellen. Genau dies sind die Worte des Leninismus und des Guevarismus. Daher kommt also zwischen den Ideologen der beiden Lager eine Art Symmetrie zum Ausdruck: Ayman Zawahiri auf der einen Seite, Bill Kristol auf der anderen. Beide sind nur Träger einer gleichen Polarität. Der eine findet im anderen den notwendigen Feind. Und wenn sich die islamische Formulierung auf die beiden Lager anwenden läßt (»Die Empfehlung des Guten und die Verfolgung des Bösen« – welches Guten? welches Bösen?), hätte die berühmte, in Amerika entwickelte Formel – »der Kampf der Kulturen« – im Milieu des islamischen Fundamentalismus erfunden werden können. Wenn er dort nicht mit diesen Worten erfunden worden ist, so wird er doch zumindest als die Orientierung der gegenwärtigen Welt zum Ausdruck gebracht und als solche beansprucht, übernommen, weitergegeben, beglaubigt und bekräftigt.

61
Leb' wohl, Maghrebiner!

Heute frühmorgens (am 9. Oktober 2004) hat der Leib von Jacques Derrida aufgehört zu sein. Der Philosoph hat uns am Ende einer Krankheit verlassen, der er seit Mai 2003, dem Zeitpunkt ihrer Entdeckung, mit klarem Bewußtsein und Beharrlichkeit begegnet war. Wir ehren in diesem Philosophen einen Landsmann, der viel mit uns gemeinsam hatte. Er teilte mit uns die französische Sprache und Staatsbürgerschaft, aber auch und vor allem war er afrikanischer, maghrebinischer Herkunft, die er in sein eigenes Sein einbezogen und als Denkanlaß ins Auge gefaßt hat. An verschiedenen Stellen, die über sein gesamtes geschriebenes wie gesprochenes Werk verstreut sind, verweist Jacques Derrida nachdrücklich auf seinen algerischen Ursprung, auf Algier als Kindheitsschauplatz, der zu seiner Formung als menschliches Subjekt beigetragen hat. Algerien, Algier versteht er überdies als einen Ort, der Gegenstand des Schreibens wird und sich in diesem verankert. Beim Vertiefen seiner eigenen Introspektionen kommt er in Einklang mit den *Bekenntnissen* des heiligen Augustinus, auch ein Afrikaner, Algerier, zudem Numidier, Berber und Bewohner des Aurès-Gebirges. Daher nennt er seinerseits Augustinus seinen Landsmann. Dieser Verweis erinnert uns daran, daß der Maghreb die Nachfolge des römischen Reiches und seines christlich-römischen Erbes angetreten hat.

Mit diesem Auftreten von Augustinus und der Erwähnung Algeriens von einer europäischen Denklandschaft aus, eröffnet sich dem Maghrebiner folgende Möglichkeit: Die islamische Decke zu durchstoßen, die sich über sein Gebiet gelegt hat, um eine regionale antike Vorzeit wiederzufinden, die den Zusammenhang mit dem rechtfertigt, was in Europa, im Abendland, auf der Höhe der Zeit geschrieben wird. Hinzu kommt das Zeugnis des Körpers, das durch das Fleisch Empfundene. Daß der christliche Gelehrte seine Kindheit in Karthago erwähnt, verstärkt unsere Identifikation und unser Einverständnis mit dem, was durch die Jahrhunderte und die Aufeinanderfolge der Kulturen hindurch eine Spur hinterläßt, und zwar dadurch, daß sein Körper in ein Klima eintaucht, das uns durch seine Glut und seine Strenge anhaltend prägt und durchdringt. In ihm befragt sich unser eigenes Bewußtsein als das von Wesen, denen die Spannung zwischen Gesetz und Verlangen zu schaffen macht. Wir sind mit dem gleichen Blut und dem gleichen Feuer in Berührung gekommen. Über diese Erfahrung legen wir uns auf unsere Weise Rechenschaft ab, indem wir auf das tausendjährige Echo antworten, das diese beiden Schriftgelehrten, Jacques Derrida und der heilige Augustinus, als unsere beiden Landsleute hervorrufen, deren Denken durch den Körper geht.

In einem weiteren Punkt sind wir mit diesen Landsleuten verbunden, nämlich in der Frage der Ortsveränderung als treibender Kraft der Idee, des Gefühls, des Sinneseindrucks, der Emotion. Welche Spiele der Erinnerung zwischen Jacques Derrida, der am anderen Ufer, in Nizza, über das Sterben seiner Mutter wacht, und Augustinus, der auf dem anderen Kontinent, in Italien, sich in einer ähnlichen Situation befindet, und dabei das Bündnis mit dem Mütterlichen prüft, das nicht frei von Mißverständnissen und versäumten Gelegenheiten ist.

Wenn wir diese Frage der Ortsveränderung für uns, als Leute von heute, stellen, kommen die Wirkungen des dritten Ufers hinzu, des Ufers von Amerika, das die Zentren vervielfacht und einen umfangreicheren Denk- und Lebenshorizont, ein erweitertes Feld der Erfahrung entwirft. Dies ist bei Jacques Derrida zu sehen, wenn er Augustinus von Santa Monica aus wachruft, einem sehr fernen Ort, der an das Heimatliche – unterstützt vom Licht Kaliforniens – durch einen Namen gemahnt, der mit dem Namen der Mutter des Theologen identisch ist und in Konkurrenz mit dem Überrest der Basilika Sankt Cyprianus tritt. Sie nimmt bei Karthago mit Säulenresten, Mauerstücken, und den Fundamenten einer Apsis eine Hochebene ein, die in einer Steilwand abbricht, wo bei windigem Wetter, die Musik der Pinien und der Eukalyptusbäume unterstreicht, daß die Natur ein singender Tempel ist. Von seinem amerikanischen Standort aus mit seinen eigenen historischen Stätten, verknüpft Derrida das mütterliche Band mit der Dauer, wobei sich in der Trennung die Teilhabe an der Heimat erweist. Mit Amerika auf dem dritten Ufer löst sich das Belagerungsverhältnis zwischen Maghreb und Frankreich, löst sich der Dualismus Hauptstadt/Kolonie, Zentrum/Peripherie. Jede Peripherie erlangt die Möglichkeit, sich in der Dezentralisierung jedes Zentrums zu rezentralisieren.

Durch die Ortsveränderung verstärkt sich auch das Band mit der Herkunft, die bis in ihre innersten Winkel durchsucht wird, deren dunkle Stellen erhellt werden, damit sie nicht mehr nur eine Spur ist, die Folge einer genealogischen Unterbrechung. Dasselbe Vorgehen wenden wir bei den Denk- und Schaffensweisen an, wobei wir die kulturellen Gegebenheiten und die Zeichensysteme einbeziehen. Diese Methode bricht mit allen Ursprüngen (ohne sie zu verleugnen oder zu vernachlässigen), sie begründet sie anderswo, nicht indem sie (selbst nach Überprüfung) die Treue auf den Glauben zurückführt, sondern indem sie die ererbten heiligen Buchstaben zerpflückt. Wenn ich dieses Feld eröffne, finde ich auf ihm – abgesehen von Christian Jambet und Jean-Luc Nancy – niemanden als Jacques Derrida. Er hat die Möglichkeit geahnt, eine jüdisch-islamisch-christliche Fluchtlinie für ein Haus zu skizzieren, das alle Nachforschungen aufnimmt, die Vielfalt der verinnerlichten Spuren, und das als Anwesen pünktlich nach Beendigung der Arbeit wieder zu räumen ist. Derrida selbst hat diese Möglichkeit geprüft, als er die Arbeit über den Fremden und die Gastfreundschaft in Angriff nahm, als er die Frage darauf ausweitete, was mit der Szene der abrahamitischen Fremdenfreundlichkeit in den Islam eingebracht wurde. In dieser Szene empfängt der Patriarch die Fremdlinge unter der Eiche von Mamre, ohne zu wissen, daß es die Engel des Herrn sind. Indem das arabische Wort *ghurba* den Begriff der Gastfreundschaft ins Spiel bringt, wird auch der Bedeutungsraum ausgedehnt, über den im Griechischen und Lateinischen die Wörter *xenos, hospis* und *hostes* wachen.

Diese streng hermeneutische Vorgehensweise hat jedoch eine beträchtliche politische Wirkung. Besteht nicht einer der Gründe für den Wahnsinn, das mörderische Toben, die uns vom Islam beschert werden, teilweise in der Rechtsverweigerung, die diese Gruppierung ächtet? Der unheilvolle Wahnsinn der Islamisten wird so durch manche ihrer Gegner noch genährt. Diese Wechselseitigkeit setzt uns einer Barbarei aus, der nur ein Rückgriff auf die europäische Aufklärung abhelfen kann. Dies war die letzte politische Antwort von Jacques Derrida, und sie entspricht einer Notwendigkeit, die in düsterer Zeit wieder an den gesunden Menschenverstand, das Maß, die Umsicht anknüpft. Vielleicht wird sich mit dem Rückgriff auf die Aufklärung die Politik beruhigen, indem sie zu einem Pragmatismus gezwungen wird, der den unwiderlegbaren Grundsatz der Gerechtigkeit nicht aufgibt. Nicht in allen Bereichen wird auf die Umsicht gesetzt. Die Ausübung des Exzesses, der Maßlosigkeit, der Überschreitung, der übergreifenden Kritik soll uns zugänglich bleiben, und zwar in dem, was von der Realität im Symbolischen und Imaginären nachhallt, also im Gedicht, in der Malerei, im Film und den Produktionen so vieler anderer Medien.

Eine allerletzte Erinnerung an das, was uns mit Jacques Derrida verbindet: Es ist der Dialog, den er mit einigen Schriftstellern des Maghreb unterhalten hat. Diese sind angeregt durch die Spannung zwischen den Sprachen, schreiben in einer doppelt zweisprachigen Situation, sind mit der französischen Sprache verwachsen und werden zugleich durch diese Spannung angetrieben. Angesichts unseres Zwischen-den-Sprachen-Stehens unterbreitet uns Derrida seine berühmte Formel: »Ich habe nur eine einzige Sprache und diese Sprache ist nicht die meine.« Hinter dieser Formel steht die Geschichte der algerischen Juden, die dank des Dekrets Crémieux in die französische Staatsbürgerschaft aufgenommen wurden. Das besagte Dokument ermöglichte es ihnen bereits im letzten Viertel des 19. Jahrhunderts, unmittelbaren Zugang zu der Sprache und der Kultur zu erlangen und sich mit ihr zu identifizieren. Diese Verfügung wurde bekanntlich durch die diskriminierenden Gesetze von Vichy behindert, ja, sogar aufgehoben. Dies führte dazu, daß Derrida wegen seiner jüdischen Abstammung vom Gymnasium verwiesen wurde, *numerus clausus* verpflichtet. Ein Ereignis, das einem Unfall gleichgesetzt, vergessen, in dem Umfeld, dem er ausgesetzt war, verdrängt wurde. Derrida hebt es aber wieder als Symptom hervor, das einen zusätzlichen Abstand zwischen sich und die Sprachgemeinschaft legt und das die Topik der französischen Sprache ebenso auf die Vielfalt der verschwiegenen oder offenkundigen Wahrheiten verweist wie auf deren künftige Aufdeckung. Zwischen der Vielfalt ihrer Verwendungen (berberisch, arabisch, verschiedene Dialekte, spanisch, italienisch) und der fixen Idee der selbstbezogenen Einzigartigkeit bewegt sich die französische Sprache durch die Stätten des Maghreb, ortsfest und in Ortsveränderung, hier und anderswo. Und in dieser Sprache, die wir gemeinsam haben, sage ich, vom Licht von Tanger aus: »Leb' wohl, Jacques Derrida!«

62
Der Mord

Der holländische Filmemacher und Schriftsteller Theo van Gogh ist am Dienstag, dem 2. November 2004, um 8 Uhr 30 morgens in einer Straße Amsterdams von einem jungen sechsundzwanzigjährigen Mann marokkanischer Abstammung, der Bart und Dschellaba trug, getötet worden. Dieser Mann streckte van Gogh mit Revolverschüssen nieder, bevor er die Straße überquerte und dem auf der Fahrbahn liegenden Körper eine Reihe von Messerstichen versetzte. Der Name des Opfers ist durch die Kunst geheiligt. Denn van Gogh gehörte zu der Familie des großen Vincent, dieses »Selbstmörders durch die Gesellschaft«, wie es Antonin Artaud ausgedrückt hat. Theo, der in dieser Woche getötet wurde, trägt den Namen des Bruders, dem Vincent eine Reihe von Briefen schrieb, die sowohl seine Person als auch seine Kunst erhellen. Diese Briefe an seinen Bruder beschreiben im Französisch eines Nicht-Franzosen die Krisen, die den Künstler zur Selbstverstümmelung brachten, und die Nöte und die Ansprüche des Künstlers, der eine Welt erfand und mit ihr die Methode, sie sichtbar zu machen. Es ist unmöglich, den Namen Theo van Gogh zu hören, ohne im Geist diese Reihe von Bildern und Worten gegenwärtig zu haben. Sie weisen auf die Heiligkeit eines Geistes hin, der sich in dem intensiven Leben einer Person verkörpert, eines Individuums, dem das Lebensfeuer durch Hände und Hirn loderte.

Der Tod, den Theo van Gogh am letzten Dienstag erlitt, ist ein Angriff auf einen von höchstem Geist berührten Namen. Und dieser Mord ist im Namen der Verteidigung eines beleidigten Islams ausgeführt worden. Van Gogh war als ein Schriftsteller und Filmemacher bekannt, der mit seinen Worten nicht hinter dem Berg hält, der sich nicht an die verschleierte, dezente politische Rede anpaßt, der das öffentlich macht, was andere in den Privatunterhaltungen verbergen. Er lehnte die multikulturelle Gesellschaft ab, er sah in ihrem Durchbruch die Möglichkeit angelegt, das Aufkommen und die Verbreitung des fanatischen, radikalen, nicht integrierbaren Islamismus zu rechtfertigen, der die Million von Muslimen, die in den Niederlanden leben, anzustecken droht. In dieser Geisteshaltung drehte er einen Film von zehn Minuten Länge, der *Unterwerfung* heißt und im August 2004 im Fernsehen ausgestrahlt wurde. Das Drehbuch war von der muslimischen Abgeordneten somalischer Herkunft Ayaan Hirsi Ali verfaßt worden, die sich schon durch ihre leidenschaftlichen Kritiken an einem Islam ausgezeichnet hatte, der die Frauen beleidigt und der Misogynie und Haß auf das andere Geschlecht verbreitet. Seit einiger Zeit lebt sie unter Polizeischutz, was Theo van Gogh jedoch für sich nach den Drohungen, die auf die Ausstrahlung des Films folgten, abgelehnt hatte. Er sagte, daß es ihm genüge, die Polizei von den gegen ihn gerichteten Einschüchterungen in Kenntnis zu setzen, denn er glaube an die Demokratie, in der er lebte und an das Gesetz, das durch die Kraft des Rechts die Sicherheit der Bürger gewährleisten müsse.

Der Film hat einen Skandal ausgelöst. Er erzählt die Geschichte von vier Frauen, die ihre Gebete an Gott richten und ihm die von ihnen erlittenen Ungerechtigkeiten anvertrauen. Der Zuschauer sieht unter einem durchsichtigen Schleier Koranverse, die auf ihre Haut geschrieben sind; daneben Blutergüsse und die Spuren von Mißhandlungen. Theo van Gogh, der in den Niederlanden die Errungenschaften der freiheitlichen Gesellschaft genoß, hing der Freiheit des absoluten Ausdrucks an. Er geißelte die muslimischen Imame, die seine islamischen Mitbürger durch ihre von den arabischen Fernsehsatelliten ausgestrahlten Predigten und längst überholten Ratschläge beeinflußten. Etwa Scheich al-Qarzhawi, der den Bannfluch gegen die Homosexuellen und gegen die Befreiung der Frau ewig aufrecht erhält. Diese Ansicht ist natürlich in einer liberalen Gesellschaft wie der niederländischen sehr unpopulär. In seinem Buch *Allah weiß es besser* (2003) prangerte Theo van Gogh den militanten Islam und den Diskurs der Gelehrten an, die »voller Haß gegen die Frauen sind«. Darüber hinaus erkennt er seinem Film und seinem Buch den Status politischer Pamphlete zu.

Gegen diese Situation hat der Mörder von Theo van Gogh reagiert, der in seinem altertümlichen Glauben verletzt war. Wie ist es dazu gekommen? Wie konnte dieser Mensch marokkanischer Abstammung, der in den Niederlanden aufgewachsen ist und ausgebildet wurde, in einen solchen Archaismus zurückfallen und einen Konflikt der Vorstellung und des Urteilsvermögens blutig lösen? Dieser Konflikt ist dazu geeignet, Mißklänge hervorzurufen, die aber dem gleichen Register der Worte und Bilder, des Diskurses und des Werks angehören, und nicht der bewaffneten terroristischen Praxis. Hat die multikulturelle Gesellschaft diese Gemeinschaft von Einwanderern brachliegen lassen? Die gleiche Gesellschaft, die gerade von Theo van Gogh gegeißelt wurde. Vor zwei Jahren schon hat die Mitte-Links-Regierung rechtliche Maßnahmen zur Eingliederung ergriffen, damit die im Land ansässigen Muslime die Sprache erlernen und die Möglichkeit haben, sich als Staatsangehörige zu integrieren und an den Werten der Gesamtgesellschaft teilzuhaben. Auch müssen die Muslime in den Niederlanden, wie anderswo in Europa, verstehen, daß es nicht die Aufgabe der Gastländer ist, sich an Menschen anzupassen, die sich bei ihnen niederlassen, sondern daß sie Fremde sind, die den Status des Gastes haben. Selbst wenn man weiß, daß die Gastfreundschaft nur bedingungslos sein kann – aber, ohne jegliche Bedingung wird sie unmöglich.

Es ist nicht die Aufgabe Europas, sich an den Islam anzupassen; der Islam muß sich an Europa anpassen. Der Islam muß es lernen, Kritik zu ertragen, selbst die verletzendste, ohne zur Bluttat zu schreiten, um sich zu verteidigen. Der Islam muß eingestehen, daß die heftigsten Kritiken an ihm gerechtfertigt sein können, wegen des Widerspruchs, der sich zwischen der Entwicklung der Welt und der Starrheit seiner Sitten verschärft. In Europa schließlich muß das islamische Subjekt den offenkundig veralteten Teil seines Erbes spüren. Hier muß es erfahren, daß der Respekt vor dem Glauben nicht das Äußern von Meinungen behindern darf. Was mich betrifft, der ich islamischer Abkunft bin und in Europa lebe, so erkenne ich mich in den Werten wieder, die Theo van Gogh zum Handeln, zum Filmen, zum Schreiben ermunterten; und ich habe nichts gemein mit seinem Mörder, der Dschellaba und Bart trägt, weder mit ihm noch mit der Gemeinschaft, von der er träumt.

63
Despot ohne Staat

Arafat ist tot (11. November 2004). Angesichts der einstimmigen Lobrede der arabischen Medien, welche die Öffentlichkeit in schöner Einstimmigkeit mit ihr informieren – ja, sie steigern sogar noch deren Neigung, die Mythen ohne Umschweife zu schlucken –, angesichts einer solch harmonischen Übereinstimmung mit der Tradition, die den Toten einen Kult weiht und von den Verblichenen nur das Beste im Gedächtnis behält, zumindest in der Zeit des Abschieds, wenn der Ritus des Begräbnisses das gemeinsame Bündnis wieder festigt, fühle ich mich, trotz der politischen und anthropologischen Erwägungen, die diese Einhelligkeit nähren, verpflichtet, an gewisse Wahrheiten zu erinnern. Sie bringen die Gefahr mit sich, die Übereinstimmung zu zerschlagen und die Anzeichen des Herdentriebs im Nu verfliegen zu lassen. Dieser Herdentrieb lähmt die Geister und verschüttet die Klarheit der Vernunft, welche die politische Analyse benötigt, um zielgerichtet handeln zu können und ihre Pläne umzusetzen.

Es ist nützlich, Wahrheiten auszusprechen, aber sie laufen Gefahr, als eine Störung der Trauer betrachtet zu werden. Arafat ist das Symbol des Elends, mit dem die arabische Politik geschlagen ist, ein um so auffälligeres Elend, als es sich in einem noch nicht gewordenen, noch nicht aus der Taufe gehobenen Staat kundtut, wenn ich es wagen kann, diese christlich gefärbte Metapher zu benutzen. Er stellt den Despoten dar, der beharrlich daraufhin arbeitet, die Stelle des Einzigen einzunehmen. Gewiß wird er in den Augen der meisten Palästinenser Palästina verkörpern. Aus diesem Grund konnte er im palästinensischen Bewußtsein derart lange, in einer ununterbrochenen Kontinuität, ein solches Ansehen genießen. Heute, an der Schwelle des 21. Jahrhunderts, beweist sich an ihm wiederum die Theorie, die im 16. Jahrhundert von Montaignes Freund La Boéthie entwickelt wurde, in einem Moment, als allenthalben der Despotismus und die Verehrung des Einzigen triumphierte, und zwar in den vielfachen Formen von Königreichen und absoluten Monarchien aus göttlichem Recht, die das Universum in allen Landstrichen und auf allen Kontinenten erfüllen. La Boéthie sagt, dieser Triumph für *einen Einzigen* kann nicht ohne die Zustimmung der Menge verwirklicht werden, nicht ohne ihre »freiwillige Knechtschaft«; es wurde in diesem Buch bereits mehrfach darauf hingewiesen.

Wir haben auch bereits ein anderes Attribut des Despotismus erwähnt, das schon seit mehr als 2500 Jahren bekannt ist, da es in der Tragödie *Die Perser* von Aischylos in seinem ganzen Glanz erstrahlt. Dort steht, daß der Despot, im Gegensatz zu dem Oberhaupt in der Demokratie, für seine Taten nicht verantwortlich sei. Xerxes, der König der Könige, hat mit der doppelten Niederlage gegen die Griechen, auf See zu Salamis und zu Land bei Platäa, seine Armee und sein Volk in die Katastrophe geführt. Und dieses verheerende Debakel wurde ihm von niemandem zum Vorwurf gemacht, er verlor gegenüber seinen Untertanen nicht die Legitimation. Arafat veranschaulicht genau die gleiche Situation: Er hat nur Niederlagen zu verzeichnen, er hat sein Volk in seine jetzige verzweifelte Lage geführt und er ist weiterhin nicht nur das legitime Oberhaupt, sondern er wird sogar vergöttert, denn das Volk schreibt das Unheil nur der Grausamkeit und der Unmenschlichkeit des Feindes zu. Mehr noch, seit dem Jahr 2000, als Arafat die zweite Intifada auslöste, hat er im Herzen seiner Gesellschaft zum Triumph des diffusen Fundamentalismus beigetragen, der die gleichen Opfermethoden anwendet wie der aktive Fundamentalismus, der zum Mittel des Selbstmordattentats greift.

Zu diesen Defiziten sind die höchst persönliche Methode hinzuzufügen, in der Arafat Gebrauch von der Staatskasse machte, und man wird das vollkommene Bild eines archaischen Despoten erhalten, das einem Patriarchen vergleichbar ist. Diese Gestalt findet ebenfalls in der Mafia Verkörperung und paßt sich an die Bedingungen des modernen Gemeinwesens an, um als Herrschaftsgefüge zu überleben. Despot Arafat, Pate Arafat ...

Ich erinnere auch daran, daß die beiden hervorragendsten Intellektuellen, die das philosophische und poetische Gewissen Palästinas verkörperten, mit Arafat aus den von mir angeführten Gründen, an denen sich das arabische Übel festmachen läßt, gebrochen haben. Mahmoud Darwish hat beschlossen, ohne Aufsehen mit Arafat zu brechen, doch in einer reiflich überlegten und getreulich befolgten Entscheidung. In zahlreichen Artikeln, Analysen und öffentlichen Stellungnahmen hat Edward Saïd seinerseits die Machtausübung durch Arafat und die durch ihn verkörperte Rückständigkeit angeprangert, die verderblich sei für jeden Fortschritt des politischen Bewußtseins in Palästina. Daß die besten unter den Landeskindern einsam und verlassen sind und in der Wüste predigen, zeigt die Blindheit dieses Volkes.

Das ist die Unanständigkeit seitens der Araber. Der Tod Arafats hat eine weitere hervorgebracht: Diejenige der Gruppe orthodoxer Juden, die in Jerusalem lautstark, in der Art eines Karnevals, seinen Tod feierten. Sie haben mich an diejenigen unter den Palästinensern erinnert, die am 11. September 2002 beim Einsturz der Zwillingstürme tanzend auf die Straße gelaufen sind. Ein trauriger Abschluß, der uns zu der Feststellung führt, daß die Unmenschlichkeit des Menschen, sowohl bei den zurückgebliebenen als auch bei den fortgeschrittenen, einen hohen Verbreitungsgrad hat.

64
Eine belgische Marokkanerin

Im Umfeld der europäischen Muslime geschehen beunruhigende, aber zweifelsohne historisch folgenreiche Ereignisse. So bringt der Mörder von Theo van Gogh Nacheiferer hervor. Von nun an richtet sich das Verbrechen im Schoß des gemeinsamen Glaubens ein. Wir wissen seit Aristoteles, daß das Tragische an Intensität zunimmt, wenn das Verbrechen im Innern der Gruppe, der Familie, des Stamms, des Gemeinwesens oder irgendeiner anderen Gemeinschaft auftritt. Jetzt verlagert sich die Drohung von den Niederlanden nach Belgien, sie überschreitet die Grenzen. Nun ist die Abgeordnete im belgischen Senat, die aus Marokko stammende Maymouna Bouskala, an der Reihe, nun wird auf sie Druck ausgeübt, nun ist sie Einschüchterungen und Todesdrohungen seitens einer anonymen Stimme ausgesetzt, die ihr die Abschlachtung verspricht, dieses neue Ritualverbrechen, das durch seine Abscheulichkeit Terror verbreiten will.

Was wird Maymouna Bouskala vorgeworfen? Man nimmt es ihr übel, daß sie öffentlich die Entgleisung mancher Imame anprangert, die von ihrer Moschee aus in ihren Predigten, von ihrer Kanzel herab, im Herzen sogar geschmähter Städte eine fundamentalistische Botschaft verbreiten, die zum Haß auf den Westen und seine Sitten aufruft. Kurzum, diese obskurantistischen geistigen Oberhäupter werfen Maymouna vor, daß sie sich ebenso als Muslimin wie als moderne Westlerin versteht. Im Einklang mit ihrem Gastmilieu teilt sie mit diesem den Glauben an die universellen Werte der Freiheit und der Gleichheit, die über dem Geschlechtsunterschied und den ethnischen oder religiösen Differenz stehen. Es wird ihr angekreidet, daß sie einen unverfälschten Glauben an das Spiel der Staatsbürgerschaft hat und politische Verantwortung übernimmt. Daher ist sie auf der Liste der flämischen sozialistischen Partei aufgestellt und gewählt worden, ohne daß sie ihre Ursprünge verleugnen oder ihrem Glauben abschwören mußte. Sie trägt zudem deutlich sichtbar das Banner eines Familiennamens, auf dem die maghrebinische, islamische Herkunft glänzt.

Und ich glaube nicht, daß das demokratische Glaubensbekenntnis einer Muslimin zugunsten der europäischen Norm, ich glaube nicht, daß ihr Engagement als opportunistisch gelten könnte, wie es Nur ad-Din al Tawil verkündet. Er ist einer der Prediger des islamischen Bundes, und in der Londoner Tageszeitung *Asharq al-Awsat* verdeutlicht er, daß gewisse Personen marokkanischen Ursprungs den Islam und die Araber angreifen würden, um in die höheren Bereiche der Politik aufzusteigen und so Freunde und Wählerstimmen zu gewinnen. Daß man die Entscheidung eines Menschen islamischer Herkunft für die Moderne und das westliche Leben auf Berechnung reduziert, läßt unberücksichtigt, daß solch ein Mensch infolge seiner abendländischen Wahl, objektiv auf das Hindernis der islamischen Rückständigkeit treffen muß, die von manchen zaghaften Konservativen gepflegt wird. Es ist zumindest natürlich, daß dieses Hindernis benannt, angeprangert und der Kritik ausgesetzt wird.

Wer wie dieser Prediger denkt, hat noch nicht begriffen, welch schweren historischen Fehler er begeht. Wir haben im demokratischen Europa die Möglichkeit, die Unterschiedlichkeit offen zu leben. Diese Möglichkeit könnte ein Geschenk des Himmels sein, wenn sie auf dem Weg der Debatte zum Ausdruck käme, damit das Geschwür zum Platzen gebracht und der gordische Knoten zerschnitten wird. Die radikalen Meinungsunterschiede zwischen Menschen islamischer Herkunft sind kostbar. Sie müssen gepflegt und vertieft werden. Sie zeigen zunächst, daß der Islam kein Block ist, wie es seine unbeugsamen Feinde meinen. Sie zeigen weiterhin, daß es bei Menschen islamischer Herkunft vielfache kleine Meinungsunterschiede gibt, und manchmal handelt es sich dabei auch um mehr als kleine Unterschiede, wie bei einer anderen Frau marokkanischen Ursprungs, die in den belgischen Senat gewählt wurde, Fawziya Talhawi. Sie rechtfertigt anscheinend die gegen ihre Kollegin gerichteten Drohungen, denn sie seien »eine Reaktion, die durch eine Aktion ausgelöst wurde«. Sie gibt auch zu verstehen, daß Maymouna in ihrer Kritik zu weit gegangen sei. Fawziya schwächt jedoch diese Bedenken ab, wenn sie meint, daß der Ausdruck von Unstimmigkeit die Debatte in Gang halten müsse: »Wenn ich mit Bouskala an einigen Punkten nicht übereinstimme«, verdeutlicht sie, »so bin ich doch auf jeden Fall dagegen, daß sie mit dem Tod bedroht wird.«

Wir sind, wie ich meine, in einer historischen Situation des Bruchs. Die Kritik, die der Islam braucht, um sich an die Zeit anzupassen, findet so oder so statt. Ihre Wirkungen mehren sich und sie werden trotz der Todesdrohungen stärker werden. Um die Mörder an ihren Untaten zu hindern, wird das Recht sich durchzusetzen wissen. Diese Debatte muß aber dennoch dringend geführt werden, selbst unter der Gefahr von Tod und Verbrechen. Durch das Vorhandensein dieser Gefahr wird die notwendige Auseinandersetzung auf die Bühne des Tragischen gebracht. Ist die Geschichte nicht etwa tragisch? Es versteht sich jedoch von selbst, daß das Verbrechen durch juristische Maßnahmen und die Wachsamkeit der Bürger bekämpft wird. Am Schnittpunkt seiner Fortschritte und seiner Rückständigkeiten steht der Islam in Europa von nun auf dem Prüfstand der Demokratie. Diese befindet sich im Spannungsfeld zwischen Leuten, die an ihre Werte glauben, und anderen, die ihnen mit einer Verweigerung begegnen, welche sie durch die mythische Hilfe der sogenannten »göttlichen Souveränität« zu rechtfertigen vermeinen. Deren Anrufung unterwirft den Menschen und beraubt ihn der freien Ausübung seines Urteilsvermögens, des Garanten der Befreiung, die sie als einzigartige Wesen in ihrer Lebens- und Seinsentscheidung bestärkt, jenseits dessen, was die Glaubensrichtungen und Treueide den bereits bestehenden Gemeinschaften auferlegen.

65
Weltliteratur

In der gegenwärtigen Situation, in der die Ereignisse den Konflikt zwischen Orient und Okzident, zwischen Islam und Europa schüren – eine terroristische und kriegerische Gewalttätigkeit, die offenbar die beiden Gruppierungen auf ihre unversöhnlichsten Traditionen zurückwirft –, in einer solchen Lage, in der die Kräfte des Bösen in ihrem Aufruf zur Konfrontation triumphieren, ist es um so nützlicher, zu Goethe und seiner Gedichtsammlung *West-östlicher Divan* zurückzukehren. Der bereits sechzigjährige deutsche Dichter versuchte damit in den Jahren 1814 – 1816 seine Theorie der *Weltliteratur* in die Praxis umzusetzen, indem er die Energie der islamischen Dichtungen, die auf Arabisch ebenso wie auf Persisch und, an zweiter Stelle, auf Türkisch geschrieben waren, in seine Sprache übertrug.

Doch zunächst, was ist diese von dem Dichter gepriesene *Weltliteratur*? Es ist eine Aufforderung an jeden, der sich um das Schreiben und die literarische und geistige Schöpfung bemüht, er möge den Horizont der nationalen Sprache überschreiten, damit er sein Vorhaben auf Weltniveau einschreibe. Von da an gehört es zur Aufgabe des Dichters, dem Fremden das Werk der Seinen zu bringen und bei den Seinen das von anderen Völkern geschaffene Werk zu verbreiten. Er wird eine Vermittlerfunktion haben, daran wird die Rolle und die Bedeutung der Übersetzung bei diesem Vorhaben ersichtlich. Der Dichter sollte, um einem solchen Vorhaben zu entsprechen, jede Form des Nationalismus hinter sich lassen. Goethe selbst ging während der napoleonischen Kriege mit gutem Beispiel voran. Er zeigte kein Nationalgefühl, er rief nicht zum Widerstandskrieg auf, er sah in Napoleon keinen Besatzer, sondern einen Mann, der die europäische Idee und den modernen Staat mit sich brachte. In dieser Hinsicht näherte sich seine Position der von Hegel an, in diesem Punkt stimmen der Dichter und der Philosoph überein.

Darüber hinaus sagte Goethe am Ende seines Lebens in seinen Gesprächen mit Eckermann, daß er sich keine Sorgen um die deutsche Einheit mache. Diese Bemerkung war als Zeichen dafür verstanden worden, daß er die Gewißheit von deren unausweichlicher Verwirklichung erlangt habe, doch sie kann auch anders interpretiert werden: Solch ein Vorhaben der Einheit sei nicht seine Sorge. Der Dichter muß in der Perspektive der *Weltliteratur* auch der Aufklärer der Seinen sein, wenn er spürt, daß die Gemeinschaft, der er angehört, von Hirngespinsten befallen wird, die drohen, sie abgleiten zu lassen, sie zu schädlichen Irrtümern zu verleiten, sie an eine falsche und kontraproduktive Dynamik anzuschließen.

Um diese Theorie wirkungsvoll umzusetzen, schreibt Goethe sein Buch *West-östlicher Divan*, das zeigt, wie sehr der Dichter sich das in seiner Epoche verfügbare Wissen über den Islam wie auch über die arabische und persische Welt angeeignet hat. Er führt seine Untersuchung anhand dessen, was in den europäischen Sprachen über diese Zivilisation zusammengetragen wurde. Schon in 1780iger Jahren entdeckt er die arabische Dichtung der *jahiliyya* aus der vorislamischen Periode, die von Jones ins Englische übersetzt worden war. Er nimmt in seine »Noten und Abhandlungen«, welche die Gedichte des *Divan* begleiten, die sehr schöne Übersetzung einer Ode hinzu, die dem jahilitischen Dichter Taab-bata Sharran zugeschrieben wird. Er wird der »Schlecht-Aufgefangene« genannt, weil er bei der Geburt sehr heftig an der Achselhöhle gezogen werden mußte, um ihn aus dem Mutterleib herauszubekommen, wodurch er die ihn entstellende Verrenkung erlitt.

Danach war Goethe von der zweibändigen Übersetzung der *Ghaselen* von Hafis fasziniert, des großen persischen Dichters des 14. Jahrhunderts. 1813 erschienen, war sie entscheidend für die Entstehung des *Divan*. Der deutsche Dichter identifizierte sich mit dem persischen und versuchte dabei, die Töne aus Schiras mit denen in Einklang zu bringen, die er in Weimar ersann. Er sollte sogar so weit gehen und Analogien zwischen der Entwicklung des persischen Dichters und seinen eigenen zu entdecken. So bedeutet der Name »Hafis« »der den Koran auswendig kennt«, und der Dichter dieses Namens ließ sich zu den Worten verleiten: »Alles was mir gelang / Vollbracht ich durch den Koran«. Sogar für seine Gotteslästerungen und seine Freiheiten beansprucht der Dichter die Wortkraft, welche die Verinnerlichung des heiligen Buchs bei ihm hinterlassen hat. Und gemahnt Goethe seinerseits daran, daß auch er tief durchdrungen ist von dem regelmäßigen Umgang mit seinem eigenen heiligen Buch, der Bibel, insbesondere dem Alten Testament, wobei er im deutschen Wort *bibelfest* ein Äquivalent zum arabischen *hafis* findet.

Im Zusammenhang mit Hafis widmet Goethe etliche Gedichte der Freiheit des Dichters im Verhältnis zur Religion und der Spannung, die das poetische Wort gegenüber dem Schulmeister des Gesetzes schafft. Goethe thematisiert den Konflikt zwischen dem Dichter und dem Mufti und sagt:

Hafis' Dichterzüge sie bezeichnen
Ausgemachte Wahrheit unauslöschlich;
Aber hie und da auch Kleinigkeiten
Außerhalb der Grenze des Gesetzes.
Willst du sicher gehen, so mußt du wissen
Schlangengift und Theriak zu sondern –
Doch der einen Wollust edler Handlung
Sich mit frohem Mut zu überlassen,
Und vor solcher der nur ewge Pein folgt
Mit besonnenem Sinn sich zu bewahren,
Ist gewiß das Beste um nicht zu fehlen.

In seiner poetischen Fiktion stellt sich Goethe einen Mufti vor, der die freizügigen, gesetzwidrigen oder zumindest zweideutigen Gedichte von Hafis gelesen hat. Deshalb läßt er ihn reagieren:

Der Mufti las des Misri Gedichte,
Eins nach dem andern, alle zusammen,
Und wohlbedächtig warf sie in die Flammen,
Das schöngeschriebne Buch es ging zunichte.

Verbrannt sei jeder, sprach der hohe Richter,
Wer spricht und glaubt wie Misri – er allein
Sei ausgenommen von des Feuers Pein
Denn Allah gab die Gabe jedem Dichter.
Mißbraucht er sie im Wandel seiner Sünden,
So seh er zu mit Gott sich abzufinden.

Diese Methode, den Dichter zu entlasten, ihn vor seine letzte Verantwortung als Individuum zu stellen, macht aus unserem Mufti einen klügeren Mann als den Imam Khomeini, der unser Zeitgenosse war und seine unheilvolle *fatwa* gegen Salman Rushdie aussprach. Alle Tageszeitungen der Welt hätten als Antwort die Spalte ihres Leitartikels für dieses Gedicht von Goethe zur Verfügung stellen sollen. So wäre die *Weltliteratur* politisch geehrt worden, die anscheinend vor zweihundert Jahren für unsere globalisierte Welt, unsere weltweite Gegenwart ausgedacht worden ist und die eine Konkretisierung in diesem *Divan* gefunden hat, welcher mit einem Gedicht mit dem Titel *Hegire* (»Vertreibung«) beginnt. Es hebt mit diesen Versen an:

Nord und West und Süd zersplittern,
Throne bersten, Reiche zittern,
Flüchte du, im reinen Osten
Patriarchenluft zu kosten.

Diesem *Divan* und den Gedichten des Anhangs entnehme ich zuletzt einen Vierzeiler, dessen Worte auf dem Wappen prangen sollten, das über unsere Taten und Worten gestellt ist:

Was sich selbst und andre kennt
Wird auch hier erkennen:
Orient und Okzident
Sind nicht mehr zu trennen.

66
Islamische Frauen

Seit dem 19. Jahrhundert suchen Apologeten, Reformisten, gemäßigte und radikale Fundamentalisten allesamt eine schriftgemäße, durch den Koran und/oder den *hadîth* legitimierte Antwort zu finden, um die Herausforderung anzunehmen, vor die sich die traditionellen Gesellschaften durch die Modernisierung der abendländischen Gesellschaft gestellt sehen. Greifen wir zur Veranschaulichung dieses Phänomens zu einem einzigen Beispiel: dem der Frauen. Das moderne Europa schlägt die Gleichheit der Geschlechter vor, indem es den Vorrang des Individuums und der Bürgerrechte einführt und jede sexuelle Diskriminierung ablehnt. Ein langwieriger Prozeß mußte durchlaufen werden, um die rechtliche, politische und durch die Freiheit erleuchtete Gleichheit zu verwirklichen, Gleichheit, die Männern und Frauen ohne Unterschied den Zugang zur Souveränität des Subjekts eröffnet. Was kann die an den Wortlaut des Korans gebundene Person angesichts dieser Umwälzung ausrichten? Was vermag sie denn anderes, als vor der unwiderruflichen, unüberwindbaren Unvereinbarkeit zweier unversöhnlicher Konzepte zu stehen? Denn das eine beruht auf der Gleichheit und Freiheit des Individuums, während das andere in anthropologischer Hinsicht dem Denken und den Ausdrucksformen der medinischen Wirklichkeit des 7. Jahrhunderts entspringt, einer Wirklichkeit, die eine patriarchalische, die Frauen herabsetzende Gesellschaft schützte.

Vor einer solchen Aporie stehen all jene, die den Islam retten wollen, indem sie sich an sein gründendes Wort klammern. Was vermögen sie angesichts des Koranverses, der ausdrücklich die Überlegenheit des Mannes über die Frauen bekräftigt, des Verses 34 der 4. Sure, worin geschrieben steht: »Die Männer haben Vollmacht und Verantwortung gegenüber den Frauen, weil Gott die einen vor den anderen bevorzugt hat und weil sie von ihrem Vermögen (für die Frauen) ausgeben« (K.)? Im folgenden habe ich die Zusammenfassung ausgewählt, die al-Baghawi in seinem Kommentar vorgenommenen hat, um diese den »männlichen« Menschen von Gott zugestandene Vorrangstellung durch die Schriften zu rechtfertigen. Ich greife zu der Exegese dieses Autors des 11. Jahrhunderts, der in der Gegend von Herat gelebt hat, weil er sein *hadîth*-Buch in einem didaktischen Geist geschrieben hat und den frommen Menschen zu unterweisen sucht, damit dieser zu einem Lebensweg finde, der seinem Gott gefällt. Es gibt auch einen historischen Grund für die Wahl des schafiitischen Gelehrten, denn diese beiden Bücher des *tafsîr* (Exegese) und des *hadîth* sind im Umfeld der Reformer und noch mehr in dem der Fundamentalisten zu Beginn des 20. Jahrhunderts vielfach gelesen worden. Darüber hinaus ist sein Buch über den *hadîth*, mit dem Titel *Die Lampen der Tradition (Maçâbîh as-Sunna)*, zweimal ins Englische übersetzt worden und war in Indien stark verbreitet. Es handelt sich also um eine Art Handbuch, das die Frömmigkeit wachhält und das vom 19. Jahrhundert an ein zweites Leben hatte.

In seiner Zusammenfassung der Koranstellen zu dieser Frage sagt Baghawi, daß der Mann wegen seiner Fähigkeit zu denken, die Macht auszuüben wie auch durch seine Religionsausübung der Frau überlegen sei. Er zählt dann die vom Koran angegebenen Privilegien des Mannes auf, und es sind zehn an der Zahl. Im islamischen Recht wiegen die Zeugenaussagen zweier Frauen die eines Mannes auf; aus dem *jihâd* ist die Frau ausgeschlossen; es gibt auch eine kultische Ungleichheit, denn die Frau ist vom Gottesdienst ausgeschlossen, wenn sie ihre Periode hat. Was die religiösen Aufgaben angeht, so kann die Frau sich nicht um die Stelle des Imam bewerben, sie kann weder das Gebet leiten noch die Freitagspredigt sprechen. In der Politik kann sie weder die höchste Macht ausüben noch an den Wahlen teilnehmen; bei der Eheschließung kann der Mann vier Frauen heiraten und die Frau muß sich mit einem einzigen Mann begnügen. Bei der Scheidung hat der Mann durch das Recht der Verstoßung einen Vorrang; die Frau erhält nur ein halbes Erbteil; der Blutpreis ist für einen Mann höher als für eine Frau. Schließlich hat die Geschichte nie eine Frau verzeichnet, die aus Gnade erkoren wurde, die göttliche Offenbarung zu empfangen, es gab nie einen weiblichen Propheten.

Die Tradition und der Koran können gar nicht deutlicher sein. Vergebens versucht man, den Einsatz zu retten und sich an irgendeiner Gleichheit zu orientieren: keine Chance. Die einzige Lösung für die Frauen und die Männer, die ihr Schicksal in den Horizont des islamischen Glaubens einschreiben und sich doch an das moderne Konzept anpassen wollen, das die Gleichheit der Geschlechter in allen Bereichen und das Hervortreten von Männern und Frauen als freie Individuen und verantwortliche Personen preist, für diese ist es die einzige Lösung: einzugestehen, daß sämtliche Bestimmungen des Korans und der Tradition an diesem Punkt veraltet sind. Sie müssen zugeben, daß sie zu dem durch die Umstände bedingten und nicht zu dem grundsätzlichen Teil des Korans gehören. Daß sie inzwischen durch den moralischen, politischen, sozialen und ökonomischen Fortschritt, durch die Entwicklung der Menschheit hinfällig geworden und praktisch ausgelöscht sind. Diese Entscheidung zwingt uns, die koranischen Vorschriften hinsichtlich der Frauen auf die patriarchalischen Gesellschaften, auf die Relikte zu beziehen, welche die dynamische Teilnahme an der Geschichte behindern.

Heutzutage erleben wir viele Frauen, die sich auf eine Rückkehr zu ihren islamischen Ursprüngen berufen. Diese Rückkehr kann nur bedeuten, daß sie ihre Unterwerfung annehmen. Sie können ihr nicht entrinnen. Es wurde uns gesagt, daß diese Frauen, die verschleiert erscheinen, sich zu ihrer Entscheidung bekennen, daß sie sich an der Islamisierung der Moderne beteiligen wollen, nachdem sie das Scheitern der Modernisierung des Islams festgestellt haben. Dieses Phänomen fügt unseren Fesseln einen gordischen Knoten hinzu. Es gibt jedoch nur eine einzige Möglichkeit, um sich eines solchen Knotens zu entledigen: man muß ihn durchschneiden. Man kann so seinen Glauben in der klarsten Logik retten, ohne einen Zustand unmöglicher Schizophrenie aufrechtzuerhalten, die Befreiung sucht, indem sie die Bedingungen der Unterwerfung verstärkt. Was den *Schleier* betrifft, muß man nochmals an ihn erinnern? – ja, es muß eingehämmert werden, solange das Phänomen sich ausweitet, solange die Predigten der arabischen Fernsehsatelliten sich an seiner Verbreitung beteiligen, indem sie mit den Schuldgefühlen spielen. Ich wiederhole es lautstark: Der Schleier ist das Emblem all der Bestimmungen, welche die Ungleichheit der Frauen gutheißen. An diese Bestimmungen hat der schafiitische Gelehrte al-Baghawi, ein Mann aus Herat im 11. Jahrhundert, erinnert. Frauen des Islams, um modern, verantwortlich, den Männern gleichgestellt zu sein, verbrennt eure Schleier! So könnt ihr, wenn ihr es wünscht, eurem Glauben treu sein, und zwar in der Pflicht zur Untreue einem Brauch gegenüber, der euch einengt und der euren Gesten die Weite verweigert, die euch die Freiheit gestattet.

67
Über den Einzigen

Der Islam wurde schon in der Geschichte durch die Spannung bestimmt, daß es in ihm einerseits Gruppen gibt, die auf seinem Partikularismus bestehen, im Gegensatz zu anderen, die aus ihrem Bewußtsein oder wegen der Wahrhaftigkeit ihrer Suche zu Methoden und Fragestellungen gelangen, die in anderen Kulturräumen erprobt wurden. Vor allem der Mittelmeerraum war in diesem Bereich ungeheuer fruchtbar. Auf seiner Bühne konnten Elemente und Figuren, die im Islam gärten und rege waren, ihren Platz finden und sogar entscheidende Etappen in Entwicklungen andeuten, die allenthalben über ihn hinausgehen. In der gegenwärtigen Verfassung des Islams bleibt diese Spannung bestehen, die Spannung zwischen der Abschottung und dem Ausschweifen, um die gute Luft von anderswo zu atmen. Es ist die Aufgabe von allen, dem Islam aus seinem abgekapselten Bezugssystem herauszuhelfen. Um zum Erfolg dieses Vorhabens in der Gegenwart beizutragen, ist es nützlich, auf bestimmte historische Figuren zurückzukommen, bei denen diese Befreiung aus der Isolation unbestreitbar funktioniert hat.

Fangen wir mit dem Anfang an, mit der Grundlage des Islams, dem Monotheismus. Gemessen an der Reflexion, die diese Frage in der abendländischen Tradition erfuhr, steht der Islam heute geradezu in der Kontinuität antiker Traditionen, während er doch dem Zeitalter der Aufklärung noch seine Auffassung vom Einzigen ankündigte. Die Frage des Einzigen, wie sie, vor allem durch die geistigen Führer, gestellt und vertieft wurde, reicht weit zurück. Alles beginnt mit der Hypothese, die aus Moses einen Ägypter macht, der mit seiner Erfindung des Einzigen eine frühere monotheistische Erfahrung wiederherzustellen sucht. Es ist eine ägyptische Erfahrung, die der Pharao Echnaton in der sogenannten »amarnischen Revolution« eingeführt hat. Die Historiker nennen sie so nach der von Echnaton gegründeten neuen Hauptstadt, Tell Amarna, die zwischen Luxor und Assjut in Oberägypten liegt. Echnaton entmachtete dort den offiziellen Klerus und den Polytheismus, um in der Gestalt des Aton die Verehrung des Einzigen einzuführen, des Einzigen Gottes im Dienst des allumfassenden und kaiserlichen Staates. Dies ist jedenfalls Freuds Hypothese in seinem Buch *Der Mann Moses und der Monotheismus*. Der Begründer der Psychoanalyse spielt hier eines seiner Gedankenmodelle, die »Wiederkehr des Verdrängten«, durch, um den Übergang von Echnaton zu Moses heraufzubeschwören. Das Verdrängte verschwindet unter der Oberfläche des Bewußtseins, fällt aber nicht dem Vergessen anheim, denn es fährt fort, als Trauma im »Kryptischen« dieses Bewußtseins zu wirken. Freud begründet seine Hypothese auf der historischen Wahrheit, denn er stützt sich auf archäologische Forschungen, die zu Beginn des 20. Jahrhunderts die echte Figur des Echnaton aufgefunden hatten. Diese Hypothese des ägyptischen Moses war in der abendländischen Tradition mehrfach von Gelehrten vertreten worden, bereits im 15. Jahrhundert von Pico della Mirandola und der Renaissance. Die Wege von Athen und Jerusalem kreuzen sich in ihrem ägyptischen Ursprung und verleihen einer Erfindung Gestalt, die symbolisch das Abendland begründet. Groß ist die Zahl derer, die, vor allem in England, Bücher zur Veranschaulichung dieser Hypothese schrieben. Sie wurden insbesondere während der zweiten Hälfte des 17. Jahrhunderts verfaßt und bewegten sich auf der

Linie der von Spinoza eröffneten Religionskritik. Oft bedienen sich diese Abhandlungen der Bemerkungen von Strabon und Diodorus Siculus über die ägyptischen Fundamente, auf denen das biblische Gebäude errichtet worden sei. Der Einzige Gott ist eine ägyptische Erfindung, die durch Moses wiederhergestellt wurde.

Solange es die Frage des Einzigen gibt, wird es die Frage nach dem Ganzen geben. Das Einzige ist das Ganze oder das Einzige *ist* im Ganzen: das wäre die ägyptische Erfindung, die durch die Bibel übermittelt wurde und die bei den Griechen (Pythagoras, Heraklit, Platon, den Stoikern, Plotin, den Neoplatonikern) wiederzufinden ist. Damit wird eine Art Kosmotheismus errichtet, der an die Stelle des Pantheismus tritt. Was der Kosmotheismus bedeutet, wird – in einer Verbindung des griechischen Wegs mit dem biblischen Bodensatz im Koran – durch die Theorie von der Einheitlichkeit des Seins bewundernswert veranschaulicht. Sie wurde als *wihdat al-wujûd* in radikaler Weise von Ibn Arabi und der langen Nachkommenschaft seiner Schüler gelebt und gedacht. Man nannte die Schüler »Akbarier« (der Begriff wurde nach der Würde eines »Scheich Akbar«, des »größten Meisters« geprägt und in der Tradition Ibn Arabi zugeschrieben). Dieser systematische Gedanke des Kosmotheismus im Islam kann als eine wesentliche Etappe in der Fragestellung angesehen werden, die den Einzigen mit dem Ganzen verbindet und die im weiteren zum Deismus von Spinoza führt (er wird zwischen Kosmotheismus und Atheismus eingeordnet). Dieses Denken steht also am Anfang des religiösen Denkens der Aufklärungszeit, welche die Partikularismen der Kulte zu überwinden und die natürliche Universalität der Religion wiederzufinden versuchte, so wie es Lessing und später Goethe und Schelling vorschlagen. Dieser liberale Gedanke wird mit der Freimaurerei verknüpft sein, deren Einfluß auf Genies wie Mozart oder Beethoven beträchtlich sein sollte. Die Freimaurer nahmen übrigens sehr aktiv, vor allem in der Frage der Gliederung der menschlichen Gemeinschaften, an der historischen Entwicklung teil, welche die Religion aus ihrer Vorherrschaft entließ.

An dieser Zirkulation des Denkens wird die Kohärenz verstehbar, aus der eine Persönlichkeit wie Emir Abdelkader (Mascara 1807 – Damaskus 1883) handelte, denn er war sowohl Freimaurer als auch Akbarier. Dies macht ihn zu einer bedeutsamen islamischen Gestalt, die zugleich in ihrer ursprünglichen Tradition verwurzelt ist und als Revolutionär die Fähigkeit besitzt, kühne Brüche herbeizuführen. Er war Mensch des Partikularen und doch imstande, auf Wegen voranzukommen, die ihn aus seinem begrenzten Schauplatz herausführten und ihn die Weite der Welt durchmessen ließen.

68
Sich trennen

Es gehört zu den Aufgaben des Intellektuellen, die Riten zu untersuchen, an denen die Gemeinschaft teilnimmt, ohne sich dessen bewußt zu werden; denn so enthüllt sich die Komplexität von Handlungen, die das Siegel der Evidenz zu tragen scheinen. Von dieser so notwendigen Aufgabe zeugt auch das jüngste Buch des marokkanischen, in Princeton lehrenden Anthropologen Abdellah Hammoudi; unter dem Titel *Une saison à la Mecque* ist es im Herbst 2004 in Paris bei den Éditions du Seuil erschienen [auf deutsch: »Saison in Mekka«, München 2007]. Es handelt sich um eine Studie über die Pilgerreise, beginnend bei der Bewerbung für die Reise und den zahlreichen Behördengängen, die in Marokko dafür erforderlich sind, es enthält ausführlichste Beschreibungen von der kanonischen Durchführung der Riten und berichtet über Zwischenfälle bei der Aufnahme und während des Aufenthaltes, im Alltag der heiligen Städte Medina und Mekka, nachdem der Pilger in Dschidda gelandet ist.

Diese Studie liest sich wie ein Roman mit Männern und Frauen als handelnden Figuren. Der Text besitzt die Vielstimmigkeit des Romans wie auch die Technik der Beschreibung, die seit Balzac die Grundlage des Genres bildet; nebenbei schafft diese Beschreibungstechnik auch die Verbindung zur anthropologischen Untersuchung. Liest man die Monographie, die der Lehrer von Hammoudi, der amerikanische Anthropologe Clifford Geertz, über Sefrou geschrieben hat, erkennt man den gleichen romanhaften Zug, der sich insbesondere der sorgfältigen Beschreibung verdankt, deren Genauigkeit zur Analyse gehört und ihr Vorspiel bildet. Auf der anderen Seite gehört auch die Analyse zum Roman, vor allem seit die theoretischen Ausführungen bei Proust in die Beschreibung einfließen. Dann kommt das Poetische hinzu, ebenso ein Kennzeichen des Romans seit Proust und nach ihm bei den Surrealisten oder im sogenannten »Dichterroman« (Pierre Brunel), etwa eines Rilke oder Pierre Jean Jouve.

Das Poetische klingt in dem Buch von Hammoudi in den Epiphanien an, den mystischen Zuständen, die den Menschen verwandeln, in der Kraft der Vision, im Nimbus, der den Körper des Pilgers umhüllt und an die Fiktion des Körpers der Auferstehung anknüpft, wie es Henry Corbin ausgedrückt hätte, der von Avicenna, Ruzbehan oder Sohrawardi beeinflußt ist.

Die Arbeit trägt noch eine andere Triebfeder des Romans in sich; sie beherrscht die Dialektik des Innen und Außen, die Dialektik der Innerlichkeit des Menschen und seinen Bezug nach außen durch den Blick, den er in die Welt wirft. So wird man durch dieses Buch in den Erfahrungskreis des Pilgers Hammoudi aufgenommen und folgt seinen Schritten, seiner geistigen Abgeschiedenheit mitten in der Menge, seiner Freude darüber, wieder am Glauben und an den Werten der Gemeinschaft teilzunehmen, der er weiterhin angehören möchte. Wir begegnen erneut den negativen sozialen und ökonomischen Aspekten dieser Erfahrung, es gibt Skandale beim Empfang und materielle Schwierigkeiten, die dem Pilger wider Erwarten einen Vorgeschmack von der Hölle geben.

Auch die ideologische und politische Dimension tritt gleichermaßen mit der Trennungslinie, die heute durch den Islam geht, in Erscheinung; denn bei der Pilgerfahrt sind wir im Land der Wahhabiten. Mit ihrer theologisch-politischen Propaganda begehen sie einen wahren Raub an den heiligen Stätten oder nehmen sie zumindest in Geiselhaft; denn sie erheben den Anspruch, ihre Sitten und Gebräuche zu verallgemeinern. Sie tun sich besonders hervor in ihrem Haß gegen Frauen und gegen die Verehrung von Heiligen und Menschen, denen die Tradition die Kraft der Fürbitte zugesteht. Etwa ist darauf hinzuweisen, wie schlecht iranische Schiiten behandelt werden, wenn sie nach heiligen Überresten suchen, die den »Leuten des Hauses« ein Vorrecht verschaffen; diese erlebten den Beginn der Ära des Imamats, die nach schiitischer Auffassung auf die Ära des Propheten folgte. Auch ist zu berichten, daß den Marokkanern Schuldgefühle eingeredet werden, weil in ihrem Land noch die Praktik geübt wird, den Heiligen Opfer zu bringen. Dies wird von den Wahhabiten mit Götzendienst gleichgesetzt. Eine solche Beschuldigung beeinträchtigt den Glauben des einfachen Volks und bringt es in Verwirrung.

Aber die wahhabitische Auffassung des Islams hat sich inzwischen bis zu den Marokkanern verbreitet, in Verbindung mit dem militanten Islamismus kann sie zum Terrorismus und zu gewalttätigem Handeln führen. Gegenüber dieser Bedrohung, die den Glauben verarmen läßt, zeigt Hammoudi zwei Perspektiven auf, die beim gläubigen Menschen Überzeugungskraft und Verantwortungsbewußtsein hervorrufen können. Die erste Perpektive ist ein frommer, kanonischer, traditioneller Islam, in dem der Mensch als einzigartiges Wesen verstanden wird, das sich durch die Teilhabe an gemeinsamen Werten mit der Gemeinschaft verbinden kann. Daneben, und das ist wichtig, fehlt eine theoretische Begründung des Ritus, um ihm Komplexität zu verleihen, um ihn zu einer bedeutsamen geistigen Angelegenheit zu machen. Mit ihr würde der Ritus einer symbolischen Form gleichgesetzt, welche die Vorstellungswelten zu strukturieren vermag. Hammoudi analysiert die Pilgerreise anhand der Frage des Opfers wie eine aus der Anthropologie, der Theologie, der Literatur stammende Problemstellung. Seine Analyse erweitert die Problematik des Opfers insgesamt. Sie bildet damit eine unabweisbare Antwort auf einen Autor wie René Girard, der mehr als zwanzig Jahre lang in unzähligen seiner Bücher behauptete, das wahrhaftige Opfer würde nur in der christlichen Tradition erbracht, was er mit den Schriften des Alten und des Neuen Testamentes belegte. Das Buch von Hammoudi bringt die Debatte um den Islam voran und streicht ihn als etwas Bedeutsames heraus, etwas, das einer Fragestellung des Menschen neue Nahrung und Bereicherung geben kann.

Im Unterschied zu diesem Buch jedoch sehe ich dem Intellektuellen eine noch zentralere Aufgabe zugewiesen, nämlich die Rolle der übergreifenden Kritik einzunehmen, ohne über den Abstand zwischen dem denkenden Subjekt und seiner gläubigen Gemeinschaft zu erschrecken. Sein Denken kann und will provozieren, einen Skandal hervorrufen, es zögert nicht, die Kluft zu vertiefen, auf die Gefahr hin, daß aus dem Intellektuellen ein Fremder, ein Verbannter inmitten seiner eigenen Gemeinschaft wird. Kann ich es im vorliegenden Fall für bare Münze nehmen, daß der Sohn, der von Abraham geopfert werden soll, Ismael ist, wie es sich innerhalb der Tradition, die über den islamischen Glauben wacht, durchgesetzt hat? Muß ich an die biblische Identifikation dieses Sohnes mit Isaak erinnern, obwohl er im Koran nicht namentlich genannt wird? Und doch erkennen in der Tradition der Exegese, des *tafsîr*, zahlreiche Schulen Isaak als den ungenannten Sohn an, und Tabari berichtet uns, daß achtzehn Traditionen Isaak identifizieren gegen fünfundzwanzig, die Ismael anerkennen. Selbst Ibn Arabi entscheidet sich für Isaak, gemäß der Ökonomie seiner Lektüre des Korans: Er gestattet in der Tat den Rückgriff auf die Bibel dort, wo der Koran schweigt, und akzeptiert, was die Tora, die Psalmen, die Evangelien sagen, in dem Maße wie ihre genaueren Angaben weder gegen die Vernunft verstoßen noch dem Koran widersprechen. Die Identifikation mit Isaak folgt der Logik der biblischen Erzählung, sie bestätigt die Problematik der Erwählung. Die Hypothese, die sich für Ismael entscheidet, bestätigt den mythischen Aufbau des Islams, der das Gedenken an das erste Opfer durch die Heiligung des Körpers inszeniert.

Das also hätte ich auch gern in diesem Buch erwähnt gefunden. Aber dazu wäre es notwendig gewesen, als erstes die Mythen anzuerkennen, ihre Entstehung, den Aufbau ihrer Vorstellungswelt und ihre symbolische Wirksamkeit aufzudecken. Es wäre notwendig gewesen, mit der Anerkennung der Mythen als Grundlage des Glaubens zu beginnen, bevor man den Glauben allein durch sich selbst rechtfertigt; um den Abstand zu kennzeichnen, der den Menschen von der Gemeinschaft trennt, in die er geboren ist. Darin liegt, wie mir scheint, die erste Berufung des Intellektuellen. Und sie kann nur gewährleistet werden, wenn man dem Einheitsgefühl mißtraut und die Gefahr der Trennung, der Vereinzelung und der Abgeschiedenheit auf sich nimmt.

69
Zerstören

Es ist Winter und Regen fällt auf Marrakesch. Diesem himmlischen Wasser würde man am liebsten das bittere Wasser der Tränen hinzufügen. Ich habe bereits im letzten April (2004) die Gefahr erwähnt, die der Stadt droht, habe auf den Widerstand hingewiesen, den der Geist des Ortes gegen den Angriff zeigt, der ihre aus einer fernen Vergangenheit stammenden Formen untergräbt, die bis zu uns überlebt haben, trotz der Zerstörung durch die Zeit, die Hand des Menschen und die von ihm verwendeten Werkzeuge; denn diese sind nicht nur zum Bauen, sondern auch zum Zerstören bestimmt. Es gibt keine schlimmere Zerstörung als eine, die das gute Gewissen nicht erschüttert. Ich werde mich nicht bei der Manie aufhalten, welche die alten Dynastien veranlaßte, zu zerstören, was die von ihnen abgesetzten Vorgänger erbaut hatten. Ein Teil des Gedächtnisses wird auf dem Altar der Rechtfertigung geopfert. Dieser Grundzug der Kultur wird dann spektakulär, wenn sich der Übergang von einer Dynastie zur anderen in der Gewalttätigkeit, der Konkurrenz der Doktrinen und Ethnien, um nicht zu sagen Stämmen, vollzieht. In dieser zyklischen Aufeinanderfolge von Dynastien wird das Wesen des Staates selbst auf die Probe gestellt. Die Erschütterung erreicht die institutionellen Gefüge und entreißt sie sogar dem Boden, in dem ihre Fundamente verankert waren. Man zerstört, um wieder aufzubauen. Der schöpferische Akt hätte eine Überfülle von Zeichen bewahrt, wenn sich die neuen Prätendenten zu einer Weisheit entschlossen hätten, die sie ersucht, auf das bereits Erbaute durch Wetteifer zu antworten und die Verbesserung des Ererbten durch Erfindung offenkundig zu machen. Sie hätten gesagt: »Schaut an, was sie geschaffen haben, vergleicht es mit unseren Schöpfungen, sind wir nicht besser?«

Diesen zerstörerischen Kreislauf bezeugt die Geschichte von Marrakesch. Aus diesem Grund bleibt uns fast nichts von den Almoraviden, den Begründern der Stadt. Nichts von ihrer Gründung bereitet unseren gierigen Augen Freude, nichts außer der Kuppel al-Badiyyin gegenüber der Moschee Sidi Ben Yusuf, die ihre aus dem Beginn des 12. Jahrhunderts stammenden Transennas zeigt, in denen das Blau des Himmels kreist, Azur, das den Stuck und den Stein durchbohrt und der Kuppel eine Bewegung verleiht, die ankündigt, was unter anderen Himmeln und einige Jahrhunderte später die Ästhetik des Barocks bilden sollte.

Die große Kutubiya-Moschee entfaltet desgleichen ihre Kirchenschiffe und Gewölbejoche in der Pracht ihrer makellosen und bilderlosen Perspektiven, im Profil ihrer Vielpaßbögen, in ihrer Neu-Interpretation des *mihrâb* von Córdoba, ein Bogen, der sich auf dem Schatten öffnet, den eine kleine muschelförmige Kuppel wirft, gleichsam um dem Betenden anzudeuten, daß in diesem Halbschatten, der die *qibla*, die Gebetsrichtung nach Mekka anzeigt, die Perle schimmert, in der sich die Vision des Unsichtbaren kristallisiert. Diese aus dem 12. Jahrhundert überkommene Pracht hatten die

Almohaden in der Fortsetzung der almoravidischen Moschee erbaut, die zuvor systematisch zerstört worden war. Die Fundamente sind noch am Boden zu sehen; auf sie fällt der Schatten des Minaretts, das seit seiner Errichtung, das unumstößliche Symbol der Stadt gewesen ist. Dies ist das berühmteste Beispiel für die Notwendigkeit des Zerstörens vor dem Bauen, aus der Zeit gegen Ende des 12. Jahrhunderts, als auf eine Dynastie der Berber aus der Sahara eine aus dem Atlas folgte.

Ein weiteres Beispiel für diese Art der Zerstörung ist im Qasr al-Badi zu sehen, einem saditischen Wunder aus dem 16. Jahrhundert, welches das Erbe von Sevilla und Granada zu kombinieren und zu synthetisieren wußte, den almohadischen und mudejarischen Palast des Alcázar mit seinen Gärten und Patios, die sich zwei Meter unterhalb der Alleen auftun, und den nasridischen der Alhambra, die an einem einzigen Ort die drei Bauten des Myrtenhofs (der den Saal der Gesandtschaften fortsetzt), des Partal-Bassins und des Löwenhofs kombiniert. Diese doppelte Kombination (von Sevilla und Granada einerseits und den drei Stätten der Alhambra andererseits) ist durch eine spektakuläre Veränderung des Maßstabs erreicht worden, so daß eine größere Monumentalität und Weite entsteht, ein Raumgewinn in der Vertikalen wie in der Horizontalen. Dieses Ensemble nun wurde aufgegeben, zerstört, in einen Steinbruch verwandelt, um die Steine und den Marmor wiederzuverwenden, unter der Dynastie der Alawiten, die den von den Saditen freigelassenen Platz übernahm.

Die Archäologie hat es zumindest vermocht, die Reste dieser zerstörten Bauwerke zu restaurieren und zuweilen die Anlage zu rekonstruieren. Heutzutage erleben wir eine ganz andere Zerstörung von den Neuerern einer lärmenden, schlecht angepaßten Moderne. Denn wir, die wir das Alte lieben und es bewahren wollen, wissen auch, daß wir moderner als diese modernistischen Zerstörer sind, die ihre Macht ungestraft und in der Wonne besten Gewissens ausüben. Im Zeitalter des Luxus- und Massentourismus wird das Alte im Namen einer »Disneyland«-Vorführung geopfert, die von dem Geheimnis lebendigen Altertums nichts weiß, der Garantie für die Bewahrung des Diversen in einer immer einheitlicher werdenden Welt. Im Namen dieses Disneygeistes wurde eine Licht-Ton-Inszenierung geschaffen, um den Garten Menara, seine Wasserfläche und den sich darin spiegelnden Pavillon zu beleben. Ein

Teil des Olivenhains, der das Becken umgibt, wurde zerstört, um einen Parkplatz für die Busse zu schaffen, aus denen sich die Touristenströme ergießen. Die sorgsam gearbeitete Architektur, die man zu Beginn des 19. Jahrhunderts dem aus dem Mittelalter stammenden Ensemble hinzufügte, wurde durch Bauten gestört, die zur Verpflegung der Besuchermenge bestimmt sind. Solche Eingriffe beeinträchtigen den Genius loci.

Der berühmte Platz der Stadt, Dschama al Fna, ist einer andauernden Bedrohung durch die Pläne der Pseudo-Modernisten ausgesetzt, und dies in einem Maße, daß einer seiner Anwohner, der spanische Schriftsteller Juan Goytisolo, der um ihn besorgt war, sich für die Aufnahme des Platzes in die Weltkulturerbeliste der Unesco einsetzte. Der Platz wurde auf diese Weise symbolisch der nationalen Zugehörigkeit entzogen und in die Liste des Weltgedächtnisses eingetragen, dessen Entwicklung mit der Globalisierung einhergeht. Sie hält die kosmopolitische Utopie des Weltfriedens wach, eine Perspektive, die schon im 5. Jahrhundert vor unserer Zeitrechnung von Empedokles entworfen und am Ende des Zeitalters der Aufklärung von Kant neu definiert wurde. Es ist eine Utopie auf der Höhe unserer Zeit, ein Versprechen, das stets zukünftig ist und das im Hier und Jetzt mit dem Schutz des Platzes Dschama al Fna beginnt. Denn die Pseudo-Modernisten gehen mit Hinterlist vor, um seine Seele zu vernichten, um seinen Anblick zu entstellen, zum Beispiel durch das industriell gefertigte Pflaster, das sie dort gerade verlegt haben. Sie verschandeln ihn allein schon dadurch, daß sie seine Buckel, Vorsprünge, Mulden und andere Unregelmäßigkeiten einebnen, seine Holprigkeiten, Schrunden, die seinen Boden dynamisch machten, der von so vielen Weissagungen geprägt ist, die seine Tänzer, Märchenerzähler, Chiromantiker und andere Nomaden des Geistes und des Körpers ergriffen hatten. Sie sind rege geblieben und bezeugen weiterhin die überholte Zeit der Mündlichkeit, auf einer Bühne, die stets bereitwillig das an Lebendigkeit aufnimmt, was bis zum mittelalterlichen Wort sein Echo findet, gleich welchen Ursprungs es auch sei – arabischen, romanischen, afrikanischen, europäischen.

70
Der Fremde kommt

In Marrakesch haben sich viele Fremde niedergelassen, vor allem in der Medina. Wie ist dieses Phänomen, das manche Einheimische ohne weiteres mit einem »neuen Kolonialismus« gleichsetzen, einzustufen? *Isti' mâr jdîd*, diese Wendung habe ich denn auch manchmal in den Diskussionen mit den Stadtbewohnern gehört. Doch ich werde zeigen, daß diese Formel ungeeignet ist, ein Zeichen geistiger Trägheit, die auf eine Tatsache reagiert und dabei eine Art ungerechtfertigter Bestürzung offenbart.

Die Welt ist doch groß: warum sollte der Fremde ausgerechnet Marrakesch zum Wohnsitz wählen? Zugegeben, die Stadt ist schön, liegt in einer außergewöhnlichen Gegend, ist mit einer ins Auge springenden Palette von Farben ausgestattet: das Rosa der Mauern, das Silbergrün des Olivenbaums auf der roten Erde, das Weiß des Gebirges, das Blau des Himmels. Dazu kommt die Architektur der Medina, ein Labyrinth von Bauten, das mit jedem Haus einen Haltepunkt bietet, damit man diese elementaren Farben genießen kann. Ganz zu schweigen vom Zusammenwirken der Formen und Motive in ihrem Dekor, Zitate, die über die ganze Stadt verstreut sind und Segmente und Fragmente aus dem Fundus ihres symbolischen Denkmals schöpfen, der Kutubiya-Moschee. Ihr sind auch die überhohen, kaum gebrochenen Vielpaßbögen entliehen, ebenso wie die *shebka*-Stickereien mit ihrem Netz gefärbter Fäden, das von Spitzenklöpplerinnen verwandt wird und hier in Stein, Ziegel und Stuck umgewandelt ist. Darüber hinaus erlangt die Stadt dadurch ihre menschliche Stärke, daß sie zwischen der Bewahrung archaischer Spuren und den Turbulenzen unserer Zeit ein Gleichgewicht herstellt: Eine Gegend, Wohnhäuser, Haltepunkte empfangen den Lebenden, der hier seine Bleibe wählt, um eine solche Ausgewogenheit zu genießen.

Es wäre nötig, daß der Bewohner von Marrakesch der Ehre, die der Fremde seiner Stadt dadurch erweist, daß er sie zu seinem Wohnort macht, eine Art Stolz abgewinnt. Der Wunsch nach Marrakesch ist nicht vom Himmel gefallen. Er entspricht dem Angebot an Pracht.

Wenn dann Fremde kommen, gibt es freien Raum für sie. Die großen *riadhs* von Marrakesch sind von ihren ursprünglichen Besitzern verlassen worden, den großen Familien, die ihren Ankerplatz aufgegeben haben, indem sie sich der kolonialen und modernistischen Nachahmung befleißigen und lieber in den Vororten und den ausgedehnten, an die Moderne angeglichenen Siedlungen mit Wohnblöcken und Einfamilienhäusern leben, den Hinterlassenschaften maßgeblicher Leute aus der Kolonialzeit. Aus dieser Flucht spricht gewiß Verachtung und Abwertung der eigenen Tradition, die zu ihrem Weiterleben bloß der Anpassung der materiellen Bedingungen, die der moderne Komfort mit sich bringt, an ihre Vorzüge bedürfte. Kaum waren diese großen Anwesen aufgegeben, wurden sie von neuen, ärmeren Bewohnern der Stadt wiedereingenommen, die in die leeren Wohnungen einzogen, sie in kleine Einheiten zerteilten und herunterwohnten. Dieses zweiphasige Phänomen (Entleerung, dann Wiederbesetzung auf vermindertem Niveau) haben alle historischen Medinas, von Fes bis Tunis, über Damaskus und Aleppo erfahren.

Dieses Phänomen ist übrigens auch in den historischen Zentren der europäischen Städte im Norden des Mittelmeers häufig anzutreffen. Aber diese haben eine dritte Phase erlebt: die Instandsetzung des Erbes und die Umwidmung der historischen Bauten zu Nutzungen und Aufgaben, die den Lebensweisen und Tätigkeiten von heute entsprechen. Die Einnahme des historischen Stadtraums in Marrakesch durch Fremde entspricht genau dieser dritten Phase. Letztlich treten diese Fremden nur an die Stelle der reichen Einheimischen, die nicht dieses Bewußtsein und diese Verantwortung für das Erbe erlangt haben. Anstatt zu klagen und die falsche Entwicklung eines neuen Kolonialismus anzuprangern, täte man besser daran, diese neuartige Wanderbewegung mit rechtlichen und technischen Kontroll- und Rahmenbedingungen für die Sanierungen, Restaurierungen, Rekonstruktionen zu flankieren, und zwar im Sinne einer Treue zur Tradition, die Formen und Zeichen belebt. Aber um solch eine Aufgabe übernehmen zu können, muß man ein kundiges, ethisch verantwortliches, technisch kompetentes Personal einstellen und motivieren. Aus der einheimischen Mentalität erwachsen jedoch keine Individuen, die von einem solchen Willen und einem solchen Können beseelt sind. Obwohl diese Rahmenbedingungen fehlen, vermochte die Anwesenheit der Fremden im Innern der Stadtmauern von Marrakesch immerhin die Schäden der Zerstörung, des Verfalls und des Abbruchs zu begrenzen. So wird die unausweichliche Zerstörung noch hinausgezögert.

Schließlich pumpt diese Anwesenheit Geld in die Stadt, sie bringt der örtlichen Bevölkerung Reichtum. Gewiß, dieser zusätzliche Reichtum trägt zu der Umwandlung der Stadt bei, erhöht ihren Lebensstandard. Aber da ansonsten nichts unternommen wird, um das extreme Elend zu beseitigen, zehrt diese Entwicklung die Infrastrukturen und die Leistungen auf, die für die Bettelarmen bestimmt sind. Da sie keine Bleibe mehr am Ort haben, werden sie aus der Stadt verbannt. Von dieser Schar der Blinden, Bettler, Randfiguren gibt es nur noch Reste. Die Reihen der Blinden, die Elias Canetti durch *Die Stimmen von Marrakesch* (1956) berühmt gemacht hat und die es bis vor kurzem immer noch in recht großer Zahl gab, sind heute ziemlich gelichtet. Aber die Tatsache, daß sie sich auf dem Platz verringert haben, der am Eingang der *qaysariyya* (des Souk) für sie bestimmt ist, bedeutet nicht, daß die Zahl der Blinden in der Stadt im allgemeinen abgenommen hat. Der Chor, den sie bilden, ist immer noch in der *zâwiya* von Sidi Bel Abbès hörbar, mit der Vielzahl seiner rauhen und heiseren Stimmen, moduliert während der Abendstunden, die das Sonnenuntergangsgebet ankündigen, das vierte kanonische Gebet in der liturgischen Gliederung des Tages.

Eine Tugend der Stadt, sich um die Bettelarmen zu kümmern, verschwindet mit dieser Entwicklung. Doch kein Gewinn ohne Verlust. Die Anwesenheit von Fremden in der Stadt bringt eine Heterogenität mit sich, die für den Menschen notwendig ist, um so notwendiger als diese Wanderungen kennzeichnend für unsere Zeit sind. Europäer und Amerikaner in Marrakesch, als Bewohner und nicht als Durchreisende: eine solche Anwesenheit gleicht die durch Migrationen entstandenen Verzerrungen aus. Wie viele Menschen aus Marrakesch leben in Europa, in Amerika! Die Ankunft des Fremden in Marokko stärkt das Bündnis zwischen den Nationen und Völkern. Sie fügt dem Austausch ein neues Element hinzu. Auf die Probe des Fremden, zwischen Gastfreundlichkeit und Feindlichkeit, sind von nun an beide Seiten gestellt. Es spielt keine Rolle, daß der Austausch mit ihnen durch eine große Zahl von Mißverständnissen überfrachtet ist. Es spielt keine Rolle, daß das Erscheinen des Fremden mit einem zwiespältigen Orientalismus behaftet ist. Trotz unvermeidlicher Verwechslungen und einem Festhalten an eingefleischten Hierarchien, wird der Europäer, der sich in Marrakesch niederläßt, eine Form der Demut wiederfinden, denn er wird sehen, daß der moderne Raum, aus dem er hervorgegangen ist, eine

Lebensqualität verloren hat, die hier noch lebendig ist. Anhand der archaischen Spur, die ihm das königliche, herrschaftliche Marokko beschert, wird er zum Beispiel die Tugend des Dienens entdecken, das keine Unwürdigkeit darstellt. Er wird erleben, daß manchmal das derart abgesicherte moderne Lohnverhältnis rechtlich zu einem viel entfremdeteren Sklavendasein führt als das Leben, das sich unter den Schritten der ganz einfachen Leute auftut, die mit dem feudalen Bündnis übereinstimmen. Diese Form der Freude enthält eine mögliche und unvorhergesehene Rückkehr zur Verpflichtung.

71
Wunsch nach Europa

Unter so vielen schlechten Nachrichten endlich eine gute: die Entscheidung der Europäischen Gemeinschaft, Beitrittsverhandlungen mit der Türkei aufzunehmen (Dezember 2004). Diese Nachricht hat eine beträchtliche Tragweite, auch wenn wir wissen, daß die Verhandlungen hart sein werden, denn die Türkei hat noch einen langen Weg vor sich, um sich die europäischen Normen anzueignen, welche die untrennbar miteinander verbundenen Fragen des historischen Gedächtnisses, des Minderheitenrechtes und der Menschenrechte betreffen. Vom Sozialrecht und vom Arbeitsrecht sowie den ökonomischen Bedingungen gar nicht zu reden, die ich in diesem Essay nicht behandeln werde.

Die Türkei muß als erstes eine Gedächtnisarbeit hinsichtlich der armenischen Frage leisten und ihre Schuld am Genozid an den Armeniern gesetzlich fixieren. Zur Verwirklichung dieses Vorhabens muß ein nationales Tabu aufgehoben werden. Erst mit der Vernichtung dieses Tabus wird die Türkei die Prüfung bestehen, die ihr hilft, ihren engstirnigen Nationalismus zu überwinden und die Stufe der Überstaatlichkeit zu erreichen, die das europäische Versprechen, faktisch und rechtlich, erfordert. Übrigens hat diese Arbeit der Erinnerung an den armenischen Genozid schon begonnen, und zwar dank der Untersuchungen und Studien türkischer Historiker selbst oder zumindest durch die Forschungen einer neuen Schule junger Historiker.

Dann muß die Anerkennung des Minderheitenrechts anhand der Anerkennung der kurdischen Identität ebenso wie der Berechtigung ihrer Sprache vollzogen werden, die als Unterrichtssprache im Erziehungswesen zuzulassen ist. In diesem Punkt ist die Türkei schon auf halbem Weg; wir sind nicht mehr in der Zeit der verweigerten Anerkennung, die zur terroristischen Gegenreaktion führte und die kurdische Widerstandsbewegung in Extremismus und Belagerungskampf trieb, der von einer stereotypen und unfruchtbaren Revolutionstheorie umrahmt wurde.

Schließlich muß im Zuge dieser beiden heiklen Punkte die Frage der Menschenrechte formuliert und beharrlich verbreitet werden, derart schwer lastet das Erbe des orientalischen Despotismus des Sultans auf der Militärdiktatur, die sich gewissermaßen für eine Wesensgleichheit zwischen Partei, Staat und Armee entschieden hat, um das wenige zu retten, was von dem Gebiet des osmanischen Reichs geblieben ist. Die nach-imperiale, nationale Türkei wird so auf eine kulturelle und modernisierende Umwälzung hingeführt, die auf einer bewußten Verwestlichung und Europäisierung beruht, welche der Vater der Nation, Mustafa Kemal, theoretisch begründet und auf autoritäre Weise praktisch durchgeführt hat.

Doch eröffnet die europäische Entscheidung zwei weitere große Perspektiven, die über den Sonderfall der Türkei hinausgehen und die beträchtliche geopolitische Folgen haben werden. Einerseits zeigt Europa, daß es bereit ist, eines seiner letzten Tabus zu überschreiten. Nämlich daß Europa mit seiner Identität im jüdisch-christlichen Boden wurzele, der sich in zwei entscheidenden Etappen zu einem Konglomerat gegen den Islam zusammengeschlossen hat: zunächst in den Kreuzzügen und der *Reconquista* auf der iberischen Halbinsel; danach im Widerstand, später in den Unabhängigkeitskriegen gegen osmanische Überfälle und Ansiedlungen auf dem Balkan und in Mitteleuropa.

Indem es die Angst vor dem Islam überwindet, zeigt Europa andererseits ganz einfach, daß es endlich die Idee der Überwindung seiner selbst und seines theokratischen Erbes anwendet. Durch diese Überwindung, die es selbst in der Aufklärung ersonnen hat, stünde Europa endlich in Übereinstimmung mit sich selbst. Es würde die Kluft auffüllen, die immer zwischen dem Grundsatz bestand, den es entwickelte und dem, was es historisch hervorbrachte, denn dies leugnete durchgängig den Grundsatz. Dieser Verstoß wurde Europa in der Zeit des Kolonialismus unverblümt zur Last gelegt. Mit seiner jüngsten Entscheidung hebt Europa nun die Kluft auf, an die es sich gewöhnt hat. Es bringt endlich Grundsatz und Tatsache in Übereinstimmung.

So wird denn aus zwei Dingen eins: Mit der künftigen Integration der Türkei muß Europa einerseits einräumen, daß seine Identität jüdisch-islamisch-christlich ist (mit einer Überblendung der griechisch-römischen Grundlagen, die allen, auch der Türkei, gemeinsam sind); oder Europa muß andererseits in Betracht ziehen, daß es auf der Überwindung der religiösen und traditionellen Bezüge gründet, und zwar im Namen der Grundsätze, die das Feuer der Aufklärung am Brennen halten, und dieses hinwiederum beleuchtet den kosmopolitischen Weg zum ewigen Frieden. Wenn dieser letzte Fall überzeugend erscheint, ist es angebracht, noch einmal über die Frage der Aufklärung nachzudenken, ihre Geschichte nochmals zu lesen. Man wird erkennen, worin auch sie negative historische Folgen gezeitigt hat, vor allem beim kolonialen Abenteuer, das durch das zivilisatorische Alibi ermutigt wurde. Oder später beim Nationalsozialismus, der extremen Form des weltlichen, von traditionellen und religiösen Bezügen befreiten Staates. Ich erwähne solche Extreme im Anschluß an Kritiken, die von Leo Strauss oder Gershom Sholem in diese Richtung formuliert wurden – selbst wenn ich ihnen persönlich nicht ganz zustimme. Aber auch, um der Frage nach der Tradition, nach dem Alten als wirksamer Spur, einen Platz in einem vornehmlich von der Aufklärung beeinflußten Gebäude einzuräumen. Die Betrachtung ihrer Allgemeingültigkeit verlangt diese minimalen Korrekturen.

Was die Türkei betrifft, so wird das Versprechen der Aufnahme in die Europäische Gemeinschaft den Wunsch nach Europa bestärken, der in ihrer Geschichte stets offenkundig war. Muß man daran erinnern, daß Fatih Mehmet II., der osmanische Sultan, der Konstantinopel erobert hat, davon überzeugt war, daß er eher Erbe des (römischen, byzantinischen, römisch-germanischen) Kaisers war als des Kalifen? Muß man sich den Prozeß der Verwestlichung ins Gedächtnis rufen, der auf der europäischen Faszination beruht, die sich das ganze 19. Jahrhundert lang auf das osmanische Reich erstreckt hat? Insbesondere die Gelehrten schlugen Brücken zwischen dem ererbten Deismus von Ibn Arabi und dem Deismus von Spinoza, einer der Quellen der Aufklärung. Muß daran erinnert werden, daß die Staats- und Rechtsmodelle, von denen Mustafa Kemal beeinflußt war, europäische, insbesondere französische, schweizerische und deutsche waren?

Der französische Einfluß zeigt sich daran, daß ich hauptsächlich in Frankreich und in der Türkei Intellektuellen begegnet bin, die durch den Primat der Republik geprägt sind, als Anhänger einer Art weltlichen, irredentistischen Fundamentalismus, der sich gierig alles einverleiben will und den demokratischen Grundsatz als zweitrangig behandelt. Dieser republikanische Irredentismus hat jüngst in der Türkei sogar eine »Korrektur« erfahren, dank eines Schubs der Re-Islamisierung. Nachdem die demokratische Prüfung absolviert war, haben sich die Islamisten in ihrer Darstellung und ihrem Kampf zu einer Art islamistischer Demokratie gewandelt, analog der christlichen Demokratie, wie sie, bis zu ihrer Korrumpierung, in Italien (auf Gedeih und Verderb) erfolgreich war, und wie sie in der deutschen Politik fortdauert, wo sie in der demokratischen Vielfalt einen gemäßigten Konservatismus darstellt.

Zum Schluß ein letztes Argument, das uns diese gute Nachricht liefert: Das Europa der Überwindung untergräbt dadurch, daß es ein Land mit einer mehrheitlich islamischen Tradition akzeptiert, den Begriff des Kampfs der Kulturen. Indem Europa zeigt, daß es nicht gegen den Islam ist, zerstört es das fundamentalistische Argument, das im abendländischen Menschen einen mit dem Juden verbündeten Kreuzfahrer sehen möchte, der den Islam nur zu schikanieren und ihm zu schaden sucht. Des weiteren könnte diese Überwindung das Gefühl der Verweigerung und der Nicht-Anerkennung aufheben, unter dem der Islam leidet (und das den Fundamentalismus schürt). Indem Europa die frühere Haltung der Nichtanerkennung korrigiert, stellt es die Allgemeingültigkeit der Aufklärung wieder her und fordert den Islam auf, zu seiner eigenen Überwindung zu schreiten, damit er schließlich zu einem souveränen Akteur auf der gemeinsamen Bühne werde, in der untreuen Treue, die der Moderne eigen ist. Sie stellt sich als ein endloser, ständig im Werden begriffener Prozeß heraus.

72
Tsunami

Mein heutiger Essay ist unterteilt und versammelt Gedanken zu der Katastrophe, die jüngst am 26. Dezember (2004) die Küsten des Indischen Ozeans von Asien bis Afrika heimsuchte und nach der letzten Rechnung etwa 230 000 Tote hinterließ.

1. Der Name

Die Wasserwand, die sich heranwälzt und auf dem Land einstürzt, trägt den japanischen Namen *tsunami*. Er setzt sich aus zwei chinesischen Ideogrammen zusammen, wobei das erste »Hafen« bedeutet und das zweite »Woge«. Spricht man diese Schriftzeichen aus, könnten sie eine Zusammenziehung von *tsuyo nami* sein, was »starke Woge« bedeutet. Der Begriff wurde von den japanischen Einwanderern auf Hawaii im April 1946 gebraucht, als eine durch ein Beben in Alaska ausgelöste Flutwelle die Inseln verwüstete. Er wurde 1963 als wissenschaftlicher Begriff zur Bezeichnung dieser Art von Phänomenen eingetragen. Der japanische Kommentator Kazuhiko Yatabe hat festgestellt, daß zwei der Wörter, die Japan der Welt geschenkt hat, *tsunami* und *kamikaze*, in den beiden Katastrophen gegenwärtig sind, die den Beginn des Jahrhunderts überschatten: am 11. September 2001, der Einsturz der Zwillingstürme von New York und am 26. Dezember 2004, die Verwüstung der asiatischen Küsten.

2. Das Rätsel

Am Tag des Unglücks war in den Fernsehnachrichten von al-Dschasira ein Geographieprofessor der Universität von Kairo zu Gast, der auf überzeugende Weise die Einstellung der Wissenschaft zu einem derartigen Phänomen darlegte; aber er schloß seinen Vortrag mit der Bemerkung, daß all diese Erklärungen unzureichend blieben, da sie nicht die Verkettung erklären würden, die zu der Katastrophe geführt haben. Man müsse in ihr einen geheimnisvollen göttlichen Eingriff sehen, ein Zeichen, das Gott gesandt habe, um seinen Zorn angesichts der unüberlegten Handlungen der Menschen zum Ausdruck zu bringen und um sie mit ihrem Unglauben zu konfrontieren. So wurde das Unglück als ein göttliches Strafgericht beschrieben, das von den Werken derer ausgelöst wurde, die vom rechten Weg abweichen. Fürwahr, ein seltsamer Gesinnungswandel für einen Wissenschaftler. Er zeigt eine Schizophrenie, bei der eine törichte Neigung zum Erwecken von Schuldgefühlen und der betrübliche Rückgriff auf eine einfache, mechanistische Schlußfolgerung zu erkennen sind, die nicht einmal dem Verstand eines wenig aufgeweckten Kindes oder der Gutgläubigkeit eines faselnden Greises genügen würde. Gegenüber diesem verbalen Rückfall ist daran zu erinnern, was Voltaire im Anschluß an das Erdbeben von Lissabon 1755 geschrieben hat, bei dem eine tödliche Woge Zehntausende von Opfern mit sich riß – zu jener Zeit traumatisierte das Ereignis Europa und führte zu zahlreichen Reaktionen von Schriftstellern. Voltaire bestand auf einem Rätsel der Natur, das kein Wissen vollständig erhellen werde. Wie fortgeschritten auch immer unsere Kenntnis von natürlichen Vorgängen sei, so bleibe doch ein unerklärlicher Teil übrig. Denn die Wissenschaft schreite auf Wegen voran, deren Ziel unbegreiflich bleiben werde. Man könne unzählige Dinge wissen, und wisse doch niemals alles.

3. Das System

Hätte man die Katastrophe vermeiden oder zumindest die Todesbilanz abmildern, die Zahl der Opfer an diesem Dezembertag verringern können? Wir erfahren, daß die amerikanische Administration, die für die Überwachung der Ozeane zuständig ist, das Beben aufgezeichnet und die einige Stunden später eintretende Katastrophe vorausgesehen hat. Hätte sie nicht die betroffenen Staaten warnen müssen, anstatt die Information an die einzige amerikanische Basis weiterzuleiten, die im Indischen Ozean auf der Insel Diego Garcia eingerichtet ist? Aber ein Warnsystem ist wirkungslos, wenn es nicht mit einem Krisenmanagement gekoppelt ist. Und dieses muß ebenfalls unwirksam bleiben, wenn es nicht auf eine informierte, alarmierte Öffentlichkeit trifft, die angesichts einer unmittelbar bevorstehenden Bedrohung bereit ist, sich in Bewegung zu setzen. Infolgedessen muß ein System entwickelt und eingerichtet werden, das im Wissenschaftslabor beginnt und damit endet, daß sich die Küstenbewohner die Bedrohung vergegenwärtigen. Und dieses System sollte übernational sein: Die Information könnte aus einer amerikanischen Forschungsanstalt kommen, würde dann an die Entscheidungsinstanzen der Staaten übermittelt werden, damit diese sie an die örtlichen Behörden weiterleiten. Sie haben die Aufgabe, die Bevölkerung, die sich der möglichen Gefahr bewußt ist, zu informieren und zu mobilisieren. Die Kette, die dieses System umfaßt, durchläuft eine Vielzahl von Ebenen. Sie wird vom Internationalen zum Nationalen weitergeleitet, um zum Regionalen überzugehen und dann individuell übermittelt zu werden. Es greifen hier die wissenschaftliche Instanz, die politische Macht und die Kräfte ineinander, welche die Bevölkerung wachsam halten. Vielleicht kann anhand eines solchen Vorsorgesystems, das in Notsituationen punktuell einsetzt, die übernationale Maschinerie einer zukünftigen Weltregierung erprobt werden.

4. Die menschliche Würde

Sie ist zwiefach. Sie zeigt sich zunächst als Zurückhaltung, als Opferbereitschaft angesichts der Katastrophe, welche die Bevölkerung Asiens erleben mußte. Die Bewohner dieser Küsten, sagt uns V.S. Naipaul, sind es gewohnt, »mit der blinden Macht der Erde zu leben.« Man braucht nur an die Bauern aus Indien und Bangladesh zu denken, die alljährlich die Wellen des Monsun erwarten, der auf seinem Weg alles zerstören wird. Sie wissen, daß sie sich während der Zeit der Verwüstung schützen, das Nachlassen der Niederschläge abwarten müssen, um zu der überschwemmten Erde zurückzukehren und wieder aufzubauen, was zerstört wurde. Naipaul schreibt weiter: »Das zyklische Auftreten von Phasen der Zerstörung und des Wiederaufbaus macht die menschliche Seele mit der Ungewißheit und Hinfälligkeit vertraut. Aber es lehrt gleichermaßen, den gegenwärtigen Augenblick mit Heiterkeit und Mut zu leben.«

Die zweite Form menschlicher Würde hat sich in der überschwenglichen Solidarität gezeigt, die viele Völker erfaßte. Oh, ich weiß, dieses Engagement kann mit geringem Aufwand dem guten Gewissen Nahrung geben. Ich lasse dennoch die Verbindung zwischen der Gabe und der wohlfeilen Tilgung einer Schuld beiseite, um über das nachzudenken, was bei den Arabern, die sich nicht an dieser weltweiten Welle der Großzügigkeit beteiligt haben, als Geiz verstanden wurde. Durch die arabischsprachige Londoner Tageszeitung *al-Qods al-'Arabî* erfahren wir, daß sämtliche Spenden, die von den reichen arabischen Erdölländern gekommen sind, kaum die Hälfte der Summe erreichen, die Norwegen, ein kleines Land von fünf Millionen Einwohnern, bewilligt. Doch sind unzählige asiatische Opfer Muslime. Aber wenn ich dieses Argument vorbringe, sehe ich mich aktiv an dieser Schande teilhaben, denn, angesichts der Katastrophe und jenseits von ihr, wird das Engagement meiner solidarischen Brüderlichkeit nie durch die Zugehörigkeit zu einer gleichartigen Gemeinschaft bedingt sein; in einer solchen Situation genügt die Teilhabe an der *conditio humana*. Dies ist das Bündnis, das von der Nächstenliebe geleitet wird. Sie ist ohne Bedingung: wie die Gastfreundschaft, und wird ausgeübt, ohne der Zugehörigkeit zu einer Sprache, einer Volksgruppe, einem Glauben Bedeutung beizumessen, da sie einzig dem unbekannten Namen und der Erprobung des Fremden ergeben ist.

5. Das Nahe und das Ferne

Vielleicht haben sich diese Araber fern der Katastrophe gefühlt, nicht von ihr betroffen. Vielleicht sind diese Reichen des Nahen Ostens Rassisten, welche die Völker Asiens, Indiens, Indonesiens und Sri Lankas für ihr Dienstpersonal halten. Sind es nicht die Leute, die bei ihnen einwandern? Muß man diese Araber daran erinnern, daß ihre Sprach- und Glaubensbrüder etwas weiter im Westen ebenfalls Einwanderer im Dienst anderer Völker des Nordens sind, für die sie dasselbe sind wie die Asiaten in ihrem Land: nämlich Lagerverwalter, Hilfsarbeiter, Müllkutscher, Dienstleute, Hausangestellte?

Es soll übrigens nicht vergessen werden, daß durch ein solches Phänomen jede ferne Katastrophe näher ist als man denkt, so weitreichend sind ihre Auswirkungen. Wenn wir die auf dem Maghreb lastende seismische Bedrohung betrachten, dann würden bei einem Erdbeben, dem dieses Gebiet hauptsächlich ausgesetzt wäre, voraussichtlich auf zwei weiteren Kontinenten Auswirkungen verzeichnet werden. Allein durch diese Möglichkeit gelangen wir zu der Erkenntnis, daß die Unterscheidung zwischen nah und fern nichtig ist. Wissen Sie, daß die Gefahr auch den Kanarischen Inseln droht? Bill McGuire, Experte für Naturkatastrophen in einem Forschungslabor in London, ist der Ansicht, daß der Westhang des Vulkans Cumbre Vieja auf der Insel Palma abzustürzen droht. Im schlimmsten Fall würden etwa 500 Kubikkilometer Fels auf den Grund des Ozeans stürzen und eine 900 Meter hohe Welle auslösen, die in einer Stunde den Norden Afrikas unter Wasser setzen würde, um vier Stunden später, immer noch 10 Meter hoch, Europa zu erreichen: zehn Stunden später würde die Küste der Vereinigten Staaten von einer 20 Meter hohen Welle getroffen werden. Der Einflußbereich eines solchen Kataklysmus (der drei Kontinente erfassen würde, einerlei wie fern oder nah sie sind) hebt den Gegensatz von fern und nah auf, eine lächerliche Dualität, sobald man einen Blick auf die Karte der Plattentektonik wirft; die dort verzeichneten Schwachstellen fordern zu einer weltweiten Solidarität auf.

Wenn eine solche Katastrophe käme, sollten Sie nicht jammern und meinen, Sie seien überrascht oder durch die schwere Hand

Gottes niedergeschmettert worden. Von nun an müßte man eher die Einführung von Schaltstellen erwägen, die zum Funktionieren dessen beitragen würden, was sogar hier das »System« genannt wird. Außer der Unglücksvermeidung würde dieses vorbeugende Handeln eine nützliche kosmopolitische Übung darstellen, in der die Verbindungen zwischen Wissenschaft und Politik, zwischen Staaten und Völkern erprobt werden könnten und einen Anklang fänden, der vom makroskopischen übernationalen Maßstab bis zum Mikrokosmos des entlegensten *locus solus* reichen würde.

73
Zwischen Rabbinern und Imamen

In den ersten Tagen dieses Jahres 2005 hat ein symbolisches Ereignis stattgefunden. Auf die Initiative der Stiftung »Hommes de paroles« haben sich religiöse Vertreter des Judentums und des Islams in Brüssel getroffen. Einhundertfünzig Rabbiner und Imame aus dem Maghreb, dem Nahen Osten, aus Europa und Amerika haben drei Tage lang zusammen debattiert und gelebt. Und viele von ihnen haben arabisch und hebräisch gesprochen, um sich an den anderen zu gewöhnen und seine Stimme in ihrem Wortlaut, ihrer Rhetorik, ihrem Tonfall, ihrer körperlichen Ausstrahlung kennenzulernen, da man den Sinn nicht erfaßte, den sie hat und übermittelt. Diese Übung, mit dem Wort des anderen Verbindung aufzunehmen, hatte einen hohen erzieherischen Wert; es wurde nämlich vermieden, daß der Sinn sich in einem blutleeren und allgemeinen Englisch verliert, an das wir uns auf Kongressen gewöhnt haben, die damit enden, daß hölzern formulierte Anträge das Licht der Welt erblicken.

In der Schlußerklärung des Treffens von Brüssel verpflichten sich Rabbiner und Imame, »Vertreter der muslimischen und jüdischen Gemeinschaften der ganzen Welt«, insbesondere, »eine gemeinsame Anstrengung zugunsten der Menschenrechte, für alle Männer, alle Frauen und alle Völker, zu unternehmen«, nachdem sie sich entschieden hatten, »daran zu arbeiten, daß dem Blutvergießen ein Ende gesetzt wird.« Diese Erklärung, die einfach und allgemein erscheinen mag, als ein frommer Wunsch, um das gute Gewissen zu beruhigen, ist in der gegenwärtigen Situation von größerer Bedeutung als man glaubt. Sie gemahnt an den Universalismus, der notwendig ist, um den Irredentismus zu überwinden, der dem Menschen der eigenen Gemeinschaft den Vorrang vor dem Menschen schlechthin gibt. Den Menschen dagegen an erste Stelle zu setzen, hebt zwei Vorurteile auf: Das Vorurteil, das zwischen Jude und Goi unterscheidet, und das andere, das den Muslim dem Einfluß des traditionellen Gebots unterwerfen will. Es verlangt zum Beispiel vom Gläubigen, daß er »seinen Bruder unterstützt, gleich ob er Henker oder Opfer ist.« Wenn die Universalität des Menschen so angemahnt wird, entläßt dies den Geistlichen aus den Grenzen seines Glaubens, befreit ihn von der blinden Treue.

Gerade um nicht in der Hohlheit des frommen Wunschs zu landen, um nicht bloß in der Logik der Worte zu bleiben und um mit dem Handeln anzufangen, wurde des weiteren beschlossen, eine »Bereitschaftsstation« einzurichten, um bei Konflikten, bei denen die Religion instrumentalisiert wird, einzuschreiten und jüdische und muslimische Persönlichkeiten zu entsenden, die imstande sind, Einfluß auf den Verlauf der Ereignisse zu nehmen.

Wir wissen, daß André Azoulay, der Berater des marokkanischen Königs, dieses Treffen initiiert hat. Es genoß auch die Unterstützung des Königs, der marokkanische Staat war also involviert. Wir wissen auch, daß dieses Treffen in Marokko stattfinden sollte und daß es zweimal verschoben wurde. Diese Verschiebungen deuten wahrscheinlich auf Widerstände und Befürchtungen hin. Mir scheint jedoch, daß man bei der Frage der notwendigen Verbindung zwischen Judentum und Islam den Mut haben muß, frontaler, aktiver, bissiger zu sein. Für solch ein Treffen müßte weitaus mehr Werbung gemacht werden, es müßte Teil der erzieherischen Programme des Staates sein, damit die öffentliche Meinung von den Einflüssen befreit wird, die sie formen, und die Feindseligkeit, wenn nicht gar Haß verbreiten. Denn die religiöse Frage wird offenbar auf zufällige, im Moment aber entscheidende Weise durch den israelisch-palästinensischen Konflikt beeinflußt, den viele auf den jüdisch-islamischen Gegensatz reduzieren. Ein solches Treffen hätte eine größere symbolische Wirkung gehabt, wenn es in einem Land mit islamischer Mehrheit stattgefunden hätte. Daß dieser Anfang einer Verbindung dennoch in einem Land gemacht wurde, das zu einem Drittel aus Laien christlichen Herkunft besteht, hängt mit dem inszenatorischen Charakter der Aussöhnung zusammen, der die Vermittlung und die Zeugenschaft eines Dritten verlangt.

Wir verfügen über weitere erzieherische Mittel, um das jüdisch-islamische Zusammenwirken auszubauen, das in der Geschichte und im Konzept der beiden Religionen, im Aufbau der Lehrsätze und Dogmen, überprüfbar ist. Man müßte einfach dieses Lehrgebäude von gewissen traditionellen Überfrachtungen befreien. Zum Beispiel sieht die islamische Seite vom Judentum eine größere Feindseligkeit ausgehen als vom Christentum, wahrscheinlich weil jenes sich hartnäckiger widersetzt und einen radikalen Partikularismus pflegt, ohne sich an dem Wettbewerb um weltweite Ausbreitung zu beteiligen. Diese Pädagogik kann auch Nutzen aus der Geschichte ziehen, aus dem jüdischen Schrifttum, das in arabischer Sprache verfaßt ist und dem schönen Erbe Bagdads oder Andalusiens entstammt. Muß daran erinnert werden, daß die Monumente des jüdischen Denkens auf Arabisch geschrieben sind? Ich möchte vom *Führer der Unschlüssigen* des Maimonides sprechen, dessen Originaltitel ich gerne niederschreibe: *Dalâlatu'l-Hâ'irîn*. Denn dieses Buch wurde in arabischer Sprache mit hebräischen Schriftzeichen geschrieben. Aber wir verfügen über eine arabische Umschrift des Werks, die von einem muslimischen Schreiber unterzeichnet wurde: Muhammad ibn Hasan ibn Ali Yahya an-Nahmi. Dieses in der Bibliothek von Jar-Allah in Istanbul aufbewahrte Manuskript datiert aus dem Jahr 883 der Hegira, das heißt aus dem Beginn des 15. Jahrhunderts der christlichen Zeitrechnung. Zudem hat ein türkischer Forscher, Husayn Atay, es in einer wissenschaftlichen Ausgabe vorgelegt, die in Kairo (ohne Jahresangabe) veröffentlicht wurde. Das Buch ist noch lieferbar.

Es ist auch unbedingt daran zu erinnern, daß dieses Buch (neben anderen jüdischen Büchern, die auf Arabisch geschrieben sind), auf dem Lehrplan Marokkos und anderer arabischer Länder steht, die (wie Tunesien oder Jordanien) eine gewisse Offenheit an den Tag legen. Ich sehe, daß die Seiten 180 –183 dieser Ausgabe einen Auszug darstellen, der gut in ein philosophisches Lehrbuch passen würde, denn Maimonides gibt hier einen glänzenden Überblick über das Zusammenspiel von Philosophie und Theologie, von griechischem Denken und religiösem Diskurs über das Göttliche. Er zeigt, wie dieses Zusammenspiel bei den Christen begonnen hat, wie es durch die Vermittlung von Johannes Damascenus den Mohammedanern bekannt gemacht wurde, wie es vom Islam übernommen wurde, um insbesondere die mutazilitische Strömung hervorzubringen, bevor es schließlich durch islamische Vermittlung zu den Juden übertragen wurde. So verpflichtet die theologische Methode des Maimonides Christen, Mohammedaner und Juden in der gleichen Geschichte, in der Teilhabe an der gleichen Methode, am gleichen Diskurs und an der gleichen Sprache. Meinen Sie nicht, daß wir es nötig haben, solche Anamnesen vorzunehmen, um dem wissentlich aufrechterhaltenen Vergessen entgegenzutreten, um die Überwindung der Irredentismen und Unversöhnlichkeiten vorzuzeichnen, die uns in dieser Zeit die Luft zum Atmen nehmen?

74
Über-die-Ufer-Treten

Wer ist dieser Mensch, der plötzlich anfing, *Sobhânî, sobhânî* zu schreien? Was ficht ihn denn an, daß er es wagt, die heilige Formel zu verdrehen und Verwirrung bei all denen zu stiften, die hörten, wie er seine Laute im Überschwang des Schreis artikulierte? Warum hat er sich das angemaßt, was der gemeine Mann für den unantastbaren Anteil Gottes hält, diese Formel, die jedermann ausspricht, um Hilfe herbeizurufen, um Trost zu erflehen, um vor einem Gesicht von bewegender Schönheit in Bewunderung auszubrechen, um sein Erstaunen angesichts eines wundersamen Ereignisses, eines Mirakels, einer Vision kundzutun, die den gewohnten Gang der Dinge unterbrechen, die dadurch schockieren und beeindrucken, daß sie den Lauf der Welt aufhalten und die Ordnung des Wirklichen verwirren?

In all diesen Situationen, unter diesen vielfachen Umständen, sagt man häufig *Sobhânallâh*: »Gott genügt«. Er ist die erste und die letzte Zuflucht, jedes Vorbild erschöpft sich im Vergleich mit ihm, jeder Bezug entleert sich; Gott genügt mir, indem er sich selbst genügt, er, der vollständig, vollkommen, dicht, aus einem Guß ist, der keine Hilfe braucht. Und als solchen rufen ihn der Leidende, der Bekümmerte, der Trauernde, der Betrübte, der Bewundernde, der in Liebe Entflammte an, als Stütze, als Zuflucht, um sich ihm hinzugeben, um sich und sein Geschick diesem vollkommenen Ganzen auszuliefern, das sich selbst genügt.

Und der »Erstarrte von Bistam«, Abu Yazid al-Bistami, der zwischen dem 8. und 9. Jahrhundert in diesem Flecken an den Flanken des Alborz-Gebirges lebte, nicht weit vom Kaspischen Meer entfernt, etwa 300 Kilometer nördlich von Teheran, er war nie weiter als bis zu den Dürregebieten gekommen, die einen Gürtel um die Apfelbaumhaine der Ortschaft bilden, er wurde wegen dieser Fixierung an einen Ort als der seßhafte Sufi angesehen, der nur im Geiste reist; er, der einen umherreisenden Meister, der niemals zwei Nächte am gleichen Ort verbrachte, gescholten hat ... er, der »Erstarrte« sagte ihm: »Warum reist du soviel?« Worauf der umherreisende Meister antwortete: »Das stehende Wasser verdirbt.« Diese Worte machten Abu Yazid noch bissiger: »Sei ein Ozean, und du wirst nicht verderben.«

Dieser Mann brüllte *Sobhânî, sobhânî*: einfach so, ohne Vorwarnung eignete er sich die Formel an, die Gott vorbehalten ist, er konjungierte das Buchstabenkonglomerat, das nur in der dritten Person gesprochen wird, in der ersten Person ... Schock, Umsturz, Skandal, durch die Art und Weise ausgelöst, auf die der in Fleisch und Blut anwesende Sprecher sich das anmaßt, was nur dem Abwesenden geweiht ist, diesem Pronomen, dessen Identität unbestimmt bleibt, Pronomen des Nicht-Anwesenden, dessen Gebrauch zwischen Verehrung und Herabsetzung schwankt, in einer Ambivalenz, die dem unsichtbaren Wesen das Ansehen zuspricht und der Mensch seine Schwäche erkennt, indem er ihm das Absolutum des Allwissens und der Allgegenwart beimißt.

Als er so den langen Vokal *î* an die Stelle von *allâh* setzte, gab Abu Yazid Gott den Abschied, auf daß an seiner Statt sein eigenes *je*, sein eigenes *moi,* damit sein Ich strahlte. In dem Tausch des Suffix, in dem Tausch *Ich* gegen *Gott*, wird das Geäußerte zugunsten der Äußerung ausgelöscht und der Weg der Wahrheit gewinnt an Intensität; das »Gott genügt« verändert sich in seinem Mund und verwandelt sich in »Ich genüge«, das »Gott genügt *euch*« wird als »Ich genüge *euch*« gehört, das »Gott genügt sich selbst« verwandelt sich in »Ich genüge mir selbst.«

Abu Yazid wird nicht mit *Sobhânî, sobhânî* aufhören; unmittelbar danach wird er hinzufügen *Mâ a'z'ama sha'nî*, »Auf daß mein Rang hoch ist«: so fügt er der Autarkie des Seins (die Autarkie des Absoluten, das sich jeder Ausschmückung, jeden Zusatzes enthält) den Glanz der Stellung hinzu, den diese hervorbringt. Die hier besungene Selbstgenügsamkeit ist nichts anderes als die Größe, welche die Menschen dem von ihnen erfundenen Gott einräumen. In anderen Worten, die geheiligte Formel *Sobhânallâh* läßt sich als »Ruhm Gottes« deuten und *Sobhânî, sobhâbî, mâ a'z'ama sha'nî* könnte als »Ruhm mir, Ruhm mir, auf daß mein Rang hoch ist!«

Die Tradition berichtet, Abu Yazid sei nicht bei Sinnen gewesen, als er seine Worte ausstieß, sei in der Entzückung der Ekstase nicht Herr seiner selbst gewesen, habe sich nicht im Griff gehabt. Es hieß sogar, daß er nach seinem Rausch die Worte nicht wiedererkannte, welche die Schüler ihm als die vom ihm geäußerten zutrugen, und er soll gesagt haben. »Nicht ich war es, der sprach, sondern Er war es; ich bin heimgesucht worden, ich kann Er werden und dann wieder zu mir zurückkehren, ich bin Er, Er ist ich, ich bin ich und doch bin ich Er, Er ist ich und doch bin ich ich, während ich zugleich Er bin.«

Dies wäre die Verdunkelung von ich durch Er, dieses Spiel zwischen ich und Er, zwischen *je* und *il*, zwischen der ersten Person, *anâ*, (die in der arabischen Grammatik *mukhâtib*, »Sprecher« genannt wird) und der dritten Person, *huwâ* (die im weiteren in der arabischen Grammatik durch *ghâ'ib*, »abwesend«, bezeichnet wird). Wenn *anâ* erklärt, *huwâ* zu sein, wird die *huwiyya* in Szene gesetzt, die genaue Entsprechung der Illizität, der Ipseität. *Sobhânallâh* verwandelt sich in *Sobhânî*, wenn das Ich auf dem *ipse* reitet. In der sufischen Tradition heißt diese Vorgehensweise *shat'h*, ein Wort, das Louis Massignon durch »theopathische Wendung« übersetzt und das Henry Corbin in »inspiriertes Paradox« umwandelt, was ich auf neutralere Weise als »in Ekstase gesprochen« gedeutet habe.

Das Wort *shat'h* ist ein Substantiv und leitet sich aus der dreigliedrigen Wortwurzel *sh.t' .h.* ab, deren Bedeutung auf das Anschwellen des Flusses verweist, wenn die Fluten über die Ufer treten und das in Nähe der Uferböschungen liegende Land überschwemmen. Diesem Sinn getreu müssen wir daher *shat'h* durch »Übertreten« wiedergeben. Die zweite Bedeutung, die man aus dieser Wortwurzel ableiten kann, bezeichnet Körner und sonstige Partikel, die zwischen den beiden Mühlsteinen hervorschießen, wenn sie von den Armen zum Kreisen gebracht werden, um das Getreide zu zermahlen und in Mehl zu verwandeln. Dieses Bild berechtigt uns dazu, *shat'h* diesmal mit dem Splitter zu vergleichen, der blitzend hervorschießt: wie eine Rakete (»fusée«) in dem von Baudelaire verwendeten Sinn einer sprachlichen Übung, die in fragmentarischer Kürze aufblitzt.

Anschwellen, Über-die-Ufer-Treten, Hervorschießen bestimmen das Verfahren der blasphemischen Entwendung. Sie entspringt der Begeisterung, die sich des Menschen in der Intensität der Erfahrung bemächtigt und ihn der vom Glauben verankerten Zensur entzieht. Es ist eine Entwendung, die das rechte Maß, auf dem die Grundsätze der Zustimmung zur Gemeinschaft beruhen, ins Wanken bringt. Diese jähen Einbrüche, durch fiebernde Personen ausgelöst, die sich nicht beherrschen können, die von dem Drang mitgerissen sind, den »die poetische und musikalische Pferdebremse« auslöst. Bei Rousseau war es diese unwiderstehliche schöpferische Energie, die ihn veranlaßte, den besten Teil des ersten Aktes seiner Oper *Les Muses galantes* in sieben Stunden zu komponieren. Die Metapher spielt auf die großen Fliegen (Bremsen) an, die sich im Fell des Tiers niederlassen und es aufreizen. Fliegen dieser Art müssen wohl Abu Yazid in die Halsschlagader gestochen haben, nachdem sie um seinen Nacken geschwirrt waren, wie die Bremse, welche die Färse piesackt. Dieser Stich sollte ihn veranlassen, den dionysischen Überschwang zu spielen und die Selbstvergessenheit zu mimen, um das Unerhörte besser sagen zu können.

Welch ein Akt der Freiheit, dem durch die Autorität der Ärzte die Absolution erteilt wird. Und dieser Akt kommt uns aus der fernsten Ferne des 8. Jahrhunderts zu Ohren. In dieser Zeit war der Islam noch nicht erstarrt und sah sich verpflichtet, das Abenteuer der Form und des Sinns anzuerkennen, in einer Stimmung, die Geistesblitze funkeln ließ; sie färbten die Gegend, aus der sie aufstiegen, mit Tönungen ein, die den Geist anregen und das Herz verführen.

75
Das Unheil

Ich möchte zu Voltaire und seinem *Gedicht über das Unheil von Lissabon* zurückkehren, das ich in meinem Essay zu jenem anderen Unheil flüchtig erwähnt habe, dessen Zeuge wir ganz unmittelbar wurden, des Tsunami, der die Küsten von Indonesien bis Thailand verwüstete und dessen Schockwelle Auswirkungen auf die Küsten der arabischen Halbinsel und bis auf die Ostküste Afrikas hatte (vgl. Gegenpredigt 72).

Zunächst ist festzustellen, daß schon zur Zeit von Voltaire die Nachrichten weltweit kursierten. Das Erdbeben von Lissabon fand am 1. November 1755 statt, und im gleichen Monat gelangte die Nachricht nach Paris und rief unter Philosophen und Schriftstellern vielfache Reaktionen hervor. Sie löste insbesondere ein Nachdenken über die Bedingtheit des Menschen und sein Verweilen auf Erden aus. Man kann der Ansicht sein, daß wir uns gegenüber den Menschen des 18. Jahrhunderts nicht grundlegend verändert haben. Auch sie reagierten auf die Ereignisse der Welt, auch zu ihrer Zeit kursierten die Nachrichten. Was Fortschritt genannt wird, ist einfach nur die größere Geschwindigkeit, hervorgerufen durch diese außergewöhnliche Verdichtung von Raum und Zeit, die uns an jedem beliebigen Ort der Welt in eine scheinbare Gleichzeitigkeit führt. Diese wird niemals vollständig, niemals total sein, sie wird immer durch den sehr kurzen Augenblick geprägt sein, vielleicht nur durch den Bruchteil einer Sekunde, der das Ereignis von der Kenntnis trennt, die wir von ihm erlangen. Was sich in unserer Zeit in Sekunden mißt, maß sich zur Zeit Voltaires in Wochen. Daher hat der Fortschritt die Struktur des Raum-Zeit-Kontinuums nicht umgewälzt, sondern nur extrem verdichtet. Der Augenblick, der zur Umwandlung von Raum in Zeit notwendig ist, wird immer quantifizierbar sein, selbst wenn er verschwindend gering ist.

Verglichen mit dem 18. Jahrhundert hat sich auch nichts an der Vorgehensweise des Menschen geändert, sein Tun weltweit zu planen, sich eine Vorstellung vom Menschen zu machen oder über das Partikuläre und Regionale hinauszugehen. In der Vorrede zu seinem Gedicht, bevor er auf Lissabon zu sprechen kommt, erinnert Voltaire, um »die Frage des natürlichen Übels« zu veranschaulichen, an »die allgemeinen Seuchen, die in der bekannten Welt ein Viertel der Menschheit dahingerafft haben«. Er erwähnt auch das ihm näher liegende »Erdbeben, das 1699 in China 400 000 Menschen verschlang«; er erinnert an die Erdbeben von Lima und Callao und gelangt schließlich zu den Ereignissen von Lissabon, wobei er nicht versäumt, darauf hinzuweisen, daß die gleichen Erdstöße »das Königreich Fez« verwüstet hatten. Und er präzisiert noch, daß im November 1755 mit Lissabon »Méquinez«[*Meknes*], »Tétuan« [*sic*] und viele andere Städte samt einer großen Zahl ihrer Einwohner verschlungen wurden. In dem Gedicht selbst grenzt er das Gebiet ab, das von der Katastrophe heimgesucht wurde:

Unterirdische Blitze verschlingen Lissabon,
Und dreißig Städte verstreuen ihre Trümmer,
Blutige Ufer vom Tejo bis zum Meer von Cadiz.

So macht der Denker, der Intellektuelle der Epoche, aus dem Menschen und der Welt den Stoff seines Denkens und achtet dabei nicht auf die kulturellen, sprachlichen, religiösen Grenzen. Wir sind mitten unter den Aufklärern, die um ihre universelle Bedeutung wissen.

In dem Universalismus, den wir in unserer Zeit der Globalisierung haben, bekennen wir ebenso, Erben und Kinder des Aufklärungszeitalters zu sein. Sollten wir auf diesem Gebiet abermals einen Fortschritt verzeichnet haben, dann allenfalls einen der Intensität, der unseren Blick auf die Welt aber nicht erschüttert hat. Denn hinsichtlich des Urteils über Dinge und Wesen ist kein Fortschritt verzeichnet worden, die philosophische Position Voltaires bleibt die unsere. Sie läßt sich in zwei Punkten zusammenfassen: *1.* das physische und moralische Übel existiert, es erfüllt die Welt; *2.* sein Vorhandensein in der Welt, in der Natur und beim Menschen bleibt unerklärlich, rätselhaft. Dies gehört zu diesem Horizont des Unerkennbaren, der sich, trotz all unseres Wissens, trotz all unserer Eroberungen, immerzu entziehen wird. Das Übel ist das Anzeichen der Schwäche des Menschen, selbst wenn er stark ist. Das Übel wäre so das Anzeichen der menschlichen Unvollkommenheit, des Fehlers und des Mangels. Sie machen aus dem Menschlichen eine relative Sache, und um die Hoffnung auf eine bessere Welt zu nähren, sieht es sich in der Notwendigkeit, das göttliche Absolute und die Vorsehung zu erfinden.

Immer noch in seiner Vorrede und zur Verdeutlichung seines Gesichtspunkts führt Voltaire ein Postulat aus einem Gedicht von Pope an, das die Position von Leibniz mit der Formel »Alles ist gut« verdeutlicht. Die Theorie von Leibniz wie das dazu passende Gedicht von Pope, haben eine heftige theologische Kritik in Europa ausgelöst, von der sich Voltaire absetzt. Denn zu sagen »Alles ist gut«, heißt die christliche Anschauung des Sündenfalls, der Erbsünde und der Erlösung umzustoßen, ebenso wie die Vergebung der menschlichen Schuld durch das Opfer Christi. Mit diesem Postulat stürzt das christliche Gebäude ein, nicht zum Mißfallen von Voltaire, der folglich seine Bewunderung sowohl für Pope als auch für Leibniz ausdrückt, wegen ihrer kritischen Arbeit gegen den Glauben, der den Fanatismus hervorbringt, indem er den Menschen durch seine Schuldigsprechung unterdrückt. Doch vermag Voltaire das Vorhandensein des Übels weder zu verschleiern noch zu vermindern; er spricht folglich von sich selbst, als »dem Verfasser des Gedichts über das *Unheil von Lissabon*« in der dritten Person: »Er bekennt also mit der ganzen Erde, daß es Übel gibt auf der Erde; er bekennt, daß keine Fee jemals den Ursprung des moralischen Übels und des physischen Übels zum Ausdruck gebracht hat [...]: er bekennt, daß es ebenso viel Schwäche in den Erkenntnissen des Menschen gibt wie Elend in seinem Leben.« Das einzige Zugeständnis, das er seiner Epoche macht, ist die Übereinstimmung mit dem Rest religiösen Gefühls, das bleibt, wenn es von den besonderen Glaubenselementen befreit ist. Er verkündet seinen Deismus, um eine bejammernswerte, in ihrem Urteilsvermögen begrenzte Menschheit zu trösten: »Die Güte der Vorsehung ist die einzige Zuflucht, an die sich der Mensch in der Dunkelheit seiner Vernunft und in den Unglücken seiner schwachen und sterblichen Natur wenden kann.« Es ist aufschlußreich zu wissen, daß im Gedicht selbst diese Idee durch ein orientalisches, islamisches Beispiel verdeutlicht wird:

Ein Kalif einst in seiner letzten Stunde sprach
Ganz im Gebet zu dem von ihm verehrten Gott:
»Ich bringe dir, o einz'gem König, einzigem unbegrenzten Wesen,
Alles, was du nicht hast in deiner Unermeßlichkeit,
Die Fehler, das Bedauern, die Übel und das Unwissen.«
Aber er könnte auch noch die Hoffnung hinzufügen.

So veranschaulicht Voltaire seinen Agnostizismus, indem er auf eine Gestalt aus einem gesunden, ethisch zuverlässigen Islam zurückgreift, der fern von dem kranken Islam von heute ist. Dieser Islam trägt die Voraussetzungen für die kommende philosophische Umwälzung in sich, zu der Voltaire selbst beitrug. Sie könnte am Anfang eines abendländischen Triumphs stehen, der auf dem Wirklichkeitsprinzip beruht, das empfiehlt, dem Übel ins Gesicht zu sehen.

76
Das Übel

Bleiben wir in diesem Essay noch bei Voltaire. Und kehren wir zu der Frage nach dem physischen (oder auch: natürlichen) Übel zurück, wie sie der Philosoph aus Fernay als Reaktion auf das Erdbeben von Lissabon gestellt hat. Das physische Übel (»mal physique«) bringt das Unglück, das Unheil, die Katastrophe mit, wir haben es bei dem Tsunami gesehen, der mehr als 200 000 Menschen mitriß. Tilgen wir mit Voltaire endgültig die Hypothese von der göttlichen Bestrafung, die auf den Menschen hereinbricht, weil er von seinem Weg abgewichen ist. Begnügen wir uns mit der Feststellung des Übels und seiner unbekannten Ursache:

Elemente, Tiere, Menschen, alles ist im Krieg.
Man muß es gestehen, das Übel ist auf der Erde:
Sein geheimes Prinzip ist uns nicht bekannt.

Bevor er zu den in der Natur vorhandenen »Mängeln« gelangt, reiht Voltaire verschiedene Hypothesen aneinander. Er beginnt mit der Auffassung, die den Menschen schuldig spricht; diese wurde anläßlich des Tsunamis von den Predigern, muslimisch oder evangelikal, wieder aufgegriffen. Daß die Evangelikalen sie übernehmen, liegt in der Natur der Sache, da sie mit der Erbsünde zu leben glauben, aber es überrascht, daß die Muslime in ihre Fußstapfen treten, denn der Islam zeichnet sich gerade dadurch aus, daß er keinerlei Erbsünde anerkennt. Wenn »der Mensch schuldig geboren wurde«, »straft Gott sein Geschlecht.«

Dann gelangt Voltaire zu der Annahme der göttlichen Gleichgültigkeit einer Natur gegenüber, die gleichsam autonom in ihren Fehlern ist:

Oder dieser absolute Herr über Sein und Raum,
Ohne Zorn, ohne Mitleid, ruhig, gleichgültig,
Er folgt von seinen ersten Entschlüssen dem ewigen Wildbach.

Der Philosoph gelangt schließlich zur Notwendigkeit des Mangels in der Natur, welche »die ewige Unordnung« hervorruft, »das Chaos des Unglücks«; als »unvermeidliches Übel«, dessen Schädigungen der Unschuldige wie der Schuldige zu ertragen haben; hier ist die Rede von

> *Der Materie, unfertig für ihren aufrührerischen Herrn,*
> *[Die] in sich die notwendigen Mängel trägt.*

Die andere, von Voltaire durchgespielte Hypothese betrifft die Prüfung des Menschen durch Gott, der ihn mit dem Unheil konfrontiert, als einer Veranschaulichung der Erfahrung des Übels:

> *Oder Gott prüft uns, und dieser sterbliche Aufenthalt*
> *Ist nur ein enger Durchgang zu einer ewigen Welt.*

Die Katastrophe wäre dann als ein Vorgeschmack auf die Apokalypse zu betrachten.

In den Geschichten, welche die Menschheit sich ausdenkt, um mit Hilfe der Einbildungskraft die Verbindung zum Absoluten wachzuhalten, um es zu dramatisieren und in einer Beziehung von Mensch zu Mensch zu inszenieren, habe ich eine andere Ausdrucksform dafür gefunden, wie sich das Übel an Unglücken und Katastrophen zeigt. Die Geschichte, die aus der Ferne des 9. Jahrhunderts zu uns gelangt, aus dem Islam Zentralasiens, handelt von einer Frau aus dem Kaukasus, einer hochverehrten *sufia* und begüterten, adligen Dame mit großer spiritueller Erfahrung. Sie ist die Gattin eines spirituellen Meisters aus Khorasan (Iran), Ahmed ibn Khudhrawayh, der nun in Balkh, dem alten Baktrien, lebt. Diese Frau ist bekannt dafür, die erhabene Bewunderin des größten Sufis ihrer Zeit gewesen zu sein, des berühmten Abu Yazid von Bistam, wir erwähnten ihn schon zuvor in Gegenpredigt 74 mit dem Titel »Über-die-Ufer-Treten«. Sulami, ein im 10. Jahrhundert lebender Verfasser von Sufi-Handbüchern, hat ihr einen Abschnitt in seinem Buch über die Beterinnen und andere Sufi-Frauen gewidmet. Dieser Quelle entnehmen wir einen Spruch, der dieser Dame zugeschrieben wird: »Gott rief die Menschen mit vielerart Wohltaten und Gunstbezeigungen zu sich, aber sie antworteten ihm nicht; da überschüttete er sie mit allen Arten von Unglücken, damit sie durch die Katastrophe zu ihm kämen, denn er liebt sie.« Kurzum, die Wohltaten und Gunstbezeigungen führen beim Menschen zum Vergessen, das sich bei ihm in einer Art Herdentrieb äußert, der ihn daran hindert, seine

Sphäre zu verlassen. Die Wohltaten bewirken, daß man den anderen vergißt, sie machen einen zum Onanisten. Die Erfahrung des Übels hingegen erweckt im Menschen die Erinnerung an seine relative Realität angesichts des Absoluten. Nachdem er das Übel kennengelernt hat, kann er aus sich heraus treten und macht sich auf die Suche nach dem Anderen. Das erlittene Übel wäre dann die Prüfung und der Beweis der Liebe. Eine Liebe, welche die Gestalt des Absoluten gebietet, Liebe ohne Mangel, imaginiert durch das mangelhafte Subjekt, dessen Kennzeichen der Fehler ist. Diese Ökonomie der Liebe, die dem Übel eine notwendige Aufgabe zuweist, malt mit feinen Abtönungen Voltaires letzte Hypothese von der Prüfung durch das Übel aus, ohne daß ein Rückgriff auf die Berechnung möglich wäre, die Strafe und Belohnung gegeneinander abwägt: Sie ist nichts als die Erfahrung des Übels als Übermaß, das wieder ins Gewebe der Liebe zurückführt.

77
Phantom-Maghreb

Zum Anlaß des sechzehnten Jahrestags der Gründung der Union des arabischen Maghreb, der kürzlich in Rabat gefeiert wurde (am 16. Februar 2005), erscheint es angebracht, ein paar Wahrheiten auszusprechen. Bei dem Festakt, welche die Außenminister der betreffenden Staaten versammelte, sind wir mal wieder mit einem aufgesetzten Optimismus, wenn nicht gar mit hohlen Phrasen eingedeckt und gut bedient worden. Eigentlich hat man unaufhörlich eine Worthülse beweihräuchert, die selbstverständlich einen Sinn hat, den aber die Politiker allesamt jeden Inhalts entleert haben. Ich übergehe die Ränder dieser Union, sie werden nie eine treibende Kraft sein und ihre Beteiligung beeinträchtigt unnötigerweise das Spiel – vor allem wenn man zudem das schweifende und phantastische Gemüt des Gefreiten in Betracht zieht, der sich selbst zum Oberst ernannt hat und der die Macht in einem dieser beiden Länder an der Peripherie des Maghreb verkörpert. Legen wir also die Karten Libyen und Mauretanien ab.

Wie steht es also mit den drei wirklich wichtigen Ländern, die die gleiche Geschichte haben, die gleichen Sprachen (das Berberische, das Arabische, das Französische), die gleichen religiösen Bindungen (in überwältigender Mehrheit islamisch, sowohl in der sunnitischen als auch der malikitischen Form)? Wie steht es mit der Front, die sie eigentlich bilden sollten, um mit Europa zu verhandeln? Warum sind sie nicht aktiv auf die Gemeinschaft und ihr Versprechen zugegangen, in diesem Augenblick, wo die Türkei für Europa zum Thema wird? Warum haben sie nicht ihrerseits den Wunsch nach Europa geäußert, für den wichtige Argumente sprechen, obwohl diese Länder geographisch zu einem anderen Kontinent gehören – eigentlich aber ganz nah liegen, denn die Meerenge, die sie voneinander trennt, ist nicht breiter als 12 Kilometer.

Muß man an die drei europäischen Phasen des Maghreb erinnern? Zuerst die des Römertums und der Latinität (vom 2. Jahrhundert v. Chr. bis zum 6. Jahrhundert n. Chr., wenn man die byzantinische und christliche Zeit hinzurechnet); schließlich die lange Episode der Verbindungen und des Austauschs mit dem europäischen Islam, die sich in der sizilianischen (Ende des 8. bis zum Beginn des 12. Jahrhunderts) und vor allem in der iberischen Periode (von 710 bis 1492) äußerte. Sie hinterließ in Spanien lebendige Spuren, aber auch im Maghreb, mit den Wellen des Rückzugs aus Andalusien aufgrund der *Reconquista* und der Vertreibung, Wellen, die den afrikanischen Städten und Landen ihre zivilisierenden Segnungen bringen sollten, zu genau datierbaren Zeitpunkten: in der Mitte des 13. Jahrhunderts (insbesondere, als Metropolen wie Córdoba und Sevilla fielen) und seit der Vertreibung der Morisken (mit der Durchführung des Ediktes von 1609), und davor schon mit der Einnahme von Granada (am 2. Januar 1492). Schließlich ist an die dritte Zeit zu erinnern, die Kolonisation. Sie hatte die Verwestlichung der Elite und die Verwurzelung europäischer Sprachen auf maghrebinischem Boden zur Folge: ein wenig Italienisch und Spanisch, aber vor allem Französisch. Es besteht kein Zweifel daran, daß die europäischen Sprachen hier wesentlich präsenter und prägender sind als in der Türkei. Gewiß könnte ihre Entwicklung die Voraussetzungen für eine europäische Zugehörigkeit schaffen und den Wunsch nach Europa nähren.

Selbst wenn die europäische Integration als eine Illusion erscheint, deren Verwirklichung vertagt wird, erschiene es doch nützlich, sie durch die Gründung und Weiterentwicklung einer Unter-Einheit vorzubereiten, die wir den westlichen Bund des Mittelmeerraumes nennen könnten. Er würde den Gebieten einen organischen

Zusammenschluß verleihen, deren Küsten sich im Westen des Mittelmeers fast berühren und die einen gemeinsamen Schauplatz bilden; ein Spiegel, gesäumt von den drei Ländern im Norden Afrikas, zu denen Italien, Frankreich und Spanien kämen. Die politische Verwirklichung eines solchen geographischen Plans würde insbesondere über den Verkehrsfluß von Gütern und Personen bestimmen und mit klarem Verstand die afrikanische Migration nach Europa und die Entwicklung des Maghreb miteinander verbinden.

Damit aber dieser Wunsch glaubwürdig wird, muß die bereits vorhandene Union des Maghreb erst einmal einen Anstrich von Wirklichkeit bekommen. Andernfalls ist sie bloß eine Worthülse, eine Muschelschale, bar des Fleischs, das sie enthalten sollte, und auch der möglichen Perle beraubt, die darin ihren Glanz bewahrt hätte. Es scheinen jedoch alle Bedingungen zusammenzukommen, damit diese Union eine konkrete Wirklichkeit wird: die Sprache, die Religion, das Gedächtnis, die gemeinsamen Volksgruppen, denen die geographische Kontinuität hinzuzufügen wäre; alles läuft darauf hinaus, dem Maghreb seine Evidenz zu geben. Aber Evidenzen sind trügerisch; wir wissen seit Renan (der es in seinem schon zitierten Vortrag *Was ist eine Nation?* äußerte), daß solche Gemeinschaften »technisch« nicht an der Entstehung von Nationen beteiligt sind, denn Nationen entstehen in erster Linie aus dem Wunsch nach einem Zusammensein. Dieser Wunsch hat hier seitens der Politik keine Anregung erhalten, er ist sogar durch wiederholte Täuschungsmanöver vom Weg abgebracht worden. In Europa hingegen wurde er organisatorisch vorbereitet, was ihm seine lebendige Wirklichkeit verleiht und die Erweiterung sichert, trotz der unterschiedlichen Sprachen und trotz einer tragischen Geschichte, in der die Nationen aufeinanderprallten und ganze Generationen dezimiert wurden (1870, 1914 – 1918, 1939 – 1945). Übrigens beschrieb Renan in seinem Text eine prophetische Vision des 20. Jahrhunderts: er sah die unausweichliche Entwicklung Europas zur Konföderation vorher, nachdem es seine internen Streitigkeiten in den mörderischsten Kriegen zu Ende gebracht hätte, welche die Menschheit jemals erlebte.

Sagen wir es rundheraus: der Maghreb wird eine Schimäre bleiben, solange jeder, faktisch und aus politischer Berechnung, nur an sich und für sich denkt: Tunesien begreift sich am liebsten als regional, damit unter Vernichtung jeglichen Widerstands das befremdlich ausschließliche System des Einparteienstaats, verkörpert im Bildnis eines Einzigen, fortdauern kann. Algerien fürchtet teilen zu müssen, was es für seinen eigenen Reichtum hält. Es bleibt auf zig Milliarden Euros oder Dollars sitzen, die ihm seine Erdöl- und Erdgaserträge einbringen. Wenn es sich, über seinen hegemonialen Egoismus hinaus, mit seinem marokkanischen Nachbarn wegen des Zankapfels Sahara in der Wolle hat, verhehlt es kaum seine Versuchung, sich einen Zugang zum Atlantik zu verschaffen. In Marokko blickt die Elite niemals in Richtung Osten, ob sich dort vielleicht ein Horizont öffnet; es bringt seinen Drang nach Europa dadurch zum Ausdruck, daß es sich klammheimlich die eigenen Möglichkeiten einer transatlantischen Zukunft offenhält. Die drei Staaten des Maghreb unterhalten lieber bilaterale Beziehungen mit jedem einzelnen europäischen Land, wobei sie insbesondere die durch die französischen Freundschaftsbeziehungen entstandenen Privilegien bewahren. Als ob jeder von ihnen Furcht davor hätte, seine erworbenen Vorteile zu verlieren, wenn er mit den europäischen Institutionen, die jedoch die bevorzugten Verhandlungspartner der Zukunft sein werden, Gespräche führt.

Freilich müßte man im Innern des Maghreb selbst mit dem Glauben an ein grenzüberschreitendes Prinzip beginnen, damit die supranationale europäische Instanz von den Politikern dieser Länder wirkungsvoll begriffen und angeeignet wird, und damit sie es schließlich auf ihr eigenes Gebiet anwenden.

78
Ein erfundener Rabbiner

Ich möchte noch einmal auf Voltaire zurückkommen und auf den aus seiner Feder stammenden Lobpreis des Islams, der durch die Stimme einer seiner Figuren erklingt, dem er den Namen Rabbi Akib gibt und den er in Smyrna wirken sieht (*Predigt des Rabbiners Akib*, 1761). Die Worte, die man vernehmen wird, sind der Predigt entnommen, die dieser erfundene Rabbiner am 20. November 1761 vor seinen Pfarrkindern in Smyrna auf osmanischem Gebiet hält. Diese Worte wurden vermutlich auf Hebräisch gesprochen und übersetzt, damit sie von den französisch sprechenden Personen, an die sie gerichtet sind, verstanden werden.

Durch die Inszenierung dieser orientalischen Andacht geißelt Voltaire den Fanatismus auf seiner, der katholischen Seite. Er erteilt einem Fremden, der weiser ist als sie, das Wort. Er bezieht seine Weisheit aus seiner doppelten Randständigkeit: Als Jude, der einer älteren religiösen Gruppierung angehört, die der christlichen Umwälzung und der durch sie entworfenen neuen Perspektive standgehalten hat. Und als orientalischer Jude, der dem islamischen Raum entstammt, von seiner Kultur geprägt ist, zufrieden mit seiner Situation unter der Macht des Islams, doch weniger verbohrt, weniger blind für die Existenz des Anderen, einerlei ob dieser in derselben Stadt lebt oder in der Ferne. Diese Geschichte wurde als Antwort auf die mörderischen Umtriebe der Inquisition geschrieben, die den Jesuiten Gabriel Malgrida, einen erleuchteten Wirrkopf, hingerichtet hatte. Er hatte sich mit Johannes dem Täufer verglichen, wie viele Verzückte in Paris und unzählige Propheten in London, die sich mit Elias gleichsetzten. Es handelt sich um eine Erscheinungsform der Quietismus genannten mystischen Bewegung, die auf der »Passivität« in der mystischen Ekstase besteht und das sittliche Leben von dem spirituellen Leben abtrennt – eine Aussage, die an Blasphemie grenzt. Die Bewegung erreichte Ende des 17. Jahrhunderts in Frankreich ihren Höhepunkt mit Madame Guyon, einer Savoyardin, die ihre visionären Exzesse insbesondere in einem Buch mit dem Titel *Die geistigen Sturzbäche* schilderte. Madame Guyon löste eine berühmte theologische Polemik bei den Katholiken aus: Bossuet verurteilte sie zum Freiheitsentzug, während Fénelon ihre Verteidigung übernahm. Solches gehört zum Risiko des mystischen Lebens und seinen irrationalen Exzessen, wie diese Episode, die sich am Ende des Grand Siècle (1695 – 1698) abspielte, bezeugt.

Die Geschichte, die am Anfang der Fiktion von Voltaire steht, hat eine noch größere Intensität, da die Inquisition in Portugal, dem Ort des Ereignisses, den erwähnten jesuitischen Verzückten zum Scheiterhaufen verurteilt und ihm dabei zwei weitere Katholiken beigesellt, einen Dominikaner, der beschuldigt ist, eines seiner weiblichen Beichtkinder verführt zu haben, und einen Franziskanermönch, welcher der Teufelsbeschwörung bezichtigt wird. Die Geschichte von Voltaire schlägt sogar zwei weitere Kandidaten für das Feuer des Inquisitors vor, neben den Ketzern noch die Anhänger der beiden anderen monotheistischen Religionen, die Gläubigen des Islams und des Judentums; auch sie könnten billigerweise mögliche Opfer des Autodafés sein.

Voltaires Rabbiner drückt dies so aus : »Dann wurden zwei Mohammedaner verbrannt. Die Nächstenliebe befiehlt uns, zusammenzuzucken, von Entsetzen gepackt zu sein und für sie zu beten.« So betet der religiöse Mensch aus Mitleid für das Opfer, das nicht seinem Glauben angehört. Der jüdische Geistliche erhebt diese ethische Forderung, dann setzt er seine Predigt folgendermaßen fort: »Ihr wißt, wenn die Mohammedaner ganz Spanien mit dem Krummsäbel erobert hätten, würden sie niemanden belästigen, niemand zwingen, die Religion zu wechseln, und sie würde die Besiegten ebenso wie uns Israeliten mit Menschlichkeit behandeln. Eure Augen sind Zeugen, welche Güte die Türken bei den griechischen Christen, den nestorianischen Christen, den papistischen Christen, den Schülern des Johannes, den alten feueranbetenden Parsen und unseren bescheidenen Mosesdienern walten lassen. Die Beispiele der Menschlichkeit haben nicht das Herz der Wilden erweichen können, die diese kleine Landzunge Portugal bewohnen.«

Voltaire wagt es, seine Glaubensbrüder als Wilde zu bezeichnen, nachdem er sie Menschenfresser genannt hat und bevor er sie schließlich, eingedenk des Massakers an den Juden, mit Barbaren vergleicht. So führt der Rabbiner aus Smyrna zu diesem unheilvollen Ereignis weiterhin aus: »Was war ihr Verbrechen? Kein anderes als das, geboren worden zu sein ... Diese erbarmungslosen Ungeheuer riefen den Gott der Milde und der Güte an, den verzeihenden Gott, während sie das scheußlichste und barbarischste Verbrechen begingen und eine Grausamkeit ausübten, welche die Dämonen in ihrer Wut nicht gegen ihre Mitdämonen ausüben würden.« Dies ist die geißelnde Rede Voltaires, die auf die Seinen gemünzt ist. Er antwortet ihnen mit der Fiktion, wobei er, Gipfel der Ironie, diese richterliche Rede dem doppelt Fremden, dem orientalischen Juden in den Mund legt, anstatt einem europäischen Katholiken.

Die Zeiten haben sich geändert. Jedes islamische Subjekt, das Mensch sein und die Vorrechte seiner Zeit, seines Jahrhunderts, der Demokratie, der Menschenrechte und einer Globalität genießen will, die auf den Respekt vor dem Unterschiedlichen und auf die Einbeziehung des Anderen in die Zeichenwelt des eigenen Lebens abzielt – jeder Mensch also, der sich für diese Werte entscheidet, sieht sich ebenfalls vor die Aufgabe gestellt, Sagen, Fiktionen,

Parabeln zu ersinnen, um diejenigen der Seinen aufs schärfste anzuprangern, die Kehlen durchschneiden, entführen, töten, morden, massakrieren, Buddhas und Türme zerstören, die Stein, Stahl, das Holz der Bäume verglühen lassen, um möglichst viele Menschen, die anders sind, in Asche zu verwandeln und um jene zu vernichten, die sie des Verrats bezichtigen. Heute ist es der Islam, der fanatisch ist. Und in meiner nächsten Geschichte werde ich eine doppelt fremde Figur in Szene setzen, werde ich einen weisen europäischen Juden erfinden, der den inquisitorischen, obskurantistischen, wilden, barbarischen Islam geißelt, und zwar im Namen seines Glaubens als fruchtbare Andersheit, die das Unterschiedliche in einer von allen geteilten Welt wachhält, auf dem Weg zu einem kosmopolitischen Horizont.

79
Über Beirut

Der Sturz der Regierung im Libanon (28. März 2005) freut uns, denn er verdankt sich dem Druck des Volkes, und dies stellt eine Premiere in der arabischen Welt dar. Daher verdient es dieses Ereignis, symbolisch auf die Tafeln mit den Großtaten des politischen Gedächtnisses graviert zu werden. Bisher hat das Volk in diesen Gegenden nie mit friedlichen Kundgebungen gegen das Diktat der Herrschaft oder ihre Willkür protestiert. Anhand dieser Bilder, die aus Beirut zu uns kommen, meint man, hier gelange ein arabisches Land endlich in den Einklang mit den Ereignissen, die unser Zeitgeschehen überstrahlen. Hier meine ich besonders die Massen, die der Kälte des strengen ukrainischen Winters trotzten und auf den Straßen und Plätzen von Kiew wachten, um die vollendete Tatsache abzuwenden, die ein Überrest des totalitären Staates durchzusetzen versuchte. Die Entschlossenheit des Volkes hat eine höchst ungerechte Entscheidung mit Erfolg aufgehoben und die Wiederaufnahme des Wahlkampfes erreicht, der zu einem Sieg der Opposition führte.

Wir leben in einer Epoche, in der diese demokratischen Abläufe nahezu selbsttätig in Gang kommen und in der Luft liegen. Das Welttheater lehrt uns, daß es möglich ist, einer Diktatur die Stirn zu bieten und über sie zu triumphieren. Aber solch eine Entwicklung gedeiht nicht, wenn sie nicht durch den Wunsch des Volkes bewegt wird, das Hindernis, das es in seiner Lethargie festhält, zu überwinden. In Wirklichkeit funktioniert jede Diktatur nur durch die Zustimmung der Massen, diese Zustimmung ist Ausdruck ihrer »freiwilligen Knechtschaft«. Wir wiederholen dies, bis uns die Stimme versagt. Damit die despotische Maschinerie zerbricht, sind zwei Voraussetzungen unerläßlich: Als erstes sind entschlossene, kraftvolle politische Persönlichkeiten vonnöten, die auf dem Boden des Rechts stehen und die, innerhalb des gesetzlichen Rahmens, eine entschiedene Meinung vertreten. Manchmal macht es dieser Mindestanspruch erforderlich, daß man seine Freiheit opfert, alltägliche Schikanen und Mißhandlungen erträgt, nur um ohne Umschweife seine Ansicht zu formulieren und ein schlüssiges Urteil anzubieten, das auf der politischen Bühne Gehör findet. Die zweite Voraussetzung besteht in der Entschlossenheit des Volkes zum körperlichen Einsatz, wenn es gegen das Unannehmbare protestiert. So gelingt die Verbindung zwischen der Überzeugung der einen und dem kollektiven Wunsch der anderen nach entscheidender Veränderung. Dies ist die Bedingung für das Erscheinen der Demokratie. Und genau das haben wir in diesen letzten Wochen im Libanon erlebt.

Ich weiß, daß der Ausgang dieser Entwicklung nicht sicher ist. Ich übersehe nicht, wie labil die Lage im Libanon ist. Das Wichtigste aber ist, zu betonen, daß das Phänomen im arabischen Raum neu ist: Politische Menschen haben die juristische Manipulation im Gefüge des Verfassungsrechts angeprangert, die dazu diente, ein politisches System fortdauern zu lassen und das Personal, das es in Gang hielt, weiter zu beschäftigen. Das spezifische Merkmal der Diktaturen ist es, ewig währen zu wollen, indem sie ihren Fortbestand mit einer rein formaljuristischen Rechtfertigung verbrämen.

Im Libanon baute man darauf, die von den Syrern eingesetzte autoritäre Institution zu bewahren. Angesichts dieser Situation haben politische Menschen entschieden, ihren Widerstand zum Ausdruck zu bringen, auch wenn sie wußten, daß sie sich in Todesgefahr begaben. Um sich entwickeln zu können, verschlingt die Politik Menschen. Es wurde bereits daran erinnert, daß die Geschichte gewalttätig ist. Das Opfer von Rafik Hariri hatte den Volksprotest ausgelöst. Die Bevölkerung des Libanon hat es abgelehnt, sich durch die Attentate und die von ihnen ausgehenden politischen Botschaften einschüchtern zu lassen. Das syrische Staatssystem hatte sie an diese Abläufe gewöhnt, aber das Regime von Damaskus hat sich nicht klargemacht, daß die Welt verändert ist. Seine alten Methoden haben die gegenteilige Reaktion hervorgerufen: diesmal haben das vergossene Blut, die zerfetzten Körper, die Dramatisierung des Todes im Blutbad sich gegen ihre Vollstrecker und Auftraggeber gerichtet.

Denn die Demokratisierung weitet sich aus. Im Irak haben Wahlen stattgefunden. Wir haben die Anerkennung von zwei Gruppierungen erlebt, die eine religiös – die Schiiten –, die andere ethnisch – die Kurden –, denen jahrelang jegliches Recht verweigert wurde. Im Nahen Osten zeichnet sich eine andere Orientierung ab, die frühere Praktiken, denen Syrien verbunden bleibt, überflüssig und kontraproduktiv gemacht haben. Ich wäre nicht so naiv zu glauben, daß der demokratische Versuch leicht bewerkstelligt werden kann, gleich welche Hoffnungen durch die Wahlen im Irak und die friedlichen Volksproteste im Libanon geweckt wurden. In beiden Ländern geht die Idee des Sektierertums um und bildet den Gärstoff des Bürgerkriegs. Dieses Moment birgt die Möglichkeit einer blutigen Szenenfolge, die bereits von Leuten in die Tat umgesetzt wird, die sich an das vorherige politische, auf dem Parteistaat begründeten System klammern. In ihm liegt der Ursprung eines totalitären Systems, das sich um eine nationalistische Ideologie bildet. Die Gefahr geht von Gruppen aus, welche die Asche eines erloschenen Feuers anblasen, von Personen, die sich an die Trümmer eines politischen Gebäudes klammern, das zwar verfallen, aber noch nicht verlassen ist, obwohl es aussieht wie eine Ruine. Allerdings ist die Realität der religiösen oder ethnischen Gemeinschaft keine Einbildung. Es gibt sie, die gesellschaftliche Solidarität schöpft aus ihr. Daher schleicht um den Ort ihres Gedeihens das Gespenst des Bürgerkriegs, der die Demokratie zu Grabe trägt.

Die Überwindung dieser Art von Solidarität ist dringend nötig, damit eine politische Bühne mit einem transzendenten Prinzip entstehen kann, das sich auf den Wunsch nach Gemeinsamkeit einstellt, ohne die Unterschiedlichkeit zu opfern. Ein solches Bewußtsein gibt es *auch*. Die Libanesen haben in Beirut für die Idee eines pluralistischen Landes demonstriert, dessen Einheit sich gegen die syrische Expansion herauskristallisieren würde. Das Gefühl einer libanesischen Staatszugehörigkeit ist durch einen Wunsch nach

Zusammenleben gefestigt worden, der die Zugehörigkeit zu den Maroniten, Orthodoxen, Sunniten, Drusen mildert, ohne daß deren Unterschiedlichkeit aufgehoben wird. Bleiben noch die zurückhaltenden Schiiten – 40% der Bevölkerung –, die der alten Struktur und dem ihr zugrundeliegenden syrischen Bündnis treu bleiben. Die Entwicklung des demokratischen und staatsbürgerlichen Weges wird davon abhängen, inwieweit es dem Wunsch nach Gemeinsamkeit gelingt, sich bei der Mehrheit der Schiiten durchzusetzen. Ein solches Begehren ist nicht nur ein frommer Wunsch.

Im Irak sind die Sunniten, Herren des früheren Systems, aus der aktuellen demokratischen Entwicklung ausgeschlossen. Die Aktivisten unter ihnen schüren den Terrorismus; dennoch sind die Anzeichen einer politischen Mitwirkung, welche die Zersplitterung in Gruppierungen überwindet, nicht allzu schwach in diesem Land. Wir sind am Rand des demokratischen Übergangs, er muß getragen werden von der erfolgreichen Verschmelzung der politischen Überzeugung mit dem kollektiven Wunsch. Jedenfalls sehen wir Anfänge, die uns ermutigen auszurufen: Iraker, Libanesen, der Weg, der zu dauerhaftem Glück führt, liegt offen zu euren Füßen, noch eine Anstrengung, und ihr werdet dorthin gelangen!

80
Zwischen Konversion und Abtrünnigkeit

Durch jüngste Untersuchungen erfahren wir, daß Algerier und Marokkaner unter dem Einfluß evangelikaler Prediger aus Amerika konvertieren. Es ist nicht üblich, daß ein Muslim in einem islamischen Land seine Religion verläßt und sich für eine andere entscheidet. Dieser vom religiösen Gesetz mit dem Tod bestrafte Akt stellt eine der Prüfungen dar, die der Islam durchlaufen muß, um sich seiner Tabus zu entledigen und sich an die Bedingungen der Zeit anzupassen, die das Aufkommen des Individuums begünstigt und es gegenüber der Gemeinschaft bevorzugt. Die Ausübung der Freiheit fordert in allen Lebensbereichen zu persönlichen Entscheidungen auf. Diese geistige Haltung weitet sich so sehr aus, daß sie auch den Bereich des Glaubens umfaßt.

Im Zeitalter des befreiten Individuums erscheint die Bestrafung der Abtrünnigkeit durch den Tod als ein Archaismus aus einer anderen Zeit. Im übrigen ist daran zu erinnern, daß diese Bestimmung eine juristische Konstruktion ist, die durch den Konsensus der *fuqahâ* gutgeheißen wurde, der Geistlichkeit, die sich im vorliegenden Fall auf keinen Beleg im Koran stützen konnte. Sogar manche Gelehrte sind sich heute darüber einig, daß der Koranvers, der am heftigsten gegen die Abtrünnigen wettert, in seiner Verurteilung des Phänomens gänzlich unbestimmt bleibt: »Die, welche glauben, dann wieder nicht glauben, dann wieder glauben und endlich wieder nicht glauben, deren Unglaube ist so angewachsen, daß Gott ihn nicht verzeiht und sie nimmer auf den rechten Weg leitet.« (Koran 4, 137;U.) [»Denen, die glauben und dann ungläubig werden, dann wieder glauben und dann wieder ungläubig werden und dann im Unglauben zunehmen, denen wird Gott unmöglich vergeben, und Er wird sie unmöglich einen rechten Weg führen.« Zum Vergleich K.]

Muß man über diese rechtlichen Betrachtungen hinaus, die dieses Gesetz ausgehend vom Koran als unrechtmäßig einstufen, noch daran erinnern, daß es im kanonischen Recht ein ähnliches Gesetz gab, das den christlichen Apostaten zum Tode verurteilte? Allerdings verschwand dieses Gesetz, als das kanonische Recht sich zum kircheninternen Privatrecht wandelte, das nur die Gläubigen betreffen kann. Es ist im übrigen unmöglich, daß ein solches Gesetz in einem Rechtssystem überlebt, das stark modernisiert und an die Gebote der Menschenrechte angepaßt ist; seine letzte Reform datiert aus dem Jahr 1984. Stellen wir fest, daß dieses Verschwinden das Anzeichen der Hinfälligkeit der Gesetze ist. Sie gelten nicht ewig und ihre Wirksamkeit ist von der menschlichen Entwicklung abhängig. Man wird auf den Wandel im Rechtssystem durch die Überwindung der *sharî'a*, als der Entsprechung des kanonischen Rechts (mit Einschränkungen: das kanonische Recht ist eine Art positives religiöses Recht, das gerade nichts mit der Schrift zu tun hat ... dieser Vorwurf wurde ihm oft gemacht!), warten müssen, bis unser Wunsch eine Antwort erhält, die besser dem Geist unserer Epoche entspricht.

Indem ich geduldig das Vorankommen einer solchen Veränderung beobachte, aber auch um sie zu beschleunigen, sage ich aus meiner Sicht, daß ich nicht sehe, welchen Wert die Zugehörigkeit zum Islam hätte, wenn sie sich auf ein von den Vätern übermitteltes Glaubenserbe beschränken würde oder wenn sie nur das Ergebnis von Zwang, Drohung, Gewalt und Strafe wäre, die Leben nimmt. Jeder muß sich doch in seiner Würde verletzt fühlen, der einzig aus der Angst Muslim bliebe, daß das Fallbeil seinen Hals trifft, sobald er die Lust verspürt, sich vom Islam zu entfernen oder zu trennen. Ich meinerseits wäre nicht stolz auf einen Glauben, der, nachdem er mit der Geburt übertragen wurde, nicht erwarten würde, daß er durch eine überlegte und verantwortliche Wahl bestätigt wird. Dies sind die Bedingungen, die das Jahrhundert stellt und an die sich der aufgeklärte Mensch selbstverständlich hält.

Diese Bedingungen sollten in einer zweiten Phase ein weiteres Tabu, ein weiteres Denkverbot aufheben. Im islamischen Bewußtsein ist nirgendwo verzeichnet, was die Geschichte vielfach registriert hat: die Abtrünnigkeit einzelner oder großer Gruppen. Anstatt diese Frage in Betracht zu ziehen, schmückt sich das islamische Bewußtsein im Gegenteil mit einem Ruhm, der gern an die spontane und enorme Zustimmung erinnert, die diese Religion während der ersten Jahrzehnte ihrer rasanten Eroberung erfahren hat. Im übrigen hat sich dieses Geschehen, das von Mesopotamien bis zum Norden Marokkos und zu seinem iberischen Fortsatz hin die Sinne und Herzen eroberte, im wesentlichen auf Kosten des Christentums vollzogen. Gewiß widerspricht die Geschichte nicht diesem Befund, der etwas wie Stolz auf eine öffentlich bestätigte Wahrheit erzeugen könnte, selbst wenn ihre Wirkung im innersten Herzenswinkel verborgen bleibt. Aber das Christentum ist nicht überall dem anbrandenden Islam gewichen. Spanien zum Beispiel hat dem Islam weitgehend widerstanden. Der Islam mußte zugeben, daß der Widerstand niemals nachgelassen hat, und er hörte nicht einmal im Moment der militärischen Schwäche Spaniens auf, gegenüber der herrscherlichen Größe der Omayyaden im 10. Jahrhundert. Er äußerte sich dennoch, entweder in der Zurückgezogenheit der Klöster oder im Staatsdienst oder weiterhin im Opfer, wie jenes, das die sogenannten Märtyrer von Córdoba auf tragische Weise vollzogen. Sobald sich die christliche Macht angesichts der Zersplitterung und des Niedergangs der islamischen Herrschaft wiederum stark genug fühlte, nahm die Rückeroberung während ihrer gesamten, langen Dauer (von 1082, mit dem Fall von Toledo, bis 1492) einen unerbittlichen Verlauf.

Abgesehen vom Widerstand durch den katholischen Irredentismus, der einer islamischen Anwesenheit von achthundert Jahren gegenüber nicht nachgegeben hat, ist ein weiteres Phänomen zu nennen, das am Tabu kratzt. Es ist die letzte Wahl, die unzählige spanische Mohammedaner trafen, als sie sich für das Christentum entschieden. Sie waren bereit, dem Islam abzuschwören, um zu bleiben, um ihre Liebe zum Land in Ehren zu halten, um ihre Anhänglichkeit an das Vaterland zu bezeugen. Kurz gesagt, das islamische Denkverbot ist zu erschüttern, indem man klarstellt, daß nur eine Minderheit von Mohammedanern Spanien verlassen hat, als sie in Granada ab 1499 von der katholischen Inquisition aufgefordert wurden, zwischen Bekehrung und Ausweisung zu wählen. Das Drama der Morisken bestand darin, daß sie, auch wenn sie zum christlichen Glauben übergetreten waren, immer noch als Krypto-Mohammedaner verdächtigt und wahrgenommen wurden, während sie ihre Liebe zum spanischen Boden als das Wesentliche ansahen. Dafür waren sie bereit, jeglichen Unglauben anzunehmen. Diese materialistische Position war, alles in allem, zutiefst menschlich. Sie verweist schlußendlich den Glaubensgrundsatz auf sein Ungenügen und befreit ihn von der heroischen Romantik. Cervantes hat in seinem *Don Quichotte* (dessen viertes Zentenarium wir 2005 feierten) diese Wahrheit in einer Erzählung illustriert, die in den zweiten Teil seines Romans eingefügt wurde (und die schon in Gegenpredigt 23 erwähnt ist). Er zeigt dort einen Morisken namens Ricotte im Jubel über seine Entscheidung. Da er aber nicht für einen neuen Christen gehalten, sondern als Krypto-Mohammedaner verdächtigt wird, ist er gezwungen, Spanien zu verlassen. Von seiner Entscheidung für Europa, für das Abendland überzeugt, kehrt er nicht zu einem islamischen Land zurück, sondern bricht zu einem Neubeginn in eine weiter nördlich gelegene Gegend auf, geht an die Ufer des Rheins, wo er sich an eine andere Form des Christentums anschließt, die sich vom Katholizismus gelöst hat. Und so nimmt er an der Eroberung der Welt teil, in der sich Sittenstrenge, protestantische Sparsamkeit und Dynamik des Kapitals miteinander verbinden.

Daher ist es angebracht, bei heutigen Konversionen die weiterhin bestehenden Denkverbote zurückzuweisen, als Vermächtnisse einer narzistischen Sicht, die Hagiographie und Geschichte vermischt und nochmals die doppelte Ableugnung zutage treten läßt, die das islamische Bewußtsein zerfrißt. Denn es wird ihm gleichzeitig verwehrt, die Wirklichkeit so zu betrachten, wie sie sich zeigt; und sie nimmt dem Anderen die Möglichkeit, in Wettstreit zu treten. Ableugnung der Realität und Ableugnung des Andersseins, das ist die Diagnose der islamischen Krankheit, die sich auch bei dieser Gelegenheit zeigt, wo es um die Wahl zwischen Konversion und Abtrünnigkeit geht.

Ich persönlich mag Konversionen nicht; ich meine, daß die ererbte Religion ausreicht, um das Verlangen nach Glauben zu befriedigen. In diesem Punkt bin ich Jünger der Sufis und mit ihnen meine ich, daß die Religionen unterschiedliche Ausdrucksformen des gleichen Bedürfnisses sind, das etwas Relatives verpflichtet, sich zu einem Absoluten in Beziehung zu setzen. Sicherlich kann jede Glaubensrichtung die Art und Weise verteidigen, mit der sich ihr das Wahre mitteilt. Aber diese Verteidigung und Veranschaulichung wären glanzvoller, wenn die betroffenen Gruppierungen sich Bedingungen und Regeln fügen würden, die das religiöse Gefühl nicht dem Zwang aussetzen. Aus der Prüfung der Wahl-, der Entscheidungsfreiheit, ginge die Religion gestärkt hervor. Sie sollte darüber hinaus Menschen einen Platz einräumen, die das Ende der Religion empfehlen, die nicht mehr die Notwendigkeit verspüren, irgendeinem Glauben anzuhängen. Sie sollte, kurz gesagt, die Wette auf den Atheismus annehmen. Dies ist die grundsätzliche Herausforderung, der sich heute der Islam gegenübersieht. Eine weitere Herausforderung, welche die blinden, fanatischen, gewalttätigen Antworten nicht zerstreuen werden. Eine Herausforderung, dazu bestimmt, dem islamischen Menschen die Augen zu öffnen, damit er sich von seiner Verdrängung befreit und sich dem Wirklichen stellt, wie es ihm innewohnt, indem er sich mit dem Anderen konfrontiert, auf die Gefahr hin, seiner beängstigenden und wirksamen Gegenwart zu erliegen.

81
Die Pharmazie Marokkos

Seit dem Weltgipfel von Rio (Juni 1992) ist der Begriff der *Biodiversität*, der hinfort eine der Möglichkeiten der Ökologie darstellt, allgemein anerkannt. Angesichts der Technik und ihrer weltweiten, zerstörerischen Ausbreitung, ist es dringend geboten, die biologische Vielfalt der Erde zu schützen. Zu den Stätten, die es verdienen, mit einem solchen Ziel geschützt zu werden, zählen wir das Gefüge der traditionellen Pharmakopöen, der Arzeneimittellisten. Dieses alte Wissen verschwindet unter unseren Augen, denn seine Weitergabe ist durch eine Moderne unterbrochen, die allzu sehr von der allgemeinen Verbreitung der Technik und der Globalisierung bestimmt ist. Das Wissen der Alten droht Schaden zu erleiden, wenn nicht gar zu verschwinden; denn die vereinheitlichende Botschaft dringt mit den heutigen Entwicklungen vor bis in die entlegensten Winkel des Planeten. Umgekehrt würde die Bewahrung dieses Wissens das Diverse in der Welt aufrechterhalten, auf kultureller wie auf ethnischer und biologischer Ebene. Durch die Wiederbelebung der Vielfalt im Weltmaßstab kommt der Begriff der *Globalität* auf, der in ein Spannungsverhältnis zur *Globalisierung* treten sollte, um ihre negativen Wirkungen abzuschwächen.

Zur Rettung der traditionelle Arzeneimittelkunde müßte man ihr Wissen den Kriterien der modernen Wissenschaft unterziehen, um herauszufinden, was an ihr stichhaltig und wirkungsvoll und was irrig und unhaltbar ist. So sind manche Pflanzen wegen ihres Giftgehalts zu verbannen. Das trifft auf den Antillen auf *Grotalaria retusat* zu, ein stark leberschädigendes Kraut, oder im Mittelmeergebiet auf die Wolfsmilchgewächse, die Phorbolester enthalten, dessen krebsfördernde Wirkung von der traditionellen Heilkunde nicht erkannt wurde. Wenn erst einmal das traditionelle Wissen mit der Heckenschere des positiven Wissens gestutzt ist, kann es auf seine weltweite Nutzung ausgerichtet werden, welche die Pharmazie im allgemeinen erweitern würde und solchen Ländern einen industriellen Vorteil brächte, die über ein reiches Vorkommen auf diesem Gebiet verfügen, wie etwa Marokko.

Der Bestand an Heilpflanzen ist in der Tat in Marokko außerordentlich hoch. Zum Beweis genügt es, die Heilkräuterhändler zu zählen, die auf den Souks sämtlicher Städte oder auf den Wandermärkten auf dem Land, in den Randgebieten von Marktflecken und Dörfern, üppig bestückte Stände vorweisen. Dieses volkstümliche Wissen ist in die klassische arabische Wissenschaft aufgenommen worden, insbesondere in die andalusische, die Ibn al-Baytar (13. Jahrhundert) begründet hat. Seine Abhandlungen beziehen ihren Einfluß unmittelbar aus den antiken taxinomischen Schriften, den griechischen des Dioskorides, den lateinischen des Gales, aber auch aus den mesopotamischen und ägyptischen. Hinzu kommt die wissenschaftliche Untersuchung, die al-Baytar selbst bei einer Reise anstellte, die ihn von al-Andalus nach Persien führte. Übrigens treten in diesen Werken die Pflanzennamen in einem vielfältigem Gemisch von Sprachen auf: in Griechisch, Latein, Syrisch, Sanskrit, Persisch, Türkisch, Berberisch und in verschiedenen arabischen Dialekten ... Diese Summe addiert sich noch zu der regionalen Liste, welche die Pflanzensammler aufstellten, die Jahrhunderte über in den zahlreichen Mikroklimaten Marokkos unterwegs waren, in den unterschiedlichen Wüstengebieten mit mannigfachen Bergsokkeln und Steppen, mit der Vielfalt von Tälern im hohen und mittleren Bergland bis zu den Hochebenen im Innern, von den Küsten des Atlantiks zu denen des Mittelmeeres.

Dieser Bestand von Heilkräutern ist bereits einer Arbeit der Sichtung, Untersuchung, Lokalisierung, Inventarisierung und Klassifizierung, der Hierarchisierung, der Herkunftsbestimmung, der kritischen Prüfung unterzogen worden. Es zeigt, daß er zu einer wissenschaftlichen und industriellen Nutzung prädestiniert ist. Diese Arbeit hatte der Forscher Jamal Bellakdar im Rahmen der französischen ethnopharmakologischen Gesellschaft in Kooperation mit der Universität Metz und dem europäischen Institut für Ökologie geleistet. Der marokkanische Forscher ist zwischen 1978 und 1992 auf dem Maultierrücken und zu Fuß quer durch das ganze Land gezogen. Auf einer Strecke von 240 000 Kilometern traf er auf mehr als 200 Naturheiler und 450 Informanten, unter ihnen Kräuterhändler, Pflanzensammler und andere im Arzeneimittelwesen Tätige, die an dem Behandlungssystem beteiligt sind, das sich über ganz Marokko bis in die entlegensten und unerreichbaren Gebiete erstreckt. Ohne Anspruch auf Vollständigkeit zu erheben, zählt der Autor 1039 verwendete Arten, die er in 694 Rubriken gruppiert. Dabei werden die drei Reiche (Pflanzen-, Mineral-, Tierreich) herangezogen. Außer den schon untersuchten alten arabischen Büchern wie die *Abhandlung über die Heilkräuter* [Traité des Simples] von Ibn al-Baytar, die schon im 19. Jahrhundert von Lucien Leclerc übersetzt wurde, oder *Tuhfat al-Ahbâb*, das 1934 von H.P.J. Renaud und Georges Colin übersetzt und unter dem Titel *Glossaire de la matière médicale marocaine* veröffentlicht wurde, benutzt Jamal Bellakhdar zwei weitere Abhandlungen, die noch zu dem volkstümlichen Repertoire hinzukommen und analysiert sie zum erstenmal wissenschaftlich. Es handelt sich um ein Handbuch, das einem

Botaniker aus dem Sevilla des 12. Jahrhunderts zugeschrieben wird und den Titel *'Umdat at-Tabîb* (»Die Stütze des Arztes«) trägt, und um ein weiteres Handbuch, das *Hadiqat al-Azhâr* (»Der Garten der Blumen«) aus dem 16.Jahrhundert, das der marokkanische Arzt al-Wazir al-Ghassani schrieb. Es ist an der Zeit, den Titel und die Bezugsquelle des Werks von Jamal Bellakhar selbst anzugeben; es heißt ganz einfach *La Pharmacopée marocaine traditionelle* und wurde gemeinsam von Ibis (Paris) und Le Fennec (Casablanca) herausgegeben (lieferbar seit 1997).

Daher können wir behaupten, daß die Untersuchung und wissenschaftliche Forschung auf diesem Gebiet ihren Abschluß gefunden hat. Doch ist man weit entfernt von der industriellen Nutzung, die durch dieses Wissen möglich wird. Sie brächte Marokko Wohlstand und Einfluß und böte ihm eine ersprießliche Beteiligung am globalen Raum. Darüber hinaus würden wir mit der Bewahrung des Verschiedenen, zu der diese Beteiligung führt, den Begriff der *Globalität* stärken, dessen Ziel es ist, die Vielfalt der Kulturen und der Wissensschätze aufrechtzuerhalten und die durch die Globalisierung bewirkte Vereinheitlichung zu bekämpfen. Die Globalität wäre dann eine Ergänzung, ein Korrektiv für die Globalisierung, vielleicht auch das Allheilmittel, um ihr Gift abzuschwächen. Die Verschiedenheit durch die Bewahrung der traditionellen Pharmakopöen wachzuhalten, stellt daher eine Möglichkeit von großer Tragweite dar. In diesem Sinne gilt es, ein Netzwerk zwischen den Kulturen zu schaffen, die über solche Arzeneimittellisten verfügen, um eine politische Strategie zu erarbeiten, die das Diverse aufrechterhalten und die Globalität unterstützen soll, als Additiv der Globalisierung. Es wäre zu begrüßen, wenn durch dieses Netzwerk eine Verbindung mit der Kultur des Archipels geknüpft würde, wie sie auf Inseln wie Martinique anzutreffen ist, wo die Arzeneimittelkunde die Reste afrikanischer und indianischer Kenntnisse erprobt und Versuche an der Natur der unzähligen Mikroklimate der Insel anstellt. Ganz abgesehen von der fruchtbaren Ergänzung, in deren Genuß Marokko käme, wenn es Verbindungen zu China und seinem gewaltigen traditionellen Wissen aufnähme, das über eine tausendjährige Arzeneimittelkunde verfügt.

Durch solche Verbindungen und Netzwerke geben wir der Welt ihren Reichtum, ihre Komplexität, ihre Vielfältigkeit zurück und wirken gegen die Monopole der pharmazeutischen Industrie, die in einer geeinten Welt ihr Gesetz und damit ihre Interessen durchsetzen will. Die Idee liegt mir fern, diese Industrie wegen ihrer undurchsichtigen Rolle zu kritisieren, die sie bei der Finanzierung von Forschungen spielt. Diese bringen ja chemische Wunder hervor, die den Schmerz und das Leiden lindern, die das Feld des Lebens erweitern und die Grenzen des Todes zurückdrängen. Die traditionelle Arzeneimittelkunde muß sich nicht gegen die pharmazeutische Industrie durchsetzen. Im übrigen könnte sie es nicht, auch wenn sie es wollte. Es wäre anmaßend zu glauben, daß das, was die Globalität nährt, den Stoff der Globalisierung ersetzen könnte. Es wäre nichtig, lächerlich zu denken, die industrielle Maschinerie könnte durch das interkulturelle Netzwerk abgeschafft werden, das durch die Tätigkeiten der traditionellen Arzeneimittelkunde gewoben wird. Es wäre schon eine schöne Errungenschaft, wenn es einem solchen Netzwerk gelingen würde, den vielfältigen Raum der Globalität zu beleben und wenn es den Vielfraß der Globalisierung humanisieren würde, der Kulturen und möglicherweise Sprachen und Völker verschlingt.

82
Durchkreuzter Faschismus

Niemals hatten die Araber einem ähnlichen Ereignis beigewohnt: Da wird ein Mitglied einer Minderheit in einer Gesellschaft mit arabischer Mehrheit zum Staatsoberhaupt gewählt und nimmt seine Wahl an. Nun steht ein Kurde an der Spitze des irakischen Staates, nun ist Jalal Talabani in der feierlichen Situation, seine Antrittsrede in arabischer Sprache zu halten. Er spricht perfekt Arabisch, das nicht seine Muttersprache ist, sondern eine gelernte Sprache, eine der beiden offiziellen Staatssprachen, von denen die zweite nur Kurdisch sein kann, seine Muttersprache. Über das Bemühen hinaus, seiner ersten Rede als Präsident, die an ein mehrheitlich arabophones Volk gerichtet ist, eine wirksame Aufnahme zu verschaffen, ist die Wahl der anderen Sprache durch Talabani des weiteren als ein Zeichen der Höflichkeit zu interpretieren, das zum Zusammenleben einlädt.

Von nun an ist die Zweisprachigkeit in einem arabischen Land offiziell anerkannt. Jeder Araber wird mit Überraschung das Ende einer Verweigerung des Rechts erleben, wenn er die Bezeichnung der Versammlung der irakischen Abgeordneten, die zuvor Talabani als Staatsoberhaupt gewählt hat, neben dem Arabischen in kurdisch abgewandelten arabischen Schriftzeichen entziffert. Man muß sich Anfangskenntnisse in diesem fremden Idiom verschaffen, dessen Laute in die vertrauten Buchstaben transkribiert sind, ebenso wie man sich bei offiziellen Reden an die Verdopplung des Arabischen in einer anderen Sprache gewöhnen muß, wenn sie der Nationalversammlung angehört, im Fall des Iraks also die kurdische. Dies ist das erste Symbol, das die Verheimlichung eines Teils der Wirklichkeit aufzuheben hilft, um sie in die Symbolik und Vorstellungswelt der Araber einzuschreiben.

Der arabische Zuhörer wird sich auch beim Inhalt, beim Sinn einer solchen Antrittsrede an eine neue Logik gewöhnen müssen. Er wird verstehen, daß er aufgefordert ist, staatliche Strukturen zu denken, in welche die vielfältigen Komponenten seiner Gesellschaft eingehen. Er wird erfahren, daß die Lösung vielleicht in der Einrichtung eines Bundesstaates besteht, der aus einer Mehrzahl von Staaten gebildet ist, von denen jeder eine Region repräsentiert. In ihr kommt die Mehrheitsgemeinschaft, die sie bewohnt, souverän zum Ausdruck, samt ihren Bräuchen, ihren Festen, ihren Sprachen, ihren Religionen, ihren Kulten, ihren Riten, der Pflege ihres Gedächtnisses, sogar mit einem Sonderrecht, das die Tradition des Brauchtums nicht zum Verschwinden bringt. Neben dem Hinweis auf das geschriebene Recht kann dieses Brauchtum als Quelle für ein neues, modernes, positives Recht dienen, sowohl in seinem Geist wie in seiner Anwendung.

Der arabische Zuschauer und Zuhörer einer solchen Rede sollte sich noch eine Lektion merken: Er wird lernen, daß man schließlich ein Ding beim Namen nennen kann. Er wird erfahren, daß die durch Jalal Talabani eröffnete neue Runde bedeutet, daß man sich auf immer vom *Faschismus* abwenden wird. Dieses Wort wird in der Tat so buchstäblich wie möglich übernommen und verwendet – *fâshiyya* –, und zwar von einer Person des öffentlichen Lebens. Also weder von einem Oppositionellen, der in der Dunkelheit eines Kerkers seine demokratischen Überzeugungen endlos wiederholt, noch von einem verwestlichten Intellektuellen im Exil, der über seinen abstrakten Begriffen brütet, um die sich die betroffenen Völker nicht scheren. Talabani verwendet das Wort wie einen Neologismus, der getreulich seine lateinische Wurzel bewahrt, und er erinnert in einem für alle verständlichen Arabisch daran, daß der Staat des Baath-Systems ein faschistischer Staat war, daß der Staat, von dem die islamistischen Terroristen träumen, nur ein faschistischer Staat sein kann. Und daß der neue, im Aufbau befindliche Staat des Irak einen solchen Staat nicht haben will. Und daß das Volk, das seine Abgeordneten gewählt hat, damit sie die Verfassung niederschreiben und die Institutionen des künftigen Staates schaffen, damit nichts mehr zu tun haben will.

Schließlich ist der faschistische Staat nichts anderes als ein Staat, der die Einheit verherrlicht und dabei die gesellschaftliche und anthropologische Vielfalt unterschlägt, einer, der die Verehrung des Einzigen so sehr verankert, daß er ihn mit dem Oberhaupt gleichsetzt, das ihn verkörpert, und dieses Oberhaupt macht sich dann zur Erscheinungsform des Rechts selbst! Wohingegen der neue Staat, der auf der Vielheit zu gründen ist, sich dieser Verehrung des Einzigen widersetzt. Wegen der Tatsache, daß das Oberhaupt, das ihn verkörpern soll, nach Beratungen aus einer Minderheit gewählt wurde, die bis dahin nicht anerkannt und unterdrückt war, kann dieses Oberhaupt gar nicht als Verkörperung des Einzigen auftreten, der das Abweichende unterschlägt, verheimlicht, vereinheitlicht, verdrängt, durch Gewalt bekehrt oder der die Stelle der absoluten Andersheit einnehmen – die Stelle Gottes, der alle Vollmachten erteilt.

Möglicherweise ist im arabischen Raum in den unterschiedlichen, von der arabistischen Ideologie angenommenen Formen ein Faschismus vorhanden, der in seiner islamistischen Ausprägung noch aktiver ist; doch nutze ich hier die Gelegenheit zu unterstreichen, daß dieser Faschismus bei den Völkern, um die er sich bemühte, keinen günstigen Boden gefunden hat. Selbst wenn diese von den Sirenen der Arabismen und des Islamismus betört wurden, so sind sie doch von der Verwirklichung des Faschismus weit entfernt geblieben, wegen ihrer Altertümlichkeit, ihres Irrationalismus, ihrer Inkonsequenz, die eine Mobilisierung behindert, ihrer Unangepaßtheit an die technische Ordnung und ihres Widerstands gegen die Synchronie, die diese Ordnung erfordert. Ihr Habitus bleibt der neuen Auffassung von Raum und Zeit fremd, deren Beschleunigung dem Faschismus seine Wirksamkeit verleiht. Auf diesem Versagen beruht vielleicht der Ruhm der arabischen Völker: Ihre Schwäche hat die faschistischen Maschinerien zuschanden gemacht, die sich ihnen sogar als Gestalt ihres Heils angeboten hatten. Wir sind ihnen dafür dankbar, daß sich ihre Unfähigkeit einer natürlichen Tugend angepaßt hat, die den faschistischen Plan durchkreuzte. Sogar in ihrer Zustimmung zur Knechtschaft haben sie von dem Instinkt profitiert, der auf Geduld und Nicht-Handeln hinausläuft, Eigenschaften, die sich als heilsam erweisen, sobald die vorgeschlagene Lösung notwendigerweise zu einem unheilvollen Ende führen muß (vgl. zu diesem Punkt Gegenpredigt 34).

Doch tut sich allerdings dieses Versagen – das sich der Abneigung gegen die Technik verdankt – in allen politischen Formen kund: es hemmt auch das Aufkommen der Demokratie. Die Aufgabe besteht darin, es zu korrigieren und an das demokratische Vorhaben anzupassen. Die Inszenierung der Macht, die uns aus dem Irak erreicht, die durch den libanesischen Protest aufgekommene Debatte, sind in der Lage, das Bewußtsein der Araber zu wecken und die Völker zu ermuntern, sich aktiv dem Vorandrängen in Richtung Demokratie anzuschließen. Diese guten Einstellungen würden vielleicht verstärkt werden, wenn die Völker sich des Mangels bewußt würden, den sie in eine Kraft umgewandelt haben, um das Schlimmste zu verhindern. Nachdem die Trägheit dieser Völker zum Scheitern des Faschismus beigetragen hat und da gegenwärtig die Throne wanken, muß man diese Völker vielleicht überzeugen, daß es ihnen leicht fallen müßte, sich an die Demokratie anzupassen, da sie ohnehin nicht geschlossen marschieren können. Die Demokratie preist das Individuum und befiehlt nicht, auf seine Eigentümlichkeit zu verzichten, damit es sich in der Masse und ihrem Magma auflöst. Der Instinkt der Geduld und des Nicht-Handelns könnte den arabischen Menschen paradoxerweise ermuntern, aus seinem Schlupfwinkel hervorzukommen, um endlich ein bißchen an der Ausbreitung der Demokratie teilzuhaben.

83
Das Imamat der Frauen

Ich habe immer gedacht, daß der Islam unter anderem dadurch reformiert und modernisiert werden könnte, daß man es wagte, an der Frage des Kultus zu rühren, und daß diese kühne Aufgabe der

Theologie zufiele. Wie könnte man den Kultus mit den Bedingungen der Moderne verknüpfen, ohne seine Symbolik antasten zu müssen, deren Wirksamkeit auf ihrem Alter beruht, auf dem Fortbestand ihres Archaismus? Doch bevor man zur Reform schreitet, die das Alte mit der modernen *conditio humana* in Zusammenhang brächte, ist es angebracht, zur Sicht der Juristen der klassischen Epoche zurückzukehren und die von ihnen geführten Kontroversen wiederzubeleben. Wir können damit Nutzen aus Einfällen ziehen, die in ihren mittelalterlichen Befragungen auftreten, und von da aus wäre die heutige Fragestellung leichter einzuordnen. Das wäre die Methode, die ich vorschlage, damit Muftis einer neuen Art auftreten, ganz und gar modern und zugleich vollkommene Kenner der juristischen Tradition aus einer Zeit, als dieser die Heiligkeit des Geistes zuteil wurde, als sie aber auch am Streit teilnahm, die Vielfalt der Meinungen aufrechterhielt und Raum für die Auseinandersetzung schuf.

Diese Methode wird von der New Yorker Muslima Amina Wadud angewandt, die sich selbst zum Imam ernannte und ermächtigte, die Kanzel zu besteigen, um ihre Predigt zu halten, sich danach unter die Nische des *mihrâb* zu stellen und das Freitagsgebet zu leiten. Alle Moscheen der Stadt waren ihr verschlossen, insbesondere die große, beleuchtete Moschee der 97th Street, eine Ausdeutung des weiträumigen osmanischen Vorbildes, das luftig ist; in ihren Ornamenten ist sie bestimmt von der bilderlosen Ästhetik eines Neoplastizismus mit rechten Winkeln, wodurch die islamische Analogie das Glitzern des *Broadway Boogie-Woogie* aufnimmt, mitten in der Stadt, dessen Lichter Mondrian 1942 – 1943 mittels Farbpunkten pries, die er entlang seiner senkrechten Linien verteilte. Diese ähneln sehr den Kreuzungspunkten auf einer iranischen Malerei des 15. Jahrhunderts, die in Istanbul, im Museum des Topkapi-Palastes, aufbewahrt wird. Alle Moscheen in New York, von diesem gewaltigen Raum bis zu den kleineren Bethäusern im unteren Manhattan, wie zum Beispiel dem der Bengalen in der 11th Street, zwischen der First und der Second Avenue, weigerten sich, die Bühne für das gemeinsame und feierliche Freitagsgebet zu sein, bei dem eine Frau die Gemeinschaft betender Männer und Frauen ermahnen, dann leiten würde. Es war eine christliche Kirche, die ihre Mauern für ein solches Ereignis zur Verfügung stellte. Die Initiative der »Doktorin Wadud« (wie sie von der arabischen Presse genannt wurde) ist von dem Wunsch einer Frau getragen, die ihren Glauben mit den Sitten und Grundsätzen des Landes, in dem sie lebt, in Einklang zu bringen sucht. Frau Wadud will eine praktizierende Muslima sein, die ihrem Glauben treu ist und gleichzeitig die Gleichheit der Geschlechter bejaht, wie sie vom amerikanischen Recht ausdrücklich gefordert und von der akademischen Autorität wachsam beobachtet wird. Diese hat in der Tat ein Feld der Studien und Forschungen eröffnet, *gender studies* genannt, aus denen eine Form des Wissens und Könnens hervorgeht, die das Spezifische des weiblichen Geschlechts verteidigt und erläutert.

Der Initiative von Amina Wadud wurde in der muslimischen Welt mit Heftigkeit und Jähzorn begegnet. Viele ihrer Verleumder und Gegner sahen in diesem Geschehen eine Amerikanisierung des Islams, die einfach angeprangert werden mußte. Ich erinnere jedoch diese obskurantistischen Ignorantenbrüder, diese blinden Hüter des Tempels daran, daß an keiner Stelle in den koranischen Schriften die Leitung des Gebets durch eine Frau verboten wird. Dazu lassen sich zahlreiche traditionelle Meinungen anführen. Wiederum wird angesichts der Amnesie die Arbeit der Anamnese heilsam, erquicklich und sogar anregend sein.

Ich werde mich zunächst auf das juristische Werk von Averroës (1126 – 1198) beziehen, nämlich auf *Bidâyat al-Mujtahid wa-Nihâyat al-Muqtaçid*, ein Titel, den Roger Arnaldez in seiner Monographie über den Philosophen (Balland 1998) wörtlich übersetzt: »Anfang für den, der sich der Mühe des Studiums unterzieht, und Schluß für den, der sparsamen Gebrauch davon macht«. Natürlich wähle ich nicht irgendein beliebiges Rechtslehrbuch, sondern das eines Philosophen, der in seinen juristischen Positionen an Aristoteles anknüpft, wenn er den rhetorischen Aspekt des Verfahrens im Urteilsspruch analysiert und ihn dem Wert der Beredsamkeit, des Beweises, der Argumentation gegenüberstellt, um schließlich zu einem Diskurs der Überredung zu gelangen. Wenn er den Gesetzgeber, den Mann des Rechts, erwähnt, vermeidet er die arabische Entsprechung von *nomos* (*nâmûs*), um ihn mit der *sharî'a* in Verbindung zu setzen, und gibt damit zu erkennen, daß die aristotelischen Ideen zur Rechtspraxis übertragbar waren für die Anwendung des göttlichen Gesetzes im Islam.

Um wieder zu besagtem Lehrbuch zurückzukehren: Averroës nimmt bereits im Titel den Status des *mujtahid* für sich in Anspruch, der in der juristischen Untersuchung eine persönliche Deutungsbemühung erbringt. Anfangs sagt uns der Philosoph aus Córdoba, daß die juristische Nachforschung mit der *ijtihâd* beginne, einer Initiative, die dem persönlichen Urteil überlassen ist, wenn der Jurist sich um die Rechtsgrundsätze bemüht (*uçul al-fiqh*); daraus erwächst die Meinungsverschiedenheit (*al-ikhtilâf*). Ansonsten begnügt sich der Jurist, der von den Rechtsgrundsätzen sparsamen Gebrauch macht, damit, die abgeleiteten Erklärungen zu studieren (*al-furû'*); dies ist etwa bei der spanischen malikitischen Tradition der Fall, von der sich doch unser Rechtsphilosoph unterscheidet. In seiner Lehre zum Streit wandelt Averroës eine polemische Technik zur Methode um: Er spürt die Meinungsverschiedenheiten zwischen Juristen auf, um sie zu überwinden, indem er unter den verschiedenen vorgeschlagenen Lösungen eine Wahl trifft.

Es ist kein Zufall, wenn das Kapitel über das Imamat der Frauen mit der Wendung »voneinander abweichen« (»diverger«) beginnt: *ikhtalafû fî imâmati'l-mar'ati*: »Sie [die Rechtsgelehrten] weichen hinsichtlich des Imamats der Frau in ihrer Meinung voneinander ab.« Der *jumhûr*, das heißt die große Mehrheit der *fuqahâ*, der Rechtsgelehrten, meint, daß es einer Frau nicht gestattet sei, das Gebet der Männer zu leiten. Sie sind auch hinsichtlich der Befähigung, das Gebet der Frauen zu leiten, unterschiedlicher Meinung: von Shafii (767 – 820) wird sie anerkannt und von Malik (711 – 796) bestritten, also von zwei fundamentalen Gelehrten des Sunnismus. Tabari (839 – 923) und Abu Thawr (gestorben 854) bilden eine Ausnahme (das hier verwendete arabische Wort *shahadha* bedeutet: »allein, isoliert, getrennt von anderen sein«), wenn sie das Imamat der Frauen unbeschränkt erlauben. Jedoch die überwältigende Mehrheit der Geistlichen stimmt darin überein, der Frau das Imamat der Männer zu verbieten. Sie beziehen sich auf den Brauch, der den Frauen während der gemeinsamen Gebete einen Platz hinter den Männern einräumt und richten sich somit nach dem Spruch des Propheten, der verlangt, »sie nach hinten zu tun, da Gott sie nach hinten gestellt hat« – ein Hinweis auf den Koranvers, der verdeutlicht: »die Männer stehen eine Stufe über ihr« (K.); »dem Manne steht hierbei jedoch das Vorrecht vor ihr zu« (U.) (Koran 2, 228). Diejenigen, die ihr Imamat uneingeschränkt erlauben, stützen sich »auf die prophetische Tradition von Umm Waraqa«, von der Abu Dawud (817 – 889) berichtet. Wer ist Umm

Waraqa? Eine bedeutende Dame aus Medina, die behauptet, daß der Prophet ihr einen Muezzin besorgt und ihr befohlen hat, das Gebet der Menschen zu leiten, die ihr großes Haus bevölkern.

Averroës tritt nicht selbst ausdrücklich zugunsten des Imamats der Frauen ein, aber meiner Ansicht nach stimmte er implizit denjenigen zu, welche die in diesem Sinne beruhigende Ausnahme bildeten, im Gegensatz zu der wimmelnden Menge der mißbilligenden Gelehrten. Gestützt wird diese Hypothese durch seine Verfechtung der Doktrin Platons, welche die natürliche Gleichheit zwischen den Geschlechtern beteuert. Dies geht aus seiner Interpretation des *Staats* hervor, wo der Philosoph Averroës die Befähigung der Frauen anerkennt, in allen Bereichen schöpferisch tätig zu sein, sogar in der Kriegskunst. Er schreibt ihre geringe Kreativität nicht einer angeborenen Unfähigkeit zu, sondern den Normen, die sie von den Aktivitäten des Gemeinwesens ausschließen und sie im Schoße ihrer Wohnstatt unter Verschluß halten, wo sie sich dadurch verschleißen, daß sie Kinder in die Welt setzen, die sie dann großziehen: Diese Aufgaben erschöpfen ihre Energie und lassen ihre geistigen Fähigkeiten brachliegen, eine Vernachlässigung des Gehirns, die sie Pflanzen ähnlich macht.

Ich werde neben den scheinbar neutralen Diskurs von Averroës den engagierten des Ibn Arabi (1165 – 1240) stellen, der in seinem *opus magnum*, den *Fatuhât Makiyya* (»Geistige Eroberungen von Mekka«), Stellung zu dieser Frage bezieht, wenn er schreibt: »Es gibt Leute, die das Imamat der Frau uneingeschränkt erlauben und ihr die Befähigung zugestehen, das Gebet der Männer und Frauen zu leiten, und persönlich bin ich ihrer Meinung.« Im folgenden erinnert Ibn Arabi daran, daß diejenigen, die das Imamat der Frau untersagen, sich auf keinen Beleg in der Schrift, weder der koranischen noch der »traditionellen« (der Begriff bezeichnet hier den Korpus der *hadîths*), stützen können. Dann geht er wieder zurück, um eine psychologische und metaphysische Deutung der Gebetshandlung und verschiedener, von ihm gestatteter Imamate zu erbringen: Der Mensch (*insân*, Wort, das sich auf die menschliche Gattung ohne geschlechtliche Bestimmung bezieht) stellt an sich, hinsichtlich der symbolischen Bedeutung (*ma'na*) eine gewaltige Welt dar, selbst wenn er als Körper von bescheidener Größe ist; daher sagt Gott: »*Dir* dienen *wir*.« (Koran I, 5; K.), wobei er sich an sich selbst als Singular und an den Menschen als Plural wendet. Der

Mensch ist ein Tempel; und die Gefühle, die Gedanken, die Empfindungen, die in ihm wimmeln, bilden eine Menge von Betenden: auf dieser Bestimmung entfaltet sich die Metapher des Gebets. Es wird gesagt, daß die augenfälligen und die verborgenen Organe des Menschen der Macht des Geistes (*'aql*), der Seele (*nafs*) und der Leidenschaft (*hawâ*) unterstellt sind und daß solche Organe, je nach den erbrachten Handlungen, sich dem Imamat der einen oder der anderen dieser Mächte unterwerfen. Wenn diese Handlungen sich gehorsam fügen (*t'â'ât*), werden die Organe durch den Geist geleitet; sobald sie sich in Freiheiten ergehen und zu gestatteten Lüsten neigen (*mubâh'ât*), stehen sie unter dem Imamat der Seele; und wenn sie durch Übertretungen (*mukhâlafât*) versucht werden, dann ist es, als ob sie sich in dichten Reihen hinter der Leidenschaft aufstellten. Es wird sogar dem Geist geraten, so klug zu sein, sich hinter das Imamat der Seele zu stellen, wenn die Organe durch die Freiheiten, durch alles Erlaubte verlockt werden: So wird vermieden, daß der Mensch sich der Übertretung und der Herrschaft der Leidenschaft hingibt. Es ist diese Ausrichtung der Seele, die dem Imamat der Frau entspricht; dieser Zustand läßt den erlaubten Freiheiten und Lüsten freien Lauf, während er den zur Übertretung führenden Weg versperrt. Während das Imamat des Geistes sich im Imamat des mohammedanischen, vollendeten, gelehrten, unbescholtenen Mannes widerspiegelt, wird das Imamat der Leidenschaft durch das Imamat des Heuchlers, des Leugners, des verdorbenen Individuums dargestellt. Fassen wir zusammen: Wenn das Imamat des Mannes die Macht des Geistes in Dienst nimmt und sich das der Frauen auf die Herrschaft der Seele bezieht, ist die Seele das weibliche Prinzip, während der Geist das männliche ist.

Man sieht also einen scheinbar neutralen Philosophen (Averroës) die Ausnahme gegenüber der Regel hervorheben und einen engagierten Mystiker (Ibn Arabi), der den Gesichtspunkt der Minderheit einnimmt und ihn in seine kosmogonische Schau des Menschen aufnimmt, die der Frau und dem Mann ihren Teil zukommen läßt. Ihre Beiträge bemessen sich jeweils nach den Polaritäten, die durch die Gegensatzpaare oder die ontologischen Abstufungen verdeutlicht werden.

Die reformerische moderne Auffassung kann sich gleichzeitig auf die traditionelle Ausnahme stützen, sie mit dem Geist der Epoche in Einklang bringen und sie durch Anwendung durchsetzen.

Das genau tat in New York Amina Wadud ganz bewußt. Ihr Handeln wirkt kühn, während es in Wirklichkeit durch die einfallsreichen Vorschläge der Tradition bestätigt wird. Selbst die Tatsache, daß das Gebet in einer Kirche verrichtet wird, stellt keine Neuerung dar; denn ein islamisches Gebet in einem christlichen Gotteshaus ist kanonisch zulässig. Es ist daran zu erinnern, daß sich vor dem Bau der Großen Moschee in Damaskus die Mohammedaner der Gastfreundschaft der Christen erfreuten und ihre Gebete in einem Teil der Basilika verrichteten, der ihnen überlassen wurde.

Es genügt, außerhalb der islamischen Länder zu leben, um den Brauch umstoßen und den Kultus an die Bedingungen der Epoche anpassen zu können. Die Voraussetzung ist, daß man sich zum richtigen Zeitpunkt wieder an die Tradition wendet, sie aktualisiert, das wiederherstellt, was preisgegeben worden ist, und die Ausnahme zur Regel macht. Wenn dies der Fall ist, dann steht Amina Wadud im Einklang mit den beiden *hadîths* der muslimischen Fremdenfreundlichkeit. Als der Prophet gefragt wurde: »Was ist der Fremde?«, antwortete er: »Er ist derjenige, der das wiederbelebt, was die Leute in meiner Tradition haben sterben lassen.« Und er hätte auch gesagt: »Der Islam hat fremd begonnen, er wird fremd enden, wie er begonnen hat, gesegnet seien die Fremden.« Vielleicht sind es die Fremden, die dem Islam die Reformen bringen, die er braucht, um die von ihm mitgebrachte Altertümlichkeit zu aktualisieren und um seine Werte umzuwandeln, um so aus dem islamischen Menschen ein Nietzschesches Wesen zu machen, das zugleich zeitgenössisch und unzeitgemäß ist.

84
Hier und dort

Alles trennt mich von Tariq Ramadan. Dennoch kann ich hier nicht erläutern, was uns trennt. Er versucht, zugunsten des Islams, wenn nicht gar des Islamismus, die Aufgabe dessen wieder einzuführen, was Gramsci das »organische Intellektuelle« genannt hat, und zwar zu einer Zeit, als die marxistische Ideologie die Geister prägte und in vielen Gruppen tatkräftige Anhänger fand. Um dieses Vorhaben zu verwirklichen, macht sich Tariq Ramadan zu einem Vermittler zwischen dem Buchstaben des Glaubens und des im Umkreis der politischen Agitation geäußerten Denkens. Kurzum, die Aufgabe des organischen Intellektuellen besteht darin, den Buchstaben des Glaubens gegenüber dem Anhänger der Basis zu retten und ihm auf dem politischen Feld Berechtigung zu geben.

Ich selbst versuche, die »dekonstruktivistisch« genannte Methode auf die islamische Entwicklung als symbolisches System anzuwenden, das den Zugang zu einer Vorstellungswelt strukturiert. Es geht dann nicht mehr darum, den Buchstaben des Korans zu retten, sondern darum, die Genealogie auszuarbeiten, die für sein Aufkommen bestimmend war und darum seine Auswirkungen einzugrenzen und die Bedeutung, die er auferlegen will, in andere Bahnen zu lenken. Diese Vorgehensweise entschärft den Buchstaben als Gesetzesgrundlage; sie bewahrt nur seine Wirkung, seine Spur, die fortfährt als Inschrift zu arbeiten, zu beben, selbst wenn er erlischt. Als Vorbedingung stelle ich also einen Unterschied des Standortes und des Einsatzes fest, obwohl wir einen gemeinsamen Ursprung haben. Denn wenn Tariq seine ganze Energie aufwendet, um diesen Ursprung zu retten, fürchte ich meinerseits nicht, ihn zu gefährden, wenn ich ihn dem Abenteuer gegenüberstelle, zu dem der Aufprall der Andersheiten führt. Es soll von dem Ursprung nur das bleiben, was diese Konfrontation überdauert, denn das Überdauernde ist das Rettende, auch wenn es sich nur um eine Spur handelt. Nicht unter der Herrschaft des Buchstabens leben wollen, nach seiner Auslöschung seine Rückkehr in Gestalt der Spur annehmen, nun, das begründet die Ethik der Treue, die Untreue riskiert, und zwar in der Verbindung, die ich mit dem Ursprung im Buchstaben des Korans aufrechterhalte.

Ist diese Vorbedingung einmal gestellt – und einmal ist noch nicht sehr viel – muß ich, wenn der Islam auch nur um einen Deut reformiert werden soll, die Wirksamkeit des Moratoriums anerkennen, das Tariq Ramadan hinsichtlich der *hadûd* vorschlägt. Das Wort bezeichnet die Körperstrafen, die vom Konsens der Rechtsgelehrten (der *fuqahâ*) bestätigt werden, die grimmig über die *sharî'a* wachen, ein Gesetz, das angeblich göttlichen Ursprungs ist. Der Text von Ramadan wurde im November 2003 in der Zeitung *Le Monde* veröffentlicht. Der Leserschaft dieser Zeitung könnte entgangen sein, was in diesem Text auf dem Spiel steht. Aber die Polemik, die seine arabische Fassung ausgelöst hat, gemahnt uns an die riesige Tragweite, selbst bei der Geringfügigkeit dieses Anliegens.

Denn an die Frage der *hadûd* zu rühren, jener durch die *sharî'a* vorgeschriebenen Körperstrafen, ist hoch symbolisch: Die Rechtsgelehrten sehen sich zwangsläufig einem Angriff auf das Unbestrittene gegenüber, das auf einmal nicht mehr den Schutz des Unbestreitbaren genießt. Denn diese Gelehrten ahnen, daß an das Unberührte zu rühren bedeutet, den Begriff des Unberührbaren selbst aufzuheben. Diese Handlung, wie unbedeutend sie auch hier im Okzident erscheint, kann in der Tat den sunnitischen Institutionen gegenüber nichts anderes bedeuten als den Beginn einer Entwicklung fälschender Entweihung in den islamischen Ländern. Daher hat die Aufnahme dieses Textes auf Arabisch, in Kairo, durch die intellektuellen Autoritäten von al-Azhar, die Wächter des Wortes gezwungen, den Disput zu akzeptieren. Um so mehr als der wieder nach Ägypten zurückgekehrte Tariq Ramadan wohl oder übel seine eigene Herkunft ins Spiel brachte, da er sofort als der Genfer Enkel von Hassan al-Banna identifiziert wird, dem Begründer der Muslimbruderschaft. Er hatte als grimmiger Wächter über den Buchstaben des Korans die Ideologie des Kampfes im Namen eines irredentistischen, ausschließlichen, anti-westlichen Islams eingeführt, eines Islams, der treibende Kraft der Welt und des Seins sein will, ohne Konkurrenz mit irgendeinem anderen Bezugssystem oder einer Verpflichtung oder Anforderung, der nur in sich selbst existiert, losgelöst von jeder Auseinandersetzung mit der Andersheit, als Absolutum des Absoluten.

Nun rührt dieser Enkel, der in der treuesten Treue zu sein wünscht, an das Unberührte und an das Unberührbare. Es ist aufschlußreich, die Antworten der Gelehrten von al-Azhar angesichts dessen zu lesen, was man eine Kühnheit nennen muß, winzig für uns, groß für sie und wahrscheinlich für ihn, der ihr Urheber ist. Eigentlich bildet die Antwort der Gelehrten, der Ulemas, das zu erwartende Mindestmaß einer Ermahnung zu den Grundsätzen, aber ihre Rede wird, obwohl sie in all ihrem Drumherum traditionell bleibt, gleichsam im stillen gesprochen: Sie wirft die angriffslustigen Argumente der Rechtstradition ein, aber ihr Ton paßt nicht zur Heftigkeit ihrer Argumente. Es ist, als ob sie kein Gespür für den historischen Kontext hätte, der hingegen dem Verfasser des Moratoriums zum Vorteil gereicht: Der Übergriff auf das Tabu ist der Schlüssel zur Reform, die der Islam braucht, ein Schlüssel, der in einem verriegelten Schloß rostet und den die Ulemas niemals zu drehen wagten.

Die Antwort von Abdelfattah ash-Shayk verdient es, wiedergegeben zu werden. Er leitet den Ausschuß für juristische Forschungen im islamischen Studienzentrum in Kairo und ist der frühere Präsident der al-Azhar-Universität. Er erinnert daran, daß die *hudûd* die Verbrechen eindämmen und die Gesellschaft vor der Verderbnis schützen sollen. Diese *hudûd*, wie Steinigung, Auspeitschung, Abhacken der Hand, die Todesstrafe entsprechend dem Wiedervergeltungsrecht, gehören zu den religiösen Verpflichtungen, die allen bekannt sind. Sie sind Hauptbestandteil der religiösen *Pflicht*, daher ist es einem Muslim nicht erlaubt, sie abzuleugnen; wer sie ableugnet, leugnet eine als verpflichtend eingeführte religiöse Regel ab. Kurzum, der Klerus umgeht die Frage der Anwendung der *hudûd in vivo* und siedelt den Gegenstand auf dem Horizont einer *in abstracto* verstandenen Schuld an. Er antwortet mit einer Tautologie, die eine versteckte Drohung enthält: wer die *hudûd* ableugnet, leugnet die Religion ab, also wird er zum Ketzer und riskiert infolgedessen die Todesstrafe. Da die logische Folge des Gesagten jedoch nicht ausgesprochen wird, bleibt die Drohung in der Schwebe; und es wird versäumt, die echte Chance der Kontroverse zu ergreifen, nämlich die Aussetzung der *hudûd*.

Erinnern wir an eine andere Antwort eines Rechtsgelehrten aus Kairo, denn sie faßt die durch die *hudûd* hervorgerufenen traditionellen Argumentationen *pro domo* und *ad hoc* zusammen, nämlich die Argumentationen im Strafrecht ... Es ist die Antwort des Scheichs Yussuf al-Badri, eines anderen *'âlim*, welcher derselben religiösen Institution angehört. Er erinnert uns bei dieser Gelegenheit daran, daß der Islam in seinen Grundsätzen gerecht sei, da er durch seine Gesetzgebung wirke, um die fünf grundlegenden Institutionen zu schützen, die den Gesellschaftsvertrag sichern sollen: mit dem Tod, der dem Ketzer blüht, schützt der Gesetzgeber die Religion; mit dem Wiedervergeltungsrecht schützt er die Person; mit der körperlichen Züchtigung, die den Weingenuß bestraft, schützt er den Verstand; und um die Fortpflanzung zu sichern, verkündigt er den *hadd* (Singular von *hudûd*) der Steinigung der Ehebrecherin; und schließlich führt er zum Schutz des Vermögens die Strafe ein, die gebietet, dem Dieb die Hand abzuhacken. Muß man bei diesen apologetischen Argumentationen daran erinnern, daß der strafrechtliche Zweig des positiven Rechts genau die gleichen Absichten verfolgt, auch wenn er sich anderer, wohl weniger archaischer Zwangsmaßnahmen bedient? Die Gesellschaftsordnung wird geschützt und das Recht hat die gleichen Ziele, ohne daß der Jurist gezwungen ist, ein Todesurteil zu fällen oder die Steinigung, die Amputation einer Hand oder die Auspeitschung zu verhängen. Die Argumentationen des Scheichs vertuschen die Unterscheidung zwischen Essenz und Substanz; die *hudûd* würdigen nicht die Essenz des Rechts, sie bilden nur dessen Substanz, die historisch und anthropologisch datierbar ist, ihr Verfallsdatum überschritten hat und glücklicherweise durch weniger barbarische, menschlichere Maßnahmen abgelöst wurden, die vielleicht sogar überzeugender sind, da sie auf dem Respekt vor der körperlichen Unversehrtheit gründen.

Eine Religion, die auf dem Zwang beruht und die durch die Androhung des Todes für den Fall der Abtrünnigkeit überwacht wird, ist wenig schmeichelhaft für den Muslim. Meiner Ansicht nach zieht es jeder Muslim vor, aufgrund freier Wahl als gläubig zu gelten, bewogen durch seine freie Entscheidung, anstatt durch Zwang oder das Fatum der Geburt gläubig zu sein (vgl. zu dieser Frage Gegenpredigt 80). Doch der beste Verbündete von Tariq Ramadan in dieser Sache bleibt sein Großonkel, der niemand anderes als der Bruder von Hassan al-Banna ist, Jamal al-Banna, dessen kritische Schriften über die Quellen des islamischen Rechts ich bereits kannte. In ihnen wird insbesondere sein Mißtrauen gegenüber der Tradition deutlich, wenn er die Authentizität der *hadîths* in Frage stellt. Bei dieser Gelegenheit erinnert auch Jamal al-Banna daran, daß die koranischen Quellen für die *hudûd*, die Körperstrafen, keinen Maßstab festlegen. Ferner schweigt der Koran über die Bestrafung dessen, der gegen das Weinverbot verstößt. Er kennt nicht das Verbot, das den Tod für den bestimmt, der die Religion ableugnet. Al-Banna geht sogar so weit hinzuzufügen, daß die *fuqahâ*, die Rechtsgelehrten, die *hudûd* erfunden hätten. Er verdeutlicht, daß solche Körperstrafen zur Ahndung von Verbrechen nicht der Philosophie des Islams angehören. Dort ist das Heilmittel für das Übel – immer noch demselben Autor zufolge – in der Verwurzelung des religiösen Instinktes im Herzensgrund der Gläubigen zu sehen, die eine Gemeinschaft bilden. Hier steht wieder etwas auf dem Spiel, es beruht diesmal auf der Ideologie der Indoktrinierung, die neben der Drohung zu den von den Islamisten verwendeten Werkzeugen gehört. Wir sehen es: in diesem Disput entkommt man nicht der religiösen Sphäre. Aber zumindest begrüßen wir das Zustandekommen einer solchen Kontroverse, denn sie ist das notwendige Sandkorn in einem Getriebe, das in seinem ewigen Funktionieren keine Störung wünscht. Wir nehmen es zu Protokoll und erstatten demjenigen Dank, der ihr Initiator war.

Tariq Ramadan erweist sich im Grunde als nützlicher dort drüben, in den Gremien von Kairo, die wurmstichig sind durch das Unausgesprochene und im eigenen Saft eines ängstlichen Konservatismus schmoren, als hier, wo er sich an die Westler, die Europäer, die Genfer wendet. An dieser Front werden wir seine grimmigen Feinde sein, sobald er nochmals den *Mahomet* von Voltaire zu verbieten wünscht oder wenn wir ihn dabei ertappen, wenn er die blutleeren, von seinem Großvater hinterlassenen Texte fälscht, um von ihrem Verfasser (der die Krankheit in Gang brachte, die sich der Islam zugezogen hat) das Bild eines Reformators zu vermitteln, der insbesondere die Gleichheit der Frauen preise. Ganz im Gegenteil unterwirft er sie vorbehaltlos der vom Koran deutlich vorgeführten männlichen Vorherrschaft; die Schrift räumt in der Tat den Männern einen höheren ontologischen Status ein, zum Beweis einer Überlegenheit, die sie ermutigt, die Frauen in einer niederen Stellung zu halten, in einem Status der Abhängigkeit, damit ihre Unterdrükkung ewig bestehe. Das offenkundigste Zeichen dieser Unterdrükkung ist der Schleier; dazu kommt das halbe Erbe, das ihnen aufgrund ihrer angeblichen ontologischen Unterlegenheit lediglich zufällt.

85
Das Unreine

Der Wunsch nach Reinheit bei sich oder in der eigenen Gruppe ist eigentlich eine Krankheit. Wer kann denn übersehen, daß die Wirklichkeit des Seins und der Welt unrein ist? Jeder muß Unreinheit als Gegebenheit der Welt in sein Denken und Handeln einbeziehen, wenn er die notwendigen Verbindungen zwischen sich und dem Anderen knüpft. Daß sich der Horizont der Reinheit metaphorisch in die Logik des Glaubens und seine kleinliche Praxis des Kults einschreibt, ist kaum von Bedeutung: Das Streben nach dieser Reinheit führt zu keiner politischen Konsequenz, solange das Sinnen des Betenden auf den individuellen Bereich und die Methode seiner

Heilserlangung beschränkt ist. Schlimmstenfalls bringt der Reinheitswahn Pedanten hervor, die es in allen Glaubensrichtungen in der Gestalt skrupulöser und verängstigter Frömmler gibt. In der spirituellen Tradition des Islams nennt man diese Verängstigten ganz recht »Leute des Skrupels« (*al-wari'*): Es sind furchtsame Leute, strenge Naturen, die sich jeder fragwürdigen oder verdächtigen Handlung enthalten, aus Angst etwas Unrechtmäßiges zu tun, das der Reinheit ihrer Seele Abbruch tun könnte.

Es genügt, diese Enthaltsamen, diese keuschen Asketen an die Vorstellung der Reinheit zu erinnern, wie sie in den Sprüchen festgehalten sind, die einem von ihnen zugeschrieben werden: Abu Yazid al-Bistami nämlich, einem Sufi, den wir bereits in diesem Buch (Gegenpredigt 74) erwähnt haben. Er hatte, ganz am Ende des 8. Jahrhunderts, an der Schwelle zum 9. lebend, die Gewißheit erlangt, niemals die Reinheit erreichen zu können, wie groß auch der Eifer war, den er bei seinen intensiven spirituellen Übungen aufwandte. Seinen Worten nach ist die Unreinheit eine biologische und ontologische Gegebenheit der Menschen, wohlgemerkt: des männlichen Menschen. Abu Yazids Ausführungen sind durchaus provokativ, wenn er diese Gegebenheit nicht auf die Frauen anwendet, die doch gemeinhin und vom Standpunkt des Rechts mit der »Unreinheit« der Menstruation in Verbindung gebracht werden. Während der Zeit ihrer Periode sind sie vorübergehend vom heiligen Bereich der Riten ausgeschlossen und um dorthin zurückzukehren, müssen sie sich gründlich waschen, um die kanonische Reinheit zu erneuern.

Abu Yazid kehrt das Stereotyp um: Er sagt, daß nur die Frauen die Reinheit erlangten, und zwar gerade aufgrund der Periode, die sie, laut Rechtsprechung, verbannt. Die Monatsblutung wird in den Status des biologischen Vorrechts erhoben, das die Frauen in jedem Monat von den mit dem Blut angeschwemmten Rückständen befreit – eine Abstoßung, zu der die Männer nicht imstande sind; diese bleiben unrein, da sie ihre Reste, ihren Abfall, behalten. Die biologische Natur der Frau bietet folglich Bistami die Möglichkeit, einen reinigenden Vorgang, von dem die Männer ausgeschlossen sind, in der konkreten Wirklichkeit zu verankern. Diese Feststellung macht den Anspruch letzterer zunichte, sich die Metapher der Reinigung anzueignen, wenn sie einmal als Streiter in Fragen der Ausschließlichkeit auftreten wollen, im Namen der Väter oder der von ihnen verehrten Götter.

In Verbindung mit diesen Kämpfen richtet der Begriff der Reinheit viel Unheil an. Und sobald er im Namen der Gemeinschaft in der Verknüpfung mit Nation, Rasse oder Religion übernommen wird, wird er tödlich. In eine anstiftende Parole verwandelt, ist das Phantasma des Reinen nicht mehr nur die Metapher des unter seinen Bußübungen gebückten Individuums. Es steigert sich kollektiv und ermächtigt zum Verbrechen. Seit dem Ende des 15. Jahrhunderts beobachten wir diese unheilvolle Verschiebung, die sich als eine hartnäckige und immer wieder unsere Gegenwart heimsuchende Struktur erweist. Mit der Unterstützung der Inquisition entwickelte die kirchliche Hierarchie nach der *Reconquista* und um sich vor den Resten der arabischen, islamischen und jüdischen Anwesenheit zu schützen, den Begriff der *limpieza de la sangre*, diese angebliche »Reinheit des Blutes«, welche die *cristianos viejos* als »Altchristen« kennzeichnen sollte, die auch *montanes* genannt wurden, »Gebirgler« (um die Bevölkerung von Asturien oder anderer schwer zugänglicher Gebiete zu benennen, in denen die islamische Ansiedlung abgewehrt worden war; dieser Widerstand bewahrte die Bewohner vor dem »Virus«, den das Zusammenleben mit den Ungläubigen einschleppte ...) Es ging darum, die Altchristen zu identifizieren, um sie besser von ihren neuen Mitgläubigen unterscheiden zu können, den Juden und den Mohammedanern, die sich zum katholischen Glauben bekehrt hatten, um in Spanien bleiben zu können. So wird unter dem Anschein einer religiösen Kategorie der Bezug zur Rasse als Kriterium der Reinheit in Anspruch genommen, was die Zugehörigkeit zu einem gemeinsamen Glauben aufhebt oder zumindest abschwächt. Man braucht bloß zu sehen, wie Cervantes diese Begriffe verspottet und sie im *Don Quichotte* überschreitet, um zu begreifen, daß mit diesem Werk der kritische Roman geboren wurde, der die Illusionen, die Stereotypen, die Vorurteile, die Fiktionen, die Phantasmen und anderen Hirngespinste enthüllt, auf denen die Gewalt der Mehrheitsidentität gründet, die zur politischen Theologie des Staates erhoben wird.

Meines Erachtens leitet diese konkrete Verwirklichung des Reinheitsphantasmas in Spanien das moderne Übel ein. Aus dieser Grunderfahrung entwickelt sich das Modell der Reinheitspolitik. Im Zeitalter der Technik begegnen wir denn auch dieser Krankheit wieder, die im Nazistaat bis zur Abscheulichkeit getrieben wird. Hier ist das Unterscheidungskriterium streng rassisch und gründet auf dem Germanentum und der arischen Abstammung. Der Nazistaat sieht im Juden das Zeichen und sogar den Signifikanten der Unreinheit – der um so ansteckender ist, wenn er im großen Gesellschaftskörper aufgeht, so daß er nicht mehr erkennbar ist, nicht einmal mehr an winzigen Unterschieden.

Die Krankheit hat sich auch in der »großserbischen« Ideologie während der Balkankriege in Bosnien, Kroatien und im Kosovo kundgetan, wo die sogenannte »ethnische Säuberung« praktiziert wurde. In diesem Fall war der religiöse Unterschied, die orthodoxe Religion gegen Katholizismus und Islam, künstlich durch die rassische Kennzeichnung übersteigert worden, die als völliges Hirngespinst erscheint, selbst wenn der Beobachter vermutete oder geringfügige Merkmale anführte, die Serben, Kroaten und Albaner voneinander unterscheiden. In Bosnien wurde die tödliche Säuberung auf die Spitze getrieben, und gerade dort entbehrte das ethnische Argument jeglicher Realität, denn die muslimischen Bosnier sind nichts anderes als islamisierte Serben. Um zwischen rein und unrein zu trennen, ist man sogar, in einer Art Kettenschluß, so weit gegangen, sprachliche Unterschiede zu erfinden, die es nicht gibt, denn das Bosnische steht mit dem Serbischen ohne weiteres in einem Verhältnis der »Zweisprachigkeit«.

Das Kriterium der religiösen Unterscheidung verschlimmert das Symptom der Reinheitskrankheit, denn es überschreitet die ethnischen Grenzen und schmückt sich mit einer Art Allgemeingültigkeit. Wir finden dieses Symptom bei den Islamisten wieder, für die gemeinschaftliche Reinheit auf der Teilhabe am Islam als Glauben, aber noch mehr als Ausübung gründet, die eigentlich die gesamten, den Gesellschaftskörper belebenden Verhaltensweisen strukturiert und einander angleicht. Daher rühren ihre Schmähreden gegen Mitmenschen, die sie summarisch die »Juden und Kreuzritter« nennen, ihre absoluten Feinde, gleichzusetzen mit Trägern der Unreinheit, welche die Welt verschmutzen. Durch dieses absurde Urteil heben sie den ohnehin schon schmalen Raum auf, den ihre Religion den Monotheisten zugebilligt hatte. In der Tradition sollte diese minimale Anerkennung die Gläubigen daran gemahnen, daß es immer auch den Anderen gibt, einen anderen, der sich weigern wird, der Mehrheit anzugehören und für den ein Platz zum Überleben geschaffen werden muß, damit die Probe auf die Fremdheit im Herzen des Gemeinwesens Aufnahme findet. Denn die menschliche Realität rebelliert gegen eine totale Homogenität. Daher rührt die Notwendigkeit, dem Anderen einen festen Platz einzuräumen. Sonst richtet sich der Mensch in der Pathologie des Reinen ein.

Nun, die Welt mit ihren unreinen Wirklichkeiten wird sich niemals den Hirngespinsten und Phantasmen derer fügen, die alles daransetzen, sie ihrem Wunsch nach Säuberung, Vereinheitlichung, nach Tilgung der produktiven Unterschiede des schönen Unreinen zu unterwerfen. Es ist wichtig, in sich diese Andersheit, diesen Unterschied anzuerkennen, um nicht die Menschlichkeit des Menschen aufzuheben. Dahin gelangen im übrigen auch die Leute, die nur das Reine rühmen und mit ihren Verbrechen die Reinheit im Wirklichen errichten wollen. Dieses wird Widerstand leisten und sich ihren Phantasien nicht fügen, es wird jene auf die verdinglichte Darstellung zurückwerfen, die sie sich davon machen. Offenbar muß man diese Toren der Reinheit, diese tödlichen Unholde an den Koranvers erinnern, welcher das »Gemisch« der Völker als eine Gegebenheit betrachtet, die zur gegenseitigen Anerkennung verpflichtet, trotz aller Unterschiede. Diese sind es eben, welche die Ordnung und die Unordnung des Unreinen in der Realität verankern. Über folgende Stelle in ihren Schriften sollten die Islamisten, diese Nihilisten des Reinen, nachdenken: »Wir haben euch von einem männlichen und einem weiblichen Wesen geschaffen und haben euch zu Völkern und Stämmen gemacht, auf daß ihr einander kennenlernt:« (Koran 49, 13; K.).

Die Ironie der Geschichte will es, daß der Begriff der Unreinheit sogar den Namen dessen trifft, der für die islamistischen Terroristen zum Prediger des Reinen geworden ist: nämlich Usama bin Laden. Alles, was er in seiner Preisung des Reinen schmäht, verkörpert eine seiner Nichten, Wafa, die Tochter seines Halbbruders Yaslam; sie trägt den gleichen Namen, und sie gesteht ihre Scham, ihn mit Usama zu teilen; sie betont ihre Liebe zu Amerika und zu seiner Kultur, spricht von ihrem Traum, ein Popstar zu sein; sie spielt Gitarre, schreibt die Texte und die Musik ihrer Lieder selbst und trägt sie vor. Sie war in der *New York Post* im Gespräch mit der Journalistin Cindy Adams abgebildet, die sie in ihrer Wohnung in New York aufgesucht hatte. Wafa kann nicht mehr mit Usama den Namen teilen, denn es ist ein entehrender Name für jeden, der in Amerika leben will, ein unmöglicher Name sogar, wegen der Feindseligkeit, die er erregt. Sie hat entschieden, ihn zu ändern und sich künftig Wafa Dufour zu nennen, nach den Familiennamen ihrer Mutter Carmen, einer Schweizerin iranischer Herkunft, die seit fünf Jahren von Yaslam geschieden ist.

Wafa lebt zudem unter strenger Bewachung, da sie Angst hat, von irgendeinem Fanatiker angriffen zu werden, der in ihrer Existenz einen Übergriff auf die Reinheit des Namens sähe. »Ich fühle mich als Amerikanerin«, führt sie aus, »ich kann nur hier leben, wo ich geboren bin, in New York, ich kann mich an keinen anderen Ort gewöhnen.« »Ich kann nicht lange im Verborgenen leben«, fährt sie fort, »ich möchte von der amerikanischen Gesellschaft akzeptiert werden.« Wafa erinnert sich, daß sie in der Schweiz Urlaub mit ihrer Mutter machte und mit dem Auto unterwegs war, als man sie anrief und ihr das Attentat auf die Twin Towers mitteilte. Der Schock war unmittelbar, der Angriff ging ihr unter die Haut, »denn New York war ein Teil von mir«, fügt sie hinzu; sie erinnert sich an die Bestürzung und die Scham, die sie befielen, als sie am Abend des 11. Septembers erfuhr, daß ihr Onkel der Anstifter der Attentate war, bei denen sie mehrere Freunde verloren hatte. »In dieser Nacht hatte ich den Wunsch davonzufliegen und auf immer in der Stratosphäre zu verschwinden.«

So symbolisiert diese schöne Frau von vierundzwanzig das Gemisch der Welt, mit all dem Zirkulieren, den Verquickungen, den Unreinheiten, mit den Möglichkeiten des Individuums zu entscheiden, je nach dem, was es inspiriert oder beeinflußt. Hingegen liegt gerade im Namen des Mannes, der das Reine durchsetzen will, die Wahrheit des Unreinen, wie ein tragisches Kapitel seines Familienromans zeigt. Diese Lehrfabel soll unterstreichen, daß die Niederlage des Reinen durch eine Frau herbeigeführt wurde, und daß sie damit die Theorie bestätigt, die vor mehr als tausend Jahren von Abu Yazid vorgebracht wurde, dem weisen Greis von Bistam. Sie gehört zu den Frauen, die das Reine wiederherstellen, indem sie sich jeden Monat von den Rückständen befreien, die ihr Blut anschwemmt. Als reines Wesen macht sich Wafa zur wirkenden Kraft des Unreinen, das der Wirklichkeit der Realität größeren Glanz gibt – auch wenn sie ihren Namen aufgeben muß, dem sie jeglichen Anspruch auf Reinheit abspricht.

86
Eine flüchtige Ewigkeit

Nun bin ich wieder in Tunis in der Gesellschaft meines Freundes Fadhel Jaziri, einem Mann des Theaters und der Bühne, mit dem ich seit dreißig Jahren ein immer wieder aufgenommenes Gespräch führe. Diese Freundschaft gründet auf einer endlosen Befragung, die um das Thema der Herkunft und ihrer Überwindung kreist, als dem Spielraum der schöpferischen Energie. Diesmal hat uns Fadhel Jaziri einen Teil seiner Arbeit hören und sehen lassen, die sich mit dem Thema der *had'ra* befaßt. Dies ist eine Form des heiligen Oratoriums, der *musica sacra*, in der Tradition auch *sama'* genannt. Mit ihr soll ein *Hören* entwickelt werden, das die Sinne durchdringt, um sie zur Ekstase, zur Trunkenheit zu führen. Fadhel Jaziri arbeitet an Sufi-Gesängen, wie sie in der Tradition der Bruderschaften als eine Art Gedächtnis der Stimmen übermittelt worden sind, die in den verschiedenen *zâwiyas* von Tunis bewahrt wurden.

Die Arbeit mit diesem Material hat vor etwa fünfzehn Jahren begonnen. Seitdem schreitet sie unaufhörlich voran und verfeinert sich. Zu Beginn ist es Fadhel Jaziri gelungen, die überlebenden Sänger, die zu verschiedenen Bruderschaften gehören, zu versammeln. Da sie in sektenhafter Abgeschlossenheit lebten, hatten sie sich niemals zusammengefunden, um in einem einzigen Gesangskollektiv schöpferisch zu wirken. Diese verschiedenen Beiträge haben sich um den Kern der *sulamiyya* geschart, einer Gruppe, die bei den großen Häusern von Tunis sehr beliebt ist. Es handelt sich um einen Chor für sakralen Gesang, benannt nach seinem Gründer, Sidi Abdessalem Lasmar, »der Dunkelhäutige«, ein charismatischer Meister aus der Südsahara (er war aus dem Senegal gekommen, der damals zu der *Sudan* genannten Gegend gehörte, dem »Land der Schwarzen«). Seine Reisen gen Norden führten ihn auch durch Marokko, dann hielt er sich in Tunis auf, bevor er sich noch weiter in Richtung Orient, nämlich nach Mekka absetzte. Der Name des Chors ehrt diesen Meister, der laut Überlieferung Rhythmen eingeführt hat, die diesen Gesängen den Takt geben und die Körper in eine unaufhörliche Vibration versetzen.

Diese Vokaltradition überlebte im Rahmen der Bemühungen, die Fadhel Jaziri diesem Chor angedeihen ließ. Es war nötig, daß er den hoch verehrten alten Meistern bei seiner Bühnenarbeit Vertrauen einflößte, damit sie seine Meisterschaft wie auch seine Neuinterpretationen und Umstellungen annahmen. Ich entsinne mich noch der aufschäumenden Leidenschaft, der Inbrunst während der stark auf die Technik ausgerichteten Proben, die nahen Freunden und sogar einem größeren Publikum zugänglich waren. Diese Proben fanden in den Abendstunden des Ramadan statt, in einem Jahr, als der Fastenmonat in den Februar fiel, in die Kälte des Winters, welche die Glut des Gesanges mäßigte. Die Füße betraten den Marmor eines mit Planen bedeckten Patios, der in einer Medersa des 17. Jahrhunderts lag. Die Ornamentik der dortigen Arabesken erinnerte an Barockmotive von andalusischen Dekorateuren und Maurermeistern, die in Tunis eine neue Form der Kultur einführten, als sie mit der Schar der 1609 aus Spanien verbannten Morisken aufgenommen wurden. Fadhel Jaziri selbst ist einer ihrer Nachkommen (Jaziri bedeutet »aus Algeciras stammend«, das auf Arabisch *al-Jazîra al Khaz'râ'* heißt).

Wir befanden uns also mitten in der Medina von Tunis, im Raum unserer Kindheit, wo das Schöne an das Erhabene grenzt, auf der Suche nach der Aktualisierung dessen, was die Tradition uns vermacht hatte. Voll Kühnheit versuchten wir, das Unvordenkliche zu erneuern und an die Erfordernisse der Bühne anzupassen, die Stimme mit Hilfe der beim Gesang aufkommenden und suggerierten Bilder zu verräumlichen. Während dieser Abende sahen wir, wie das Werk vor unseren Augen vorankam und in unserem Gehör Gestalt annahm. Die ersten Versuche dieses Klangtheaters blieben noch nahe an dem ursprünglichen Repertoire, obwohl sie deutlich eine kühne Entwicklung und die Entschlossenheit zeigten. Denn die ursprüngliche Szene sollte in einen Raum verwandelt werden, der schon durch die Verlegung aus dem Ort des traditionellen Hörens auf eine moderne Bühne seine Neuartigkeit behauptete. Eine solche Verlegung wird nicht nur nicht verheimlicht, sondern durch die Einführung der Szenographie herausgestrichen: Der Gesang ist begleitet von einer Choreographie der Gesten, die von einer Ästhetik des Heterogenen bestimmt wird und in einem von vielen Traditionen durchdrungenen Zusammenhang steht (tanzende Derwische, regionale Traditionen der Trance, klassisches Ballett sowie Ansätze einer Gestik, die durch die Freiheiten des modernen Tanzes ihrer Regeln entledigt wurden). Hier soll nicht geschwindelt werden. Der Regisseur bekundet deutlich seine Entscheidung und seine Absicht, Bühnenwirksamkeit zu erzielen.

Die Schönheit und das Erhabene, welche die ursprüngliche Interpretation dieser Gesänge auszeichneten, sollten im übrigen in der Aktualisierung keinesfalls ausgelöscht werden. Es geht also nichts verloren. Ganz im Gegenteil bedeutet die Umstellung eine Erweiterung von Stimme und Schlaginstrument. Damit erhält die Schönheit einen Zusatz von Schönheit, das Erhabene einen Überschuß an Erhabenem. In der Tradition des volkstümlichen Sufismus wechseln Nüchternheit und Trunkenheit, Bewegung und Ruhe, Erweiterung und Einschränkung, Demut und Stolz, Strenge und Überfülle, Mangel und Fruchtbarkeit, Sparsamkeit und Verschwendung einander ab und durchdringen sich: Dieses ganze Wechselspiel und diese Überschneidungen bleiben fühlbar und hörbar im Triumph einer Ästhetik des Exzesses, der Maßlosigkeit. Sie ist Garant des Schönen und Erhabenen, das den Körper durchläuft, ihn zum Beben, zum Überborden bringt und genau darin zeigt, wie der Islam eine heidnische, dionysische Erinnerung in sich aufgenommen hat.

Ich habe immer den Eindruck gehabt, daß das von Jaziri geschaffene Schauspiel ein Beispiel für das voranschreitende Werk schlechthin ist, das sich dadurch auszeichnet, im Werden begriffen zu sein, das fortwährend seine Zukunft sogar in dem verkündet, woraus es besteht, und das nichts anderes ist als der Stoff des Unvordenklichen. Ich habe es viele Male gesehen; dabei blieb es seinem Grundmuster treu, und war doch immer neu, wies winzige Variationen auf, wo etwas ausprobiert, erweitert, verdeutlicht, korrigiert oder aufgegeben wurde. Der daraus entstandene Film erweitert, was bereits für die Bühne erweitert worden war. Die Montage gestaltet das Zusammenspiel von Stimme und Bildern und erlaubt vor allem den Einsatz der Großaufnahme, die sich so nah wie möglich auf den Stimmapparat konzentriert. Der Zuschauer dringt in ihn ein, ist dicht an der sich hebenden Brust, dem sich blähenden Rachen, der zuckenden Stimmritze, der Halsschlagader, die zum Platzen gespannt ist, der Zunge, die sich streckt und windet, den Lippen, die vorspringen oder sich wieder einziehen, den Nasenflügeln, die sich weiten und verengen – diese Bilder machen die Gegenwart der Stimme ganz und gar körperlich und unterstreichen die heroische, schöpferische Wirkung, die sie sowohl am Körper des Sängers hervorruft, als auch am Körper der Zuschauer und Zuhörer.

Schon als wir den Proben beiwohnten, ahnten wir, daß hier ein voranschreitendes Werk verwirklicht wurde. Die gesamte letzte Fassung, die Fadhel Jaziri für das Publikum von Sevilla erarbeitete, bestätigt weitgehend die Joyce'sche Vorstellung des *work in progress*, eben weil in dieser Aufführung die Stimme in den Raum gestellt wird. Zunächst ist der Chor verjüngt und zählt weniger Mitglieder (aber die verringerte Zahl hat nicht das *Volumen* beeinträchtigt). Dann erscheint in seiner Mitte die weibliche Stimme, die künftige Umwälzungen ankündigt, während die Instrumentierung und die Orchestrierung an Raum gewinnen, ohne die Stimmen zu übertönen, bei denen sich Solos und Chor mit *a capella*-Passagen ablösen. Die sparsame Inszenierung wie auch die choreographische Gestik greifen diskret Einflüsse aus Indien und Japan auf. Dieser Beitrag verstärkt die schon mit der abendländischen Instrumentierung eingebrachte heterogene Ästhetik. Deren Einsatz ist heikel, nicht im Hinblick auf die Melodie, sondern auf die Begleitung, da sie Ausflüge im Geiste des Jazz mit Eingebungen verbindet, die Klänge bei Schönberg oder Webern und mehr noch bei Berg aufsammeln; »atonale« Durchbrüche stehen neben harmonischen Partien, von Halbtonakkorden geht man zu ganzen Tönen über, wobei das Spiel der »winzigen Übergänge« in Richtung des Unzusammenhängenden variiert und die dynamische Reglosigkeit des Unverbundenen mit angehaltenem Atem erprobt wird: Dynamik wird in Statik verwandelt, die Zeit angehalten, dem Augenblick wird eine weite Entfaltung gewährt, eine Prozedur, die bald die Sekunden dehnt, bald lange Sequenzen zu einem Seufzer verdichtet, wobei aus dem Zwölftonrepertoire einiges aufgelesen wird. Dies erweitert die Möglichkeiten, die sich dem meditativen Vorspiel der Laute vor dem *maqâm* bieten; der Interpret erliegt nicht dem leichten Spiel des Instrumentes, glänzt nicht mit Arabesken und knisternden Garben von Tönen, bleibt innerhalb der Grenzen gebunden, die er sich gesetzt hat, hütet sich davor, die Schwelle zur Melodie zu überschreiten, bietet lediglich flüchtige Skizzen von Klangresten und Verzierungen an, die insgeheim einem Weg parallel zur Stimme folgen oder die unmerklich die Übergangsbereiche zwischen den einzelnen Gesängen einnehmen.

Hinfort ist also die Tradition des Sufigesangs in Tunis durch diese ungetreue und jubilierende Treue verwandelt. Indem sie das Alte bewahrt, unterbreitet sie uns ein heutiges Werk, das durch die

Erhaltung des Unvordenklichen Zukunft in sich trägt. Die ungetreue Treue bricht die erstarrte Konvention, den Kodex, und ist dabei im Einverständnis mit allem, was das *Diverse* nährt und es zugunsten einer Welt von immer größerer Offenheit vermehrt. Diese Welt ist zwar von Vereinheitlichung bedroht, doch sie wird durch das schöpferische Prinzip gerettet werden. So werden die Verbindungen mit der Tradition, mit dem Ursprung lebendig gehalten: in der Suche nach dem Neuen und in der Gefahr des Abenteuers. Im Schock, den das Hören anderer Traditionen auslöst, entsteht die Gewißheit, daß die Leute von heute in diesem Jahrhundert wirken und eingreifen und in der Zeit zurückgehen, um ihre Schuld gegenüber einer uralten Ära zu bekunden – dies sind Augenblicke, die sich Menschen ohne Angst vor einer flüchtigen Entweihung gönnen, sie werden zu Schöpfern einer unmittelbaren Lebendigkeit, die der Stimme selbst ihre Flüchtigkeit zurückgibt und als Beute einer sich entziehenden Ewigkeit vorführt.

87
Arabische Plejaden

In diesen Tagen (Mai 2005) feiern wir in Paris die Aufnahme von *Tausendundeine Nacht* in die renommierte »Bibliothèque de la Pléiade« der Éditions Gallimard. Der arabische Anteil dieser Sammlung vermehrt sich so um einen vierten Titel, und diese Erweiterung für das französisch sprechende, gebildete Publikum von heute trägt dazu bei, die islamische Welt aus ihrer Isolation zu befreien und ihre Stoffe in Umlauf zu bringen. Ein notwendiger Schritt, um die ablehnende Haltung gegenüber dieser Welt aufzuheben. Diese Haltung hat das Gefühl des Ausgeschlossenseins gefördert, unter dem der islamische Mensch leidet, und wegen dieses Gefühls, dieses Ressentiments, werden manche dafür anfällig, sich auf den rachsüchtigen Fundamentalismus einzulassen. Nach dem Koran, der schon in den 1960iger Jahren in die Sammlung der Pléiade aufgenommen wurde (in der Übersetzung von Denise Masson), mußte man mehr als dreißig Jahre warten, bis ein zweiter Band mit arabischer Literatur in diesem Ensemble Platz fand, das eigentlich alle in französischer Sprache verfügbaren universellen Humanitätsstudien umfassen soll.

Dieser zweite Band versammelt drei Reiseberichte: Das Buch beginnt mit dem Bericht des Aufenthaltes von Ibn Fazlan bei den Anrainern der Wolga gegen Ende des 10. Jahrhunderts. Der Text ähnelt einer ethnographischen Untersuchung, vielleicht sogar einer Reportage und schildert unter anderem die Bestattungsriten der Schiffervölker: Sie legten die sterbliche Hülle des Toten auf ein Boot aus seinem Besitz, gaben ihm etliche seiner Reichtümer und seine schönsten Pferde mit, auch seine Frau, die den Trauergesang auf den teuren Verblichenen anstimmte und wehklagte, bevor man Feuer an das Boot legte. Alles verbrannte, wobei sich die Asche der verglühten Gegenstände und die Asche der Körper vermischten. Wir begegnen diesem Schauspiel in *Zadig* von Voltaire wieder; dort veranschaulicht es die vom Aberglauben und der Bosheit hervorgerufene Verblendung, welcher der Held ein Ende setzt.

Derselbe Band der Pléiade enthält einen weiteren Reisebericht, der im 12. Jahrhundert von dem Andalusier Ibn Jubayr verfaßt wurde. Er gibt eine Beschreibung zahlreicher Gegenden, Städte und Denkmäler, die er besucht hatte, wie Palermo, Mekka, Damaskus, die Zollstation von Alexandria, Kairo, das Niltal, die arabische Wüste, die er bis Kufa, Bagdad, Mossul und Aleppo durchquerte.

Die Sammlung wird mit der *Rihla* des Ibn Battuta abgeschlossen, der im 14. Jahrhundert in Tanger lebte. Bei ihm wetteifern Imagination und Realitätssinn miteinander, doch es ändert nichts daran, daß seine Reise von Bedeutung ist. Ungeachtet seiner Phantasmagorien und Lügenmärchen, über seinen Hang zur Mythomanie und seiner übersteigerten Rhetorik hinaus, verfaßt er eine gültige Beschreibung Indiens, der turkmenischen Fürstentümer Kleinasiens ebenso wie der an den Niger grenzenden Länder. Er ist wegen mancher Einzelheiten und Anekdoten über die besuchten Städte und über die Begegnung mit Personen auch historisch nutzbar und kann unser Wissen vermehren oder bestätigen, das wir über historische Gestalten haben – über Dichter, Theologen, Prediger, Rechtsgelehrte, Wissenschaftler oder Politiker – denen er in Städten wie Kairo, Damaskus, Schiras, Isfahan, Dehli und anderen begegnete.

Unter dem Namen Ibn Chaldun ist der dritte arabische Band im Katalog der Pléiade aufgeführt. Dieses im Herbst 2004 erschienene Buch bietet eine neue Übersetzung der *Muqaddima* durch den Marokkaner Abdessalam Cheddadi, desgleichen eine Wiederaufnahme seiner Übersetzung der *Autobiographie*, die bereits in den 1980iger Jahren in einer Standardedition erschienen war. Der Leser kann sich hier mit einem Schriftsteller vertraut machen, der in dem Bewußtsein handelte, eine »neue Wissenschaft« zu entwickeln, welche die Geschichte als Kampf um die Machtübernahme und zugleich als Zivilisationsprozeß denkt, der von Größe und Niedergang, von Aufkeimen, Erblühen, Heranreifen und Absterben erfüllt ist. Ich werde von diesem frommen und konservativen Autor den scharfen Wirklichkeitssinn im Gedächtnis behalten, der jedem spekulativen Gedanken mißtraut – was ihn dazu bringt, zahlreiche Stereotypen abzubauen und viele Illusionen zu zerstören. So gelangt er zu der Feststellung, daß die Nationen und Völker nicht unbedingt von der Gunst göttlicher Offenbarung erleuchtet sein müssen, um in ihrer Zeit zu erblühen und zu glänzen. Eine sehr zutreffende Ansicht eines nüchternen und anspruchsvollen Gläubigen des Islams, der derart früh, in einer Zeit theozentrischer Verzauberung, Menschen den Mund zu stopfen wagt, die Marcel Griaule Jahrhunderte später die »arroganten Monotheisten des Mittelmeergebietes« nennen wird. Im Vollgefühl ihrer Überlegenheit sahen sie sich als die Herren, welche die Zivilisation zu ihrem Höhepunkt führten: »Denn die Existenz«, schreibt Ibn Chaldun, »und das Leben der Menschen erfüllen sich gern ohne Prophetie oder göttliches Gesetz, und zwar durch den Einfluß, den die Person ausübt, die entweder durch sich selbst oder durch das Gemeinschaftsgefühl herrscht, das ihr die Macht verleiht, auf die Menschen einzuwirken und sie auf dem vorgezeichneten Weg zu leiten. Die Leute des Buchs und die Jünger des Propheten sind nicht zahlreich im Vergleich zu den Heiden, die kein Buch haben. Letztere bilden die Mehrheit der Erdenbewohner. Dennoch haben sie Staaten errichtet, haben Spuren hinterlassen und haben das Leben schön und gut ausgestattet.«

In diesem Frühjahr erscheint der vierte Band arabischer Literatur in der renommierten Sammlung; er umfaßt das erste Drittel von *Tausendundeine Nacht* in der neuen Übersetzung von Jamel Eddine Bencheikh und André Miquel: Sie wird von nun an in der Verbreitungsgeschichte der *Arabischen Märchen* eine Rolle spielen, neben der Übersetzung von Antoine Galland, die anfangs des 18. Jahrhunderts erschienen ist, und der des Doktor Mardrus vom Beginn des 20. Jahrhunderts. Diese drei französischen Übersetzungen gehören zu der Geschichte von *Tausendundeine Nacht.* Gallands Übersetzung leitete die weltweite Verbreitung der Erzählungen ein. Denn aus dem Französischen ist diese arabische Sammlung in viele europäische Sprachen übersetzt worden. So konnte sie der Phantasie einer Unzahl von Lesern als Nahrung dienen. Ausgehend von Antoine Gallands Leistung sollten diese Erzählungen eine gewaltige moralische und literarische Wirkung entfalten. Zum einen schuf Galland mit seiner Übersetzung ein Schriftwerk, das ein Glied in der Geschichte der französischen Prosa bildet und die Verbindung zwischen der langen und der kurzen Form herstellt, zwischen *Die Prinzessin von Kleve* und *Die persischen Briefe*, zwischen Madame de La Fayette und Montesquieu. Zum anderen sollten diese Erzählungen auf bleibende Weise das Orientalische als einen eigenständigen Dekor einführen, als wirkliche oder phantastische Stätte, mit deren Federn man sich aber auch schmücken kann, um hinter der Maske des Anderen von sich selbst zu sprechen. – So lädt man zum kritischen Gespräch über seine eigene Gesellschaft ein, indem man im Schutz einer städtischen Szene agiert, die anscheinend anderswo angesiedelt ist. Dieser Umweg über das Andere, um das auszudrükken, was man bei sich enthüllen möchte, sollte später auch auf andere Stätten ausgeweitet werden. Ein Beispiel ist die afrikanische Fiktion, die Denis Diderot in *Die indiskreten Kleinode* verwendet, um auf die in der freizügigen Welt von Paris übliche Verschleierung des sexuellen Geheimnisses hinzuweisen: Diderot markiert die Kluft zwischen dem Schlafgemach des Begehrens und dem gesellschaftlichen Anschein und nimmt so die Psychoanalyse vorweg. Schließlich wird *Tausendundeine Nacht* unzählige Schriftsteller prägen, und ihr Beispiel wird bisweilen an der Schaffung einer imaginären Welt mitwirken, die in ihrer Dichte die Komplexität der Wirklichkeit aufdecken kann. Proust nimmt sie ausdrücklich als Vorbild für die *Recherche* in Anspruch …

Bei Proust sehen wir auch die Diskussionen anklingen, die durch die damalige Neuübersetzung des Doktor Mardrus aufkamen: Da sie vom Exotismus des Fin de Siècle gefärbt war, wurde sie von Mallarmé geadelt. Er sah in ihr wahrscheinlich eine weitere Möglichkeit, das Fremde in der Sprache erstrahlen zu lassen, wie er es im Vorwort zu *Vathek* niedergelegt hat, einer von dem englischen Count Beckford verfaßten arabischen Fiktion. Mallarmé preist letzteren als einen »kindlichen Fremdling«, der, »um sich durch ein

Schriftwerk von einer Leidenschaft zu befreien, die eine ganze Jugend beherrschte [...] den Gebrauch des Französischen« wählte. Er verdiene es, im Namen einer »stillen und reichhaltigen Gastfreundschaft« gepriesen zu werden, denn durch »besondere Zufälle« öffnete er einen jener »Ströme«, in denen »das Wort umgeschmolzen wird«. So würden »manche, zunächst unbemerkte Reichtümer des Ausdrucks« von diesem unruhigen Fremden herbeigebracht, den seine Kühnheiten nicht verraten. Der englische Schriftsteller hatte dieses arabische Märchen direkt auf Französisch verfaßt und wich von *Tausendundeiner Nacht* ab. Er fantasierte die historischen Tatsachen um und richtete sie auf den Triumph des Bösen aus. Bei ihm verirren sich die Figuren in einer Art faustischem Pakt und der abbasidische Kalif al-Wathiq wird, anders als im wirklichen Leben, zu einem Werkzeug des Teufels. Al-Wathiq hat während der ersten Hälfte des 9. Jahrhunderts in Bagdad gelebt; und da er von Harun al-Rashid und al-Mamun abstammte, war er wie letzterer ein Gläubiger des Mutazilismus. Dies ist ein zur Staatsreligion erhobener theologischer Rationalismus, den der Kalif bei allen Geistern mit der Macht des Schwertes und durch Rückgriff auf die Methoden der Inquisition, wie Prozesse und Mißhandlungen, durchsetzen wollte – eine durch den despotischen Zwang pervertierte schöne Idee, die, zum Unglück für den Islam, nicht den Sieg davongetragen hat.

Die von Bencheikh und Miquel besorgte neue Übersetzung von *Tausendundeiner Nacht* schlägt einen anderen Weg vor, der sich vom Klassizismus, von der gallandschen Prosa des Grand Siècle, ebenso absetzt wie vom Exotismus, dem Stil des Fin de Siècle von Mardrus. Sie entscheidet sich für eine diskrete Treue zu einem Original, das selbst unregelmäßig, unbestimmt und nicht festgelegt ist. Die beiden Übersetzer vermeiden das Wortgepränge, das die beiden früheren Übersetzungen färbt: Die Arbeit von Galland vermittelt den Sinn, indem sie sich dem klassischen Stil fügt, der insbesondere auf Schicklichkeit achtet und gleichzeitig das Thema aufbauscht, um es zu sublimieren. Mardrus dagegen glaubt, das Gegenteil von Galland zu erreichen, indem er eine Treue und Authentizität predigt, die in Wirklichkeit schwer herzustellen ist, aufgrund der Unschlüssigkeiten, die den Text von Anfang an zu einem unbeständigen Korpus machen: Mardrus erzeugt damit eine marktschreierische Wirkung, und seine angebliche Worttreue setzt nur eine lokale Beschränkung durch, da er allzu großes Gewicht auf die Zielsprache legt, ohne jedoch eine »Schreibkunst« zu schaffen, einen »Ideolekt«, eine Sprache, die der Beachtung wert wäre.

In dem Versuch von Bencheikh und Miquel entdecken wir die Entschlossenheit, die Ökonomie auf beiden Seiten, zwischen Ausgangs- und Zielsprache, zu respektieren. Ihre Treue erweist sich in der Wiedergabe des Tons, des Registers, der Stufung, der Heterogenität, die jede Sprache prägen. Entscheidend ist es, daß die Lust am Text erweckt und Stoff geboten wird, der dank der Wirklichkeiten und Feenmärchen, die diese Erzählungen transportieren, die Vorstellungswelten der Zeitgenossen anregt.

Diese Erzählungen werden in ihren Ursprungsländern verachtet, wenn nicht gar verdammt! Hier sei an eine Debatte in den 1980iger Jahren erinnert, sie wurde in dem Saal geführt, der in Ägypten das Parlament ersetzt. Das Plenum legte schließlich das Verbot von *Tausendundeine Nacht* nahe, da das Buch die Religion und die Moral antaste. Die Orthopraxie und der diffuse Fundamentalismus verderben sogar die Substanz des Imaginären und des Symbolischen, die jedoch den Königsweg zur Übermittlung der Gesetze und zur Erhaltung der Art bilden. In dem Moment, wo wir solche Widerrufe an der Stätte der Geburt und der Entwicklung von *Tausendundeine Nacht* erleben, wird auf dem gegenüberliegenden Ufer, ausgerechnet in der Stadt der Aufklärung, dieser arabische Schatz aufs neue gefeiert. Zweifelsohne hat Frankreich *Tausendundeine Nacht* zweimal gerettet: mit Galland hat es dieses Buch dem Vergessen entrissen und es auf den Weg in die Welt gebracht; mit der gegenwärtigen Begeisterung gemahnt es an seinen unschätzbaren Wert. Es ist ein Schatz Arabiens zur Freude der Menschheit, er verschafft allen Erbauung und Vergnügen, jedem Mann, jeder Frau, jedem Mädchen, jedem Jungen, im selben Augenblick, wo die Nachkommen seiner Schöpfer mit der Vorstellung liebäugeln, es dem Feuer zu übergeben!

88
Ein menschlicher Schutzschild

Er gibt keinen schlimmeren Verbrecher als einen, der nicht nur keinen Deut Schuld empfindet, sondern noch die Illusion hat, daß seine Handlung ihm ein höchstes Gut verschafft, den göttlichen Lohn. Diese Umkehrung des Bösen ins Gute löscht nicht nur das Schuldgefühl aus, sondern macht darüber hinaus den Unglückswurm zur glücklichen Seele, zumindest in der Vorstellung, die der Verbrecher sich von sich selbst und seinen Nacheiferern macht. Man muß dieses Vorgehen anprangern, das sich nicht nur damit begnügt, die islamistischen Verbrecher reinzuwaschen, sondern sie überall zu verherrlichen, wo sie wirken.

Beginnen wir mit den aktuellen Ereignissen, mit den vom Jordanier Abu Musab Zarqawi im Irak begangenen Attentaten, die auf den aufgerissenen Straßen ihren täglichen Anteil an unschuldigen irakischen Opfern zurücklassen: Männer, Frauen, Greise, Kinder, welche die Familien im Zweistromland tagtäglich in tiefere Trauer versetzen. Nun verbreitet derselbe Zarqawi in dieser Woche im Internet eine *fatwa*, die seine Verbrechen rechtfertigt; er erfreut sich nicht nur eines ruhigen Gewissens, sondern er macht sogar geltend, daß seine heldenhafte und glückbringende Tat durch die Gewißheit untermauert sei, daß seine Jünger – die sich töten, indem sie andere töten – die höchste Glückseligkeit erreichen würden.

Diese *fatwa* beruft sich auf eine andere, traditionelle, eine, die *fatwa* des *tatarrus* heißt, ein Substantiv, welches das Wort *tars* (»Schild«) enthält. *Tatarrus* leitet sich von der fünften Verbform ab, die im paradigmatischen System der arabischen Sprache einem bereits aktiv ausgerichteten Verb eine noch größere Intensität verleiht. Das Verb, von dem sich die Bezeichnung ableitet, bedeutet wörtlich »sich mit einem Schild bewaffnen« und im übertragenen Sinn »sich mit etwas wie mit einem Schild schützen«. Diese letzte Verwendung schließt der Begriff *tatarrus* ein, der sich auf die mohammedanischen Gefangenen bezieht, die der Feind während der Schlachten und Belagerungen als menschlichen Schutzschild benutzt.

Dieser Begriff gehört zu der von der Tradition auf den Krieg angewandten Rechtsprechung. Aber sein heutiger Gebrauch ist durch die verbrecherischen Terroristen pervertiert worden. Die alten Rechtsgelehrten verwenden den Begriff nur im kriegerischen Kontext, bei der Konfrontation von zwei bestehenden Heeren. Ursprünglich ist die *fatwa* aus dem Bestreben entstanden, den mohammedanischen Gefangenen, der durch die gegnerische Kriegsmacht als Schutzschild benutzt wird, im Rahmen des Möglichen zu verschonen. Die mohammedanischen Truppen werden dann aufgefordert, den Kampf zu vertagen, um das Leben ihrer Mitgläubigen zu schonen. Das ist die Einstellung des andalusischen malekitischen Exegeten al-Qurtubi (gestorben1272) in seinem Korankommentar *al-Jami...* (»Die Summe ...«); er ist der gleichen Ansicht wie der Fachmann für Überlieferung, der Sevillianer Abu Bakr ibn al-Arabi (1076 – 1148, nicht mit dem Sufimeister aus Murcia Muhyi ad-Din ibn Arabi zu verwechseln, von dem in diesem Buch viel die Rede ist), und zwar in seinen *Ahkam al-Quran* (»Regeln des Koran«). Desgleichen stellt Abu Hamid al-Ghazali (gestorben 1111) in seinem *Mustaçfâ* drei Bedingungen, unter denen der Angriff auf den Feind, der mohammedanische Gefangene als menschliche Schutzschilde verwendet, zulässig ist: 1. daß dieser Angriff als notwendig einzustufen ist (*z'arûra*); 2. wenn er einen unwiderlegbaren Vorteil bringt (*maçlaha qat' 'iyya*); 3. wenn die Wirkung eines solchen Vorteils vollständig ist, das heißt, wenn sie der ganzen Gemeinschaft nützt. Es ist begreiflich, daß solche Bedingungen den Anwendungsbereich dieses Gesetzes erheblich einschränken; im übrigen gilt dieses Gesetz nur im Kriegsfall als anwendbar, wenn die Feindseligkeiten erklärt wurden.

Diese aus der Tradition geschöpften Argumente und Referenzen wurden von den offiziellen Islamgelehrten vorgebracht, die von Zarqawis Rechtfertigung der Verbrechen entsetzt waren. Aber er und seine Anhänger machen, hinsichtlich des *tatarrus*, lieber die *fatwa* von Ibn Taymiyya (1263 – 1328) geltend, eines fanatischen hanbalitischen Gelehrten, der einer ihrer Vordenker ist. Er sagt: »Die Ulemas mögen sich in folgendem einig sein: Wenn das Heer der Ungläubigen (*jaysh al-kuffâr*) hinter dem Schutzschild der gefangenen Mohammedaner in Deckung geht und wenn zu befürchten ist, daß der Verzicht auf den Kampf den Mohammedanern zum Nachteil gereicht, dann müssen sie sich auf den Kampf einlassen, selbst wenn der Gebrauch der Waffen zum Tod der als Schutzschilde gebrauchten Mohammedaner führen würde.«

Doch ist daran zu erinnern, daß selbst Ibn Taymiyya den Begriff *tatarrus* nur in einem militärischen Zusammenhang mit zwei kämpfenden Heeren und Kriegsgefangenen gedacht hat. Dieses Zitat ist also nicht auf die irakische Situation anwendbar, wo ein einfacher Passant durch mörderische und blinde Feuerschläge das Leben verlieren kann. Es ist auch daran zu erinnern, daß die *fatwa* des *tararrus*, in der von Ibn Taymiyya gegebenen Deutung, regelmäßig von den Terroristen geltend gemacht wird, um sich von ihrem Verbrechen freizusprechen: etwa als bei den Attentaten von Riad wie auch Casablanca Unschuldige getötet wurden. Ibn Taymiyya wird in erster Linie bei den muslimischen Opfern von Verbrechen bemüht, die von anderen Muslimen ersonnen und begangen wurden.

Es muß auch eingeräumt werden, daß diese Art von Rechtfertigung nicht nur von verbrecherischen Terroristen, die zu »wilden« Klerikern geworden sind, benutzt wird, das Gesetz zu ihren Gunsten auszurichten, oder von erregten Ideologen in London, Pseudo-Imamen, wie der syrische Aufwiegler Omar Bakri oder der fanatische Palästinenser Abu Qutada oder des weiteren der unheilvolle ägyptische Prediger Abu Hamza al-Masri, einäugig und einarmig, eine blasse und etwas komische Person, aber Helfershelfer des reingewaschenen Verbrechens. Diese Rechtfertigungen sind von zahlreichen wahhabitischen Imamen sogar in Saudi-Arabien ausdrücklich ausgesprochen worden. Die *fatwa* des *tatarrus* nach Ibn Taymiyya wird ebenfalls von der GIA beansprucht, um den Tod von Greisen, Frauen und Kindern bei den Attentaten und Aktionen zu rechtfertigen, die gegen die algerische Armee unternommen wurden. Sie hat dem finsteren Ayman Zawahiri dazu gedient, sich angesichts Dutzender unschuldiger Opfer, die 1995 bei dem Attentat gegen die ägyptische Botschaft umgekommen sind, die Hände in Unschuld zu waschen. Und es ist wiederum die gleiche *fatwa*, die ein weiterer wahhabitischer Geistlicher in Anspruch nimmt, Hammud al-Aqla, um die unschuldigen Opfer zu rechtfertigen, die in den Flammen verkohlt sind, welche in New York an einem gewissen 11. September die Zwillingstürme in einen Haufen Stahl und in einen von dichtem Staub beladenen Wind verwandelt haben.

Selbst wenn man annimmt, daß diese Verweise auf die Tradition noch wirksam sind, daß ein solcher Rückgriff legitim ist, stellt nichtsdestoweniger der Gebrauch, der von dieser *fatwa* gemacht wird, eine Verdrehung dar. Hier werden die Verhältnisse des Krieges auf eine Friedenssituation angewendet, um etwas zu rechtfertigen, was nicht zu rechtfertigen ist, und um den Verbrecher von der Schuld an seinem Verbrechen freizusprechen. Uns fällt unter anderem die Aufgabe zu, diese Übeltäter zu jagen und ihnen weder eine rhetorische Pause zu lassen, noch ihren verdrehten Rückgriff auf die Tradition zu dulden. Die Tradition muß durch die Spezialisten verteidigt werden, die damit betraut sind. An diesem Punkt müssen die Ulemas ihre Wachsamkeit verstärken, um die von den Übeltätern verursachten Schäden zu begrenzen, die sich gegen die gesamte Gemeinschaft richten, in deren Namen sie handeln. Diese Gemeinschaft wird heute durch Verbrecher verdorben, die weder Gewissensbisse noch Schuldgefühle haben. Sie müßten eigentlich ein so starkes Schuldgefühl empfinden, daß sie darüber schlaflos werden und erleben, wie ihre Nächte und wachen Stunden zu einem Alpdruck werden.

89
Frauen und Mullahs

In diesem Moment nimmt der Wahlkampf zur Präsidentschaftswahl im Iran an Intensität zu (April – Mai 2005). Die Verfassung, die seinen Ablauf festlegt, verschließt viele Türen und bietet einen maßgeschneiderten juristischen Rahmen, damit die Herrschaft der Mullahs fortdauern kann. Die Entscheidung wird schließlich unter Konkurrenten des gleichen Umfeldes, nämlich des geistlichen Standes, ausgetragen werden, der die politische Macht an sich gerissen hat und sich der Gesellschaft aufzudrängen versucht, um sie entsprechend seiner politisch-theologischen Ideologie zu formen. Sie kristallisiert sich im Begriff des *wilayât al-faqîh* heraus: der politischen Investitur des Klerus, die durch Imam Khomeini theoretisch begründet und praktisch vollzogen wurde.

Aber die iranische Gesellschaft setzt sich gegen diesen Versuch der Unterwerfung zur Wehr. Dieser Widerstand wird vor allem daran deutlich, daß Frauen und Kunstschaffende Stellung beziehen. Das Bündnis dieses doppelten Widerstandes ist hochgradig symbolisch. Zunächst zeigen die Frauen ihre Vorbehalte gegenüber der Ordnung der Mullahs durch die Art und Weise, wie sie den Tschador tragen, der ihnen vorgeschrieben ist. Er war durchgesetzt worden, um die moralische Ordnung sichtbar zu machen. Von Anfang an ist er als das Zeichen einer strengen Gesellschaft gedacht, die sich von dem eitlen Treiben unterscheidet, indem sie die öffentliche Inszenierung des Begehrens neutralisiert. Nun, jeder Reisende, jeder Besucher im Iran stellt fest, daß die Frauen den Tschador auf den Straßen und Plätzen in einer abweichenden Weise tragen, die in Richtung einer erotischen Dramaturgie geht, welche die Technik der Koketterie und der sinnenbetörenden Kosmetik vollkommen beherrscht. Sie sind offensichtlich von einer Poetik der Verführung und einer Ästhetik der Beziehung angeregt, in der die Erprobung der ursprünglichen Andersheit zu erkennen ist, nämlich der Andersheit, die auf dem Unterschied des Sexus und der Lebensart beruht.

Durch den Tschador beleben die Städte des Iran die erotische Dramaturgie, und diese setzt eine Energie in Schwung, welche die Seinsprinzipien des Männlichen und Weiblichen in wirkliche Körper verwandelt. In der Menschenmenge der Basars, der Gärten, auf den Gehsteigen oder sogar auf dem Asphalt der Plätze tritt die weibliche Gegenwart stark in Erscheinung und ist, entsprechend der Verschiedenheit der sozialen Stände, abgewandelt: Wir erkennen die distinguierte Dame und die konventionelle Dame wieder, die abweisende und die frivole, die kokette und die bigotte, die verschwenderische und die strenge, die liebevolle und die mürrische – wie in irgendeiner anderen Stadt der Welt, wo kein Einheitskleid, kein Schleier die Frauen ziert. Diese Mannigfaltigkeit der weiblichen Gegenwart, in der die Semiologie der Unterscheidung, der Identifikation, des Erkennens abzulesen ist, verweist auf eine weibliche Souveränität, die auffällig den unbezwingbaren Anteil des Sexus zeigt, den die patriarchalische Theokratie unterdrücken möchte.

Was sich auf den Straßen zeigt, erfährt seine Fortsetzung im Wort, welches das Konzept und die angeführte Methode verbindet. Ein umfassender feministischer Diskurs wird von den Frauen selbst zuwege gebracht. Und wie beim Tschador bedient er sich eines Stoffs und einer Methode, denen man sich unmöglich entziehen kann. So werden die Frauen doppelt unbezwingbar. Sie geben nichts von dem auf, was das theologische Recht ihnen einräumt – in dem Ungleichgewicht, das sie benachteiligt. Aber ihre Beraterinnen haben begriffen, daß der Weg der Auslegung nicht zu versperren ist, daß es die Eigentümlichkeit des Rechts ist, unbegrenzt deutbar zu sein und daß das rechtliche Verfahren etliche Spitzfindigkeiten aufweist, welche die hoffnungslosesten Situationen zu Gunsten der Frauen wenden können. Die Aneignung dieser Technik, die auf die Verteidigung der Interessen der Frauen zielt, führt zu einer verstärkten weiblichen Präsenz im Rechtsgefüge. Wie dicht und intensiv diese Präsenz auch sein mag, sie kann doch die juristischen Regeln lediglich modifizieren, um das ursprüngliche Ungleichgewicht zu korrigieren, das den Anteil der Frauen schmälert. Je länger sich die Frauen im Schutz des Rechtsgefüges aufhalten, desto mehr wird notgedrungen ihre Souveränität gestärkt. Die Frauen haben begriffen, daß sie über die Mittel verfügen, um sich zu Rechtssubjekten zu machen, indem sie keinen Deut von dem aufgeben, was ihnen die *sharî'a* in Sachen Scheidung, Sorgerecht, Erbrecht und Nutzung von Gütern einräumt. Juristenverbände sammeln ihre rechtlichen Eingaben und Ansprüche, die inzwischen zum Bereich des weiblichen Bewußtseins gehören.

Es kommt die weibliche Präsenz als Subjekt der künstlerischen Darstellung hinzu. »Subjekt« zunächst im Sinne von Sujet: als Gegenstand der Darstellung in Kino, Fotografie, Malerei. Dieses Sujet strahlt durch das Werk von Männern und Frauen gleichermaßen. Hinzu kommen die Frauen als aktive Subjekte, als Produzentinnen von Kunst, als Künstlerinnen, die innerhalb ihrer Werke entweder genuin feministische Themen ansprechen, welche aus der Identifikation des Selbst mit dem geschaffenen Werk entstanden sind, oder Themen, die Fragen des Seins oder der Zeit berühren. Und diese beiden Richtungen sind im Iran reichlich vertreten. Die große weibliche Präsenz in den darstellenden Künsten ist das offenkundige Zeichen dafür, daß dort der Ordnung der Mullahs erbitterter Widerstand entgegengesetzt wird. Die Substanz, die Wirksamkeit dieses Schaffens, der weltweite Anklang und die internationale Anerkennung, die es findet, all diese Wirkungen zeigen den Widerstand einer Gesellschaft und das Scheitern eines politischen Systems an, das auf der Religion begründet ist.

Das unbändige Lebensprinzip, das diesen Widerstand und die menschliche Alternative wachhält, wird dann an die Reihe kommen, wenn sich die Herrschaft der Mullahs erschöpft hat. Sie werden dann nichts besseres zu tun haben, als sich wieder ihren teuren Studien und den unendlichen, in sich kreisenden Systemen des *ta'wîl* zuzuwenden, der Hermeneutik. Sie werden den traditionellen Studien dienen, sie vielleicht wiederaufnehmen in den Mauern und der Stille einer Medersa, mit ihren glänzenden Keramikwänden, wo die geometrische, florale, kalligraphische Polychromie schillert, je nach Anordnung der Emailfliesen, deren Motive sogar im Halbschatten der Dämmerung nicht aufhören zu funkeln.

90
Marotten und Ausflüchte

Der Gipfel der arabischen Liga in Algier (Mai 2005) hat, wie zu erwarten war, nichts Neues gebracht. Nur eine weitere Enttäuschung ist zu verzeichnen, die jeden verzweifeln läßt, der von einer neuen Befruchtung des politischen Diskurses geträumt hatte. Dies ist eine Welt im Zerfallszustand, die Fehlschlag auf Fehlschlag häuft; und angesichts dieser verheerenden Lage holt man uns den gleichen mottenzerfressenen Aufputz hervor, Hüllen von Sätzen, einvernehmlich und jede Erwähnung eines Problems vermeidend, so daß sie jeglichen Sinn neutralisieren. Wieder einmal stellen wir das Versagen der arabischen Staaten fest. Mehr als deutlich tritt die Kluft zwischen den Möglichkeiten der Gesellschaften und der Sterilität der Politiker zutage, die diese verkörpern.

Kein Wort fiel zum Irak, während die Ereignisse, die sich dort seit März 2003 abspielen, Anlaß zur Kontroverse, zur Konfrontation und Reflexion hätten geben können. In der arabischen Welt erheben sich hinsichtlich der irakischen Wirklichkeit in der Tat viele Fragen. Die Ereignisse, die dieses Land umgewälzt haben, zeigen zumindest die Sorglosigkeit der arabischen Staaten, von denen die meisten die despotische Tradition des Emirats mit den Strukturen des modernen totalitären Staats verbinden, und zwar in seiner stalinschen Version, die aus Armee und Partei Erscheinungsformen des Staates macht.

Genau dieser Typus des Staates wird soeben durch eine ausländische Intervention vernichtet, die weder durch die Klugheit der Worte noch durch die Wirksamkeit der Waffen vereitelt werden konnte. Die Intervention ist von den Vereinigten Staaten in der Absicht unternommen worden, eine Politik zu stärken, die eine einzige Welt durchsetzen will, eine Welt, die der Vielfalt ihrer Bezüge beraubt ist. Die arabische Welt, der diese Botschaft unter die Haut geht, kann nicht beweisen, daß sie über die Mittel verfügt, um wirksam an der Einrichtung einer zwar geeinten, aber dennoch unterschiedlichen Welt teilzunehmen. Sie ist unfähig zum schlüssigen Beweis dieser Unterschiedlichkeit, der politisch durch den Multilateralismus und eine Vielfalt von Gegenpolen zu Amerika zum Ausdruck käme. Zum Beispiel könnte sie sich dem Widerstand Europas gegen den amerikanischen Feldzug im Irak anschließen, namentlich der französisch-deutschen Position. Daß es überhaupt die arabische Welt gibt, hat diese europäische Sicht des Konfliktes begründet, die sich im diplomatischen Akt Deutschlands und Frankreichs niederschlägt. Aber die arabische Welt verfügt nicht über die politischen Qualitäten, die ihren Willen stärken könnten.

Sollten die arabischen Länder nicht mit Amerika und Europa, neben Rußland, China, Indien, Afrika, Brasilien, einen der Pole der globalen Verschiedenheit bilden? Anhand der kulturellen und sprachlichen Verschiedenheit könnte in einer geeinten Welt der politische Multilateralismus im Sinn einer *Globalität* zutage treten, die einer Weltregierung größere Wirksamkeit und Berechtigung verliehe. Diese Weltregierung würde die Idee der kantischen Welt beglaubigen, die noch immer unsere Utopien nährt. Aber angesichts der Herausforderung einer einzigen Welt, die ihrer Verschiedenheit entleert ist (durch die Vereinheitlichung seitens der Globalisierung), angesichts der Herausforderung des Unilateralismus, ist das politische Personal der arabischen Welt nicht fähig, etwas anderes zu sein, als bloß der Kellner und Diener der amerikanischen Vorstellung, oder es begnügt sich sogar damit, passiver Zuschauer zu sein. Die Araber beherrschen einfach nicht das Konzept, auf dem die Wirksamkeit des Handelns beruht.

Was ist noch aus der gegenwärtigen Lage des Irak zu lernen? Daß die ethnische und religiöse Vielfalt der Gesellschaften nur durch den Förderalismus gesichert werden kann, in dessen Richtung sich der Irak sehr vorsichtig, sehr langsam zu bewegen scheint. Denn die Verschiedenheit muß im Innern der Länder respektiert werden, damit sie ein Ziel im Weltmaßstab wird. Im Irak eröffnet sich ein politisches Laboratorium, und es kann drei auf gemeinschaftlicher Homogenität beruhende Bundesstaaten zeitigen: die Schiiten im Süden, die Kurden im Norden, und die Sunniten im zentralen Dreieck, das gegenwärtig dem großen Schnitter Tod überlassen ist. Es wäre sinnvoll, diesen drei Gruppierungen einen von Bagdad aus geführten Zentralstaat beizugesellen, der den Schmelztiegel des Getümmels und der Vielfalt bilden würde und eine auf den Bürger bezogene Pädagogik verbreiten könnte, die das Kriterium der Gemeinschaften überschreitet. So entstünde ein »dialektischer Staat«, der sich auf eine Dynamik zwischen dem Besonderen und dem Überschreitenden einließe. Es würde ein vielfältiger und zugleich geeinter Staat in Erscheinung treten, der nicht auf der Idee des jakobinischen und zentralistischen Nationalstaats begründet wäre, welcher die menschliche Vielfältigkeit, die er beherrschen will, verschwinden läßt. Im weiteren würden die Volksgruppen, die Glaubensrichtungen, die Sprachen entsprechend einer Vielfalt anerkannt, die von einem anregenden Wetteifer durchdrungen ist. So könnte die Idee der kompakten Einheit aufgelöst werden, ohne daß dies zur Spaltung und Zerstreuung der Kräfte und Energien führte.

Ein weiteres Element hat im Fall des Iraks politische Nachklänge: Es ist die erstaunliche Aneignung einer Vorstellung der christlichen Eschatologie, die von Paulus vorgebracht wurde. Der Begriff *kathecon* bedeutet »Zurückhaltung« und »Zurückhaltender« (das Wort bezeichnet also die Handlung wie den Handelnden), eine Person und eine Sache also, die das Kommen des Antichrist verzögern. Die Analogie wird anhand der Gestalt des Ayatollah Sistani deutlich, der höchsten schiitischen Autorität: Er spielt die Rolle des »Zurückhaltenden«, der seine Sektenanhänger, welche die Mehrheit der Bevölkerung bilden, zur Zurückhaltung mahnt. In Anbetracht ihrer Stärke und ihres glanzvollen Durchbruchs hätten sie ihre Vormachtstellung benutzen können, um sich für die ihnen 1400 Jahre lang auferlegte Erniedrigung zu rächen. Aber die Schiiten halten sich zurück und reagieren nicht auf die Provokationen der Sunniten, der Baath-Anhänger und der Islamisten. Sie setzen das Wiedervergeltungsrecht aus, das dermaßen im regionalen Instinkt verwurzelt ist, und durch das Brauchtum ebenso aufrechterhalten wird wie durch die Schriften, seien sie nun biblisch oder koranisch.

Diese mögliche Zukunft des Irak hätte für die Gesamtheit der arabischen Welt zum Gegenstand des Nachdenkens werden können, um neue politische Strukturen zu erarbeiten, die auf der Dialektik zwischen dem Einen und dem Vielen gründen. Die an die europäische Realität geknüpften irakischen Möglichkeiten hätten helfen können, die Zukunft besser zu begreifen und vorauszusehen, und zwar in dynamischen Perspektiven, die den erstarrten Institutionen und dem verrosteten Getriebe autoritärer, wenn nicht gar totalitärer Staaten, den Laufpaß gäben, da sie zur Reform unfähig sind und taub gegen Appelle von außen. Wir konnten den Worten, die wir in Algier hörten und lasen, nicht den geringsten Hinweis in diese Richtung entnehmen. Verlautbarungen und Reden stützten dort die Herrschaft des Unausgesprochenen, wie den Sieg der Ausflucht und der Vermeidung. Kein Ton über den Irak, der Mantel himmlischen Schweigens über die syrisch-libanesische Krise (wo die Möglichkeit der Verschiedenheit in der Einheit ins Spiel kommen könnte, und zwar als eine Realität, in der die Dialektik des Einen und des Vielen auf globaler und regionaler Ebene wirkt). Umgekehrt wurde die gleiche alte Leier mit noch abgedroscheneren Formeln als 2002 auf dem Gipfel von Beirut wiederholt. In der Tat wird das Friedensangebot durch die Worte, die es benutzt, zunichte gemacht!

Im übrigen hat sich niemand bemüht, auf den vom spanischen Premierminister Zapatero gemachten Vorschlag eines »Kulturbündnisses« zu antworten. Um zum arabischen Gipfel eingeladen zu werden, mußte er sich auf eine Verwandtschaft berufen, die er nicht hätte beanspruchen können, wenn er nicht zuvor eine Verdrängungsleistung des spanischen Bewußtseins aufgehoben hätte. Sie bestand darin, die glanzvolle Geschichtsepoche zu vergessen, die im 10. Jahrhundert aus Córdoba die Hauptstadt Europas, wenn nicht gar der Welt machte. Wie ein solches Bündnis in die Praxis umsetzen, wenn sogar diejenigen, denen es vorgeschlagen wird, weder ihr Gedächtnis im Griff haben noch ihre Gegenwart beherrschen? Gedächtnisschwund und Blindheit lassen sie in ihrem Versagen erstarren und stürzen sie in eine Ungewißheit, die sie ganz und gar daran hindert, die Ausführenden des kleinsten »großen Plans« zu sein.

Aus Algier sind die Echos einer hohlen Rede zu uns gelangt – oder einer Schwafeltirade wie im Fall von Ghadafi, dessen Abschweifungen am Ende ermüdend wirkten, wobei seine Überspanntheiten ein Bündnis mit der Banalität eingingen und seine Marotten keine Aufmerksamkeit mehr fanden. Das Getöse dieser Worte verweist uns auf eine gelähmte Welt, die sich über ihren Reflexen verkrampft, die in ihren Eigenarten erstarrt, die sich weigert, eine Lage zu erkennen, die in Bewegung gekommen ist und die Völker einlädt, sich auf den Weg zu machen, um die an sie gestellten Herausforderungen anzunehmen.

91
Der Ungläubige, der Andere

Der Krieg, den wir heute erleben, ist auch ein Krieg der Worte. Dies zeigt sich in der Zivilisationskrise, die unsere Zeitgenossen beunruhigt, und ist einer ihrer Indikatoren. Nun, wir sind in der Lage, in diesem Krieg ausgesprochen angriffslustig zu sein. Dieser Kampf muß Früchte tragen, und wir haben ihn unermüdlich und beharrlich zu führen. Es fällt uns zu, für unsere Freunde Begriffe und Konzepte zu verbreiten, die aber für den islamischen Gemeinverstand unerhört sind. An uns liegt es, die Ideen, die Palette der Vorstellungen so zu gestalten, daß sie die Gedankenwelt auch dieser Menschen färben und Einfluß auf ihre Stunden und Tage nehmen. Es ist wichtig, nicht von der Front des Diskurses zu desertieren, sondern im Gegenteil dort wachsam zu verweilen.

Denn wir haben, ob wir es nun wissen oder nicht, an einer jähen Umwälzung der Sprache teil. Sie nimmt das politische Feld ebenso ein wie den ethischen Bereich. Eine neue Saat geht in diesen beiden Räumen auf. Als Beweis dafür möchte ich die letzte Verlautbarung des Leutnants und Ideologen von Bin Ladin anführen, nämlich die von Ayman Zawahiri, die am 17. Juni von al-Dschasira gesendet wurde. Seine Worte reagierten auf die unseren und er mußte sich Auffassungen anpassen, welche die aktuelle politische Lage übermittelt.

Er war insbesondere gezwungen, auf Fragen zu antworten, die um Erneuerung und Reform (*al-Içlâh* genannt) kreisten, so wie sie sich heute darstellen. Die Lage zwang ihn, die Begriffe von Freiheit (*hurriyya*) und politischer Teilhabe (*al-mushâraka as-siyâsiya)* zu widerlegen. Offenbar sieht sich die Ideologie von al-Qaida in der Notwendigkeit, der Dynamik von Vorstellungen zu folgen, die durch die amerikanische Wachsamkeit gegenüber ihren traditionellen arabischen Alliierten (Saudi-Arabien, Ägypten usw.), durch die Wahlen im Irak und Palästina und das aufgekommen sind, was sich an den Ufern des Nil im Vorfeld künftiger Präsidentschaftswahlen abspielt. Dort erstarkt der oppositionelle Diskurs und es kommt zu friedlichen Demonstrationen, die vor allem von der Kifaya-Bewegung organisiert werden. Sie möchte in der Tat eine politische Entwicklung unterbrechen, die Wahlmandate auf ewig verlängert und klammheimlich monarchische Prinzipien in ein republikanisches System einführt, das auf demokratischen Wahlen beruht.

Zawahiri bemüht sich darum, mit seinen eigenen Hinweisen die momentan kursierenden und in der Öffentlichkeit wirksamen Vorstellungen umzustürzen: daß der Ausweg aus der Krise nämlich durch Anpassung und Absprache zu finden ist, indem der Zwang gemildert und politische Veränderungen und demokratische Reformen zugelassen werden. Es ist kaum von Belang für uns, daß er diese Vorstellungen, die weiterhin ruhig ihren Weg gehen, dadurch widerlegt, daß er den *jihâd* geltend macht, der angeblich »der einzige Weg [sei], der zur Reform der islamischen *'umma* führen werde«. Es ist kaum von Belang, daß er archaische Kategorien verwendet, um die modernen Vorstellungen von Freiheit, von Meinungsstreit, von freien Wahlen, von demokratischem Machtwechsel zu widerlegen; daß er gegen die Vorstellungen kämpft, die uns teuer sind, indem er ihnen veraltete oder phantastische Begriffe des *jihâd*, der *'umma* entgegenstellt. Und es ist für uns noch weniger von Belang, daß er lauthals die Notwendigkeit betont, auf den heiligen Krieg zurückzugreifen, an der Stelle öffentlicher Kundgebungen und dessen, was er als einen »Stimmenverschleiß« in unnützen Debatten betrachtet. Das Wichtigste ist, daß er um die nunmehr kursierenden Vorstellungen nicht herum kommt, wenn er seinen eigenen wieder Leben einhauchen will. Indem er die Begriffe Freiheit, Demokratie, friedlicher Protest anführt, selbst um sie anzuprangern, trägt Zawahiri zu ihrer Verbreitung bei: Ohne es zu wollen, läßt er einen starken Wind wehen, der ihre Segel bläht und sie in den Vordergrund der Szene treibt.

Praktisch gleichzeitig mit dieser Rede fand im Asir ein Treffen statt, zu dem etwa fünfzig Teilnehmer, Männer und Frauen, eingeladen waren. Der Asir ist eine Gegend im Süden von Saudi-Arabien. Während dieses Treffens ist Abd Allah ibn Umar Nazif in Erscheinung getreten, der Vize-Präsident der Nationalversammlung, der den intellektuellen Dialog befördern sollte. Seine Anwesenheit verlieh diesem Kolloquium einen offiziellen Charakter. Die Teilnehmer an dem Treffen empfahlen, den Begriff *kâfir* nicht mehr zu verwenden, ein koranisches Wort, das als Entsprechung für »Ungläubiger« oder »Gottloser« oder »Leugner« gedeutet wird, und es durch den modernen, um die Vorstellung des Anderen (*al-Âkhir*) kreisenden Begriff zu ersetzen, der zumindest die beschreibende und gleichsam neutrale Form »Nicht-Muslim« oder »anders als muslimisch« wählt, was der Ausdruck *ghayr muslim* am besten wiedergeben würde.

Nun, die Wahl eines solchen Euphemismus kündigt eine geistige Umwälzung an. Im Land der grimmigen Fanatiker des Wahhabismus zwingt die historische Lage die Untertanen des Königreichs, an die Preisgabe koranischer Begriffe zu denken, die nicht mehr dem Auftritt des Landes in der Welt entsprechen. Die politische Macht selbst wird ersucht, diese archaischen Begriffe durch angemessenere Ausdrücke zu ersetzen, die stärker mit der Wirklichkeit der Bündnisse und Kooperationen mit Nicht-Muslimen korrespondieren. Der exklusive und kriegerische Begriff *kâfir* wird von den Menschen kritisiert, die in ihrem Leben auf dem Boden des eigenen Landes oder bei ihren Reisen ins Ausland Gelegenheit hatten, dem Anderen zu begegnen. Dies führte sie in das komplexe Netz der Andersheit ein, Grundlage der menschlichen Beziehungen, die selbst wieder vom Geflecht intersubjektiver Bande belebt werden.

Und es ist erfreulich, daß man die beiden arabischen Wörter, die den Anderen bezeichnen (*âkhir* und *ghayr*), vorbringt, um sich mit der Problematik der Andersheit anzufreunden, die in einen ganz anderen ethischen Horizont einführt. *Âkhir* siedelt den Begriff des Anderen in einem semantischen Bereich an, der von der Vorstellung des Endes, des Äußersten, des Letzten, sogar des Jenseits beeinflußt ist, als ob die Begegnung oder die Konfrontation mit dem anderen nur eine letzte Instanz aufzufinden vermöchte, die dieses Treffen unausweichlich macht, auch wenn man es mehrfach vermieden hätte. Anscheinend beschreibt der Begriff schon an sich den Prozeß dieses aufgeschobenen Kommens der Andersheit, die sich in einem Wort kristallisiert, das sich wie ein Begriff gibt. Wohingegen *ghayr* sich in einer semantischen Spanne bewegt, wo die Eifersucht und der Wechsel zwischen Beeinträchtigung und Berichtigung, wenn nicht gar Verbesserung, vorherrschen. Übrigens hat Ibn Arabi die erste Bedeutung des Wortes *ghayr* benutzt, um die Verbindung mit der göttlichen Andersheit hinsichtlich des Gefühls der Eifersucht zu denken: Gott wäre eifersüchtig, sobald der Mensch sich mit irgendeinem anderen als Ihm beschäftigt. Denn er möchte die Andersheit selbst sein, die jede andere Form der Andersheit abschaffen würde.

Diese Betrachtungen entfernen uns von unserem Vorhaben und nähern uns dem Heterogenen, dem großen Anderen an. Bleiben wir im Bereich des Homogenen, des Menschlichen: Mir scheint es für sich zu sprechen, daß das Wort *ghayr* die Frage der Andersheit an den Begriffen von Eifersucht und Wechsel in einem doppelten Sinne festmacht, negativ (Beeinträchtigung) und positiv (Korrektur, Verbesserung): Der Kontakt mit dem anderen beeinträchtigt und verbessert einen zugleich; und er kann eifersüchtig machen. Ist es nicht aufschlußreich, daß das Wort, das den Anderen benennt, ihm allein den narzißtischen Preis auferlegt, der für die Ausübung dieser ethischen Pflicht zu bezahlen ist? Die Andersheit ist eine Prüfung. Darin besteht eine Möglichkeit des Seins.

Bei dem Treffen im Asir waren die Teilnehmer jedoch nicht in der Lage, sich auf solches Gelände zu begeben. Wir erlebten bloß ein Stammeln, das zögernd die Formulierung elementarer Grundsätze vorbrachte. Wenigstens das ethische Bewußtsein der Pflicht gegenüber der Andersheit sprach aus den Worten derer, die den Verzicht auf eine Pädagogik forderten, welche den Kindern den Haß auf den *kâfir* einbleut, seine Herabsetzung, seine Verachtung, seine Erniedrigung, und die den Umgang mit ihm verbietet. Sie äußerten den Wunsch nach einem Unterricht, der aus den Grundsätzen der Tradition gewonnen wird, und diese notfalls korrigiert, um Argumente für die Pflicht gegenüber der Andersheit zu finden. Dies ist notwendig, um dem Muslim den Respekt vor dem nicht-muslimischen Anderen beizubringen, ihn mit dessen Werten vertraut zu machen und ihn zum Dialog mit ihm zu ermuntern, ohne jedoch das Unterscheidende zwischen beiden zu verschweigen. Der Unterschied ist anzuerkennen, ohne daß man daraus einen Grund für Zwietracht macht.

Denn dieser Andere ist im Gemeinwesen mitten unter uns – daran hat eine der Teilnehmerinnen erinnert – er ist im Land als Experte, als Techniker, als Arbeiter anwesend, er ist zur Entwicklung und zum Funktionieren unserer Gesellschaft notwendig, fuhr sie fort. Daher ist es angebracht, Umgang mit ihm zu pflegen, seine Marginalisierung, seine Nicht-Anerkennung zu vermeiden, Vorteil aus seiner Anwesenheit zu ziehen und sich ihm gegenüber gut zu verhalten. Sie forderte schließlich, daß rechtliche Möglichkeiten geschaffen werden, um den bestrafen zu können, der gegen das Recht der Andersheit und die Verpflichtung ihr gegenüber verstößt, wenn er den Anderen, der ihm zu Diensten ist, schlecht behandelt.

Man mag es als seltsam betrachten, daß derart grundlegende Erwägungen derart spät geäußert werden, obwohl der Andere schon seit Jahrzehnten in der saudischen Gesellschaft lebt und sie im Kontakt zu ihm steht. Was heute geschieht, ist eigentlich nur die Behandlung eines schizophrenen Zustandes: einer Kluft zwischen der Wirklichkeit und der Rede, zwischen den Worten und dem Gelebten. Dieser Kluft entspringt auch die Verwicklung junger Saudiaraber in den mörderischen Wahnsinn des 11. Septembers. Daher rührt die Notwendigkeit, zu dieser Korrektur oder gar zu dieser Umwälzung in der Sprache zu schreiten, zu einer grundlegenden Therapie, um das Heilmittel zu entwickeln, das gegen eine hochgradig pathologische Situation verschrieben werden kann, die bloß allzu lange gedauert und bösartige Ungeheuer hervorgebracht hat.

92
Tod am Morgen

Wie ein anderes Thema ansprechen als die Ermordung von Samir Kassir (2. Juni 2005), den die Hörer von Radio Méditerrannée Internationale nicht mehr hören werden? Abscheulicher Tod, Auslöschung eines Körpers durch Heimtücke, durch Überrumpelung, und zwar genau in dem Moment, als er die Riten aufnahm, die das Gerüst des Tages bilden, nachdem er sein Gebet des modernen Menschen verrichtet hatte, das Zeitunglesen nämlich (Hegel). Samir Kassir besaß die Gabe, der Wirklichkeit ins Auge zu blicken und mit aller Offenheit ihre Grenzen zu bestimmen und die Konsequenzen, die aus ihr zu ziehen sind, um den Handlungshorizont abzustecken. An diese Freiheit des Worts hatte er seine Leser, seine Hörer gewöhnt. Er knüpft an die Gestalt des kritischen Intellektuellen an, die uns so sehr fehlt. Er würdigt den schmerzhaften, unbequemen Übergang von der Kultur des Impliziten, die unser Erbe darstellt, zu der Kultur, die sich entschließt, alles in der Freiheit und der Stimmenvielfalt eines kritischen Denkens auszusprechen und dabei mit sich selbst zu beginnen.

Es ist der Preis für den politischen Wandel. Es ist die Grundvoraussetzung, um aus dem Despotismus hinaus zu gelangen. Denn sein Funktionieren verdankt sich zum großen Teil Verbündeten wie dem Schweigen, der Kapitulation und der freiwilligen Knechtschaft, die auf dem Verzicht oder auf einer verengten Rhetorik beruhen. Sie bringt ein eigenes Sprechen hervor, das verhindern soll, daß das Offenkundige in aller Klarheit und Deutlichkeit gesagt wird. Doch dieses freie Sprechen begründet das Feld der Politik und etabliert es als geübte Demokratie. Damit wird die Bühne errichtet, auf der das Strittige erörtert wird, auf der die Vielfalt der Gesichtspunkte zum

Ausdruck kommt, unter denen die gegenwärtigen Realitäten des Gemeinwesens ebenso, wie die in naher und ferner Zeit anstehenden Entscheidungen, betrachtet werden.

Aber diese politische Praxis könnte nicht ohne das Aufkommen des Bürgersinns stattfinden. Zuvor ist es noch erforderlich, daß die Arbeit des kritischen Intellektuellen die Hemmnisse aufdeckt und anprangert, die sein Erscheinen fortwährend hinauszögern. Diese Hemmnisse dauern seit der Mitte des 19. Jahrhunderts an, seitdem die Dringlichkeit der Veränderung und des Umbruchs von den Gelehrten der *nahdha* wahrgenommen wurde. Samir Kassir gehörte zu denen, die in ihrem Wirken diese Vorbedingung ausbilden wollten, weit über den Rahmen der Analysen und Stellungnahmen zu Fragen in der lokalen Politik hinaus, auch wenn er aktiv an ihr teilnahm.

Nachdem sie bereits Rafik Hariri als Symbol der politischen und finanziellen Kräfte ausgelöscht hatten, die sich von ihrer Vormundschaft zu befreien suchen, haben sich die gleichen unheilvollen Kräfte anscheinend diesmal auf ein Symbol der Intellektualität gestürzt, auf einen, der das Wort beherrscht, um das kritische Denken zu formulieren. Diese mitten im Gemeinwesen inszenierte verbrecherische Tat soll Schrecken verbreiten und Schweigen bewirken. Der Anblick des durch die Explosion zerfetzten, zerstückelten Körpers könnte jedoch nicht diejenigen einschüchtern, die entschlossen sagen, was nach ihrer Ansicht gesagt werden muß, um die Augen, die Herzen und die Hirne zu öffnen. Wer diese abscheuliche Tat ausgebrütet hat, gehört augenscheinlich zu den Verfechtern der Politik des Terrors, die von den modernen Diktaturen betrieben wird, den direkten Abkömmlingen des Despotismus von einst. Doch sie verschärfen den Terror sogar noch durch die Mittel, die ihnen die Technik liefert. Sie setzen die Staatsmaschinerie wie eine organisierte Mafiabande ein. Oder aber, diese terroristischen Taten entspringen jener anderen Höllenmaschine, welche im Irak und anderswo die religiöse Energie zum Massaker an Unschuldigen umleitet.

Wir können nichts anderes tun, als uns mit Samir Kassir zu identifizieren. Wir setzen unser kritisches Werk fort. Wir kennen die Gefahr, in der wir schweben. Ohne Unterlaß erforschen wir die Wirklichkeit, um das zu benennen, was wir wahrnehmen. Wir trauern um Samir Kassir. Die beste Weise, diese Trauer zu tragen ist, unsere *Gegenpredigten* fortzusetzen. Vielleicht werden sie in tiefster Finsternis einigen potentiellen Bürgern an den Punkten der Blindheit, die sie verstören, die Augen öffnen. Wenn Sie es noch nicht wissen, dann sei Ihnen jetzt gesagt, daß wir im Krieg sind. Aber unser Krieg wird mit Worten geführt, mit Ideen, Urteilen und Werten. Gewisse Unheilsbringer, Übeltäter, welche die Bösartigkeit des Bösen verstärken, verwandeln diesen Krieg in einen tödlichen Terror. Trauer um Samir Kassir, der in jedem Wort weiterleben wird, das die Freiheit des Urteils und die Notwendigkeit der Kritik fordert, und das Versagen und das Böse anprangert.

93
Erschaffener Koran

Wir haben im Rahmen dieser Gegenpredigten mehrfach die hervorragenden Einfälle erwähnt, die in der theologischen Tradition des Islams aufgeblitzt sind, und die es verdienen, daß man sich heute ihrer entsinnt, um sie wieder aufleben zu lassen. Sie könnten als dynamisierendes Element für die demokratische Entwicklung und für die durch die Freiheit des Denkens gewährten Möglichkeiten eingesetzt werden. Man muß manchmal sehr weit in der Zeit zurückgehen, um diese Elemente aufzufinden, man muß tief aus dem geistigen Humus schöpfen, muß hoch in die Himmel der Theologie steigen, um einen wirksamen Gedanken im Flug zu erhaschen, der uns helfen kann, mit Geistesschärfe unsere Gegenwart zu analysieren. Es ist eine krisengeschüttelte Aktualität im Gewand der Mittelmäßigkeit und Dummheit, beides Kinder des Vergessens und des Gedächtnisschwundes gegenüber den Unebenheiten der Überlieferung – Unebenheiten, bereinigt durch Autoritäten, die mit allen Mitteln versuchen, die Umrisse zu glätten, die Vorsprünge abzuhobeln, jeden überragenden Zweig auszulichten.

Hier sei exemplarisch eine zentrale Frage gestellt, die das Symbolische und Imaginäre betrifft: Welchen Status hat der Koran in der gängigen Anschauung der Muslime, wie auch in dem Aufbau der Glaubenslehre durch die Theologen? Heute gilt, daß der Koran das Wort Gottes selbst darstellt; das ist im allgemeinen Glauben niedergelegt, das wird von der religiösen Autorität gestützt, die diesen Glauben zum Dogma erhebt. Die Vorstellung, der Koran sei das Wort Gottes selbst, kann gewiß einen wirksamen Mythos hervorbringen, der dem Glauben seine geistige Glaubwürdigkeit und sein ikonographisches Modell verschafft (sehen Sie, was wir darüber in der »Eröffnung« dieses Buches sagen). Aber in unseren Tagen noch und seit den Jahrhunderten der »Verdunklung« ist diese Vorstellung nicht über den Rohzustand hinausgekommen; sie zirkuliert unberührt von jeder theoretischen Problematisierung, sie zeitigt keine Debatte im Gemeinwesen. Die bedingungslose Annahme des Dogmas bildet so das Erbe dunkler Jahrhunderte; diese hatten die Diskussionen und Auseinandersetzungen verjagt, über denen die Menschen des Altertums sich noch entzweiten, welche die Vorstellungen ihres Glaubens in harter Geistesarbeit entwickelt und geformt haben.

Dieses traurige Erbe datiert aus dem 12. Jahrhundert, das offenbar den endgültigen Triumph der religiösen Autorität erlebte: Sie verbannte die theologische Diskussion aus dem Gemeinwesen, im Namen der Orthopraxie, das heißt der Fixierung des Kultes, seiner Aufrechterhaltung, seiner Anwendung im Sinne einer sozialen Kontrolle, die nur ein anderer Name für Zensur ist. Die heutigen Muslime sind die Erben einer theologischen Polizei, welche die theoretische Forschung ausgelöscht hat, die jedoch als einzige die Heiligkeit des Geistes würdigen kann. Diese Polizei hat alle gedanklichen Anstrengungen, die von den *Mu'tazila* vom Beginn des 9. Jahrhunderts an bis zum Ende des 11. Jahrhunderts unternommen werden konnte, an den Rand gedrängt und dann zum Tode verurteilt. Sie hat fast drei Jahrhunderte geistiger Erregung, die sich vor allem an der Auseinandersetzung über den Koran, das Gotteswort, entzündete, zuerst in den Kerker, dann ins Grab befördert. Doch die *Mu´tazila* hatten, um zu verhindern, daß der Geist sich verschloß, daß die Verstandestätigkeit angesichts der These vom *unerschaffenen, von Gott eingegebenen* Koran erstarrte, eine für den Geist viel befriedigendere These vorgeschlagen, die des *erschaffenen* Korans.

Was ist dazu zu sagen? Muslime, die den ungeschaffenen Koran rühmen, sind der Ansicht, daß der Text, wie er im Buch, im Kodex, im *maçhaf* enthalten ist, wie er von Menschenhand transkribiert und wie er unter vergänglichen Wesen durch Stimme, Augen, Ohren, Finger im Umlauf gebracht wurde, daß dieser Koran das Wort Gottes selbst enthält, und zwar buchstäblich, so wie er in aller Ewigkeit existierte, ohne Anfang und Ende, an der gleichen Unendlichkeit teilhabend wie Gott. Diese These sollte am Anfang eines anderen Dogmas stehen, des *'ijâz*, der Unnachahmlichkeit, der Unmöglichkeit, über den Koran hinauszugehen – ein Wunder an sich, das den Anstrich eines Dogmas bekommt, der absolut abschließenden Bekräftigung, siegreich durch die Abschottung, die bis zum heutigen Tag währt und die aus dem Buch ein unberührbares Tabu macht.

Der These des präexistenten (*qadîm*) Koran setzen die *Mu'tazila*, in mannigfachen Abtönungen, die These vom geschaffenen Koran entgegen, als *hadîth*, das heißt in einer menschlichen Sprache geschehen. Diese vernünftige These schöpft aus dem Koran selbst. Sie meint, daß das Wort Gottes dem Menschen nicht zugänglich ist, daß es im Geheimen bewahrt ist, im Geheimnis des *Lawh al-Mahfûz*, der »wohlverwahrten Tafel« (Koran 85, 22; K.), die im Himmel bleibt. Das auf Erden Herabgekommene ist nur eine Kopie dessen, was auf dieser himmlischen Tafel niedergeschrieben ist. Es unterliegt jedoch der Wirkung einer deutenden Vorgehensweise: das göttliche Wort paßt sich also an die Wirklichkeit der menschlichen Sprache an; ebenso verhält es sich mit der von Mose empfangenen Gesetzestafel. Denn auch sie ist eine irdische Konkretisierung: In einer menschlichen Sprache wird der Sinn vergegenwärtigt, den die in die himmlische Tafel gravierten Zeichen enthalten. Dasselbe gilt für den Koran, der, ausgehend vom göttlichen Wort, vom unbekannten und unerkennbaren *logos* Gottes, in eine menschliche Sprache, ins Arabische, übersetzt worden ist. Das Buch, das unter den Menschen zirkuliert, ist nicht das himmlische Buch; es stellt die Aktualisierung des *Umm al-Kitâb* dar, der »Urnorm des Buches« (Koran 13, 39; K. »Quelle aller Offenbarung«; U.). Diese weitere koranische Formulierung gemahnt daran, daß der Archetyp, der das göttliche Wort enthält, unübertragbar bleibt, aber daß dieses irdische Buch von diesem unerreichbaren Archetyp *inspiriert* ist.

Mit dieser Theorie, die durch Verweise auf die Schrift angereichert ist, sind wir vor jedem Anthropomorphismus sicher. Von nun an kann das vergegenwärtigte Wort das Erzittern, die Anfälligkeit erfahren, Merkmale der menschlichen Bedingtheit, die vor dem durch das göttliche Absolute auferlegte Tabu geschützt ist und dem Gegenstand Buch seinen unberührbaren, unbestreitbaren Charakter nimmt. Es geht nicht darum, daß es als solches aufgenommen wird, als eines, das eigentlich das Siegel der Ewigkeit bewahrt.

Ein solcher verinnerlichter Zugang ermuntert den Menschen des Islams dazu, die Frage des inspirierten, geoffenbarten Buchstabens zu denken, etwa in den Worten von Philosophen wie Plato (über die Frage des Archetyps und der Möglichkeiten seiner Aktualisierung im Phänomen der Erinnerung).

Darüber hinaus sind die Folgen der These vom erschaffenen Koran, aus ethischer Sicht, gewaltig. Zunächst verweisen die Mutaziliten, aus ihrer Logik heraus, Gott auf seine Unerkennbarkeit zurück. Sie halten ihn von der Welt und menschlichen Angelegenheiten fern, sie verkünden gewissermaßen den göttlichen Rückzug im Sinne von Spinoza. Nachdem sie dann Gott auf die Ordnung einer eigenen Notwendigkeit beschränkt haben, nachdem sie ihn von der Frage des Guten und Bösen entbunden haben, geben sie dem Menschen die Freiheit, die Verantwortlichkeit für seine Taten zurück, sie statten ihn mit einem freien Willen aus, der seine Handlungsentscheidungen erhellt, indem er diese mit den irdischen Wirklichkeiten konfrontiert.

Die mutazilitische These könnte so eine Prämisse darstellen, welche die Muslime zur Annahme der in der *Ethik* von Spinoza enthaltenen Vorstellung befähigt. Es ist die Vorstellung eines Gottes, der jeder menschlichen Ansteckung gegenüber immun geworden ist und der in letzter Konsequenz nicht mehr Schöpfer wäre. Dieser Ausgangspunkt kann zu dem theologisch-politischen Denkmodell führen, das nicht nur die Entwicklung der politischen Autorität gegenüber der religiösen als autonom sieht, sondern sogar die Möglichkeit ins Auge faßt, daß die politische Autorität ihre Macht durchsetzt, die Religion selbst ihrem Einfluß unterwirft, wobei sie aus dem Kirchenfürsten den Diener des Fürsten macht. Diese Unterwerfung des Religiösen unter das Politische, das autonom ist, stellt eine notwendige Etappe dar, um die Völker und die menschlichen Gemeinschaften auf die Gründung eines demokratischen Gemeinwesens hinzulenken.

Die Rückkehr zur These vom erschaffenen Koran kann uns auch dazu hinführen, daß wir uns über die Entstehung des heiligen Buchs einige Fragen stellen. Durch diese Betrachtungsweise wäre es in den Lauf der menschlichen Geschichte aufgenommen. Es würde uns dazu berechtigen, zu den Debatten der ersten vier Jahrhunderte der Hegira zurückzukehren, zu Debatten über konkurrierende Fassungen und die Vielzahl koranischer Textvergleichungen, die sich unaufhörlich entwickelten und von ihren Verfassern und Nacheiferern verteidigt wurden, trotz der Zwangspolitik des Staates, der seit dem dritten Kalifen, Uthman, eine kanonische Vulgata durchzusetzen versuchte (eine Politik, die von den ihm nachfolgenden omayyadischen Kalifen erreicht wurde). Etwa veranstaltete der Statthalter im Irak, der Diktator Haddschadsch ibn Yusuf (gestorben 714), eine regelrechte Jagd auf Fassungen des Koran, die gegenüber der von Uthman eingeführten Vulgata abwichen. Haddschadsch, der vom Kalifen Abd al-Malik und seinem Sohn und Nachfolger al-Walid I. in dieses unruhige Gebiet im Süden des Iraks entsandt worden war, zahlte in Gold für die Kodizes mit anderen Fassungen, um sie zu zerstören!

Trotz dieses energischen Handelns des Staates, sollte die Frage nach der Vielfalt koranischer Fassungen noch bis zum Beginn des 11. Jahrhunderts Anlaß zu Debatten geben. Die Rückkehr zur Literatur, die diese bezeugt, ihre Wiederherstellung anhand der später erfolgten Studien, wie denen von Suyuti (gestorben 1505) über die »Beherrschung der koranischen Wissenschaften« (*al-Itqân fî'ulûm al-qur'ân*), vermag immerhin unser eigenes Fragen allein schon durch den Rückgriff auf die Tradition zu bereichern, und dies auf einem heute völlig vernachlässigten Feld. Und die Wiedereröffnung dieses Dossiers könnte den islamischen Menschen ohne weiteres dazu befähigen, wieder an die modernen philologischen und historischen Forschungen Anschluß zu finden, die zusätzlich fremde Quellen zu Rate ziehen (syrische, armenische, griechische, aus der Entstehungszeit des Korans, als eine im Islam selbst gestellte Frage). Es ist zu hoffen, daß sich die Menschen islamischer Abstammung an dieser Arbeit der Anamnese, anhand von Studien über die Entstehung des koranischen Textes und den Prozeß seiner Fixierung, beteiligen werden, an einer Arbeit, wie sie Alfred-Louis de Prémare in *Les Fondations de l'islam entre écriture et histoire* (Seuil 2002) zu unternehmen versucht.

Daher kann die Rückkehr zu der Frage des erschaffenen Korans die Seitenwege skizzieren helfen, auf denen wir zur Zerstörung des hartnäckigen Gedächtnisschwunds gelangen, der an unserer geistigen Rückständigkeit mitgewirkt hat – ein Gedächtnisschwund, der die Energien jedes Menschen islamischer Abstammung erstarren läßt. Dies kann auch zu einer modernen Erforschung des Prozesses ermuntern, der zur Bildung der kanonischen Vulgata beigetragen hat.

Obwohl diese Verfahren die Absolutheit eines Korans verringern, der Träger des göttlichen Worts ist, erschüttern sie keineswegs die Wirksamkeit des koranischen Mythos, wie er in der Ikonographie veranschaulicht wird: Zum Beispiel empfängt Mohammed das Wort durch den Engel Gabriel in einer Haltung, die derjenigen von Maria, angesichts des gleichen Engels, bei der Verkündigung ähnelt. Das Wort erfährt dann seine Inkarnation durch die in einem Buch versammelten Buchstaben; und dies geschieht durch eine Vorgehensweise, die der Fleischwerdung des gleichen Worts in der symbolischen und imaginären Darstellung entspricht, welche das Christentum begründet. Wir haben schon in der Eröffnung dieses Buches auf die Wirksamkeit eines solchen Mythos hingewiesen.

94
Das Verbrechen von London

Wieder einmal tötet der islamistische Terrorismus in großem Maßstab. Nach New York, Washington, Madrid trifft es London. Gar nicht zu reden von Dscherba, Bali, Istanbul, Riad und Casablanca. Die unheilvollen Daten lassen sich wie eine Verbrechensliste lesen: Wir schreiben den 11. September, den 26. Mai, den 11. März ... Wenn ab jetzt der 7. Juli (2005) hinzukommt, so steht zu erwarten, daß alle Monate des Jahrs mit einem schwarzen Tag markiert sind.

Der Terrorismus schlägt weiterhin zu; er verfeinert seine Planung, paßt sich an, zieht Vorteil aus dem deleuzeschen Begriff, der einen Grundzug der Epoche darstellt: *Deterritorialisierung*; sie verleiht ihm seine uneinnehmbare, schädliche Gestalt. Indem der Terrorismus die Aktion durchsetzt, ruft er nur die Reaktion hervor. Er ist das Schwert, vor dem sich der Schild erhebt. Aber der Terrorismus ist nicht der Tsunami; er ist keine Notwendigkeit und kein Zufall, dessen plötzliches Auftreten sich dem Sinn entzieht und das wir ertragen müssen. Er ist eine menschliche Kundgabe, die in den Grenzen der menschlichen Vernunft behandelt werden muß. Aber was haben wir unternommen, um ihn zu behandeln?

Die Gründe seiner Entstehung sind bekannt. Die Diagnose steht fest. Wie ist es mit der Anwendung der Arznei? Ich bringe wieder aufs Tapet, was man die inneren und die äußeren Gründe genannt hat. Es ist logisch, daß die Westmächte, unter der Führung der Vereinigten Staaten und unter Einschluß von Pakistan, in Afghanistan militärisch reagiert haben. Auf diesem Territorium bildete al-Qaida ihre *Deterritorialisierten* im Kampf aus, die daraufhin in die Welt ausschwärmten. Dieser Schauplatz, der die Deterritorialisierung verbreitete, mußte ganz einfach zerstört werden. Auch der Staat der Taliban mußte zu Fall gebracht werden, denn er versuchte den durch al-Qaida und die Terroristen gepriesenen Idealtypus zu inszenieren. Aber des weiteren mußten alle verfügbaren Mittel eingesetzt werden, um den erzieherischen, ökonomischen und sozialen Umbruch des Landes zu unterstützen. Nun, diese Arbeit ist erst zur Hälfte geleistet worden. Und das Phänomen Taliban ist bei weitem nicht verschwunden. Seine Beseitigung ist noch nicht gelungen. Mehr noch, es tut sich aufs neue militärisch kund und ist, in seinen Aktionen, mit dem Phänomen des Widerstandes angesichts einer fremden Besatzung vergleichbar.

Der amerikanische Truppenaufmarsch in Afghanistan hat sich verflüchtigt, verteilt sich durch das Engagement im Irak, durch Einmarsch und Krieg. Die Wirkungen dieses Kriegs werden teils als positiv, teils als Scheitern betrachtet. Aber in der Frage des Terrorismus ist das Ergebnis genau umgekehrt als erwartet. Es ist ein neues Aktionsfeld geschaffen worden. Es dient den Terroristen als ein Ausbildungs- und Übungsgebiet, das noch günstiger ist als Afghanistan. Dieses Land bildete für die Terroristen ein Trainingsgebiet *in vitro*, während der Irak eine Bühne bietet, auf der sich der Terrorist *in vivo* an der Wirklichkeit reibt. Dies macht die Ausbildung der Deterritorialisierten noch wirksamer und ihre Verbreitung noch furchtbarer.

Denn die Deterritorialisierten, zumindest einige von ihnen, vielleicht die Erfahrensten im Kampf, haben den Befehl erhalten, den Irak zu verlassen und wieder in ihr Herkunfts- oder Gastland zurückzukehren. Abermals sind sie über die ganze Welt versprengt und bewegen sich anonym unter uns, als »Schläfer«.

Diese Lage der Dinge hat die europäischen und maghrebinischen Geheimdienste vor einigen Wochen in Unruhe versetzt. Die amerikanische Besatzung des Irak hat nicht nur dem Feind dieses günstige Gebiet angeboten, sie kann auch nicht verhindern, daß der irakische Terrorismus sich uneindeutig zwischen Verbrechen und Widerstandshandlung bewegt.

Während dieser Zeit ist die Palästinafrage zumindest nicht vorwärts gekommen. Diese Frage bleibt der Hauptgrund für die Aufrechterhaltung der Feindseligkeit gegen Amerika und den Westen in dieser Region; sie stellt gewiß eine Triebfeder des islamistischen terroristischen Engagements dar. Sie liefert den Fundamentalisten ein massives Argument, um ihre Sicht der Gegnerschaft zu den *kuffâr*, den Nicht-Muslimen, den Ungläubigen, zu unterstützen, die sie Kreuzfahrer und Juden nennen. Das ist der Hauptgrund für das terroristische Übel, ganz gleich was Amerika und seine Lenker darüber denken. Da ich mit einigen von ihnen diskutiert habe, weiß ich persönlich, daß sie dies nicht zugeben werden, da sie weiterhin an die Theorie von Kissinger glauben, die den Konflikt Israel/Palästina unter der Kategorie »schwach« einordnet, der somit beherrschbar ist und dessen Aufrechterhaltung der globalen Strategie Amerikas dient. Ob sie es wollen oder nicht, täuschen sich die Amerikaner dennoch in den Prioritäten: Wenn sie in den Irak gehen, ohne sich zuvor mit der Palästinafrage befaßt zu haben, schaffen sie einen zusätzlichen Grund und damit mehr Glaubwürdigkeit für das ideologische Gebäude, das die Fundamentalisten errichtet haben, die nur davon träumen, die Gegnerschaft zum Westen zu verstärken.

Und wie steht es mit den inneren Ursachen? Wie weit ist man mit der Schule und dem Unterrichtsstoff? Wie weit ist man mit der sozialen Frage und dem Elend, das die Anfälligkeit für die Illusionen der islamistischen Ideologie begünstigt? Wie weit ist man mit der vernünftigen, modernen, radikalen, systematischen Antwort auf die beunruhigenden Auslegungen des Wortes, das dem Islam zugrunde liegt?

Jedermann weiß, was zu unternehmen ist, aber was unternommen wird, ist fast nichts, gemessen an dem, was dringend notwendig wäre. Angesichts des Versagens der Staaten, den offiziellen Islam zu verwalten, sollten die Bürger selbst die Initiative ergreifen. Unter den Aktionen, die mir auf der Höhe der Zeit zu stehen scheinen, möchte ich die Initiative von drei arabischen Intellektuellen erwähnen: Im Februar 2005 haben ein früherer arabischer Minister, ein jordanischer Rechtswissenschaftler und ein tunesischer Schriftsteller einen an die UNO gerichteten Antrag verfaßt und verbreitet, der die Stimmen anprangert, die Haß und den Aufruf zum Mord predigen, und der auch gegen die Imame wettert, die folgenlos, ohne behelligt oder bestraft zu werden, die terroristischen Taten religiös rechtfertigen, obwohl diese darauf abzielen, Unschuldige, Muslime oder Nicht-Muslime, umzubringen. Der Antrag verlangt, daß solche Personen wegen Anstiftung zum Mord und zu Religions- und Rassenhaß angeklagt und aufgefordert werden, vor dem Internationalen Gerichtshof im Haag zu erscheinen, und zwar nach dem Beispiel der serbischen Ideologen der ethnischen Säuberung. Der Aufruf wurde von fast 6000 Arabern unterzeichnet.

Es wäre auch nötig, daß sich alle Kräfte aufraffen, um ihren Abscheu vor dem Schrecken zum Ausdruck bringen. Ist es nicht Zeit, bevor die langfristigen und tiefgreifenden Bemühungen fortgesetzt werden, daß die Massen der islamischen Länder auf die Straße gehen und gegen das Verbrechen von London demonstrieren? Wer auch immer über ein Stück moralischer oder politischer Macht verfügt, über irgendeinen Einfluß in seiner Gemeinschaft, sollte zu solchen öffentlichen Protesten aufrufen, um friedlich und gewaltlos diejenigen zu widerlegen, die im Namen des Islams das Böse verbreiten, um auf spektakuläre Weise die mehrheitliche islamische Ablehnung gegenüber diesen Verbrechern und Usurpatoren des Glaubens kundzutun, gegenüber Verbrechern, die offenbar begriffen haben, wie man sich des Spektakulären und seiner Wirkungen in unseren Gesellschaften des Spektakels bedient. Wenn diese Massendemonstrationen am Tag nach den Explosionen von London in den arabischen Städten aufgeflammt wären, dann wäre ich in der Lage gewesen, dem Unbekannten, der sich mit den Worten an mich wandte: »Die Araber haben wieder zugeschlagen«, nicht nur in meinem Namen zu antworten. Ich hätte ihm mit voller Berechtigung erwidern können: »Ich bin Araber, ich habe nicht zugeschlagen, ich gehöre zu denen, die geschlagen worden sind.«

95
Der irregeleitete Sinn

Den veröffentlichten Teilen der Ermittlung zufolge scheinen die Urheber der Attentate von London (7. Juli 2005) identifiziert zu sein. Es handelt sich um vier junge Briten pakistanischer Herkunft. Es ist wichtig, die Entstehungsgeschichte ihrer Tat zu begreifen und den Weg zu erfahren, auf dem sie zu ihrer Ausführung gelangten. Es sind junge Leute, die in England geboren wurden, normalen Familien angehören, eine normale Ausbildung absolvierten und den Anschein eines friedlichen Lebens vermittelten. Das einzige, was sie gegenüber einer großen Zahl von Einwanderern der zweiten Generation unterscheidet, ist ihre Zugehörigkeit zum Islam. Der Islam ihres familiären Umfeldes glich jedoch dem der Mehrheit der Anhänger dieser Religion: Es ist ein gutmütiger Islam, der sich in angemessenem Abstand zur Religion hält, gleichermaßen fern von Gleichgültigkeit wie von Glaubenseifer.

Was hat diese jungen Leute zum Verbrechen gebracht, das sie mit einer Heldentat gleichsetzten, da sie sich dabei selbst opferten? Wir erfahren, daß sich einer von ihnen in Pakistan aufgehalten hatte, daß er in Muridke, etwa 35 Kilometer nördlich von Lahore, eine religiöse Schule besuchte, die von einer illegalen islamistischen Gruppe geleitet wird, der Lashkar-e-tayyaba, die mit fundamentalistischer Unterweisung nicht geizt. Wir erfahren auch von einem fünften Pakistani, der England verlassen hat, aber als angeblicher Planer und Auftraggeber der Attentate gesucht wird. Er selbst hätte die Täter mit dem Sprengstoff APEX (Acetonperoxid) versorgt, der von al-Qaida verwendet wird, es ist aber auch der gleiche, den Richard Reid auf dem Flug Paris-Miami (Dezember 2001) in seinen Schuhen versteckte. Der Flüchtige sei die entscheidende technische Kraft, aber wahrscheinlich auch der Theoretiker, der Ideologe der Gruppe, der sie wohl zum Islam der Ausschließlichkeit, des Hasses und des Verbrechens bekehrt hat.

Diese jungen, ahnungslosen Verbrecher bilden das Beispiel einer Bekehrung in der Bekehrung. Mit diesem Islam, der zum Mord an Unschuldigen aufruft, sind wir dem Phänomen der *born-again* nahe, das die evangelikalen protestantischen Gruppen inszenieren. Sie sind »Neugeborene« für ihren Glauben, damit ist ihnen wohl die Vorstellung eingetrichtert worden, sie seien die Anhänger eines schlecht interpretierten, lahmen Islams, der dem Untergang geweiht ist. Gewiß sind ihnen honigsüße Worte gesäuselt worden, um sie davon zu überzeugen, wieder an den wahren Islam anzuknüpfen, der seinen Weg auf kriegerische Weise bahnt. Um ihre Sendung abzusegnen, entwickeln sie einen mythischen, epischen, heroischen Islam.

Ich möchte diese Einschätzung dadurch bestätigen, daß ich an jemanden erinnere, der unter anderen in Peshawar ein großes Ansehen genoß – dort übte er seine Großmeisterwürde mit viel Charisma aus –, er verbreitete das Wort und die Schriften, die »Neugeborene« heranbilden sollen, Muslime, die als Islamisten wiedergeboren werden sollen. Es handelt sich um Isam al-Barqawi, der aus Barqa stammt, einem Flecken im Gebiet von Nablus. Er wurde 1962 geboren und zog, noch als kleiner Junge, mit seiner Familie nach Kuwait. Die Errichtung des Mythos beginnt mit der Herstellung des Namens: Dieser Mann läßt sich in alter Manier Abu Muhammad Isam ibn Tahir al-Barqawi al-Hafi al-Atibi al-Maqdisi nennen; mit dieser genealogischen Kette erinnert er an die patriarchalische arabische Konvention, die den Vornamen Isam umrahmt. Dieser Eigenname wird aus dem Namen des Geburtsortes gebildet, ihm wird der Stammesname hinzugefügt. Den regionalen Stamm, auf den sich der Name al-Hafi bezieht und dem unsere Person tatsächlich angehört, vermehrt Barqawi durch den Namen al-Atibi, zum Verweis auf einen weiteren Stamm, den es in der Umgebung seines Geburtsortes gibt, zu dem er aber keine Verwandtschaftsbande hat. Warum dieses Lügenmärchen? Schlichtweg, um an die Geschichte seiner Laufbahn anzuknüpfen, denn die Atibi gibt es ebenfalls auf der arabischen Halbinsel, und dort will sich unser Doktrinär einschalten. Folglich erfindet er sich eine arabische Abstammung, um die Unrechtmäßigkeit des saudiarabischen Staates herauszustreichen, die er in einer seiner Schriften bekräftigen wird. Mehr noch: Er wählt wahrscheinlich diesen Namen, um an eine der lautstarken Stimmen der islamistischen Gemeinschaft zu gemahnen, der er in seiner Jugend angehangen hatte, die ihn faszinierte und die ihm Halt gab: die Jamaat ahl al-Hadith (»Gruppe der Anhänger der Tradition«), die sich ausschließlich der Verteidigung der buchstäblichen Auslegung des koranischen Worts widmete.

Des weiteren feiert Barqawi durch die Wahl des Namens al-Atibi den Saudiarabier Jahiman al-Atibi, die Person, daran ist zu erinnern, die 1979 die Besetzung des *Haram al-Makki*, des heiligen Areals von Mekka, herbeigeführt hatte. Er war von weiteren gewalttätigen Besetzern begleitet, die nur durch das Eingreifen der heimlich von Frankreich entliehenen Anti-Terrortruppe (GIGN) vertrieben werden konnten. Die Schriften des Juhayman al-Atibi wurden in Kuwait gedruckt und herausgegeben. Den Namen Atibi anzunehmen, belebt also bei Barqawi die aufrührerische, vorgeblich heldenhafte Erinnerung an diesen Islamisten, der bald darauf zum Terrorismus kam – einem Terrorismus, der mitten im Allerheiligsten des Islams aktiviert wurde. Durch die Wahl des Namens Maqdisi schließlich schreibt sich Barqawi in die Ahnenreihe glanzvoll klingender Namen ein, wie sie von vielen hervorragenden Persönlichkeiten der Tradition getragen wurden (von Geographen, Sufis, Fachleuten der Überlieferung, Apologeten usw.). Überdies gemahnt er, dank seines motivierendsten Attributs, an seinen palästinensischen Ursprung, denn Maqdisi ist der Bewohner von al-Quds, wie Jerusalem auf Arabisch heißt, die dritte heilige Stätte des Islams. Sie entzieht sich seiner Macht und symbolisiert daher die Enteignung. Nichts anderes als Manipulation und Mythenbildung sind bei der Herstellung des Namens am Werk.

Dieser Name erscheint in ganzer Länge auf der Titelseite eines Buches, das im Lager der Fundamentalisten eine zerstörerische Wirkung hatte: In *Millat Ibrâhîm* (»Die Gemeinschaft Abrahams«) wird die Theorie des *walâ' wa'l-barâ* (»das Bündnis und die Freistellung«) dargelegt. Dabei handelt es sich um zwei koranische Begriffe, die den Muslim an die Voraussetzungen der Loyalität seiner Gemeinschaft gegenüber (*al-wâla'*) erinnern und an andere, die ihn dazu bringen, sich von ihr loszusagen (*al-barâ'*) (vgl. dazu Gegenpredigt 60). Dieses Buch, das den Koran instrumentalisiert, hatte auf die Jugend eine ähnlich verheerende Wirkung, wie das von Sayyid Qutb (*Ma'âlim fi't'-T'aîq,* »Wegzeichen«). Die Schrift von Barqawi fordert die Muslime auf, sich von ihren Staaten loszusagen, da sie nach seiner Behauptung unter islamischem Gesichtspunkt unrechtmäßig seien. Er stützt sich auf einen Koranvers, der vom Bruch Abrahams mit den Seinen erzählt (Sure 60, Vers 4). Er lautet : »Ihr habt ein herrliches Vorbild an Abraham und an denen, welche es mit ihm hielten. Diese sagten zu ihrem Volke: ›Wir sprechen uns los (*bura'â'u*) von euch und von den Götzen, welche ihr statt Allah verehrt.‹« (U.) In diesem Kontext zeigt sich die Aufforderung zur Loslösung, zur Freistellung, die Barqawi in einem ganz anderen Sinn wiederverwendet, der selbst nicht in der exegetischen Tradition nahegelegt wurde. Überdies schlägt der Vers dann eine stark gewalttätige Richtung ein, die von Barqawi für unsere Gegenwart ausgeschlachtet wird. »Wir entsagen euch; und auf immer sei zwischen uns und euch Feindschaft und Haß, wenigstens so lange, bis ihr an den einzigen Gott glaubt.« (K.)

Diese Verdrehung des Sinns bietet uns ein schlagendes Beispiel für eine Manipulation: Das im abrahmitischen Kontext Gesagte zielt auf eine Trennung zwischen Monotheisten und Heiden, aber nun hat derselbe Vers eine aktuelle Bedeutung innerhalb des Islams, indem er eine unversöhnliche Feindschaft zwischen falschen und wahren Muslimen schafft. Selbst der schlechteste Muslim ehrt jedoch das Minimum dessen, was dieser Vers verlangt: den Glauben an den Einzigen Gott. Denn dieser Punkt wird laut Tradition allein durch das Aussprechen des Glaubensbekenntnisses als gesichert betrachtet: »Ich bezeuge, daß es keinen Gott gibt außer Gott.« Ich wiederhole: Es reicht für den wankelmütigsten Muslim, sich dieser ersten Regel zu fügen, um das zu ehren, was dieser Vers verlangt.

Allerdings ist der Wortlaut der zweiten Folge von Versen, die Barqawi anführt, problematischer. Sie führen uns in den Bereich des koranischen Diskurses, der das Vorgehen der Fundamentalisten rechtfertigt; es handelt sich nämlich um die Verse 44 – 47 der Sure 5: »Diejenigen, die nicht nach dem urteilen, was Gott herabgesandt hat, das sind die Ungläubigen (*al-kâfirûn*).« (nach K.; in der französischen Fassung »dénégateurs« – »Leugner«); der gleiche Sinn wird an zwei weiteren Stellen wiederholt, um dann im Vers 45 die »Ungerechten« (»iniques« – *az'-z' âlimûn*) anzuprangern und im Vers 47 die »Frevler« (»scélerats« – *al-fâsiqûn*). Diese Verse sind an Gläubige gerichtet, die sich nicht an die Offenbarungen der Thora und der Evangelien halten, aber auch an solche, die nicht das Wiedervergeltungsrecht anwenden. Indem Barqawi sich auf diese Verse stützt, setzt er die islamischen Länder dem *t'âghût* gleich, dem Bösewicht und Rebellen, der den Götzendienst des vom Islam abgeschafften Pantheons wiedereinführt. Ihm zufolge wenden diese Staaten das göttliche Gesetz nicht in seiner Strenge und Vollständigkeit an. Und mit dem gleichen Eifer bekräftigen auch besagte Verse die Ausschließung nicht-muslimischer Staaten, da auch sie das göttliche Gesetz, das ihnen geoffenbart wurde, nicht anwenden. An diesem Punkt sind sich alle Extremisten einig: Diese Art von Auslegung und Rückforderung nähert die Islamisten den radikalen jüdischen Buchstabengläubigen oder auch den evangelikalen Christen oder gar den katholischen Fundamentalisten an.

Diese Art Mythologie und Schrifttum bildet heute nun das Vademekum junger Muslime, die zum Islamismus bekehrt und für die mörderische Tat und den Opfertod bereit gemacht werden. Angesichts dieser Möglichkeit, durch die Schriften eine derart zum Töten anstiftende Mythologie zu rechtfertigen, sehe ich keine andere Lösung, als den Rückgriff auf Spinoza und auf die Analysen, die er den Seinen in seiner Zeit unterbreitete: Er sah das Gesetz innerhalb der Grenzen der Vernunft verankert, wenn er zwischen menschlichem und göttlichem Gesetz unterschied, um das zu retten, was das Gesetz für den Gläubigen sein kann, der weiter der Idee Gottes anhängen möchte. In Kapitel IV (»Das göttliche Gesetz«) seines *Tractatus theologico-politicus*, worin er gemäß den Forderungen der Vernunft argumentiert, schreibt Spinoza: »Da also das Gesetz nichts anderes ist als eine Lebensweise, welche die Menschen sich oder anderen vorschreiben, so zerfällt anscheinend das Gesetz in ein menschliches Gesetz und ein göttliches. Unter dem menschlichen Gesetz verstehe ich die Lebensweise, die bloß der Sicherung des Lebens und des Staates dient; unter dem göttlichen Gesetz aber diejenige, die allein auf das höchste Gut, nämlich die wahre Erkenntnis und die Liebe Gottes abzielt.«(Spinoza *Opera,* 1. Band, S. 137, Darmstadt 1979; Übers. Gawlick/Niewöhner) Das ist die neue Definition des Gesetzes, sie lehnt es ab, die als ewig und geheimnisvoll betrachteten Wahrheiten mit den Geboten zu verwechseln, die von den Menschen und für sie eingerichtet wurden und sich mit ihnen entwickeln sollen. Diese Definition wird durch die Wachsamkeit diktiert, die dazu auffordert, die Gottesidee vor jedem Verweis auf Bestrafung und Belohnung zu bewahren. Dermaßen gewarnt, vermeidet der Mensch die Verwechslung zwischen den himmlischen Wahrheiten und den irdischen Erwägungen. Diese Verwechslung würde viele Monotheisten dazu verleiten, sich Gott als einen »Führer, Gesetzgeber, König« (S. 149, a.a.O) vorzustellen, sagt nochmals Spinoza. Wird die Verbreitung seiner Lehre dazu beitragen, diejenigen zu verwirren und zunichte zu machen, die den Tod säen, im Namen eines anthropomorphen Gottes, den alle menschlichen Fehler zieren?

96
Die Krankheit des *takfîr*

Als ich vor drei Jahren einen Essay geschrieben habe über ein Phänomen, das ich weiterhin *die Krankheit des Islam* nenne, hat dieser Ausdruck mehr als einem Leser Unbehagen verursacht. Viele haben mir diesen Titel vorgeworfen, der, wie mir scheint, jedoch nicht die geringste Zweideutigkeit ermöglichen sollte. Nicht der Islam ist eine Krankheit, sondern er bringt eine Krankheit hervor. Die These des Essays trifft weiterhin den Nagel auf den Kopf: Der Islamismus ist die vom Islam hervorgebrachte Krankheit.

Nun benutzt ein Glaubensmann wiederum dieselbe Metapher, um die Kranken zu bezeichnen, die, ohne daß wir es wissen, unter uns sind (wir haben weitere von ihnen aufgespürt, die in diesem Buch, in der Gegenpredigt 10 angeführt werden). Es ist ein Glaubensmann, der überdies dem Islam angehört. Es handelt sich um den Mufti Australiens, den ägyptischstämmigen Scheich Tadsch da-Din al-Hilali, der seit zwanzig Jahren in Sydney lebt. In der Zeitung *The Australian* vom 19. Juli 2005 erzählt der Scheich, wie sehr ihn das am 7. Juli in London verübte Attentat entrüstet hat: Diese Tat stellt für ihn als Gläubigen und Seelenhirten eine Schmach dar. Er fordert die Autoritäten seines Gastlandes auf, die islamistischen Extremisten auszuweisen, um Australien vor den Untaten von Leuten zu schützen, die von »einer Krankheit [befallen sind], die AIDS ähnelt und die nicht mit Aspirintabletten zu heilen ist.« Als er zwei Tage später von der Londoner arabischen Tageszeitung *Asharq al-Awsat* (vom 21. Juli 2005) interviewt wurde, kam er auf diese Krankheit des Ausschlusses vom Glauben (*marazu't-takfîr*) zurück und verdeutlichte: »Es handelt sich um eine ansteckende Krankheit; daher empfehle ich, die Extremisten (*al-mutashaddidûn*) in Kliniken zu isolieren, denn in Gefängnissen können sie ihre Mitgefangenen anwerben [...], während sie in der Klinik von Spezialisten für psychische Krankheiten behandelt und beaufsichtigt werden ...«

Über die AIDS-Metapher hinaus, die zwar drastisch ist, aber angebracht, um den tödlichen und ansteckenden Aspekt der islamistischen Ideologie zu bezeichnen, ist es die Metapher der Geisteskrankheit, die der australischen Mufti im Einklang mit dem aufgreift, was ich selbst in *Die Krankheit des Islam* entfaltet habe. Schon Voltaire bedient sich dieser Metapher, wenn er die Verzückten und andere fanatische Katholiken seiner Zeit anprangerte, eben diejenigen, die Calas zum Tode verurteilt hatten. Calas wurde mehrere Jahrzehnte vor der Verbannung des Protestantismus in Frankreich verdächtigt, an ein reformiertes Christentum zu glauben. Des weiteren sagte nun Scheich Tadsch ad-Din al-Hillali, daß er vierzig Jahre lang häufig diesen Irren Gottes begegnet sei; er habe den Repräsentanten der politischen Macht in verschiedenen arabischen Staaten wieder und wieder geraten, der Plage, welche die Fundamentalisten darstellen, entgegenzuwirken. Schließlich verglich er sie mit Charidschiten, den sogenannten *khawâij*, die sehr früh, kaum ein Vierteljahrhundert nach dem Tod des Propheten, von 657 an, die erste schismatische Bewegung des Islams bildeten. Sie töteten den vierten Kalifen Ali, nachdem sie den Begriff *takfîr* entwickelt hatten, der bedeutet, daß jeder Gläubige aus der Gemeinschaft ausgeschlossen und zum Tode verurteilt wird, der sich nicht ihrer radikalen Auslegung fügt. Ohne Zweifel stellen diese Charidschiten die ersten Wortbesessenen im Islam dar.

Schließlich glaubt der australische Mufti mit Recht, daß die von den Islamisten veröffentlichten Bücher mit einem Gift zu vergleichen sind, daher sollten sie per Gesetz aus den Verkaufsregalen verbannt werden. Mit scheint es nun, daß ein solcher Akt der Zensur nicht ausreichen würde, um ihre Schädlichkeit zu verringern. Anstatt sie zu verbieten, müßte man sie eher widerlegen, dekonstruieren, auf sie reagieren, wie ich es mehrfach versucht habe, wie zum Beispiel in der vorangegangenen Gegenpredigt, als ich die Manipulation aufzeigte, die den Thesen in einem dieser Bücher zugrunde liegt. Diese Thesen vergiften eine Jugend, die dieses Gift wegen ihrer Verwirrung, Not oder wegen Identitätsproblemen leichtgläubig in sich aufnimmt, also wegen Problemen, die für Körper im Wachstum und orientierungslose Geister gleichermaßen typisch sind. Diese Identitätsprobleme können durch Migration verstärkt werden, wie im Fall der Marokkaner von Madrid, die das Unheil des 11. März ausgebrütet haben, oder im Fall der Pakistani, die am 7. Juli in der Untergrundbahn und auf den Straßen von London Chaos auslösten. Der Scheich führt außerdem als Beispiel eines öffentlichen Giftmischers den finsteren Abu Qutada an, der jetzt in Großbritannien inhaftiert ist und der jahrelang ungestraft von London aus gewirkt und seine Bücher, Traktate und Kassetten verbreitet hat, die zu Haß und Mord aufriefen.

Man muß einräumen, daß Großbritannien heute für seine unbegreifliche Toleranz gegenüber Leuten bezahlt, die Verwirrung, Zwietracht und Unheil verbreiten. Gewiß, die demokratische Tradition des Landes, das den *habeas corpus* entwickelt hat, ist bewundernswert. Aber die vorsichtige, peinlich genaue Anwendung einer solchen Rechtsgrundlage sollte nicht in das Recht des Lebens und Überlebens des Anderen eingreifen. Jetzt, da Großbritannien empfindlich getroffen wurde, scheint sich der britische Gesetzgeber bewußt geworden zu sein, daß durch diese Giftmischer eine Grenze überschritten worden ist.

97
Die Loge der Schlechten

Ich habe oft gedacht, daß die Krise des gegenwärtigen Islams im *Tractatus theologico-politicus* vorweggenommen wird, das einzige Buch, das Spinoza zu Lebzeiten (1670) veröffentlichte. Ich möchte mich heute mit der Lösung befassen, die er zur Befriedung des religiösen Wahrheitsfanatismus und der von ihm erzeugten Gewalt vorschlägt. Diese Lösung wird im Kapitel XIV des Traktats entwikkelt. Sein Inhalt wäre für einen Pakt von Bedeutung, den auch der Islam eingehen könnte. Aber erst, nachdem der Islam einen unüberwindlichen Abstand zwischen den bewahrenswerten Kern und das Übel gelegt hat, das ihn zu zerfressen und zu vernichten droht.

Spinoza schlägt einen Minimalkonsens zwischen den Religionen vor, wobei er an die internen Zwiste des Christentums denkt, die bereits einen der gewalttätigsten Religionskriege verursacht hatten, welche die Menschheit erlebte. Zur Formulierung seiner Vorschläge schöpft er aus dem jüdisch-christlichen Fundus der Bibel. Es ist angebracht, heute diese Quellen zu erweitern und die koranischen Schriften in die vorgeschlagene Aktualisierung und Bearbeitung einzubeziehen. Spinoza zögert nicht, die »ausdrücklichen Lehrsätze des allgemeinen Glaubens« aufzuführen, die »Grundlehren, die den Sinn der ganzen Schrift darstellen«. Auf diesem Weg gelangt man zum kleinsten gemeinsamen Nenner, der für alle Religionen allgemein annehmbar ist. Diese Dogmen müssen »alle nach der ursprünglichen Bejahung trachten [...]: es gibt ein höchstes Wesen, das die Gerechtigkeit und die Barmherzigkeit liebt, welchem alle, um gerettet zu werden, zu Gehorsam verpflichtet sind und dem sie Verehrung erweisen müssen – die in der Ausübung der Gerechtigkeit und der Liebe zum Nächsten besteht.« (vgl. a.a.O. S. 437)

Dies wäre eine Religion menschlicher Vereinigung, die für jedermann annehmbar ist, der es nötig hat, an einen Gott zu glauben und eine Verehrung auszuüben, um seinem ethischen Sein einen Rahmen zu geben und sein sittliches Tun zu leiten. Was ich gerade zitiert habe, stellt den Hauptartikel einer Übereinstimmung zwischen den Religionen dar. Ich werde mich nicht über die sieben anderen auslassen, die sich aus diesem Hauptartikel ableiten und von Spinoza entfaltet werden. Das Wichtigste ist, sich an diese Grundlage zu halten. »Was das Wissen angeht, daß dieser Gott an sich oder das Modell des wahren Lebens sei, so ist es wenig von Belang, ob er Feuer, Geist, Licht, Gedanke usw. ist. Die genaue Wirklichkeit seines Seins hat nichts mit dem Glauben zu tun.« (Nach franz. Fassung zitiert, da die deutsche Übersetzung hier erheblich abweicht.)

Wir haben diese letzte Bemerkung des Philosophen aus Amsterdam bereits in der Gegenpredigt 19 zitiert. Wir sagen hier, daß dieser Gedanke – ganz wie sein Hauptprinzip – mit der Theorie von Ibn Arabi übereinstimmt, die den Horizont des religiösen Relativismus absteckt. Doch ist der Sufi aus Murcia der Ansicht, daß es unmöglich ist, gleich was man tut und selbst im Herzen des Atheismus, dem All-Einzigen Gott zu entgehen, der Referenz, die der von Spinoza vorgeschlagenen minimalen Übereinstimmung zugrunde liegt. Sich nicht an die Form zu klammern, welche die allgemeine Idee in besonderen Konturen enthält, das hat Ibn Arabi sowohl in seinen philosophischen Überlegungen wie auch in seinen Gedichten mehrfach bekräftigt. Anstatt hier an seine berühmten Verse zu erinnern, die schon in besagter Gegenpredigt 19 zitiert wurden, seien lieber einige seiner anderen Sprüche angeführt, welche die gleiche Bedeutung haben und die im Einklang mit dem Spinoza-Zitat stehen. Zum Beispiel der folgende aus *Die Weisheit der Propheten*: »Dein Herz sei aus *hyle*, auf daß in ihm alle Glaubensrichtungen Gestalt annehmen«. Das von Ibn Arabi verwendete Wort *hyle* ist nichts anderes als die Transliteration des griechischen Begriffs, der die Materie bezeichnet, aus der sich die Form entwickelt. In diesem Gedanken beweist der spanische Sufi seine Fähigkeit, sich an alle Glaubensformen anzupassen, die der von der Religion der Liebe getragene Gott annimmt.

Dieser Relativismus Spinozas, der mit dem von Ibn Arabi im Einklang steht, muß nicht das Ende der religiösen Partikularismen bilden. Jeder hat die Pflicht, seine Glaubensform zu bewahren, indem er das minimale Einverständnis zwischen ihr und ihren Konkurrenten akzeptiert. Spinoza verdeutlicht denn auch, daß »jeder [...] verpflichtet ist, die Dogmen des allgemeinen Glaubens anzunehmen, die seiner Denkungsart entsprechen. [...] Ebenso wie der Glauben ehedem entsprechend der Denkungsart und der Anschauungen der Propheten wie auch der Volksscharen dieser Zeit geoffenbart und niedergeschrieben wurde, ebenso ist jeder heute verpflichtet, ihn an seine Anschauungen anzupassen, um ihm so ohne inneres Widerstreben und ohne Zögern anhängen zu können ... [denn] der Glauben darf viel weniger nach dem Kriterium der Wahrheit beurteilt werden, als nach dem der Inbrunst.«(Zitiert nach der franz. Fassung.) Mit dieser scharfsinnigen Darlegung bringt Spinoza die Neuerung, die der Islam annehmen muß, wenn er die Krise beruhigen will, die ihn erschüttert und die zugleich auch die Welt wanken läßt. Die geoffenbarten Worte sind an die jeweilige Denkungsart der Propheten und der Volksscharen angepaßt, die sich an sie wenden. Was für den Glauben und das Heil bedeutsam ist, das sind der Gehorsam und die Inbrunst und nicht die Wahrheit.

Das veranlaßt Spinoza zu sagen, daß es zwischen Glaube und Theologie einerseits und der Philosophie andererseits keinerlei Verbindung, keinerlei Verwandtschaft gibt: »Die Philosophie hat nur die Wahrheit zum Ziel und der Glaube [...] nur den Gehorsam, die Inbrunst und das gute Verhalten. [...] Der Glaube läßt [...] jedem die volle Freiheit des Philosophierens. So daß jeder, ohne als Frevler zu gelten, über jedwede dogmatische Frage denken kann, was er will. Der Glaube verurteilt als Ketzer und Schismatiker nur die Individuen, die sich zu Anschauungen bekennen, die unter ihresgleichen Aufsässigkeit, Haß, Hader und Zorn verbreiten können.« (Zitiert nach der franz. Fassung.) Wer sind in unseren Tagen diese Ketzer und Schismatiker, die Haß, Zwietracht und Verbrechen verbreiten? Wer sind heute diese Übeltäter, welche die Eintracht stören, die diese minimale Übereinstimmung brächte? Wer, wenn nicht die Islamisten aller Couleur, die ihre Mitgläubigen vom Glauben ausschließen und die sich an ihren karikaturhaften Irredentismus halten, um das Blutvergießen bei jedem Vertreter der Andersheit als rechtmäßig zu erklären, Leute, welche die ausschließliche und blind gläubige Wahrheit wieder auf den Thron setzen? Was sind sie denn anderes als die Feinde der menschlichen Gattung, die einen Schleier über den Gott der Liebe und der Gerechtigkeit werfen, auf den sich jede »allgemein annehmbaren Religion der menschlichen Vereinigung« gründet?

Gewiß, da Spinoza die Überschreitung der Exklusivität seines eigenen Glaubens forderte und die seinem eigenen Glauben zukommende Vorstellung von der wahren Religion zunichte machte, sind ihm die Seinen sehr übel begegnet. Auch ihn hat seine Synagoge exkommuniziert; er ist von Leo Strauss (in *Pourquoi nous restons juifs*, La Table Ronde, 2001, S. 24 und 96) sogar als »nicht guter« und »schlechter Jude« geschimpft worden. Der Islam braucht ebenfalls, mehr denn je, »nicht gute« und »schlechte« Muslime, solche, die in ihrer untreuen Treue das Glaubensbekenntnis einsichtig und liebenswert machen könnten, das ihre Mitgläubigen, ganz ihrer knechtischen Abhängigkeit unterworfen, in ein dummes und abscheuliches Gebilde verwandelt haben. Es ist notwendig, die Grenzen seines eigenen Glaubens zu überschreiten, um die minimale Übereinstimmung zwischen Religionen zu verwirklichen. Wenn diese Überschreitung schlechte Gläubige hervorbringt, ist vielleicht die Zeit reif, um zu verdeutlichen, daß es der schlechte Glaube ist, in dem der gute Gläubige zur Besinnung gelangt. Daher müßte man, um das Wesentliche zu bewahren, auf die »schlechten« und die »nicht guten« Gläubigen hinweisen, damit sie den bestehenden Gemeinschaften Widerstand bieten und sie auffordern, ihr Haus zu verlassen und die von den »nicht Guten« ausgeübte treue Untreue kraftvoll zu unterstützen, als Sammelpunkt, auf dem die Solidarität aller Schlechten gründet.

98
Sandräuber

Ich habe oft über die Zivilisationskrise gesprochen, die wir als Bewohner islamischer Länder erleben. Der Terrorismus, der sich auf unsere Wurzeln beruft, brüskiert uns manches Mal und erweckt unseren Abscheu und unsere Entrüstung. Wir wissen, daß dieses Phänomen den Frieden in der Welt und die Aufnahme der islamischen Länder in das Konzert der Nationen bedroht. Wie oft haben wir uns die Notwendigkeit eines Krieges gegen den Fundamentalismus und die Pflicht, daran teilzunehmen, ins Gedächtnis gerufen, vor allem aufgrund unserer islamischen Herkunft. Denn dieser Krieg, der den Weltfrieden in Gefahr bringt, darf nicht allein den Mächten überlassen werden, denen wegen ihrer Herkunft der Islam fremd bleibt. Die islamische Teilnahme am Krieg gegen den Islamismus wird auf immer das Gespenst beseitigen, das sich »Kampf der Kulturen« nennt und das eine unheilvolle Perspektive für die Zukunft der Welt darstellt.

Jedoch war ich immer der Ansicht, daß das Phänomen des Fundamentalismus, wie schädlich und zäh es auch sein mag, schließlich besiegt werden wird. Aus einem einfachen Grund: Die Geschichte lehrt uns, daß eine extremistische Erscheinung nie triumphiert hat. Das Lebensprinzip behält schließlich immer die Oberhand über den Aufruf zum Tod, selbst wenn er mit der Heiligkeit des Opfers und durch mythische Versprechen glorifiziert wird, die seine Verlockung bilden. Deshalb sehe ich den islamischen Terrorismus erst an zweiter Stelle der Bedrohungen für die Zukunft und die »Bleibe« der Menschen auf der Welt.

Die erste Bedrohung liegt meines Erachtens in der Verletzung des ökologischen Gleichgewichts. Das ökologische Bewußtsein sollte auf lange Sicht den Horizont für politische Handlungen bilden. Es ist hier und jetzt angebracht, an diese Priorität zu erinnern, vor allem im Hinblick auf die ärmeren Länder, die diesem Bewußtsein keine besonders hohe Dringlichkeit einräumen, die es manchmal sogar als einen Luxus betrachten, als ein Freizeitvergnügen für die Reichen, einen Schnickschnack der Satten, einen Zusatz, um das Wohlergehen und die Bequemlichkeit der bereits Versorgten zu verbessern.

Die Armen haben andere Sorgen und müssen sich vor allem um die Weiterentwicklung kümmern. Eigentlich gibt es in den sich rasch entwickelnden Ländern wie China und Indien so gut wie kein ökologisches Bewußtsein. Wie oft erreicht uns aus diesen Ländern die Nachricht von irreparablen Zerstörungen durch gewaltige Bauarbeiten, die in großem Maßstab die Natur verändern. Oder die Nachricht von empfindlichen Gesundheitsschädigungen infolge der Luftverschmutzung durch Industrieanlagen und Chemiewerke, die nicht im geringsten nach den Grundregeln des Überlebens in städtischen und suburbanen Gebieten ausgerichtet sind.

Man braucht jedoch gar nicht den Kontinent zu wechseln und diese fernen Gegenden Asiens anzuführen. Es genügt schon, wenn man sich am Ort umschaut. Augenblicklich bin ich in Tanger und fahre im Hinterland umher und noch weiter in der Gegend von Nord-Marokko. Eine arme Region mit großem Entwicklungspotential. Diese Entwicklungen sind aber auch dringend geboten. Durch sie wird es wahrscheinlich gelingen, die fundamentalistische Verlockung auszurotten, und die Region könnte ihren Eintritt in das Weltgeschehen gerade dadurch sichern, daß sie ihre Einzigartigkeit bewahrt. Etliche Projekte sind im Gang oder werden in die Wege geleitet. Bevor noch die neuen Hafenanlagen in Tanger geöffnet sind, bevor das Tausende Hektar große zollfreie Gebiet in Betrieb genommen wird, bevor die Umgebung des Flughafens die geplante industrielle Dichte erlebt, bevor die Touristenkomplexe auf den noch jungfräulichen Stränden aus dem Boden schießen, explodiert und wächst bereits die Stadt, angeschwollen von so viel Elend, das über die Hänge der Hügel tritt und die Weinberge und Felder verschlingt, die sich gestern noch an ihr Gebiet anschlossen. Denn die Stadt ist von einer außergewöhnlichen Natur umgeben, die sich auf Tausenden von Quadratkilometern von Norden nach Süden entfaltet, von der felsigen Küste des Mittelmeeres bis zu den Sandstränden des Atlantiks.

Muß man im Sinne des ökologischen Bewußtseins daran erinnern, daß ein solches Bedürfnis nach Entwicklung notwendig ist? Wie dieses offenkundige Bedürfnis durchsetzen? Wie überzeugend wirken, ohne Prioritäten zwischen notwendiger Entwicklung und ökologischer Verpflichtung zu setzen? Wie Vorstellungen von Dauer in die höchste Dringlichkeit einbringen? Muß man nicht die historische Rückständigkeit nutzen, um eine Art Filter zu schaffen und die Irrtümer und Katastrophen zu vermeiden, die bereits jene durchgemacht haben, die sich vor uns entwickelten? Die Realität spricht Bände. Sie allein sollte Überzeugung schaffen. Sie findet in dem Gegenüber von Spanien und Marokko, auf beiden Seiten der Straße von Gibraltar, ihren Ausdruck. Schauen Sie sich an, was aus der Küste von Malaga bis Algeciras geworden ist und vergleichen Sie den jetzigen Zustand mit dem vor vierzig Jahren. Sehen Sie, wie eine Natur, die der *Georgica* und der *Bucolica* würdig war, sich in eine Betonmasse verwandelt hat, in Taubenschläge für eine Menschheit, die Freizeit und Höllenaufenthalt miteinander verwechselt. Dieser Übergriff, der das andalusische Ufer verschandelt hat, sollte das ausdrucksvollste Gegenbeispiel für die gegenüberliegende Küste bilden, die zum großen Teil noch der Ordnung der Natur unterliegt. Es versteht sich von selbst, daß eine kluge Politik in der Lage sein muß, die Entwicklung mit dem Respekt vor dieser natürlichen

Ordnung zu versöhnen. Aber ich fürchte, daß es unmöglich ist, das spanische Gegenbeispiel nicht zu wiederholen. Denn leider lehrt uns die Politik, daß sie oft auf der Vermeidung des Möglichen und auf dem Eintreten für das Unausweichliche beruht.

Eine bestimmte Vorgehensweise kündigt bereits jetzt die künftige ökologische Schädigung an. Denn wie kann man das Schlimmste für die Zukunft vermeiden, wenn es schon nicht gelingt, die Plünderung des Sandes auf den Stränden zwischen Larache und Tanger zu verhindern? Tausend Lastwagen pro Tag stehlen den Sand aus dem Küstengebiet und ruinieren das Ökosystem. Millionen Zugvögel werden ihre Route ändern, da sie die Dünen nicht mehr wiederfinden, die ihren ersten Halt auf der afrikanischen Küste bildeten. Ein wahrer ökologischer und ökonomischer Skandal wird so durch die sogenannte »Sandmafia« herbeigeführt, die schon Sidi Bouksibat zwischen Asilah und Larache verunstaltet hat. Sanddünen verschwinden, Hunderte von Korkeichen wurden in dem sich zum Meer erstreckenden Wald gefällt, um den Lastwagen der Sandräuber eine sehr breite Piste für ihre unaufhörlichen Hin- und Herfahrten zu eröffnen. Einer in Gang gesetzten nationalen und internationalen Pressekampagne ist es nicht gelungen, diesen elenden Verkehr zu unterbinden. Das Unerträgliche beruht auf der Art der Darstellung, die zur Rechtfertigung dessen dienen soll, was nicht zu rechtfertigen ist, um zu legitimieren, was nicht sein kann. So meinen die Verteidiger dieses Verkehrs, daß der Sand der Allgemeinheit gehöre und daß jedermann das Recht habe, sich nach Lust und Laune zu bedienen. Komische Definition des Gemeinguts! Wir antworten mit einer entgegengesetzten Definition: Das Gemeingut darf nicht von jedem x-beliebigen genutzt werden, sondern muß durch alle geschützt werden. Wenn im Land des Rechts und des *habeas corpus*, in England, ein Passant eine zum Gemeingut gehörige Blume pflückt, begeht er ein Delikt und muß mit einer Strafe rechnen.

Von nun an müssen wir, bevor Bulldozer und Kräne in Gang gesetzt werden, über die Unversehrtheit dieses nördlichsten Punktes von Afrika wachen und als erstes Gebot den Respekt vor dem ökologischen Bewußtsein niederschreiben. Indem wir eine solche Wachsamkeit einführen, werden wir in würdiger Weise an dem Wachsein der Welt mitgewirkt haben, damit der Mensch in ihr als Dichter leben kann.

99
Durch Musik

Es steht schlimm um die Welt, keine Frage. Der Terrorismus, die ungelösten Konflikte, der Krieg: diese Dauerübel fallen regelmäßig in die Gegenwart ein und stören den friedlichen Ablauf der Tage. Im übrigen leben wir in Sorge und erwarten ständig eine dieser schrecklichen Nachrichten, welche der endlosen Chronik der Tragödien, die gewisse Weltgegenden bedrücken, neue Nahrung geben. Hinzuzufügen wären die erstarrten Verhältnisse in den Gesellschaften, die auf grausame Weise in Arme und Reiche geteilt sind, in Wohlhabende und Mittellose – ein Ungleichgewicht, das Quelle ebenso vorhersehbarer wie unvorhersagbarer Gewalttaten ist. Dies zu konstatieren, sollte nicht zur Lähmung führen, wir brauchen es weder fatalistisch hinzunehmen noch müssen wir ungerührte, zynische Zuschauer bleiben oder von Schuldgefühlen zerfressen werden, wir, die wir als mitfühlende Wesen dem Selbstgespräch, dem Geschwätz und dem Wiederkäuen des Immergleichen hingegeben sind, die vom Handeln abhalten.

Wenn jeder sich entschlösse, das zu unternehmen, was er in seinem eigenen Bereich vermag, ginge es der Welt zweifelsohne besser. Ich möchte als Beispiel ein Orchester anführen, dessen Musiker aus Israel ebenso wie aus arabischen Ländern stammen. In diesem Orchester haben sich mutmaßliche Feinde als Mitwirkende zusammengefunden, um mit der höchsten Feinheit jene Musik genannte Klangfülle hervorzubringen, die Empfindungen und Gefühlsregungen leitet. Dieses Orchester war 1998 in der Goethestadt Weimar von dem irsraelisch-argentinischen Dirigenten Daniel Barenboim und seinem Freund, dem musikbegeisterten Intellektuellen und Professor an der Columbia University, Edward Said, einem Palästinenser und Amerikaner, geschaffen worden. In dieser musikalischen Gründung vollzieht sich die Begegnung zwischen den Vertretern eines der zähesten und am wenigsten lösbaren Konflikte, zwischen Israelis und Palästinensern. Dieser Konflikt verdirbt die Beziehungen zwischen Juden und Arabern und zwischen Islam und Judentum.

Das Orchester ist von einem an Spinoza geschulten Israeli und von einem im kritischen Denken geübten Palästinenser, einem Meister der Polemik in akademischen Debatten und politischen Kontroversen, gegründet worden. Sie haben es nach dem Titel eines Werks von Goethe »West-Eastern Divan Orchestra« getauft. Goethe schrieb den *West-östlichen Divan* in den 1820iger Jahren und setzte darin seine Theorie der *Weltliteratur* in die Praxis um. Sie forderte dazu auf, in einer Weltperspektive zu schreiben und die schöpferische Energie über das Gebiet der Sprache, der Nation, des Volkes hinaus zu entfalten, dem der Dichter entstammt. In diesem Werk schöpft Goethe aus dem persischen und arabischen Fundus, der damals dank der Arbeiten und Übersetzungen von Gelehrten verfügbar wurde. Mehr noch, der Dichter aus Weimar identifiziert sich mit Hafis, dem Dichter aus Schiras, gleichsam um zu zeigen, daß das Gedicht, in seinem Stoff selbst, auf unvergängliche Weise seine doppelte orientalisch-okzidentale Entstehungsgeschichte mit sich führt (vgl. Gegenpredigt 66, wo wir uns diesem Werk widmen).

Dieses Symbol wacht nun als Inschrift über einem israelisch-arabischen Orchester, das den Dialog zwischen Orient und Okzident befruchtet. Er geht über den Wunsch nach politischem und moralischem Ausgleich zwischen Israelis und Palästinensern, zwischen Juden und Arabern, hinaus. Denn er strebt eine Versöhnung, wenn nicht gar Eintracht an, die durch musikalische Interpretation verwirklicht wird und durch das, was sie als Synergie schafft, als Zugehörigkeit, als Übereinstimmung in der Gemeinschaft. Dieses Orchester ist 2002 von der autonomen Regierung Andalusiens eingeladen worden, sich in Sevilla niederzulassen, als Erinnerung an die historische Vergangenheit dieser Region, die über sieben Jahrhunderte das Zusammenwohnen, ja sogar Zusammenleben zwischen Juden, Mohammedanern und Christen kannte. Aus dieser historischen Wirklichkeit ist es tatsächlich möglich, einen Mythos zu schaffen, der die Vorstellungswelten anregt, damit Lösungen, und seien sie nur minimal, für einige ungelöste Probleme unserer Zeit gefunden werden. Mit dieser andalusischen Patenschaft wird dem Orchester ein zusätzliches Symbol verliehen, das die symbolische Bedeutung dieses Unterfangens noch vergrößert.

Ich habe am 24. Juli (2005) einige Stunden zusammen mit den Musikern des Orchesters verbracht; und zwar etwa 30 Kilometer südlich von Sevilla, in der Wohnanlage Lantana de Pilas, einem riesigen Anwesen, das in einem mit Olivenbäumen bepflanzten Tal erbaut wurde. Dort tagte vom 11. Juli an die Akademie für Orchesterstudien, die von der Stiftung Barenboim-Said gegründet wurde. Die Musikdozenten, welche die Proben betreuen, kommen aus der berühmten Staatskapelle Berlin, der Stadt, in der Daniel Barenboim zur Zeit Dirigent an der Deutschen Oper ist. An jenem 24. Juli wohnte ich verschiedenen Proben bei, die von einem äußerst genauen und strengen Daniel Barenboim geleitet wurden und wo das künftige Konzertprogramm einen letzten Schliff erhielt. Es beginnt am 29. Juli im Theater der Maestranza in Sevilla und wird, nach Zwischenstationen in der Royal Albert Hall in London, der Uster Hall in Edinburgh, dem Rheingau Musikfestival im Kurhaus von Wiesbaden, am 21. August in Ramallah seinen Abschluß finden, wodurch es den Namen der palästinensischen Stadt mit den angesehensten Musikstätten Europas verbindet. Die Anwesenheit dieses Orchesters in ihren Musiktempeln zeigt im übrigen, daß seine exzellente Qualität anerkannt wird. Auf diese Qualität legt Daniel Barenboim den größten Wert, denn in der absoluten Beherrschung des Instruments und selbst darüber hinaus, wird die gemeinsame Zustimmung zu einem Projekt, zu einem Werk beglaubigt, welches das Feld gegenseitiger Anerkennung nur noch erweitern kann.

Ich muß gestehen, daß die Proben, denen ich in Pilas beigewohnt habe, mich an der schönen Entwicklung haben teilnehmen lassen, die zur Meisterschaft führt. Sie wird dank der strengen und wohlwollenden Wachsamkeit von Daniel Barenboim erlangt, der seine jungen Interpreten leitet und korrigiert. Sie kommen aus Ägypten, Jordanien, Syrien, Libanon, Israel, Palästina und schließlich Spanien. Die spanischen Musiker rekrutieren sich aus dem Programm »Andalousian Youth Orchestra«, ein Hinweis, welche Rolle die Spanier sich in diesem israelisch-arabischen Projekt der Versöhnung durch Musik zuzuschreiben gedenken. Und die Klangentwicklung in Richtung einer durch Leidenschaft verstärkten Bestimmtheit und Genauigkeit hat ihre Anmut dem Ohr vor allem in der konzertierenden Symphonie in Es-dur (KV 297 b) übermittelt, die Mozart 1778 in Paris komponiert hat, und zwar für Oboe (von einem Ägypter gespielt), Klarinette (von einem Syrer mit Atem erfüllt), Fagott und Horn (in israelischem Munde). Das gleiche gilt für die verschiedenen Sätze der 1. Symphonie von Mahler (»Titan«), wobei unsere jungen Interpreten mit großer Freude die mahlerschen Variablen spielten, die zwischen tief sinnendem Selbstgespräch und gewaltigen Wellenbewegungen von kosmischer Weite liegen. Es war der einmalige Augenblick eines sich entwickelnden Hörens, hervorgebracht von einem Ensemble von mehr als achtzig Musikern, die eigentlich Feinde sein müßten, in Wirklichkeit aber Gefährten in einem großen Abenteuer des Geistes sind, das Seelengemeinschaft stiften soll.

Erinnern wir uns schließlich daran, daß das Publikum von Rabat die erste arabische Zuhörerschaft gewesen ist, die vor zwei Jahren, im Juni 2003, dieses israelisch-arabische Orchester mit Begeisterung aufgenommen hat. Hoffen wir, daß kein mörderischer Überfall, als Werk des alltäglichen Bösen, das Vorhaben des Konzerts durchkreuzen wird, das am kommenden 21. August, d.h. am Sonntag in acht Tagen, in Ramallah stattfinden soll. Ein Unglücksfall, der dieses Vorhaben zunichte machen würde, wäre für uns der Beweis, daß das Böse wirksam ist, dieses Böse, gegen das Daniel Barenboim und Edward Said haben wirken wollen, dieses Böse, dessen Fatalität wir mit jenen nicht gewillt sind zu erliegen.

100
Über Granada

Es gibt Städte, die in ihrem Wandlungsprozeß mit der Gründungszeit brechen und in eine andere Ära eintreten: Sie erleben einen Bruch ohne Wiederkehr. Und doch dauert diese Vergangenheit, derer sie sich entledigt haben, fort, sie zeigt jedem ihre Spuren, sie taucht unaufhörlich wieder auf. Das ist der Fall in Granada, das in einem Klima großer Gewalttätigkeit vom Islam zum Christentum übergegangen ist und dabei auf immer das hegirische Erbe vergessen hat, um sich der Zeitrechnung des julianischen Kalenders zu unterwerfen, der symbolisch durch die Geburt Christi markiert ist. Die Stadt ist eine einzige Ansammlung von Kirchen, Klöstern, Patrizierhäusern, Institutionen wie der Universität, den Kollegien, den Hospitälern, den Bibliotheken, die allesamt durch die europäische Architektursprache zwischen Renaissance, Manierismus, Barock und Klassizismus geprägt sind. Auch die Stätten der arabischen Periode sind mit christlichen Namen neu getauft worden, und später haben die Straßen und Plätze den heiligen Männern und Frauen noch die Figur des Christoph Kolumbus hinzugefügt, als Held der nationalen Tat dazu ausersehen, einen mit dem langsamen Aufkommen des modernen Staates verbundenen Patriotismus anzuregen. Aber trotz dieser Bemühungen, trotz dieser Willensäußerung, dieser entschiedenen, beharrlichen, gut durchdachten, kleinkarierten Politik der christlichen Bekräftigung und der islamischen Auslöschung, bleibt die arabische Spur bestehen, entgeht ein Teil von ihr der Zerstörung, und zwar über die allgemein bekannten Überreste hinaus, die in dem Moment zur offiziellen Geschichte der Stadt gehörten, als sie durch den Begriff des Kulturerbes in der Wahrung der arabischen und islamischen Vergangenheit der Stadt, einbezogen worden waren.

Hiermit meine ich natürlich die Alhambra, den Generalife, die Stadtmauern, bestimmte Tore, wie die Puerta d'Elvira, ein schönes, monumentales, almohadisches Tor, das in der arabischen Zeit Bab al-Hadid hieß, oder auch das Weintor, das zur Fürstenstadt und zur Festung Alcazaba führt. Ich meine auch bestimmte Überreste, die der Restaurierung, wenn nicht gar des Wiederaufbaus bedurften, wie den Genil-Palast am Wasserlauf unterhalb der Stadt oder den Hammam im Barrio de Axares oder diese schöne und fremdartige Puerta de Los Tableros, welche die Fluten des Darro überspannt, des anderen Flusses, der die Stadt zerteilt. Dieses durch ein Gitter verschlossene Tor ließ das Wasser hindurchfließen, versperrte aber unliebsamen Gestalten, die versucht hätten, klammheimlich in die Stadt einzudringen, den Zugang.

Neben den anderen bekannten Überresten seien noch bestimmte Minarette erwähnt, die nicht zerstört, sondern einer neuen Verwendung als Glockenturm zugeführt wurden – Minarette, die eine Art von Zartheit und dezenter Umdeutung erlangen, wenn sie, obzwar in ihren islamischen Eigentümlichkeiten unversehrt (verziert mit Ecksäulen und Fenstern in Hufeisenform), durch das Zeichen des Kreuzes erhöht sind, einem einfachen Kreuz aus dünnem Eisengestänge, das die Dachlaterne überragt. So ist es bei dem ziridischen Minarett aus dem 11. Jahrhundert, nun der Glockenturm von San José, der in der ursprünglichen Kasbah der Stadt gegenüber dem Alhambra-Hügel auf der anderen Seite des Darro liegt, und zwar auf dem Hang, der zum Viertel Albaicín führt, ein arabischer Name neben vielen, die weiterhin in der Stadt erstrahlen und deren Ursprung die Granadiner selbst vergessen haben. Ein Vergessen, dem wir nicht erliegen können, die wir in diesem Wort sofort die Bedeutung »Falkner« erkennen, denn seine neue Morphologie entstellt das Original nicht allzu sehr. In diesem Fall ist es nicht nötig, eine ausführliche etymologische Untersuchung durchzuführen, um das ursprüngliche Wort wiederzufinden, das nicht den Entstellungen unterworfen war, welche das Los anderer Vokabeln ist, da sie zwischen Sprachen reisten, die kaum miteinander verträgliche phonetische Systeme haben.

Die Toponomastik hat an diesem Spiel der Gespenster in der Stadt teil, denn es ist eine christliche Stadt, die durch ihre islamischen Phantome heimgesucht wird, eine spanische Stadt, in der die Geister ihrer berberischen, jüdischen und arabischen Wiedergänger umgehen. Es ist leicht, in der Plaza de Bibarrambla Bab ar-Ramla zu erkennen, was Aragon hübsch mit »Tor der Sandgrube« übersetzt, und zwar in *Le Fou d'Elsa*, einem Buch, das die Stadt wieder mit der Atmosphäre versieht, die dort am Vorabend ihres Falles herrschte, in jenen Jahren, die dem 2. Januar 1492 vorangingen. Es war der Tag, an dem Boabdil, *el Rey Chico*, »der kleine König«, die Schlüssel der Stadt an Ferdinand und Isabella übergab. Bibarrambla ist nur noch der Name eines Platzes, der mit dem gräßlichsten Skulpturenensemble geschmückt ist, das ich kenne, dessen plumpe Ungeheuer den zentralen Springbrunnen am Ausgang der *qaysariyya* (dem Souk, dieser Name wurde bewahrt) zieren, und zwar in der Verlängerung der mächtigen Kathedrale, die an der Stelle der Großen Moschee errichtet wurde. Dieser Platz ist des Tors beraubt worden, in das er mündete: Zwischen 1873 und 1884 wurde es auf Befehl der Stadtverwaltung zerstört und seine Reste wurden im archäologischen Museum gelagert, bis der Architekt Torrès Balbas es 1935 aus den gesammelten Bruchstücken auf dem Hügel im Schatten der Bäume wiedererbaute, nicht fern von der Mauer um das Behördenviertel, wo die Paläste der Alhambra stehen.

Die Stadt hört nicht auf, mit ihren Phantomen zu spielen. Aus diesem Grund hat sie der surrealistische Dichter Louis Aragon, auf den Spuren des granadinischen Dichters Federico García Lorca, zur poetischen Fiktion erwählt, in der er den sogenannten »Wald des Islams« durchquert. Dieser Ausdruck greift die Metapher der *selva oscura* von Dante auf, um eine doppelte Dichte zu weben: Zwischen den islamischen Kulturen und der zum poetischen Schreiben befähigenden Erfahrung. *Le Fou d'Elsa*, der Madschnun, der Narr, ist ein greisenhafter Außenseiter, Sänger einer künftigen Liebe, der inmitten der Phantome und Gespenster wandelt, die in den Überbleibseln der Namen und Monumente überleben. Er summt *zajals* vor sich hin, gesungene Gedichte, deren Kehrreim die Brocken eines gesprochenen Arabisch mit dem romanischen Dialekt und dem Hebräischen vermischt. Der Madschnun ist ein zotteliger und besessener Greis, von den Kindern verspottet oder gar mit Steinen beworfen, der in einer der Grotten von Sacromento haust, dem von Zigeunern besetzten Viertel am Rand, wo noch Höhlenwohnungen aus dem 15. Jahrhundert zu finden sind, der Zeit, in der Aragons Fiktion angesiedelt ist.

Letzten Donnerstag war ich dort, zur Stunde des Sonnenuntergangs, und wanderte durch die ansteigenden Straßen, erklomm die Treppen, erstieg die Stufen an den Hängen, warf dann den Körper in den Schwung jäher Abstiege, wurde von zwei jungen Mädchen überholt, deren Silhouetten weggerissen wurden wie eine Gerölllawine. »Ich fliege so gern«, sagt die eine zur anderen … Schwebende Engel in der Tat, bis sie auf der Placeta de Nerot landen, nachdem sie den Altar der Nuestra Señora de las Angustias gestreift und den Carmen de la Media Luna hinter sich gelassen haben, der eine neomudejarische Fassade hat, die Feier des arabischen Phantoms durch einen Granadiner, der seine islamischen Ursprünge wiederentdeckt und sie durch die Neigung zum Zeichen bekräftigt, durch den zugespitzten, gebrochenen Bogen, der seinem *carmen* als Eingang dient. Dieses Wort benennt die privaten Gärten von Granada, in ihm glänzt die arabische Bedeutung des Weinstocks, der den Schatten seines Spaliers ausbreitet. Plötzlich erscheint, langsam und wahrnehmbar steigend, der Mond am Vorabend seiner Fülle, taucht hinter der Kammlinie auf, dem Umriß der Sierra Nevada, und erhellt die Zinnen der Alhambra, *luna quasi tonda* gegenüber dem Namen des Carmen de la Media Luna. Dieser Halt unterbricht den Gang längs der Cuesta de San Gregorio und der Körper strandet mit seinem ganzen Gewicht auf den Stufen, die zum Vorplatz der Kirche gleichen Namens führen, wo ich am gleichen Morgen in ihrem Gebet erstarrte Nonnen gesehen hatte, vollständig von weißen und weiten Schleiern bedeckt, die ihre Körper ganz einhüllten und, indem sie diese dem Blick entzogen, das Verlöbnis mit Christus heiligten; die Nonnen knieten regungslos vor dem Altar und, völlig vertieft in ihre Gebete und in ihre geistige Hochzeit mit ihrem zukünftigen göttlichen Gemahl, waren sie selber Phantome, die aus den verwikkelten Falten ihrer Schleier erstanden, Schleier, die vielleicht für dieses christliche Verlöbnis vom Islam entliehen sind.

101
An den Quellen des Rechts

Man muß die unleugbare Bemühung anerkennen, welche die Autoren des ersten Entwurfs der irakischen Verfassung (August 2005) erbracht haben. Ihre Arbeit war wohl nicht leicht, wo sie doch in die inneren Schwierigkeiten, wenn nicht gar in die Aporien des Landes (mit seinen drei Hauptgruppen, den Schiiten, Sunniten und Kurden) und die alltäglich erlebte Lage verwickelt sind. Diese Lage ist zum einen geprägt vom doppelten Druck: Einerseits vom Terrorismus, dessen destabilisierende Aktionen darauf abzielen, sogar die Vorstellung einer verfassungsmäßigen Ordnung auszulöschen. Hinzu kommt der Druck der anglo-amerikanischen Besatzungstruppen: Diese bestehen darauf, daß das juristische Treffen beizeiten entschieden wird, um die Rechtmäßigkeit des im Bau befindlichen Gebäudes zu begründen und somit die zweifelnde und enttäuschte öffentliche Meinung zu beruhigen. Doch in den Auszügen dieser Verfassung, die ich gelesen habe, wetteifern Sachkunde und Klugheit der Formulierungen facettenreich mit dem Willen, das Unvereinbare miteinander zu vereinbaren, auf die Gefahr hin, das Gebäude am Tag seiner Vollendung dem Untergang und dem Einsturz zu weihen.

Ich werde zunächst zwei positive Punkte hervorheben, die diese Verfassung ehren: Einmal die Anerkennung der grundlegenden Vielfalt des Irak, zum anderen die Korrektur der Ungleichheit zwischen den Geschlechtern, die Erbe patriarchalischer Rückständigkeit ist. Daß für das eine wie das andere Sorge getragen wurde, läßt das Recht in eine Zukunft blicken, die Männer wie Frauen des Irak auf die Seite des Fortschritts bringt. Die Verfassung erkennt ausdrücklich an, daß »der Irak ein Land ist, das eine Vielzahl von Ethnien, Religionen und Sekten umfaßt, die alle mit der islamischen Welt verbunden sind, während das darin wohnende arabische Volk der arabischen Nation angehört.« Die durch diese Formulierung getroffene Entscheidung ist offenkundig. Die Verfasser sind von der Ideologie der Baath-Partei, der arabischen Nationalisten, abgerückt, die ein halbes Jahrhundert lang das einzige befugte Denken war. Neben den Arabern, Schiiten und Sunniten hat der Gesetzgeber ausdrücklich die Anwesenheit anderer Gruppen berücksichtigt, natürlich der Kurden, aber auch der Turkmenen, der Armenier, der Chaldäer, der Assyrer, der Jesiden; all diese Gruppierungen sind ein wesentlicher Teil des irakischen Gedächtnisses. Nur die Juden werden nicht ausdrücklich genannt, wahrscheinlich weil sie momentan so gut wie nicht vorhanden sind. Ihr Fehlen durch eine mögliche Rückkehr zu beheben hat der Gesetzgeber wohl nicht ins Auge gefaßt.

Damit die Macht dieser anerkannten Verschiedenheit wirksam ist, schlägt der Gesetzgeber den Weg des Förderalismus und der Dezentralisation ein; es sind autonome Regionalstaaten vorgesehen, denen es obliegt, Recht zu sprechen, den Unterricht zu organisieren, die Geldmittel zu bewilligen, wobei sie Nutzen aus dem Abbau regionaler Rohstoffe ziehen. Diese Reichtümer werden sie dann mit weniger begüterten Gebieten teilen. Die Konstruktion, die eine Dialektik zwischen dem Regionalen und dem Zentralen einleitet, ist für ein Land, dessen Einkünfte fast ausschließlich durch Erdgas und Erdöl gesichert werden, von hohem Wert. Sie wird für eine Bundespolitik Aktivkapital zur Verfügung stellen, das den beiden, von dem früheren Staat der Baath-Partei schikanierten und marginalisierten Erdölregionen, dem kurdischen Norden und dem schiitischen Süden, Reichtum beschert.

Der Pluralismus kommt auch in der Frage der Sprache zu Geltung, was von hoher symbolischer Bedeutung ist. So gelten die beiden Hauptsprachen des Landes gleichermaßen als Amtssprachen. Arabisch und Kurdisch sind von nun an die beiden legalen Idiome, die in den offiziellen Gremien wie der Abgeordnetenkammer, dem Ministerrat, den Gerichten, den Kongressen gesprochen werden. Darüber hinaus stellt die Verfassung die Wahl der Unterrichtssprache frei. Jeder irakische Bürger wird das Recht haben, von der öffentlichen Schule Unterricht in seiner Muttersprache zu verlangen, in Türkisch, Syrisch oder Armenisch; im übrigen ist der Unterricht in irgendeiner anderen Sprache in den Privateinrichtungen erlaubt.

Die Anerkennung dieser grundlegenden Vielfalt des Irak gefällt nicht allen. Im Namen der Arabischen Liga hat deren Generalsekretär, Amr Mussa, gegen die eben angeführte Formulierung protestiert, welche die arabische Zugehörigkeit des Irak relativiert. Er erinnert daran, daß der Irak Gründungsmitglied der Arabischen

Liga war und verlangt Erklärungen. Für diejenigen, die an das Truggebilde des Arabismus glauben, das Hirngespinst, das er geschaffen hat, und von dessen Aufrechterhaltung manche träumen, ruft die Formulierung der irakischen Verfassung einen Schock hervor, selbst wenn sie nur die objektive Lage widerspiegelt, die in anderen arabischen oder arabisierten Ländern systematisch vertuscht oder verheimlicht wird. Das irakische Beispiel trägt so dazu bei, die Einheitsillusionen zu zerstreuen, die man anderswo immerzu vorgaukelt, in den Ländern, wo die Vielfalt unbekannt oder kaum zugelassen ist oder klammheimlich akzeptiert wird, oder wo der Gesetzgeber sich weigert, sie auf seine Gesetzestafel zu schreiben.

Gehen wir nun zu dem zweiten, von uns hervorgehobenen Punkt über, der Aufforderung an den Staat nämlich, »sich darum zu kümmern, daß sich die Rollenaufteilung der Frau zwischen Familie einerseits und Gesellschaft andererseits ausgeglichen gestaltet.« Der Staat soll über die Gleichheit zwischen Mann und Frau wachen; ihm fällt die Aufgabe zu, den Frauen mindestens 25% der Sitze in den Rängen der künftigen Abgeordentenkammer zu sichern. Desgleichen wird jedem, dessen Vater oder Mutter Iraker ist, die irakische Nationalität zugestanden – eine weitere Bestimmung, die ein Zeichen für die löbliche Bemühung ist, die Gleichheit zwischen den Geschlechtern zu befördern.

Doch in dem Verfassungsentwurf wird die juristische Logik unklar, sobald es um den Islam geht. Man kann strenggenommen den Artikel akzeptieren, der an die Zugehörigkeit des Irak zur islamischen Welt erinnert. Es ist überhaupt nicht ausgeschlossen, eine andere Verfügung zu unterstützen als diejenige, die besagt, daß »der Islam die offizielle Staatsreligion ist«: schließlich liegen wir mit dieser Gleichsetzung auf der Linie einer Norm, die ihre philosophische Rechtfertigung in einem Lehrsatz aus der klassischen Zeit europäischer Philosophie findet und der am ausdrucksvollsten von Hobbes verteidigt wurde. Die Gefahr nimmt jedoch zu, wenn eben dieser Artikel verdeutlicht, daß »der Islam die Hauptquelle der Gesetzgebung ist. Es ist nicht erlaubt, ein Gesetz einzuführen, das den durch den Islam festgelegten Regeln widerspricht (*thawâbit ahkâm al-islâm*)«. Aber vielleicht, um eine derart radikale Formulierung abzumildern, fährt der Gesetzgeber fort: »wie es fast nie erlaubt ist, irgendein Gesetz einzuführen, das den Grundsätzen der Demokratie widerspricht …«

Wir stellen uns die verbissene Diskussion vor, in der sich Weltliche (Kurden und andere Konfessionslose) und Geistliche (wahrscheinlich Schiiten, fasziniert von dem Modell der islamischen Republik, das ihre iranischen Nachbarn und Sektenbrüder entwickelt haben) zerstritten haben müssen. Das Ergebnis ist ein Widerspruch im Wortlaut, den keine rechtliche Vernunft auflösen kann. Die Formulierung zweier derart unvereinbarer Empfehlungen in ein und demselben Abschnitt kann nur eine Aporie verankern, die zu künftigem Zwist führt. Sagen wir es ohne Umschweife: diese Unvereinbarkeiten in demselben diskursiven Zusammenhang kündigen eine unheilvolle Zukunft an.

Ein derartiger Diskurs verlangt nach einer Kritik, wie sie Albert Camus in den 1950iger Jahren an den Nationalisten der FLN geübt hat, die mit Leichtigkeit zwei diskursive Ordnungen vermengten: Die eine schöpfte ihre Begriffe aus dem Geist des abendländischen Rechts, die andere aus dem religiösen Gesetz des Islams. Wir sind Zeugen der unglücklichen Folgen gewesen, die dieser hybride Diskurs, als Grundlage des modernen Algerien, hervorgebracht hat. Die Unvereinbarkeiten, die er enthielt, sind während der dreißig Jahre des unabhängigen Nationalstaates in der Hinterhand geblieben, bis in den 1990iger Jahren ein blutiger Bürgerkrieg ausbrach. Was den Irak angeht, so werden wir leider keine dreißig Jahre warten, bis wir das Aufkeimen eines Bürgerkriegs erleben. Seine ersten Anzeichen sind schon im täglichen Terror zu sehen. Denn in diesem Land ist der Terror Gegenwart. Es wäre sinnvoller gewesen, den Krieg gegen den Terrorismus mit den Grundsätzen des positiven Rechts gegen den Anspruch zu führen, dem göttlichen Recht Genüge zu tun.

Muß man verdeutlichen, daß alle pluralistischen und feministischen Bestimmungen der irakischen Verfassung sich selbst aufheben, wenn der Islam die Hauptquelle der Gesetzgebung ist? Niemand darf die gegenwärtige Gefahr übersehen, die sogar mitten im Gesetz lauert, das über die Zukunft des Irak wachen soll.

102
Aberglauben

Der Wirbelsturm Katrina ist über den Süden der Vereinigten Staaten hinweggefegt (August 2005) und hat eine verwüstete Landschaft zurückgelassen. Wir denken nochmals an Voltaire und an sein Gedicht über das Erdbeben von Lissabon, das wir schon anläßlich des Tsunami erwähnt haben (vgl. Gegenpredigten 73 und 76). Dieses Gedicht kommt uns wieder in den Sinn, um uns an die Unabhängigkeit der Natur zu gemahnen und den unerforschlichen Rest, den sie bewahrt, trotz der Fortschritte von Wissenschaft und Technik und vor allem der größeren Möglichkeiten der Vorhersage und Vorsorge. Dieser Aspekt ist übrigens vor dem Eintreffen des Wirbelsturms deutlich geworden: Bei der Ankündigung eines drohenden und höchst bedrohlichen Wirbelsturms wälzten sich endlos lange Autoschlangen aus der Stadt und entfernten sich von den Küsten. Aber es wird immer eine unüberwindbare Kluft zwischen der menschlichen Vorhersage und den Äußerungen der Natur bestehen bleiben, eine Kluft, die sich entweder im Grad der tödlichen Wirkung oder im Überraschungsmoment zeigt – denn es wäre möglich gewesen, daß der Wirbelsturm im letzten Augenblick von seinem Weg zur Küste abwich.

An diese zweifache Beteiligung – der unabhängigen Natur und des menschlichen Unwissens oder eines Wissens, das nie absolut, nie vollständig sein wird – gemahnt Voltaire in seinem Gedicht und lehnt es ab, die dazwischen liegende Kluft durch einen Verweis auf Gott zuzuschütten. Er fügt dem nichts hinzu, was ein Jahrhundert früher Spinoza in den ersten Kapiteln der *Ethik* entwickelt hatte, als er sich zur Unabhängigkeit der Natur bekannte, da sie von Zufall und Notwendigkeit geleitet wird, und zugleich Gott von jedem Zusammenhang mit Bestrafung und Belohnung entband. Bestrafung und Belohnung sind nicht mit den Wirkungen der Natur zu verknüpfen, wenn sie den Menschen der Zerstörung aussetzt oder wenn sie ihm ihre Früchte des Genusses, der Lust, des Geschmacks schenkt und dabei sein Überleben sichert.

Jedoch halten einige Bewohner des höchstentwickelten Landes der Erde den Mythos aufrecht, der Mensch und Gott miteinander verbindet, die sie beide in die Mitte des Universums stellen. In Amerika halten viele die Naturkatastrophe für ein göttliches Strafgericht und die Früchte der Erde für ein Gottesgeschenk. Diese Geisteshaltung färbt alljährlich die Feier von Thanksgiving, wo in der rötlichen Herbstpracht Danksagungen und Huldigungen an Gott gerichtet werden, denn er hat ja den ersten anglikanischen Einwanderern dieses neue Gelobte Land geschenkt, samt all seinen Reichtümern, welche die Emigranten für ihr Exil entschädigten und ihren Aufenthalt in ihrer neuen Heimat fördern sollten.

Beim Wirbelsturm Katrina ebenso wie beim Tsunami sehen wir die Mechanik des Aberglaubens wieder in Tätigkeit. Und nicht nur in Amerika: Eine die Feinde vereinende Übereinstimmung der Positionen offenbart eine Solidarität der Dummen, bei denen sich die Nichtigkeit des Denkens mit Extremismus paart. So urteilen die erklärten Feinde – islamistische Fundamentalisten und evangelikale Amerikaner – einhellig, daß Katrina ein göttliches Strafgericht darstelle. Aber beide weichen bei der Bestimmung der Gründe für das Strafgericht voneinander ab. Die irakische Sektion von al-Qaida hat ein Kommuniqué veröffentlicht, das die Muslime beglückwünscht, denn Gott habe ihre Wünsche erhört: »Der Zorn Gottes«, führen sie aus, »hat durch Katrina auf das ungerechte Amerika geblasen. Gott hat der Aufforderung der Unterdrückten entsprochen, als er die Unterdrücker schlug, die heute Verzweiflung, Tod und Hunger erleiden, sie, die es gewohnt sind, anzugreifen, zu töten, auszuhungern, wen immer sie wollen.«

Diese Worte finden ihren genauen Widerhall in den Erklärungen des amerikanischen Agitators, der in der Gegend von Columbia gegen Schwangerschaftsabbrüche kämpft. »Meiner Ansicht nach«, sagt er, »hat Gott New Orleans wegen der Sünde bestraft, die darin besteht, das Blut Unschuldiger durch Abtreibung zu vergießen.« Er schließt lakonisch und zwingend: »Gott bestraft die nationalen Sünden durch nationale Katastrophen.« Eine Nachricht gleichen Inhalts hat er auf dem Anrufbeantworter der von ihm gegründeten Gesellschaft, der »Columbia Christian for Life«, aufgezeichnet. In Philadelphia ist eine weitere Erklärung erschienen, diesmal von einer Vereinigung mit Namen »Repent America« (»Bereue Amerika«), welche die Homosexualität geißelt. Ihr Leiter ist der Ansicht, daß Katrina nicht zufällig in dem Moment New Orleans überrollt hat, als Schwule und Lesbierinnen in einem Viertel der Stadt ein Fest feierten. Er ruft die ungehorsame Nation auf, wieder zu Gott zurückzukehren, der angeblich auf das Klima einwirke, um sich an die Menschen zu richten. »Ist es ein Zufall«, fügt er hinzu, »wenn an dem Tag, als die Avenue Bourbon und das French Quarter der Stadt überflutet wurden, sich genau an denselben Orten etwa 125 000 sexuell abweichende Leute versammeln wollten?«

Eine weitere Rechtfertigung gleichen Kalibers hat uns aus Israel erreicht; sie stammt von einem gottesfürchtigen zionistischen Journalisten, der glaubt, Gott strafe Amerika, weil es zur Räumung der Siedlungen von Gaza ermuntert hat. Seinen Worten nach hat Gott die Amerikaner gezwungen, ihre Häuser in New Orleans im Stich zu lassen, damit sie den Kummer der Juden nachempfinden konnten, die ihre Häuser in Gaza verlassen mußten. Und er fährt fort: »Für diejenigen, die an den Gott der Bibel glauben, kann ein solches Ereignis kein Zufall sein.« Dieser Millenarier zögert nicht zu erklären: »Die Hand Gottes, welche die Amerikaner beschützte, zieht sich zurück und diese werden im Stich gelassen; sie erleiden das Gottesurteil als Nation, da sie unter allen Nationen die Verantwortung haben, die Erde und das Volk Israel zu retten.«

Eine eitle Illusion vereint offenbar alle Fundamentalisten, ob sie nun vom Koran oder von der Bibel geprägt sind! Ihre moralische Dürftigkeit ist bemerkenswert. Es wird deutlich, welche Kniffe sie in ihrer Argumentation anwenden. Die sich bekämpfenden Feinde haben die gleichen Grundmechanismen: Fanatismus, Intoleranz, Dummheit und Aberglauben.

Doch hat die kritische Philosophie schon vor Jahrhunderten ähnliche Denkschemata ausgeräumt. Man muß nicht auf Spinoza und seine Demontage dieser Art von Bewertung zurückkommen, um den Zögernden zu helfen, von diesem Obskurantismus Abstand zu nehmen. Aber es genügt, den 36. Lehrsatz des ersten Teils der *Ethik* wiederzulesen (mit dem Titel »Von Gott«): »Nichts ist da, aus dessen Natur nicht irgendeine Wirkung erfolgte.« Hier nun einige passende Zitate aus der Beweisführung, die den Lehrsatz stützt. Spinoza sagt: »Da aber alle Vorurteile, welche ich hier zu bezeichnen unternehme, von dem einen abhängen, daß nämlich die Menschen gemeiniglich voraussetzen, alle Dinge in der Natur handelten, wie sie selbst, wegen eines Zweckes, ja, daß sie als gewiß aufstellen, daß Gott selbst alles zu einem gewissen bestimmten Zwekke lenke (denn sie sagen, Gott habe Alles des Menschen wegen gemacht, den Menschen aber, damit dieser ihn verehre …)«. An späterer Stelle fährt er fort: »Daher ist es gekommen, daß ein Jeder nach seiner Sinnesweise verschiedene Arten der Gottesverehrung ausdachte, damit Gott ihn mehr als die Übrigen liebe und die ganze Natur zur Befriedigung seiner blinden Begierde und unersättlichen Habsucht lenke. [...] Aber während sie zu zeigen gesucht haben, daß die Natur nichts vergebens [...] tue, scheinen sie nichts anderes gezeigt zu haben, als daß die Natur und die Götter ebenso unsinnig seien wie die Menschen. Man sehe nur, wohin das endlich hinausgelaufen ist! Unter so vielem Nützlichen in der Natur mußten sie nicht wenig Schädliches finden, nämlich Stürme, Erdbeben, Krankheiten u.s.w.; diese, so nahmen sie an, kämen daher, weil die Götter über die von den Menschen ihnen zugefügten Beleidigungen oder über Fehler, bei ihrer Verehrung begangen, erzürnt wären; und obgleich die Erfahrung täglich dagegen einsprach und durch unzählige Beispiele zeigte, daß Nützliches und Schädliches den Frommen wie den Gottlosen auf gleiche Weise begegne, ließen sie doch nicht von dem eingewurzelten Vorurteil ab.« (Nach der Übers. von Konrad Blumenstock, Wissenschaftliche Buchgesellschaft Darmstadt 1967.)

Spinoza schrieb diesen Text um 1650. Wir schreiben das Jahr 2005, und das gleiche Vorurteil nistet weiterhin in vielen Geistern; sie glauben nämlich, daß die Vorstellung des Fortschritts das menschliche Urteil, das sich gern blenden läßt, nicht anregt. Mit solcher Blindheit stürzt es sich in den Tunnel des analogischen, mechanistischen, anthropomorphen Denkens. Aber wie diesen und jenen erklären, daß die Annahme von der göttlichen Einmischung, die sich jeder auf seine Weise aneignet, zur Abschaffung der Wahrheit führt, für die sie leben und kämpfen? Indem sie ihre Wahrheit bevorrechten und die der anderen aufheben, richten sie ihre eigene Wahrheit zugrunde.

Schon zur Zeit von Voltaire hat sich jedoch die Fragestellung durch die Überlegungen zum Erdbeben von Lissabon angereichert und schuf auf einem anderen positiveren und aktuelleren Gebiet der Untersuchung Zugang zu der Spannung oder Polarität zwischen Natur und Kultur. Der Verteidiger des »zurück zur Natur«, Rousseau, antwortete damals in seinem Brief an »Monsieur de Voltaire«: »Um bei Eurem Thema Lissabon zu bleiben, so räumt doch zum Beispiel ein, daß die Natur dort nicht zwanzigtausend Häuser mit sechs oder sieben Stockwerken angesammelt hätte und daß, wären die Bewohner dieser großen Stadt gleichmäßiger verstreut gewesen und hätten sie in leichteren Bauten gewohnt, die Verwüstung viel geringer gewesen oder vielleicht gar nicht eingetreten wäre. Alle wären bei der ersten Erschütterung geflohen, und man hätte sie am nächsten Tag zwanzig Meilen entfernt gesehen, ganz und gar guter Dinge, als ob nichts geschehen wäre ... Wie viele Unglückliche sind in dieser Katastrophe umgekommen, weil sie dem einen die Kleidung, dem anderen die Papiere, dem nächsten das Geld nehmen wollten? ...« Nach Rousseau kommen das Überflüssige und die Unordnung, welche die Kultur mit sich bringt, zu den Zerstörungen durch die Natur hinzu. Denn durch die Kultur fordert der Mensch die Natur heraus, tritt ihr entgegen, setzt sich ihren Launen aus, trotzt ihr – anstatt sich an sie anzupassen.

Wenn man auch nicht die Radikalität von Rousseau teilt, die an Naivität grenzt, ist es doch gewiß, daß der Bürger aus Genf richtige Fragen stellt, denen ökologische Erwägungen zugrunde liegen. Wenn man auch nicht glaubt, daß jede kulturelle Tat ein Hemmnis schafft, das die Furien der Natur entfesselt, wenn man sich auch nicht für die offensichtliche Untätigkeit oder Zurückhaltung entscheidet, welche die menschlichen Konstruktionen auf lebensnotwendige Funktionen reduziert, gibt es in der Argumentation von Rousseau doch eine Aufforderung zu der Einsicht, den menschlichen Aufenthalt auf Erden mit einer Art von Demut zu verbinden, welche die Natur kaum stört, so daß sie der unbekannten Größe des Zufalls und der Notwendigkeit, die sie beherrscht, überlassen bleibt. Der maßlose Ehrgeiz des Menschen würde sie einer größeren Zerstörung aussetzen. Im Geiste von Rousseau wäre diese Feststellung ebenso technisch wie ethisch zu verstehen. Die gewaltige Konstruktion Lissabons, die der Destruktion ausgesetzt wurde, ist ein technischer Fehler, der auf ein moralisches Versagen schließen läßt. Die Zerstörung ist das Ergebnis einer politischen Entscheidung, die sich nicht an den Wortlaut des *contrat social* gehalten hat.

Bleiben wir in der Logik von Rousseau, um das Phänomen zu beurteilen, das die Metropole in Lousiana zerstört hat. Zunächst hatten die Experten die politischen Autoritäten über den Zustand der Deiche rings um New Orleans in Kenntnis gesetzt und hatten vorhergesehen, daß diese eines Tages nachgeben würden, aber diese Warnung hat nicht zu einem entschiedenen Handeln geführt; die politische Macht war also nachlässig. Die Szenen der Gewalttätigkeit und der Plünderung, die der Katastrophe folgten, haben dann einzig die gesellschaftliche Situation Amerikas offenbart: Das reichste Land der Welt hat auf seinem Boden eine Bevölkerung, von der ein beträchtlicher Teil unter der Armutsgrenze lebt – wie in Indien, wie in gewissen Gegenden in der südlichen Sahara, wie in Marokko oder Ägypten. Die Gegebenheit der Kultur, hier des sozialen Ungleichgewichts, kommt zu der zerstörerischen Wirkung der Naturattacken hinzu und macht sie noch spektakulärer. Der Rousseausche Grundsatz der natürlichen Harmonie und der vertraglich vereinbarten Solidarität ist eine Utopie, die für die Macht weder notwendig noch nützlich ist. Vielleicht werden in dieser Katastrophe die Krise und das Chaos offenbar, die bis dato latent vorhanden waren und denen die politische Macht nicht vorbeugen wollte, solange sie sich nur in Beeinträchtigungen kundtun, die zu bewältigen sind, die nicht die Grundlagen des Staates erschüttern und nicht die Attribute seiner Macht angreifen.

Schließlich hat die betroffene Gegend die Erfahrung der Sklaverei gemacht und hat Faulkner als Vorlage gedient. Der Schwarze ist dort allgegenwärtig, auch als eine Erinnerung, die an den psychologischen und moralischen Konstruktionen wie an den kollektiven und singulären Mythologien teilhat. Die Bilder des verwüsteten, überfluteten New Orleans zeigen uns die Außenseiter, die über *downtown* herfallen, Opfer der Gewalt: Die meisten der Plünderer sind Schwarze, amerikanische Nachfahren der verschleppten Afrikaner. Sie rufen wieder die Phantome der Überlebenden wach, die den Ozean in den Kielräumen der Sklavenschiffe überquert hatten. Sie sind der lebendige Überrest der Sklavenvergangenheit, ein zusätzliches Ungleichgewicht, um das man sich nicht kümmert, denn es tastet in keiner Weise die Macht Amerikas an.

103
Über Afghanistan

Vor einer Woche, am 18. September 2005, hat das afghanische Volk gewählt. Man weiß zwar, daß die Probleme dieses Landes gewaltig und nahezu unlösbar sind, doch sieht man erfreut, daß es sich ändert und auf das strikte Zeremoniell einläßt, mit dessen Hilfe es einen Schritt in Richtung Demokratie gehen kann. Wir begrüßen dieses demokratische Minimum aus tiefer Überzeugung. Es räumt mit dem fundamentalistischen Schrecken auf, der dieses Land unter den Taliban überzogen hat, die es zugelassen haben, daß al-Qaida in seinen Städten, Orten, Tälern und Höhlen, auf seinen Kämmen und Gipfeln frei gedeihen konnte. Es war das gelobte Land der fundamentalistischen Barbaren, das schon lange vor der Machtergreifung der Taliban von Ideologen wie Abdallah Azzam als leuchtendes Beispiel hingestellt wurde, weil seine Stämme dem Kolonialismus, der Modernisierung und der Verwestlichung erbitterten Widerstand geleistet hatten. Dieses Land wurde danach auch von den Drahtziehern des internationalen Terrorismus, Bin Laden und anderen Anhängern von Zawahiri, gerühmt. Aber sie haben es auch zum Modell der Verwüstung, der Zerstörung des Kulturerbes und der Verneinung des halben Menschengeschlechts gemacht, indem sie die Frauen einsperrten und ganz und gar der Autorität der Männer unterwarfen

Auch wenn wir wissen, daß das heutige Afghanistan durchaus nicht frei von Korruption ist und sich nur mühsam von seinen Stammesstrukturen, ethnischen Zerrissenheiten und feudalen Herrschaftsverhältnissen befreien kann, trotz dieser Fesseln, die den Aufbau des Staates behindern, kann man in dem Land heute doch besser leben und überleben als früher. Der Übergang zu einem weniger schlimmen Zustand hat in der Folge einer internationalen Militärintervention stattgefunden, die von den Vereinigten Staaten angeführt, von der Nato fortgeführt und von den Vereinten Nationen legitimiert wurde: Diese Intervention zerschlug den Pseudo-Staat der Taliban und unterband die Unterstützung, der sich al-Qaida erfreute. Diese Veränderungen sind gewiß weitere Überlegungen wert, man denke nur an das Recht auf Einmischung und seine Folgen, die den Begriff der Souveränität relativieren. Dann wird man vielleicht nicht länger mit einem Tabu konfrontiert sein, das dem Schrecken Unangreifbarkeit gewährt.

Gewiß, die restlichen Kräfte der Taliban haben jene bedroht, die zur Wahl aufgerufen waren. Haben sie nicht mehr als zwanzig Überfälle verübt, vor allem im Süden und Osten des Landes? Gleichfalls haben zwei Raketen neben einem Wahllokal in Kabul ein Gebäude der UN getroffen. Ein französischer Soldat und ein afghanischer Polizist sind dabei ums Leben gekommen. Aber diese Zwischenfälle stellten nur kleinere Ereignisse dar, die den Ablauf der Wahlen nicht stören konnten – ein Beweis, daß die Zeiten sich ändern.

Unter den Zeichen des Fortschritts sei die Anwesenheit der Frauen erwähnt, die nicht mehr von der Teilnahme am öffentlichen Leben ausgeschlossen sind. Sie sind auch bei diesen Wahlen aktiv gewesen. Außerdem gewährt ihnen das Gesetz 68 der 249 Sitze, aus denen das künftige Parlament bestehen wird. Erinnern wir uns daran, daß vor diesem glücklichen, von den Frauen gefeierten Tag mehr als dreihundert von ihnen sich um eine Kandidatur bewarben und mehrere Monate lang Wahlkampf führten, ihrem Vorbild Jilali Habib nacheifernd, welche die laizistische Strömung von Kabul repräsentiert. Sie trägt keinen Schleier, ist 50 Jahre alt und stellt eines der überzeugendsten säkularen Symbole dieser Wahlen dar. Sie gibt die Monatszeitschrift *Shafaq* heraus, wo sie ihre Meinungen vorträgt, wie die Weigerung, den Schleier zu tragen. Das ist ungewöhnlich in einem Land, wo die Frauen fast völlig unter ihrer *burqâ* verschwinden. Als unabhängige Kandidatin hat diese ehemalige Lehrerin und Mutter von sechs Kindern zwanzig andere Frauen mobilisiert, Freundinnen, Tanten, Cousinen, Nichten, die ihr in ihrem Wahlkampf helfen sollten. In ihren Worten kommt die Befürchtung zum Ausdruck, daß die religiöse Strömung die künftige Kammer beherrschen könnte. Sie trotzte auch den Taliban, als sie die Frauen kritisierte, die aus Furcht vor deren Drohungen nicht zur Wahl gingen. Sie erinnerte daran, daß ihr Land bereits früher Geschmack an der Demokratie fand, und zwar zur Zeit des Königs Aman Allah, der Afghanistan aus seiner althergebrachten und religiösen Rückständigkeit geführt hatte, indem er insbesondere die Frauen aufforderte, den Schleier abzulegen. Darüber hatten sich die konservativen Kräfte, die Geistlichen und Stammesoberhäupter, empört. Der König wurde nach einer Volksrevolution unter Führung von Habib Allah entmachtet, der wieder einen religiösen Staat schuf.

Unter dem Regime der Taliban gründete Jilali Habib eine Schule für Mädchen im schulpflichtigen Alter. In ihrem Wahlprogramm hatten die Verteidigung der Frauenrechte, sowie der Kampf gegen Arbeitslosigkeit und Drogen oberste Priorität. Unermüdlich lobte und ermutigte sie die demokratischen Kräfte, die eigene Meinung öffentlich zu verteidigen. Sie bekräftigte auch, daß sie die gegenwärtige Regierung bevorzuge, die den Frauen eindeutig mehr Vorteile bringt als das Regime des Mullah Umar. Dennoch befürchtete sie einen Wahlsieg der Mullahs, die, wie sie sagt, »nichts anderes gelten lassen als die religiöse Erziehung«.

Die meisten Kandidatinnen bei diesen Wahlen waren Lehrerinnen. Zarghuna Kaker, die im Distrikt von Kandahar kandidierte, der ehemaligen Hochburg der Taliban und Ausgangspunkt zur Eroberung der Zentralmacht, sagt; »Vier Jahre lang konnten wir unsere Häuser nicht verlassen ... Wir konnten nicht mal zum Markt gehen, ohne von einem Mann begleitet zu werden ... Und jetzt kandidieren wir aus eigener Initiative für das Parlament.« Die Mädchenschulen sind in Wahllokale für Frauen verwandelt worden; erst wenn sie in dieser Schutzburg sind, lüften die Wählerinnen ihre *burqâ* und diskutieren über Politik, tragen voller Leidenschaft ihre Probleme und Standpunkte vor. Ein neuer Geist belebt die Mädchen und Frauen. Diese wiedererlangte Freiheit hat in den Wahlen ihren Ausdruck gefunden.

Wir begegnen dieser Geisteshaltung auch in den Schulen, Straßen und Häusern. Elfjährige, dreizehnjährige Mädchen blühen auf; sie lernen schnell; sie sind sich bewußt, daß sie sich auf ihre Zukunft vorbereiten müssen. Einige kennen schon ihre Bestimmung, wie Khedije, die mit zehn Jahren schon weiß, daß sie Ingenieurin werden und Bautechnik studieren will, um Tunnel zu graben, Viadukte zu errichten und Straßen mit sanften Kurven anzulegen, die sich an die Berge schmiegen. Kurz, das Lebensprinzip siegt über die grabartige Abschließung. Dieses neue Bewußtsein setzt die Energie der Frauen frei, die von den Taliban in den Umfriedungen der Familien eingesperrt wurden. Das waren Gräber, wo das menschliche Wesen sich zur Pflanze wandelt, wie Averroës gesagt hätte (vgl. Gegenpredigt 83). Heute gibt es in Afghanistan viele Menschen, die wie der mittelalterliche Philosoph von Córdoba denken: Die Freiheitsberaubung der Frauen hatte die Menschheit des schöpferischen Potentials beraubt, das in ihrer einen Hälfte schlummert.

104
Die Vergebung

Wird das Votum der Amnestie für die reuigen Terroristen, das am 29. September 2005 in Algerien stattgefunden hat, die Krise lösen, in der sich dieses Land befindet? Ich zweifele daran. Denn dieser Aufruf, die Ausschreitungen der Vergangenheit vergessen zu machen, hätte nur dann eine Wirkung gehabt, wenn er nach einer politischen Entwicklung erfolgt wäre, die auf die Umgestaltung des Landes abzielt. Doch die islamistischen Dämonen, die das Übel verursacht haben, gehen noch immer in der Gegend um. Und dort wurde bei weitem nicht der dringend nötige weltanschauliche Wandel verwirklicht.

Diese erste Bemerkung betrifft den politischen Zeitsinn in Algerien. Als ob man bei dieser Abstimmung hüh und hott miteinander verwechselt oder gar entschieden hätte, mitten im Galopp zu reagieren und Hals über Kopf einen Notausgang zu wählen. Aber die Entscheidung für die Eile und den erstbesten Ausweg werden die Lage des Landes nicht verbessern, werden keinen Balsam auf die Wunden träufeln und sie nicht vernarben lassen.

Ich möchte zwei gegensätzliche und erfolgreiche Beispiele eines Wegs aus einer politischen Lage anführen, die durch einen historischen, mit dem Bürgerkrieg zusammenhängenden Konflikt gekennzeichnet ist. In dem einen Fall hat man sich entschlossen, die Vergangenheit ruhen zu lassen, um die Umgestaltungen einer gerade stattfindenden Entwicklung zu beschleunigen, die bereits ihre Wirkungen im politischen und sozialen Körper gezeitigt hatte. In dem andern Fall hat man dagegen das Wort in Szene gesetzt, um mit Hilfe einer peinlich genauen Untersuchung des Verbrechens einen politischen Vertrag neu zu stiften.

Der erste Fall betrifft Spanien, das sich nach der demokratischen Überwindung des Franco-Regimes entschied, die Akte der Vergangenheit nicht zu öffnen, um die Aufgabe der Festigung der neuen Ordnung, der Modernisierung und europäischen Integration anzupacken. Das war eine weise Entscheidung. Nicht daß man die von der Vergangenheit hinterlassenen Probleme unbedingt vergessen müßte, um sie zu lösen, nicht daß es genügte, die Erinnerung an das Unversöhnbare zu tilgen, um in ein anderes Zeitalter einzutreten. Es wäre einfach nicht sinnvoll gewesen, die Toten der Vergangenheit wieder zum Leben zu erwecken. Indem man ihn einfach seinem Schicksal überließ, wurde ein schon verwester, zum Skelett und Studienobjekt für ein anthropologisches Labor gewordener Leichnam noch tiefer begraben. Das Franco-Regime hatte allein schon durch seine Langlebigkeit abgewirtschaftet; sein Niedergang hatte sich mit der Weiterentwicklung der Welt und vor allem mit der Einbettung des Landes in Europa beschleunigt, die Spanien in ein Land verwandelte, das reif genug war, sich dieser Einflußsphäre einzugliedern.

Der zweite Fall wird durch Südafrika verdeutlicht. Dieses Land hat den Schraubstock der Apartheid dank des tatkräftigen Wirkens von Nelson Mandela zerbrochen, der es verstanden hat, ein neues Bewußtsein zu verkörpern, den Verfall des rassistischen Staats zu beschleunigen und neue Strukturen zu verwurzeln, um dann den Platz für andere frei zu machen. Das Symbol, das er darstellt, nämlich eines Opfers, das seinen Peinigern verzeiht, ohne sich ihnen gebeugt zu haben, hat es vermocht, einem ganzen Volk eine Identifikationsfigur und ein leuchtendes Beispiel zu geben. Mandela wußte, daß er die Gegenwart dadurch umwandelte, daß er das Unverzeihbare verzieh (denn es gibt keine Verzeihung, die nicht auch das Unverzeihbare verzeiht. Jacques Derrida bekräftigt und beweist dies, indem er Jankélévitch widerlegt, der die Ansicht vertrat – in *L'Imprescriptible* [Seuil, »Points essais«, 1996; auf Deutsch: »Das Verzeihen. Essays zu Moral und Kulturphilosophie«] – daß man das Unverzeihbare nicht verzeihen kann. Als Jude dachte er dabei an den Nationalsozialismus in Deutschland, an die Maschinerie der Endlösung, in seinen Augen so unverzeihbar, daß er es sich untersagt hatte, auch nur ein einziges deutsches Wort zu lesen – ein echtes Opfer für einen Philosophen).

In einem zweiten Schritt, nach dem Verzeihen des Unverzeihbaren, wurde von Desmond Tutu, der ebenfalls ein Opfer der Apartheid war, die Kommission »Wahrheit und Versöhnung« gegründet. Die Versöhnung konkretisierte sich so nicht in der rechtsgültigen Abschaffung der Apartheid, sondern in der minutiösen, sowohl ideologischen als auch juristischen Aufarbeitung ihrer Taten. Der Aufruf zur Versöhnung lud nicht zum Vergessen des Leids ein, sondern ermutigte die öffentliche Inszenierung seines Gedenkens: Sowohl der Täter als auch das Opfer nehmen im Verlauf ihres Berichts beide den Status von »Betroffenen« an. Ihr Zeugnis stellt dar, was Philippe-Joseph Salazar »politische Zeugenaussage« nennt, das heißt eine Zeugenaussage, die durch die Tatsache, daß sie etwas anprangert, gegen eine politische Ordnung (die der Apartheid) Zeugnis ablegt um statt dessen eine andere einzusetzen, welche die Republik neu begründet, indem sie die Würde des Opfers wiederherstellt und den Täter amnestiert (siehe *La dernière répubique*, Vorwort von P.-J. Salazar in *Amnistier l'Apartheid*, herausgegeben von Desmond Tutu, Seuil 2004).

Unter solchen Bedingungen kann ich mich mit dem Unversöhnbaren versöhnen, indem ich in meinem Bewußtsein und in meiner

Vorstellung den Ort und die Position des Unverzeihbaren und Unversöhnbaren bewahre, die zum Geheimnis der Herzen gehören, das die Politik nicht auslöscht, auch wenn sie es möchte.

Nun trifft nichts von dem bisher Gesagten auf die Lage Algeriens zu. Die Gründe, die zur Krise und zum Bürgerkrieg der 1990iger Jahre geführt haben, sind nach wie vor wirksam. Keine kritische Arbeit hat im Bewußtsein der Menschen zur Aufarbeitung der Tatsachen geführt. Die Übeltäter, die amnestiert werden sollen, laufen in den Städten und Dörfern frei herum, die weiterhin dem Vorbild und den Gegenwerten unterworfen sind, in deren Namen das Verbrechen begangen worden ist. Die Instrumente des Staats, die im Dunkeln und Zweideutigen arbeiteten, um die Terroristen zu bekämpfen, agieren noch immer in derselben Schattenzone und verfahren mit derselben zutiefst undemokratischen Zwiespältigkeit! Man ruft zum Verzeihen und zur Versöhnung auf, ohne zuvor das Verbrechen aufgeklärt oder eine Gesellschaft umgestaltet zu haben, die es durch einen Wandel ihrer Werte überwinden müßte. Wenn die FIS dazu aufgerufen hat, für die Amnestie zu stimmen, so deshalb, weil sie weiß, daß die Lage weiterhin günstig für sie ist, daß die algerische Gesellschaft immer noch auf gleicher Wellenlänge mit ihrer islamistischen Ideologie liegt und ihr Ziel, die Herzen der Menschen wieder zu islamisieren, schon weitgehend erreicht hat.

In der Zwiespältigkeit der an die Wähler gerichteten Frage verbirgt sich somit eine politische Falle. Wer würde schon gegen einen Wunsch nach Frieden stimmen? Es sei denn, dieses Referendum ist bloß ein verschleierter Volksentscheid, der das Bildnis des charismatischen und absoluten Oberhaupts wiederherstellen soll, der Algerien auf den Nullpunkt zurückführt, nämlich auf den von der Vorsehung gelenkten und von einem einzigen verkörperten Staat, also genau dorthin, wo die verhängnisvolle Entwicklung begonnen hat, die zum Ausbruch des Bürgerkriegs führte. Das Mindeste, was man sagen kann, ist, daß der Appell zur Aussöhnung und Verzeihung überstürzt, kaum durchdacht und weit entfernt ist von einem ethischen und juristischen Konzept, das dieser besonderen Situation angemessen wäre.

Ich will nur noch zitieren, was Jacques Derrida im Zusammenhang mit dem ersten Referendum gesagt hat, das Abdelaziz Bouteflika vor einigen Jahren über dasselbe Problem vorschlug, und zwar im Dezember 1999 in einem Gespräch mit Michel Wieviorka, das in *Le Monde des débats* erschien und in den Anhang von *Foi et Savoir* (Seuil, »Points essais«, 2000) aufgenommen wurde: »Eine ›abgeschlossene‹ Vergebung ist keine Vergebung, sondern lediglich eine politische Strategie oder eine psychotherapeutische Maßnahme. In Algerien kann der Eindruck entstehen, daß das Überleben des Landes nur über den Prozeß der angekündigten Aussöhnung verläuft. Man kann ›verstehen‹, daß ein Votum die versprochene Politik bestätigt hätte [...]. Aber ich halte das Wort ›Vergebung‹, das bei dieser Gelegenheit gefallen ist, für fehl am Platz ... Ich finde es ungerecht aus Respekt vor den Opfern schrecklicher Verbrechen [...] und aus Respekt vor der Bedeutung des Worts selbst, vor der nicht verhandelbaren, nichtökonomischen, apolitischen und nichtstrategischen Unbedingtheit, die es verordnet. Aber dieser Respekt vor dem Wort oder dem Begriff übermittelt keinen semantischen oder philosophischen Purismus. Alle Arten uneingestehbarer ›politischen Manöver‹ und strategischer Schliche können sich in mißbräuchlicher Weise hinter einer ›Rhetorik‹ oder ›Komödie‹ der Vergebung verbergen, um dem Recht ein Schnippchen zu schlagen. Wenn es in der Politik um Analyse, Rechtsprechung oder die praktische Verhinderung solcher Mißbräuche geht, muß man ein Konzept haben, auch wenn man damit Paradoxien oder Aporien in Kauf nimmt, die eine Belastung darstellen und erklärungsbedürftig sind. Nur so kann man verantwortungsbewußt handeln.« (Seiten 124 – 125) Diese Bedingung war weder 2005 noch 1999 erfüllt. Ich fürchte, daß in dieser Affäre die politische List über die Klärung des Konflikts siegt. Auch abgesehen von der Frage der Vergebung – die weniger leicht zu fassen ist, da sie im Herzen jedes einzelnen Menschen wurzelt – ist der Prozeß der Aussöhnung in Algerien niemals bis zu seinem Ende geführt worden. Dieser Prozeß müßte die dringend nötige und wünschenswerte »Heilung« und »Normalität« wiederherstellen, indem er das Vergessen und die »Trauerarbeit«, etc. unterstützt, um noch einmal die Formulierung von Jacques Derrida aufzugreifen.

Vergeblich und nicht wünschenswert werden jede Amnestie und jeder Aufruf zum Frieden sein, die sich nicht auf eine Bühne begeben, die geeignet ist, die Vergebung in der anspruchsvollen und würdigen Weise zu begrüßen, die diesem Begriff innewohnt, samt dem Geheimnis, das bestehen bleibt zwischen dem, der Vergebung gewährt, und der immer wieder erneuerten Legitimation dessen, der sie ablehnt. Wirkungslos wird eine Amnestie bleiben, die der Aussöhnung keinen öffentlichen Raum gibt, in dem die Argumente des Opfers vorgetragen werden, die vom Täter verstanden und verinnerlicht werden müssen. Man muß kompromißlos über Begriffe debattieren, die von den islamistischen Tätern in ihrer maximalistischen Interpretation fehlgeleitet wurden, wie jene, die wir in diesen *Essays* erwähnt haben, die Begriffe des *takfir* (Ausschluß vom Glauben), des *t'âghût* (Rückkehr zum Götzendienst) und des *tatarrus* (menschliches Schutzschild), die beschworen wurden, um das Hinschlachten von Glaubensgenossen und unschuldigen Opfern zu rechtfertigen, die offenbar mit dem besten Gewissen auf barbarischste Art und Weise umgebracht wurden. Alle diese Probleme müssen in einer öffentlichen und sachkundigen Debatte angepackt werden, die das Gemeinwesen zur Pflicht ruft, um die Täter unter Druck zu setzen und nicht zuzulassen, daß sie sich mit ruhigem Gewissen zurücklehnen können. Es ist wichtig, die Untersuchung ihrer Schuld öffentlich durchzuführen, ihren offensichtlichen Abweichungen entgegenzutreten und sie mit den Werten unserer Welt zu konfrontieren, welche die Menschenrechte und die Achtung vor dem Leben des andern preisen, seine Eigenständigkeit und Einzigartigkeit als Individuum unantastbar machen und im Recht verankern. Man sollte das Drama öffentlich in Szene setzen, das diese Verbrechen als Bruch des Vertrages dargestellt haben, auf dem die Bedingungen des Zusammenlebens beruhen. Dieser Bruch wirft uns in die Zeit vor der ersten Gesellschaftsordnung zurück, in welcher »der Mensch dem Menschen ein Wolf ist«. Die Debatte eines ganzen Volkes sollte sich an den Problemen entzünden, die nach wie vor Grundlage für das Credo der Verbrecher sind. Auf diese Weise geraten sie gar nicht in Gewissensnöte, wenn eine erfolgte Amnestie sie ohne Gegenleistung freispricht, ohne sie verpflichtet zu haben, den Status von »Betroffenen« auf sich zu nehmen, den sie mit ihren Opfern teilen müßten. Nur unter diesen Bedingungen können erste Schritte zu einer Aussöhnung getan werden, indem das Unverzeihbare verziehen, dabei aber sein Rätsel anerkannt wird, oder indem man es rein und unangetastet als Geheimnis im Herzen bewahrt. Denn der Begriff der Vergebung gehört nicht zum politischen Bereich, er ist nicht verhandelbar und kann auch keinem Mehrheitsbeschluß unterworfen werden. Darin besteht die Bedingung für »verantwortungsbewußtes Handeln«, das Licht in die algerischen Verhältnisse bringen muß.

105
Trauer

New York, Ground Zero, ein gigantisches Loch an der Stelle der Twin Towers, der Zwillingstürme, die sich stolz gen Himmel erhoben. Wie oft hatte ich sie vor ihrer Zerstörung an die Wolken stoßen gesehen? Der Ausdruck »Wolkenkratzer« hat im Arabischen eine poetische Entsprechung: *nât'ihât as-suhub* (»prallt an die Wolken«), eine Metapher, die Festes und Flüchtiges hoch in der Höhe zusammenstoßen läßt, wie wenn zwei kämpfende Widder frontal aufeinanderprallen.

Ich erinnere mich, daß ich mich einmal auf ihrer Spitze befand, als federleichte Wolken zum Greifen nah waren, um sie herum strichen und, solange der Wind sie schob, die Türme in verschwimmende Aureolen hüllten und ihnen dabei ein schwindelerregendes Flackern von Flammen verliehen. Am 11. September 2001 waren es nicht die unstofflichen Wolkengestalten, sondern die festen Körper von Flugzeugen, die an die Türme stießen, um sie zum Einsturz zu bringen.

Jetzt ist da nichts mehr. An dieser Stelle klafft eine Lücke, umringt von anderen, bescheideneren, von der Abwesenheit ihrer großen Zwillingsschwestern gepeinigten Türmen. Einige dieser verwaisten Türme sind in einen Stoff gehüllt, der so dünn ist, daß der Wind ihn erzittern und Wellen schlagen läßt. Die Hochhäuser am Rand der Lücke tragen schwarze Kleider und wahren so den gedämpften Ton der Trauer ... Dieses Schauspiel läßt mich unwiderstehlich an das schwarze Gewand denken, das den Kubus der Kaaba schmückt. Verwirklicht sich die Begegnung des Pilgers mit seinem Gott in der gleichen Mahnung an den Tod, in der gleichen Erinnerung, die dazu auffordert, sich ins Gedächtnis von jenseits des Grabs zu versenken, um mit jenen wandern zu können, die verschwunden, zur anderen Seite hinüber gegangen sind, noch in den Schleier der Überraschung gehüllt, die sie in ihrer morgendlichen Unschuld der Frühe ergriffen haben muß?

Alles was in der Umgebung der eingestürzten Türme beschädigt wurde, ist restauriert und instand gesetzt worden. Und die Kirche, die sich an dieser Stelle, wo die steilen Höhen herrschen, recht bescheiden ausnimmt, diese dem Ort der verheerenden Explosion und dem Gestank verbrannten Fleischs so nahe Kirche, die unversehrt das Donnergrollen überstand, das nur einige Sekunden lang dauerte, bis die Türme nacheinander umgesunken, zerbröckelt und eingestürzt waren, eine Klangmasse, nach der eine weiße Qualmwolke aufstob, die den Tag verfinsterte, diese Kirche ist stehen geblieben: Nichts hat ihr Mauerwerk und die neugotischen Formen erschüttert, keine giftigen Ausdünstungen haben den rosaroten Farbton ihrer Steine angegriffen. Sie ist so etwas wie eine heroische Überlebende, die inmitten der Katastrophe als Oase geblieben ist, die sie immer war, mit dem an sie angrenzenden Garten, wo die Stelen der Gräber aufragen, eine ländliche Parzelle im Herzen der Weltmetropole, das Merkmal einer dörflichen Urbanität, Zeugnis eines Lebens vor dem Triumph der Technik, vor Eisen, Stahl und Glas. In ihr fanden die Ärzte, Feuerwehrleute und Rettungsmannschaften Zuflucht, als sie dort am Tag des Unheils in aller Eile ihr notdürftiges Hauptquartier aufschlugen.

Dieser Tag bleibt im Herzen der Stadt – die Lücke zeugt davon – als ein Trauma gegenwärtig, das die Gesichter mit einem Hauch Melancholie oder einer geisterhaften Traurigkeit färbt. Sie breitet sich aus und greift die verrückte Phantasie und Freiheit an, auf deren Geschmack uns die Stadt gebracht hatte. Die übrigbleibende Lücke hinterläßt eine unheilbare Wunde. Die Besucher sind zahlreich, sie drängeln sich um die eiserne Umzäunung, die das Loch umgibt und das Feld frei läßt für den Blick, der sich in die Tiefe der riesigen Grube bohrt, die das unfaßbare Ereignis gegraben hat. Rings um mich sehe ich Besucher mit Tränen in den Augen, ich höre erstickte und brechende Stimmen. Und fliegende Händler bieten schamlos eine Reihe von Postkarten feil, auf denen neben anderen Episoden des Dramas die unauslöschlichen Bilder der Flugzeuge zu sehen sind, nachdem sie die Türme gerammt haben.

Auf einer der Postkarten, die von Hand zu Hand gehen, erkenne ich die gigantische Masse erstarrten Schutts, aus dem Stahlträger ragen, ein seltsames Profil von Eisenbarren, die schief aus dem Trümmerhaufen stechen und auf unsere Augen zielen, um sie zu durchbohren, Zufallsgebilde, die den aggressiven Strichen des *Eismeers* begegnen, das Caspar David Friedrich (1774 – 1840) gemalt hat. Ein Gletscherchaos, das ein Schiff mit der geometrischen Brutalität verschlingt, die durch die strenge Anordnung der Linien und Formen erzielt wird und gerade wegen der vollständig durchgestalteten Komposition ein Gefühl der Verstörung angesichts zerstörerischer Kräfte ausdrückt. Hier aber erreicht die zufällig entstandene Komposition, die nur einen Augenblick lang auf dem Grund der nach der Vernichtung der Twin Towers klaffenden Lücke sichtbar wird, den Status einer Ikone unserer Zeit, die durch die Analogie ihrer Linien die gleichen Wirkungen erzielt wie diejenigen, die der romantische Maler gesucht hat, indes er zwischen Wissen und Fühlen malte, zwischen dem, was er vor sich sah und was er in sich selbst erblickte. Diese ikonische Analogie konfrontiert uns mit einer zerstörerischen Gewalt, welche die Verheerungen durch die Natur mit den vom Willen des Menschen hervorgerufenen Katastrophen verbindet. Und im Fall der Twin Towers wird die Intensität der Verstörung noch gesteigert durch die Tatsache, daß die Katastrophe die Folge einer Untat war.

Schautafeln berichten in nüchterner Weise über die Abfolge der Ereignisse, die Geschichte des 11. September, vom Start der Flugzeuge in Boston bis zum Einsturz des zweiten Turms fast drei Stunden später. Eine Fotografie zeigt das zerknitterte, durchlöcherte, angesengte und gerettete Sternenbanner – ein Relikt der Apokalypse. Ein metallener Fensterrahmen in Form eines Kreuzes, ein weiterer nach der Katastrophe geborgener Trümmerrest, wurde auf einem Podium aufgerichtet, ein vom Zufall geschaffenes Werk, das an eine Skulptur von Luigi Serra erinnert und sich durch eine symbolische Fügung, die das Werk des Desasters ist, wie von selbst mit dem heiligen Zeichen verbindet.

Ich möchte mich nicht bei den andern Schautafeln aufhalten, die nichts Neues bieten und, selbst in ihrer Nüchternheit, Gefahr laufen, auf den Ufern der Ideologie zu stranden, indem sie diejenigen anprangern, die sich an einem Symbol der Intelligenz, des Könnens, der Modernität, der Freiheit, der Demokratie und der Gesellschaft vergriffen haben, welche die Vielfalt, Verschiedenartigkeit und Menge der Welt aufnimmt. Ich meinerseits prangere den Todeskult an, den die barbarischen islamistischen Terroristen sich selbst und gleichzeitig einer großen Menge Unschuldiger aufgezwungen haben. Was ich anprangere, ist die Untat, die sie mit dem reinsten Gewissen begehen, das der Ordnung des Heterogenen und einem Gott gehorcht, der am Ort des Ganz Anderen eingesetzt wurde: So nähren sie ihre mörderischen Phantasien, die in heilige Weisungen umgewandelt wurden. Angesichts dieser todbringenden Neigung zum Tode rufe ich wiederum das Lebensprinzip an, das die Stadt noch immer beseelt und unsere Welt mit ihren Wundern und Abscheulichkeiten, mit ihren Orten der Verschwendung und ihren Teufelskreisen spiegelt.

Aber die Zeit der Trauer scheint noch nicht vorbei zu sein. Am Ground Zero zeigen Schautafeln die Entwürfe des mehr als 600 Meter hohen Turms und der Gedenkstätte, die hier errichtet werden sollen, samt einem Bahnhof für die Besucher dieses unheilvollen Ortes. Aber die preisgekrönten Architekten, der Amerikaner Libinsky für den Turm und die Gedenkstätte, der Valencianer Santiago Calatrava für den Bahnhof, und ihre Pläne sind umstritten. Die Diskussion über das endgültige Schicksal des Orts, wo sich die Schädlichkeit und das Zerstörungspotential der islamistischen Nihilisten gezeigt hat, ist noch nicht abgeschlossen. Es ist, als währte die Zeit der Trauer lang, sehr lang, endlos, unendlich lang in der Stadt aller Nichtigkeiten, die dem Kult des Augenblicks und des Flüchtigen huldigt und heute das Totem verbrennt, das sie erst gestern errichtet hat.

106
Analphabetisches Wissen

Es gibt eine einzigartige Moschee in Tanger: die Moschee Sidi Bou Abid. Oh nein, sie ist nicht sehr alt, aber sie zeugt von einer außergewöhnlichen Originalität, die in ihrem Minarett sichtbar wird. In diesem aufragenden Bau zeigt sich die Kühnheit der Proportionen. Der Künstler, der ihn in den 1920iger Jahren schuf, entschied sich für das Langgestreckte. Es ist, als hätte er die Proportionen der manieristischen toskanischen Malerei des 16. Jahrhunderts oder das letzte Stadium der griechischen Bildhauerei des hellenistischen Zeitalters, aus dem 3. Jahrhundert vor unserer Zeitrechnung, auf die Architektur angewandt. Kurz, es ist als wäre der Architekt dieses Minaretts auf die Idee gekommen, seine Zelte in der dritten Phase der Entwicklung der Künste aufzuschlagen, im Zeitalter des »Barock«, das auf die Zeit des »archaischen« Anfangs und der »klassischen« Vollendung folgt. Hier, in Tanger, vor einem Minarett, das aus dem Raum des »analphabetischen« und einheimischen Wissens entstanden ist, freue ich mich – durch das Spiel der Übereinstimmungen – eine Bestätigung der sicherlich veralteten Thesen des deutschen Theoretikers der ästhetischen Entwicklung Heinrich Wölfflin zu finden, dessen Abhandlung *Grundprinzipien der Kunstgeschichte* (1915) mit einer Abweichung von fast zehn Jahren in derselben Zeit entstanden ist wie unser Minarett.

Ich kann nicht umhin, in diesem gertenschlanken, in die Höhe strebenden Minarett, in der rein geometrischen Form eines aufgerichteten Prismas, die Verwirklichung von Proportionen zu sehen, die für die Schaffung der eleganten weiblichen Gestalten des toskanischen Malers Primaticcio (1504 – 1570) oder für jene maßgeblich waren, welche die hellenistischen Statuen ankündigen, zum Beispiel die Bronzen von Lysippos (gestorben um 310 vor unserer Zeitrechnung), der seine Figuren um eine Kopflänge erhöht hat. Die Läuterung der Linien, die durch die Entscheidung für das Langgestreckte bestätigt wird, ist so deutlich wie nur möglich im Profil des Kuppeltürmchens, der Laterne, zu sehen, die seltsam lang ist, so lang wie der Hals einer Nymphe aus den Ateliers der Italiener, die für Franz I. die Innenwände der hinter der Fassade des Schlosses von Fontainebleau verlaufenden Galerie bemalt hatten.

Darüber hinaus lebt die Schönheit dieses Minaretts vom Reichtum seiner Palette. Die Farben und ihre Anordnung sind Teil seiner Strukturierung und geben ihm seinen Rhythmus. Auf rosarotem Grund, der an den Farbton der Mauern in Taroudant erinnert, eine Farbe, die den Verputz beherrscht, beleben sich die glänzenden Keramikkacheln, bei denen das Grün sich durchsetzt und jenes andere Grün verstärkt, das von den Dachziegeln des Schrägdachs auf den Schiffen des Oratoriums leuchtet. In einem abwechslungsreichen Spiel gesellen sich Blau und Weiß zu diesem Grün, sowie ein leicht kupferfarbenes, ins Rötliche spielendes Kastanienbraun.

Das Wechselspiel der Farben schmeichelt sich in die Kombinatorik der Zahlen ein, die sich durch die Wiederholung der Formen ergibt. Wir zählen auf der ersten Etage des Gebäudes eine einzige Fensteröffnung, einen Vielpaßbogen in voller Rundung, die durch Zwillingsöffnungen verstärkt wird. Sie bewahren das Vielpaßprofil, doch diesmal in einem gebrochenen Bogen, eine Verwandlung, die das Auge wahrnimmt, wenn es zum zweiten Stockwerk hochblickt. Dagegen bietet das dritte Stockwerk eine Unterbrechung des Motivs der Fensteröffnungen zugunsten der Dynamik der Farben, die durch eine Reihe von acht ineinandergeschobenen Rauten dekliniert werden, eine in die andere gefügt wie russische Puppen, wobei selbstverständlich die ersten vier Rauten – die kleinsten – ganz hervortreten, während die vier letzten, viel größeren, verkürzt sind, denn in den Raum, der sie aufnimmt, passen sie nicht ganz hinein. Schließlich finden wir im vierten Stock die Bögen wieder, die, eine Verbeugung vor dem Ungeraden, in einer Fünferreihe verteilt sind, Bögen in einer schmalen Form mit glattem, gebrochenem und überhöhtem Profil. Und die Palette folgt auf diesem Stockwerk dem Gebot der Zweifarbigkeit in einem Wechselspiel von Blau und Grün.

Das Ganze wird überragt von einer Krone entenfußförmiger Zinnen, ein Ensemble, das seinen letzten Schwung an die Laterne weitergibt, die von einer vertikalen Reihe von acht zwölfstrahligen Sternen verziert wird; diese sind im Innern grün und außen blau, Zitat der beiden Farben der Basis in einer anderen Kombination.

Diese geometrische und chromatische Abfolge wird von einer einzigen kleinen Fensteröffnung überragt, ein Solo, das *in fine* das Eine bestätigt, womit die Erhebung im ersten Stock begonnen hat. Und am Gipfel der kleinen Pyramide, welche die Laterne krönt, tauchen die gleichen grünglänzenden Ziegel wieder auf, welche das Dach über dem Gebetsraum skandieren; dieser bildet sichtbar das Fundament, in dem der Sockel des Minaretts verankert ist.

Ich möchte auch nicht die Abstufung der drei Kugeln außer acht lassen, die in der Krümmung des Halbmonds aufblühen. Dieser setzt der Laterne die Spitze auf, was den Eindruck des Aufschwungs noch verstärkt und den Weg zur Illusion der Senkrechten bahnt, die gen Himmel schießt, verstärkt durch den parallelen Schaft in Gestalt einer dünnen, die Laternenspitze um zwei Ellen überragenden Eisenstange. Diese Stange endet in einer abgeplatteten, aus demselben Material gegossenen Kugel, welche die Form eines drallen Fischs vorgaukelt, der sich einem geschmeidigen Meer zukehrt und einen Berührungspunkt mit dem Halbmond hat, der seine Tangente bildet.

So sieht dieses mit Sorgfalt gearbeitete, tief empfundene und wohldurchdachte Wunder der Volkskunst aus, ein Wunder, das von der Einfühlungsgabe eines Maurermeisters geschaffen wurde und das Glück hatte, seine Symbole des Zusammenlebens in der Verbindung zweier architektonischer Merkmale zu gewinnen, die zu anderen Religionen gehören: Zur Linken erhebt sich in der Tat der Turm im neoalmohadischen Stil mit den wuchtigen Proportionen von Saint Andrews, der anglikanischen Kathedrale; zur Rechten taucht der weiße, quadratische Kampanile auf, an jeder Seite belebt von großen *oculi* und überragt von einer düsteren Kuppel, die an die katholische spanische Kirche gemahnt, die, wie es sich gehört, Purisima heißt.

Wie in dieser bescheidenen Nachbarschaft den ehrwürdigen Baum nicht erwähnen, der das Geheimnis des vor dem Handelsgericht liegenden Gartens bewacht, ein Gummibaum mit zwanzig Stämmen: ein einziger Baum, so dicht wie ein Wald, mit schweren Ästen, die sich unter ihrem eigenen Gewicht herabneigen, von der Erde ergriffen werden und in ihr Wurzeln schlagen? Als ob diese wuchernde Üppigkeit einzig und allein das Zeichen des Lebens bekräftigen sollte, die Bewegung und das Wachstum, mit dem Bild des Nebeneinanders und der Teilung zwischen den zwei Reichen, dem Pflanzen- und dem Tierreich. Und daneben antwortet das den Himmel erklimmende Minarett auf beides, wie um dem Mineral, aus dem es besteht, den Saft zu geben und es metaphorisch diesem aus dem Lebendigen hervorgegangenen Reich näher zu bringen.

Das ist die Magie dieser Stadtumgebung, über die das Minarett wacht, als Hüter des abschüssigen Platzes, ein Raum, in dem drei nach unten und vier nach oben führende Straßen zusammenlaufen. Ein Ensemble, das man den Grand Socco nennt und das mehrere Umgestaltungen erlebt hat, wie man auf alten Fotos sehen kann, das aber bis zu seiner letzten Gestalt eine Ästhetik zu bewahren wußte, die das Chaos als Komponente integrierte, wie geschaffen für die geschmeidigen Konturen des Platzes, der die von den Passanten verursachte Unordnung auffängt.

Unser Minarett wird sich wie ein Waisenkind oder wie ein Verbannter fühlen, wenn die derzeitigen Arbeiten beendet sein werden, die den Platz in eine starre, elementare Geometrisierung zwingen sollen, wie das Werk einer von künstlicher Intelligenz gesteuerten Maschine. Das Formlose des Orts wird dann einer Ordnung unterworfen sein, die ihm fremd und eine unheilbare Beeinträchtigung des »analphabetischen« Geistes ist, der das Minarett von Sidi Bou Abid geschaffen und es bis dahin verstanden hatte, über die Szene zu wachen, deren wohlwollender Hüter zu sein. Diese mechanistische Geometrisierung wird den vom Minarett überschatteten Platz verunstalten; sie ist das Zeichen der Blindheit der Technokraten, Polytechniker, Absolventen der École Centrale und anderer

Ingenieure des Hoch- und Tiefbaus, die von der Höhe ihrer Ausbildung und ihres physikalischen und mathematischen Wissens die Stärken der vom analphabetischen Nicht-Wissen produzierten Ästhetik nicht wahrnehmen. Denn sie hat das Minarett von Sidi Bou Abid gebaut und es in ihrer Unwissenheit verstanden, sich mit der Weltzeit des »Barock« zu treffen, indem sie sich selbst das Maß des Langgezogenen gab. Der Schatten dieses Minaretts wacht so über einen Platz, der das Kunststück vollbracht hat, die Ausgelassenheiten seiner analphabetischen Besuchermassen in seine geschmeidigen Konturen einzubetten. Die Techniker, die bei uns das Sagen haben, sollten ihr Wissen mit dem Geist der Aufklärung erhellen, den dieses Volksbewußtsein ausstrahlt, das von einem »wilden Denken« geprägt ist. Es beruht auf den schöpferischen Prinzipien, die strenge Schemata der Improvisation unterwerfen, weil sie die instinktive Gabe haben, den Entwurf dem »Wurf« anzupassen und das Abstrakte intuitiv ins Sichtbare zu übersetzen.

Aber diese Techniker sind weit von einer solchen Einsicht entfernt. Man hat sogar das Gefühl, daß sie sich für das Anzeichen des Volkstümlichen schämen. Das beweist mir die Art, wie sie die zaghafte weiße Chorhaube der Moschee Sidi Bou Abid versteckt haben, wo ein Dekor wie aus Pappmaché angeklatscht wurde, eine mit Speckstein ausgekleidete Säulenhalle, ein falbes Grau, das sich mit den monumentalen Bögen vermählen soll, deren Defilee an einer imposanten, von einer Uhr mit Kreisen, Zeigern und goldenen Ziffern überragten Tür endet. Diese Tür, die sich auf nichts öffnet, verleiht dem abschüssigen Platz ein feierliches Ungestüm: er ist bereits durch den Höcker eines Springbrunnens aus weißem, wohl von elektrischen Sägen und Schleifmaschinen geglättetem und zugeschnittenem Marmor verschandelt. Diese plumpen Rundungen gesellen sich zu den Warzen der Zementkübel, aus denen winzige Araukarien sprießen, die wie Zwerge wirken neben der Kohorte von ungefähr dreißig baumlangen Washingtonia-Palmen, Geister mit Haarbüscheln schlaksiger Sioux, die ein Mißverhältnis deklinieren, das den so glücklich langgezogenen Formen nicht zur Ehre gereicht, für die sich der Maurermeister des von mir gerühmten Minaretts entschieden hat. Und die Installation einer Fülle hochmütiger Straßenlaternen kann die Absicht der Leute noch deutlicher bestätigen, die diese neue Ausstattung ersonnen haben. Es galt, jede einheimische städtebauliche Spur zu löschen, um den Raum dem pseudomajestätischen Bild zu unterwerfen, das der Staat sich von sich selbst macht. So viele Straßenlaternen, so viele Bäume (die keinen Schatten spenden in diesem Land, wo die Sonne ein Tyrann ist) bevölkern jetzt den Ort, wie um zu signalisieren, daß die offizielle Bühne grauenhaft leer ist. So verrät der technokratische Eingriff auf dem Platz des Grand Socco den Geist des Ortes und mutet ihm ein mit seinem Gedächtnis auf immer unvereinbares Schicksal zu.

107
Zwischen Gastfreundschaft und Feindschaft

Die jüngsten Erklärungen von Alain Finkielkraut (November 2005) geben mir die Gelegenheit, einige Fragen zum gegenwärtigen Zustand Frankreichs, Europas, des Islam, des Maghreb, Afrikas, kurz der Welt zu stellen. – Sie beziehen sich auf ihre Haltung gegenüber Fremden, ob sie diese gastfreundlich aufnehmen oder ihnen eher feindlich gesinnt sind. Abgesehen vom Skandal, den Finkielkrauts Erklärungen ausgelöst haben, hat seine Stellungnahme das Verdienst, eine Meinung über Fremde öffentlich auszusprechen, die schon viele Male im privaten Bereich hinter vorgehaltener Hand geraunt wurde. Solche Reden riechen verdächtig nach Ausgrenzung, auch wenn sie von Leuten stammen, die unter strenger Aufsicht des antirassistischen Über-Ich stehen, das grundsätzlich für das Andere aufgeschlossen ist. Selbst wenn diese Meinung nicht klar ins Bewußtsein dringt, wirkt sie doch unter der Oberfläche unbewußt weiter und spukt im Geist der Menschen herum. Auch muß man in ihr ein Symptom unserer Zeit sehen, das näher betrachtet zu werden verdient.

Erinnern wir uns zunächst an den Tenor der Ansichten, die Finkielkraut in einem Interview mit der israelischen Tageszeitung *Haaretz* geäußert hat, es wurde in *Le Monde* in Auszügen veröffentlicht und von der italienischen Presse nachgedruckt, ich las es gestern in Triest (der Artikel in *Corriere della Sera* trägt den Titel: »Die Bombe Finkielkraut explodiert in Frankreich«). Der Philosoph bekundet in seinen kritischen Schriften im allgemeinen den Wunsch, das Gewissen seiner Zeit zu sein, das »ein Denken von der Stange« ablehnt. So bezeichnet er polemisch die Illusionen des Jahrhunderts, wie sie angeblich im konformistischen *Vademecum* nachzulesen seien, dessen Werte man nur zu verinnerlichen brauche, um im Einklang zu sein mit dem, was gedacht wird und was man einhellig für gut hält. Angesichts der gegenwärtigen Verirrungen erinnert Finkielkraut an die Prägnanz und Permanenz des westlichen Wertesystems. Er wendet sich dagegen, daß dieses System unter dem Druck des Kurzlebigen und einer wetterwendischen Aktualität zerstört wird, der uns, da wir uns einem starren Code beugen, dazu verleitet, das Meisterwerk und das Machwerk nach den gleichen Kriterien zu beurteilen, also das von der langen mühsamen Arbeit des Geistes überwachte Produkt und mechanisch erzeugte Artefakte über denselben Kamm zu scheren.

In diesem allgemeinen Rahmen analysiert Finkielkraut auch die im Herbst 2005 aufgeflammten Unruhen, die Teile der am Rand unserer Städte wuchernden Vororte in Brand gesetzt haben. Ein solches Ereignis, sagt er uns, kann nicht in seiner ganzen Wahrheit erfaßt werden, solange der Antirassismus unverzüglich seinen anprangernden und anklagenden Finger hebt: Diese Zensur, die einer Ideologie der Einschüchterung gleichkomme, hülle die schwarze, in der schwarzen Nacht herumstreunende Katze, die in einem Dunkel verschwindet, wo alle Namen und Dinge grau sind, zusätzlich noch in einen schwarzen Schal. Mit andern Worten: Unter der Fuchtel dieser Zensur könne das kritische Subjekt eine Katze nicht mehr eine Katze nennen, auch wenn es ihm gelänge, ihre Schwärze auszumachen, die durch die von seinen tagblinden Augen abgesuchten Nachtzonen dieser Welt huscht. Auf diese Weise ginge vom Antirassismus unserer Zeit dieselbe sogenannte Abschreckungsgefahr aus wie im Intellektuellenmilieu der 1950iger Jahre vom Kommunismus. Er stelle eine Form der Verblendung dar, die den Anderen, den Fremden, in einem engelhaften, verklärenden Licht betrachte. So werde man daran gehindert, das Übel zu sehen, das er verkörpert, wenn seine Anwesenheit sich mit den Werten des Aufnahmelandes als unvereinbar erweist. Darüber hinaus könnte seine derart verklärte Anwesenheit die Ruine eben dieser Werte durchaus ganz zum Einsturz bringen.

Auch empfiehlt es sich, laut Finkielkraut, den Schleier vor den Augen zu zerreißen und an das Offensichtliche zu erinnern: Die Brandstifter der Vorstädte sind nichts als Araber und muslimische Schwarze, die Frankreich und die westlichen Werte hassen; sie bilden sogar die Speerspitzen des fundamentalistischen, islamistischen

Kriegs gegen Europa, Amerika, die Demokratie und die freie Welt. Nach dem, was er sagt, ist dieser Haß durch nichts gerechtfertigt, schon gar nicht durch den Kolonialismus, der als ein zivilisatorisches Werk zu betrachten ist. Was ihn persönlich betrifft, hat ihm Frankreich ein weit schlimmeres Leid angetan als diesen Maghrebinern und Afrikanern, als es seinen Vater der Deportation und den Konzentrationslagern auslieferte, weil er Jude war. Trotz dieser tragischen Episode empfindet er selbst keinen Haß gegen Frankreich. Aber Finkielkraut nimmt es Frankreich übel, daß es nicht auf die zersetzende Aggression und verheerende Invasion reagiert, die seine Authentizität verfälscht. Das zeigt sich deutlich genug in der ethnischen Zusammensetzung seiner Fußballmannschaft. Sie ist nicht einmal mehr »weiß, schwarz, nordafrikanisch braun«, sondern nur noch »schwarz, schwarz, schwarz« und macht, nach seinen Worten, das Land zum Gespött Europas.

Was soll man auf solche Reden erwidern, die wegen des schneidenden Tons bestimmter Formulierungen die Äußerungen von Le Pen zu einem Beispiel von Besonnenheit machen? Da ist zunächst die Rhetorik der Dramatisierung, die Finkielkraut benutzt, um seine Ablehnung des Islams und seiner Akklimatisierung in Europa zu verkünden. So kann man dann Islam und Islamismus bequem in einen Topf werfen. Aber dieses Verwirrspiel, das ich unermüdlich bekämpfe, ist notwendig, um die Angst zu schüren, die mobilmacht. Es beseitigt die Nuancen, die der Anwesenheit der Bürger muslimischer Herkunft in Frankreich Farbe geben. Es sieht im Islam eine zähe Masse, die den Zugang zum Geist der europäischen Moderne blockiert und in sich aufrechterhält, was sich gegen die im Recht verankerten Grundwerte der Freiheit, Gleichheit und juristischen Souveränität der Person sperrt. Diese Sichtweise paßt gut zu den Äußerungen einer anderen Intellektuellen, eines Mitglieds der Académie Française, Hélène Carrère d'Encausse: Sie erklärte die Rebellion der Vorstädte mit der Polygamie vor allem der aus Afrika südlich der Sahara stammenden Muslime. Da kommen drei Frauen auf einen einzigen Vater, so bringen es manche Familien auf fünfundzwanzig Kinder, die dann nichts Besseres zu tun haben, als die Nächte in unseren Städten in scharlachrote Nächte zu verwandeln, die im Morgengrauen in Asche enden.

Jedoch haben die Ereignisse in den Vorstädten gezeigt – und viele haben es bestätigt –, daß bei den Racheakten der Islamismus gar nicht im Spiel war. Um diese Taten zu begreifen, genügt es, auf die Triebfedern der Spaltung in Reiche und Arme hinzuweisen, in sozial Integrierte und von ihrer Randexistenz Frustrierte. Diese Spaltungen sind Schandflecke im Erscheinungsbild einer Demokratie, weit eher als die ethnische oder religiöse Herkunft von barbarischen Gemeinschaften, die von Natur aus an der Zivilisation nagen. Ich meinerseits gehöre zu denen, welche die mit Augenmaß erfolgten Polizeieinsätze zur Aufrechterhaltung der Ordnung begrüßt haben – ein Zeichen, daß die Republik an dieser Front ihre Kinder erkannt hat und nicht auf ihre Kinder schießt. War es im Mai 1968 nicht genauso? Ich glaube, die Gewalt, die sich in diesen Randgebieten manifestiert hat, artikuliert nicht den Haß, sondern eine durch Vernachlässigung hervorgerufene enttäuschte Liebe. Zweifellos muß man in ihr auch einen Protest gegen die Ausgrenzung und einen Ruf nach Einbeziehung erkennen.

Ich fordere die einen wie die andern dazu auf, den Protest und die Revolte dieser neuen Franzosen nicht von der Warte Alain Finkielkrauts zu betrachten, sondern als einen postkolonialen Effekt zu verstehen. Dies bedeutet, daß man ihr doppeltes Bezugssystem berücksichtigt, welches freilich nicht ihre Sehnsucht nach Frankreich verhehlt. Diese Dualität kann Finkielkraut nicht nachvollziehen. Sie bedeutet, einerseits die gemeinsamen Werte anzuerkennen und andererseits sich die eigenen, besonderen Werte zu erhalten. Die Prägung des Subjekts durch dieses doppelte Bezugssystem sollte nach einer Rangordnung stattfinden, in der die gemeinsamen Werte den ersten Platz einnehmen. Wenn man sich dieses Idealbild bewußt vor Augen führen und zum Vorbild nehmen würde, wäre das Problem der Vorstädte gelöst. Aber obwohl es uns allen neue Gedankenhorizonte erschließen könnte, wird ein solches Denkmodell von den politischen und intellektuellen Autoritäten nicht einmal in Erwägung gezogen.

Die republikanische Schule ihrerseits, die eigentlich die von allen geteilten gemeinsamen Werte an ihre Schüler weitergeben sollte, müßte den Geist dieser Dualität in ihre Aufklärungsarbeit einbeziehen. Doch gelingt es in der gegenwärtigen Krise der Gesellschaft der Schule nicht einmal, den obligatorischen Lehrplan umzusetzen. Der Beruf des Pädagogen und Lehrers ist darüber hinaus sozial und ökonomisch abgewertet, in seinem Image wie in der materiellen und geistigen Realität, die er verkörpert. Schließlich ist es die Aufgabe der Familie, die eher individuellen Werte einzugeben, die sich auf dialektische Weise dem Geist anpassen sollten, der die gemeinsamen Werte bestimmt. Aber auch hier ist die Familie in ihren elementaren Aufgaben wie gelähmt; das Versagen der Väter hat sie der Fähigkeit beraubt, das Gesetz weiterzugeben, welches das Autoritätsprinzip verinnerlicht, das Verbotene einschreibt und das Drama der Verfehlung zwischen Übertretung und Schuld eindämmt.

Dieses doppelte Vakuum ist die Ursache des Aufruhrs in den Vorstädten. Auf ihm muß die Diagnose fußen, um die Heilmittel zu finden. Sein Vorhandensein widerlegt jede Rechtfertigung und jedes Alibi derer, die mit dem Feuer spielen. Ansonsten besteht die Gefahr, daß man sich selbst als Aschehäufchen neben dem ausglühenden Eisengerippe wiederfindet.

Das Beunruhigendste an der Rechtfertigung des nicht zu Rechtfertigenden war für mich das koloniale Alibi oder die Erinnerung an die Sklaverei. Ich möchte nur kurz aufführen, was ich vom Kolonialismus und der Sklaverei im Gedächtnis behalten habe: Nie werde ich es versäumen, von der schändlichen Ordnung zu sprechen, die zwischen »Herrenrassen« und »minderwertigen Rassen« unterschied. Aber die unauslöschliche Erinnerung an diese Schandtat hindert mich nicht daran, die erfolgreiche Vermischung anzuerkennen, die der Kolonialismus im Endeffekt erreicht hat, auch wenn dieser Wandel zum Besseren erst in der postkolonialen Ära Früchte getragen hat. Eben diese Vermischung findet in Frankreich statt, als ein Zeugnis unserer Zeit, die Grenzen überwindet und bewirkt, daß die globalisierte Welt, auf die wir uns zu bewegen, sich in der Dynamik spiegelt, die Länder wie Frankreich umgestaltet. Es liegt an Frankreich zu entscheiden, welchen Weg es gehen will: Zurück in die verlorene angebliche Reinheit, nach der sich Finkielkraut implizit zurücksehnt, der von der neueren Entwicklung enttäuscht wurde. Oder den Weg in die Vermischung als Widerschein der Welt, die den Bezug auf die Werte bewahrt, einerlei welche Gemeinschaft jeder für sich in der doppelten Genealogie beansprucht, in der er sich konstituiert – ob er sich zurückbezieht auf seine Herkunft oder sich in die mit der französischen Staatsbürgerschaft verbundene Gemeinschaft eingliedern will, die auf den europäischen Raum ausgeweitet ist. Die doppelte Genealogie bedeutet nicht, daß man die von der Geschichte geschaffenen Streitpunkte unter den Teppich kehrt. Der Mensch, der an der französischen Gemeinschaft teilnimmt, ist es sich schuldig, sich ernsthaft um Aussöhnung zu bemühen, was ihn nicht daran hindert, tief im eigenen Herzen einen Platz zu bewahren für das, was jenseits jeder Aussöhnung bleiben muß.

Wenn Frankreich sich für diesen anderen Weg entscheidet, ist es die Aufgabe aller, das doppelte Vakuum auszufüllen, das wir vorhin erwähnt haben, sowohl in der Schule als auch in der Familie. Vor allem darf der Staat nicht passiv bleiben angesichts der pädagogischen und didaktischen Aufgabe, die ihm zufällt und auch nicht mit der Zurschaustellung seines eigenen Vakuums reagieren. Diesen Eindruck konnte man während der Unruhen, die Abschnitte der städtischen Peripherie verwüsteten, manchmal gewinnen. Eine Vorbedingung für diese Entscheidung ist, daß jeder sich darüber klar wird, daß Frankreich zu einer Welt gehört, die sich verändert hat, die zahlreiche Zentren hinzugewonnen hat, deren Beziehungsachsen sich durch die Stärke der Verlagerungen gegenseitig durchdringen.

Ich kann Alain Finkielkraut nur zustimmen, wenn er auf der Notwendigkeit beharrt, die Wirksamkeit der Werte zu bewahren. Aber ich kann ihm nicht mehr folgen, wenn er nur jenen Werten Gültigkeit zugesteht, die im europäischen Wertesystem schon von jeher enthalten waren. Die Erweiterung unseres Schatzes an Grundwerten ist das schönste Abenteuer, das sich uns bietet. Sie wirkt mit an den Wandlungen des Geistes, der unsere Erwartungen erleuchtet. Die Arbeit an den Schnittpunkten, in den Zwischenräumen und Zwischenschichten, prophezeit eine glückliche, fruchtbare und unerhörte Zukunft. Wenn diese Vorstöße auf dem Boden Frankreichs und im Schoß der französischen Sprache willkommen geheißen werden, könnten sie Frankreich durchaus den Stoff und die Energie verleihen, damit es sich an die Zeit der Welt ankoppeln kann. Schon heute sind die Frauen und Männer der Vermischung, der Verflechtung und der doppelten Genealogie tätig und kreativ. Im Schatz ihrer gesammelten Erfahrungen finden wir die geeignete Antwort auf die in den Vorstädten aufgeflammten Proteste. Das ist auch die Absicht dieses Buchs, eine Raison d'être dieser *Gegenpredigten*. Ich hoffe, der Leser stimmt mir darin zu, daß jeder, gleich welcher Herkunft, mit Recht jene Stelle einnehmen kann, die ihm zukommt und an der er sich hervortun kann. Nietzsche erinnerte daran, daß es ein Vorzeichen des Verfalls ist, wenn die Menschen nicht mehr in der Stellung sind, die ihrer Bestimmung und ihren Fähigkeiten entspricht. Dann spielt es kaum eine Rolle, ob die Fußballmannschaft nur aus Schwarzen besteht und die Teams in den Forschungslaboren weiß, blond, gelb, milchkaffeebraun, braungebrannt, schokoladenbraun, sonnengegerbt, kraushaarig oder kunterbunt sind. Die Wahl des Besseren sollte den Vorrang haben, ohne ethnisches Wenn und Aber oder eine aus der tatsächlichen Diskriminierung abgeleiteten Korrektur – so viele Ausflüchte sind zu vermeiden. Dann muß nicht wieder die Herkunft dessen ins Spiel gebracht werden, der sich in Frankreich zu Hause fühlt, im Hier und Jetzt ... auch wenn an seinen Sohlen der Geruch des Staubs haftet, den seine Schritte in einem früheren Leben auf einem anderen Boden aufgelesen haben.

108
Blasphemie und Atom

Die jüngsten Verlautbarungen des iranischen Präsidenten Mahmud Ahmadineschad, welche die Unrechtmäßigkeit des Staates Israel und seine Leugnung des Holocaust betreffen, werden im Westen und in den islamischen Ländern in entgegengesetzter Richtung gelesen. Ich verstehe den Schock, den diese Leugnung im westlichen Bewußtsein hervorruft, das die historische Gewißheit des Holocaust bestätigt und zu einem Mythos erhoben hat, um für die antisemitische Tradition zu büßen, die den christlichen Glauben von Anfang an in der Vielstimmigkeit seiner Auslegungen geprägt hat.

Ich gehöre zu denen, die der Ansicht sind, daß diese Tradition die Archäologie des modernen Antisemitismus darstellt, der zur Vernichtung der Juden durch die Nazis geführt hat. Wie sollte man das nicht erkennen, wenn man zum Beispiel vor den Tafeln der Predella des Altars von Urbino steht, einem Werk des Florentiner Malers Paolo Uccello (1397 – 1475)? Die Szenen stellen die Legende von der *Entweihung der Hostie* dar, die nach ihrer Weihung an einen jüdischen Pfandleiher verkauft wurde, der sie als Brandopfer darbrachte, indem er sie ins Feuer warf – ein Sakrileg, das ihm, in einer Atmosphäre der Selbstjustiz, auf den Scheiterhaufen brachte. Die Beschuldigung der Juden in diesem Bild steht in dem Kontext, daß in jener Zeit vom Papsttum der Kreuzzug gegen die Ungläubigen wieder angefacht wurde. Die Szene ist von einem Pariser Mysterienspiel des 13. Jahrhunderts inspiriert, das viele Male auf dem Vorhof der Kathedralen aufgeführt wurde. Kein Wunder, daß eine solche Legende die Geister prägen mußte.

Dieser traditionelle Antisemitismus verschärfte sich mit der Emanzipation der Juden, ihrer Integration und entscheidenden Mitwirkung an dem, was Nietzsche die »Umwertung aller Werte« nennt. Dies geschah in allen Bereichen des Denkens, der Wissenschaften und Künste, die den Bruch durch die Moderne vertieft haben. Einfallsreichtum, Emanzipation und Integration befreiten die Juden aus den Ghettos und schufen das, was Freud später den unsichtbaren oder kaum wahrnehmbaren »kleinen Unterschied« nennen sollte. Er verwandelte sich in ein Zeichen des Argwohns, das man belauerte, verfolgte, dingfest machte, entlarvte und das beim übergeschnappten Rassisten zur Besessenheit werden sollte, der seinen Haß auf dieses Mal der Identifizierung und Anprangerung richtete.

In diesem Kontext der Ausbreitung der Juden an den Stätten, wo die Moderne brodelte und Maßgebliches hervorbrachte, erfand man den Mythos des Komplotts, der im Zentrum der *Protokolle der Weisen von Zion* steht, ein zu Beginn des 20. Jahrhunderts fabriziertes Opus. Mit dem Anschwellen der Gewalt gegen die Juden und dem Haß auf sie sollte die zionistische Idee als nationalistische Antwort auf die Gefahr, die dem jüdischen Volk in Europa drohte, geboren werden und an Kraft gewinnen. Die Vorahnung dieser Gefahr sollte eine schreckliche Bestätigung im Völkermord finden, der von den Nazis auf Staatsebene methodisch organisiert wurde – als die Verwirklichung des Beschlusses zu ihrer totalen Auslöschung, deren Instrument die Technik war, das neue Absolutum des totalen Staates.

Ich möchte übrigens diejenigen Araber und Muslime, welche die Wirklichkeit des Völkermords an den Juden bestreiten, daran erinnern, daß es eine arabische und muslimische Quelle gibt, die ihn direkt bestätigt. Es handelt sich um die Äußerungen des Muftis von Jerusalem, Scheich al-Husayni, der auf Grund eines kurzsichtigen und auf antibritischen Gefühlen beruhenden Bündnisses Gast der Nazis war. Das Zeugnis des Muftis ist das eines Vertreters des palästinensischen Nationalismus. Er sieht, wie nach der Balfour-

Erklärung die Gefahr der Enteignung seines Heimatlandes wächst und das zionistische Projekt immer deutlicher Gestalt annimmt. Er enthüllt in seinen *Erinnerungen*, daß Himmler ihm im Sommer 1943 in einem Gespräch die im Gang befindliche »Endlösung« ankündigte und mitteilte, daß bereits drei Millionen Juden nach einem methodischen, industriellen Plan ausgerottet wurden. Diese Mitteilung hat den Mufti damals nicht erfreut, was die Schande seiner Nazifreundschaften etwas abmildert. Er berichtet uns in der Tat, daß er über diese Enthüllung erschrocken war und sich angesichts der ungeheuerlichen Zahl der Opfer sagte, daß er gar nicht soviel verlange und nichts gegen die Juden habe, sondern nur versuche, seine eigene Nation und sein Volk zu schützen, das Gefahr laufe, einem Raub zum Opfer zu fallen. Er wolle keinen einzigen Juden hinrichten, sondern sie einfach nur bitten, sein Land zu verlassen und dorthin zurückzukehren, woher sie gekommen seien. Diese Passage der *Erinnerungen* von al-Husayni müßte in der arabischen und iranischen Presse als erste Antwort auf die Leugnung des Holocaust publiziert werden – denn dort hält man sie für die reine Wahrheit, wo sie doch ihr krasses Gegenteil ist.

Vor zwei Wochen habe ich in Kairo in der al-Azhar-Moschee am Freitagsgebet teilgenommen. Als die Reihen der Betenden sich lichteten, drang der Klang einer schrillen, salbadernden Stimme an mein Ohr. Es war die mit Beredsamkeit und Überzeugungskraft vorgebrachte Rede eines Bärtigen in gesetztem Alter, und ich glaubte in ihm das gegenwärtige Oberhaupt der Muslimbruderschaft, Muhammad Akif, zu erkennen. Wie ein politischer Agitator hämmerte er seine Worte, er heulte seine Ermahnungen und Drohungen mitten in die Moschee, in ihren unteren, mittelalterlichen Teil. Er geißelte die Passivität und Feigheit der Staaten und muslimischen Massen und sang im Gegenzug das Loblied auf den iranischen Präsidenten und seine mutigen Stellungnahmen, vor allem zu Israel. Die meisten Beter hatten die Moschee verlassen, und es hatte sich um den Prediger nur noch ein Kreis von etwa hundert Zuhörern geschart, seine überzeugten Parteigänger. Einige Tage später erschien in der Presse eine Erklärung desselben Akif, in der er die Verlautbarungen des iranischen Präsidenten hinsichtlich der Leugnung des Völkermords an den Juden guthieß: Diese historische Scheinwirklichkeit sei seiner Ansicht nach nur ein Mythos, der nichts anderes bezwecke als die Existenz Israels zu rechtfertigen.

Eine solche Argumentation stiftet Verwirrung. In der Tat ist die Auffassung des Völkermordes in gewisser Weise erst *a posteriori*, als ein der Rechtfertigung dienender Gründungsmythos geschaffen worden. Er ist in dieser Bedeutung sogar in die israelischen Schulbücher eingegangen, erscheint im israelischen Staatszeremoniell, in der Gedenkfeier an der Gedenkstätte von Yad Vashem und im unendlichen Wachhalten der gemeinsamen Trauer im Schoß der jüdischen Gemeinschaft, einer grenzenlosen Trauer im tiefsten Herzensgrund eines jeden Überlebenden. Auch die israelischen Historiker haben bis in die kleinsten Einzelheiten und in einem kritischen Geist die Entstehung dieses Mythos und seine Verwendung als Richtschnur bei der Erteilung der Staatsbürgerschaft analysiert, wenn einer bei dieser sich um den Völkermord scharenden Gemeinschaft Zuflucht sucht. Ich denke insbesondere an die Forschungen meiner Freundin Idith Zertal an der Universität von Tel Aviv und an ihre in französischer Sprache erhältlichen Bücher. Doch kann diese Instrumentalisierung die Wirklichkeit der historischen Tatsache wohl kaum aus der Welt schaffen, die jedes menschliche Wesen zur Trauer verpflichten muß, damit es nicht Komplize des Grauens wird, das zur Verwirklichung des absolut Bösen geführt hat.

Was will der iranische Präsident Mahmud Ahmadineschad? Was will er, wenn er die Zerstörung Israels heraufbeschwört, wenn er es als den Störenfried in der Region ausmacht, der, wie er fordert, verschwinden soll, zu den Eskimos nach Alaska falls nötig, oder zu den Polen der Erde? Was bezweckt er, wenn er die offenkundige Vernichtung der Juden durch die Nazis leugnet und eine internationale Untersuchungskommission fordert. Sie soll die Echtheit des Völkermords prüfen, das heißt eine Wahrheit ermitteln, die längst wissenschaftlich erwiesen ist. – Es sei denn, daß er der westlichen Wissenschaft jede Glaubwürdigkeit abspricht, sie für parteiisch hält oder für Richter und Partei in einem? Warum will sich der iranische Präsident von der ethischen Verantwortung befreien, die der Genozid gebietet? Warum besteht er auch dann noch auf der Umsiedlung Israels, wenn der Völkermord von seiner gewünschten Kommission bestätigt würde? In diesem Fall, so führt er aus, sollen jene, die das Verbrechen begangen haben, dem jüdischen Staat als Wiedergutmachung ein Gebiet zur Verfügung stellen, und dieser Staat wäre dann ein rein funktionales Gebilde, abgeschnitten von der jüdischen Geschichte und Mythologie. Warum solche Beharrlichkeit, Verbissenheit und so viele bilderstürmerische und unwürdige Stellungnahmen zu den Juden und Israel?

Es wäre sinnlos, eine solchen Serie von Behauptungen der Verblendung zuzuschreiben, die den iranischen Präsidenten zu kennzeichnen scheint, oder seiner Sympathie für die Restauration der millenaristischen Tradition, die bei den Anhängern des schiitischen Islams politisches Handeln und Geschichte mit der eschatologischen Perspektive verbindet. Wie man weiß, schimmert im Schiitentum ein messianisches Versprechen durch, eine spirituelle Erwartungshaltung, welche die Wiederkehr des verschleierten Propheten noch immer für möglich hält. Dieser wartet auf den günstigen Augenblick, um wiederzukehren und auf der Erde das Recht wiederherzustellen, am Tag vor dem Ende, das die Welt des Seins ins Nichts befördert. Vielleicht beseelt diese Neigung zur Parusie und messianischen Politik insgeheim einen Teil der öffentlichen Auftritte des iranischen Präsidenten und verleitet ihn zu einigen seiner Taten. Man hätte es dann mit einem Illuminierten zu tun, der Politik macht. Hat übrigens er selbst uns nicht enthüllt, er habe ein Leuchten und eine intensive Hitze um seinen Kopf verspürt, eine vom Licht des verschleierten Propheten ausstrahlende Aureole, als er im vergangenen Herbst vor der Generalversammlung der Vereinten Nationen in New York am Ufer des East River seine Rede hielt?

Diesen trunkenen Enthüllungen zum Trotz möchte ich seine Ausfälle gegen Israel und die Juden nicht dieser millenaristischen Erklärung zuschreiben, auch wenn sie damit etwas zu tun hat. Ahmadineschad hat sich entschlossen, eine Wahrheit zu schmähen, die in der symbolischen und imaginären Prägung des Westens den Status eines Glaubensartikels angenommen hat. Indem er das Tabu aufs Korn nahm und angriff, hat er in erster Linie einen Standpunkt verbreiten wollen, den er für islamisch hält, um damit ein Trennungs- und Unterscheidungszeichen gegenüber dem Westen zu setzen. Er hat eine Differenz signalisieren und eine Grenze zu der vom Westen behaupteten Allgemeingültigkeit ziehen wollen, die sich hier in einer seiner verbrieften Wahrheiten verkörpert, dem Völkermord an den Juden, auch als Quelle der Rechtfertigung für den Staat Israel.

Die jüngste Verlautbarung des iranischen Präsidenten in dieser Frage bestätigt unsere Analyse. Sie datiert auf den Neujahrstag des Jahres 2006, und er hat darin vor allem gesagt: »Das zionistische

Regime ist ein Teil Europas, der sich selbständig gemacht hat [...] Es ist von Natur aus islamfeindlich.« Ahmadineschad lehnt das Wertesystem des Westens ab, indem er eine der Wahrheiten anprangert, die auf dessen Gesetzestafeln stehen.

Das ist noch nicht alles. Was der iranische Präsident mit seinen Stellungnahmen bezweckt, ist eine Provokation des Westens, indem er sich an einer der Wahrheiten vergreift, die sein Glaubensbekenntnis bilden. Er will mit dieser Provokation das Kräfteverhältnis testen. Denn offenbar zeichnet sich hinter dieser Frage, die an das Symbolische und Imaginäre rührt, die Frage des iranischen Wegs zu einer über Atomwaffen verfügenden Militärmacht ab, zum Auftritt der Region als Akteur in der Politik der Abschreckung. Ahmadineschad gibt offenbar zu verstehen, daß er auf seinem Atomprogramm ebenso beharrt wie auf der gotteslästerlichen Leugnung Israels und des Völkermords.

Der Grund für seine Halsstarrigkeit liegt darin, daß sein Land zwanzig Jahre daran gearbeitet hat, ein Bündnis mit China zu knüpfen, der einzige wirkliche Stich, der Amerika und seiner einzigartige Macht versetzt wird. Diese vor allem auf dem Energiesektor wirksame Allianz mit China versucht der Iran im Augenblick durch eine parallele Allianz mit Indien im gleichen Bereich zu erweitern. So setzt der Raum des alten Persien zum Sprung in die Zukunft Asiens an, um dem Westen die Stirn zu bieten und seine Bestrebung anzufechten, als einziges Bezugssystem der Welt aufzutreten.

Hinter den unzumutbaren Provokationen des iranischen Präsidenten verbirgt sich noch ein echtes Problem: Das Problem der Schaffung einer geeinten Welt, ein geostrategisches Konzept, das zum ersten Mal vom amerikanischen Außenminister Anfang der 1940iger Jahre, mitten im Weltkrieg, formuliert wurde. Dieses Problem wie auch seine Kritik sind von Carl Schmitt in seiner *Theorie des Partisanen* (1963) vorgetragen worden, die sich auf ein Gedicht von Mao Tsetung beruft, das wir bereits zitiert haben (Gegenpredigt 55). Schmitt erkannt in ihm den Ansatz zu einem neuen »*Nomos* der Erde«, der die »*One World*, die politische Einheit der Erde und des Menschengeschlechts« widerlegen sollte. Erinnern wir uns daran, daß Mao in diesem Gedicht ein Mitspracherecht Chinas an der künftigen geeinten Welt reklamierte. Eine solche Welt wird in der Tat kaum lebensfähig sein, wenn sie nicht von der Vielfalt genährt wird, aus der ihre Geschichte und Gegenwart besteht.

Allerdings darf die Forderung von Ahmadineschad nach einem Mitspracherecht Persiens und des Islams nicht auf Kosten des Westens und der Juden erhoben werden. Denn nicht nur in Israel müßte die Vernichtung der Juden und der Völkermord an ihnen auf der Gesetzestafel, die das gemeinsame Gut einer geeinten und immer vielfältiger werdenden Welt ist, niedergeschrieben und für alle zu lesen sein.

Ich habe vorhin an die Blasphemien des iranischen Präsidenten erinnert und ihre Triebfeder zu finden versucht. Der Weg des Verstehenwollens ist gefährlich, die sittliche Pflicht hätte mich eher dazu gebracht, diese Blasphemien kurzerhand als schändliche Gemeinheiten abzutun, die den entehren, der sie äußert. Aber ich riskiere es, einen so gefährlichen Weg zu beschreiten, um die Gründe zu verstehen, die Alain Finkielkraut dazu verleitet haben, seinerseits Blasphemien zu äußern. Diesmal sind sie gegen den Glauben gerichtet, der jede Form von Fremdenfeindlichkeit aus seinem Gesichtskreis verbannt. Im übrigen wird man vielleicht am Ende feststellen, daß der französische Essayist, aus Furcht vor der Blasphemie des iranischen Präsidenten mit seiner skandalösen Leugnung des Völkermords und Israels, sich seinerseits der Blasphemie bedient, wenn er die notwendigen Voraussetzungen leugnet, unter denen Araber, Schwarze und Moslems in Frankreich leben könnten. Halten wir fest: Der Grund, der Ahmadineschad wahrscheinlich dazu gebracht hat, gegen Israel und die Juden zu hetzen, könnte seine Weigerung sein, an einer nur auf sich selbst bezogenen und eindimensionalen Welt mitzuwirken. Daher fordert er die Beteiligung Persiens und des Islams im Namen einer Vielfalt, die das Feld der Beziehungen auf der gemeinsamen Bühne einer geeinten Welt erweitern soll.

Alain Finkielkraut hat seine Blasphemie später bedauert, aber eher der Form nach als der Bedeutung. Dabei hatte es sich um Formulierungen gehandelt, die man mit einer fremdenfeindlichen Ideologie in Verbindung bringen könnte, eventuell auch mit Stammtischreden, die eine banale und weit verbreitete Verstimmung illustrieren. Er benutzte jedenfalls erstaunlich abgeschmackte Formulierungen, zu denen ein feinsinniger und anspruchsvoller Intellektueller sich nicht herablassen sollte. – Es könnte sein, daß diese Blasphemie auf die Forderung reagierte, die Verschiedenartigkeit in die französischen Gesetze und Kodizes einzuschreiben, um die bunt schillernde soziale und menschliche Realität gutzuheißen, die Frankreich in der Vermischung entfaltet. Vielleicht hält er diese Forderung nach Vielfalt für untragbar, schadet sie doch der Exklusivität des westlichen Kulturkanons in seiner französischen Version, denn in ihrem Schlepptau segelt der abscheuliche, zerstörerische, nivellierende, die abendländischen Werte zu Grab tragende Multikulturalismus, der das Haus des Denkens und der Schöpferkraft in ein Bordell oder gar in eine Absteige verwandelt. Somit würde Finkielkraut sich dagegen wehren, daß Frankreich von der Seuche angesteckt wird, die in Amerika bereits blüht und gedeiht, in den Städten und an der Universität, in den postkolonialen Untersuchungen, und genau in dem Augenblick an unsere Ufer gespült wird, wo der Multikulturalismus an seinen Ursprungsorten hingegen kritisiert und bestritten wird, und ausgelaugt seinem Ende entgegen geht.

Nun trifft es sich, daß ich das Wort »Multikulturalismus« liebe. Ich verteidige es, ich habe es schon verteidigt, als ich in diesem Geist die internationale und gattungsübergreifende Zeitschrift *Dédale* gegründet hatte. Ich verteidige und illustriere es in meiner Tätigkeit als Herausgeber, Lehrer, Dichter, Schriftsteller und Essayist. Aber um es zu illustrieren und zu verteidigen, schlage ich dafür eine genaue Definition vor, die den Begriff des Werts und der Forderung enthält und bewahrt. Damit berichtige ich lediglich die Axiologie, die Rangordnung der Werte, indem ich die Formen prüfe und teste, die von außen kommen, und indem ich ihre Stichhaltigkeit in den verschiedenen Sprachen und Literaturen auf die Probe stelle. Dies tue ich zumindest soweit meine Kenntnisse es mir erlauben, um das einschätzen zu können, was beim Transfer von einem Ufer zum andern zwangsläufig verloren geht, zum Beispiel auf dem Gebiet der Übersetzung, vor allem wenn es sich um Poesie handelt.

Ich möchte diese fruchtbare Interkulturalität illustrieren, die stolz ist auf die Vielfalt der Traditionen und die Befruchtung unserer gegenwärtigen Welt durch *die* Kulturen, indem ich ein Beispiel anführe, das die Lästerer vielleicht eines Besseren belehrt.

Einerseits soll es dem iranischen Präsidenten seine Handlungsweise vor Augen halten, ihn herausführen aus seiner Blindheit, die ihn, im Namen der Vielfalt, dazu bringt, sein Ziel zu verfehlen und mit dem groben Hammer des Antisemitismus zu hantieren. Statt dessen sollte er sich auf den wahren Anteil des Islams konzentrieren, der einen Beitrag zur Bereicherung des gesellschaftlichen Lebens leisten kann, das den Rahmen jeder Tradition und jedes Kanons sprengt, sich aber immer wieder aus besonderen Traditionen und Wertsystemen speist. Der Beitrag des Islams könnte auf der anderen Seite auch beweisen, zu welcher Verarmung die westliche Exklusivität und der Eurozentrismus des französischen Essayisten führen. Aus dieser Perspektive lade ich jeden dazu ein, sich die *Muqaddima* von Ibn Chaldun zu Gemüte zu führen, die jetzt in einer sehr lesbaren Übersetzung in der »Bibliothèque de la Pléiade« im Verlag Gallimard vorliegt und von dem marokkanischen Gelehrten Abdessalam Cheddadi herausgegeben wurde.

Ahmadineschad könnte hier nachlesen, worin der Beitrag Persiens und der Juden zum zivilisatorischen Reichtum besteht; er könnte die uralte Bedeutung dieser beiden Völker erkennen, die eben aufgrund dieser Tatsache selbst in Zeiten der Not und Zerstrittenheit ihre zivilisatorische Bestimmung bewahrt haben. Auch wenn sie nur in der Form von Überresten und Spuren besteht, die, mögen sie noch so dünn sein, auch dann noch wirksam bleiben, wenn die Macht, die gerade am Ruder ist, an Verblödung leidet.

Alain Finkielkraut fände hier vielleicht genug Material, um seine Argumentation für seinen Anspruch anzureichern, eine kulturell schöpferische Rolle zu spielen. Er fände eine Bestätigung für seine Strenge in einem Text, der eben aus dem Raum stammt, den er ablehnt oder der ihn zumindest kalt läßt: Aus der Welt des islamischen Denkens, der arabischen Sprache, dem Zeitalter der Umbrüche, in dem Ibn Chaldun schrieb, in jenem 14. Jahrhundert. Der Historiker lebte damals unter nomadischen und seßhaften Stämmen von Arabern und Berbern, eilte von Städten zu Fürstenhöfen, vom Okzident zum Orient, von der Christenheit zum Islam, von Tunis nach Béjaia, Tlemcen, Fes, Granada und Sevilla, bevor er nach Alexandrien, Kairo, Jerusalem, Damaskus auswanderte und dabei mit Königen und Eroberern wie Peter dem Grausamen und Tamerlan verkehrte.

Mein Freund Fadhel Jaziri, ein tunesischer Theatermann und Bühnenbildner, an dessen Arbeit ich in diesem Buch erinnert habe (vgl. Gegenpredigt 86), rief mich an, um mir zu sagen, wie sehr ihn die in *Le Monde* erschienenen Äußerungen Finkielkrauts getroffen hätten. Er erzählte, daß er ihn während eines Aufenthalts in Tunis, wo sie beide an einer Tagung über das Thema Höflichkeit teilnahmen, bei einem Besuch in der Medina herumgeführt habe. Es war ihm unbegreiflich, daß dieser Augenblick der Freundschaft überhaupt keine Spuren hinterlassen hätte.

Vielleicht können wir bei der Gelegenheit noch an den arabischen Beitrag am Beispiel des Begriffs *adab* erinnern, der heutzutage so sehr in Bedrängnis geratenen Höflichkeit, deren Siechtum eben eines der Anzeichen für den Verfall einer Kultur darstellt. Der Begriff ist im 8. Jahrhundert von Ibn al-Muqaffa theoretisch untermauert worden, einem noch vom Mazdaismus und Manichäismus geprägten Perser. Er war ein Autor fiktiver Prosa in arabischer Sprache und ein Freigeist mit einem Sinn für Kritik, wenn er die religiösen Einrichtungen analysiert. Er gibt der Idee der Höflichkeit im Islam eine Gestalt und ist damit einer der Begründer des hohen Rangs der Literatur in der arabischen Sprache. Als Zweisprachiger (Persisch und Arabisch) bestätigt er die Vorzüge der Vielfalt, die Nützlichkeit der Erprobung des Fremden, des Zwischenraums, der unser Denken und unsere Vorlieben mit dem Blütenstaub seiner »Fremdheit« befruchtet. Ist Finkielkraut in diese *adab* eingeweiht worden, die auch einen ethischen und praktischen Inhalt hatte, die Bedeutung von »Lauterkeit der Seele, gutes Benehmen, Urbanität, Courtoisie« (Francesco Gabrieli, *Encyclopédie de l'islam*), was dem Sinn des lateinischen Wortes *urbanitas* entspricht, »Höflichkeit, Courtoisie, Weltläufigkeit«? Nicht zu vergessen die mehr intellektuelle Bedeutung einer *adab*, die den Reichtum des nationalen (arabischen) und fremden (persischen, griechischen, indischen ...) Wissens umfaßt, dessen Erwerb den Menschen zu Courtoisie und Höflichkeit erzieht. In dieser Bedeutung ist *adab* nichts anderes als die genaue Entsprechung der *humanitas*. Viele Schriftsteller und Literaten haben den Gehalt dieses Worts verkörpert, zum Beispiel Jahiz (776 – 869), Tawhidi (927 – 1023) ... Und einige zeitgenössische Autoren haben ihrerseits versucht, seine Reichweite und Geschmeidigkeit wiederherzustellen, indem sie sich bemühten, ihre Liebe zum Okzident mit dem Glanz ihres arabischen Klassizismus zu vermählen. Wir denken vor allem an die Leuchtkraft dieses Begriffs im Werk des Ägypters Taha Husayn (1889 – 1973).

109
Die Ethik des Verzichts

Man sollte die im letzten Essay entwickelte Argumentationsweise nicht als eine Rechtfertigung des nicht zu Rechtfertigenden betrachten. Um jede Zweideutigkeit auszuräumen und damit man mich recht versteht: Ich bin absolut dagegen, daß der Iran in den Besitz von Atomwaffen gelangt. Dieser entschiedene Standpunkt verbindet sich mit meiner Bejahung des Prinzips der Nichtverbreitung, selbst wenn dieses Prinzip von den Mächten verkündet worden wäre, die solche Waffen besitzen. Ich stimme mit ihm überein, trotz der durch die Anwendung dieses Prinzips geschaffenen Ungerechtigkeit und Unausgewogenheit zwischen Ländern, die Atomwaffen haben, solchen, die sie nicht haben, und anderen, die sie gern hätten. Denn ich persönlich würde mich sogar vor der weltweiten zivilen und friedlichen Nutzung der Atomenergie in acht nehmen, die angeblich ein legitimes Wohlbefinden und Wohlergehen für alle schafft. Selbst bei dieser Nutzung muß man von vornherein für die optimalen wissenschaftlichen und technischen Voraussetzungen sorgen, die dem Iran fatalerweise fehlen könnten. Es mag genügen, an den Zustand der Nuklearanlage von Tschernobyl zu erinnern, wo diese Voraussetzungen nicht erfüllt waren, was zu dem katastrophalen Unfall und der unsichtbaren Todeswolke führte, die tagelang entwich und Teile des europäischen Kontinents, auch Frankreich, verseuchte und Jahre nach ihrer Emission noch immer nicht vollständig abgebaut ist.

Der iranische Präsident plustert sich in seinen zahllosen Verlautbarungen über das Recht des Iran, den Prozeß der Atomtechnologie zu beherrschen, wie »ein Küken« auf, »das den Hahn spielt, nachdem ihm Testosteron gespritzt wurde«, hier greife ich die Metapher meines Freundes Reda Bensmaia auf, eines Professors algerischer Herkunft, der an der Brown University in Providence (Rhode Island) in Neuengland französische und vergleichende Literaturwissenschaft lehrt. Um den Absichten Ahmadineschads eine Absage zu erteilen, genügt es, an den Begriff der »Syntonie« zu erinnern, die Vorstellung, daß Benutzer und Instrument aufeinander abgestimmt werden müssen und diese Harmonie unbedingt notwendig ist, um die Seele des Benutzers und das Konzept der Maschine in Kreisläufe einzubringen, die auf derselben Wellenlänge liegen. Im übrigen steckt das ethische Kriterium, das über die Globalisierung der Technik wachen muß, in dieser unerläßlichen Syntonie.

Noch einmal: Der iranische Präsident täuscht sich in der von ihm getroffenen Wahl, täuscht sich in seiner Forderung nach der Mitwirkung Persiens und des Islams im Namen der Verschiedenartigkeit in der geeinten Welt, die unsere gemeinsame sein muß. Seine Politik ist kurzsichtig. Im Versuch, die Nichtbeteiligung seines Landes an der Gestaltung der Welt auszubügeln, indem er Anspruch auf die Kontrolle über eine Atomtechnologie erhebt, die er angeblich nur für zivile Zwecke nutzen will, vergißt er oder tut so als vergäße er, daß diese Nutzung leicht in ihre zerstörerische Version umgewandelt werden kann. Es scheint mir offenkundig, daß der Iran niemals ein ihm günstiges militärisches und atomares Kräfteverhältnis herstellen kann, wenn er in seiner politischen Praxis den Feind in den drei Bereichen des Westens ausmacht, nämlich Israel, den Vereinigten Staaten und Europa. Und ich glaube nicht, daß dieses Kräfteverhältnis wieder ausgeglichen werden kann durch die schäbige Allianz mit einem Syrien, das auf dem Weg fortgeschrittener Korruption im Zerfall der Strukturen weiter vor sich hindämmert. Man könnte glauben, daß Ahmadineschad – trotz seiner Bündnisstrategie, die von einer möglichen chinesischen, indischen, asiatischen Hegemonie träumt – im Begriff ist, das alberne Säbelrasseln nachzuahmen, das vor ihm von Nasser bis Saddam die Araber ins Unglück und in die Katastrophe gestürzt hat.

Eine besonnene und kluge Politik hätte eine andere Perspektive für den Iran entworfen und dem Land eine andere Aufgabe gestellt, um in zweifacher Weise seinen ehrenvollen Beitrag zur Vielfalt zu leisten, welche die Welt braucht, um ihre Einheit zu festigen. Als erstes hätte sich die Wissenschaft und Technik, über die das Land verfügt, darauf konzentrieren sollen, am Schutz der Biosphäre mitzuwirken, um sich auf die Zeit »nach dem Öl« vorzubereiten, nicht mit den Möglichkeiten des Atoms, sondern mit einem Beitrag zur Suche nach erneuerbaren Energien. Diese Zielsetzung hätte einher gehen können mit der Entscheidung, auf die atomare Waffe mit dem mahnenden Hinweis auf Amerika zu verzichten, das bis auf den heutigen Tag als einziges Land von ihr Gebrauch gemacht hat. In dieser Mahnung und dieser Entscheidung, die auf Mäßigung und Verzicht setzt (»Niemals werde ich mich dieser apokalyptischen

Waffen bedienen, selbst wenn ich die Mittel zu ihrer Herstellung hätte«), liegt der Zugang zu einer überlegenen Ethik (für die sich zum Beispiel das Südafrika von Mandela entschieden hat).

Als nächstes hätte der Iran sich vornehmen können, die große kulturelle Tradition zu verbreiten, die sein Volk geschaffen hat, und sie in der Wirklichkeit seines Schrifttums, seiner Überlieferung und der Möglichkeiten ihrer Erneuerung umzusetzen. Ich möchte einerseits auf die lyrische Tradition verweisen, die im Gedicht zum Ausdruck kommt und bereits eine geglückte Übertragung im *Divan* von Goethe erfahren hat, in welchem der Weimarer Dichter die Person des Hafis (14. Jahrhundert), des Dichters aus Schiraz, zu seiner Identifikationsfigur wählte. Andererseits würde ich die architektonische, städtische und malerische Konkretisierung der »Metaphysik des Bildnerischen« hervorheben. Sie inszeniert die Dimension des Traums im Herzen der Städte, im gemalten Bild, im Schattenspiel der Gärten, Lauben und anderer Pavillons, deren Mauern und Decken die Grenzenlosigkeit der Spiegelungen reflektieren, auf den Plätzen, den Höfen und Fassaden, und so das Irreale im Schoß des Realen erschaffen und die Zeichen des Unsichtbaren in der Ordnung des Sichtbaren zum Pulsieren bringen, in Isfahan, Schiraz und anderswo. Derart könnte die glanzvolle Beteiligung des Iran und sein technischer, ästhetischer und poetischer Beitrag zur Pflege der Vielfalt der Welt sein.

110
Der gerechte Krieg

Man hat viel vom »gerechten Krieg« gesprochen seit dem Herbst 2001, nachdem am 11. September Islamisten das Verbrechen von New York und Washington verübt hatten. Dieser Begriff stand bekanntlich auch im Mittelpunkt des Manifests, das etwa fünfzig bedeutende amerikanische Intellektuelle, Künstler und Wissenschaftler entwarfen, verfaßten und unterzeichneten, unter ihnen der Erfinder der Theorie vom Kampf der Kulturen, Samuel Huntington, und jener Mann, von dem der hegelsche Begriff vom »Ende der Geschichte« wie ein Slogan wieder aufgebracht wurde, Francis Fukuyama. Die Unterzeichner dieses Manifests lieferten die moralische Schützenhilfe und intellektuelle Rechtfertigung für die kriegerische Antwort ihres Landes auf die erfolgreichen Attentate auf das Pentagon in Washington und vor allem auf die Twin Towers des World Trade Center in New York.

Die Weltmacht hatte eine schreckliche Wunde davongetragen, war an ihrer Achillesferse, an der Schwachstelle getroffen, die es immer in jedem Machtsystem gibt. Aber mit diesen Attentaten hatte das Land vor allem etwas noch nie Dagewesenes erlebt: Zum ersten Mal war es auf seinem eigenen Grund und Boden angegriffen worden. Die räumliche Entfernung sicherte ihm keine Unverwundbarkeit mehr, und das handstreichartig verübte Verbrechen kam einer Kriegserklärung gleich. So wurde es jedenfalls vom amerikanischen Staat und seinen Vertretern verstanden.

Dann wurde der Krieg gegen das Territorium entfesselt, das der Führungsspitze und den Truppen von al-Qaida Schutz bot. Gegen einen Staat, der sich als Verwirklichung des Ideals aufspielte, für das die Terroristen ihr Leben geopfert hatten, als sie in New York und Washington Tausenden von Opfern den Tod brachten. Das war der Krieg gegen Afghanistan und die Zerstörung der Zufluchtsorte der Terroristen, auch der Schlupfwinkel des Talibanstaats, ein Konflikt, den die amerikanischen Intellektuellen mit dem Begriff »gerechter Krieg« rechtfertigten. Ihr Manifest erinnerte an das Auftreten dieses Begriffs bei Augustinus, dem ersten christlichen Kirchenvater, der damit die Pflicht der Gläubigen begründete, am Krieg Roms gegen die Barbaren teilzunehmen. Um die Zivilisation gegen die Barbarei zu verteidigen, ruft Augustinus den Christen dazu auf, seine pazifistische, Gewalt ablehnende Ethik vorübergehend zu vergessen. Man könnte meinen, er habe geglaubt, daß mit der Invasion der Barbarenhorden die Pflicht zum Krieg einen Fall von höherer Gewalt darstellt, der die Normalität außer Kraft setzt. Die amerikanischen Intellektuellen mußten annehmen, daß die Berufung auf die Analogie zu Augustinus von der Tatsache gerechtfertigt wurde, daß ihr Land angegriffen worden war. Sie fühlten sich im Recht zu glauben, daß Amerika die Zivilisation und das Afghanistan der Taliban und al-Qaidas die Barbarei verkörpere. Der Begriff des »gerechten Kriegs« verdrängte den des »gerechtfertigten Kriegs«, denn der Stand der Dinge rechtfertigte es durchaus, auf die Provokation militärisch und gleichsam schlagartig zu antworten.

Vielleicht fand Augustinus seinen Begriff, nachdem er den *Staat* von Platon gelesen hatte, denn in diesem Werk taucht ein verwandter Begriff auf: Der Krieg ist notwendig und gerechtfertigt, um den Idealstaat, in dem der Philosoph König ist, zu verteidigen. Die mit diesem Krieg oder mit dieser Aufgabe betraute Klasse der Verteidiger gehört in einem solchen Gemeinwesen zu den Staatsorganen. Derselbe Begriff des gerechten Kriegs findet sich übrigens auch bei einem anderen Leser und Kommentator Platons, diesmal einem Muslim des Mittelalters und keinem Geringeren als Averroës. In seinem Abriß zum *Staat* wie in seinem mittelmäßigen Kommentar zur *Rhetorik* des Aristoteles (die gerade in Paris in drei Bänden als kritische Ausgabe des arabischen Textes und in französischer Übersetzung erschienen ist, besorgt von dem libanesischen Forscher Maroun Aouad, Vrin, 2005) erwähnt Averroës den Begriff des gerechten Kriegs, um aus ihm ein offensives und nicht nur defensives Attribut des Idealstaats zu machen. Er kritisiert zunächst Platon, weil er in dessen Text eine Art Ethnozentrismus erkennt, den er verurteilt, denn seines Erachtens konnte der griechische Philosoph sich sein utopisches Gemeinwesen nur im Bereich des Hellenismus vorstellen. Averroës hingegen fordert eine weltweite Verbreitung des Idealstaats ein, der darauf angelegt ist, dem Menschen die Glückseligkeit zu bringen, die er für sich beansprucht. Diese Forderung der Allgemeingültigkeit wird allerdings vom Philosophen aus Córdoba abgemildert, der zugibt, daß einige Völker mehr als andere für Tugendhaftigkeit empfänglich seien. Wenn die alten Griechen mehr als andere zum spekulativen Denken und zur Philosophie befähigt waren, so heißt das nicht, daß heute nicht auch die Iraker, Syrer, Ägypter oder Andalusier diese Gabe haben können, auch wenn sie sich (im Vergleich zu den Griechen) auf einem niedrigeren Niveau befinden. Dagegen haben die Galizier und die Kurden einen »cholerischeren« Charakter, der sie besonders mutig und kriegstüchtig macht.

Für Averroës ist der Tugendstaat eine Vision, ein Menschheitsideal, einerlei wo der Mensch sich befindet, was immer sein Glaube oder seine Herkunft sei. Darüber hinaus ist er der Ansicht, daß es die Aufgabe der Menschen ist, die auf dem Weg zum Idealstaat am weitesten fortgeschritten sind, diesen Fortschritt dort zu schaffen, wo er noch nicht vorhanden ist. Um diese Aufgabe zu erfüllen, fängt man am besten mit der Verbreitung der Werte des Idealstaats an, indem man sich der Überredungskunst bedient (die besonders nützlich ist in zwei Bereichen: bei der Weitergabe politischer Überzeugungen und bei juristischen Plädoyers). Wenn die Worte nichts ausrichten, haben die Einwohner dieses Gemeinwesens das Recht, Krieg zu führen, um ihren Fortschritt in der Verwirklichung des Idealstaats denen aufzuzwingen, die noch weit davon entfernt sind. Das ist der Krieg, den Averroës in seiner Paraphrase des *Staats* »gerechter Krieg« nennt (*al-hurûb al-'âdila* ist der von A. Shahlan verwendete Terminus in seiner arabischen Rückübersetzung des Textes von Averroës, der uns nur in seiner hebräischen Version erhalten ist). Außerdem unterscheidet Averroës in seinem Kommentar zur *Rhetorik* die »guten Kriege« (*al-hurûb al-jamîla*) von den »ungerechten Kriegen« (*al-hurûb al-jâri'a*).

Alles in allem kann man das Denken von Averroës folgendermaßen interpretieren: Es besteht die Pflicht, im Namen der Zivilisation Krieg zu führen, um sie in der ganzen Welt zu verbreiten und zu propagieren, damit die Herrschaft der Barbarei verschwindet. Dieser Begriff des gerechten Kriegs ist nicht mehr rein defensiv, sondern auch offensiv.

Averroës war der Meinung, daß das islamische Gemeinwesen in seiner Zeit eine fortgeschrittene Form der Tugend darstellte und sich dem Idealstaat näherte. Für ihn verkörperte es den vollkommensten Stand der Zivilisation, da seine Grundlage ein kohärentes Recht und Gesetz war (die *sharî'a* und der *fiqh*). Er sah sogar im Begriff des *jihâd*, »heiliger Krieg«, das Instrument, das den Begriff des gerechten Kriegs in die Tat umsetzt. Indem er an der Ausbreitung des Islams mitwirkte, trug der *jihâd* zur Universalisierung der Zivilisation bei, mit deren Errichtung eine erste Etappe auf dem Weg zum Idealstaat erreicht wurde.

Es gibt Entsprechungen zwischen der Theorie des Averroës vom gerechten Krieg und der Theorie, auf die sich die Kolonialisten beriefen, als sie ihre Eroberungspläne mit der Verbreitung der Zivilisation verbanden. Die Theorie des Averroës ähnelt auch dem amerikanischen Diskurs zur Legitimierung des Irakkriegs. Sein erklärtes Ziel bestand darin, eine blutige Diktatur zu stürzen und eine zivilisierte Demokratie zu errichten, deren Aufgabe es sein sollte, ein Vorbild für die anderen Länder der Region zu sein, die sich dieser Regierungs- und Lebensform widersetzten. Nun war im Fall des Kolonialismus der zivilisatorische Anspruch bestenfalls ein frommer Wunsch, schlimmstenfalls ein reines Alibi. In seinem kurzen und bewundernswerten Roman *Herz der Finsternis* prangerte Joseph Conrad schon 1902 die Nichtigkeit des zivilisatorischen Anspruchs des Kolonialismus an. Seine in Belgisch Kongo angesiedelte Fiktion zeigte, daß die Spaltung der Menschen in Kolonisten und Kolonisierte nicht im Geist der zivilisatorischen Werte geschah, sondern in schrecklicher Barbarei, die den gemeinsamen Nenner der Zerrüttung bildete, der den weißen Mann und den Kannibalen miteinander verband. Was den Irakkrieg angeht, sind wir die ohnmächtigen Zuschauer, sowohl bei der Verkehrung des Prinzips der Legitimierung in ein Alibi, als auch bei der Aufteilung der Barbarei in Besatzer (Abu Ghraib) und Besetzte – wobei die Iraker einen Partisanenkrieg anzuzetteln versuchen, den man nur schwer vom kriminellen Terrorismus unterscheiden kann.

111
Nackt und verschleiert

Das Wiederauftauchen des Schleiers und seine Verbreitung in den muslimischen Gemeinschaften bedeutet heute vor allem eine polemische Umkehr der moralischen Ordnung, die sich von der westlichen Gesellschaft unterscheiden will. Sie wird wegen des weiblichen Kleidungsstils und der sexuellen Promiskuität, die sich im Siegeszug der Entkleidung zeitigt, als freizügig wahrgenommen – und diese Freizügigkeit gilt zunächst als Zeichen für die Gleichheit der Geschlechter, und erst in zweiter Linie als Verführungsstrategie der Erotik. Allerdings schleicht sich über eine gewisse Form der Eleganz, die den Prinzipien der Harmonie folgt, eine der Komponenten der Verführung und der Erotik, die Koketterie, auch heimlich in den Umgang mit dem Schleier ein.

Das beste Beispiel für dieses Phänomen liefert eine der Moderatorinnen von al-Dschasira, die Algerierin Khedija Ben Guenna: Diese Dame, die sich der Herrschaft des Schleiers fügen muß, trägt in jeder Sendung, in der sie auftritt, ein anderes Kleid, hält sich dabei aber an die Vorschriften: Das Haar ist vollständig bedeckt, der Schleier umrahmt ein mit großer Sorgfalt geschminktes Gesicht, das durch einen Schönheitsfleck zur Geltung gebracht wird, der an der verführerischen Aufmachung mitwirkt. Sie trägt Kleider in schillernden Farben, immer perfekt abgestimmt auf Kopftuch, Bluse, Schal, lange Halsketten und anderen Schmuck, die vom Hals bis zur Brust hängen, Kontraste zwischen Gold und Silber oder eine dominierende Farbgebung, die geradezu nach dem der Ergänzung durch Smaragd, Jade, Lapislazuli, Aquamarin, Karneol und andere in der Natur vorkommende Steinnuancen gieren. Diese beleben den Schmuck der Frauen, mit dem ganzen Sortiment von hübschem Tand und anderem, an Ornamente der Architektur erinnernden Zierat.

Allerdings scheint heutzutage der Schleier den Eros weltweit aus den islamisierten Gesellschaften zu vertreiben. Was meine offen eingestandene Aversion vor dem Phänomen noch verschärft und mich veranlaßt, für diese Abneigung einen Ausgleich zu suchen, indem ich mich auf die islamischen Tradition besinne, wo der Schleier in einem heimlichen Einverständnis mit der Strategie der Liebe steht. In meiner Kindheit war ich in meiner Heimatstadt Tunis Zeuge der Kunstgriffe der Frauen, die beim Durchqueren des städtischen Gewirrs ihre faltenreichen Kleider einsetzten, indem sie ganz nach Belieben die Faltenwürfe manipulierten, so daß der im Gehen tanzende Körper enthüllt wurde, ein Vibrieren des Fleisches unter dem Stoff, das den Wunsch erregte, die verhüllten Glieder zu enthüllen. Denn die islamische Gesellschaft hat die Erotik des Schleiers besungen, und diese Erotik hat genauso das Loblied des Entkleideten und Nackten gesungen. Um sich davon zu überzeugen, genügt es, das Gedicht noch einmal zu lesen, das man Abu Nuwas zuschreibt (gestorben 815), einem etwas liederlichen Dichter des verfeinerten Bagdad zu Beginn des 9. Jahrhunderts. Diese Verse schildern das Schauspiel, das sich dem voyeuristischen Dichter bietet, der eine Frau beim Baden überrascht:

Verstohlen legt sie ihr Hemd ab und besprengt sich mit Wasser
Allzu züchtige Scham rötet ihre Wange
Nackt empfängt sie die passende Brise und perlendes
Naß, das feiner ist als selbst die Luft
Sie hält die hohle Hand, als fülle sie Wasser
In deine flache Schale
Und als sie glaubt, es sei genug, und gedenkt,
Sich rasch wieder anzukleiden, sieht sie einen
Auf der Lauer liegen, der sie beschaut
Sie bedeckt ihre Blöße mit ihrem Haar
Und das Morgenrot weicht zurück in die Nacht
Und Tropfen für Tropfen fällt Wasser auf Wasser.

Aber ich räume gern ein, daß vor allem die Tradition der europäischen Malerei in der überschwenglichen Darstellung des Nackten und des entkleideten weiblichen Körpers dem Eros gehuldigt hat. Um diesen Gedanken zu illustrieren, möchte ich mich auf ein Gemälde konzentrieren, das ich gestern in der Ca' d'Oro in Venedig gesehen habe: die *Venere allo specchio (Venus im Spiegel)*, das Tiziano Vecellio (geboren in Pieve di Cadore um 1477 oder zwischen 1485 und 1490, gestorben in Venedig 1576) gemalt hat. Mit diesem Gemälde erreicht die Kunst des Akts einen Höhepunkt, wo das Bild dem Wunsch Sinn, Stoff und Thema gibt. Das Auge kann sich jeder Bildeinzelheit nähern, wie der langen Goldkette, die mehrmals um das Handgelenk geschlungen ist, bevor sie locker in die Hand gleitet, deren Finger den Mantel kaum halten, in dem sich Pelz und Wolle begegnen. Der Mantel fällt auf den unteren Teil des Körpers, der nur zum Teil im Bild erscheint, während die andere sichtbare Hälfte ihre Nacktheit preisgibt: Schultern, Brust, Arm, Bauch, Nabel, alles ist nackt bis auf die Höhe des Schambergs. Das Gold der Kette führt ein Zwiegespräch mit den Goldfäden, welche die Fransen und Verschlüsse des Mantels zieren, der nicht tailliert und ärmellos zu sein scheint und wie ein Umhang getragen wird, aus einem dicken und weichen Stoff, kontrastierend mit der zarten Haut zwischen Elfenbein und Pfirsich, einem dunkelbraunen Stoff, der den sichtbaren Teil der Schenkel und auch die Hälfte des rechten Arms, direkt über dem Ellbogen, bis zur Tangente der Schulter bedeckt. Der Rest ist nackt, außer der linken Brust, die vom nackten Arm verdeckt wird. Dieser Arm gibt der ihn fortsetzenden Hand Halt, der Daumen berührt den Halsansatz: das Nackte bedeckt das Nackte, nackt auf nackt; der Arm gehört zur Brust, die verdeckt ist, deren Form man aber dank der anderen, dem Blick vollständig dargebotenen Brust errät, eine zarte Rundung, in der sich die Kraft des Körpers ballt und die bis in das Dunkel der Achselhöhle reicht, eine kleine und volle Brust, deren gekörnte Brustwarze mit ihrem Warzenhof verschmilzt, wie eine zerdrückte Himbeere, die ihren rötlichen und körnigen Saft über die sie umgebende Fläche in der Farbe von Tonerde ausbreitet.

Die blonden, zurückgekämmten und zum Diadem geflochtenen Haare legen eine hohe und gewölbte Stirn frei; im Ohr hängt ein Ring mit einer tropfenförmigen, perlmuttschimmernden Perle, die das Licht des Goldes einfängt, ein Stein, der an einem hochroten

Ohrläppchen baumelt, das einzige, das zu sehen ist. Aus diesem Profil hebt sich eine zarte Augenbraue, ein dunkler Umriß, der die dunklen Augen betont, zu beiden Seiten einer geraden, an ihrem Ende kaum gebogenen Nase. Ein halb blonder, halb kastanienbrauner Zopf fällt auf die linke Schulter, die sich in der Erscheinung von Haaren fast verliert, welche mehr als nur kalkuliert zerzaust wirken. Der Nacken wird vom Haarknoten freigelassen, dem strähnige Zöpfe entspringen; seine Locken rieseln auf die Schulter und schaffen so ein in der Haltung gebändigtes Ungleichgewicht, das die linke, neben dem Spiegel befindliche Schulter höher erscheinen läßt. Die Dame ist versunken in den Anblick ihres eigenen Abbilds, gleichsam eine Gefangene des Spiegels, den man nicht sieht, der außerhalb des Gesichtsfelds bleibt. Das Gemälde dehnt sich in den umgebenden Raum aus, der den unsichtbaren Spiegel birgt, in seiner Abwesenheit vergegenwärtigt durch den Titel des Gemäldes wie auch durch die Haltung des gemalten Sujets.

Die Dame, die sich unserem Blick darbietet, ist selbstsicher, hochmütig und stolz, sie bewundert ihre eigene Schönheit, versenkt sich in sie und bleibt dabei guter Dinge, behält einen Hauch Ironie, unterstrichen durch ein Moment von Vergnügtheit, die aus einem heiteren, aber auch leicht beunruhigten Auge blitzt. Spiel der Selbstbegegnung, zwischen Ich und Ich, zwischen realem Bild und virtuellem, unsichtbarem Bild, *Mimesis*, die sich im abwesenden Bild fortsetzt, Imitation der Imitation, in der sich die Unendlichkeit der Malerei verwirklicht, die auf die Unendlichkeit eines Wunsches verweist, dessen Wiedererwachen vom Lied des Eros moduliert wird. Der Zauber des Fleisches wird noch unterstrichen durch den Luxus, den der schwere Webstoff ins Spiel bringt; dieser sollte eher einen schon mit Wäsche und Röcken, Hemden und Gewändern bekleideten Körper bedecken und steht doch hier in direkter Berührung mit einem Teil der nackten, mit Juwelen und anderem Geschmeide geschmückten Haut, was der intimen Szene die Attribute eines Zeremoniells verleiht. Als hätte der Maler Gefallen daran gefunden, der Welt das Schauspiel einer intimen Szene darzubieten, in der die Dame sich darauf vorbereitet, mit einer amüsierten und doch von einem zwiespältigen Ernst geprägten Freude den Geliebten zu empfangen.

Hier zeigt sich, daß die Grenze zwischen der Ästhetik des Verschleierten und der des Entkleideten nicht undurchlässig ist, ebenso wenig wie die zwischen der Darstellung des Sichtbaren und des Unsichtbaren. Tizians *Venus im Spiegel* lehrt uns eben dies, daß die Szene des radikal Nackten eine Dialektik des Verschleierten und des Entkleideten, des Sichtbaren und des Unsichtbaren hervorbringt. Die erotische Wirkung entfaltet sich in dieser Spannung, welche die Rangordnung zwischen Orient und Okzident umstürzt und umkehrt und die Unterschiede zwischen Europa und dem Islam mildert. Die Erotik überschreitet die Trennung zwischen der Kultur des Nackten und der Kultur des Schleiers. Jenseits der vom Augenschein bestimmten Ordnung enthüllt die Behandlung der Unterschiede die Identität von Gegensätzen, die der Gebrauch der Dialektik in ein Spannungsverhältnis setzt. Die Ausdrucksformen des erotischen Akts sind dieselben, es ist ihre Entfaltung und Behandlung, die sich in der Vertauschung der Prioritäten und Rangordnungen verändern. Es kommt vor allem darauf an, daß der Eros sich nicht von der Bühne jagen läßt, weder von den Kräften, die vom Schleier beherrscht sind, noch von denen, die dem Nackten huldigen. Darf ich sagen, daß ich bei allen beiden Verfahren Glück und Lust erlebt habe?

Khedija Ben Guenna, die Moderatorin von al-Dschasira, weiß instinktiv, daß es eine erotische Brücke zwischen der einen und der andern Ästhetik gibt. Ich habe versäumt zu erwähnen, daß die Algerierin sich an dem Tag entschieden hat, den Schleier zu tragen, an dem das Gesetz über den Schleier im französischen Parlament beschlossen wurde, das seine Verbannung aus republikanischen Institutionen festschreibt. Als hätte sie ihre Befreiung vom französischen Syndrom als Algerierin besiegeln wollen, die durch ihren Umzug in den Orient und ihre Teilnahme an der Schaffung eines arabischen Orts in einer geeinten und verschiedenartigen Welt ihre Souveränität bekräftigt. Sie wußte genau, daß sie durch diese Geste der Verhüllung die Szenographie des Eros nicht verwarf. Ihr Wissen um die erregende Spannung zwischen dem Bekleideten und dem Nackten, selbst beim verschleierten Körper, dieses Wissen zeigt sich darin, daß sie bei einem ihrer jüngsten Auftritte im Fernsehen in der Bluse, die ihren Oberkörper und ihre gesamten Arme bedeckte, einen diskreten Ausschnitt in Form einer Mandorla hatte, der auf drei Zentimetern Länge genau in dem engen Bereich der Spalte zwischen den beiden Brüsten ein Trompe-l'oeil von nackter Haut erscheinen ließ. Da kann man sehen, in welche Paradoxe sich das

Gespräch mit dem Nackten wagt, bis ins Innere des verschleierten Körpers!

112
Das Unversehrte im Zerstörten

Das ästhetische Streben ist ethisch. Ich möchte sogar behaupten, daß es ohne Ästhetik überhaupt keine Ethik gibt. Das ist eine der Lehren, die ich aus meiner Kenntnis des Islams ziehe. Wenn ich das sage, schwebt mir keine platonische Vision vor, in der das Schöne und das Gerechte mit dem Guten verschmelzen. Dies suggeriert allerdings die arabische Sprache, die mit dem Wort *hasan* die drei Bedeutungen zu einem einzigen Wort verdichtet. In der Zerstörung, die unsere Welt an den Rand des Abgrunds und in die Katastrophe führt, die unsere Bleibe in dieser Welt bedroht, angesichts einer solchen Katastrophe tragen die Pflege, Bewahrung und Anreicherung der Schönheit dazu bei, den Anteil des Unversehrten zu schützen, den es auf dem Planeten noch gibt. Die mit der Schönheit verbundenen Werke erschaffen sich selbst als Sinnbilder des Unversehrten. Wer an der Erhaltung und Stärkung des Schönen mitwirkt, sorgt für die Absperrungen, die uns vor dem Zugriff der Technik schützen, ihr Grenzen und Schranken setzen und uns vor Menschen bewahren, die sie in ihrer zerstörerischen Macht, aber auch in den Segnungen, die sie den Menschen beschert, manipulieren.

Auch ist unser ästhetisches Streben weder das des Dandys noch das des Ästheten, der das Schöne um des Schönen willen rühmt, als reines Geschenk. Ich bin mir sicher, daß das ästhetische Streben, das mir vorschwebt, zu einer aristokratischen Ethik führt. Und zwar in dem Sinne, daß dieses Streben nach Schönheit der Welt nichts wegnimmt, um sie zu ruinieren, zu entstellen und zu verunstalten, sondern daß es im Gespräch mit sich selbst dieser Welt etwas gibt, was sie stärkt und bessert. Die Hygiene, im Nietzscheschen Sinn des Worts, nimmt teil an diesem Umgang mit der Schönheit, wie sie sich in dem Menschen verkörpert, dessen Wanderschaft durch diese Welt einen Beweggrund und eine Figur schafft, die in die Szenographie und Ökonomie des Unversehrten eingeht. Aus diesem Grund mündet das aus der Ethik geborene ästhetische Streben in eine Politik. Alle diese Probleme berühren auch den Bereich der Ökologie, die man im Kristall ihrer Seinsberechtigung betrachten sollte, ohne sich bei den Zufälligkeiten aufzuhalten, die ihre Essenz verwässern.

Ich möchte an dieser Stelle an Passagen eines arabischen Textes erinnern, der in der Mitte des 12. Jahrhunderts zwischen Marrakesch und Córdoba geschrieben wurde. Wir finden in ihm das Echo solcher Besorgnisse wieder, selbst wenn es uns aus einer Welt erreicht, wo die Zerstörung noch sehr viel langsamer vonstatten ging als in unserem der Technik hörigen Zeitalter. Es handelt sich um einige Seiten aus dem philosophischen Roman *Hayy ibn Yaqzan* [»Vivantus, Sohn der Wachsamkeit«], geschrieben von dem Philosophen, Arzt und Astronom Ibn Tufayl (um 1100 – 1185), der im Dienst des Almohadensultans Abu Yaqub Yusuf stand. Ibn Tufayl war mit Averroës befreundet, und Europa kennt ihn in der lateinischen Fassung seines Vornamens (Abubacer).

Dieses ins Hebräische und Lateinische übersetzte Werk gehört zur Entstehungsgeschichte des literarischen Mythos vom Kind aus der Wildnis. Sein Held ist ein verlassenes Kind, das auf einer unbewohnten Insel herangewachsen ist und von einer Gazelle erzogen wurde, bevor es ganz instinktiv das Licht des Geistes entdeckt, das ihn mit fragwürdigen Physiken und Metaphysiken in Berührung bringt und in die Sprache der spekulativen Abstraktion einweiht.

In dieser Fiktion eines autodidaktischen Philosophen finden wir Hayy auf seiner Insel, deren einziger Bewohner er ist. Er stellt fest, daß er schon durch sein bloßes Herumwandern die Natur stört und belästigt. Seine Spuren sind Makel, die den jungfräulichen Ort beflecken und schon das Werk der Zerstörung beginnen. Als ihm das klar wird, versucht er seinen Eingriff in die Natur zu steuern, seinen Verbrauch einzuschränken, seine Abfälle zu beseitigen und möglichst nur noch Werke der Schönheit zu schaffen, die auf Fortpflanzung und Wachstum Rücksicht nehmen, sowohl in seinem Umgang mit dem Tier- und Pflanzenreich als auch bei seiner Nutzung der Reichtümer, die ihm die Mineralien verschaffen. Er lernt so, daß einige seiner Handlungen dazu beitragen, die Harmonie der Natur zu fördern und den Schaden zu vermeiden oder zu begrenzen, den allein schon die Tatsache bewirkt, daß er auf der Welt ist. Er sorgt dann dafür, daß ein Zweig genug Sonne bekommt, und er schützt eine andere Pflanze vor dem Licht, als die Erfahrung ihn gelehrt hat, daß für die eine Pflanze Helligkeit und Hitze eine Wohltat sind, während die andere ihre Kraft aus dem Halbschatten zieht.

Hayy, faszinierte Eugenio D'Ors (er erwähnt es in *Du baroque, »Über den Barock«*, Gallimard 1935); er erinnert daran, daß dieser Roman Balthasar Gracians *El Criticón* (»Die Kunst der Weltklugheit«, 1651) inspiriert hat und auch (vermutlich) der Vorläufer von Daniel Defoes *Robinson Crusoe* (1719) ist.

Wir sehen in diesem mittelalterlichen Helden einen Meister, der die Fäden des Ästhetischen und Ethischen miteinander verknüpft und somit erst die Möglichkeit schafft, eine Politik zu entwickeln. Man muß ihn als einen Vorfahren des ökologischen Bewußtseins betrachten, das als eine unausweichliche Notwendigkeit und Offensichtlichkeit in ihm aufkeimte, obwohl er mutterseelenallein war. Die Wahrscheinlichkeit der Zerstörung kann mit der Vermehrung der Menschen nur weiter wachsen, denn der Planet hat eine bislang nie erreichte Bevölkerungszahl, und dies in einer Zeit der weltweiten Herrschaft der Technik und ihrer unerhörten Möglichkeiten der Umgestaltung, welche die Zerstörung offenkundig, gründlich und endgültig machen.

In einer verschandelten Welt macht die Unterdrückung des Schönen aus dem islamischen Menschen einen rastlosen Agenten der Zerstörung, selbst wenn er nicht die zerstörerischsten technischen Mittel besitzt. Diese Unterdrückung beraubt ihn der Chance, eine politisch motivierte Verbindung mit der Schönheit und Ethik einzugehen, die allein in der Lage ist, das Unversehrte in einer zerstörten Welt zu bewahren. Und die Menschen des Islams sind sich dieses verhängnisvollen Eingriffs nicht einmal bewußt – ihre Unbekümmertheit drängt sie bei der Gestaltung der künftigen Welt an den Rand. Die moralischen Richtlinien, die der Islam mit seinen Kategorien des Erlaubten und Verbotenen anbietet, geben keine Antwort auf diese dringende Notwendigkeit, die den Menschen ermahnt, das Prinzip der Schönheit wiederherzustellen – ein Prinzip, das die Grundlage einer Ethik und Politik sein muß. Ihr Ziel ist es, das Unversehrte zu schützen, und zu retten, was noch zu retten ist, indem der Mensch die Auswirkungen der Zerstörung auf bestimmte Gebiete begrenzt, wo noch die Möglichkeit zu handeln besteht.

Man kann ruhig zugeben, daß der Prophet des Islams durch den Kontext des 7. Jahrhunderts veranlaßt wurde, die Vermeidung von Wein zu empfehlen und das jüdische Verbot des Verzehrs von Schweinefleisch zu bekräftigen. Für die erste Vorschrift wurde die

Trunkenheit geltend gemacht – die den Menschen so sehr stammeln laßt, daß er das heilige Wort verstümmelt, welches er beim Gebet rezitiert. Maßgeblich für das zweite Verbot war die mangelnde Hygiene des Tiers, vor allem in einem über lange Zeiträume glühend heißen Wüstenklima. Ich würde gern noch die symbolische Dimension hinzunehmen, die sich durch die Ähnlichkeit zwischen dem Fleisch des Schweins und des Menschen ergibt. Beide sind Allesfresser, was die Analogie begünstigt, die im Verzehr von Schweinefleisch eine metaphorische, das Tabu der Menschenfresserei verletzende Handlung sieht. Das ist verbrieft und besiegelt. Aber wenn man den Verzehr von Wein und Schinken in einen ganz anderen Kontext stellen würde, fielen die Gründe für diese Verbote von selbst weg.

Achten wir nur auf das, was Belang hat, nämlich die Verknüpfung von Ästhetik und Ethik, um zur Bewahrung des Unversehrten in einer zerstörten Welt beizutragen. Wer erfüllt diese Aufgabe am besten? Etwa der Mensch, der den Vorschriften des Islams gehorcht und damit zur Zerstörung der Welt beiträgt, indem er die Sorge um sich selbst und die Schönheit vernachlässigt, die doch beide durch ein *hadîth* geheiligt sind, das mahnt: »Gott ist schön und liebt die Schönheit«? Oder etwa der Mensch, dessen Glaube nicht so wichtig ist, sobald er das Prinzip der Schönheit durch Tanzschritte ehrt, die ihn die Welt mit der Wachsamkeit eines Seiltänzers durchmessen lassen? Schritte, die ihn zum Beispiel dazu bringen, auf seiner Rundreise am Ausgang des Baskenlandes einmal in der Region des Rio Oja bei einem Winzer einzukehren, um in einem der Weinkeller von Laguardia einen Vino Ysios, Reserva 1999, hundert Prozent Tempranillo, zu erwerben. Sein Rubinrot entfaltet balsamische Aromen und gemahnt an dunkelblaue Früchte, die sich zu mineralischen Noten fügen, wobei sich die Fruchtreminiszenzen mit einem ins Schokoladige spielenden Röstaroma die Waage halten. Nur ein oder zwei Gläser von diesem öligen Wein, lang im Mund behalten, samtweich, dazu einige Scheibchen Torta del Casar, Käse aus der Estremadura, ein sahniger Ziegenkäse, den man mit dem Löffel ißt und der die Sämigkeit eines Mont-d'or aus dem Jura hat. Er wurde auf der zweiten Etappe derselben iberischen Rundreise in Guadalupe gekauft, in der Nähe des Orts, wo er hergestellt wird (genauer gesagt in Casar de Caceres). Kostproben von Käse und Wein im Schatten blühender Orangenbäume im *mudejar*-Kreuzgang des Hieronymusklosters, das arabische und christliche Formen mischt und an eine andere Stilmischung gleicher Art erinnert, an Monreale auf Sizilien in der Nähe von Palermo.

Wein und Käse, dazu vielleicht noch einige dünne, mit einem scharfen Messer geschnittene Scheiben eines Schinken *iberico bellota patta negra*, gekostet während eines anderen Aufenthalts im Lauf derselben Fahrt von Nord nach Süd, und zwar in Zorita in der Nähe von Caceres in der Bodeguina del Amigo Pablo. Das Schwein ist in Eichenwäldern aufgewachsen, hat sich von den unter den Bäumen liegenden Eicheln ernährt, ist das makellose Produkt einer extensiven Aufzucht, die dem in freier Natur gezüchteten Tier einen Geschmack dessen verleiht, was auf Erden zum Unversehrten gehört, was dem Körper die Würze gibt, welche die Schönheit in ihm nährt und die Epiphanie hervorruft. Sie ist der Geschmack dessen, was den ethischen Menschen erhöht, der dann in jeder seiner Handlungen an einer Politik teilhat, die das Unversehrte in einer zerstörten Welt bewahrt.

113
Der Ruf

Am Gebetsruf und seiner Entartung kann man leicht die Perversion erkennen, die den zeitgenössischen Islam zerrüttet. Die Verhunzung zeigt sich im Verlust des ästhetischen Strebens, das die Grundlage dieser Religion und seiner Kulte bildete. »Gott ist schön und liebt die Schönheit«. Ich muß immer wieder diesen *hadîth* wiederholen, der in der Tradition strikt befolgt worden ist, in einem Maße, daß das ästhetische Schaffen als die islamische Tugend schlechthin angesehen werden kann. Diese Tugend verschwindet, droht auszusterben, sich aufzulösen, aus dem Bewußtsein zu schwinden. Das merkt man, wenn man den Gebetsruf hört. Sehr oft erinnert er in nichts mehr an die in einen absolut präzisen musikalischen Code eingebettete Stimme des Psalmisten oder Vorsängers.

Beginnen wir mit dem Anfang. Den Gebetsruf nennt man *âdhân*, ein Homonym für »Ohren« im Plural *(udhun* im Singular): es ist als ob sein Erschallen den Beter dazu aufrufen würde, seine gesamte Hörkraft zu mobilisieren und seine Ohren bis zum außersten zu spitzen. Das Substantiv *âdhân* leitet sich aus dem Wortstamm *a.dh.n* ab, der »das Ohr leihen, jemandem zuhören, gehorchen, ankündigen, proklamieren, jemanden über etwas informieren, mitteilen, an die Öffentlichkeit bringen, verkünden« bedeutet. So fließen alle diese Bedeutungen ineinander, um den Gebetsruf in ein Ereignis zu verwandeln, das eine andere, von der Stimme ausgerufene Zeit ankündigt. Dieser Ruf ist ein Zeichen, das die Erlaubnis erteilt, die Arbeit zu unterbrechen, um sich bereit zu machen für das Gebet, die Fürbitte, die Anrufung des Höchsten, die Begegnung des relativen Wesens mit dem absoluten Wesen, das Eintreten in das Gespräch mit dem Ganz Anderen, das Eindringen in den Schoß des inneren Alkovens, der den Menschen in die vertraulichen, geflüsterten Unterredungen mit dem radikal Anderen im tiefsten Herzensgrund verstrickt.

Dieser Ruf ist ein Passierschein, ein Paß, der es einem erlaubt, die profane Zeit zu verlassen und in den Bezirk der heiligen Zeit zu treten. Um in der Stadt eine solche Unterbrechung, einen solchen Stillstand der Zeit anzukündigen, hat der Islam die Stimme gewählt, statt wie das Christentum Kirchen- und Sturmglocke und das Judentum den Atemstoß ins Widderhorn. Die menschliche Stimme ertönt, zusammen mit der Brust, der Stimmritze, den Stimmbändern. Die Energie, die so entsteht, steigt hoch, vereinigt sich mit den himmlischen Stimmen und gräbt dabei die Furchen der Sehnsucht ins Innere des Beters, der das empfängt, was in sein gespanntes Lauschen Eingang findet.

Das Bemühen um den Wohlklang dieses Rufs, seine Zugehörigkeit zum ästhetischen Urteil ist laut Tradition schon im Moment seiner Einführung nachweisbar. Der Prophet hat in der Tat für das Amt des ersten Muezzin Bilal den Abessinier gegenüber Abdallah ibn Thalaba bevorzugt. Der Prophet entschied sich für die Stimme des Abessiniers, weil sie besonders wohlklingend war und weit trug. In der Folge ist der Gebetsruf innerhalb der Gesangskunst genau kodifiziert und in der Nähe der Kunst des Psalmodierens und der Koranrezitation angesiedelt worden. Diese Kodifizierung hat viele regionale Varianten erfahren. Aber alle legten Wert auf den Klang, die Melodie, den Akkord, die Betonung, auf das, was man im Arabischen *lahn* nennt, eine Melodie, die auf den Gesang der Vögel verweist. Alle achteten auf die Klangfarbe der Stimme, auf das Spiel des Auf und Ab mit den Stufen der Tonleiter, und ebenso viele Gedanken machte man sich um den Begriff des *nabra*, worin sich die Stimme, sobald sie anhebt, mit ihrer ganzen Sprachgewalt entfaltet. Alle legten Nachdruck auf die Schwingungsfähigkeit der Stimme, das *tarnîn*, ein Terminus technicus, der explizit auf den Bogen verweist, der zu vibrieren beginnt, wenn der Bogenschütze den Pfeil abschießt. Alle empfahlen, auch der Technik des *taghnîm* einen Platz einzuräumen, welche die Stimme in ihren Variationen dazu einlädt, leise und sanft zu singen, wie um sich der Weise eines Menschen anzunähern, der vor sich hin trällert oder summt.

Nach dem Vorbild von Bilal sollte der Muezzin eine angefeuchtete Stimme haben, die weit trägt *(nadâwa)* und die Wollust *(halâwa)* übermittelt. Die Einladung, in den heiligen Bezirk der Zeit einzukehren, bedient sich der Verführung, welche die Sinne erregt und den erotischen Kitzel erzeugt. Dieses Aussprechen des Heiligen und des Sinnlichen ist eines der Attribute des Islams. Die Anrufung des göttlichen Geistes und der Heiligkeit der Allvernunft erfolgen über die Sinne und die Exaltation des Fleisches.

Diese Verbindung zwischen dem Geist und den Sinnen wird in der Versenkung in die musikalische Technik vollzogen. Man hat gleichsam den Eindruck, daß die Art und Weise, in der die Kunst des *âdhân* verfeinert wurde, ihr Echo bis in die Kunst der Fuge trägt: So wird die Stimme dazu eingeladen, in ein und derselben Person zu kreisen, die sich im Antworten und Vortragen verdoppelt, wobei alles einem ständigen Wechsel unterworfen ist, Mal rüttelt die Antwort auf *(jawâb)*, mal hat sie eine ruhige Festigkeit, *(qarâr)*, sie ist Wiederbeginn, Schlußgesang und Entfaltung, Darstellung und Gegendarstellung, Umarmung und, nach einer raschen und effektvollen Stretta-Attacke, Loslösung.

Der Gebetsruf ist auch im Hinblick auf die *maqâmât* kodifiziert worden, diese sind wie musikalische Schlüssel, welche die auf Notenlinien eingetragenen Noten mit den Seelenzuständen verbinden. In den meisten arabischen Ländern gibt der *hijâz* genannte *maqâm* dem Ruf die Struktur, während die türkische Tradition ihn dank einer Vielzahl von *maqâmât* variiert hat. Die Rufe, die zu den Gebeten am Mittag und Nachmittag gehören, waren abhängig vom *bayati* und *hijâz*; dagegen erzittert der erste helle Schimmer, der den Morgen ankündigt, unter dem *maqâm caba*; und das Abendgebet läßt man in die Weite der Nacht hinausschweifen, die sich in der Klangfülle des *maqâm râst* ausdrückt.

Wir erinnern an diese Grundzüge, um auf das ästhetische Streben hinzuweisen, das eines der Elemente des Kultes bestimmt hat.

Ein ähnliches Streben nach demselben *adhân* hat seine architektonische Konkretisierung in der Schönheit und außerordentlichen Mannigfaltigkeit der Minarette gefunden: Diese hoch aufragenden Bauten sind die technischen und formalen Heldentaten, die etwas Senkrechtes, das an der Bereicherung der Verbindung zwischen dem Hohen und dem Tiefen teilhat, in den Dienst der Stimme gestellt hat. Sehen Sie, was die Tradition alles vollbracht hat und wie sorgsam sie vorgegangen ist bei der zeremoniellen Gestaltung des Kultes, der das *khushû'* dramatisiert, in einer mit furchtsamer und ehrerbietiger Demut vermischten Zustimmung!

Führen Sie sich dagegen die gegenwärtigen Formen und Praktiken vor Augen und Ohren: Hierin tritt der Verlust der Tradition, ihre Vergeudung zutage. Man belästigt unsere Städte mit klanglichen und visuellen Schändlichkeiten, welche die Organe, mit denen wir hören und sehen, verschmutzen. Der Gebetsruf, der einmal Freude und Jubel, Größe und Herrlichkeit war, hat sich in wilde Aggression, Geschrei, Gebell, Gekläff verwandelt, die das Ohr quälen, den Schlafenden aufschrecken. Und diese Mißtöne quellen aus senkrechten Gebilden, die jeden Sinn für Architektur verloren haben. Zu den häßlichen Stimmen gesellt sich die ungekonnte Verwendung dürftiger, miserabel ausbalancierter und übersteuerter Lautsprecher voller Störgeräusche und Geknister. Darüber hinaus liegt die Stimme des Muezzin sehr oft unpassenderweise höher als die von der Tradition geforderte Stimmlage. Allenthalben und auf rohe Weise wird die Regel verletzt, erleidet der Kanon Schiffbruch. Diese Klangwirrnis trägt zur Zerstörung bei, die sich unter anderem auch in ungehörigen, torkelnden, griesgrämigen, störrischen, brutalen und pornographischen Rufen äußert, die an das Gebrüll eines Mannes gemahnen, der eine Frau verprügelt; keifende, rachsüchtige Stimmen, die einen Mangel an Souveränität beweisen, einen Abfall von der Schönheit, die Umwandlung einer Tradition in eine Ideologie des Kampfes. So wird aus der Einladung, in die intime Zeit des Heiligen einzutreten, eine streitsüchtige Einschüchterung, welche die sanfte, sinnenfrohe Stimme verbannt, um statt dessen einzig und allein das Gebrüll barbarischer Eindringlinge erschallen zu lassen.

114
Die Abgedankten

Ich will mich nicht zu lange mit den Bemerkungen von Claude Lévi-Strauss aufhalten, die im vorletzten Kapitel der *Traurigen* Tropen den Islam aufs Korn nehmen. Seine Ausführungen offenbaren vor allem, daß ihm der Islam wesens- und gefühlsmäßig fremd ist und er vielleicht sogar eine Phobie vor ihm hat. Sie zeigte sich, als er muslimischen Menschen, Lebensformen, Bauwerken und Relikten auf dem indischen Subkontinent, dann weiter nördlich in Richtung Zentralasien und auf dem Rückweg nach Europa begegnete. Von seiner Melancholie gepackt, braut der Essayist Richtiges und Falsches zu einer Bewertung zusammen und fällt so seinen systematischen Konstruktionen und haltlosen Hypothesen zum Opfer.

Unter den Verirrungen von Lévi-Strauss greife ich hier nur eine heraus, nämlich wie er die Verbindungen zum Erhabenen in der Architektur unterschlägt. Im Tadsch Mahal zum Beispiel erblickt er sowohl das Fehlen einer globalen Vision des Raums, als auch eine Verfälschung des Geistes der Architektur, der sich angeblich einem strengen geometrischen und architektonischen Entwurf fügen soll. Dieser sollte die Errichtung eines Bauwerks bestimmen und unter der Kontrolle der Zahl und des Verhältnisses stehen, auf dem seine Proportionen beruhen. Lévi-Strauss verspürt in dem Monument von Agra nur eine schillernde Sinnlichkeit, die dem Zauber des Wunderbaren in der von *Tausendundeine Nacht* angeregten Atmosphäre entspricht. Er sieht nicht, daß diese Architektur die Bühne dessen, was Henri Corbin als das *Imaginale* bezeichnet, in den Raum des Realen projizieren soll, dorthin, wo die Vision des Unsichtbaren greifbar wird. Diese Architektur steht in einer engen Verbindung mit der Metaphysik von Ibn Arabi, in der sich gerade das Fremde und Wunderbare von *Tausendundeine Nacht* mit der Einzigartigkeit des in den Epiphanien enthüllten Seins gut vertragen, jenen *tajalliyât*, die die sichtbaren Dinge zum Sprungbrett nehmen, um die Spuren des Unsichtbaren erscheinen zu lassen. Diese Phänomenologie begründet die architektonischen Formen, die in einem Monument wie dem Tadsch Mahal kombiniert und artikuliert werden. Dank der Beherrschung der Geometrie, die entsprechend strenger Zahlenverhältnisse und Regeln der Verteilung angewandt wird, konkretisiert sich auf klangvolle Weise ein Raum der

Vorstellung, in welchem die geometrische Realität aufgehoben ist; aber indem sie verborgen ist, schafft sie das Auffangbecken für die Epiphanie

Diese Unwirklichkeit, die der Stofflichkeit von Mauern und Kuppeln verliehen ist, wird von einem Lévi-Strauss weder wahrgenommen noch genossen oder zugelassen. Er lehnt die Verführung und Verzauberung ebenso ab wie die Wirkung, die sie dank einer das Realitätsprinzip aufhebenden Verklärung erzielen. Vielleicht verträgt sich für ihn dieser Bau nicht mit den platonischen Vorstellungen des Bildnerischen, und so flößen ihm die Meisterleistungen dieser illusionsträchtigen Architektur Abscheu ein. Das Tadsch Mahal stellt darüber hinaus ein letztes Aufblühen des architektonischen Geistes dar, den auch, auf ganz andere Weise, die Alhambra im Okzident bezeugt. Allerdings gehen die Formen und Gliederungen, die das Monument von Agra zu bieten hat, direkt auf den Baustil der Safawiden zurück, wie er ab dem 16. Jahrhundert in Isfahan bestimmend war. Er wurde wiederum von den Bauwerken der Timuriden beeinflußt, wie man sie in Samarkand immer noch sehen kann, wo sie von Tamerlan zu Beginn des 15. Jahrhunderts in Auftrag gegeben wurden. Das ist das Bindeglied zwischen der Beherrschung der Geometrie und dem Einfluß, den Ibn Arabi auf den von dem Bauwerk geschaffenen Raum nimmt. Dieser Typus des Raums ist nicht repräsentativ für den gesamten Islam; er stellt nur eine regionale und sehr späte Variante dar. Lévi-Strauss verallgemeinert sie fälschlicherweise und setzt sie mit dem ganzen Islam gleich.

Ich lasse auch einen weiteren Vorwurf beiseite, den Lévi-Strauss dem Islam machte: Er habe Europa daran gehindert, sich seiner indischen Wurzeln zu erfreuen, indem er Indien zwang, sich von seinem weiblichen Prinzip loszusagen und statt dessen dem männlichen, mannhaften Prinzip zu huldigen. So wäre seit Beginn der Kreuzzüge, die auf den *jihâd* reagierten, Europa durch die islamische Ansteckung und die Nachahmung des Orientalischen auf einen verhängnisvollen geschichtlichen Weg geraten. Solche Elaborate, die sich auf Scheinhypothesen stützen (Indien = weiblich; Islam = männlich) grenzen an Wahn. Dieser Wahn brachte Lévi-Strauss sogar dazu, den Islam als eine homosexuelle Gesellschaft zu bezeichnen,. Dabei setzt er einen »germanophilen Moslem« mit einem »islamisierten Deutschen«[1] gleich, und aus dieser Religion macht er die ideale Religion für einen Korpssoldaten, wenn ein solcher überhaupt religiös sein könnte.

Diese Phobie enthält allerdings ein Körnchen Wahrheit, das ich nicht unterschlagen kann. Dies gilt insbesondere für alles, was die Ausgrenzung der Frauen mit Hilfe des Schleiers und der klösterlichen Einkerkerung betrifft, auch der zwanghafte und krankhafte Argwohn, der ihnen entgegengebracht wird – eine Methode, sich der geschlechtlichen Andersheit auf gesellschaftlichem Wege zu entledigen. Auch diese Wahrheit will ich erwähnen: Unter dem Anschein der Toleranz, die den fremden Glaubensbekenntnissen einen anerkannten Status verleiht, ermutigt der Islam die »Annihilation« des anderen. Obendrein muß ich zugeben, daß ich die Erfahrung gemacht habe, daß ich denselben regelrecht körperlichen Ekel empfunden und denselben Brechreiz verspürt habe, angesichts der Tischsitten, die eine »Promiskuität« ausleben, »die in den Sauberkeitsritualen nach der Mahlzeit zutage tritt, wenn alle sich die Hände waschen, gurgeln, rülpsen und in dieselbe Schüssel spucken, womit sie in einer erschreckend *autistischen* Gleichgültigkeit ihre gemeinsame Angst vor der Unreinheit, verbunden mit ihrem gemeinsamen Exhibitionismus in einen Topf werfen.« Auch hier verallgemeinert Lévi-Strauss, denn ich habe in meiner traditionellen tunesischen Umgebung noch nie solche Sitten ertragen müssen, die mich total schockiert und angewidert hatten, als ich sie dort erleben mußte, wo sie noch üblich sind, wie in Marokko. Dies geschah noch im letzten Sommer in den Ausläufern des Rif-Gebirges, bei einem Essen im Schloß des letzten Nachkommen des alten Adelsgeschlechts der Raissouni. Ich bemerke jedoch, daß Claude Lévi-Strauss wirklich boshaft ist, wenn ich entdecke, daß diese Sitten in Wahrheit ein »archaisches Überbleibsel« sind, während er ihnen diese Eigenschaft abspricht, wenn er sich fragt, »bis zu welchem Punkt dieser Brauch [...] vielmehr einer vom Propheten gewollten Reform entspringt: ›Macht es nicht wie die anderen Völker, die mit einem Messer essen‹«, um aus diesen Sitten »dasselbe, zweifellos unbewußte Streben nach systematischer Infantilisierung und erzwungener Homosexualisierung« abzuleiten ... Sind solche völlig aus der Luft gegrif-

---

1) Alle Zitate von Lévi-Strauss aus »Traurige Tropen« sind der Übersetzung von Eva Moldenhauer entnommen: Claude Lévi-Strauss, »Traurige Tropen«, Suhrkamp Taschenbuch Wissenschaft 240, Frankfurt am Main 1999.

fenen Schlußfolgerungen nicht überraschend bei einem Ethnologen und Spezialisten der kulturellen Unterschiede und, vor allem, mit seiner Kenntnis des Archaischen?

Allerdings erweist sich seine Beobachtung von einer visionären Richtigkeit in dem, was er auf den ersten beiden Seiten des letzten Kapitels der *Traurigen Tropen* schreibt. In dieser Passage bekennt Lévi-Strauss offen, was hinter dem Unbehagen steckt, welches der Islam bei ihm erweckt. Es kommt ganz einfach daher, daß er Frankreich im Spiegel des Islams betrachtet. Er beobachtet bei beiden »die gleiche buchgläubige Haltung, den gleichen utopischen Geist sowie jene hartnäckige Überzeugung, daß es genüge, die Probleme auf dem Papier zu entscheiden, um ihrer alsbald los und ledig zu sein«. Er stößt auf den gleichen »juristischen und formalistischen Rationalismus«, der sich die Bilder einer Welt entwirft, »in der alle Schwierigkeiten einer hinterlistigen Logik unterworfen sind«, welche die Realität der Welt aufhebt. Er erkennt darin schließlich noch die gleiche Fixierung auf die Vergangenheit, in der die Begegnung mit der Wirklichkeit in der Tat stattgefunden und wirksame und zur Zeit ihrer Entdeckung angemessene Lösungen und Antworten gefunden hat. Doch kann nun nicht zugegeben werden, daß diese Lösungen durch die Weiterentwicklung der Welt veralten, aus der Mode kommen und so der Wirklichkeit nicht mehr gerecht werden. Diese tatsächliche Begegnung mit der Wirklichkeit hat für den Islam vor sieben Jahrhunderten aufgehört und er hat das immer noch nicht gemerkt. Dagegen stammen die angemessenen Antworten für Frankreich aus der Zeit Napoleons, »jenem Mohammed des Westens«, der »dort gescheitert ist, wo der andere erfolgreich war«. Ähnlich wie die islamische Welt erleidet das Frankreich der Revolution das Schicksal, das reumütigen Revolutionären beschieden ist, nämlich sich zu nostalgischen Bewahrern jenes Zustands zu entwickeln, in dem sie sich einst im Sinne der Veränderung verstanden.

Die hier verglichenen Gruppen haben noch einen weiteren Wesenszug gemeinsam: Es ist ihre Schwäche, daß beide vom gleichen »zermalmenden Geist« beseelt sind. Laut Lévi-Strauss »können wir nicht begreifen, daß Prinzipien, die für unsere eigene Entfaltung fruchtbar gewesen sind, von anderen nicht so hoch verehrt werden, als daß sie veranlaßt würden, sie für den eigenen Gebrauch zu übernehmen; sie müßten uns, so glauben wir, sehr dankbar sein, sie als erste ersonnen zu haben«.

Dieser Text ist 1954 geschrieben worden. In der Situation der offenkundigen Blockierung, unter welcher der Islam nach wie vor und nun auch Frankreich leidet, scheint mir diese Diagnose visionär zu sein. Allerdings habe ich den erstarrten Zustand Frankreichs erst dann zu erkennen begonnen, als ich mich Anfang der 1990iger Jahre in den Vereinigten Staaten aufhielt. Von diesem Moment an trat mir der Ausdruck »untröstlich über seine Abdankung« ins Bewußtsein (von dem ich reichlichen Gebrauch gemacht habe, um in *Die Krankheit des Islam* das Auftauchen des ressentimentbehafteten Menschen im Raum der islamischen Religion und Zivilisation zu erklären). Der Ausdruck war allerdings durch die Verstimmung eines Stars der französischen Literatur, Philippe Sollers, angeregt worden. Dieser war enttäuscht, von den Kritikern, die bei den literarischen Instanzen von New York den Ton angaben, so wenig gewürdigt zu werden. Sollers hatte seiner Verbitterung in einem Text Luft gemacht, der das *too french* der amerikanischen Ablehnung herausstrich, die er auf ihre hoffnungslose Provinzialität zurückführte. Als ich das las, sagte ich mir mit einiger Ironie »Der schon seit langem Abgedankte, der ich bin, versteht die Verstimmung desjenigen, der sich nicht über seine Abdankung hinwegtrösten kann.«

Aber seitdem sind wir von der Jahrhunderte alten Erstarrung des Islams zur Abdankung Frankreichs gelangt. Ohne jeden Zweifel erleben wir eine List des Schicksals. Aber da wir das schon zweimal erlebt haben, müßten wir es eigentlich vermeiden können, in der Untröstlichkeit der Abdankung zu versinken. Sie sollte uns statt dessen zur Demut führen, jener Haupttugend, die wir von unserem Islam geerbt haben und die Lévi-Strauss noch nicht das Glück hatte, am eigenen Leib zu erfahren.

Es könnte sein, daß wir bei der Arbeit an unserer doppelten arabisch / französischen, islamisch / europäischen Herkunft, jeder für sich, dem Positiven begegnen, das die Addition zweier Negative mit sich bringt. Mitten im Prozeß der Entkolonialisierung führte Lévi-Strauss selbst diese Hyposthese an, indem er fortfährt: »Wenn aber ein Frankreich, das 45 Millionen Einwohner zählt, auf der Basis der Rechtsgleichheit seine Tore weit öffnen würde, um 25 Millionen moslemische Bürger aufzunehmen, auch wenn sie zum größten Teil noch Analphabeten sind, so würde dieser Schritt nicht gewagter sein als derjenige, dem Amerika es einst verdankte, daß es keine kleine Provinz der angelsächsischen Welt geblieben ist … Wäre es möglich, daß sich die Richtung zweier regressiver Kräfte umkehrt, wenn sie sich zusammenschließen?« Vielleicht sind wir, ohne es zu wissen, im Begriff, diese Wende zu vollziehen, die sich in den 1950iger Jahren nicht verwirklichen ließ. Vielleicht stellen wir fest, daß wir im Begriff sind, einen unvermeidlichen historischen Prozeß zeitversetzt mitzuerleben, in dem das Ende der Erstarrung erreicht wäre, sobald sich die beiden Negative, die unser Wesen ausmachen, addieren oder multiplizieren.

115
Der Fanatismus

Vor einigen Jahren (im September 1993) war es den Brüdern Ramadan gelungen, die Aufführung der Tragödie *Der Fanatismus oder Mahomet der Prophet* von Voltaire (geschrieben 1741 und uraufgeführt 1742 in Paris) zu verhindern. Es überrascht mich, daß man in Europa die Macht besitzen kann, einen Text zu verbieten, der, vor jeder anderen Erwägung, eine entscheidende Etappe im Kampf um die Durchsetzung der freien Meinungsäußerung darstellt. Diese Freiheit, eine unbestreitbare Errungenschaft, war nach einem erbitterten Kampf, an dem auch Voltaire teilnahm, erobert worden. Die Ironie der Geschichte will es, daß diese Freiheitsbeschränkung einen Schriftsteller getroffen hat, der mit höchstem Einsatz gegen die Zensur gekämpft hat. Das Stück sollte von Loic Loichemel inszeniert und an Voltaires Wohnsitz in Ferney aufgeführt werden, unweit der Schweizer Grenze und der Stadt Genf, von wo der von den Brüdern Ramadan organisierte Druck ausgegangen war, der zur Absetzung des Schauspiels führte.

Dieses Veto schreibt sich in die Realität eines veränderten Europa ein, eines Europa, in das andere Gruppen Zugang gefunden haben, die nicht zu seiner Tradition gehören. Zu den Neuankömmlingen sind auch jene zu rechnen, die mit dem Islam verbunden sind. So haben die Enkel des Gründers der Muslimbruderschaft, des Ägypters Hassan al-Banna, im Namen des islamischen Glaubens und seines heiligsten Symbols gehandelt, das sie beschädigt sahen. Aber auch in ihrer Eigenschaft als Bürger von Genf und als muslimische Europäer ist es den beiden Brüdern Ramadan gelungen, eine Stimme zum Schweigen zu bringen, die zum Triumph der europäischen Demokratie beigetragen hat, die vor allem auf der Unantastbarkeit der Redefreiheit beruht.

Ich ziehe dabei die politische Doppeldeutigkeit nicht in Betracht, mit der die Brüder Ramadan, übrigens in unterschiedlichem Maß, vorgehen. Ich will nicht wissen, ob sie in dieser Affäre vom Juckreiz der politischen und aufrührerischen Agitation getrieben wurden, für die ihre Treue zur Familientradition sie anfällig macht. Ich betrachte sie hier nur in ihrer Eigenschaft als gläubige Muslime, die über die Tragödie Voltaires tatsächlich schockiert gewesen sein können. Ich verstehe auch, daß ihr Erfolg in diesem Fall von Zensur dem geschuldet sein kann, was man »politische Korrektheit« nennt, eine Hinterlassenschaft der angelsächsischen Welt, die auch uns leider angesteckt hat. Dieser Verhaltenskodex wurde geschaffen, um das zu kontrollieren und zu bevormunden, was man als »Multikulturalismus« bezeichnet, der darin besteht, die Werte eines jeden einzeln zu respektieren, wenn er in einer Gesellschaft lebt, deren Mitglieder unterschiedlicher Herkunft sind.

Allerdings schafft die Ankunft von Moslems in Europa eine noch nie da gewesene und heikle Situation, und zwar aus dem einfachen Grund, weil sich die europäische Identität in der Konfrontation mit dem Islam herausgebildet hat. Dieser hat die Rolle des notwendigen Feinds gespielt, der zur Entstehung einer Gemeinschaft beiträgt, die ihn an seinen Grenzen herausfordert und sich an seinen Grenzen reibt, um sich von ihm zu unterscheiden und abzuheben. Tatsächlich hat sich die europäische Identität vom Ende des 11. Jahrhunderts an in einem freiwilligen, entschiedenen Akt entwikkelt, beseelt von dem klaren Bewußtsein, daß man aus dem kulturellen Schatz der arabischen Sprache schöpfen und sich von der fortgeschritteneren Zivilisation inspirieren lassen sollte, die der Islam darstellte. Aber gleichzeitig bekämpfte man ihn, um ihn vom Kontinent zu vertreiben und sich von ihm abzugrenzen. In diesem konfliktträchtigen Kontext hat sich ein negatives Bild dieser Religion und seines Propheten verfestigt, und dieses Bild verzerrt noch immer den Blick, den Europa auf diesen Glauben und seinen Gründer richtet. Es erklärt zum großen Teil das hartnäckige und beharrliche Festhalten an der polemischen Sicht und an Zerrbildern, die von dem britischen Diplomaten Norman Daniel in seinem inzwischen schon klassischen Werk *Islam et Occident* (Édition du Cerf, 1993) aufgelistet und analysiert wurden. Der Autor hat in den muslimischen Ländern des Nahen Ostens gelebt und gearbeitet. Er führt seine Untersuchung mit der Brille des Historikers und Forschers durch, wenn er die Entstehung des anti-islamischen Syndroms und die Erweiterung seines Katalogs im Lauf der Jahrhunderte beschreibt. Seines Erachtens hat die Sicht des Islams und das Bild von seinem Propheten, die sich im Mittelalter herausgebildet haben, bis zum *Mahomet* von Voltaire und noch darüber hinaus gewirkt.

Doch trotz dieser unbestreitbaren Realität kann ich die Maßnahme der Zensur, die von den Brüdern Ramadan erzwungen wurde, weder billigen noch die Prinzipien respektieren, die vom Code der *Political Correctness* vorgeschrieben werden. Als im Islam Geborener will ich weder von der Zensur noch durch die Verschleierung der Probleme und Streitfragen beschützt werden, die sich aus meiner Herkunft ergeben. Ich möchte anerkannt und erkannt werden in der Auseinandersetzung, von Angesicht zu Angesicht, im Visavis, und aufmerksam sein für Verleumdungen, Entstellungen, Mißverständnisse genauso wie für das, was sie in meinen eigenen Schriften hervorrufen kann. Ich möchte nicht, daß meine Anwesenheit aus einem falschen Schamgefühl heraus akzeptiert oder gar toleriert wird, das den Blick abwendet oder den Mund hält bei Dingen, die etwas mit meiner Herkunft zu tun haben könnten. Um ein Zusammenleben zu ermöglichen, das auf dem Erkennen und der Überwindung unserer Ursprünge beruht, empfiehlt es sich, das didaktische Vorgehen nicht zu verschmähen, das die Analyse dessen wagt, was in den Texten unserer wechselseitigen Erinnerungen gegeben und gegenwärtig ist, um darin die Wahrheit von der böswilligen oder unbewußten Manipulation zu unterscheiden. Es geht darum, über den Streit aufzuklären, wobei man sich jener abendländischen Errungenschaft erfreut, welche die Freiheit verkörpert (und die künftig unser aller Errungenschaft sein wird): So können wir stets auf der Höhe des geistigen Umbruchs in unserer grenzüberschreitenden Zeit sein, in der sich Gruppierungen vereint finden, die bislang noch nie so hautnah miteinander in Berührung gekommen waren.

Kehren wir zu Voltaires Tragödie zurück. Zunächst erkenne ich in ihr das Zerrbild des Propheten, das seit seiner Herausbildung im Mittelalter, als *luxurious* und *bellicosus*, lüstern und gewalttätig, wahrgenommen wurde, geknechtet vom Verhängnis der Wollust und des Krieges, der sexuellen Grausamkeit und des politischen und militärischen Zynismus, und der nicht vor Betrug zurückschreckt, um seine Eroberungsgelüste zu befriedigen. So legt ihm Voltaire folgende Worte in den Mund (Vers 483 – 486, in der Übersetzung von Goethe):

Für alles tröstet mich die Liebe. Sie allein,
Sie ist mein Lohn, der Arbeit einzger Zweck,
Der Götze, dem ich räuchre, ja! mein Gott!
Und diese Leidenschaft, sie gleicht der Raserei
Der Ehrsucht, die mich über alles hebt

Diese Sicht, die Mohammed jede spirituelle Gabe abspricht und zum machiavellischen Fälscher macht, ist entehrend und verlästert das religiöse Empfinden. Wir finden sie bei vielen Stimmen, die den französischen Geist geprägt haben. Wir entdecken sie besonders bei Pascal in einem Fragment der *Gedanken* (IX, 596 – 600, nach der Klassifizierung von Brunschvicg, 1904).

Was die Liebe zu den Frauen betrifft, so durchzieht die Episode aus dem Leben des Propheten, welche die katholischen Geistlichen des Mittelalters dermaßen schockiert hat, implizit das gesamte Stück Voltaires und liefert einen der Schlüssel für sein Verständnis. Es handelt sich um die Liebe auf den ersten Blick, die den Propheten wie ein Blitzschlag trifft, als er die leicht bekleidete Zaynab überrascht, die Frau seines Adoptivsohns Zayd. Eine koranische Inspiration *pro domo* (wenn man annimmt, daß jede göttliche Offenbarung nur der Ausdruck einer inneren Stimme ist) oder *ad hoc* (wenn man an die Stimme des Engels glaubt) rechtfertigt diese Liebe des Propheten. Indem sie das Verbot des Inzests umgeht, erlaubt sie dem Vater den Beischlaf mit den Frauen der adoptierten Kinder, die sich von nun nicht mehr auf den väterlichen Namen und ihre Erbrechte berufen können. Zayd erwirbt seinerseits das Privileg, in der Koransure zitiert zu werden, die über das Ereignis berichtet: Er wird dafür gepriesen, daß er Gottes Absicht noch vor dem Propheten begriffen hat (Koran 33, 37). Der Vers 57 derselben Sure prangert in einem Atemzug alle an, die Gott und seinem Propheten Schaden zufügen, indem sie Adoption und Inzest in einen Topf werfen und die Kämpfer entmutigen, wenn die Schlacht auf Messers Schneide steht. Was rechtfertigt die Verbindung zwischen anscheinend ganz unterschiedlichen Themen in ein und derselben Sure? Weil Gott seinem Propheten im Krieg zu Hilfe eilt, denn er schickt ihm unsichtbare Armeen, um gegen die Parteien zu kämpfen (daher der Titel der Sure, siehe Koran 33, 9 – 27); und er enthüllt ihm auch ein Gesetz, das sein Verlangen befriedigt und den Skandal entschärft, der als Folge dieses Ereignisses das Gemeinwesen erfaßt hat.

So können also die christlichen Kleriker selbst in den Koranschriften einen Stoff finden, den sie nicht mehr eigens erfinden müssen, um dem Propheten vorwerfen zu können, *luxurious* und *bellicosus*, wollüstig und kriegslüstern zu sein. Jedenfalls scheint Voltaires Stück wie besessen zu sein von dieser Episode aus dem Leben des Propheten, die zwei mit seinem »Mahomet« verbundene Attribute bestätigt: Wollust und Betrug. Zunächst heißen die Protagonisten dieses Ereignisses wie die drei Hauptpersonen des Stücks. Dabei sind die Namen von Muhammad und Zayd auf den ersten Blick erkennbar an den falschen Transkriptionen von »Mahomet« und »Séide«. Der Name Zaynab wird in »Palmire« umgewandelt, ein Wort, das fast bis auf den Buchstaben mit Palmyra übereinstimmt, der berühmten antiken Stadt in der syrischen Wüste, nahe am arabischen Herrschaftsbereich und im ruhmreichsten Augenblick ihrer Geschichte regiert von der Königin Zenobia. In diesem Namen erkennt man an den drei gemeinsamen Konsonanten (*z.n.b.*) denselben Wortstamm wie den, aus dem sich Zaynab ableitet: Palmire stellt also eine Metonymie von Zaynab dar. Aber die Liebe des Propheten für Zaynab und der Ruch des Inzests, den diese Episode durchweht, werden von Voltaire nicht so wiedergegeben wie sie sind, sondern absichtlich umgeformt. Als wollte der Autor darauf aufmerksam machen, daß er eine von der Geschichte angeregte Fiktion geschaffen hat. Der Inzest wird so dargestellt, als hätte er stattgefunden, ohne daß die jungen Liebenden (Séide / Palmire) etwas davon wußten, die sich als Bruder und Schwester und Kinder von Sopir erweisen, dem weisen Heiden, der sich gegen den falschen Propheten auflehnt. Umgekehrt illustriert die Liebe von Mahomet für Palmire den sexuellen Heißhunger im Verein mit dem Zynismus des von Ehrgeiz Zerfressenen, der sich des Betrugs bedient, um seine Ziele zu erreichen.

Zu welchen Argumenten soll man Zuflucht nehmen, um den Propheten von einer so peinlichen Episode zu entlasten, die ein Geschenk des Himmels für die christlichen Polemiker ist, um ihren Gegner anschwärzen zu können? Zunächst ist diese Sequenz zum

Verwechseln ähnlich mit der Episode von David und Bathseba in der Bibel (2. Buch Samuel, 11 und 12): nachdem er sie eines Abends auf ihrer Terrasse beim Baden erblickt hat, läßt er sie zu sich kommen und schläft mit ihr. Da Bathseba nach dieser Liebesumarmung schwanger wird, entledigt sich David ihres Gemahls Uriahs des Hethiters, indem er ihn auf ein Himmelfahrtskommando schickt. Ich frage mich übrigens, ob Voltaire nicht an diese Beseitigung des Mannes gedacht hat, welche die von einem andern geliebte Frau freigibt, als er seinen Mahomet so entwarf, daß er Séide loswerden und Palmire seinen Liebesgelüsten gefügig machen konnte. Allerdings wird David, der Ehebrecher und Verbrecher, durch keine göttliche Offenbarung *ad hoc* freigesprochen. Der Prophet Nathan unterrichtet ihn zunächst über den Zorn und schließlich über die Vergebung Jahwes. Vielleicht illustrieren diese Episoden von David und Mohammed, jenseits von Gut und Böse, das Geflecht und Spannungsverhältnis, das zwischen Macht, Begierde und Gesetz besteht. Zweifellos stoßen wir in diesen Bereichen auch auf Probleme, die das Unbewußte ins Spiel bringen, jenen dunklen, irrationalen und archaischen Teil des Menschen, der selbst dann noch vorhanden ist, wenn die Vernunft den Sieg davonträgt. Aber Voltaire hatte keinen Zugang zu diesem tiefsten Verständnis der menschlichen Seele; er begnügte sich damit, in diesen vom Glauben eingerahmten und gerechtfertigten Anekdoten eine Form der Leichtgläubigkeit zu sehen, die zum »Aberglauben« gehört, der Vernunft und Urteilskraft blendet, um sich die Menschen besser gefügig machen zu können.

Was allerdings die Liebe des Propheten zu den Frauen angeht, möchte ich an die tiefsinnige Analyse erinnern, die Ibn Arabi dem *hadîth* widmet, der dem Propheten diesen Satz in den Mund legt: »Es war mir vergönnt, drei Dinge in eurer Welt zu lieben: Wohlgerüche, Frauen und das Gebet, das mir Trost gespendet hat.« Der andalusische Sufi widmet das letzte Kapitel seiner *Fuçûç* (*La Sagesse des prophètes,* Albin Michel, 1955) der Analyse dieses Prophetenworts. Er zeigt, wie sich die höchste Vergeistigung im Geschlechtsakt erproben läßt. Das islamische Denken gestaltet die Epiphanie Gottes in der Verzückung der Körper, im Akt seines Genusses und nicht in seiner Verleugnung. Eine solche Interpretation liefert uns reichlich Stoff, um den christlichen Nihilismus des Körpers zu widerlegen. Bei Ibn Arabi finden wir die gleichen Argumente wieder, die Nietzsche in seiner Kritik am Christentum zum gleichen Thema vorgebracht hat. Ich möchte hinzufügen, daß diese Vergeistigung des Sexuellen den Islam vom Christentum unterscheidet und ihn mit den asiatischen Weisheitstraditionen zwischen Taoismus und Tantrismus in Einklang bringt. In diesem Punkt bleibt das Christentum an seine verkürzte Sichtweise gebunden. Seine Argumente, wie sie im Stück Voltaires erscheinen, können leicht umgedreht werden, sowohl im Namen der Körperhygiene als auch der daraus abgeleiteten Moral und der Metaphysik, die sie aufgreift. Diese Metaphysik kündigt zweifellos schon die psychoanalytische Topik an, wie sie von Jacques Lacan in *Encore* (*Le Séminaire, Livre XX*, Édition du Seuil, 1975) entwickelt worden ist, die über die Ausarbeitung der Metapher zwischen Orgasmus und Ekstase die Verbindung zwischen der sexuellen Topik und ihren Auswirkungen auf die Urszene herstellt.

Um auf Voltaires Stück zurückzukommen: er nahm nicht unbedingt den Islam aufs Korn. Es wollte die Spannung zwischen Moral und Politik darstellen, indem es das ehrgeizige Genie und den tugendhaften Realisten miteinander konfrontierte – eine in bewundernswerter Weise dramatisierte Opposition im Dialog zwischen Mahomet und Sopir (Szene 5 von Akt II, die Szene, die Rousseau ebensosehr bewunderte wie das Werk selbst). Aus Voltaires Sicht kommt die Gestalt des Sopir, ein wahrscheinlich von der historischen Gestalt des Sufyan inspirierter heidnischer Patrizier, am besten weg. Er verkörpert den Standpunkt der Oligarchie von Mekka, die sich den öffentlichen Predigten Mohammeds widersetzt, einen Patrizier voll gesundem Menschenverstand und von »großem intellektuellen Raffinement« (Ernest Renan), ungläubig und taub für die übernatürlichen Märchen.

In Wirklichkeit hat der Mahomet Voltaires nichts zu tun mit der historischen Gestalt, worauf auch Renan hinweist (in *Mahomet et l'origine de l'islamisme*, *Revue des Deux Mondes, XII*, octobre–décembre 1851, p. 1063 – 1101): »Mahomet erscheint uns als ein sanfter, sensibler, frommer Mann, frei von Rachsucht und Haß. [...] Weder die hochfliegenden Gedanken noch religiöse Überspanntheit hatten in ihm den Keim persönlicher Gefühle vertrocknen lassen. Er hat nicht die geringste Ähnlichkeit mit diesem von Ehrgeiz zerfressenen und herzlosen Machiavellisten, der in unnachgiebigen Alexandrinern Sopir seinen Plan erläutert: ›*Ich muß in Gott regie-*

ren die verkündete Welt: / Mein Reich ist vernichtet, wenn der Mensch anerkannt wird‹ [Vers 1479 – 1780, die letzten des Stücks]. Im Gegenteil, der Mensch wartet bei ihm stets darauf, erst noch entdeckt zu werden.« Die vom Philosophen der Aufklärung geschaffene fiktive Gestalt sollte den Fanatismus im allgemeinen und vor allem den katholischen Fanatismus anprangern. Das ist die eigentliche Zielscheibe des Werks. Séide, von Mahomet manipuliert und zur Intoleranz aufgestachelt, damit er Sopir tötet, sieht Ravaillac zum Verwechseln ähnlich, dem Fanatiker, der Henri IV. ermordete.

Nach dieser Klarstellung fühle ich mich doch noch dazu verpflichtet, am Beispiel der Brüder Ramadan, der Zensoren von Voltaire, daran zu erinnern, daß eines der Dauerübel des Islams immer noch der Fanatismus ist und daß dieser in unseren Tagen immer schlimmer wird. Er richtet unter uns Verheerungen an. Angesichts dieser Pest können die Worte Voltaires dazu beitragen, das Bewußtsein der Menschen zu schärfen, um sie vor diesem Übel zu warnen. Ich lege Wert darauf, hier daran zu erinnern, um vielleicht dazu beizutragen, daß uns das Schlimmste erspart bleibt. So manche Passagen entsprechen, beinah wortwörtlich, den Schlagworten, die man den Fundamentalisten unter uns eingetrichtert hat. Ich habe im letzten Winter einige dieser Passagen einem Auditorium von muslimischen Gebildeten in Tanger vorgelesen. Alle waren sich einig, daß die Worte Voltaires den Gedanken entsprechen, die in den Köpfen unserer zeitgenössischen Islamisten herumspuken. Warum sie also verschweigen? Hören Sie dieses Distichon (Vers 525 – 526):

Das Schwert, der Koran in der blutgen Hand
Sollt' einem jeden Schweigen auferlegen.

Oder dieses (Vers 887 – 888):

Ja gehorche!, triff! Mit eines Ungerechten Blut bespritzt
Gehst du ins ew'ge Leben herrlich ein.

Wie Peitschenschläge fallen die Verse dieses schönen Theaterstücks, das an keiner Stelle nachläßt! Es hat seinen Ruf, veraltet zu sein, vielleicht dadurch erworben, daß diese Verse eher nach Corneille als nach Marivaux klingen. Die altmodische Form hindert mich nicht daran, Muslime und Nicht-Muslime aufzufordern, den *Ma-*

homet von Voltaire wieder zu entdecken, und zwar als ein Antidot gegen den Fanatismus jedweder Herkunft, und nicht als Illustration einer dogmatischen und historischen Wahrheit. Mögen diese wie jene sich daran erinnern, daß die Literatur die Aufgabe hat, das Bewußtsein der Menschen aufzurütteln und es in den Dienst an der Gegenwart zu stellen – eine Aufgabe, die nicht identisch ist mit der Suche nach der geschichtlichen Wahrheit. Und möge die in unserer Kultur erworbene Freiheit jedem Meister seiner Kunst das Recht geben, die heiligste Gestalt in eine fiktive Gestalt zu verwandeln, um eine solche Bewußtwerdung zu erreichen. Zur Zeit Voltaires und seines *Mahomet* gab es bereits solche Bestrebungen, während die Kulturen einander gleichgültig und voneinander abgeschottet waren. Dagegen befinden wir uns im Zeitalter des Austauschs, der Migration, der Überschneidung, der Vermischung und der Überwindung aller Grenzen. Wir müssen also über die Streitfragen und Manipulationen einer anderen Zeit aufklären, um sie von ihren Schlacken zu reinigen und ihnen ihre Quintessenz abzugewinnen. Wenn wir so vorgehen, vermeiden wir die unzulässige – und leichte – Lösung der Zensur und arbeiten auf der Höhe der Umgestaltungen des Geistes, der uns heute erhellt. Allein mit diesem Anspruch werden wir seiner Göttlichkeit gerecht, die einzige, die es wert ist, bewahrt zu werden.

Inhalt

Von Abdelwahab Meddeb
bei Wunderhorn bisher erschienen:

Aya

Roman
Aus dem Französischen von Hans Thill
1998, 190 S., gebunden mit Schutzumschlag
EUR 20,50 CHF 37,00
ISBN 978-3-88423-136-4

Talismano

Roman
Aus dem Französischen von Hans Thill
1993, 269 S., gebunden mit Schutzumschlag
EUR 20,50 CHF 37,00
ISBN 978-3-88423-087-9

Bitte fordern Sie unser Verlagsverzeichnis an:
Verlag Das Wunderhorn GmbH
Rohrbacherstraße 18
D-69115 Heidelberg
www.wunderhorn.de

Von Abdelwahab Meddeb
bei Wunderhorn bisher erschienen:

Die Krankheit des Islam

Aus dem Französischen von Beate Thill und Hans Thill
2002, 256 S., gebunden mit Schutzumschlag
3. Auflage
EUR 28,80 CHF 51,00
ISBN 978-3-88423-201-9
Prix François Mauriac 2002
Sachbuch Bestenliste Platz 1

Ibn Arabis Grab

Gedichte
Dreisprachige Ausgabe französisch-arabisch-deutsch
Arabische Nachdichtung von Mohammed Bennis
Deutsche Nachdichtung von Hans Thill
2004, 148 S., gebunden
EUR 22,00 CHF 38,60
ISBN 978-3-88423-266-2